suhrkamp taschenbuch
wissenschaft 1994

Vertrauen ist als Thema allgegenwärtig. Ob von Politikverdrossenheit, Bankenkrise oder Missbrauchsskandalen die Rede ist – stets wird vorausgesetzt, dass Vertrauen eine zentrale Ressource sozialen Handelns ist, die nur schwer hergestellt, aber schnell zerstört werden kann. Aber was ist Vertrauen? Wie wird es geschaffen, wie zerstört? Wem sollten wir vertrauen, wem eher mit Misstrauen begegnen? Martin Hartmann unternimmt in dieser profunden Studie den Versuch, Vertrauen sowohl begrifflich als auch historisch zu klären. Er veranschaulicht seine theoretischen Überlegungen immer wieder mit konkreten Beispielen aus Politik, Wirtschaft und Familie. Vertrauen, so zeigt er, reduziert nicht Komplexität, wie oft vermutet, es ist selbst ein hochkomplexes Phänomen, das deutlich macht, wie zerbrechlich und anspruchsvoll Prozesse der Vertrauensbildung sind.

Martin Hartmann ist Professor für Philosophie am Philosophischen Seminar der Universität Luzern. Im Suhrkamp Verlag hat er herausgegeben: *Sozialphilosophie und Kritik* (stw 1960, hg. zusammen mit Rainer Forst, Rahel Jaeggi und Martin Saar).

Martin Hartmann

Die Praxis des Vertrauens

Suhrkamp

Dieses Buch wurde klimaneutral produziert.

3. Auflage 2022

Erste Auflage 2011
suhrkamp taschenbuch wissenschaft 1994

Umschlag nach Entwürfen
von Willy Fleckhaus und Rolf Staudt
Druck und Bindung: C. H. Beck, Nördlingen
Printed in Germany
ISBN 978-3-518-29594-6

www.suhrkamp.de

Inhalt

II. Praktiken des Vertrauens

Für Karen, Katharina und Charlotte

»If you trust people unnecessarily, it incurs an obligation on everybody. Suspending judgment's a lot easier.«
Richard Ford, *The Lay of the Land*

0. Einleitung

0.1 Die Komplexität des Vertrauens

Vertrauen ist ein Phänomen, das, so heißt es häufig, Komplexität reduzieren kann und Kooperation erleichtert oder überhaupt erst möglich macht. Wenn wir anderen vertrauen, müssen wir nicht nachdenken über ihre Motive, müssen nicht wachsam sein, können auf Umwege verzichten und gelangen so in die Lage, unsere Ziele und Wünsche mit ihrer Hilfe zu erreichen oder umzusetzen. Die Eleganz des Vertrauens besteht, dieser Deutung nach, vor allem darin, dass es Wege der Informationsbeschaffung oder der Kommunikation abkürzt. Als Vertrauende verzichten wir darauf, noch mehr über andere in Erfahrung zu bringen, wir verzichten auf eine Koordination unserer Handlungen durch hohen Kommunikationsaufwand und können uns im Regelfall trotzdem auf die Rationalität der vertrauensvollen Einstellung verlassen. Ist unser Vertrauen gerechtfertigt, bündelt es in sich gleichsam Informationen über andere, die wir ansonsten vielleicht gar nicht erhalten könnten oder doch nur mit viel Mühe. Genauso reduziert Vertrauen Komplexität, genauso ermöglicht uns Vertrauen Kooperation, wo wir sonst nicht kooperieren könnten, genauso verdient es den Titel der Rationalität.[1]

In diesem Buch möchte ich den Versuch unternehmen, dieser verbreiteten Deutung eine andere entgegenzusetzen, in deren Mittelpunkt die Komplexität steht, die dem Vertrauen immer schon eigen ist. Die, die von der komplexitätsreduzierenden Kraft des Vertrauens schwärmen, leugnen nicht, dass ein Handeln, das auf der Basis reduzierter Komplexität vollzogen wird, neue Komplexi-

1 Besonders maßgeblich für diese Deutung ist Niklas Luhmanns frühe Schrift *Vertrauen. Ein Mechanismus der Reduktion sozialer Komplexität*, Stuttgart [4]2000.

täten nach sich zieht, aber es ist nicht diese sekundäre Komplexität, die mich im Rahmen dieses Buches interessieren wird. Mir geht es schlicht um die Komplexität des Vertrauens selbst, die nicht darauf beruht, dass eine neue Komplexität freigesetzt wird, weil zuvor andere Komplexitäten reduziert werden konnten.

Dass Vertrauen ein komplexes Phänomen ist, ist zunächst natürlich keine sonderlich aufregende Annahme. Aber sie könnte, wird sie erst einmal detailliert erläutert, dazu führen, im Vertrauen ein selteneres Phänomen zu sehen, als häufig unterstellt wird. Dieser Befund, wenn er denn stimmig ist, widerspräche in gewisser Weise dem großen Interesse, das gegenwärtig dem Phänomen des Vertrauens entgegengebracht wird. Häufig geht dieses Interesse nämlich mit der Behauptung einher, Vertrauen sei in allen sozialen Handlungsfeldern präsent und müsse deswegen viel stärker thematisiert werden als bislang üblich. Folglich gibt es mittlerweile neben zahlreichen philosophisch-begrifflichen Studien zum Vertrauen Untersuchungen zum Vertrauen in der Politik, zum Vertrauen in ökonomischen und in intim-familiären Zusammenhängen, es gibt historische Vertrauensforschung und eine psychologische Erforschung des Vertrauens. Neu hinzugekommen zu diesem thematischen Spektrum ist unlängst eine stärker naturwissenschaftlich orientierte Vertrauensforschung, die sich vornehmlich im Feld der so genannten Neuroökonomik aufhält. Nicht die Breite dieser Beschäftigung mit dem Thema des Vertrauens ist problematisch – im Gegenteil, sie ist nur zu begrüßen –, sondern die weit verbreitete Tendenz, Vertrauen in den verschiedenen sozialen Handlungsfeldern immer dann ins Spiel zu bringen, wenn man mit dem Faktor Rationalität nicht mehr weiterkommt, der damit untergründig sein explanatorisches Primat behält. Wenn es etwa heißt, Vertrauen verkürze die Wege der Informationsbeschaffung, weil es uns entweder die Mühen der Informationsbeschaffung insgesamt erspart oder aber an sich schon alle nötigen Informationen enthält, die wir brauchen, um mit anderen zu interagieren, dann übernimmt das Vertrauen Leistungen, die eigentlich einer stärker reflexiv verfahrenden Rationalität zukommen, und wird in seiner Leistung explizit oder implizit an dieser Rationalität gemessen. Genau damit aber, so die These, wird das, was man die eigenständige Rationalität des Vertrauens nennen kann, verfehlt. Vertrauen ist kein arationales Phänomen, es gibt *Gründe* des Vertrauens und *Gründe* des Misstrauens.

So jedenfalls werde ich in diesem Buch reden. Aber die Gründe, die unser Vertrauen leiten, unterscheiden sich oft von den Gründen, die wir anführen, wenn wir etwa irgendeine unserer Überzeugungen rechtfertigen wollen. Wenn wir also tatsächlich sagen wollen, dass Vertrauen unsere stärker kognitiven Einstellungen wie eine Residualkategorie oder eine Ausfallbürgschaft ersetzt, wenn wir mit diesen Einstellungen nicht weiterkommen, dann sollte klar sein, dass die Gründe, die wir für unser Vertrauen haben, nicht einfach von der gleichen Art sind wie unsere sonstigen Gründe.

Es gibt eine andere Variante, die dem Vertrauen eigene Komplexität zu leugnen, nämlich Versuche, Einstellungen des Vertrauens zu naturalisieren. So wird gelegentlich angenommen, Vertrauenswürdigkeit lasse sich vor allem an unwillkürlichen und sichtbaren affektiven Regungen des Gegenübers »erkennen«, mit anderen Worten: Einer Person, die uns anlächelt, vertrauen wir eher als einer Person, die einen ernsten oder nicht weiter identifizierbaren Ausdruck aufweist. Die Pointe dieser Theorien über den kooperationsfördernden Einfluss nonverbalen expressiven Verhaltens liegt auf der Hand: Das Vertrauen zu anderen kann als eine automatisierte Reaktionsform begriffen werden, die auf mehr oder weniger verlässliche Weise spezifische körperliche Merkmale des anderen registriert und reflexionsentlastet unter Kooperationsgesichtspunkten »interpretiert«.[2] Erneut wird Vertrauen damit in seiner komplexitätsreduzierenden Kraft thematisch. Körpersprache, so die Idee, lässt sich weniger leicht manipulieren als etwa geäußerte Absichten, und genau deswegen ist sie eine hilfreiche Basis für weitgehend automatisierte Prozesse der Vertrauensgenese. Mit dem Konzept der zweiten Natur versuche ich demgegenüber deutlich zu machen, dass selbst eingespielte und damit scheinbar ganz natürliche Praktiken Ergebnis oftmals langwieriger kultureller Bearbeitung sind und damit, wenn man so reden will, Komplexität in sich aufgehoben haben. Wenn Vertrauen also tatsächlich Komplexität reduziert, dann nicht in unvermittelter Weise, sondern stets nur als fragiles Ergebnis soziokultureller Interaktionsprozesse, die zu einer Praxis geronnen sind, an der sich zu orientieren unter gegebenen Bedingungen rational sein kann.

2 R. Thomas Boone, Ross Buck, »Emotional Expressivity and Trustworthiness: The Role of Nonverbal Behavior in the Evolution of Cooperation«, in: *Journal of Nonverbal Behavior* 27:3 (2003), S. 163-182 (hier S. 176).

Mit der Rede von der Komplexität des Vertrauens ist also unter anderem gemeint, dass Einstellungen des Vertrauens ihre eigenen Gründe und Gegengründe generieren, die folglich zunächst einmal unabhängig von anderen Gründen für sonstige Einstellungen von uns beurteilt werden müssen. In ähnlicher Weise lässt sich von einer spezifischen *Normativität* des Vertrauens reden. Man hat versucht, Einstellungen des Vertrauens zu »moralisieren«, indem man Vertrauenswürdigkeit zu einer Pflicht gemacht hat, der ein prinzipieller Charakter zugeschrieben werden kann. Vertrauen oder, genauer, die Pflicht, entgegengebrachtes Vertrauen nicht zu enttäuschen, wird damit gleichsam in den Kernbereich einer universalistischen Moral hineingezogen, in dem bestimmte Prinzipien und Regeln Verhaltensweisen vorschreiben.[3] Sowenig wie wir, dieser Vorstellung von Moral nach, lügen oder morden dürfen, sowenig dürfen wir uns entgegengebrachtes Vertrauen enttäuschen oder hintergehen. Unabhängig von der Frage, ob eine solche Moralkonzeption an sich plausibel ist, verfehlt sie, das ist eine weitere These dieses Buches, die spezifische Normativität des Vertrauens. Erneut gilt: Wie Vertrauen kein arationales Phänomen ist, so ist es auch kein Phänomen ohne Normativität (eine Annahme, die durchaus vertreten wird); wenn wir anderen vertrauen, entstehen Erwartungen, die als normativ gekennzeichnet werden können (»er *sollte* mein Vertrauen nicht enttäuschen …«), aber es ist keinesfalls selbstverständlich, das so ins Spiel kommende Sollen bestehenden Modellen des moralischen Sollens einzugliedern. Auch auf diese Weise gewinnt das Phänomen Vertrauen eine Komplexität, die es nicht hätte, wenn es möglich wäre, Modelle des moralischen Sollens einfach ungebrochen auf Einstellungen des Vertrauens und der Vertrauenswürdigkeit zu applizieren.

Es sei eine letzte Hinsicht genannt, in der es sinnvoll ist, dem Phänomen des Vertrauens eine eigene Komplexität zuzusprechen. Vertrauen wird häufig als »weiche« Variable sozialen Handelns bezeichnet. Zu den »härteren« Variablen gehören dagegen Faktoren wie Macht oder Einfluss, aber auch eine kalkulierende Rationalität kann und wird in diesem Sinne als »hart« bezeichnet. Mit anderen Worten: Wenn wir vertrauensvoll mit anderen interagie-

3 So unlängst Adrian Piper in ihrer Online-Publikation *Rationality and the Structure of the Self*, 2008, Kap. 13, S. 29 f., ⟨http://adrianpiper.com/rss/index.shtml⟩, letzter Zugriff 10.05.2011.

ren, müssen wir nicht unsere Macht oder unseren Einfluss einsetzen, um Folgebereitschaft hervorzurufen. Und wir müssen auch nicht unsere Überzeugungen über den anderen zur Grundlage einer kalkulierenden Abwägung machen, die uns dann Auskunft darüber gibt, ob es sich, gemessen an möglichen Verletzungen oder Enttäuschungen, »lohnt« oder »rechnet«, Vertrauen zu geben. Vertrauen, so die Annahme, arbeitet nicht mit Angst oder Furcht, es rechnet nicht, es schüchtert nicht ein und überredet nicht hinterrücks, schon gar nicht lässt es sich mit Zwang oder Gewalt herbeiführen. Manche Autoren gehen so weit, Vertrauen als ein durch und durch egalitäres Phänomen zu betrachten: »An Hierarchien zu glauben«, so etwa Eric Uslaner, »verträgt sich nicht mit […] Vertrauen«.[4]

Natürlich gibt es soziale, politische und auch ökonomische Bedingungen, unter denen vertrauensvolle Einstellungen besonders gut gedeihen, und es gibt Bedingungen, unter denen sich solche Einstellungen kaum entfalten können. Es gibt auch mögliche Erklärungen, auf die ich noch eingehen werde, für die Annahme, es handle sich beim Vertrauen um ein »weiches« Phänomen oder eine »weiche« Variable sozialen Handelns. Gleichwohl werde ich nicht davon ausgehen, dass sich Vertrauen nur in machtfreien Räumen und unter egalitären sozialen Rahmenbedingungen entwickeln kann. Man denke nur an eine der paradigmatischen sozialen Konstellationen, die gerne angeführt wird, um das Phänomen des Vertrauens zu erläutern, nämlich die Eltern-Kind-Beziehung. Selbst wenn es dieser Beziehungsform in langfristiger Perspektive darum geht, eine weitgehende Gleichheit zwischen den Erwachsenen und den Heranwachsenden zu etablieren, ist sie an vielen Punkten von Asymmetrien gekennzeichnet, die häufig gerade die Voraussetzung für Vertrauen bilden. Ähnliches ließe sich vom Vertrauen in politischen Zusammenhängen sagen. Wir können einem anderen Macht übertragen und müssen trotzdem nicht davon ausgehen, dass wir ihm oder ihr anschließend nicht mehr vertrauen können. Vertrauen, nur das soll hier angedeutet werden, kann durchaus im Rahmen asymmetrischer Machtbeziehungen thematisch werden oder eröffnet selbst Spielräume des Handelns, die dem einen Macht über den anderen gewähren. In diesem Sinne ist Vertrauen nicht zwangsläu-

4 Eric Uslaner, *The Moral Foundations of Trust*, Cambridge 2002, S. 3 (alle Übersetzungen bislang nicht übersetzter Texte sind von M.H.).

fig »weich« – ein Eindruck, der noch verstärkt wird, wenn an die Verletzungen gedacht wird, die wir uns zuziehen, weil wir vertraut haben und *nur* weil wir vertraut haben.

Wer das Vertrauen in seiner ganzen Komplexität erfassen will, muss folglich auch seine potenziell raueren Seiten und härteren Kanten berücksichtigen. Einstellungen des Vertrauens existieren nicht unabhängig von *Beziehungen*, in die sie eingelassen sind, die sie tragen oder ermöglichen, in denen es aber nie ausschließlich um Vertrauen geht. Es gibt, anders gesagt, keine »reinen« Vertrauensbeziehungen, wenn damit eine Form der Beziehung gemeint ist, in der es einzig um das Vertrauen geht, in der also das Vertrauen den Zweck der Beziehung definiert. Vertrauen existiert in Freundschaften, in Liebesbeziehungen, unter Kollegen und auf Märkten, es kann politische Zusammenhänge bestimmen und spielt nach Meinung vieler auch in stärker professionalisierten Beziehungsmustern (etwa im Arzt-Patient-Verhältnis) eine wichtige Rolle. Damit ist die Einstellung des Vertrauens aber immer umgeben von weiteren Einstellungen und Dispositionen, sie findet sich wieder in Beziehungskontexten, in denen es auch um anderes geht als um Vertrauen, etwa um Macht und Einfluss, um Ansehen und Anerkennung, um Expertise oder Mitbestimmung. Das Vertrauen wird nicht unbeeinflusst bleiben von diesen Faktoren, es behält nicht einfach seine Unschuld, als wäre es gleichgültig, wer in welchen Kontexten wem wie vertraut. Nicht ohne Grund gibt es Arbeiten über das Vertrauen in mafiösen Zirkeln.[5]

Ich habe nun drei Felder genannt, in denen das Vertrauensphänomen einen komplexeren Charakter hat, als häufig angenommen wird. Sowohl mit Blick auf die Rationalität und die Normativität als auch mit Blick auf die soziale Einbettung der Vertrauenseinstellung gilt es zu zeigen, was damit jeweils gemeint ist. Um die weiteren Überlegungen, die dabei eine Rolle spielen werden, in ersten Ansätzen vorzustellen, sei zunächst eine kleine Geschichte erzählt, die ich einem Kinderbuch entnehme. Sie ist deswegen aufschlussreich, weil ihr Ausgangspunkt bei aller überschießenden Fantasie eine recht übersichtliche soziale Konstellation ist – nämlich das Verhältnis der Mutter zu ihrem Kind –, an vielen Punkten aber deutlich wird, wie vielfältig die Momente sind, die ins Spiel

5 Diego Gambetta, *The Sicilian Mafia. The Business of Private Protection*, Cambridge (Mass.) 1993.

kommen, wenn diese Konstellation sinnvoll als eine des Vertrauens beschrieben werden soll.

0.2 Eine Geschichte

Ein Junge von sechs oder sieben Jahren darf zum ersten Mal allein über die Straße in ein Geschäft gehen, um Kleinigkeiten einzukaufen.[6] Bevor er wirklich gehen darf, gibt seine Mutter ihm einige Anweisungen: Gehe direkt zum Laden, bleib nicht stehen, sprich mit niemandem, schau nach rechts und links, bevor du über die Straße gehst, nimm nicht die Abkürzung durch den Garten des Nachbarn, steck die Hände nicht in die Hosentaschen etc. »Vertrau mir, Mama«, antwortet der Junge, »ich bin doch schon groß.« Dann endlich darf er gehen. Kaum hat er ein paar Schritte zurückgelegt, fällt ihn auch schon das erste Monster an, groß und furchterregend: »Vor Monstern hatte Mama ihn nicht gewarnt«, heißt es lapidar. Zum Glück bleibt der Junge ruhig und vertreibt das Monster durch lautes Fauchen. Doch weitere Spukgestalten tauchen auf dem Weg auf, zunächst ein Geist (»Vor Geistern hatte Mama ihn nicht gewarnt«), dann eine Hexe (»Vor Hexen hatte Mama ihn nicht gewarnt«). Der Junge übersteht auch diese Gefahren und kommt schließlich in dem Laden an, wo er sich kauft, was er kaufen darf, aber auch die scharfen Bonbons erwirbt, die er ausdrücklich nicht kaufen darf. Auf dem Rückweg – er nimmt nun doch die Abkürzung durch den Garten des Nachbarn – begegnen ihm weitere Schreckgestalten, ein Bär und zwei Außerirdische, aber auch diese Gefahren meistert der Junge überraschend souverän (und im Falle der Außerirdischen sogar mit Hilfe der »verbotenen« Bonbons). Zu Hause angekommen will die Mutter wissen, ob er alles wie gewünscht ausgeführt hat: »Ich habe meine Hände nicht in die Hosentaschen gesteckt«, antwortet er und die Mutter ist zufrieden: »Ich wusste ja, dass ich mich auf dich verlassen kann.« Darauf der Junge: »Ich habe dir doch gesagt, dass du mir vertrauen kannst, Mama. Ich bin doch schon groß.«

Wir Erwachsenen glauben nicht an Monster, Hexen, Geister oder Außerirdische, aber wenn wir uns für einen Augenblick auf

6 Angela McAllister, *Vertrau mir, Mama!*, Berlin 2006. Alle Zitate dieses Abschnitts stammen, soweit nicht anders nachgewiesen, aus diesem unpaginierten Band.

die kindliche Fantasie einlassen, ahnen wir, wofür diese fremden und bedrohlichen Wesen stehen. Und wir ahnen, was ohnehin nicht schwer zu ermitteln ist, was in diesem Fall beim Vertrauen auf dem Spiel steht: die Sicherheit und das Wohlbefinden eines Menschen, der uns wichtig ist. Die Geschichte geht gut aus, das Vertrauen wird belohnt, aber sie kann nicht ganz und gar beruhigen, denn sie spielt in mehr als aufdringlicher Weise mit der Allgegenwart unvorhersehbarer Gefahr. Natürlich kann die Mutter all die Gefahren, die auf dem Weg lauern, nicht vorhersehen, und hätte sie von ihnen gewusst, hätten wir sie vermutlich der Verantwortungslosigkeit geziehen. Dennoch ist es gerade das Vermögen ihres Kindes, mit diesen Gefahren umzugehen, das ihr Vertrauen im Nachhinein rechtfertigt. Mit anderen Worten: Die Gründe, die das Vertrauen rechtfertigen, entstehen erst, wenn es in gewisser Weise schon zu spät ist, und können nicht zur anfänglichen Grundlage des Vertrauens gemacht werden. Sie entstehen erst im Vertrauen, mehr noch, sie können erst entstehen, weil vertraut wird und damit ein Selbstbewusstsein wächst, das sich nicht zuletzt darin äußert, dass am Ende doch die Abkürzung gewählt wird, die verboten war. Denn auch das ist natürlich Teil des Vertrauens: Der andere, dem vertraut wird, gewinnt Spielräume, in denen er erst beweisen muss, dass das Vertrauen gerechtfertigt ist. Missbraucht der Junge diese Spielräume? Hat er das Vertrauen wirklich gerechtfertigt? Er hat nicht nur die Abkürzung genommen, die er nicht nehmen sollte, er hat auch die Bonbons gekauft, die er nicht kaufen sollte. Andererseits: Wer glaubt, er hätte das Vertrauen nur dann gerechtfertigt, wenn er »auftragsgemäß« gehandelt hätte, versteht nicht, was Vertrauen ist. Vertrauen ist nicht grundlos, wie manchmal behauptet wird – ein bestimmtes Alter wird abgewartet, eine überschaubare Situation wird ausgesucht, eine Zeitgrenze wird gesetzt, Anweisungen werden gegeben –, aber es beruht wesentlich darauf, dem, dem vertraut wird, die Kompetenz zuzumuten, mit dem Vertrauen verantwortungsvoll umzugehen. Wer auf dem Weg zum Einkaufen Monster und Außerirdische besiegt, hat den Test bestanden, auch wenn er die Reife, die auf dem Weg erworben wird, am Anfang des Wegs noch gar nicht hatte und selbst überrascht sein muss über die Vermessenheit des ursprünglichen »Vertrau mir, Mama!« Vertrauen ist nicht grundlos, aber die Gründe, auf denen es beruht, können es nicht erschöpfen, sie sind, wenn man so will, ungesättigt und bedürfen erst einer Praxis, in der sie gleichsam vervollständigt oder gesättigt werden. Wenn der Junge am Schluss der Geschichte selbstbewusst entspannt in einem Gartenstuhl sitzt, einen Lolli lutscht und die Rechtfertigung des ihm geschenkten Vertrauens bestätigt, ist das nichts weiter als ein Zeichen kindlicher Unverschämtheit. Denn auch er wusste nicht, worauf er sich einlässt und was es heißt, sich dem Gesichtskreis der Mutter entziehen zu dürfen.

Die Geschichte enthält noch mehr Lehrreiches. Das Vertrauen, um das es darin geht, entfaltet sich im Rahmen einer Beziehung, in der die eine Seite – die Mutter – die andere Seite – ihren Jungen – in die temporäre Selbständigkeit entlässt und ihn als einen anerkennt, dem vertraut werden kann. Der fast schon unverschämte Stolz des Jungen ist der Stolz des Anerkannten, und es ist darauf angespielt worden, dass diese Anerkennung kreativ ist, dass sie dazu beitragen kann, die Gründe zu schaffen, die das Vertrauen erst rechtfertigen. Das heißt aber auch, dass sie sich als ungerechtfertigt erweisen kann, worin genau die Verletzbarkeit des Vertrauenden besteht, die nicht ohne Berechtigung als eine »akzeptierte« Verletzbarkeit bezeichnet worden ist. Wer vertraut, will nicht, dass sich das Vertrauen nicht bestätigt, aber er riskiert es und kann gar nicht anders als dieses Risiko in Kauf zu nehmen, wenn ihm die Selbständigkeit des anderen am Herzen liegt. Diese Selbständigkeit ist das, was durch das Vertrauen wirklich werden kann und worum es im Vertrauen in diesem Fall eigentlich geht. Das Vertrauen selbst besitzt eine anerkennende Dimension, aber diese Dimension kommt in einer Beziehung zum Tragen, in der es nicht nur um das Vertrauen geht. Vertrauen, so die Annahme, ist Bestandteil einer Praxis, in der es dazu beiträgt, andere Werte als den Wert, den das Vertrauen selbst darstellt, zu verwirklichen. Trotz seines intrinsischen Eigenwerts ist Vertrauen in diesem Sinne wesentlich instrumentell.[7] Es

7 In der gegenwärtigen Sozialphilosophie ist der Begriff »Instrumentalität« eindeutig negativ konnotiert. Es gibt viele Gründe, diese einseitige Bewertung durch eine – pragmatistisch inspirierte – Umdeutung des Begriffs aufzuweichen, was in dieser Arbeit nicht geleistet werden kann. Siehe aber Martin Hartmann, *Die Kreativität der Gewohnheit. Grundzüge einer pragmatistischen Demokratietheorie*, Frankfurt/M., New York 2003. Hier ist mit »Instrumentalität« nur gemeint, dass uns Verhältnisse gegenseitigen Vertrauens in die Lage versetzen, andere Zwecke zu verfolgen als solche, die mit dem Vertrauen selbst verbunden sind. Auch wenn Vertrauen einen intrinsischen Wert hat, schließt das nicht aus, dass es keine Beziehungsform gibt, der es einzig und allein um Vertrauen selbst geht.

ist bezogen auf andere Werte (keinesfalls nur und immer Selbständigkeit), die im Vertrauen wirklich werden können. Um Vertrauen vollständig zu verstehen, ist es also nötig, eine Praxis zu beschreiben, in der Vertrauen eine Rolle spielt. Ohne die Kenntnis des Verhältnisses des Jungen zu seiner Mutter müsste das Verständnis des Vertrauens unvollständig bleiben. Den ersten Schritt in die prekäre Selbständigkeit geht der Junge von der Mutter weg, und das ist nicht unerheblich. Sie ist es, die einschätzen muss, ob dieser Schritt vollzogen werden kann, und sie ist es, die nach Vollzug des Ausflugs beurteilen muss, ob das geschenkte Vertrauen gerechtfertigt war (die unvermeidbare Naivität ihres »Ich wusste ja, dass ich mich auf dich verlassen kann« ist Teil des feinen Humors der Geschichte). Die Rationalität des Vertrauens, also seine Angemessenheit oder Unangemessenheit, bemisst sich an einer Praxis, die erst die Kriterien liefert, um das Vertrauen zu beurteilen. Wir müssen wissen, worum es beim jeweiligen Vertrauen geht, welche Werte in ihm auf dem Spiel stehen, um es jeweils einzuschätzen. Auch deswegen ist Vertrauen nicht einfach an sich wertvoll, obwohl der Begriff häufig von einer Aura des Guten umgeben ist. Der Wert des Vertrauens bemisst sich immer auch an dem Wert der Ziele und Zwecke, die im Vertrauen verwirklicht werden.

Hier kommt ein weiterer Punkt zur Geltung. In der Geschichte ist explizit vom Vertrauen die Rede. »Vertraue mir!« ist keine seltene Aufforderung, aber sie zeigt in der Regel eine Grenze des Vertrauens an, einen möglichen Anfang oder ein drohendes Ende. Die Aufforderung soll Überzeugungsarbeit leisten, soll ein Versprechen artikulieren, das nötig ist, weil eine selbstverständliche Vertrauenspraxis noch nicht etabliert wurde. Wird Vertrauen als Element einer Vertrauenspraxis selbstverständlich, kann es verschwiegen bleiben. Das aber, auch dies macht die Geschichte deutlich, ist eine Errungenschaft, die nicht einfach vorausgesetzt werden kann. Vertrauenspraktiken sind nicht immer schon da, und auch das, was in der Psychologie Welt- oder Urvertrauen genannt wird, entspringt, meiner Deutung nach, nicht einem ursprünglichen Vertrauensverhältnis, sondern einer vermittelten Unmittelbarkeit. Das Spontane, das reflexionsfrei Natürliche ist Ergebnis kultureller Vermittlung, wir müssen es schaffen und erhalten. Auch an diesem Punkt zeigt sich, dass Vertrauen nicht grundlos ist. Die Gründe, die wir haben, einander zu vertrauen, müssen nicht explizit sein (und wenn sie explizit werden, können sie ein Verhältnis transformieren), aber sie können eine Vertrauenspraxis implizit tragen, und in dieser Form sind sie das, was eine solche Praxis wertvoll und angenehm macht. Ist eine Vertrauenspraxis intakt, kann sie den daran beteiligten Subjekten die Suche nach Gründen, die für das Vertrauen sprechen, ersparen. Das zeigt sich am Verhältnis von Eltern und Kindern erst, wenn eine gewisse Stufe erreicht ist, wenn so etwas wie eine erste große Vertrauensprüfung (oder mehrere solcher Prüfungen) bestanden wurde. Ist diese Stufe aber erreicht, nimmt das Vertrauen den Charakter einer zweiten Natur an und muss, in den Worten Fichtes, »im deutlichen Bewußtseyn« nicht mehr auftauchen.[8] Dass Vertrauen auf diese Weise Komplexität reduzieren kann, wie häufig behauptet wird, verkennt dabei die dem Vertrauen eigene Komplexität, die nicht zuletzt seiner spezifischen Rationalität entspringt. Wer vertraut, denkt vielleicht weniger nach, aber der Verzicht auf Reflexion bündelt in sich nicht all die Gründe, die eine ausführlichere Analyse einer Situation oder einer Person potenziell generieren kann. Anders formuliert: Die Rationalität des Vertrauens bemisst sich nicht an einem explizit durchgeführten, argumentativ strukturierten Beweisverfahren, das mir den anderen als vertrauenswürdig ausweist. Sie bemisst sich eher daran, dass mir berechtigte Zweifel an der Aufrichtigkeit oder Kompetenz des anderen fehlen. Dieses Fehlen wird nicht als Endpunkt eines Beweisverfahrens bewusst konstatiert; es ergibt sich aus einer habitualisierten Urteilskraft, die offen ist für mögliche Gründe und Zeichen berechtigten Misstrauens, und aus einer Praxis, die durch das Gut einer Sensibilität für positive Gründe des Vertrauens und der Vertrauenswürdigkeit strukturiert wird.[9] Elternschaft kann im gelingenden Fall eine solche Praxis sein. Natürlich hätte die Mutter des Jungen über alle möglichen Gefahren nachdenken können und natürlich verkürzt ihr Vertrauen

8 Johann Gottlieb Fichte, »Die Grundzüge des gegenwärtigen Zeitalters«, in: ders., *Gesamtausgabe der Bayerischen Akademie der Wissenschaften*, Bd. I.8, Stuttgart/Bad Cannstatt 1991, S. 365; siehe auch Italo Testa, »Selbstbewusstsein und zweite Natur«, in: Klaus Vieweg, Wolfgang Welsch (Hg.), *Hegels Phänomenologie des Geistes. Ein kooperativer Kommentar zu einem Schlüsselwerk der Moderne*, Frankfurt/M. 2008, S. 286-307.

9 Siehe Martin Hartmann, »Akzeptierte Verletzbarkeit. Elemente einer normativen Theorie des Vertrauens«, in: *Deutsche Zeitschrift für Philosophie* 51:3 (2003), S. 395-412.

den Reflexionsprozess. Aber ihr Vertrauen ist nicht das affektive Äquivalent der Reflexion, die aufgrund ihrer eigenen »Intelligenz« Verhalten rational macht. Gemessen an diesem Standard entbehrte ihr Vertrauen jeglicher vernünftigen Grundlage, und die Tatsache, dass Monster, Geister, Hexen und Außerirdische in ihren Überlegungen keine Rolle spielen, wäre nur erneut ein beredtes Zeugnis ihrer Verantwortungslosigkeit. Sie hat Gründe für ihr Vertrauen, aber ihre Gründe sind eigene Gründe, sind, wenn man so will, Gründe des Vertrauens und nicht Gründe einer sich im Vertrauen verbergenden verknappten Rationalität. Eltern, die zu ihren Kindern kein vertrauensvolles Verhältnis aufbauen, sind schlimmstenfalls schlechte Eltern, sie sind aber nicht irrational.[10]

Damit haben wir, mit Hilfe der Kinderbuchgeschichte, schon einige Eigenschaften des Vertrauens in den Blick genommen, die im Verlauf dieser Arbeit zu verhandeln sein werden. Ein weiterer Aspekt sei genannt. Es ist erwähnt worden, dass Vertrauen besonders in den Sozialwissenschaften als eine weiche Kategorie des Handelns gilt, die verschiedene Formen der Kooperation zwischen Subjekten erleichtert oder gar erst ermöglicht. Wer anderen vertraut, etwa im Rahmen eines zivilgesellschaftlichen Zusammenschlusses oder Vereins, setzt nicht auf Ressourcen der Macht oder auf finanziellen Einfluss, um das Verhalten anderer zu bestimmen; er setzt einzig auf die Bereitschaft der anderen, aus freien Stücken zu kooperieren, und zwar in einem kulturellen oder institutionellen Rahmen, der von spezifischer oder allgemeiner Reziprozität getragen wird. An dieser sozialwissenschaftlichen Einsicht, die seit Robert Putnams *Making Democracy Work* die Diskussionen um das so genannte so-

10 Ich möchte, wie schon angedeutet, das Vertrauen, aber auch Phänomene wie Emotionen aus dem Griff von Rationalitätstheorien befreien, die affektfreie Rationalitätsmuster zur Grundlage der Beurteilung affektiver Reaktionen machen und Rationalität in Analogie zur Rationalität von Wahrnehmungen begreifen. Wir beurteilen Emotionen und auch Vertrauen viel weniger unter Rationalitäts- oder sogar Wahrheitsgesichtspunkten als unter ethischen Gesichtspunkten. Mit kommt es also weniger auf epistemische denn auf ethische Rationalität an. Ausführlicher dazu: Martin Hartmann, »Das Emotionale Selbst«, in: Barbara Merker (Hg.), *Leben mit Gefühlen. Emotionen, Werte und ihre Kritik*, Paderborn 2009, S. 231-255. Ob es sinnvoll ist, Vertrauen als eine Emotion zu deuten, diskutiere ich weiter unten im Buch (Kap. 6.3). Die hier an verschiedenen Punkten vorgebrachte Kritik an übertriebenen Epistemologisierungen des Vertrauens und seiner Elemente speist sich aus pragmatistischen Grundüberzeugungen.

ziale Kapital bis heute prägt, sei an dieser Stelle nicht gerüttelt.[11] Trotzdem soll die Aufmerksamkeit noch einmal dem Stolz des Jungen gewidmet werden, hinter dem sich die Freude an einem Stück gewonnener Macht verbirgt. Weil Vertrauen die Kontrolle über den anderen preisgibt, kann dieser in erheblichem Maße darüber bestimmen, wie sich das Vertrauensverhältnis gestalten und wie es von denen, die daran beteiligt sind, verstanden werden soll. Wenn der Junge am Ende verkündet, er hätte seine Hände nicht in die Hosentaschen gesteckt, stimmt das zwar, aber wir wissen, dass er nicht alles den Anweisungen seiner Mutter gemäß ausgeführt hat. Es ist schon darauf hingewiesen worden, dass nicht unbedingt ein Vertrauensmissbrauch darin liegt, die Handlungen, die den Anweisungen der Mutter zuwiderlaufen, zu verheimlichen. Wer vertraut, räumt dem Empfänger des Vertrauens Spielräume des Handelns und auch der Beurteilung des Handelns ein, die nicht einfach kassiert werden dürfen, wenn das Vertrauen lebendig bleiben soll. Die Verletzbarkeit des Vertrauenden hat hier eine ihrer Quellen, denn natürlich kann die eingeräumte Freiheit missbraucht werden, um Dinge zu tun, die in keiner Hinsicht mehr mit dem, was der Vertrauensgeber als Vertrauen versteht, übereinstimmen. Wäre ein Ausflug in den städtischen Zoo noch mit dem Vertrauen der Mutter zu vereinbaren? Wo genau die Grenzen des Vertrauens liegen, ist aber nicht klar bestimmbar. Vertrauen ist nicht vertraglich geregelt und auch gar nicht vertraglich regelbar (und, wie hinzugefügt werden kann: es lässt sich auch nicht auf eindeutig zugeschnittene moralische Prinzipien bringen). Die Klage »Vor Monstern hatte Mama ihn nicht gewarnt« zeigt im Übrigen, dass auch dem Vertrauensgeber Interpretationsspielräume eingeräumt werden müssen, die den Gehalt dessen, was beim Vertrauen auf dem Spiel steht, betreffen. Dem Jungen in diesem Fall zu vertrauen heißt auch, ihn in gewissen Grenzen mit dem Vertrauen allein zu lassen, stets darauf hoffend, dass er mit dem Vertrauen angemessen umgeht. Der Begriff der Macht mag im Kontext von Vertrauensverhältnissen unangemessen erscheinen, aber es ist doch nötig, neben die weichen Seiten des Vertrauens auch die harten zu stellen, die konstitutiv für die beiderseitigen Verletzbarkeiten sind. In anderen sozialen Kontexten kommt dieser Zug des Vertrauens viel deutlicher zum

11 Robert D. Putnam, *Making Democracy Work. Civic Traditions in Modern Italy*, Princeton 1993.

Tragen, besonders dann, wenn wir Mächtigen vertrauen, *weil* sie Macht haben. In jedem Fall aber gilt, dass der, dem vertraut wird, und der, der vertraut, Handlungsmöglichkeiten gewinnen, durch die sie potenziell in die Lage geraten, dem je anderen Verletzungen zuzufügen. Will man hierfür noch nicht den Begriff der Macht verwenden, die beide Seiten damit über die je andere Seite gewinnen, wird man mindestens einräumen müssen, dass die in unserer Sicht für Vertrauensverhältnisse maßgebliche Symmetrie der beteiligten Subjekte stets umgeben ist von zahllosen Asymmetrien, die häufig erst auf der Basis des Vertrauens selbst entstehen. Auch wenn es banal klingt: Es ist ein wichtiger Sachverhalt, dass es Verletzungen gibt, die überhaupt erst mit dem Vertrauen entstehen können. So wie es eine Macht gibt, die dem Vertrauen vorausgeht und es rechtfertigt, gibt es eine Macht, die mit dem Vertrauen erst in die Welt kommt, auch wenn das Vertrauen darauf setzt, dass diese Macht nie zum Nachteil des Vertrauenden oder des Vertrauensempfängers eingesetzt werden möge. An verschiedenen Stellen in diesem Buch wird es darum gehen, diesen Aspekt stärker hervorzuheben, als das in der stetig wachsenden Literatur zum Vertrauen bislang geschieht.

0.3 Der Begriff der Praxis (1)

Verletzbarkeit, Macht, Praxis, Rationalität, zweite Natur – damit sind im spielerischen Ausgang von einer Kinderbuchgeschichte einige Themen genannt, die in diesem Buch zur Sprache kommen. Ich unternehme den Versuch, eine systematische Theorie des Vertrauens zu erarbeiten, bin mir aber zugleich darüber im Klaren, dass ein solcher Versuch wesentlich auf eine praktische Verankerung der zunächst mehr oder weniger begrifflich gewonnenen Einsichten setzen muss. Der Begriff der Praxis, der dabei Verwendung findet, gehört zu den Kernelementen meiner Theorie, die nicht beansprucht, alle relevanten Formen des Vertrauens zu erörtern, sondern nur solche, die Bestandteil einer Praxis des Vertrauens werden und damit von einer sozialen Rationalität und Normativität profitieren, durch die einzelne Akte des Vertrauens ihrerseits rational und normativ werden. Ich werde dabei intakte, also weitgehend stabile Vertrauenspraktiken von guten Vertrauenspraktiken unterscheiden, auch wenn diese Begriffe gelegentlich nur analytisch trennbar sind. Intakte Vertrauenspraktiken sorgen dafür, dass Handlungen, die unter sie fallen, rational sind. Und: Gute Vertrauenspraktiken sorgen dafür, dass Handlungen, die unter sie fallen, gut sind.[12] Intakte Vertrauenspraktiken sind nicht zwangsläufig auch gute Vertrauenspraktiken. Das heißt, ich kann (rationale) Gründe haben, einer anderen Person zu vertrauen, ohne dass das Vertrauensverhältnis selbst in einem normativen Sinne gut sein muss. Gute Vertrauenspraktiken dagegen liefern in der Regel Gründe für Vertrauen, die dazu beitragen, dass das Vertrauen rational wird.

Was hier gut, was rational heißt, ist naturgemäß klärungsbedürftig. Der Punkt, der zunächst interessieren soll, sei am Begriff der Rationalität erläutert: Unser Vertrauen kann angemessen oder unangemessen sein, was impliziert, dass wir uns im Falle gebrochenen Vertrauens Vorwürfe machen können, die der Annahme gelten, das Vertrauen sei eigentlich gerechtfertigt gewesen. Aber was genau heißt »angemessen oder unangemessen«? Gibt es Zustände in der Welt, die unser Vertrauen angemessen oder unangemessen machen? Oder handelt es sich nur um subjektive Eindrücke? Eine Schwierigkeit besteht an dieser Stelle darin, dass die Angemessenheit oder Unangemessenheit des Vertrauens nicht einfach an der jeweiligen Situation abgelesen werden kann. Wären wir neutrale Beobachter der Szenerie, die sich in der Geschichte der Mutter mit dem Sohn entfaltet, könnten wir nicht sehen oder erkennen, ob und inwiefern es sich um eine Szenerie des Vertrauens handelt. Sie wird zu einer solchen erst im Rahmen einer zumeist narrativ strukturierten Beschreibung, die für uns hinreichend viele vertrauensrelevante Aspekte enthält. So gilt auch für die Mutter, dass sie am Anfang der Geschichte gar nicht wissen oder erkennen kann, ob ihr Vertrauen angemessen ist. Gleichzeitig aber hätte sie ihr Vertrauen wahrscheinlich gar nicht geschenkt, wenn sie nicht der Meinung

12 Michael Thompson entwickelt für das Verhältnis zwischen Praktiken und den unter sie fallenden Handlungen den Begriff des »Transparenz- oder Transferprinzips«; siehe *Life and Action. Elementary Structures of Practice and Practical Thought*, Cambridge (Mass.), London 2008, S. 167 (dt. *Leben und Handeln. Grundlegende Strukturen der Praxis und des praktischen Denkens*, Berlin 2011, S. 212). Der Transfer, um den es geht, richtet sich von der normativen Qualität einer Praxis auf die normative Qualität der Handlungen, die unter die Praxis fallen.

gewesen wäre, über genügend Anhaltspunkte für die Vertrauenswürdigkeit ihres Sohnes zu verfügen. Der Wunsch, vertrauen zu können, schärft den Blick für vertrauensrelevante Aspekte der Wirklichkeit, und man kann sagen, dass die Mutter ihren Sohn im Vertrauen als einen beurteilt, dem (jetzt) vertraut werden kann. Trotzdem bleibt es dabei, dass sich die Berechtigung dieses Urteils erst praktisch erweisen muss, so dass im Prinzip alle Versuche, die Rationalitätskriterien vertrauensvoller Einstellungen auszubuchstabieren, narrativ verfahren müssen (weswegen sich Geschichten wie die oben erzählte gut eignen, um die Komplexität des Vertrauens deutlich zu machen). Hinzu kommt, dass die Basis unserer Urteile über vertrauensvolle Einstellungen nicht unbedingt ihre Übereinstimmung mit Aspekten der Wirklichkeit ist. Theorien, die Vertrauen als Emotion oder affektive Einstellung bezeichnen und Emotionen wiederum wie Einstellungen oder Zustände behandeln, in denen intentionale Objekte so oder anders repräsentiert werden (als gefährlich, ekelhaft, furchterregend etc.), neigen dazu, dem Vertrauen eine epistemologische Rolle zuzuweisen. Wir erkennen etwas an der Wirklichkeit, weil wir sie als Vertrauende auf diese oder jene Weise wahrnehmen. Anders formuliert: Ist das Objekt des Vertrauens vertrauenswürdig, dann *passt* das Vertrauen zu diesem Objekt und repräsentiert es angemessen.[13] Aber während ich nicht bestreite, dass uns Vertrauen Wirklichkeit auf eine spezifische Weise »sehen« lässt, bestreite ich, dass die Basis unserer Urteile über Vertrauen primär epistemisch gefasst werden sollte. In dem Maße, in dem wir Vertrauen als Bestandteil einer Vertrauenspraxis begreifen, die immer auch von den Selbstverständnissen der daran beteiligten Subjekte getragen wird, entscheidet sich die Frage der Angemessenheit oder Unangemessenheit des Vertrauens daran, ob

13 Siehe maßgeblich Karen Jones, »Trust as an Affective Attitude«, in: *Ethics* 107 (1996), S. 4-25; Justin D'Arms und Daniel Jacobson, »The Moralistic Fallacy: On the ›Appropriateness‹ of Emotions«, in: *Philosophy and Phenomenological Research* LXI:1 (2000), S. 65-90, machen mit Bezug auf Emotionen im Allgemeinen die These geltend, dass die Frage ihrer Passgenauigkeit (*fittingness*) von der Frage ihrer moralischen oder prudentiellen Angemessenheit getrennt werden muss. Dass wir über einen Witz nicht lachen wollen, weil wir ihn unanständig finden oder weil die einflussreiche Person, die in dem Witz verballhornt wird, neben uns steht, heißt nicht, dass er nicht gut ist, so dass Lachen durchaus eine *passende* Reaktion wäre. Diese Abspaltung der epistemischen Dimension halte ich für problematisch.

das Vertrauen den normativen Gehalt dieser Selbstverständnisse noch in übereinstimmender Weise artikuliert. Natürlich kann der Vorwurf »Ich habe ihm zu Unrecht vertraut« besagen »Ich habe die Wirklichkeit im Vertrauen falsch erfasst oder unangemessen repräsentiert«, aber ich gehe davon aus, dass ein derartiges epistemisches Urteil stets eingebettet ist in einen größeren praktischen und ethischen Rahmen, in dem es darum geht, wer wir als Vertrauende oder als Vertrauensempfänger sein und welcher Praxis wir folgen wollen. Geht es im Vertrauen etwa darum, die Selbständigkeit eines anderen zu fördern, dann handelt es sich dabei zweifellos um ein ethisch imprägniertes Ziel, das als solches Beurteilungskriterien freisetzt, die nicht primär epistemischer, sondern vielmehr praktischer Natur sind. Das wiederum ist durchaus im Sinne des in dieser Arbeit verwendeten Praxisbegriffs zu verstehen. Praktiken bedürfen, um stabil zu bleiben, übereinstimmender Urteile, die sich auf das Selbstverständnis der an der Praxis beteiligten Akteure beziehen. Driften diese Urteile auseinander, ist die Einheit der Praxis in Gefahr. Nutzt der Junge etwa das ihm entgegengebrachte Vertrauen, um den Kioskbesitzer auszurauben, könnte die Frage auftauchen, ob er und seine Mutter wirklich an ein und derselben Vertrauenspraxis teilnehmen (ist es das, was Eltern hierzulande von ihren Kindern erwarten, wenn sie sie zum ersten Mal zum Einkaufen schicken?). Die Frage der Mutter an den Sohn, ob er denn auch alles so gemacht habe wie vorgesehen, zielt untergründig genau auf diesen Punkt. Sie sucht nach einer retrospektiven Bestätigung der zunächst nur unterstellten Gemeinsamkeit der Vertrauenspraxis. Hier liegt eine der wesentlichen Bruchstellen aller Vertrauensverhältnisse. Weil wir nie absolut sicher sein können, dass die, denen wir Vertrauen entgegenbringen, tatsächlich unserem Praxisverständnis folgen, setzt die Möglichkeit des Vertrauens so etwas wie *Praxisvertrauen* voraus. Wir haben Anhaltspunkte dafür, dass der andere unser Praxisverständnis teilt, aber wir haben keine Garantien und können solche auch gar nicht haben (wollen), denn durch unser Vertrauen erst bestätigen und erneuern wir die Praxis, deren Existenz wir unterstellen müssen, um überhaupt vertrauen zu können.

Im Kapitel über den römischen *Fides*-Begriff komme ich auf ein Ereignis zu sprechen, das diesen Punkt gut belegen kann. Nachdem im Jahre 191 v. Chr. die Römer in der zweiten Schlacht bei den

Thermopylen die Griechen unter Antiochos III. geschlagen haben, beschließen die Griechen, einen Gesandten, Phaineas, zum römischen Konsul Glabrio zu schicken, um ihr Schicksal in die Hände der Römer zu legen. Man unterwirft sich in der Hoffnung und im Vertrauen (*fides*) auf milde Behandlung. Doch Glabrio fordert die Auslieferung zweier Ätolier und bringt damit die griechische Gesandtschaft gegen sich auf. »Wir haben uns nicht in deine Sklaverei begeben, sondern uns deiner Redlichkeit (*fidem tuam*) überantwortet« – so Phaineas in der Überlieferung des Livius.[14] Die Römer wiederum verstehen nicht, warum die Griechen als im Kampf Unterlegene überhaupt glauben, Forderungen stellen zu können. Unabhängig von weiteren Details haben wir es hier offenbar mit einem Streit um die Gemeinsamkeit eines Praxisverständnisses zu tun, der am Ende dazu führt, dass die Griechen ihre Unterwerfungsgeste zurücknehmen. Was es bedeutet, sich in die *fides* der Römer zu begeben, wird offenbar unterschiedlich ausgelegt, weil kein übereinstimmendes Praxisverständnis vorliegt. Ohne ein solches aber kann es kein Vertrauen geben und nur darauf soll es hier ankommen. Ich werde am Ende dieses Buches Adam Smith' Theorie der Sympathie und sein Konzept des unparteiischen Zuschauers zum Thema machen, weil sich darin Elemente finden lassen, die nötig sind, um die angesprochene Dimension der Übereinstimmung (in den Empfindungen) genauer einzufangen. Diese Übereinstimmung, das zeigt auch die Geschichte des Jungen und seiner Mutter, ist nicht einfach da, sie ist nicht einfach abrufbar, sondern sie muss im Rahmen einer Praxis bestätigt und gegebenenfalls erst hergestellt werden. Was in jedem Vertrauensakt folglich auf dem Spiel steht, ist unser Selbstverständnis als Wesen, denen vertraut werden kann.

Intakte oder gute Vertrauenspraktiken, so hieß es, sorgen dafür, dass Handlungen, die unter sie fallen, von einem rationalen Vertrauen getragen sind oder als gut gekennzeichnet werden können. An diesem Satz ist vieles undeutlich, und ich werde ihn im Laufe dieses Buches an verschiedenen Punkten erläutern. Hier möchte ich vor allem folgenden Aspekt hervorheben: Der Praxisbegriff, der damit ins Spiel kommt, erlaubt es, ein hartnäckiges Problem zu bewältigen, dass die Vertrauensliteratur kontinuierlich heimsucht:

14 Titus Livius, *Ab urbe condita/Römische Geschichte*, Buch XXXV-XXXVIII, München/Zürich 1982, S. 167 f. (XXXVI, 26 ff.).

Das Problem des generalisierten Vertrauens. Was ist damit gemeint?

Es gibt wie erwähnt Gründe dafür, das Phänomen des Vertrauens als ein »weiches« Phänomen zu betrachten. Diese Gründe haben etwas mit unserer Neigung zu tun, intime oder freundschaftliche Beziehungen als die paradigmatischen Vertrauensverhältnisse zu betrachten. Wir gehen davon aus, dass sich Vertrauen leichter einstellen kann, wenn wir die, denen wir vertrauen sollen, kennen, wenn sie uns vertraut sind, wenn wir Gelegenheit hatten, ihre Motive und ihren Charakter auf der Basis von Erfahrungen einzuschätzen. Auch wenn sich die ganze Ausprägung dieser engen Koppelung von Intimität, Vertrauen und Vertrautheit erst in dem historischen Augenblick entfalten kann, in dem sich eine genuine Privatsphäre vor allem aus ökonomischen Kontexten ausdifferenziert, ist etwa der Topos des freundschaftlichen Vertrauens alt: »Auch kann man sich erst dann gegenseitig anerkennen und Freund sein«, so Aristoteles in der *Nikomachischen Ethik* (1156b 27f.), »wenn sich einer dem anderen als liebens-wert erwiesen hat und das Vertrauen (πιστευθῇ) befestigt ist«.[15] Wenn man nun akzeptiert, dass sich Vertrauen vor allem in intimen oder freundschaftlichen Beziehungen ausbildet, so dass diese Beziehungsmuster einen paradigmatischen Status gewinnen, entsteht die Frage nach der Möglichkeit eines Vertrauens unter Fremden. Es ist diese Frage, die einen Großteil der neueren Literatur zur Thematik auf die eine oder andere Weise umtreibt. Ob es sich um Diskussionen um Vertrauen in politischen, ökonomischen oder professionellen Handlungszusammenhängen handelt – stets geht es um die Möglichkeit eines generalisierten Vertrauens unter Fremden. Dass diese Frage überhaupt so virulent wird, hängt eben, so meine Vermutung, an der untergründigen Orientierung der Vertrauensforschung an Formen intimen oder freundschaftlichen Vertrauens. In dem Maße, in dem uns diese Formen des »dichten« Vertrauens als kognitiver Rahmen dienen, muss ein über diesen Rahmen hinausgehendes Vertrauen problematisch werden oder zumindest in Frage stehen. Eine Art, mit diesem Problem umzugehen, besteht natürlich darin, die Möglichkeit eines Vertrauens unter Fremden schlicht zu leugnen. Wenn wir, mit anderen Worten, das dichte Vertrauen zur Grundlage machen, dann kann es über diese dichten Verhältnisse hinaus keine

15 Aristoteles, *Nikomachische Ethik*, Stuttgart 1969, S. 218f.

genuinen Vertrauensbeziehungen geben. Diese Antwort aber stellt die moderne Vertrauensforschung nicht zufrieden, was, wenn man so will, einen Teil ihrer Unruhe ausmacht. Sie sieht einen derart großen Bedarf an vertrauensvollen Beziehungen außerhalb dichter Interaktionskontexte, dass sie alles tut, um die Möglichkeit eines solchen generalisierten Vertrauens nachzuweisen.

Es soll mir an dieser Stelle noch gar nicht darum gehen, darüber zu urteilen, wie sinnvoll es ist, Formen des dichten Vertrauens als Ausgangspunkt der Beschäftigung mit dem Thema zu nehmen. Ich will auch nicht behaupten, dass alle Untersuchungen zum Vertrauen diesen Ausgangspunkt haben. Mir kommt es nur auf Folgendes an: Wenn wir anerkennen, dass sich auch das Vertrauen in dichten Interaktionskontexten häufig in einem praktischen Rahmen vollzieht, der als solcher einen Teil der Gründe generiert, die das Vertrauen, das die Subjekte zueinander haben, ermöglicht, dann müssen wir nicht mehr mit der gleichen Dringlichkeit fragen, wie es möglich ist, von dichten Formen des Vertrauens zu einem generalisierten Vertrauen zu kommen. Praktiken aller Art, sofern sie intakt oder gut sind, liefern uns Handlungsgründe, die wir privatim nicht generieren könnten. Das ist eine der wesentlichen Leistungen von Praktiken. Was genau in diesem Zusammenhang mit dem Begriff der Praxis gemeint ist, soll in einem eigenen Kapitel angedeutet werden und wird ohnehin an verschiedenen Punkten dieses Buches zur Sprache kommen. Etwas vertrauter als der Praxisbegriff ist der Begriff des Vertrauensklimas, der häufig Verwendung findet, aber nur selten erläutert wird. Deswegen werde ich darauf in Kapitel II.1 ebenfalls näher eingehen. Auch wenn wir von einem Klima des Vertrauens oder Misstrauens sprechen, zielen wir auf ein Phänomen, das Bedingungen einzelner Vertrauensakte beschreibt, die nicht in der Hand einzelner Subjekte liegen. Diese Bedingungen, nur das ist hier der entscheidende Punkt, liegen auch in vielen intimen oder dichten Interaktionskontexten vor. Elternschaft oder Freundschaft, um nur zwei bereits erwähnte Beispiele zu nennen, liefern als solche, also als mehr oder weniger institutionalisierte soziale Praktiken, Gründe für Vertrauen, die individuelle Absichten oder Intentionen der Teilnehmer an der Praxis einerseits zwar ermöglichen, andererseits aber auch transzendieren. Gerade weil diese Praktiken nicht unwesentlich durch Vertrauen gekennzeichnet sind, bieten sie auch die Möglichkeit des Vertrauensmissbrauchs und verlangen deswegen nach der Unterscheidung von intakten und guten Vertrauenspraktiken.

0.4 Aufbau des Buches

Das Buch gliedert sich in zwei Teile. Im ersten Teil werde ich einigen begrifflich-definitorischen Fragen nachgehen, um das Phänomen des Vertrauens von anderen Phänomenen zu differenzieren. Dabei nehme ich mir zunächst die Frage vor, wie Vertrauen überhaupt methodisch untersucht werden kann, und lote die Grenzen rein begriffsanalytisch arbeitender Verfahren aus (Kapitel 1). Da Vertrauen für mich eine evaluative relationale Einstellung ist, deren ganzer Gehalt erst im Rahmen einer sozialen Praxis zur Geltung kommen kann, verweise ich schon an diesem frühen Punkt auf die Notwendigkeit, in einem zweiten, stärker praxisorientierten Teil die konkreten Nuancierungen des Vertrauensbegriffs in den Blick zu nehmen.

Anschließend lege ich eine Arbeitsdefinition vor, die dabei helfen soll, die begrifflichen Überlegungen des ersten Teils zu strukturieren (Kapitel 2). In gewisser Weise besteht dann der ganze Rest des ersten Teils darin, die einzelnen Elemente meiner Arbeitsdefinition en detail auszubuchstabieren. So wende ich mich konkurrierenden Vertrauensinterpretationen zu, die – anders als ich – im Vertrauen eine Grundlage allen Handelns sehen, und bemühe mich um den Nachweis, dass diese die Rolle der Optionen als Voraussetzung für Vertrauen vernachlässigen (Kapitel 3). Es geht mir nicht darum, konkurrierende Muster der Vertrauensbeschreibung, denen oft genug alltägliche Begriffsverwendungen entsprechen, als solche zu diskreditieren, sondern vielmehr geht es mir um eine Begründung dafür, warum ich mich diesen Beschreibungen nicht anschließen kann. Der Begriff der Beschreibung, den ich damit ins Spiel bringe, wird in Kapitel 4 ausführlicher erörtert. Dieser Abschnitt mag etwas mühselig erscheinen, aber es ist doch sehr wichtig für meinen Ansatz, dass von Anfang an deutlich wird, in welchem Maße ich im Vertrauen ein Phänomen sehe, das nur im Kontext einer Praxis begriffen werden kann, die nicht unabhängig von der Art existiert, in der wir über sie denken und in der wir sie beschreiben. Es gibt keine Praxis jenseits unserer Interpretationen dieser Praxis, und das gilt entsprechend für das, was ich die Praxis des Vertrauens nenne. Im Lichte dieser Überlegungen kehre ich deswegen noch einmal zu den Modellen des Grundvertrauens zurück, um sie in wesentlichen Grundzügen neu zu beschreiben (Kapitel 5).

In den nächsten Abschnitten geht es dann um weitere Elemente meiner ursprünglichen Arbeitsdefinition. Ich versuche zu klären, was es heißt, Vertrauen als eine Einstellung zu bezeichnen (Kapitel 6), und erläutere meine Rede vom Vertrauen als einer praktischen Einstellung mit evaluativem Gehalt. Die ganze Komplexität des Vertrauens kommt dann in den Abschnitten zum Tragen, in denen ich den genauen Bezug des Vertrauens zum anderen und die spezifische Normativität des Vertrauens behandle (Kapitel 7 und 8). Da ich weder dazu neige, Vertrauen als ein normativitätsfreies Phänomen zu behandeln, noch der häufig vertretenen Auffassung bin, Vertrauen fange in einem Bereich jenseits der Gründe an, erläutere ich in Kapitel 9 die Rationalität des Vertrauens. Wir vertrauen, wenn wir keine Gründe haben, die dagegen sprechen. Das ist zwar eine negative Formulierung, aber sie impliziert nicht, dass wir keine Gründe für Vertrauen haben. Diese müssen uns nicht akut bewusst sein, aber sie sind in der Regel abrufbar oder haben sich in einer Praxis verdichtet, die unsere Einstellung des Vertrauens in gewisser Weise rechtfertigt. Da dieser Praxisbegriff als solcher offen für verschiedene Gegenstandsbezüge ist, gehe ich dazu über, mögliche Gegenstände des Vertrauens zu diskutieren (Kapitel 10). Dass ich dabei die Möglichkeit des Vertrauens zu Tieren erwähne, mag ungewöhnlich erscheinen, aber ich lasse mich dabei nicht nur von Beschreibungen des Verhältnisses von Mensch und Tier leiten, die tatsächlich oft mit der Kategorie des Vertrauens arbeiten, sondern halte es auch für möglich, dass Tiere, mit denen uns eine enge Beziehung verbindet, für bestimmte praxisleitende Vertrauensnormen empfänglich sein können. Dabei geht es zudem darum, die von mir häufiger verwendete Formel vom Vertrauen als einer zweiten Natur ernster zu nehmen, als dies häufig geschieht.

Schließlich wird es nötig sein, vor dem Übergang zum zweiten Teil ausführlicher über den Begriff der Praxis nachzudenken, der dieses Buch leiten soll (Kapitel 11). Dieser Begriff hat eine lange philosophische Geschichte, aber diese Geschichte übergehe ich mehr oder weniger ganz, da andernfalls der Rahmen des Buches gesprengt würde. Dass das Vertrauen eines einzelnen häufig von kollektiven Ressourcen zehrt und so von eigener Reflexion entlastet wird, verstehe ich dabei als wesentliche Einsicht eines Ausgangs vom Praxisbegriff. Freilich kann auch ich noch nicht beanspruchen, den Zusammenhang von individuellen Akten des Vertrauens und kollektiven Vertrauenspraktiken eindeutig geklärt zu haben. Über welche Kriterien verfüge ich, um zu erkennen, dass ich Teil einer kollektiven Vertrauenspraxis bin? Und wie kann ich meinen Bezug auf diese Kriterien zirkelfrei erläutern? Wenn ich ihnen nicht schon vertraue, warum sollte ich sie als Indizien für das Vorliegen einer kollektiven Vertrauenspraxis sehen? Im Kontext von Theorien sozialer Erkenntnis geht man davon aus, dass es »Regeln« und »Kriterien« gibt, die mir helfen, vertrauenswürdige andere von weniger vertrauenswürdigen anderen zu unterscheiden.[16] Aber wie gelange ich dazu, diesen Regeln und Kriterien zu vertrauen. Wenn ich mich nicht schon als Teil einer Praxis begreife, in denen diesen Regeln und Kriterien vertraut werden kann? Ich möchte nicht sagen, dass der damit beschriebene Zirkel vitiös ist, aber ich sehe auch noch nicht, dass das damit gegebene Problem gelöst ist. An diesem Punkt gebe ich selbst meiner Konzeption des Vertrauens einen moderat existenziellen Zug. Das, was ich Praxisvertrauen nenne, impliziert ein Vertrauen darauf, Teil einer kollektiven Vertrauenspraxis zu sein. Für dieses Praxisvertrauen aber kann ich nie hinreichend viele Indizien oder Kriterien haben. Ich muss hier schlicht einen Vorschuss leisten, der in Teilen ungedeckt ist. Immerhin bin ich in diesem Zusammenhang nicht einfach nur passiver Beobachter einer Praxis, sondern Teilnehmer, der diese Praxis mitgestaltet.

Die zentralen Punkte des zweiten Teils erläutere ich am Ende des ersten Teils (Kapitel 12), so dass ich hier nicht näher darauf eingehen muss. Ich habe schon erwähnt, warum ich es für nötig halte, die begrifflichen Überlegungen durch stärker praxisorientierte Überlegungen zu ergänzen. Damit folge ich auch meiner Annahme, es handle sich beim Vertrauen um eine relationale Einstellung. Welche Form des Vertrauens in einem Kontext angemessen ist, hängt davon ab, um welche Beziehung es sich handelt. In diesem Sinne ist das Vertrauen unter Freunden (Kapitel 16) natürlich nicht identisch mit dem Vertrauen unter Fremden, mit dem Gottver-

16 Vgl. etwa Michael Baurmann und Geoffrey Brennan, »What Should the Voter Know? Epistemic Trust in Democracy«, in: *Grazer Philosophische Studien* 79:1 (2009), S. 159-186.

trauen (Kapitel 13), mit politischem Vertrauen (Kapitel 17) oder Vertrauen unter Geschäftspartnern (Kapitel 18). Die Unterschiede dieser Vertrauenstypen lassen sich aber kaum abstrakt festlegen, sie müssen vielmehr in stärker narrativer Orientierung am jeweiligen Phänomen beschrieben werden. Welche Einstellung in einem gegebenen Handlungskontext sinnvoll ist, hängt eben am Handlungskontext und daran, ob dieser auf mein Vertrauen noch antwortet, ob er es noch »sättigt«. Mein Vertrauen muss in diesem Kontext noch als Ausdruck einer allgemein wertgeschätzten Einstellung gelten, und nur wenn das der Fall ist, läuft es nicht ins Leere oder bleibt gewissermaßen ausdruckslos. Die Normen oder Werte, die diese allgemeine Wertschätzung artikulieren, sind Teil der Praxis; sie helfen dabei, die Praxis als solche zu konstituieren, und sie können sich ändern und damit auch die Praxis ändern. Insofern gehe ich bei aller im ersten Teil geleisteten Begriffsarbeit nicht davon aus, dass es einen sakrosankten semantischen Kern des Vertrauens gibt, an dem keine Praxis je rütteln kann. Der erste Teil dieses Buches muss daher auch im Lichte des zweiten Teils gelesen werden, so dass deutlich wird, an welchen Punkten meine scheinbar allgemeingültigen Bestimmungen einen partikularisierenden Zug erhalten. Auch hier, im ersten Teil, ist folglich wenig unumstößlich. Vielleicht sprechen wir irgendwann nur noch in naturalisierten Termini über Vertrauen oder wir öffnen uns ganz für Versuche, Vertrauen als soziales Kapital zu ökonomisieren. Dass wir dann aber etwas verlieren, was vielleicht wichtig für die Möglichkeit guter und damit auch allgemein wertvoller Vertrauenspraktiken ist, das soll eine meiner zentralen Thesen sein.

Sind damit einige Themen genannt, die verhandelt werden, so soll auch erwähnt sein, welche Themen *nicht* ausführlicher zur Sprache kommen. So habe ich mich nicht in der Lage gesehen, die Frage nach günstigen Entstehungsbedingungen von Vertrauen zu behandeln, obgleich gerade dieser Punkt häufig als sehr wichtig beurteilt wird und viel Interesse auf sich zieht. Was folglich fehlt, sind Annahmen über die psychologischen, sozialen, kulturellen und politischen Voraussetzungen des Vertrauens. Die Praktiken, die ich beschreibe, setze ich als gegeben voraus, aber ich erläutere kaum, wie sie entstehen oder welche Bedingungen für ihr Entstehen günstig sind. Zum Teil erklärt sich meine diesbezügliche Zurückhaltung daraus, dass es schwer ist, die Faktoren, die für das Entstehen eines Phänomens verantwortlich sind, ohne Rückgriff auf empirische Studien in Anschlag zu bringen. Ein solcher Rückgriff aber überfordert meine Kompetenzen. So halte ich es beispielsweise für evident, dass die Einstellung des Vertrauens im Subjekt ein gewisses Maß an Selbstvertrauen im alltäglichen Sinne des Worts voraussetzt. Wenn Vertrauen riskant ist und mit möglichen Verletzungen einhergeht, vertrauen eher diejenigen, die sich zutrauen, mit den eventuellen Verlusten und Verletzungen umgehen zu können. Ich reflektiere zwar die Frage, inwieweit es in einem etwas spezielleren Sinn möglich ist, sich selbst zu vertrauen, so dass Vertrauensgeber und Vertrauensempfänger in einer Person verschmelzen (*self-trust* im Unterschied zu *self-confidence*), aber diese Frage berührt nicht die psychologische Frage nach dem Vermögen des Umgangs mit möglichen Verlusten und Verletzungen.

Erwähnt worden ist auch die Annahme, Vertrauen entstehe nur unter egalitären Bedingungen. Allzu große ökonomische Ungleichheit unter den Bürgern eines Gemeinwesens untergrabe den Glauben an die »gemeinsamen Bande« (*common bonds*), der aber für ein verallgemeinertes Vertrauen maßgeblich sei.[17] Ich halte diese Annahme für bedenkenswert, verfüge aber nicht über die Mittel, sie empirisch zu prüfen. Gleiches gilt für die These, die Bürger würden immer dann ihre Steuern zahlen und den Gesetzen gehorchen, wenn sie davon ausgehen, dass diese Gesetze fair implementiert werden, und damit der Regierung vertrauen. Hohe Kriminalitätsraten könnten etwa als eine Form der Selbstjustiz gedeutet werden, die einem tief greifenden Misstrauen in die offiziellen staatlichen Organe entspringt. Auch dieser These kann ich zustimmen, gehe aber nicht davon aus, dass sie mit philosophischen Mitteln geprüft werden kann. Sehr wohl aber stelle ich Überlegungen bezüglich der Frage an, woran wir an uns selbst und an anderen erkennen können, ob wir uns noch einer gemeinsamen Vertrauenspraxis zugehörig fühlen. Das Kapitel über Adam Smith soll einige Instrumente zur Verfügung stellen, die auch dazu dienen können, einige der konkreteren politischen Annahmen der jüngeren Vertrauensforschung philosophisch zu deuten. Eine allzu große ökonomische Ungleichheit unter den Bürgern eines Gemeinwesens könnte dann dazu führen, dass diese Bürger sich

17 Eric Uslaner, *The Moral Foundations of Trust*, a. a. O., S. 4.

nicht mehr imaginativ in die Lage des je anderen hineinversetzen können, was eine der Voraussetzungen für kollektive Formen der immer auch emotional gestützten Urteilsbildung ist, durch die wir zu verstehen geben, dass wir Glieder einer Praxis sind (oder eben nicht).[18] So kann ich zumindest Auskunft darüber geben, warum ökonomische Ungleichheit überhaupt zu einem Problem werden kann, das auch im Rahmen einer Theorie des Vertrauens verhandelt werden muss.

Wenn ich schließlich behaupte, der Akt des Vertrauens beinhalte immer eine Anerkennung des anderen als vertrauenswürdig, liegt es nahe, darüber zu spekulieren, ob Ankerkennungsverhältnisse eine gute Voraussetzung für reziproke Vertrauensverhältnisse sind. Mehr noch, die Frage des Selbstvertrauens und der Anerkennung lassen sich leicht verbinden, denn mein Selbstvertrauen wächst sicherlich in dem Maße, in dem ich von anderen in verschiedenen Hinsichten anerkannt werde. Ich kann eine solche These im Rahmen meiner Überlegungen nicht bestätigen, will sie aber auch nicht bestreiten. Ist der Junge in unserer Geschichte am Ende etwas selbstbewusster als am Anfang, dann wohl auch deswegen, weil ihm vertraut worden ist. Die Anerkennung, die darin verborgen liegt, richtet sich aber nicht auf eine spezielle Eigenschaft an ihm, die gleichsam Vertrauenswürdigkeit verbürgt, sondern auf sein Vermögen, sich mehr oder weniger selbständig in der Welt zu orientieren. Entsprechend haben wir es hier mit einer Praxis zu tun, in der genau diese Selbständigkeit als wertvoll beurteilt und praktisch gefördert wird, und die Anerkennung, um die es hier geht, zielt auf die Vertrauenswürdigkeit *im Rahmen einer solchen Praxis*. In diesem Sinne kann eine Anerkennungsordnung, in der Selbständigkeit oder Autonomie gefördert wird, eng mit Einstellungen des Vertrauens verbunden sein, weil Vertrauen nötig ist, um das Vermögen der Selbständigkeit zu erlangen. Das Vertrauen wiederum kann sich nur sinnvoll vor dem Hintergrund einer solchen Anerkennungsordnung entfalten, da es bei aller intrinsischen Normativität nicht ohne Bezug auf zusätzliche Werte bleiben kann, die es, wenn die Umstände günstig sind, zu verwirklichen hilft. Es sei wiederholt, dass ich mit Blick auf diese

18 Siehe auch Martin Hartmann, »Vorstellungskraft, Mitgefühl und Kritik. Überlegungen im Anschluss an Adam Smith«, in: Rainer Forst, Martin Hartmann, Rahel Jaeggi, Martin Saar (Hg.), *Sozialphilosophie und Kritik*, Frankfurt/M. 2009, S. 506-527.

Fragen und Problemstellungen Vermutungen habe, aber ich gehe ihnen in diesem Buch nicht nach.

Einen zweiten, fast schon technischen Punkt möchte ich an dieser Stelle erwähnen. Manche Autoren halten es für angezeigt, Vertrauen und Vertrauenswürdigkeit strenger zu trennen, als das häufig in der Literatur geschieht.[19] Das ist zweifellos eine wichtige Empfehlung, die zu beachten ist. Der, der vertraut, und der, dem vertraut wird, sind in der Regel zwei unterschiedliche Wesen. Beide befinden sich in einer Relation, wie ich sagen werde, so dass es kein Vertrauen geben kann, ohne dass es jemanden gibt, dem vertraut wird und der dieses Vertrauen annimmt, aber trotzdem treffen auf beide natürlich unterschiedliche *sets* von Aussagen und Beschreibungen zu. So muss der, dem vertraut wird, seinerseits dem, der ihm vertraut, nicht vertrauen, da er ihm kein Gut anvertraut, um das dieser sich zu kümmern hätte. Das ist zwar nicht ganz richtig, denn wie wir sahen, muss der Empfänger des Vertrauens davon ausgehen, dass der Geber des Vertrauens seine Kompetenzen gut einschätzt, aber es bleiben doch einige Asymmetrien der Perspektive und der Stellung zurück, die bei der Beurteilung vertrauensvoller Praktiken berücksichtigt werden müssen. Wenn diese Differenzen für die Analyse wichtig sind, wird im Folgenden explizit vom Vertrauensempfänger oder vom Vertrauensgeber gesprochen. Geht es aber um die Relation, in der Geber und Empfänger stehen, wird schlicht von Vertrauen geredet, ohne dass noch einmal die verschiedenen Perspektiven und Positionen erwähnt werden. Es sollte aus dem jeweiligen Kontext deutlich werden, von welcher Perspektive und Position im Kontext der Relation gerade die Rede ist.

19 Russell Hardin, »Trustworthiness«, in: *Ethics* 107 (1996), S. 26-42.

I.
Was ist Vertrauen?

1. Begriffsanalyse

Ein Buch, das den Begriff des Vertrauens theoretisch erhellen will, hat verschiedene Optionen. Es kann, wie das häufig geschieht, den Begriff auf seine verschiedenen Bedeutungsschichten hin abklopfen, um diese so klar und eindeutig wie möglich auszubuchstabieren. Vor allem die Texte zum Vertrauen, die im weitesten Sinne der analytischen Philosophie zugehören, verfahren auf diese Weise. Sie legen sich den Begriff des Vertrauens vor und versuchen dann, seine wesentlichen – notwendigen und hinreichenden – semantischen oder grammatischen Eigenschaften zu benennen. Sie ergänzen diese sprachphilosophische Perspektive in der Regel durch die Angabe typischer Situationen des Vertrauens und meinen damit Situationen, auf die der Begriff des Vertrauens sinnvoll angewendet werden kann. Zur Klärung des Begriffs ist es dabei keineswegs nötig, dass die einer Situation zugehörigen Akteure selbst den Begriff des Vertrauens zu deren Beschreibung verwenden. Ja, es kann zur Grammatik des Vertrauens gehören, dass sich der Begriff nur dann sinnvoll auf eine Situation anwenden lässt, wenn sich die beteiligten Akteure nicht explizit darüber im Klaren sind, dass sie einander vertrauen. Das Vertrauen *zeigt* sich dem Betrachter, es hat offensichtliche praktische Implikationen, aber damit es leisten kann, was es leisten soll, dürfen die Akteure nicht darüber nachdenken, ob sie einander vertrauen oder nicht. Vertrauen, so könnte eine grammatische Lesart lauten, *bedeutet* gerade Freiheit von Reflexion, es *bedeutet*, dass wir nicht über die möglichen kooperativen Motive anderer nachdenken, dass wir diese Motive nicht kalkulieren oder berechnen. Eine solche Interpretation des Vertrauens impliziert naturgemäß, dass sich die volle Bedeutung des Vertrauens nur einer externen, unbeteiligten oder handlungsentlasteten Perspektive enthüllt.

Begriffsanalysen des Vertrauens haben gewiss ihre Vorteile. In dem Maße etwa, wie sie sich auf der Basis alltäglicher Begriffsverwendungen darum bemühen, Maßstäbe der richtigen Begriffsverwendung ausfindig zu machen, bleiben sie intersubjektiv überprüfbar und entgehen damit scheinbar vageren introspektiven Analysemethoden, die vorgeben, durch Beobachtung je eigener

Bewusstseinszustände Auskunft über ein Phänomen wie Vertrauen zu erhalten. Sie scheinen darüber hinaus ein größeres Gespür für die besondere Logik der untersuchten Begriffe zu haben. So wirkte es im Bereich der Analyse menschlicher Gefühle wie ein Befreiungsschlag, als Anthony Kenny in seinem berühmten Buch *Action, Emotion and Will* unmissverständlich erklärte, dass jedem Gefühl ein begrenzter Objektbereich entspricht und dass diese Begrenzung der Logik des jeweiligen Gefühlsbegriffs folgt. Wir sind nicht neidisch auf das, was wir selbst geleistet haben, sondern nur auf das, was andere geleistet haben. Gefühlsbegriffe sind intentional auf bestimmte Objekte gerichtet, auf andere aber nicht. Die formalen Objekte mentaler Einstellungen wiederum lassen sich explizit machen, lassen sich ausbuchstabieren und können so als Grundlage einzelner Gefühlseinstellungen behandelt werden. Wenn wir nicht glauben oder annehmen oder davon überzeugt sind, dass die Leistung A einem anderen zugerechnet werden muss, können wir auch nicht auf diese Leistung neidisch sein. Neid impliziert einen solchen Glauben.[20]

Befreiend wirkte diese Art der Analyse, weil sie Gefühle endlich den körperlichen Empfindungen entwand, denen sie lange Zeit, so jedenfalls die Wahrnehmung Kennys und anderer, zugeordnet waren. Wir haben Schmerzen im Knie, aber es sieht nicht so aus, als würde sich dieser Schmerz auf irgendetwas richten. Wir können ihn lokalisieren, wir können versuchen, seiner Heftigkeit Ausdruck zu verleihen, aber wir können weder sagen, dass dieser Schmerz einer spezifischen Logik folgt, noch, dass er eher im Knie als im Gesicht auftreten muss. In dem Maße andererseits, in dem Gefühle mit Hilfe der Sprachanalyse intentionalistisch ausgelegt werden, gelangen wir in die Lage, sie als rationale Phänomene zu betrachten. Wir können uns, mit anderen Worten, fragen, ob jemand den Begriff des Neids richtig verwendet, ob er ihn dem richtigen Objektbereich zuordnet und fällen auf diese Weise Urteile über die Angemessenheit einer Begriffsverwendung. Darüber hinaus können wir auch fragen, wie sich das Objekt im Kontext einer konkreten Begriffsverwendung jeweils darstellt und untersuchen dann weniger den intentionalen als den repräsentationalen Gehalt der Begriffsverwendung. So können wir feststellen, dass der Neid einer

20 Anthony Kenny, *Action, Emotion and Will*, London 2003, S. 134 f.

Person zwar berechtigt ist, insgesamt aber ein deutlich übertriebenes Ausmaß angenommen hat. Hier geht es uns nicht darum, das Gefühl »Neid« von anderen Gefühlen abzugrenzen, sondern wir wollen wissen, ob der Neid, um den es geht, seinem Objekt angemessen ist. Wir können Neid für übertrieben halten, für unangemessen, bösartig, albern, passend, falsch oder sogar unwahr. Empfindungen wie Schmerz dagegen unterliegen in der Regel nicht solchen normativen Urteilen. Von übertriebenem oder unangemessenem Schmerz zu reden wirkt eigentümlich, zumindest bezogen auf körperliche Schmerzen.

Die Stärke von Begriffsanalysen liegt also nicht bloß darin, dass sie intersubjektiv überprüfbare Einsichten ans Licht bringen, sie liegt auch darin, dass die Einsichten, die sie zutage fördern, das je untersuchte Phänomen in hilfreicher Weise zu erschließen scheinen. Um bei den Gefühlen zu bleiben: Wenn wir an der introspektionistischen Methode festhalten, entgeht uns, so die zentrale sprachanalytische Annahme, das, was verschiedene Gefühle überhaupt in ihrer Unterschiedenheit ausmacht. So liefert uns die Methode der Introspektion vielleicht Einsichten über die Art, wie sich Neid anfühlt, Einsichten über die Art also, wie es ist, neidisch zu sein. Aber sie gibt keine oder nur knappe Auskunft über die Fragen, ob sich Neid für andere ebenso anfühlt wie für uns, und wodurch sich Neid jenseits bestimmter Empfindungsqualitäten von Groll oder Hass unterscheidet. Ohnehin ist es schwierig, die empfundene Seite von Gefühlen in Worten zu artikulieren. Sprachanalytisch orientierte Ansätze dagegen richten von Anfang an ihre Aufmerksamkeit auf die Unterschiede zwischen Gefühlen, weswegen sie gelegentlich ganze Kataloge von Gefühlen bieten, die entlang ihrer je unterschiedlichen kognitiven Komponenten und Objekte aufgelistet werden.

Aber Begriffsanalysen, die sich an einer gängigen Sprachpraxis orientieren, haben auch Schwächen, und das zeigt sich in besonderem Maße an Analysen des Phänomens, das hier im Mittelpunkt steht. So ist zum Beispiel schnell zu erkennen, dass die Art und Weise, wie wir im Alltag über Vertrauen reden oder den Begriff verwenden, alles andere als übersichtlich ist. Nehmen wir den Objektbereich des Vertrauens. Inwieweit lässt er sich eingrenzen? In Zusammenhängen alltäglicher Kommunikation vertrauen wir nicht nur konkreten Menschen wie Freunden, Verwandten oder

Partnern, wir vertrauen auch »leblosen« Dingen wie technischen Apparaten, Flugzeugen, Medien oder Institutionen. Häufig ist darüber hinaus vom Vertrauen zur »Welt« die Rede, vom »Seinsvertrauen« oder schlicht vom »Urvertrauen«. Auch Aspekte des Selbst werden gelegentlich Gegenstand einer Vertrauensbeziehung (»Ich vertraue meinen Kräften«), wenn nicht sogar das Selbst insgesamt zum Bezugspunkt von Vertrauen wird (»Ich kann mir ganz und gar vertrauen«). Nicht selten ist schließlich vom Vertrauen zu Tieren oder vom Vertrauen zu Gott die Rede. Diese eher vage Übersicht zeigt, dass unsere Alltagssprache mit Blick auf die möglichen Gegenstände vertrauensvoller Beziehungen offenbar nur wenige logische Einschränkungen vornimmt. Will man Vertrauen folglich *von dieser Seite her* untersuchen, bieten sich *prima facie* nur wenige Anhaltspunkte. Zu vielfältig und unterschiedlich sind die Bezugspunkte vertrauensvoller Einstellungen, zu undeutlich sind die Gemeinsamkeiten, die aus diesen Bezugspunkten typische Bezugspunkte des Vertrauens machen.

Mit anderen Schwierigkeiten wird man konfrontiert, wenn die beschriebene Unübersichtlichkeit der alltäglichen Verwendung des Vertrauensbegriffs dazu führt, die Ebene der Bezugspunkte vertrauensvoller Einstellungen zu ignorieren. Was aus dem Vertrauen ein einheitliches Phänomen macht, so könnte die These lauten, sind andere Eigenschaften als seine Intentionalität. Gleichgültig, ob wir einer Institution, einem Tier oder einer anderen Person vertrauen – unsere Einstellung, so könnte das Argument lauten, wäre in jedem dieser Fälle gleich. Sie müsste durch die gleichen Eigenschaften gekennzeichnet werden. Darüber hinaus müssten diese Eigenschaften so charakterisiert werden, dass sie sich in gleicher Weise auf lebendige und leblose Dinge beziehen können. So könnte man etwa sagen, dass das Vertrauen in die Sicherheit eines Flugzeugs berechtigt oder unberechtigt ist, und man könnte in ähnlicher Weise reden, wenn es um das Vertrauen zu Hunden geht. Auf diesem Wege könnte man versuchen, Kriterien ausfindig zu machen, die über die Rationalität vertrauensvoller Einstellungen befinden. Wir gewinnen diese Kriterien wiederum, indem wir uns alltägliche Fälle der Beurteilung der Rationalität vertrauensvoller Einstellungen anschauen, um diesen einzelnen Fällen dann allgemeine Kriterien der Rationalität des Vertrauens zu entnehmen.

Aber hängt diese Rationalität nicht immer auch an den Objekten, um die es geht, und an der spezifischen, kaum verallgemeinerbaren Geschichte, die das Subjekt und das Objekt des Vertrauens verbindet? So mag es Gründe geben, einem Hund zu vertrauen, die nichts mit den Gründen zu tun haben, die uns dazu bringen, in ein Flugzeug zu steigen (ich beurteile an dieser Stelle nicht, ob es überhaupt angemessen ist, Flugzeugen oder Hunden zu vertrauen, ich rekurriere bloß auf alltägliche Verwendungsweisen). Selbst wenn man von der spezifischen Interaktionsgeschichte abstrahiert, die gegebenenfalls hinzugezogen werden muss, wenn man die Berechtigung oder Rationalität vertrauensvoller Einstellungen beurteilen will, kann nicht ausgeschlossen werden, dass zur Einstellung des Vertrauens wesentlich eine Bezugnahme auf Motive, Einstellungen oder Eigenschaften anderer Personen oder Dinge gehört. Mit anderen Worten: Es könnte zur Definition des Vertrauens gehören, dass wir nur den Menschen, Wesen oder Dingen vertrauen, denen wir bestimmte Einstellungen oder Eigenschaften zusprechen. Verhielte es sich so, wäre es nicht ganz so leicht, die Bezugspunkte des Vertrauens aus den Bemühungen um eine definitorische Bestimmung herauszuhalten. Einzig wenn gezeigt werden könnte, dass die Einstellung des Vertrauens in ihrer spezifischen Struktur völlig unabhängig von Eigenschaften der möglichen Bezugspunkte dieser Einstellung wäre, ließe sich Vertrauen unabhängig von intentionalen Elementen entschlüsseln. Dass dies möglich ist, kann folglich nicht einfach vorausgesetzt, sondern muss erst einmal gezeigt werden. Lässt man andererseits den Bezug auf die Gegenstände des Vertrauens als Bestandteil einer Definition des Vertrauens zu, handelt man sich einige der Probleme ein, auf die bereits verwiesen wurde. Es scheint schwierig zu sein, Vertrauen über so unterschiedliche Bezugspunkte wie Menschen, Tiere, Götter, Maschinen oder Institutionen als klar abgrenzbare Einstellung zu individuieren.

1.1 Prototypentheorie

Diese Schwierigkeiten lassen sich möglicherweise auf elegante Weise beheben: Anstatt den Versuch zu unternehmen, die Fülle verschiedener Alltagsverwendungen des Vertrauensbegriffs theoretisch einzufangen, supponiert man von Anfang an eine paradigmatische oder prototypische Kernbedeutung des Vertrauensbegriffs. Ein solches Vorgehen bemüht sich dementsprechend darum, einen »Prototyp« des Vertrauens auszubuchstabieren, auf den sich andere Verwendungen des Begriffs beziehen lassen müssen. So könnte es sein, dass das Vertrauen zwischen menschlichen Personen prototypisch für Vertrauen ist; sprechen wir vom Vertrauen zu Tieren, meinen wir nur, dass dieses Vertrauen dem zwischenmenschlichen Vertrauen »hinreichend ähnlich« ist.[21] Gleiches ließe sich dann mit Bezug auf Vertrauen zu technischen Geräten oder zu Institutionen sagen. Diese Verwendungen des Vertrauensbegriffs wären gleichsam allesamt von der prototypischen Verwendung abgeleitet oder müssten auf diese Verwendung bezogen werden. Grundlage dieser Bezugnahme wäre wiederum, dass die nichtprototypischen Fälle des Phänomens den prototypischen Fällen hinreichend ähnlich sind, also zwar nicht alle Eigenschaften mit dem Prototyp teilen, aber doch hinreichend viele, um den gleichen Begriff anzuwenden.

Drei Anmerkungen zur Prototypenanalyse sind an diesem Punkt notwendig, die sich allerdings nur auf den Fall ihrer Anwendung auf das Vertrauensphänomen und nicht auf weitere wissenschaftstheoretische Aspekte beziehen. Sie sollen verdeutlichen, warum ich in dieser Arbeit keine Prototypenanalyse des Vertrauens zugrunde lege, obwohl ich einräume, dass es sinnvoll ist, das Vertrauensphänomen insgesamt immer wieder auf einzelne typische Fälle oder Praktiken zu beziehen. (1) Zum einen entfernt sich diese Analyse dort, wo sie explizit eingeführt wird, nicht so weit von begrifflichen Analysen des Vertrauens, wie es den Anschein haben mag. Prototypenanalysen fällen, mit anderen Worten, Aussagen über Kernbedeutungen von Begriffen und nennen diese Kernbedeutungen dann »prototypisch« oder »paradigmatisch«. Prototypenanalysen sind dementsprechend nach wie vor semantische Analysen. Sie unterscheiden sich von anderen sprachphilosophischen Deutungsmustern allerdings durch die These, dass die Kernbedeutung eines Begriffs intern in verschiedene Aspekte aufgefächert wird, die eine flexible Begriffsverwendung erlauben. Das Vertrauen von Menschen zu Tieren, wenn es denn so etwas gibt, ist dem eigentlichen Vertrauen unter Menschen oder Personen hinreichend ähnlich, um die Rede von Vertrauen noch zu rechtfertigen, auch

21 So Carolyn McLeod, *Self-Trust and Reproductive Autonomy*, Cambridge (Mass.), London 2002, S. 15.

wenn eine völlige semantische Deckungsgleichheit offensichtlich nicht vorliegt. In der Perspektive der Prototypentheorie übersehen andere sprachanalytische Modelle diese Dehnbarkeit der Begriffe; sie postulieren notwendige und hinreichende Bedingungen der Begriffsverwendung und übersehen, dass wir auch dann noch von Vertrauen reden, wenn (sehr) viele der Aspekte fehlen, die als notwendig ausgezeichnet werden. Wenn es notwendig zur Bedeutung des Vertrauens gehört, dass es sich zwischen Personen vollzieht, dann ist die Rede von Vertrauen zu Tieren oder Maschinen sinnlos. Die Prototypentheorie plädiert demgegenüber für eine liberale Semantik, die einen dehnbaren Bedeutungskern als Ausgangspunkt nimmt und von dort zu einem breiten Spektrum akzeptabler Verwendungen des Vertrauensbegriffs gelangt.[22] In dem Maße aber, in dem sie einen solchen Bedeutungskern postuliert, muss sie das Verfahren angeben, dass sie bei der Auswahl der Eigenschaften geleitet hat, die diesen Kern definieren und sie muss erläutern, welche weiteren Eigenschaften diesen Kerneigenschaften hinreichend ähnlich sind, um noch unter denselben Begriff zu fallen. Die Auswahl dieser Eigenschaften aber kann nur theoriegeleitet sein, ohne dass die Annahmen, welche die Theorie bestimmen, prototypischen Charakter haben dürfen. So könnte es zum Beispiel sein, dass das Verhältnis zu Tieren nicht deswegen als vertrauensvoll bezeichnet wird, weil es viele Eigenschaften mit dem Vertrauen unter Menschen gemeinsam hat oder zumindest signifikante Eigenschaftsähnlichkeiten bestehen, sondern weil es sich im Rahmen einer Praxis ergibt, die ganz unabhängig von komparativen Ähnlichkeiten einen »kommunikativen Druck« erzeugt, der dazu führt, das Verhältnis unter Bezug auf ein implizit oder explizit vorhandenes Verständnis von Vertrauen zu begreifen.[23] Dieses Verständnis kann dann losgelöst

22 McLeod legt an der genannten Stelle nahe, dass die Angabe notwendiger oder hinreichender Bedingungen der Bedeutung *an sich* semantische Engführungen mit sich bringt. Das aber ist nicht plausibel, da auch die Prototypentheorie nicht ohne wenigstens implizit notwendige und hinreichende Bedingungen auskommt. Engführungen hängen offensichtlich an der jeweiligen Auswahl der notwendigen und hinreichenden Bedingungen, nicht am Faktum dieser Bedingungen an sich.

23 Ich gehe in dem Abschnitt über Tiervertrauen auf den Begriff des »kommunikativen Drucks« ein, den ich einem Aufsatz Cora Diamonds entnehme. Zur Theorieabhängigkeit der Prototypenanalyse siehe Paul E. Griffiths, *What Emotions Really Are. The Problem of Psychological Categories*, Chicago 1997, Kap. 7.

vom Bezug auf einen Prototyp analysiert werden, auch wenn es erst im Rahmen einer konkreten Praxis wirklich gehaltvoll wird.

(2) Prototypentheorien gehen oft mit Elementen einer sozialkonstruktivistischen Bedeutungskonstitution einher. Wenn es also um die Frage der Rechtfertigung des jeweils gewählten semantischen Prototyps geht, antworten diese Theorien mit Hinweisen auf soziale Praktiken und Konventionen. McLeod schreibt bündig: »Unsere physischen und sozialen Umwelten bestimmen, was unsere Prototypen sein werden.«[24] Wenn ich etwa in eine soziale Umwelt hineingerate, in der Tieren selbstverständlich Rechte zugesprochen werden, kann es dazu kommen, dass ich meinen prototypisch auf Menschen zugeschnittenen Rechtsbegriff auf Tiere ausdehne und fortan unauffällig von »Tierrechten« rede. Mit anderen Worten: Prototypen entstehen nicht auf der Basis logischer Begriffsanalysen, sie entstehen auf der Basis sozialer Konventionen oder gemeinschaftlich wirksamer Bedeutungszuschreibungen, wobei sich sowohl die Konventionen als auch die Bedeutungszuschreibungen im Lichte neuer Bewertungsmuster ändern können. Auf das Vertrauen übertragen hieße das, dass es im Rahmen einer Gemeinschaft üblich ist, bestimmte Vertrauensverhältnisse explizit vor anderen auszuzeichnen. Diese hervorgehobene Bedeutung dient dann als Grundlage für weitergehende Verwendungsweisen des Vertrauensbegriffs.

Die genannte Vielfalt der Verwendung des Vertrauensbegriffs könnte an dieser Stelle den Eindruck erzeugen, es sei nicht möglich, auf der Basis alltäglicher Sprachpraktiken eine Kernbedeutung des Vertrauensbegriffs herauszudestillieren. Dieser Hinweis nötigt dementsprechend zu einer Präzisierung: Konkrete Praktiken müssen bereits im Lichte von Begriffen gelesen werden, um Aussagen über Kern- und Randbedeutungen von Begriffen zu liefern. Das mag am Beispiel des Rechtsbegriffs erläutert werden. Die Frage, ob eine Gruppe oder Gemeinschaft Tieren Rechte zuerkennt, kann mehr oder weniger unkontrovers auf der Basis beobachtbarer Praktiken beantwortet werden. Werden Tiere geachtet und beschützt? Werden sie gequält oder gegessen? Gibt es Möglichkeiten, ihre Rechte einzuklagen oder nicht? Diese Beobachtungen beruhen allerdings auf einer vorgängigen Vertrautheit mit den Bedeutungs-

24 McLeod, *Self-Trust and Reproductive Autonomy*, a. a. O., S. 13.

schichten des Rechtsbegriffs, ohne die es gar nicht möglich wäre, die Frage nach der praktischen Ausdehnung des Rechtsbegriffs sinnvoll zu stellen. Ähnliches dürfte dann für den Vertrauensbegriff gelten. Wollen wir feststellen, welcher Vertrauensbegriff für eine Gemeinschaft paradigmatisch ist, können wir nicht einfach eine Statistik erstellen, die uns Auskunft über die Häufigkeit der Verwendung verschiedener Vertrauensbegriffe gibt, um dann zu schlussfolgern, welche dieser Verwendungen (die häufigste?) als paradigmatisch zu kennzeichnen ist. Wie im Beispiel der Rechte müssen wir vielmehr über einen Vertrauensbegriff verfügen, um dann zu prüfen, an welchen Orten und in welchen Zusammenhängen die einzelnen Aspekte dieses Begriffs am vollständigsten auf praktisch wirksame Weise implementiert werden. Paradigmatisch zum Tragen käme der Vertrauensbegriff dann in jenen Praktiken, in denen sich die verschiedenen Aspekte des Vertrauensbegriffs am stärksten verdichten. So könnte sich dieser Verdichtungsprozess in konkreten sozialen Beziehungen vollziehen, also etwa im Verhältnis von Müttern zu Kindern oder von Schülern zu Lehrern.

(3) Mit diesem Hinweis auf konkrete soziale Beziehungsmuster lässt sich eine dritte Bemerkung über Prototypentheorien des Vertrauens verknüpfen. Anstatt semantische Kernbedeutungen auf konkrete Beziehungen zu applizieren, um diese unter dem Gesichtspunkt des Vertrauens zu entschlüsseln, neigen viele Ansätze dazu, partikulare Beziehungsmuster implizit zu Prototypen zu stilisieren. Autoren etwa, die die Einstellung des Vertrauens im Sinne eines rationalen Kalküls interpretieren, haben meist ökonomische Transaktionen zwischen anonymen Marktakteuren im Blick. Moralpsychologische Theorien des Vertrauens dagegen arbeiten eher mit Beispielen, die dem Bereich des Intimlebens entspringen. Das Problem an solchen Ansätzen ist nicht, dass sie ihre Thesen an ausgewählten Beispielfeldern veranschaulichen, sondern dass sie einzelne Beispiele zu Prototypen stilisieren, um dann zu allgemeinen Schlussfolgerungen überzugehen, die losgelöst von praktischen Handlungskontexten Eigenschaften des Vertrauens benennen. Entscheidend ist an diesem Punkt der Weg vom Einzelfall zum Prototyp. Arbeiten Theorien in der genannten Weise mit impliziten Prototypen, schreiten sie häufig zu schnell vom Einzelfall (oder von einzelnen Fällen) zum uneingestandenen Prototyp voran. Genauer: Sie setzen die betrachteten Einzelfälle mit Prototypen gleich

und verleihen ihnen damit allgemeingültigen Charakter. Dementsprechend fließen in die Vertrauensdefinition Elemente ein, die zwar in bestimmten Handlungskontexten und für bestimmte Beziehungsmuster relevant sind, die aber nicht unbedingt auf alle Beziehungsformen angewendet werden können, die sich als vertrauensvoll charakterisieren lassen. Dadurch aber verlieren die Prototypen häufig unter der Hand ihren prototypischen Charakter und gerinnen gleichsam zu natürlichen Arten mit mehr oder weniger eigenständiger Existenz. Quelle dieses vorschnellen Zugs zur Verallgemeinerung ist die Tendenz, prototypische Vertrauensverhältnisse im Lichte spezifischer Beziehungsmuster zu denken. Aber ob das Vertrauen zwischen Eltern und Kindern, zwischen ökonomischen Akteuren oder zwischen erwachsenen Personen als prototypisch betrachtet wird – stets erweisen sich diese Fälle oder Beziehungstypen bei näherem Hinschauen als zu konkret, um als einzige Basis für Verallgemeinerungen zu dienen. Die Vertrauensanalyse tut deswegen *zunächst* gut daran, ausgehend von einzelnen Fällen wesentliche Elemente des Vertrauens auszubuchstabieren, ohne zu suggerieren, dass diese Elemente in prototypische oder paradigmatische Beziehungsformen gegossen werden können. Wenn es so etwas wie einen semantischen Kern des Vertrauens gibt, und davon wird hier ausgegangen, dann muss dieser fallübergreifend (nicht fallunabhängig) erarbeitet werden. Ausgehend von diesen eher allgemeinen und abstrakten Überlegungen sollen *dann* nicht Prototypen des Vertrauens, sondern typisierbare Praktiken des Vertrauens gewonnen werden, die in einem dritten Schritt, soweit das im Rahmen einer philosophischen Arbeit überhaupt möglich ist, in ihren geschichtlichen und sozialen Kontexten angesiedelt werden. So lässt sich auch das Verhältnis zwischen dem zweiten und dritten Punkt präzisieren: Aus einer semantischen Kernbedeutung lassen sich zumeist erst dann typische Verhältnismuster konstruieren, wenn die Kernbedeutung mit zusätzlichen, gegebenenfalls historisch variablen Bedeutungselementen angereichert wird. Das Verhältnis zwischen Eltern und Kindern oder Lehrern und Schülern ist demnach nicht per se prototypisch für Vertrauen. Aber es gewinnt unter bestimmten, je näher zu erläuternden historischen und kulturellen Umständen einen eigenständigen Charakter, der nicht verstanden werden kann ohne Bezug auf die konventionalisierenden oder institutionalisierenden Effekte, die mit Vertrauenspraktiken verbunden sind.

Die bisherigen Überlegungen lassen darauf schließen, dass es zur Bestimmung des Vertrauens zunächst nötig ist, eine abstrakte Kernbedeutung zu gewinnen, die zwar mit Hilfe von Einzelbeispielen plausibilisiert werden kann, aber nicht in diesen Einzelbeispielen aufgeht. Dass diese Kernbedeutung »abstrakt« sein soll, hat verschiedene Gründe. Zum einen ist damit gemeint, dass diese Bedeutung auf alle Verwendungen des Vertrauensbegriffs zutrifft, und zwar in synchroner und diachroner Perspektive. Sie muss dementsprechend von konkreten Wandlungen oder Variationen des Vertrauensbegriffs abstrahieren. Die zu suchenden Kernelemente des Vertrauens müssen also semantisch dünn genug sein, um historische und kulturelle Variationen und Modifikationen des Vertrauens transzendieren zu können. Von diesen Variationen wird in der Analyse bewusst abgesehen, sie werden eingeklammert, damit jene semantische Schicht freigelegt wird, die uns in die Lage versetzt, anzugeben, warum eine Praxis im Sinne der Kategorie des Vertrauens beschrieben werden muss. Der Anspruch ist, die wesentlichen Elemente aller vertrauensvollen Beziehungsmuster mehr oder weniger genau auf den Punkt zu bringen. Abstrakt heißt zum anderen aber auch, dass die gewonnenen Bedeutungsschichten keinesfalls nur in Kontexten zur Geltung kommen, in denen explizit von Vertrauen oder Vertrauenswürdigkeit die Rede ist. Mehr noch, selbst wenn eine Sprache kein Äquivalent des deutschen »Vertrauen« (des englischen »trust«, des französischen »confiance« etc.) kennt, darf nicht geschlossen werden, es gebe in ihrer Lebenswelt keine vertrauensvollen Beziehungen. Auch wenn die an dieser Praxis beteiligten Akteure ihr eigenes Tun nicht unter die Kategorie des Vertrauens subsumieren, kann es für uns, als Betrachter dieser Praxis, sinnvoll sein, sie als vertrauensvoll zu kennzeichnen. Die Kernbedeutung des Vertrauens, um die es hier geht, ist also abstrakt auch in dem Sinne, dass sie von vertrauensvollen Beziehungen dort sprechen möchte, wo die Akteure sich selbst oder ihr Tun nicht in dieser oder aber in anderen Begrifflichkeiten beschreiben.[25]

Die Sicht auf Vertrauen, die damit in den Mittelpunkt rückt, geht von Vorverständnissen und Vorannahmen aus, die nötig sind,

25 Ähnlich geht Bernard Williams davon aus, dass die Figuren Homers die Fähigkeit der Intentionalität besitzen, auch wenn ihnen ein Begriff der Intention fehlt; vgl. Bernard Williams, *Shame and Necessity*, Berkeley 1993, S. 33 [dt. *Scham, Schuld und Notwendigkeit*, Berlin 2000, S. 38].

um in synchroner und diachroner Perspektive nach Praktiken des Vertrauens suchen zu können. Diese Vorannahmen stützen sich zum Teil auf gegenwärtige Verwendungsweisen des Vertrauensbegriffs (einen anderen Ausgangspunkt kann es nicht geben), werden aber in theoretisch kontrollierter Perspektive artikuliert und auf ihre zentralen Bedeutungen hin durchleuchtet. Sie sind, es ist wichtig darauf hinzuweisen, keinesfalls unkontrovers. Schon aufgrund der angedeuteten Stilisierungen und Abstraktionsschritte kann es gar nicht ausbleiben, dass viele der hier vorzunehmenden Bestimmungsversuche des Vertrauens umstritten sein werden. Je abstrakter diese Bestimmungsversuche ausfallen, desto leichter scheint es, Gegenbeispiele zu finden, die den allgemeinen Bestimmungsversuch in seiner Allgemeinheit widerlegen oder aber mit einer anderen Allgemeinheit konfrontieren. Widerlegen lassen sich solche Einwände nur durch den Gesamtzusammenhang eines Arguments, nicht aber im Einzelfall. Es muss gezeigt werden, dass ein gegebener Fall tatsächlich ein Fall von Vertrauen ist, ohne dass er alle möglichen Dimensionen des Vertrauens ausschöpft. Kontrovers sind die allgemeinen Bestimmungen, die im ersten Teil dieses Buches gewonnen werden, aber auch, weil sie Teil eines größeren Theorierahmens sind, der als solcher eine Einsicht über das Vertrauen formuliert. Wenn zwischen einem semantischen Kern einerseits und den historisch sowie kulturell variierenden Artikulationen dieses Kerns andererseits differenziert wird, ist implizit angezeigt, dass Vertrauensbeziehungen stets eingelassen sind in einen Rahmen evaluativ und emotional geprägter Einstellungen, die aus der Sicht des Individuums darüber bestimmen, ob es jeweils sinnvoll ist, anderen Vertrauen entgegenzubringen. Es gibt, mit anderen Worten, kein Vertrauen, das bloß um seiner selbst willen gewollt wird. Jenseits eines möglichen Eigenwerts des Vertrauens verweisen vertrauensvolle Beziehungen stets auf andere Werte, die sich durch das Vertrauen hindurch materialisieren und in deren Lichte wir über den Sinn und die Zweckhaftigkeit des Vertrauens befinden.[26] Dieser Aspekt wird im Rahmen dieser Arbeit als die *wesentliche Instrumentalität des Vertrauens* bezeichnet, auch wenn damit keinesfalls angezeigt sein soll, dass Vertrauen ausschließlich instrumentell zu

26 Vgl. Bernard Williams' erhellende Darstellung dieser Zusammenhänge in *Truth and Truthfulness. An Essay in Genealogy*, Princeton/Oxford 2002, S. 88-93 (dt. *Wahrheit und Wahrhaftigkeit*, Frankfurt/M. 2003, S. 136-144).

verstehen ist. Dass Vertrauen im Lichte anderer Werte und Emotionen auf seine Sinn- und Zweckhaftigkeit beurteilt werden kann, heißt zunächst, dass wir die implizit das Vertrauen stützenden Gründe und Rechtfertigungen in reflexiver Einstellung überprüfen können, um zu ermitteln, ob diese, einmal explizit gemacht, vor uns bestehen können, ob sie uns plausibel und berechtigt erscheinen, ob sie eine für uns sinnvolle Praxis ermöglichen und in den Rahmen unseres erweiterten Werthorizonts integriert werden können. Vertrauensvolle Beziehungen sind in diesem Sinne zugänglich für eine Bewertung ihrer Leistungen, für eine externe Beurteilung, mithin für eine ihnen spezifische Rationalität – eine Annahme, die etwa all jenen missfallen muss, die auf der absoluten Reflexionslosigkeit des Vertrauens beharren. Natürlich gibt es Gründe dafür, die Einstellung des Vertrauens durch die Abwesenheit von Gedanken zu definieren, wenn damit entweder ein logischer Punkt (wer sich Gedanken über die Berechtigung seines Vertrauens macht, vertraut nicht) oder ein phänomenologischer Punkt (während ich vertraue bin ich ohne Reflexionen, die sich auf das Vertrauen beziehen) ins Spiel gebracht wird.[27] Aber weder die logische noch die phänomenologische Perspektive sollten eine wesentliche Gedankenlosigkeit des Vertrauens nahelegen. Hier gilt es schlicht, die Ebenen zu differenzieren. Dass die begriffliche Analyse nicht zwangsläufig mit dem artikulierten und phänomenalen Selbstverständnis der Akteure einhergehen muss, ist eben nur der eine Teil der hier gewählten Untersuchungsstrategie. Dort, wo die Analyse zum Praxisbegriff hin erweitert wird und erweitert werden muss, muss sie auch in der Lage sein, die die Praktiken speisenden Reflexionen so auf den Punkt zu bringen und explizit zu machen, dass gegebenenfalls auch die je betroffenen Akteure etwas mit den gewählten Beschreibungen anfangen könnten. Auf dieser Ebene gilt es also durchaus, den Bezug zum Selbstverständnis der Akteure zu bewahren, was in dem Augenblick geschieht, in dem der größere und historisch je variable Werthorizont erfasst wird, in dem sich einzelne Akte des Vertrauens vollziehen. Weder soll damit gesagt sein, dass die Einstellung des Vertrauens je vollständig in Gründen aufgehen kann, dass sie also stets vollständig begründbar ist, noch, dass sie reflexiv begleitet

27 Zum quasilogischen Ausschluss von Reflexionselementen aus dem Vertrauensbegriff vgl. Richard Moran, *Authority and Estrangement. An Essay on Self-Knowledge*, Princeton/Oxford 2001, bes. S. 45.

wird oder begleitet werden sollte. Es geht vorerst nur um folgenden Punkt: Jede vertrauensvolle Beziehung ermöglicht die Verwirklichung von evaluativ getränkten Plänen, Projekten oder Wünschen, an denen uns gelegen ist. Vertraue ich einem anderen, kann ich dies oder jenes tun, dieses oder jenes Ziel verwirklichen, diesen oder jenen Plan umsetzen. Ohne Vertrauen könnte ich all das nicht tun oder müsste es auf andere Weise versuchen. Auch wenn, wie noch deutlich werden wird, eine vertrauensvolle Beziehung über intrinsisch wertvolle Qualitäten verfügt, bleibt sie dennoch stets bezogen auf andere Werte, bleibt sie eingebettet in einen Rahmen von Plänen, Projekten, Zielen oder Wünschen, die sich praktisch verwirklichen wollen und die dazu dienen können, die normative Qualität einzelner Vertrauensbeziehungen zu bewerten. In diesem Sinne ist Vertrauen nicht bloßes, nacktes Vertrauen.

Mit Blick auf das phänomenale Vertrauensempfinden sei an dieser Stelle noch eine Anmerkung hinzugefügt. Ich hatte angedeutet, dass es durchaus richtig ist, das, was man als aktuelles Vertrauensbewusstsein bezeichnen kann, negativ zu definieren, also durch Abwesenheit von vertrauensrelevanten Reflexionselementen (»soll ich vertrauen?« – »soll ich nicht vertrauen?« – »ist er ehrlich?« – »ist sie aufrichtig?« – »Leute aus dieser Gegend haben einen schlechten Ruf« etc.). Es gibt in diesem Sinne kein aktuelles Vertrauensbewusstsein, sondern nur, wenn überhaupt, ein Bewusstsein fehlender Zweifel, das von einer Empfindung der Gewissheit oder Zuversicht begleitet sein mag. Phänomenal gesehen bleiben Vertrauensverhältnisse damit reflexionsentlastet. Aber auch an dieser Stelle gilt, dass Vertrauensverhältnisse aus der Sicht der Beteiligten damit nicht vollständig grundlos bleiben. Die Tatsache, dass wir die Gründe für Vertrauen in den meisten Fällen *ex post* liefern, und zwar nachdem sich erste Zweifel an der Vertrauenswürdigkeit eines anderen eingeschlichen haben, besagt nicht, dass laufende Vertrauensbeziehungen ohne Gründe oder Rechtfertigungen bleiben. Wenn wir im Nachhinein rekonstruieren, was uns dazu gebracht hat, einer anderen Person zu vertrauen, beziehen wir uns auf Gründe, die aus unserer Sicht tatsächlich implizit die Beziehung getragen haben. Richtig ist allerdings, dass die nachträgliche Rekonstruktion dieser Gründe nicht einfach nur entdeckt oder widerspiegelt, was vorher bereits vollständig, wenn auch implizit, vorhanden ist. Das Verhältnis zwischen Implizitem und Explizitem ist keineswegs so zu verstehen, dass jeder Explizierungsversuch nur ausdrücklich macht, was implizit bereits gegeben ist. Explikationsversuche sind immer auch konstitutiv für das, was expliziert wird. Werden Gründe explizit gemacht, verändert sich eine Beziehung, ohne dass der genauere Charakter dieser Veränderung damit schon vorentschieden wäre. Implizites und Explizites verweisen aufeinander.[28] Man kann diesen Punkt auch anders beschreiben: Wenn wir uns genötigt sehen, die Gründe, die unser Vertrauen geleitet haben, zu artikulieren oder explizit zu machen, können wir nicht sicher sein, dass das, was wir auf diese Weise zur Sprache bringen, ein vom je anderen geteiltes Praxisverständnis ist, da die Zugehörigkeit zu einer Praxis oder die Akzeptanz ihrer wesentlichen Regeln und Prinzipien nicht ein für alle Mal als kollektiv gegeben vorausgesetzt werden kann. Diese Überlegung gehört zum Begriff der Praxis, der hier zugrunde gelegt werden soll. Die Entlastung von Reflexion, die Vertrauen möglich macht, ist keine naive Form der Gedankenlosigkeit, sondern eine Art höherstufiger Entlastung (wofür im Rahmen dieser Arbeit gelegentlich der Begriff der zweiten Natur steht), die vor dem Hintergrund einer als gemeinsam unterstellten Praxis möglich wird. Tauchen Zweifel an der Vertrauenswürdigkeit des anderen auf, kann es nötig werden, diese Zweifel unter Bezug auf die Gründe, die das Vertrauensverhältnis bestimmt haben, zu klären. Und schon dadurch verändert sich das Verhältnis. Eine mögliche Veränderung besteht nun genau darin, dass sich im Zug der Explikation der vertrauensleitenden Gründe nicht nur zeigt, dass der andere ein als gemeinsam unterstelltes Praxisverständnis einseitig zu seinen Gunsten auslegt (etwa durch Lügen), sondern auch, dass er ein ganz anderes Praxisverständnis hat. Das kann unter bestimmten Umständen der größere Schock sein. Denn es ist eine Sache, darauf zu stoßen, dass der andere vom Missbrauch einer Praxis in dem Maße profitiert, in dem er davon ausgehen kann, dass andere sich an die Regeln der Praxis halten, aber es ist etwas ganz anderes, zu bemerken, dass der andere gar nicht an der als gemeinsam unterstellten Praxis teilnimmt, ohne dass man davon im Verlauf der Interaktion etwas bemerkt hatte. Den Lügner kann man zurechtweisen oder aus der Praxis ausschließen; aber aus wel-

28 Vgl. Robert B. Brandom, *Articulating Reasons. An Introduction to Inferentialism*, Cambridge (Mass.), London 2000, S. 8 (dt. *Begründen und Begreifen. Eine Einführung in den Inferentialismus*, Frankfurt/M. 2001, S. 19).

cher Praxis schließt man denjenigen aus, der, wie sich nachträglich zeigt, ein ganz anderes Praxisverständnis hat als man selbst?

2. Praktisches und kommunikatives Vertrauen

Der größte Teil meiner Ausführungen bezieht sich auf einen Typ des Vertrauens, der schlicht als *praktisches* Vertrauen bezeichnet werden kann – ein Vertrauen, das sich wesentlich in Handlungen verwirklicht, zu denen die, die vertrauen, in der Lage sind, weil sie vertrauen. Es ist sinnvoll, hiervon einen Typ des Vertrauens zu unterscheiden, den man als *kommunikatives* Vertrauen bezeichnen kann. Dieses Vertrauen lässt uns annehmen, dass uns andere ihre Meinungen oder Überzeugungen in aufrichtiger oder wahrhaftiger Absicht mitteilen. Dieses Vertrauen gilt dem, was andere sagen, aber die Wahrheit des Gesagten wird nur geglaubt, weil man der Person glaubt, die es sagt. Hobbes hat dieses Vertrauen im Sinn, wenn er schreibt: »Vertrauen haben in [*to have faith in*], vertrauen [*trust*] oder jemandem glauben [*beleeve a man*] bedeuten dasselbe, nämlich die Überzeugung von der Wahrheitsliebe [*veracity*] des Menschen. Aber das Gesagte glauben, bedeutet nur die Überzeugung von der Wahrheit der Behauptung.«[29] Eine ähnliche Unterscheidung findet sich aber schon bei Aristoteles, wenn er in seiner *Rhetorik* bemerkt, dass wir den Anständigen eher glauben als denen, die wir nicht für anständig halten, und dem Charakter des Menschen die »bedeutendste Überzeugungskraft« zuspricht.[30]

Natürlich kann die Annahme eines solchen kommunikativen Vertrauens praktische Konsequenzen im Sinne des ersten Vertrauenstyps haben, so dass die Unterscheidung zwischen beiden Typen etwas künstlich gerät; auch ist es möglich, Sprache selbst als Handlung zu begreifen (etwa als Sprechakt) oder Handlungen mit kommunikativem Gehalt zu versehen, so dass man von unaufrichtigen Handlungen spricht, aber es hat sich in der Literatur mehr oder weniger unausgesprochen eingebürgert, das Vertrauen in die kommunikative Wahrhaftigkeit anderer von anderen Typen des Vertrauens zu unterscheiden, die nicht direkt auf sprachliche Äußerungen Bezug nehmen. Ich will dieser Konvention folgen, weil ich dann nicht

29 Thomas Hobbes, *Leviathan*, Cambridge 1996, S. 48 (I.7) (dt. *Leviathan*, Frankfurt/M. 1984, S. 50).

30 Aristoteles, *Rhetorik*, Stuttgart 1999, S. 12 (1356a); siehe dazu Eugene Garver, *Aristotle's Rhetoric. An Art of Character*, Chicago 1994, S. 149 ff. und S. 188 ff.

annehmen muss, dass all das, was ich vom praktischen Vertrauen behaupte, auch auf das kommunikative Vertrauen anzuwenden ist, und an einigen Stellen Unterschiede zwischen beiden Typen des Vertrauens herausstreichen kann. Wenn beispielsweise gelegentlich behauptet wird, dass es gar keine Sprache oder keinen sinnvollen kommunikativen Austausch geben könnte, wenn es nicht eine grundsätzliche Norm der Wahrhaftigkeit und damit auch der Vertrauenswürdigkeit in der Sprache gäbe, ist nicht ersichtlich, dass diese Transzendentalisierung der Wahrhaftigkeit auch auf nichtsprachliche Formen des Vertrauens und der Vertrauenswürdigkeit zutrifft. Kann es Gemeinschaften geben, und sei es nur eine Gemeinschaft von Verbrechern, die ohne Vertrauen auskommen, oder gehört Vertrauen konstitutiv zum Wesen des Gemeinschaftlichen? Diese Frage soll hier nicht beantwortet werden, sie soll nur den Blick für mögliche Unterschiede zwischen kommunikativem und praktischem Vertrauen schärfen. Ob das, was hier vom praktischen Vertrauen gesagt wird, auch auf das kommunikative Vertrauen zutrifft, soll nicht einfach vorausgesetzt, es soll vielmehr als Frage festgehalten werden, die erst an späterer Stelle (Kap. 5.2) ausführlicher zu klären ist.

2.1 Eine Arbeitsdefinition

Ich nenne in loser Folge einige der wesentlichen Eigenschaften des Vertrauens, die in diesem Buch zur Sprache kommen sollen:

Vertrauen ist eine relationale, praktisch-rationale Einstellung, die uns in kooperativer Orientierung und bei gleichzeitiger Akzeptanz der durch Vertrauen entstehenden Verletzbarkeiten davon ausgehen lässt, dass ein für uns wichtiges Ereignis oder eine für uns wichtige Handlung in Übereinstimmung mit unseren Wünschen und Absichten eintritt, ohne dass wir das Eintreten oder Ausführen dieses Ereignisses oder dieser Handlung mit Gewissheit vorhersagen oder intentional herbeiführen können und auf eine Weise, dass sich das durch Vertrauen ermöglichte Handeln unter eine Beschreibung bringen lässt, die wesentlich einen Bezug auf das Vorliegen verschiedener Handlungsoptionen enthält.

Dieser erste Bestimmungsversuch ist sehr allgemein gehalten und wirft zahlreiche Fragen auf. Manche Punkte, die im Folgenden zu thematisieren sein werden, sind in den genannten Eigenschaften enthalten, aber nicht eigens ausbuchstabiert. So ist, um nur auf einige Punkte hinzuweisen, nicht geklärt, worauf sich das Vertrauen tatsächlich richten kann, ein Aspekt, der zur Relationalität des Vertrauens gehört. Nur auf menschliche Wesen oder auch auf natürliche Vorgänge bzw. nichtmenschliche Lebewesen? Auch bleibt unklar, wie die Einstellung des Vertrauens genauer charakterisiert werden muss. Handelt es sich um eine kognitive oder um eine affektiv-emotionale Einstellung? Ferner bleiben genetische Fragen vorerst außen vor: Wie entsteht Vertrauen, wie wird es zerstört? Diese Fragen werden im Weiteren, wie bereits in der Einleitung erwähnt, eher selten berührt, aber es gibt einige Hinweise an den Punkten, an denen davon die Rede ist, wie sich die Einstellung des Vertrauens als zweite Natur im menschlichen Verhalten sedimentiert. Schließlich bleibt der größere evaluative Rahmen unerwähnt, in den Vertrauensverhältnisse jeweils eingelassen sind, was auch impliziert, dass die Frage nach der moralischen Grammatik des Vertrauens nicht berührt wird (die Diskussion des Kooperationsbegriffs wird hier Klärung bringen). Einige dieser Fragen werden in den nächsten Abschnitten beantwortet, andere werden erst im zweiten, stärker historischen Teil genauer erfasst. Wichtig sind vorerst nur die generellen Züge, damit wir auch in historischer Perspektive Beziehungsmuster als vertrauensvoll kennzeichnen können.

Ich möchte nun der Diskussion der einzelnen Elemente dieses Bestimmungsversuchs einige eher allgemeine Bemerkungen voranschicken, die dann aber Schritt für Schritt auf diese Elemente hinführen werden. Ich hoffe, die Plausibilität dieses etwas umwegigen Verfahrens ergibt sich aus der Diskussion.

2.2 Vertrauen und Misstrauen: Konträr, nicht kontradiktorisch

Was ist das Gegenteil von Vertrauen? Auch wenn Misstrauen sich hier als geeigneter Kandidat anbietet, ist eine gewisse Vorsicht geboten. Vertrauen und Misstrauen verhalten sich konträr zueinander, aber nicht kontradiktorisch.[31] Wenn wir nicht vertrauen, sind wir nicht notwendigerweise misstrauisch. Es lässt sich sogar sagen,

31 So auch Karen Jones, »Trust«, in: Edward Craig (Hg.), *Routledge Encyclopedia of Philosophy*, London 1998, Bd. 9, S. 466-470.

dass Vertrauen und Misstrauen in dem Maße Parallelen aufweisen, in dem sie Einstellungen des Engagements implizieren, in dem sie also ohne ein aktives Interesse an der Verfolgung von Plänen oder der Umsetzung von Wünschen nicht angemessen verstanden werden können. Hobbes schreibt in *Naturrecht und allgemeines Staatsrecht in den Anfangsgründen* (*The Elements of Law*): »Vertrauen ist eine Empfindung, die aus dem Glauben an jemand entsteht, von dem wir Gutes erwarten oder erhoffen und die so frei von Zweifel ist, daß wir keinen anderen Weg verfolgen, um es zu erreichen. Und Mißtrauen [*distrust*] ist der Zweifel, der uns veranlaßt, uns nach anderen Mitteln umzusehen.«[32] Wer misstrauisch ist, verzichtet nicht unbedingt auf das Verfolgen eines Plans, er sucht gegenüber dem Vertrauen lediglich »nach anderen Mitteln«. Selbst wenn Misstrauen zum Verzicht auf die Umsetzung eigener Handlungsabsichten führt, müssen sich diese Absichten nicht auflösen, müssen sie nicht an Wertigkeit verlieren. Misstrauen kann mit einem Bedauern darüber einhergehen, wichtige Pläne, Ziele oder Wünsche nicht umsetzen zu können. Kontrapunkt zum Vertrauen und zum Misstrauen ist folglich eher eine Gleichgültigkeit oder Indifferenz, die sich durch eine Abwesenheit von Interesse und Engagement kennzeichnen lässt.[33] Diese Gleichgültigkeit darf nicht einfach mit Nichtstun verwechselt werden. Natürlich muss ich dem nicht vertrauen, von dem ich nichts will und mit dem ich nicht kommuniziere. Vertrauen scheint aber auch dort nicht vorzuliegen, wo ich ohne innere Anteilnahme an einer Praxis beteiligt bin, deren Ergebnis oder Ausgang mir dementsprechend gleichgültig ist. Ich habe hier gewissermaßen nichts zu verlieren, nichts kann mich ernsthaft bedrohen, so dass das Kriterium der Verletzbarkeit seine Geltung einbüßt. Auch wenn diese Beschreibung zunächst auf eher seltene pathologische Fälle menschlicher Lebensführung zuzutreffen scheint, sollte der Wunsch, die mit Vertrauensbeziehungen notwendig einhergehenden Abhängigkeiten zu überwinden, um relevanten Formen der Verletzbarkeit auszuweichen, nicht per se als außergewöhnlich oder selten eingestuft werden. Der Wunsch,

32 Thomas Hobbes, *The Elements of Law, Natural and Politic*, London [2]1969, S. 40 (I.9) (dt. *Naturrecht und allgemeines Staatsrecht in den Anfangsgründen*, Darmstadt 1983, S. 70).

33 Vgl. Martin Hartmann, »Wege aus dem Misstrauen. Theoretische und praktische Überlegungen«, in: *Hermeneutische Blätter* 1:2 (2010), S. 161-171.

unverletzbar zu sein, der sich gelegentlich in das Kleid der Gleichgültigkeit oder Indifferenz hüllt, kommt dem Wunsch gleich, nicht vertrauen zu müssen.

Es sollte damit deutlich geworden sein, dass es vorschnell ist, mangelndes Vertrauen mit Misstrauen gleichzusetzen – ein Trugschluss, der sich häufig im Kontext der politischen Umfrageforschung finden lässt. Wer beispielsweise kein hohes Vertrauen zu politischen Amtsträgern hat, sollte nicht unbedingt als politisch misstrauisch beschrieben werden. Natürlich kann dies der Fall sein. Aber es kann auch bedeuten, dass jemand der Politik generell eher mit Desinteresse begegnet und sich folglich nicht in irgendeiner praktisch relevanten Weise in einem politischen Vertrauensverhältnis sieht. Wird andererseits explizit nach Misstrauen gefragt, wird zumindest implizit eine Haltung des Engagements und Interesses angenommen, was allerdings nicht bedeutet, dass damit die praktische Seite, die auch dem Misstrauensverhältnis zukommt, angemessen beschrieben ist (auf diesen Punkt werde ich später eingehen). Wie mangelndes Vertrauen nicht gleich Misstrauen anzeigen muss, so muss es auch nicht auf eine Krise des Vertrauens oder gar verlorenes Vertrauen hindeuten. Es kann Vertrauenskrisen geben, wenn einmal vorhandenes Vertrauen wegbricht und in Misstrauen übergeht, aber der Verlust von Vertrauen kann auch, wie erwähnt, in Gleichgültigkeit übergehen, ohne dass damit zwangsläufig eine Krise einhergeht. Schließlich gibt es auch das, was man als neu entstandenen Vertrauensbedarf bezeichnen kann, der nicht auf den Verlust eines vorangegangenen Vertrauens reagiert. So schafft sich das Kommunikationsmedium Internet einen eigenen Vertrauensbedarf, dem weder Misstrauensbestände noch alte Vertrauensressourcen vorausgegangen sein können. In einem solchen Fall verliert die Rede von einer Krise nicht an Plausibilität, da eine Situation, in der ein hoher Vertrauensbedarf besteht, der nicht gedeckt zu werden vermag, tatsächlich krisenhafte Züge aufweisen kann. Aber es ist auch möglich, diese Prozesse positiv zu beschreiben: In dem Maße, in dem Bedingungen geschaffen werden, die es uns erlauben, mit entfernten Akteuren zu kommunizieren oder Handel zu treiben, erhöht sich der Bedarf an Vertrauen, der damit auf gewachsene Kompetenzen oder auf gesteigerte Erwartungen reagiert.[34]

34 Russell Hardin, »Conceptions and Explanations of Trust«, in: Karen Cook (Hg.), *Trust in Society*, New York 2001, S. 3-39 (hier S. 34); siehe auch Martin

Warum aber neigen wir trotz dieser Überlegungen dazu, fehlendes Vertrauen mit Misstrauen gleichzusetzen? Auch wenn das Verhältnis zwischen Vertrauen und Misstrauen, logisch gesehen, kein Konträres ist, besitzt die angesprochene Neigung doch eine gewisse Berechtigung. Fehlendes Vertrauen, so hieß es, signalisiert nicht notwendig Misstrauen. Vertrauen aber signalisiert die Bereitschaft, den Weg des Misstrauens, der dem, der vertrauen will, offensteht, nicht zu gehen. Das ist die implizite Pointe der Hobbesschen Formulierung, wonach der, der vertraut, auf die Mittel verzichtet, die er im Falle vorhandenen Misstrauens wählen könnte, um sein Ziel dennoch zu erreichen. Wer vertraut, lehnt es ab, den durchaus möglichen Weg des Misstrauens zu gehen, durch den das Vertrauen erst das psychologische Gewicht erhält, das es zweifellos besitzt. Ohne die reale Option, den Weg des Misstrauens zu gehen, kann es kein Vertrauen geben. Wer vertraut, entscheidet sich in diesem Sinne für das Vertrauen und gegen das Misstrauen, auch wenn das nicht heißt, dass er bewusst beide Wege gegeneinander abwägt und erst dann vertraut oder nicht. Es heißt nur, dass es prinzipiell möglich sein muss, ein Ziel, das man hat, ohne Vertrauen zu erreichen, wenn die Einstellung des Vertrauens Gewicht erhalten soll. Wird das Abgeben einer Stimme im Kontext einer politischen Wahl etwa wie ein Vertrauensbeweis für das politische System behandelt, so nur, weil es möglich ist, auf die Stimmabgabe zu verzichten und dadurch Misstrauen zu signalisieren. Der Verzicht auf die Stimmabgabe kann auch Gleichgültigkeit signalisieren, darauf ist hingewiesen worden, aber unter bestimmten Umständen signalisiert er Misstrauen und nimmt eine expressive oder symbolische Dimension an.

Die schnelle Bereitschaft, fehlendes Vertrauen mit Misstrauen gleichzusetzen, lässt sich durch Verweis auf diese Überlegungen besser verstehen. Weil beide Einstellungen Engagement und Interesse an einer Sache verraten, drängt sich die Annahme auf, der

Hartmann, »Vertrauen«, in: Gerhard Göhler/Matthias Iser/Ina Kerner (Hg.), *Politische Theorie. 22 umkämpfte Begriffe zur Einführung*, Wiesbaden 2004, S. 385-401; dass Vertrauensbildung (in meinem Sinne) im Internet möglich ist, bezweifle ich; die Rede vom gestiegenen Bedarf darf also nicht suggerieren, dass dieser Bedarf auch gedeckt werden kann; ähnlich pessimistisch ist Philip Pettit, »Trust, Reliance and the Internet«, in: *Analyse und Kritik* 26:1 (2004), S. 108-121 (die gesamte Ausgabe ist dem Problemfeld »Vertrauen im Internet« gewidmet).

Verzicht auf Vertrauen impliziere notwendig Misstrauen. Wer ein Ziel verfolgt, das er sowohl auf dem Weg des Vertrauens als auch auf dem des Misstrauens erreichen kann, schließt gleichsam *per se* die »Option« der Gleichgültigkeit aus. Gegenüber den Zielen, die er verfolgt, *ist* er nicht gleichgültig. In diesem Sinne gehört die Einstellung des Misstrauens gleichsam zur Grammatik des Vertrauens, so dass beide Einstellungen eng miteinander verwoben sind. Gleichgültigkeit ist nicht die Option, die im Rahmen einer vertrauensrelevanten Praxis zur Debatte steht. Sie ist als Option, wenn man so will, bereits in dem Augenblick überwunden, in dem man dazu übergegangen ist, der Praxis zu folgen. Ob jemand freilich einer solchen Praxis folgt, müsste jeweils erst geklärt werden, wenn es um die Feststellung geht, ob fehlendes Vertrauen Misstrauen anzeigt oder nicht. Man kann fast sagen, dass die Annahme, es sei so, selbst darauf vertraut, dass die Praxis, um die es geht, allgemein akzeptiert und anerkannt wird. Dieser Umstand, den man als Praxisvertrauen bezeichnen kann, wird im weiteren Verlauf meiner Erörterungen wiederholt thematisch werden.

Eine mögliche Diskrepanz zwischen einer Einstellung des Vertrauens und einer Einstellung des Misstrauens sollte an dieser Stelle allerdings doch erwähnt werden. Kann es nicht Situationen geben, in denen wir misstrauisch sind, ohne gleichzeitig auch nur die theoretische Option zu haben, den Weg des Vertrauens zu gehen? Ist Vertrauen die Option, die derjenige ausschlägt, der den Weg des Misstrauens wählt? Wer in einer unsicheren Gegend lebt, in der er damit rechnen muss, dass so gut wie jeder Waffen trägt und im Zweifelsfall auch davon Gebrauch macht, verlässt das Haus offensichtlich nur mit größtem Misstrauen. Wie eine solche Situation in eine von Vertrauen getragene transformiert werden kann, lässt sich vielleicht abstrakt angeben, aber es handelt sich nicht unbedingt um eine reale Option.[35] Trotzdem können wir hier problemlos von Misstrauen reden. Das aber heißt, dass das Vertrauen dem Misstrauischen ferner ist als das Misstrauen dem Vertrauenden. Soll damit aber gesagt sein, dass die Einstellung des Misstrauens gleichsam der Ausgangspunkt (die *default stance*) ist, von dem aus Vertrauen sich erst etablieren muss? Eine Theorie, die den Begriff des Grund-

35 Ein bedrückendes Beispiel für einen solchen quasihobbesschen Naturzustand findet sich in R.W. Johnsons Beschreibung des gegenwärtigen Südafrika: »Short Cuts«, in: *London Review of Books*, 25. September 2008.

vertrauens, wie gleich deutlich werden soll, mit einer gewissen Skepsis betrachtet, muss mit einem solchen Schritt kein Problem haben. Sie versteht stabile Vertrauenspraktiken als eine zivilisatorische und soziale Leistung, die nicht selbstverständlich vorausgesetzt werden kann, und die, sobald sie einmal Früchte trägt, stets vom Misstrauen umgeben ist. Da die Abwesenheit des Vertrauens nicht zwangsläufig Misstrauen anzeigen muss, sieht sie sich nicht zu einem Hobbesschen Naturzustandspessimismus gezwungen, aber sie räumt ein, dass der Vertrauende zum Vertrauenden wurde, indem er den stets offenen Weg des Misstrauens nicht beschritt, während der Misstrauische vom Vertrauen wohl eine Ahnung haben muss, um überhaupt sinnvoll als misstrauisch gekennzeichnet zu werden, aber nicht unbedingt in der Lage sein muss, den Weg des Vertrauens tatsächlich zu beschreiten. Ist dagegen eine Vertrauenspraxis einmal etabliert, die uns zwischen Vertrauen und Misstrauen die Wahl lässt, ist die Stufe des blanken Misstrauens überwunden. Der Begriff der Vertrauenspraxis (und der ihm zugeordnete Begriff des Praxisvertrauens), so wie er hier verwendet wird, soll nicht primär eine Praxis beschreiben, in deren Rahmen wir einander immer schon vertrauen, er soll vielmehr eine Praxis beschreiben, in deren Rahmen wir einander vertrauensvoll *oder* misstrauisch begegnen können. Einem anderen misstrauisch begegnen zu können, kann genau dann beruhigend oder sogar befreiend sein, wenn dieses Misstrauen nicht alternativlos ist (es ist eben nicht so, dass wir die Einstellung des Vertrauens dem Misstrauen automatisch vorziehen). Eine Gesellschaft dagegen, die voller Misstrauen ist, ohne dass sich den in ihr lebenden Bürgern Wege offenbarten, wie dieses Misstrauen in Vertrauen verwandelt werden kann, ist vermutlich eine unglückliche Gesellschaft. Ihr fehlen intakte Vertrauenspraktiken.

3. Varianten des Grundvertrauens

Als Vertrauende, so hieß es, gehen wir davon aus, dass ein für uns wichtiges Ereignis oder eine für uns wichtige Handlung in Übereinstimmung mit unseren Wünschen und Absichten auf praktisch folgenreiche Weise eintritt. Es ist als solches handlungsermöglichend. Diese Bestimmung aber mag für manche nicht umfassend genug sein, da sie sich auf einzelne Handlungen oder Ereignisse zu beschränken scheint. Vertrauen, so lautet eine andere Position, ermöglicht uns nicht nur im Einzelfall diese oder jene Handlung. Es ermöglicht uns vielmehr, überhaupt zu handeln. Als »Urvertrauen« oder »Weltvertrauen« gefasst, steht Vertrauen für das Vermögen, aktiv mit seiner Welt (und Mitwelt) in Kontakt zu treten, um als intentionales Wesen Spuren in ihr zu hinterlassen. Dieses Grundvertrauen kommt dabei sowohl in sprachlichen Kontexten als auch in stärker psychologischen Kontexten zum Tragen und hat durchgreifende Effekte auf das Verhältnis einer Person sowohl zu sich selbst als auch zu anderen. Es seien einige Zusammenhänge genannt, in denen ein solches Grundvertrauen wichtig geworden ist. Den Begriff »Grundvertrauen« verwende ich dabei als Oberbegriff für die einzelnen Varianten, die im Kontext erläutert werden.

3.1 Urvertrauen

Besonders einflussreich ist die Theorie des »Urvertrauens« geworden, die Erik Erikson in seinem Buch *Kindheit und Gesellschaft* entwickelt hat. Kinder entwickeln ein Urvertrauen, so die Annahme Eriksons, wenn ihnen die äußere Abwesenheit der Mutter keine Angst mehr macht, weil sie »außer einer zuverlässig zu erwartenden äußeren Erscheinung auch zu einer inneren Gewißheit geworden ist«.[36] In dem Maße, in dem es dem Kind gelingt, die äußere Zuverlässigkeit der Mutter zu internalisieren, kann es auf der Basis von gesicherten Erinnerungen und Erwartungen davon ausgehen, dass äußere Abwesenheiten der Mutter keinen endgültigen Zustand anzeigen. Es

36 Erik H. Erikson, *Kindheit und Gesellschaft*, Stuttgart [4]1971, S. 241.

kann gewissermaßen davon ausgehen, dass seinem inneren Mutterbild eine reale Person entspricht, deren Verhalten zuverlässig mit den verinnerlichten Erinnerungen und Erwartungen korreliert. Urvertrauen zeichnet sich in diesem Sinne durch das Vermögen aus, sich der wohlwollenden Zuneigung einer Person auch dann gewiss zu sein, wenn diese Person nicht anwesend ist, mithin in ihrem Verhalten auch nur bedingt beeinflusst werden kann. In ontogenetischer Hinsicht betrachtet ist das Urvertrauen damit eine Voraussetzung für das Erlernen autonomer Handlungskompetenz. Denn nicht nur verweist es auf das Vermögen, die Abwesenheit einer Person, auf deren Zuwendung man angewiesen ist, auszuhalten, es schafft zugleich erste Freiräume, die dazu dienen können, totale Abhängigkeitsverhältnisse behutsam in Verhältnisse rudimentärer Unabhängigkeit übergehen zu lassen. Das Urvertrauen bezeichnet entsprechend im gleichen Maße ein Verhältnis zu anderen, ein Aushaltenkönnen von Distanz, und ein Verhältnis zu sich selbst, das sich als eine Form der Selbstvertrauens kennzeichnen lässt, da es in die Fähigkeit mündet, relevante Bezugspersonen angstfrei in die Distanz »zu entlassen«.

Der Begriff des Urvertrauens verweist nicht auf den angeborenen Charakter dieses Vertrauenstyps. Zumindest die psychologischen Studien sind sich darin einig, dass die Fähigkeit des Urvertrauens als Errungenschaft geglückter frühkindlicher Sozialisationsprozesse zu betrachten ist. Erikson kennt dementsprechend den Begriff des »Ur-Mißtrauens«, der das Scheitern dieser Sozialisationsprozesse anzeigt. Der Verweis auf Sozialisationseffekte impliziert dabei, dass die Ausbildung einer vertrauensvollen oder misstrauischen Grundeinstellung größtenteils dem Belieben des Kleinkinds entzogen ist. Ob sich die weitgehende Abhängigkeit des Säuglings in ein Urvertrauen transformieren kann, hängt wesentlich von der Qualität erfahrener Zuwendung ab. An einer viel zitierten Stelle des *Emile* heißt es: »Jedes Kind hängt an seiner Amme. [...] Zuerst ist diese Anhänglichkeit rein mechanisch. [...] Nur die offenbarte Absicht, uns zu schaden oder zu nützen, wandelt diesen Instinkt in Gefühl, die Anhänglichkeit in Liebe und die Abneigung in Haß.«[37] Nur in

37 Jean-Jacques Rousseau, *Emile oder Über die Erziehung*, Stuttgart 1963, S. 442; vgl. John Rawls, *A Theory of Justice*, Cambridge (Mass.) 1971, S. 463 (dt. *Eine Theorie der Gerechtigkeit*, Frankfurt/M. 1975, S. 504), und John Deigh, »Morality and Personal Relations«, in: ders., *The Sources of Moral Agency. Essays in Moral Psychology and Freudian Theory*, Cambridge 1996, S. 1-17 (hier S. 6).

dem Maße, so muss man diese Überlegung Rousseaus wohl verstehen, in dem sich bei dem Kind die Gewissheit einstellt, dass es von den Bezugspersonen aus Liebe und offenbartem Interesse fürsorglich behandelt wird, kann sich ein Vertrauen entwickeln, dessen Stabilität auf der unterstellten Annahme einer wohlwollenden Motivation der Bezugspersonen beruht. Das Kind »schließt« gewissermaßen aus der zuverlässig empfundenen Zuwendung auf die Motive der Bezugspersonen, die auf den Schutz und die Förderung seiner Interessen und Bedürfnisse ausgerichtet sind.[38] Warum eine rein »mechanische« oder bloß zuverlässige Zuwendung und Anhänglichkeit nicht ausreicht, um Urvertrauen auszubilden, liegt dabei nicht gleich auf der Hand. Es lässt sich aber vermuten, dass einzig eine liebevolle Zuwendung die Gewährleistung für echte Anteilnahme an den eigenen Bedürfnissen bietet, was wiederum nötig ist, um diese Bedürfnisse über ihre bloße Befriedigung hinaus als wertvoll zu empfinden und so die Grundlage für die Ausbildung eines handlungsfördernden Selbstwertgefühls zu legen. In dem Maße, in dem sich dem Kind die Zuwendung der Bezugspersonen als liebevoll erschließt, gewinnen die eigenen Bedürfnisse eine Wichtigkeit, die ihre kontinuierliche Förderung durch die Bezugspersonen auch dann noch rechtfertigt, wenn ihre der Selbsterhaltung dienende Seite bereits befriedigt ist. Die Erfahrung liebevoller Zuwendung wiederum lässt die positive Empfindung der Verlässlichkeit in Liebe zu den Bezugspersonen umschlagen, die erst damit zum Gegenstand des Vertrauens werden.

In welchem Sinne handelt es sich beim Urvertrauen um eine besonders fundamentale Form des Vertrauens? Es ist angedeutet worden, dass es sich beim Urvertrauen um das Vermögen handelt, eine Person, auf die man angewiesen ist, dem eigenen Gesichtsfeld entschwinden zu lassen. Das Vertrauen impliziert die Annahme, die Person werde wiederkehren. Das ist es, worauf man vertraut. Zwei Antworten bieten sich an, um die Frage nach dem grundlegenden Charakter dieser Form des Vertrauens zu klären. Die eine eher entwicklungspsychologische Antwort interessiert sich für die frühkindlichen Kontexte der Ausbildung des Urvertrauens, weil sie annimmt, dass dieses Vertrauen in der einen oder anderen Form für alle weiteren Vertrauensbeziehungen relevant ist. Wer kein

38 Siehe auch Donald Winnicott, *Vom Spiel zur Kreativität*, Stuttgart 1974, S. 125 f.

hinreichend stabiles Urvertrauen in seine frühen Bezugspersonen ausgebildet hat, kann demgemäß auch keine ernsthaften Formen des Vertrauens zu anderen Personen ausbilden. Nur dann nämlich, wenn ich gelernt habe, die Distanz zu nahen Bezugspersonen angstfrei auszuhalten, erwerbe ich das Vermögen, auch über diese frühen Beziehungen hinaus die Abhängigkeiten in Kauf zu nehmen, die generell mit Vertrauensverhältnissen verbunden sind. Mit anderen Worten: Ein früh ausgebildetes Vertrauen in das Wohlwollen anderer wird in allen weiteren Kooperationsverhältnissen als psychische Ressource eine Rolle spielen.

Die zweite Antwort auf die Frage nach dem Status des Urvertrauens abstrahiert von entwicklungspsychologischen Thesen und interessiert sich eher für die eigentümliche Struktur des Urvertrauens, das in diesem Zusammenhang häufig als »rein«, »echt« oder »ursprünglich« gekennzeichnet wird. Das, was Vertrauen ausmacht – nämlich eine mit elementarer Verletzbarkeit verbundene Abhängigkeit –, verdichtet sich im Verhältnis des Kleinkinds zu seinen engen Bezugspersonen auf paradigmatische Weise. Die Beschreibung aller Vertrauensverhältnisse muss gewissermaßen implizit auf das Vertrauen zwischen Kleinkindern und ihren Bezugspersonen bezogen sein, weil nur dieses Vertrauen in sich alle wesentlichen Elemente des Vertrauens bündelt.

3.2 Primitives Vertrauen

Auch in anderen theoretischen Kontexten ist eine bestimmte Art des Grundvertrauens skizziert worden. Ziel ist dabei vor allem, Formen des Vertrauens zu erfassen, die uns auf unbewusste, ganz und gar präkognitive Weise dazu bringen, ohne Zögern und ohne Zweifel Interaktionen mit anderen aufzunehmen und fortzusetzen. Schon auf nonverbaler Ebene verfügen wir, so die Annahme, über ein komplexes Repertoire an Gesten (Schulterzucken, Heben oder Senken der Augenbrauen, Handschlag, Kopfnicken, Augenkontakt oder Vermeiden von Augenkontakt etc.), das wir in der Regel wohlwollend und vertrauensvoll als Hinweis, Warnung, Ermunterung, Begrüßung etc. entziffern.[39] Denn anders als sprachliche Äuße-

39 Annette C. Baier, »Sustaining Trust«, in: dies., *Moral Prejudices. Essays on Ethics*, Cambridge (Mass.), London 1994, S. 152-182 (hier S. 176).

rungen, die in täuschender Absicht vorgebracht werden können, bieten körperliche Gesten in der Regel verlässliche Hinweise auf die Gedanken und Absichten eines Individuums. Mehr noch, wir können erst mit Hilfe »primitiver kooperativer Praktiken« (Baier), die gleichsam von sich aus einen Index des Vertrauens und des Vertrauenswürdigen an sich tragen, komplexere und bewusstere, mithin auch stärker kognitive Formen des Vertrauens etablieren. Diese »primitiven« Praktiken sind folglich der Ermöglichungsgrund aller Formen des Vertrauens, so dass auch explizit sprachliche Weisen der Vertrauensetablierung – zu denken wäre an das vernehmbar artikulierte Versprechen – Vertrauen und Vertrauenswürdigkeit nicht begründen können. Sie können lediglich ein bereits vorhandenes Vertrauen bestärken, intensivieren oder bewusst machen: »Aus dem Ausdruck von Emotionen schließen wir auf Überzeugungen (und Wünsche) [...], und wir brauchen diese Daten, um die Evidenz, die verbales und anderes absichtsvolles Verhalten bietet, zu prüfen, denn diese Verhaltensweisen lassen sich leichter manipulieren als unsere Körpersprache.«[40]

Ein ähnliches Fundierungsverhältnis scheint dort vorzuliegen, wo es um die Frage geht, wie wir dazu gelangen, die Äußerungen anderer für wahr zu halten. Die Fähigkeiten, die wir brauchen, um die Äußerungen anderer auf ihre Wahrheit hin zu überprüfen, werden in Lehrsituationen erworben, in denen diese Fähigkeiten noch nicht vorhanden sind. In diesen Situationen müssen wir folglich den Äußerungen anderer Vertrauen entgegenbringen, weil uns nur dieses »primitive« Vertrauen überhaupt in die Lage versetzt, kognitiv höherstufige Kompetenzen zu erwerben.[41] Vertrauen dient in diesem Sinne als Grundlage für den Erwerb kritischer Beurteilungskompetenz, ist aber primitiv, weil es selbst noch voraussetzungslos gegeben ist und keiner kritischen Überprüfung bedarf. Dieser Gedanke wird auch in all jenen Theorien relevant, die eine

40 Annette C. Baier, »Getting in Touch with Our Own Feelings«, in: *Topoi* 6:2 (1987), S. 89-97 (hier S. 96), vgl. auch Boone/Buck, »Emotional Expressivity and Trustworthiness«, a. a. O.; Boone und Buck betrachten emotionale Expressivität als »marker for trustworthiness«, da sie annehmen, dass sichtbare Emotionalität »motivationale Intentionen« preisgibt (S. 171). Eine präverbale, affektiv getönte Körpersprache verrät uns also, und oft ganz automatisch, welche Absichten ein potenzieller Kooperationspartner hat. Sie kommuniziert damit Vertrauenswürdigkeit (oder deren Fehlen).

41 Lars Hertzberg, »On the Attitude of Trust«, in: *Inquiry* 31 (1988), S. 307-322.

enge Verknüpfung zwischen kommunikativen Kompetenzen und Vertrauen herstellen. Ein grundsätzliches Vertrauen in die Wahrhaftigkeit der Äußerungen anderer ist gewissermaßen dem Kommunikationsvermögen gleichursprünglich. Stellvertretend für viele andere kann hier John Austin zitiert werden: »Es ist eine Grundlage des Sprachgebrauchs (und anderer Dinge), daß wir berechtigt sind, anderen zu vertrauen, außer es liegt ein konkreter Grund vor, ihnen zu mißtrauen. Anderen glauben und ihr Zeugnis akzeptieren, ist das wichtigste oder doch zumindest eines der wichtigsten Elemente [*the, or one main, point*] unseres Sprechens.«[42] Auch wenn in diesen Zusammenhängen nicht von Basis- oder Urvertrauen die Rede ist, geht es hier um einen Vertrauenstyp, der nicht einzelnen Ereignissen, Personen oder auch nur einzelnen kommunikativen Akten gilt, sondern ganzen Bereichen menschlicher Praxis, die ohne das Vermögen, zu vertrauen, offensichtlich ihren Charakter radikal verändern würden oder als stabile und konventionalisierte Praktiken gar keinen Bestand hätten.

3.3 Weltvertrauen

Die bisher vorgestellten Formen eines grundlegenden Vertrauens können als psychologisches und als kommunikatives Grundvertrauen bezeichnet werden. Diesen Formen lässt sich eine dritte Form des Vertrauens zur Seite stellen, die als existenziell zu kennzeichnen ist. Geht es im psychologischen Grundvertrauen um das Vertrauen in die identitätssichernde und stets auch emotional getönte Zuwendung enger Bezugspersonen und im kommunikativen Grundvertrauen um das Vertrauen in die Wahrhaftigkeit der Äußerungen von anderen, so hat sich für das existenzielle Vertrauen der Begriff des »Weltvertrauens« eingebürgert, das beschrieben werden kann als Vermögen, ohne Vorsicht und risikoabwägende Umsicht handelnd in die Welt einzugreifen. Unter normalen Umständen zweifeln wir nicht an der Stabilität eines Gebäudes oder am Faktum des täglichen Sonnenaufgangs. Auch gehen wir nicht davon aus, dass unser praktisches Wissen von heute auf morgen seine Gel-

42 John L. Austin, »Other Minds«, in: ders., *Philosophical Papers*, Oxford ^{3}1979, S. 76-116 (hier S. 82) (dt. »Fremdseelisches«, in: John L. Austin, *Gesammelte philosophische Aufsätze*, Stuttgart 1986, S. 101-152, hier S. 109).

tung einbüßt. Im Rahmen dessen, was Phänomenologen als »natürliche Einstellung« beschrieben haben, unterstellen wir ohne Reflexion die »Konstanz der Weltstruktur«, wir verlassen uns darauf, dass die Gesetze der Schwerkraft gelten und die Luft zum Atmen, mit gewissen Schwankungen, sauber genug ist, um gesundes Leben zu ermöglichen.[43] Neben dieser weltzugewandten, objektiven Seite verfügt der Begriff des Weltvertrauens darüber hinaus auch über eine intersubjektive Seite. Nicht nur schatten wir mögliche Risiken des Seins in der Welt ab, um handelnd in ihr tätig zu sein; wir gehen unter normalen Umständen auch davon aus, dass uns die Mitmenschen ohne bösartige Hintergedanken gegenübertreten. In einer berühmten Passage seines Essays »Die Tortur« hat Jean Améry diesen Aspekt des Vertrauens unter den hier verhandelten Begriff des »Weltvertrauens« gebracht; dieses Weltvertrauen bestehe, so Améry, in der Annahme, »daß der andere aufgrund von geschriebenen oder ungeschriebenen Sozialkontrakten mich schont, genauer gesagt, daß er meinen physischen und damit auch metaphysischen Bestand respektiert«.[44] Ohne ein solches Vertrauen in die Zivilität der Mitmenschen könnten wir, so scheint es, nicht handelnd in die Welt eingreifen oder zumindest nur unter Aufbringung ausgeprägter und energieraubender Vor- und Umsicht. Die stereotpye Formel »unter normalen Umständen« beschreibt dabei den Sachverhalt, dass auch dieses soziale Weltvertrauen dem alltäglichen Bewusstsein in der Regel nicht gegenwärtig wird. Das Weltvertrauen zeigt sich in der Selbstverständlichkeit alltäglicher Handlungsabläufe, aber es drängt sich dem Handelnden nicht als solches auf, was selbst dann gilt, wenn es in Form von »geschriebenen Sozialkontrakten« über sanktionsbewährte Rückendeckung verfügt.

Wie fügen sich nun diese verschiedenen Formen des Grundvertrauens in die obige Definition des Vertrauens ein? Auch wenn es nicht gleich ersichtlich sein mag, könnte es an zwei Punkten Probleme geben. Es hieß, Vertrauen müsse als relationale Einstellung auf Handlungen bezogen werden, die »unter eine Beschreibung« gebracht werden können, die »wesentlich einen Bezug auf das Vorliegen verschiedener Handlungsoptionen enthält«. Aber was ist

43 Vgl. Alfred Schütz, Thomas Luckmann, *Strukturen der Lebenswelt*, Frankfurt/M. 1979, S. 26.

44 Jean Améry, »Die Tortur«, in: ders., *Jenseits von Schuld und Sühne*, Stuttgart 1977, S. 46-73 (hier S. 56).

hier mit »verschiedenen« Handlungsoptionen gemeint? Darüber hinaus war mit Blick auf Vertrauen von einer Form »akzeptierter« Verletzbarkeit die Rede. Was genau heißt hier »akzeptiert«? Gehen wir im Vertrauen nicht gerade davon aus, nicht verletzt zu werden?

4. Unter eine Beschreibung bringen

Zum ersten Punkt: Vertrauen, so hieß es, ermöglicht bestimmte Formen des Handelns. Weiter hieß es, dass fehlendes Vertrauen Handeln nicht einfach unmöglich macht. Es gibt *Handlungen*, die sich als misstrauisch charakterisieren lassen. Entscheidend ist also der Hinweis auf *bestimmte* Formen des Handelns. Damit ein Handeln als vertrauensvoll oder vertrauensgeleitet bestimmt werden kann, muss es sich unter eine Beschreibung bringen lassen, die das Handeln als vertrauensvoll oder vertrauensgeleitet identifiziert. Diese Beschreibung muss hinreichend komplex sein, um vertrauensvolles oder vertrauensgeleitetes Handeln von anderen Formen des Handelns zu unterscheiden. Zwei eng verzahnte Elemente dieser Beschreibung sollen im Folgenden genauer analysiert werden. Damit sinnvoll von Vertrauen gesprochen werden kann, müssen einem Handelnden (a) Optionen vorliegen, die sich (b) im Handeln verwirklichen lassen. Dort, wo wir nicht anders handeln können, wo uns keine handlungsrelevanten Alternativen vorliegen, wo wir gezwungen sind, einen Weg zu gehen, dort können wir auch nicht vertrauen. Der, der Vertrauen gibt, gibt es, weil er will, nicht, weil er muss. Wir können unser Kind einer Freundin anvertrauen, aber wir können es auch lassen.[45] Wir können einen Fremden nach dem Weg fragen, aber wir können auch darauf verzichten.

Bevor der genauere Sinn dieser Formulierungen geklärt wird, muss auf die Frage eingegangen werden, was es heißt, »eine Handlung unter eine Beschreibung zu bringen«. Diese Redeweise, die von Elizabeth Anscombe am Beispiel des Intentionalitätsproblems in die neuere philosophische Diskussion eingeführt worden ist, reflektiert die Einsicht, dass einzelne Handlungen unterschiedlich beschrieben werden können und nur unter bestimmten Beschreibungen leisten, was sie in einem theoretischen Kontext, aber auch

45 Das Beispiel findet sich auch bei Niklas Luhmann, »Familiarity, Confidence, Trust: Problems and Alternatives«, in: Diego Gambetta (Hg.), *Trust. Making and Breaking Cooperative Relations*, Oxford 1988, S. 94-107 (hier S. 97) (dt. »Vertrautheit, Zuversicht, Vertrauen: Probleme und Alternativen«, in: Martin Hartmann, Claus Offe (Hg.), *Vertrauen. Die Grundlage des sozialen Zusammenhalts*, Frankfurt/M., New York 2001, S. 143-160 [hier S. 148]).

mit Blick auf das Selbstverständnis eines handelnden Subjekts leisten sollen. Der Anscombsche Theorierahmen sei an dieser Stelle kurz skizziert, weil er für die weiteren Überlegungen zum Vertrauen wichtig werden wird. Wenn ich ein Stück Holz zersäge, lässt sich dieses Zersägen nur dann als absichtsvoll (intentional) bezeichnen, wenn ich weiß, dass ich es tue. Vielleicht weiß ich aber nicht, wem das Stück Holz gehört oder dass es sich um Eichenholz handelt. Als absichtsvoll lässt sich dieses Handeln nur unter Bezug auf die beschreibenden Elemente bezeichnen, von denen ich weiß, nicht aber unter Bezug auf die Elemente, von denen ich nicht weiß, obwohl sie auch angemessen beschreiben, was ich tue. Mit anderen Worten, die Beschreibung meines Tuns als »Er zersägt ein Stück Eichenholz« ist nicht falsch, obwohl ich mir dieses Sachverhalts nicht bewusst bin.[46] Diese Beschreibung ist aber nicht maßgeblich für die Frage danach, was aus meinem Tun ein absichtsvolles Tun macht. Absichtsvoll ist mein Tun, wenn die Beschreibung »Er zersägt ein Stück Holz« auch die Beschreibung ist, unter die ich selbst mein Handeln bringen würde.

Würde jemand auf die Frage »Was tust du da?« antworten »Ich zersäge ein Stück Holz«, hätte er damit freilich noch nicht im engeren Sinne eine Absicht angegeben, er hätte lediglich eine Voraussetzung erfüllt, die gegeben sein muss, damit sein Handeln sinnvoll als absichtsvoll beschrieben werden kann. Als absichtlich wird dieses Handeln erst beschrieben, wenn die Beschreibung unterstellen kann, dass die Handlung begründet ist, so dass es sinnvoll ist, die Frage »Warum?« auf sie anzuwenden: »Warum zersägst du das Stück Holz?« – »Weil ich einen Schrank bauen will«. Die Formulierung, wonach die Beschreibung »unterstellen« kann, dass die Warum-Frage auf die Handlung anwendbar ist, ist allerdings nicht ganz durchsichtig. Die bloße Beschreibung eines Tuns oder Handelns verrät *expressiv verbis* nichts über die Gründe, die jemand hat, das zu tun, was er tut. Gleichwohl reichen nach Anscombe solche Beschreibungen in der Regel aus, um die Absicht zu erfassen, die jemand mit seinem Handeln verfolgt.[47] Das ist schon allein

46 G.E.M. Anscombe, *Intention*, Oxford [2]1963, S. 11 f. (dt. *Absicht*, Berlin 2011, S. 26 f.).

47 Siehe ebd., S. 8 (dt. S. 20): »Nun, wenn man wenigstens einige wahre Aussagen über die Absichten einer Person vorbringen möchte, sind die Erfolgsaussichten gut, wenn man anführt, was sie tatsächlich getan hat oder derzeit tut. Denn [...]

deswegen der Fall, weil sie davon ausgeht, dass diese Beschreibungen gar nicht existieren würden, wenn ein Bezug auf die Absicht nicht schon unterstellt wäre. Wir können davon ausgehen, dass Menschen das, was sie tun, in der Regel begründet tun. Vielleicht wissen wir nicht immer genau, mit welcher Absicht sie tun, was sie tun (ich sehe den Schrank nicht, den er bauen will), aber wir wissen zumindest, dass sie das, was sie tun, absichtlich, das heißt: begründet tun. Der hier vor allem interessierende Punkt ist nun: Wenn wir das Tun eines Menschen beschreiben, treffen nur bestimmte Beschreibungen den absichtlichen Charakter dieses Tuns. »Was hat er getan?« – »Er hat Holz zersägt«, das ist ein wahrscheinlicher Kandidat für eine Beschreibung, die ein Tun als absichtsvoll kennzeichnet. »Was hat er getan?« – »Er hat Eichenholz zersägt«. Das mag eine angemessene Beschreibung sein, aber es ist unklar, ob es sich dabei um die Beschreibung eines absichtlichen Tuns handelt. Man müsste ihn fragen, um hier Klarheit zu schaffen.

Wogegen sich Anscombe mit diesen Überlegungen wendet, ist die Annahme, dass Absichten rein innerlich vorliegen oder nur vom Handelnden selbst gewusst werden können. Gerade wenn es um die Absicht geht, mit der jemand etwas tut, liegt es ja nahe, davon auszugehen, dass diese Absicht einer Handlung nicht unbedingt angesehen werden kann, es sei denn, man integriert das Wissen um diese Absicht in methodisch unzulässiger Weise in ihre angemessene Beschreibung. So scheint, wie erwähnt, die Absicht, mit der ich Holz zersäge (um einen Schrank zu bauen), nicht an der Beschreibung meines Tuns ablesbar zu sein (es ist kein Schrank sichtbar). Auch kann es vorkommen, dass man eine Absicht fasst, »zu deren Umsetzung in die Tat man sodann gar nichts beiträgt – sei es, weil man daran gehindert wird, sei es aufgrund eines Sinneswandels. Die Absicht selbst jedoch kann vollständig abgeschlossen sein, obwohl sie etwas rein Innerliches bleibt.«[48] Erwähnt wurde schließlich der Fall, in dem ich beobachte, dass jemand Eichenholz zersägt, aber nur durch Nachfragen feststellen kann, ob dies ist, was er tatsächlich beabsichtigt. Erneut sieht es so aus, als verfüge nur der Handelnde selbst über das letztgültige Wissen über seine wahren Absichten.

die meisten jetzigen oder früheren Handlungen, die man ihm ohne zu zögern zuschriebe, werden beabsichtigte Handlungen sein.«

48 Ebd., S. 9 (dt. S. 22).

Es sind verschiedene Argumente, die Anscombe gegen diesen Psychologismus der Intentionalitätstheorie ins Feld führt. Sie seien genannt, weil eine ähnliche Problematik im Zusammenhang mit der Frage nach der angemessenen Beschreibung vertrauensvoller Einstellungen auftauchen wird. Dass Absichten innerlich vorliegen, könnte heißen, dass letztlich nur der Handelnde selbst genau wissen kann, was seine Absicht ist, weil seine äußerlich wahrnehmbaren Handlungen nicht über alle Aspekte seiner Absicht Auskunft geben können. Ist diese Trennung zwischen Innen und Außen aber einmal etabliert, ergibt sich eine Reihe von Folgeproblemen, die in Anscombes Augen den Sinn der Trennung in Frage stellen. So könnte der Eindruck entstehen, ich könne selbst bestimmen oder sogar wählen, was meine Absicht ist.[49] Gibt es verschiedene Beschreibungen meines Handelns, und ist unklar, welche dieser Beschreibungen wirklich meine Absichten trifft, dann, so könnte man meinen, bin ich es, der entscheidet, welche dieser Beschreibungen richtig ist: »War es deine Absicht, Holz zu zersägen, oder war es deine Absicht, Eichenholz zu zersägen?« – »Meine Absicht war …«. Anscombe leugnet nicht, dass dies helfen kann, die Absicht der Person ausfindig zu machen, aber sie leugnet, dass diese Absicht völlig losgelöst von äußeren Handlungen ist. So könnte jemand fragen, woher ich als Außenstehender denn wissen soll, dass die Antwort »Meine Absicht war …« wahrhaftig ist. Wir können naturgemäß alles mögliche als Absicht ausgeben. Die Wahrhaftigkeit einer Äußerung aber lässt sich in gewissen Grenzen überprüfen, indem etwa das Handeln der Person weiter beobachtet wird. Aber was ist, wenn die weiteren Handlungen keine Auskunft über die genauen Absichten geben? »Ab einem bestimmten Punkt ist nur das, was der Betreffende selbst sagt, ein Zeichen; und an dieser Stelle ist Raum für viele Auseinandersetzungen und für differenzierte Diagnosen seiner Aufrichtigkeit.«[50] Was immer folglich gesagt wird, kann nicht aus sich selbst heraus die eigene Wahrhaftigkeit garantieren oder liefern, es kann nur als Zeichen gedeutet werden, das gleichsam dazu auffordert, jenseits des Geäußerten nach Kriterien der Wahrhaftigkeit zu suchen.

Hierzu passt, dass etwa im Fall einer zukunftsbezogenen Absicht das, was ich jeweils als meine Absicht ausgebe, nur dann sinnvoll

49 Ebd., S. 42 (dt. S. 69).
50 Ebd., S. 44 (dt. S. 72).

als Absicht formuliert werden kann, wenn die Absicht auch als umsetzbar betrachtet werden kann. Ob eine Absicht aber umsetzbar ist, kann nicht auf der Basis der bloßen Absicht selbst schon entschieden werden, da die Verwirklichungsbedingungen vieler Absichten nicht in der Verfügungsgewalt von Subjekten liegen. Wenn es zum Haben einer Absicht gehört, sie umsetzen zu können, und wenn die Umsetzbarkeit nicht allein der Verfügungsgewalt des die Absicht habenden Subjekts unterliegt, dann kann das Haben einer Absicht kein rein privater Zustand sein.[51] Wieder gilt: Es ist möglich, alles mögliche mit Blick auf eigene Absichten zu sagen. Aber die Beurteilung, ob es sich bei diesen Äußerungen auch um echte oder wahrhaftige Äußerungen handelt oder ob es überhaupt sinnvoll ist, in dem Kontext, in dem die Äußerung erfolgt, von Absichten zu sprechen, diese Beurteilung hängt an Faktoren, die nicht bloß innerlich, also in Unabhängigkeit von gegebenen Handlungsumständen bestimmt werden können.

Schließlich legt die Annahme, Absichten seien etwas Inneres, nahe, man könne sie unabhängig von äußeren Bedingungen durch Selbstbeobachtung erfassen. Aber wissen wir von unseren Absichten tatsächlich, indem wir an uns durch Beobachtung Absichten entdecken, die wir dann, wenn wir wollen, ausdrücken können? Dies würde bedeuten, dass es möglich wäre, uns über unsere eigenen Absichten zu täuschen, so wie wir uns über äußere Wahrnehmungsgegenstände täuschen können. Aber das Wissen um unsere Absichten scheint unmittelbarer zu sein als ein Wissen, das auf Beobachtung oder Evidenz angewiesen ist. Damit ist nicht gesagt, dass dieses Wissen unfehlbar ist, aber es bedeutet, dass seine Fehlbarkeit nicht die Fehlbarkeit sinnlicher Wahrnehmung ist.[52] So begreift auch Anscombe das Wissen um unsere Absichten als eine Unterklasse der ohne Beobachtung gewussten Tatsachen. Wissen wir etwas von uns nur, weil wir es an uns beobachtet haben, dann kann es sich nicht um einen Fall absichtlichen Handelns handeln. Bemerkt jemand etwa, dass er »durch das Überqueren der Straße die Verkehrsampel betätigt«, dann kann nicht davon gesprochen werden, dass er die Ampel absichtlich schaltet.[53]

Es ist vermutlich diese Zurückweisung des psychologistischen

51 Ebd., S. 36 (dt. S. 61).

52 Vgl. Moran, *Authority and Estrangement*, a. a. O., S. XXIX.

53 Anscombe, *Intention*, a. a. O., S. 14 (dt. S. 30).

Ansatzes in der Intentionalitätsforschung, die Anscombe überhaupt dazu bringt, die Formel »unter eine Beschreibung bringen« in die Diskussion einzuführen. Es gibt keinen anderen Weg, absichtliches Handeln von nichtabsichtlichem Handeln abzugrenzen als den Versuch, Beschreibungen zu spezifizieren, die die Bedingungen absichtlichen Handelns erfüllen. Wir verfügen, mit anderen Worten, nicht über einen direkten oder unmittelbaren Zugang zum Phänomen der Absicht. Aber heißt dies, dass unsere Beschreibungen Absichten konstituieren, so dass man sagen könnte, dass wir nur dann absichtsvoll handeln können, wenn wir in der Lage sind, unser Handeln unter eine Beschreibung zu bringen, die es als absichtsvoll kennzeichnet?[54] Dies scheint kontraintuitiv zu sein, da wir auch solchen Wesen das Vermögen der Absicht zusprechen, die nicht explizit über die Möglichkeit verfügen, ihr Handeln unter eine Beschreibung zu bringen. Anscombe selbst diskutiert das Beispiel eines Vogels, der sich auf einen Zweig setzt, um Vogelfutter aufzupicken. Auf dem Zweig ist Vogelleim, der den Vogel am Wegfliegen hindert. In Anscombes Sicht ist die Handlung nur unter der Beschreibung »the action (then) of landing on the twig«, nicht aber unter der Beschreibung »the action (then) of landing on a twig with bird-lime on it« absichtsvoll. Auch Tiere können also Absichten haben, obgleich sie ihr Verhalten offensichtlich nicht unter eine Beschreibung bringen. Dass nur die eine, aber nicht die andere Beschreibung die Absicht des Vogels erfasst, lässt sich darüber hinaus nur aufrechterhalten, wenn vorausgesetzt ist, dass absichtsvolles Handeln das beschreibt, was der Vogel will, also das Worumwillen seines Tuns. Was als absichtsvolles Handeln gilt, muss folglich unabhängig von einzelnen Beschreibungen geklärt werden, damit diese Beschreibungen überhaupt als angemessen oder unangemessen mit Blick auf die Frage der Absicht charakterisiert werden können. So kann es auch nicht weiter überraschen, dass Anscombe den Vogel mehrmals mit einem »Wollen« in Verbindung bringt und seinem Verhalten eine Um-zu-Struktur verleiht. Beschreibungen treffen dann zu, wenn sie explizieren, was als Bestandteil einer Praxis implizit bleiben kann.[55]

54 Das scheint (in Anlehnung an Ian Hacking) die Position von Michael Hampe zu sein; siehe die »Einleitung« zu seinem Buch *Erkenntnis und Praxis. Zur Philosophie des Pragmatismus*, Frankfurt/M. 2006, S. 11-50 (hier S. 40 f.).

55 G.E.M. Anscombe, »Under a Description«, in: dies., *The Collected Philosophical*

Gerade diese letzten Bemerkungen können dazu beitragen, den methodischen Status der Formel »unter eine Beschreibung bringen« zu erhellen. Wir können absichtsvoll handeln, ohne unser Handeln unter eine Beschreibung zu bringen; dies gilt zumindest für die Perspektive des Handelnden selbst. Dieser kann jederzeit sein Handeln unter eine Beschreibung bringen, etwa, wenn er gefragt wird, was er getan hat oder warum er getan hat, was er getan hat, aber es ist nicht zwingend, dies zu tun, um absichtsvoll zu handeln. Anscombes Vogel-Beispiel legt sogar nahe, dass es nicht einmal nötig ist, über das *Vermögen* der Beschreibung des eigenen Tuns als absichtsvoll zu verfügen, um absichtsvoll handeln zu können. Wie auch immer diese Frage entschieden wird, Beschreibungen gewinnen ihre Plausibilität in dem Maße, in dem es ihnen gelingt, implizite Bestandteile einer Praxis begrifflich auf den Punkt zu bringen, und damit ist zugleich ihre wesentliche Aufgabe beschrieben. Nur wenn es sinnvoll ist, einem Vogel ein verhaltensleitendes Wollen zuzuschreiben, kann überhaupt der Versuch unternommen werden, sein Verhalten unter eine intentionale Beschreibung zu bringen. Die Notwendigkeit, Implizites zu explizieren, taucht dabei vor allem in Handlungskontexten auf, in denen es dem Akteur selbst oder anderen unklar ist, was er tut oder warum er tut, was er tut. Anscombe hat erwähnt, dass in der Regel schlichte Beschreibungen des Tuns eines anderen ausreichen, um seine Absichten zu erfassen. Damit wird eingeräumt, dass solche Beschreibungen notwendig sind, um die Absichten des anderen überhaupt zugänglich zu machen. Aber es ist nicht eigens thematisiert, unter welchen Umständen wir dazu gelangen, diese Absichten überhaupt zu explizieren. Die Notwendigkeit, Handlungen unter eine Beschreibung zu bringen, taucht immer dann auf, so die hier vertretene These, wenn es darum geht, an anderen Absichten zu identifizieren. Aber sie taucht auch in theoretischen Kontexten auf, in denen handlungsentlastet darüber nachgedacht wird, was ein Handeln als absichtsvoll charakterisiert und was nicht. Wenn wir unser Handeln in einem solchen Kontext als absichtsvoll verstehen wollen, dann bleibt, so die Schlussfolgerung, nur der Rekurs auf Beschreibungen, von denen wir auch wissen wollen, ob sie mit Blick auf das, was sie beschreiben, angemessen oder unangemessen sind.

Papers of G.E.M. Anscombe, Bd. 2, *Metaphysics and the Philosophy of Mind*, Oxford 1981, S. 208-219 (hier S. 210).

Ein weiterer Hinweis ist an dieser Stelle angebracht, der zurück zum Vertrauen führt. Es ist darauf hingewiesen worden, dass in bestimmten interessanten Fällen das Explizitmachen von etwas Implizitem dieses nicht einfach nur ausdrückt, sondern in seiner spezifischen Struktur konstituiert. Das ist zweifellos ein schwieriger Gedanke, der hier nicht mit gebotener Ausführlichkeit erörtert werden kann. Dennoch lässt sich mit Blick auf Beschreibungen vertrauensvollen Verhaltens auch an diesem Punkt festhalten, dass der Versuch, ihre wesentlichen Elemente zu explizieren, das Vertrauen selbst insbesondere dann beeinflussen kann, *wenn er in praktischen Handlungskontexten unternommen wird.* Das Explizitmachen der Annahmen und Gründe, die vertrauensvolles Handeln leiten, kann unter bestimmten Umständen das Vertrauen selbst affizieren und in extremen Fällen sogar zerstören. Je stärker man von der These ausgeht, dass Vertrauen als Einstellung implizit bleiben muss, desto größer wird die Bereitschaft sein, jede Form der Explikation der vertrauensrelevanten Elemente als Bruch des Vertrauens zu deuten. Aber selbst wenn man nicht davon ausgeht, dass das Explizitmachen der Gründe des Vertrauens das Vertrauen notwendig zerstört, lässt sich nicht bestreiten, dass das Explizitmachen der vertrauensleitenden Annahmen und Gründe das Vertrauensverhältnis modifiziert. Ein Satz wie »Ich vertraue dir« (oder eine Aufforderung wie »Vertraue mir!«) schafft eine Verantwortung für die in ihm explizierte Einstellung, die darauf beruht, dass die Person, die so spricht, sich bejahend zu ihrer Einstellung verhält und sie dadurch anerkennt. Er kann aus sich heraus nicht seine eigene Glaubwürdigkeit gewährleisten, aber er verpflichtet die Person dann in stärkerer Weise als eine unausgesprochen am Verhalten abgelesene Einstellung, wenn sie im Hörer zu Annahmen führt, die er ohne die explizite Äußerung nicht in gleicher Weise ausgebildet hätte, und wenn genau das vom Sprecher beabsichtigt ist. In diesem Sinne artikuliert das Explizitmachen nicht einfach etwas Implizites, als ginge es darum, durch die Artikulation hindurch ein Fenster zu öffnen, dass einen sonst verborgenen Innenraum freigibt.[56] Im Akt des Explizitmachens übernimmt die Person vielmehr einen normativen Status, den sie nicht in gleicher Weise hätte, wenn sie auf das Explizitmachen verzichtet (was nicht heißt, dass sie dann keinen

56 Vgl. Richard Moran, »Problems of Sincerity«, in: *Proceedings of the Aristotelian Society*, CV:3 (2005), S. 341-361 (hier S. 352).

normativen Status hat). Sie gibt zu verstehen, wie sie sich zu ihrer explizierten Einstellung verhält, und kann das in hervorgehobener Weise nur tun, wenn sie Implizites explizit macht.

Vieles von dem, was für absichtliche Handlungen gilt, gilt nun auch für Handlungen, die als vertrauensvoll gekennzeichnet werden können, ja, es gilt vermutlich stärker für diese Handlungen als für Handlungen, die wir als absichtsvoll beschreiben. Wie würden wir die Handlung einer Person, von der wir meinen, sie handle vertrauensvoll, beschreiben? Um zu beschreiben, dass diese Person im schlichten Sinne des Wortes absichtsvoll handelt, reicht es häufig aus, das ist erwähnt worden, zu beschreiben, was sie gerade tut. Solche Beschreibungen implizieren darüber hinaus eine Antwort auf die Frage nach dem Warum des Handelns und gehen dieser Antwort nicht voraus. Wir beobachten, wie jemand in einer Küche einen Topf aus dem Schrank holt, Wasser hineinfüllt und anschließend das Wasser zum Kochen bringt. Dann legt er Nudeln in das Wasser. Fragt uns jemand, der all das nicht beobachtet, was in der Küche passiert ist oder was er (der Koch) getan hat, können wir durch schlichte Beschreibungen (»Er hat einen Topf aus dem Schrank geholt«, »Er hat Wasser hineingefüllt« etc.) das Handeln des Kochs als absichtsvoll erfassen. Wir wissen auf der Basis des Beobachteten vielleicht nicht, ob er für sich oder für andere kocht (da müssten wir, wenn es sich nicht aus der Situation ergibt, nachfragen), aber wir gehen davon aus, dass das, was wir beobachtet haben, ein Handeln aus Gründen ist. Gäbe es nun schlichte Beschreibungen, die ein Handeln nicht nur als absichtsvoll, sondern auch als vertrauensvoll kennzeichnen können? Es sieht nicht so aus. Wenn wir einfach nur beschreiben, was jemand tut, werden wir in der Regel nicht erfassen, ob dieses Tun vertrauensvoll (oder misstrauisch) ist. Das liegt auch daran, dass Vertrauen, anders etwa als Reue, Trauer, Freude oder Dankbarkeit, keine hervorgehobene expressiv-körperliche Dimension besitzt. Ob jemand Reue über eine begangene Untat verspürt, mag man an seinem Verhalten oder an seiner Körpersprache ablesen. Die Einstellung des Vertrauens dagegen geht nicht in ähnlicher Weise mit körperlich gebundenen Gesten oder Ausdrucksformen einher. Sie kann natürlich begleitet sein von Formen körperlichen Wohlbefindens oder von handlungserleichternder Sorglosigkeit, aber diese Begleiterscheinungen stehen in keinem notwendigen Zusammenhang mit der Einstellung und lassen sich ohnehin nur schlecht als vertrauensbezogen entziffern. Um folglich Einstellungen des Vertrauens zu erfassen, brauchen wir komplexe Beschreibungen, die auf plausible Weise Situationsrelevanz besitzen. Damit tritt die Notwendigkeit, vertrauensvolles Tun unter eine Beschreibung zu bringen, von Anfang an ins Bewusstsein. Und es wird deutlicher als am Beispiel des absichtsvollen Handelns, dass diese Beschreibung interpretatorische Elemente enthält, die auf Vorannahmen über vertrauensvolles Handeln beruhen. Mit anderen Worten: Nur weil wir bereits über einen Begriff vertrauensvollen Handelns verfügen, können wir versuchen, eine Beschreibung anzufertigen, von der wir meinen, dass sie diesem Begriff mehr oder weniger genau entspricht. Diese begrifflichen Vorannahmen müssen ihrerseits bestimmten Plausibilitätsannahmen gehorchen, um nicht als willkürlich oder arbiträr zu erscheinen.

Zwei Möglichkeiten der Plausibilitätsprüfung unserer begrifflichen Vorannahmen seien genannt: Wenn wir ein Handeln als vertrauensvoll beschreiben, müssen wir bereit sein, die Perspektive der Person, deren Handeln wir als vertrauensvoll beschreiben, zu berücksichtigen. Ob diese Person ihr eigenes Handeln als vertrauensvoll oder misstrauisch beschreibt, ist nicht irrelevant, wenn es darum geht, ihr Handeln so oder so zu beschreiben. Das heißt nicht, dass diese Selbstbeschreibung die Einstellung des Vertrauens (oder Misstrauens) allein konstituiert. Wer sein Verhalten als vertrauensvoll beschreibt, wird von uns nicht unbedingt als vertrauensvoll eingeschätzt. Gleiches gilt für artikuliertes Misstrauen, auch wenn manche Autoren hier eine Asymmetrie in der (Selbst-)Beschreibung positiver und negativer Einstellungen sehen. Wer sein Verhalten als misstrauisch beschreibt, gleichwohl aber fortfährt, in einer Weise zu handeln, die nur plausibel gemacht werden kann, wenn ihm Vertrauen zugesprochen wird, der ist offensichtlich nicht misstrauisch. Sowohl für Vertrauen als auch für Misstrauen gilt also, dass bloße Verlautbarungen nicht allein über die Wahrhaftigkeit der darin enthaltenen Handlungsbeschreibungen entscheiden können. In beiden Fällen gilt aber, dass solche Verlautbarungen als Hinweise oder, im Sinne Anscombes, als Zeichen zu verstehen sind, denen nachgegangen werden muss, ohne dass sie in jedem Fall das letzte Wort haben. Als Hinweise und Zeichen müssen sie ernst genommen und sollten nicht vernachlässigt werden. Man kann diesen

Sachverhalt auch anders ausdrücken: Wenn wir eine Beschreibung anfertigen, von der wir meinen, sie enthalte wesentliche Elemente dessen, was im Rahmen dieser Arbeit als Vertrauen bezeichnet wird, dann gewinnt diese Beschreibung an Plausibilität, wenn der Akteur, dessen Handeln sie beschreibt, sie sinnvoll auf sein Handeln beziehen kann, wenn sie gleichsam auf den Zweck antwortet, den er mit seinem Handeln verbindet. Die Beschreibung muss sich an diesem Punkt für den Handelnden öffnen, dessen Zwecksetzungen auch dann nicht einfach übergangen werden dürfen, wenn er sie sich im Verlaufe des Handlungsvorgangs nicht eigens expliziert hat.[57] Die Kategorie der Beschreibung muss an diesem Punkt folglich einen stärker dialogischen Charakter annehmen, ein Punkt, auf den ich im zweiten Teil dieses Buches zurückkommen werde. Wer sein Verhalten als misstrauisch oder vertrauensvoll beschreibt, erhebt gewissermaßen den Anspruch, in seinem Misstrauen oder Vertrauen als jemand ernst genommen zu werden, der entweder nicht bereit ist, einer Praxis vertrauensvoll zu folgen, oder aber sehr wohl dazu bereit ist. Gleichwohl gilt, dass seine Verlautbarung als Hinweis dem zweiten Plausibilitätstest unterzogen werden muss, den wir haben, um zu entscheiden, ob unsere begrifflichen Vorannahmen dem Phänomen angemessen sind. Hier geht es schlicht um die Beurteilung der Frage, ob diese Vorannahmen mit der weiteren Verwendung des Begriffs in der Alltagssprache, aber auch in der Wissenschaftssprache korreliert. Eine vollständige Korrelation kann es nicht geben, da auch jeder Zugriff auf das, was hier Alltags- oder Wissenschaftssprache genannt wird, in gewissen Zügen nicht neutral ist und folglich auswählt und selektiert. Die eigenen Vorannahmen müssen entsprechend als Appell verstanden werden, gegebene Praktiken in ihrem Licht zu betrachten, um so im Hin und Her des Gebens und Nehmens von Gründen zu klären, ob sie auf diese Weise sinnvoll entschlüsselt werden können. Es gibt nichts in der Praxis selbst, das unabhängig von ihrer Beschreibung eine richtige Verwendung der beschreibungsrelevanten Begriffe garantieren könnte. Jenseits der Verlautbarungen einer Person bleibt es folglich dabei, dass die Wahrhaftigkeit dieser Verlautbarung am

57 Siehe Paul Ricœurs Kritik am Deskriptivismus der Anscombschen Handlungstheorie in *Soi-même comme un autre*, Paris 1990, Kap. 3 (dt. *Das Selbst als ein Anderer*, München 1996). Dieser Deskriptivismus privilegiere die »objektive Seite der Handlung« und schalte so den Handelnden aus.

Handeln der Person gemessen wird, das seinerseits unter eine plausible Beschreibung gebracht werden muss.

Die wesentlichen Elemente einer plausiblen Beschreibung sollen nun genannt werden.

4.1 Elemente der Beschreibung (1): Relationalität

Die zentrale Bestimmung der obigen Vertrauensdefinition beschreibt Vertrauen als eine »relationale Einstellung«. Relational ist die Einstellung des Vertrauens, weil sie wesentlich auf unterstützende Kooperationsakte anderer verweist. Die Relationalität des Vertrauens umfasst dabei verschiedene Dimensionen. (1) Logisch wird Vertrauen häufig als dreistellige Relation gefasst: A vertraut darauf, dass B C tut, oder: A vertraut B C an. Dieses Modell ist als Modell des Anvertrauens bezeichnet worden, weil es davon ausgeht, dass wir im Vertrauen einer anderen Person etwas überlassen, was uns wichtig ist. Wir vertrauen mithin nicht einfach nur einer anderen Person, wir vertrauen ihr *etwas* an, überlassen einen uns wichtigen *Gegenstand* ihrer Obhut oder vertrauen darauf, dass sie *etwas* für uns tut. Sätze der Art »Ich vertraue dir« sind insofern elliptisch, da sie den Gegenstandsbereich des Vertrauens offenlassen und zugleich voraussetzen, dass es einen solchen gibt. Eine Person, die einen solchen Satz äußert, mag darauf anspielen, dass dem anderen alles überlassen werden kann oder dass er in allen Hinsichten das Vertrauen erfüllen wird. (2) Psychologisch impliziert die Relationalität des Vertrauens die Tatsache, dass wir uns in Akten des Vertrauens vom Empfänger unseres Vertrauens abhängig machen, dies aber anerkennen. Diese Abhängigkeit entspricht der bereits diskutierten anerkannten Verletzbarkeit, da die möglichen Verletzungen, die mit Vertrauensbeziehungen entstehen, eine wesentliche Quelle in den Abhängigkeiten haben, auf die wir uns in diesen Beziehungen einlassen. Die Abhängigkeit, um die es dabei geht, ist aber nicht mit jener Abhängigkeit gleichzusetzen, die uns in unserer Animalität ohnehin kennzeichnet und bedingt, dass wir als gebrechliche und leidende Wesen in vielen Phasen unseres Lebens der Unterstützung anderer bedürfen.[58]

58 Alasdair MacIntyre, *Dependent Rational Animals. Why Human Beings Need the Virtues*, Chicago, La Salle 1999 (dt. *Die Anerkennung der Abhängigkeit. Über menschliche Tugenden*, Hamburg 2001).

Auch hier bedeutet die Akzeptanz der Abhängigkeit, dass wir es mit einer vertrauensrelativen Abhängigkeit zu tun haben, die ihre spezifischen Eigenschaften erst im Kontext von Vertrauensbeziehungen annimmt. Diese anerkannte Abhängigkeit ermöglicht dann Beziehungen, ohne die wir wesentliche Eigenschaften menschlicher Urteilskraft und Autonomie nicht entfalten könnten. (3) Dass es sich beim Vertrauen um eine relationale Einstellung handelt, verweist des Weiteren auf die Einbettung des Vertrauens in kooperative Praktiken. Die mit dem Vertrauen verbundenen Absichten und Erwartungen lassen sich nur mit Hilfe anderer verwirklichen. Handlungstheoretisch formuliert kann dieser Sachverhalt auch so gewendet werden: Handlungen, die auf der Basis von Vertrauen möglich werden, müssen durch unterstützende Akte anderer gewissermaßen vervollständigt werden. Um diesen Punkt geht es Hume, wenn er in seiner *Untersuchung über den menschlichen Verstand* schreibt: »Die gegenseitige Abhängigkeit der Menschen ist in jeder Gemeinschaft so groß, daß kaum eine menschliche Handlung völlig auf sich beruht [*that scarce any human action is entirely complete in itself*] oder ohne Beziehung zu den Handlungen anderer ausgeführt wird, die erforderlich sind, damit die Handlung in allem der Absicht des Handelnden entspricht.«[59] Der Vertrauensempfänger kann dabei eine Art Mittlerrolle übernehmen und muss nicht direkt Handlungen »komplettieren«. Im Modell des Anvertrauens etwa überlasse ich eine mir wichtige Sache oder Person seiner Obhut, um anderen Tätigkeiten nachzugehen, die mit dem Vertrauensempfänger nicht in direktem Zusammenhang stehen. (4) Relational ist das Vertrauen, weil es (a) als Einstellung stets bezogen bleibt auf historisch variable Formen des Selbstverständnisses, die mit historisch variablen Formen der Verletzbarkeit verbunden sind, und (b) weil es als Einstellung in konkreten Beziehungen für die Wandlungen, die sich auf beiden Seiten einer Vertrauensbeziehung ergeben, offenbleiben muss. Zum ersten Punkt: Zwar ist Vertrauen als akzeptierte Verletzbarkeit aufzufassen, aber wie genau diese Verletzbarkeit auszulegen ist, das ist historisch variabel. Vertrauen zählt in diesem Sinne zu jenen psychologischen Einstellungen, denen

59 David Hume, *An Enquiry Concerning Human Understanding*, Oxford [3]1975, S. 89 (VIII.1) (dt. *Eine Untersuchung über den menschlichen Verstand*, Stuttgart 1967, S. 116).

Historizität zugesprochen werden kann.[60] Welche Verletzbarkeiten und Identitätsbedrohungen für den Vertrauenden im Mittelpunkt stehen, muss in historisch sensiblen Rekonstruktionen unterschiedlicher Vorstellungen von Individualität erfasst werden. Es ist unter anderem dieser Aspekt, der im zweiten Teil dieses Buches den Übergang zum Historischen erfordert. Zum zweiten Punkt: Der relationale Charakter des Vertrauens erweist sich auch daran, dass es – in normativer Hinsicht – als Einstellung nicht einfach unverändert bleiben sollte, wenn sich wesentliche Aspekte einer Vertrauensbeziehung wandeln. Die Art und Intensität des Vertrauens sollte sich verändern, wenn sich die Vertrauenswürdigkeit einer Person geändert hat oder wenn sich dem Vertrauenden Hindernisse in den Weg stellen, die ihn an der Richtigkeit des Vertrauens zweifeln lassen. Auf beiden Seiten der Vertrauensbeziehung treten Ermessensspielräume auf, die darüber bestimmen, ob eine Beziehung als Vertrauensbeziehung fortgeführt wird. Es gibt nicht nur historisch variable Formen der Verletzbarkeit, die einen epochenspezifischen Zug haben, sondern auch beziehungsrelative Formen der Verletzbarkeit, die nur unter Bezug auf spezifische Interaktionsgeschichten angemessen verstanden werden können. (5) Relational ist das Vertrauen schließlich, weil einige seiner Eigenschaften nur vor dem Hintergrund konkreter Beziehungen angemessen analysiert werden können. Wir können, mit anderen Worten, zwischen einem Vertrauen unter Freunden und einem Vertrauen unter Fremden unterscheiden, und werden nur dann in der Lage sein, die Unterschiede zwischen diesen beiden Vertrauenstypen genau zu benennen, wenn die besonderen Merkmale der jeweiligen Beziehungsform im Blick behalten werden. Mehr noch, wir können dem evaluativen Gehalt der Vertrauenseinstellung nur im Rahmen konkreter Beziehungsmuster Ausdruck verleihen, in denen die einstellungsleitenden Normen aufrechterhalten werden. Meine Einstellung kann also nur dann als eine des Vertrauens benannt werden, wenn sie von anderen als solche anerkannt wird oder anerkannt werden kann. Die

60 Amélie Oksenberg Rorty, »The Historicity of Psychological Attitudes: Love Is Not Love Which Alters Not When It Alteration Finds«, in: dies., *Mind in Action. Essays in the Philosophy of Mind*, Boston 1988, S. 121-134 (dt. »Die Historizität psychischer Haltungen – Lieb' ist Liebe nicht, die nicht Wandel eingeht, wenn sie Wandel findet«, in: Dieter Thomä [Hg.], *Analytische Philosophie der Liebe*, Paderborn 2000, S. 175-193).

expressive Dimension des Vertrauens, auf die noch einzugehen sein wird, bedarf einer *sozialen* Bewertungspraxis, die ihren plausiblen Ausdruck in konkreten Beziehungsmustern erst erlaubt.[61]

4.2 Elemente der Beschreibung (2): Optionen und Handlungen

Eine hinreichend komplexe Beschreibung vertrauensvollen Handelns muss davon ausgehen, dass dem Handelnden Optionen offenstehen, die sich im Handeln verwirklichen lassen. Was heißt das? Zunächst soll der Begriff der Optionen thematisch werden. Er ist gegen einige Missverständnisse in Schutz zu nehmen. So könnte man meinen, der Begriff der Option suggeriere an dieser Stelle, dass die Einstellung des Vertrauens selbst Gegenstand einer Wahl sein kann. Ob ich dem Fremden vertraue oder nicht, das entscheide ich. In diesem Sinne habe ich die Option, Vertrauen zu schenken oder nicht, es liegt ganz an mir und an meiner Einschätzung des anderen. Aber die Frage, ob es möglich ist, die Einstellung des Vertrauens willentlich herbeizuführen, ist von der Frage zu trennen, ob einem Handelnden in einer konkreten Situation Optionen offenstehen. Selbst wenn man die Annahme für unplausibel hält, man könne sich auf der Basis von Einschätzungen für Vertrauen entscheiden, weil man bezweifelt, dass Einstellungen willentlich herbeigeführt werden können, hat man damit noch nicht präjudiziert, ob einem Handelnden in einer Situation mehrere Möglichkeiten des Handelns zur Verfügung stehen oder nicht.[62] Die Frage, wie die Einstellung des Vertrauens zustande kommt, klärt nicht die Frage nach den Möglichkeiten des Handelns. Zur Klärung dieser Frage ist es vielmehr nötig, je konkret zu untersuchen, ob ein Handelnder in einer Situation so oder anders hätte handeln können.

In einer Situation über Optionen zu verfügen heißt also nicht, die Einstellung des Vertrauens selbst als Gegenstand einer Wahl zu

61 Vgl. Elizabeth Anderson, *Value in Ethics and Economics*, Cambridge (Mass.), London 1993, bes. S. 12.

62 Vgl. Jones, »Trust as an Affective Attitude«, a. a. O., S. 18: »Wenn […] zum Vertrauen eine Einstellung gehört und Einstellungen nicht willentlich eingenommen werden können, haben wir eine Erklärung dafür, warum man nicht willentlich vertrauen kann.«

begreifen, wenn damit gemeint ist, man könne qua Beschluss die Gründe generieren, die Vertrauen ermöglichen. Nimmt man nun an, die Einstellung des Vertrauens dränge sich auf, werde passiv erfahren oder schlicht als vorhanden konstatiert, könnte der Begriff der Option vielleicht auf andere Weise mit dieser Einstellung verbunden werden. Ob ich dem Fremden vertraue oder nicht, scheint ja erst dann überhaupt eine Option zu sein, wenn in irgendeiner Form Gründe für Vertrauen vorhanden sind, ohne dass diese Gründe zwangsläufig ein entsprechendes Handeln nach sich ziehen. So gesehen muss es also möglich sein, auf der Basis eines bereits vorhandenen Vertrauens dem Vertrauen zu folgen oder nicht. Ich kenne dich und vertraue dir, aber ich überlege, ob ich dieses Vertrauen zur Basis meiner Handlungen mache. Ob ich dich nach dem Weg frage oder nicht, wird durch mein Vertrauen nicht vorentschieden. Die Option richtet sich hier auf die Frage, ob ich meinem Vertrauen folgen soll oder nicht. Sie besteht folglich aus genau zwei Möglichkeiten. Folge ich dem Vertrauen nicht, heißt das nicht unbedingt, dass ich nicht vertraue. Es heißt lediglich, dass es eine Sache ist, einem anderen zu vertrauen, aber eine ganz andere, auf der Basis dieses Vertrauens zu handeln. Vertrauen wird in dieser Sichtweise zu einer Disposition, die sich im Handeln manifestieren kann, aber nicht manifestieren muss.

Aber ist dies eine plausible Beschreibung? Sie ist eigentümlich, weil sie davon ausgeht, dass wir eine Einstellung sinnvoll als vertrauensvoll beschreiben können, wenn sie überhaupt nicht praktisch wirksam wird. Einem vorhandenen Vertrauen nicht zu folgen (oder zu folgen) impliziert ein *vorhandenes* Vertrauen. Die Frage danach, ob dieses Vertrauen Grundlage eines vertrauensvollen Handelns wird, scheint ganz und gar losgelöst zu sein von der Beschreibung der Einstellung an sich. Die ursprünglich zu diskutierende Formulierung lautet aber, dass wir nur dann vertrauensvoll handeln können, wenn wir das Handeln unter eine Beschreibung bringen können, in deren Rahmen uns Optionen offenstehen. Das Verfügen über Optionen beeinflusst hier das Vorhandensein der Einstellung selbst und ist ihr nicht äußerlich. Mit anderen Worten: Die Einstellung des Vertrauens ist nicht schon da, wenn sie nicht im Zusammenhang mit bestimmten Optionen diskutiert wird. So könnte man sagen, dass ich dir (wir sind gut befreundet) mein Kind in einer Notsituation nicht wirklich anvertraue, wenn ich keine andere Wahl habe, um das Überleben meines Kindes zu sichern. Ich handle gleichsam unter Zwang und würde mein Kind in gleicher Weise einem mir vollkommen fremden Feuerwehrmann übergeben. Man kann hier nicht sagen, es liege Vertrauen vor und ich müsse entscheiden, ob ich auf der Basis dieses Vertrauens handle, man kann nur sagen, dass kein Vertrauen vorliegt, weil das Verfügen über echte Handlungsoptionen definitorisch wesentlich für Vertrauen ist.

Aber auch diese Beschreibung entbehrt nicht einer gewissen Kontraintuitivität. Wenn es heißt, ich hätte gar keine andere Wahl, heißt das doch nicht, dass ich dir nicht vertraue. Dass ich ausgerechnet dir mein Kind anvertrauen muss, ist gewissermaßen eine glückliche Fügung. Andererseits hätte ich vermutlich im Falle einer mir unbekannten Person (zum Beispiel eines Feuerwehrmanns) oder sogar im Falle einer Person, der ich sonst mit Misstrauen begegne, ähnlich gehandelt. An der Handlung an sich hätte man folglich *von außen* nicht ablesen können, von welcher Einstellung meinerseits sie begleitet worden ist. Aber das muss nicht ausschließen, dass ich mir *von innen* meines Vertrauens sehr gewiss sein kann, auch wenn ich *de facto* keine andere Wahl habe. Wenn ich bei einer gegebenen Interessenlage nicht wirklich entscheiden kann, was ich tun muss, um meine Interessen zu wahren, weil mir diesbezüglich ohnehin nur ein Weg bleibt, kann ich das, was ich tun muss, so scheint es zumindest, durchaus vertrauensvoll tun. Warum also sollte hier die Notwendigkeit gegeben sein, nur dann von Vertrauen zu reden, wenn mehrere Handlungsmöglichkeiten vorhanden sind? Es sieht auf den ersten Blick zumindest so aus, als läge hier eine Asymmetrie zwischen der Binnen- und der Außenperspektive vor. Um aus einer Beobachterperspektive entscheiden zu können, ob jemand vertraut, brauche ich Evidenzen. Handlungen können eine solche Evidenz liefern, wenn sie sich unter eine bestimmte Beschreibung bringen lassen. In der Binnenperspektive habe ich einen unmittelbareren Zugang zu meinen Einstellungen und brauche keine Evidenzen, um zu wissen, dass sie da sind.

Vorerst ist also unklar, was es heißen soll, vertrauensvolles Handeln müsse sich unter eine Beschreibung bringen lassen, in deren Rahmen dem Handelnden Optionen offenstehen. Nicht gemeint ist, Vertrauen selbst zum Gegenstand einer Wahl zu machen; nicht gemeint ist ferner, das Handeln auf der Basis von Vertrauen als optional zu beschreiben. Gemeint ist vielmehr ein Begriff von Option, der nicht ohne Einfluss auf die Einstellung des Vertrauens selbst ist. Bevor die Aufgabe in Angriff genommen wird, einen solchen Begriff zu explizieren, sei noch einmal auf die soeben skizzierte Position des innerlichen oder privaten Vertrauens eingegangen, die für einen Augenblick von der Frage nach den Optionen wegführt. Die Position des privaten Vertrauens ist nicht leicht zu widerlegen, weil sie in erheblichem Maße unseren Intuitionen, aber auch einer eingespielten empirischen Forschungspraxis entspricht. Es sei noch einmal auf das Beispiel mit der Notsituation eingegangen. Auch dieses legt nahe, dass weder der Bezug auf Optionen, noch überhaupt der Bezug auf Handlungen nötig ist, um die Einstellung des Vertrauens an einem Akteur zu individuieren. Vertrauen liegt vielmehr nur dann vor, wenn der Akteur sein Handeln als vertrauensvoll kennzeichnet oder wenn er an sich eine psychische Disposition wahrnimmt, die er als vertrauensvoll beschreiben würde. Wenn also ein Außenstehender keinen Unterschied erkennen kann zwischen Fällen, in denen ein Vater sein Kind einem Freund, einem Feuerwehrmann oder einem Nachbarn, dem er sonst mit Misstrauen begegnet, anvertraut, dann impliziert das nicht, dass für den Vater selbst tatsächlich keine Unterschiede bestehen. Gemäß seiner Einstellung vertraut er nur seinem Freund, aber nicht unbedingt auch dem Feuerwehrmann und schon gar nicht dem Nachbarn. Was zählt, ist gewissermaßen nur diese Einstellung und sonst nichts. Weder ist ein Bezug auf Optionen nötig, noch muss überhaupt ein Bezug zu Handlungen hergestellt werden, denn das Vertrauen zu dem Freund liegt unabhängig von der Tatsache vor, dass ich ihm mein Kind anvertraut habe. Auch wenn diese Position möglicherweise unplausibel klingt, darf nicht vergessen werden, dass sich so gut wie alle empirischen Studien zum Vertrauen mit den bloßen Meinungen der Befragten begnügen. Folgte man diesen Studien, läge also immer schon dann Vertrauen vor, wenn man sich selbst als vertrauensvoll beschreibt, ohne dass geklärt wäre, ob dieser Verlautbarung ein Handeln folgt, das unter die Beschreibung des Verfügens über Optionen gebracht werden kann. Die so genannte Einstellungsforschung reduziert in dieser Weise den Begriff der Einstellung auf das Äußern bloßer Meinungen oder provoziert durch spezifische Fragetechniken bestimmte Formen der Selbstbeschreibung. Wollte man diese Forschung philosophisch überhöhen, könnte man sagen, sie läuft auf die Position hinaus, wonach das Verlautbaren einer Einstellung oder das Verfügen über eine Beschreibung, die die eigene Einstellung als vertrauensvoll kennzeichnet, konstitutiv für das Vorhandensein dieser Einstellung ist. Wenn ich sage, ich vertraue, vertraue ich auch.

Diese These findet ihre philosophische Ergänzung in Theorien, die scharf unterscheiden zwischen Vertrauen und dem Handeln auf der Basis dieses Vertrauens. Im Kontext dieser Theorien kann Vertrauen als eine dispositionelle Eigenschaft beschrieben werden, die als solche in ihrem Gehalt unabhängig von konkreten Handlungsbezügen bleiben kann und die sich in ihrer Authentizität in Prozessen interner Reflexion bestätigen lässt. Russell Hardin etwa legt eine solche Deutung nahe: »Es ist auf triviale Weise wahr, dass es etwas anderes ist, jemandem zu vertrauen und auf der Grundlage dieses Vertrauens zu handeln.«[63] Kern dieser Position ist die Annahme, wonach Einstellungen eines Handelnden zwar Hinweise darauf geben mögen, für welchen Weg sich der Handelnde entscheidet, diese Entscheidung aber nicht determinieren. Ist also die Rede davon, dass nur dann sinnvoll von Vertrauen gesprochen werden kann, wenn einem Handelnden Optionen offenstehen, dann ist auch hier damit nicht gemeint, dass es um die Option des Vertrauens oder um Vertrauen als Option selbst geht: »Nur Handlungen sind gewählt. [...] Deswegen zählt Vertrauen für mich weiterhin eher zur Kategorie des Wissens und der Überzeugungen als zu der des Handelns und Verhaltens.«[64] Wir können uns für oder gegen eine Handlung entscheiden, ohne uns zugleich für oder gegen Vertrauen zu entscheiden. Wir sind in diesem Sinne unseren Einstellungen nicht einfach ausgeliefert, selbst wenn wir an der Entstehung einer vertrauensvollen Einstellung nicht bewusst beteiligt sind und sie gewissermaßen nur an uns konstatieren. Wir können uns nämlich, erstens, fragen, ob die mit einer solchen Einstellung einhergehenden Gründe gute Gründe sind, was das Vermögen einschließt, den Blick auf den potenziellen Empfänger des Vertrauens und auf seine Vertrauenswürdigkeit zu richten. Und wir können uns, zweitens, generell dazu verhalten, ob wir unserer Einstellung folgen oder nicht. Entscheide ich mich dagegen, mein Kind einer

63 Russell Hardin, *Trust and Trustworthiness*, New York 2002, S. 58.

64 Ebd., S. 59. Den Kognitivismus dieser Position übergehe ich hier, komme aber später darauf zurück.

Freundin anzuvertrauen, muss mir nicht unbedingt Misstrauen zugeschrieben werden. Ich kann es mir anders überlegt haben. Ich gehe davon aus, dass mein Kind allein zu Hause bleiben kann. Meiner Freundin vertraue ich nach wie vor.

Was sollte an diesem Bild eines bloß innerlich bleibenden Vertrauens problematisch sein? Wir sprechen häufig so und wir akzeptieren Forschungen, die Vertrauen wie eine abfragbare innerliche Einstellung behandeln. Anscombe hat aber darauf hingewiesen, dass wir auch häufig so reden, als seien unsere Absichten etwas Inneres, das wir ausdrücken können oder auch nicht, und sie hat auf einige Schwierigkeiten mit dieser Redeweise hingewiesen. So kann der Satz »Ich vertraue ihr« nicht eine Art Selbstwahrnehmung implizieren, aus der gleichsam mit großer Evidenz hervorgeht, dass dieses Vertrauen vorhanden ist. Was sollte man da an sich selbst wahrnehmen? Der Satz beschreibt kein wahrnehmbares psychisches Datum, dass in ihm artikuliert wird. Sinnvoller schon scheint der Hinweis, ein solcher Satz bündle in sich die Erfahrung mit vergangenen Handlungen, die unkontrovers als vertrauensvoll beschrieben werden können. Wer sagt, »Ich vertraue ihr«, stellt nicht ein gerade präsentes psychisches Datum an sich fest, er artikuliert nur eine Einstellung, die sich aus einzelnen Handlungen ergeben hat, die als vertrauensvoll ihr gegenüber charakterisiert werden können. Und er tut dies in einer Situation, in der danach gefragt wird, in der also jemand wissen will, ob man ihr vertraut. Eine solche Selbstauskunft impliziert einen Bezug auf Handlungen, die als vertrauensvoll beschrieben werden können, und verliert damit seinen Charakter bloßer Innerlichkeit. Aber was ist, wenn jemand einen solchen Satz äußert, ohne über Erfahrungen des Vertrauens mit einer Person zu verfügen? Dann stellt sich ein Problem, das sich auch mit Blick auf das erfahrungszentrierte Vertrauen stellt, aber im Falle des erfahrungsfreien Vertrauens an Schärfe gewinnt. Man kann dieses Problem das *Wahrhaftigkeitsproblem* nennen. Woher können wir als Beobachter oder Zuhörer wissen, dass die Äußerungen des anderen *tatsächliches* und nicht nur verlautbartes Vertrauen artikulieren? Mit Blick auf Misstrauensbekundungen heißt es bei Onora O'Neill: »Es ist leicht, Misstrauen zu artikulieren, das vom konkreten Handeln abgelöst ist. Wir können Einstellungen und Artikulationen des Misstrauens behaupten und annullieren, können sie zur Schau stellen und dann wieder ändern, können sie verteidigen und fallen lassen – alles, ohne die Art, wie wir leben, zu ändern.«[65] Gleiches gilt aber auch für Vertrauensbekundungen. Solange diese Äußerungen vom Handeln abgekoppelt sind, fällt es schwer, ihr Gewicht oder ihre Wahrhaftigkeit einzuschätzen. Dies gilt im Übrigen auch für die Perspektive der ersten Person selbst, auch wenn sie einen privilegierten Zugang zu ihren Einstellungen zu besitzen scheint. So könnte man sich folgendes Szenario vorstellen: Eine Einstellung drängt sich uns als eine Einstellung des Vertrauens auf; nur weil sie sich als eine vertrauensvolle Einstellung aufdrängt, können wir uns fragen, ob das auf diese Weise nahegelegte Vertrauen gerechtfertigt ist. Die Richtung unserer Selbstbefragung wird so durch den Gehalt der Einstellung erster Stufe festgelegt; wir fragen nicht, zumindest nicht primär, ob wir es mit einer Einstellung der Furcht oder der Scham zu tun haben. Die Ergebnisse der Selbstbefragung wiederum nehmen Einfluss auf die Einstellung, die nicht einfach nur äußerlich beschrieben, sondern gegebenenfalls einem Transformationsprozess unterzogen wird. Wir merken etwa, dass der andere doch nicht so vertrauenswürdig ist, wie wir zunächst (Einstellung erster Stufe) annahmen. Das aber hat Einfluss auf die Einstellung des Vertrauens. Wir folgen ihr nicht oder geben sie auf. Stellen wir andererseits fest, dass die Gründe, die mit der Einstellung erster Stufe verbunden sind, gute Gründe sind, halten wir diese Einstellung aufrecht oder fangen an, uns mit ihr zu identifizieren. Wir können dann – nach dem Durchgang durch eine solche deliberative Selbstprüfung – sagen: Wir vertrauen wirklich, und zwar unabhängig davon, ob wir auf der Basis dieser deliberativ gestärkten Einstellung tatsächlich handeln oder nicht.

Im Verlauf des derart beschriebenen Prozesses der deliberativen Selbstprüfung haben wir uns, wie man auch sagen kann, die Einstellung des Vertrauens zu eigen gemacht, wir haben sie, die sich uns zunächst aufdrängte oder nur von uns konstatiert werden konnte, reflexiv gebrochen und damit von einer Einstellung an sich zu einer Einstellung für uns gemacht. Entscheidend ist dabei, dass wir im Zuge dieser deliberativen Überprüfung den Blick auf den potenziellen Empfänger des Vertrauens gerichtet haben, um in Erfahrung zu bringen, ob das Vertrauen in ihn gerechtfertigt ist

65 Onora O'Neill, *A Question of Trust*, Cambridge 2002, S. 14.

oder nicht. Hier kommt gewissermaßen die weltzugewandte Seite des Vertrauens zur Geltung. Ist der Reflexionsprozess erfolgreich durchlaufen, können wir sagen, dass wir einer anderen Person gegenüber eine vertrauensvolle Einstellung haben, ohne dass wir damit zugleich sagen müssen, dass aus dieser Einstellung praktisch etwas folgt. Dies gilt für beide Einstellungsstufen, die soeben unterschieden worden sind. Wir verhalten uns zu unseren Einstellungen erster Ordnung, indem wir sie auf ihren rationalen Kern hin überprüfen. Gewinnen wir so eine Einstellung zweiter Ordnung, folgt nicht, dass wir dieser Einstellung automatisch folgen. Wenn wir sagen, dass wir uns auch zu dieser Einstellung noch einmal verhalten, meinen wir nicht, dass wir auch sie noch auf ihre Rationalität hin überprüfen, wir meinen nur, dass wir sie nicht notwendig zur Grundlage unseres Handelns machen. Wir können schlicht durch die Umstände daran gehindert werden, der reflexiv gefestigten Einstellung zu folgen, wir können aber auch aus anderen Gründen darauf verzichten, dieser Einstellung zu folgen.

So überzeugend diese Beschreibung eines internen Überprüfungsverfahrens der Vertrauenseinstellung sein mag, es krankt an der Verkennung des praktischen Charakters dieser Einstellung und gleicht Vertrauen an Überzeugungen an. Ich werde zunächst zum Aspekt des wesentlichen Handlungsbezugs vertrauensvoller Einstellungen Überlegungen anstellen, um dann in einem späteren Abschnitt den Begriff der Einstellung genauer zu untersuchen.

Wenn wir eine Überzeugung von uns auf ihre Richtigkeit hin überprüfen, tun wir das auf unterschiedliche Weise. Wir befragen andere unserer Überzeugungen und prüfen, ob das Netz unserer Überzeugungen kohärent ist, ob also die eine, in Frage stehende Überzeugung zu unseren anderen Überzeugungen passt, wir fragen eine Person, deren Urteil wir vertrauen, wir schauen noch einmal genau hin, wenn es sich um eine wahrnehmungsgestützte Überzeugung handelt, etc. Wie immer diese Überprüfung der einen Überzeugung ausgeht – am Ende steht diese Überzeugung entweder gestärkt und bestätigt da, oder sie wird von uns fallen gelassen, weil wir ihre Unrichtigkeit bemerkt haben. Während wir diese Überprüfung vornehmen, bleibt die Richtigkeit oder Falschheit der geprüften Überzeugung gewissermaßen in der Schwebe. Einstellungen wie die hier thematisierte Einstellung des Vertrauens verhalten sich aber nicht wie Überzeugungen. Zum einen zielen sie nicht in der gleichen Weise auf Wahrheit, wie das Überzeugungen tun. Einstellungen können angemessen oder unangemessen sein, sie können rational oder irrational sein, aber sie sind nicht wahr oder falsch. Das heißt aber auch, dass sich Fragen nach dem Status eigener Überzeugungen nicht in genau der gleichen Weise beantworten lassen wie Fragen nach dem Status bestimmter nichtüberzeugungsförmiger Einstellungen. Um nur einen Punkt hervorzuheben, der mit spezifischen Eigenschaften des Vertrauens zu tun hat: Während es mit Blick auf eigene Überzeugungen möglich ist, die Frage nach dem Grund meiner Überzeugung mit der Frage nach ihrer Wahrheit zu verknüpfen, so dass ich im besten Fall nur von den Dingen überzeugt bin, die wahr sind, ist keinesfalls klar, dass ich nur dann vertrauen kann oder vertrauen sollte, wenn ich weiß, dass mein Vertrauen gerechtfertigt oder angemessen ist. Es ist wesentlich für den Vertrauenden, nicht wirklich zu wissen, ob seine Einstellung angemessen oder berechtigt ist. Wie noch deutlich werden wird, impliziert diese Überlegung nicht, dass die Einstellung des Vertrauens ganz und gar irrational ist. Auf Nachfrage können wir in der Regel Gründe angeben, die unser Vertrauen leiten und stützen. Aber wir können nicht introspektiv herausfinden, ob diese Gründe wirklich gute oder gerechtfertigte Gründe sind. Die Qualität dieser Gründe lässt sich gewissermaßen nur *in actu* erfassen oder bestimmen, und das heißt, dass der Wunsch nach vollständiger Transparenz, was die Rationalität eigener Einstellungen angeht, an dieser Stelle deplatziert ist.[66]

Wenn sich aber die Frage nach der Authentizität und Angemessenheit des Vertrauens nicht ohne Probleme durch eine reflektierende Überprüfung der eigenen Einstellung beantworten lässt, scheint es plausibel, die Dimension der Handlung einzuführen, um das Vorhandensein einer Einstellung des Vertrauens – intern und extern – zu klären. Ob wir vertrauen oder nicht, *zeigt* sich nicht am Verhalten, es *entscheidet* sich am Verhalten. Das Verhalten ist in diesem Sinne konstitutiv für das Vertrauen, es ist nicht einfach nur als Manifestation vorhandener Verhaltensdispositionen zu deuten. Man kann diesen Sachverhalt auch anders ausdrücken: Die Einstellung des Vertrauens vervollständigt sich gewissermaßen

66 Vgl. Gardners Kritik an Morans Transparenz-Prinzip in: Sebastian Gardner, »Critical Notice of Richard Moran, *Authority and Estrangement: An Essay on Self-Knowledge*«, in: *The Philosophical Review* 113:2 (2004), S. 249-267 (hier S. 266 f.).

erst in konkreten Akten; sie erhält durch diese Akte ihre Sättigung. Auch wenn es durchaus möglich ist, diese Einstellung unabhängig von einzelnen Handlungsakten zu charakterisieren, bleibt eine solche Charakterisierung immer unvollständig. Die Einstellung des Vertrauens gewinnt mit diesen Überlegungen den Charakter einer *praktischen Einstellung*,[67] die als Einstellung nicht losgelöst von praktischen Handlungskontexten bestimmt werden kann. Dieses Charakteristikum der praktischen Einstellung schlägt dabei sowohl auf die Binnen- als auch auf die Außenperspektive durch. Auch für den Handelnden selbst erschließt sich die Authentizität oder Wahrhaftigkeit des eigenen Vertrauens erst in dem Augenblick, in dem es zum Bestandteil einer Handlung wird. Dabei ist es naturgemäß möglich, vergangene Handlungen als sedimentierte Erfahrung in die gegenwärtige Einstellung zu integrieren und die eigene Einstellung vor dem Hintergrund dieser Erfahrung als eine des Vertrauens zu kennzeichnen. Der Praxisbezug von Einstellungen reicht folglich in die Vergangenheit und in die Zukunft hinein, wird sich aber in seiner genauen Ausrichtung nur mit Blick auf den Einzelfall genau erfassen lassen.

Nun reicht es an diesem Punkt aber nicht aus, einfach nur von Verhalten oder von Handlungen zu sprechen. Damit kehren wir zum Thema der Optionen zurück. Wer sagt, wirkliches oder tatsächliches Vertrauen entscheide sich am Handeln einer Person und nicht an davon losgelösten Verlautbarungen, trifft zwar einen Punkt, der aber der Ergänzung bedarf. Nur wenn es möglich ist, dieses Handeln unter eine Beschreibung zu bringen, in deren Rahmen das Verfügen über Optionen integriert werden kann, wird aus einem bloßen Handeln ein vertrauensvolles Handeln. Dabei geht es nicht so sehr um die Annahme, man könne auf der Basis einer bereits vorhandenen vertrauensvollen Einstellung handeln oder nicht, als um die Annahme, es sei überhaupt erst von einer vertrauensvollen Einstellung zu reden, wenn dem Handelnden Optionen vorliegen. Jede Äußerung der Form »Ich vertraue ihm oder ihr« umfasst entsprechend den Bezug auf mögliche Alternativen, die in der Äußerung selbst ausgeblendet bleiben können, aber zu einer vollständigen Beschreibung der Einstellung notwendig dazugehören: »Mir scheint«, so wiederum O'Neill, »dass das Handeln der

67 John Dewey, »The Theory of Emotion«, in: ders., *The Early Works, 1882-1898*, Bd. 4, Carbondale 1971, S. 152-188 (hier S. 183).

Menschen dort, wo sie keine Wahl haben, nur *schwache* Hinweise für ihr Vertrauen oder ihr Misstrauen liefert.«[68] Wenn die Person, um die es geht, keine echten Handlungsalternativen hat, fehlen die Kriterien, die es möglich machen, der Person Vertrauen oder Misstrauen zuzusprechen. Nehmen wir das Beispiel einer Person, die vorgibt, der Währung ihres Landes zu misstrauen. Wir sehen nun als Beobachter, dass diese Person fortfährt, bei allen finanziellen Transaktionen in der Währung ihres Landes zu bezahlen. Sollen wir deswegen sagen, dass sie dieser Währung vertraut? Sie hat keine echten Alternativen. Nehmen wir nun an, es gibt in dem Land zwei Währungen, die gleichzeitig verwendet werden können. Wenn die Person nun vorgibt, der einen Währung zu misstrauen, aber weiterhin diese Währung benutzt, müssen wir an der Ernsthaftigkeit oder Wahrhaftigkeit ihrer Äußerung zweifeln. Wählt sie dagegen die andere Währung, können wir leichter davon ausgehen, dass sie dieser anderen Währung Vertrauen entgegenbringt, denn sie hätte ja auch weiterhin die konkurrierende Währung benutzen können. Das Verfügen über Optionen bedingt so, dass Handlungen leichter unterschiedliche Einstellungen anzeigen können. Liegen einer Person dagegen keine Optionen vor, verfügen wir zwar gegebenenfalls über ihre Selbstbeschreibungen oder Verlautbarungen, aber wie ernst diese Selbstbeschreibungen zu nehmen sind, lässt sich nicht ohne weiteres am Handeln ablesen. Das ist das Problem einer Person, die in einem Land mit nur einer Währung lebt und sagt, sie vertraue dieser Währung. Auch in diesem Fall muss es schwerfallen, ihr *Verhalten* als Evidenz für Vertrauen zu deuten, obwohl die Person zu vertrauen vorgibt. Es fehlen gewissermaßen die Handlungsalternativen, die anzeigen könnten, dass sich die Person in freiwilliger Haltung für ihren Handlungskurs entschieden hat. Dadurch aber verliert die gegebene Handlung und das sie angeblich begleitende Vertrauen an Glaubwürdigkeit. Wir können ein Handeln folglich nur dann als vertrauensvoll charakterisieren, wenn der Person mindestens eine praktisch relevante Alternative vorliegt, die als nichtvertrauensvoll gekennzeichnet werden kann und eine echte Handlungsoption ist. Und wir haben weiter oben schon angedeutet, dass die nichtvertrauensvolle Option, um die es hier geht, die des Misstrauens ist. Mein Gebrauch einer Währung kann dann als

68 O'Neill, *A Question of Trust*, a. a. O., S. 14.

vertrauensvoll gedeutet werden, wenn ich mich durch mein Vertrauen gegen den Gebrauch einer Währung wenden kann, der ich mit Misstrauen begegne. Nur in diesem Sinne können wir uns für die Einstellung des Vertrauens entscheiden. Ob wir freilich die Option zwischen Vertrauen und Misstrauen haben, liegt nicht in unserer Hand. Unser Verhalten bestimmt die Gestalt einer vertrauensrelevanten Praxis, aber es kann nicht aus sich heraus diese Praxis etablieren und stabilisieren. Wir geraten, wenn man so will, in die Option hinein, sie eröffnet sich uns oder drängt sich auf.

Es ist nicht zu leugnen, dass einige der bisher gewählten Formulierungen einen vorsichtigen Charakter haben. Und auch O'Neill spricht nur von »schwacher Evidenz«, nicht von »fehlender Evidenz«. Es sieht so aus, als könne das Verhalten einer Person selbst dann noch etwas über ihre Einstellungen verraten, wenn sie de facto über keine echten Handlungsalternativen verfügt. Dies kann mehrere Gründe haben: So ließe sich vermuten, dass der Aspekt der Abwesenheit echter Handlungsalternativen nicht zu streng gefasst werden darf. Ich kann zwar nicht die Währung meines Landes abschaffen (das ist keine echte Alternative), aber ich kann zumindest versuchen, eine Schattenwirtschaft zu etablieren, die stärker auf Naturalientausch beruht. In vielen osteuropäischen Ländern konnten sich bekanntlich neben der offiziellen Währung inoffizielle »Währungen« etablieren, die bisweilen einen nicht unbeträchtlichen Teil des Bruttoinlandsprodukts ausgemacht haben. Wer nicht im Rahmen einer solchen Schattenwirtschaft agiert, vertraut im Vergleich mit der inoffiziellen Währung vielleicht doch noch auf die offizielle Währung. Ein währungskonformes Verhalten könnte zumindest »schwache« Evidenzen für ein solches Vertrauen liefern. Stimmt die Selbstbeschreibung der Person dann noch mit ihrem Verhalten überein, gibt es zusätzliche Gründe für den Evidenzcharakter ihres Verhaltens. Diese Überlegungen deuten nur an, dass es schwerer ist, wirklich alternativlose Handlungssituationen ausfindig zu machen, als man zunächst meinen könnte.

»Schwache Evidenz« kann aber auch bedeuten, dass das Vorhandensein von Handlungsalternativen gar nicht in jedem Fall nötig ist, um artikulierten Einstellungen Glaubwürdigkeit zu verleihen. Es gibt Bindungen, die von den Subjekten als so notwendig empfunden werden, dass Alternativen zu diesen Bindungen (die es, objektiv gesehen, durchaus gibt) gar nicht in Erwägung gezogen werden. Liebes- und Freundschaftsbeziehungen können einen solchen Charakter haben, aber auch all die anderen, den Willen bindenden Beziehungen des Sich-Sorgens, die Harry Frankfurt unter den Begriff der »volitional necessities« gebracht hat.[69] Niemand würde ernsthaft davon ausgehen, dass es im Kontext dieser Beziehungen in dem Augenblick kein Vertrauen geben kann, in dem für die beteiligten Akteure keine Alternativen vorliegen. Dieses Fehlen von Alternativen wird von den Betroffenen allerdings nicht als Zwang ausgelegt oder empfunden, so dass die hier in Anspruch genommene Definition nach wie vor ihre Gültigkeit hat. In rein zwangsförmigen Beziehungen kann es kein Vertrauen geben. Das liebende Wesen aber ist nicht das Wesen, das nicht anders handeln kann, es ist das Wesen, das nicht anders handeln will und gerade in diesem Nicht-anders-Wollen seine Freiheit gewahrt sieht. Mit dem Eingehen der Liebe und dem damit einhergehenden Vertrauen ist gleichsam die Entscheidung gefallen, sich nicht weiter entscheiden zu wollen, so dass reale Alternativen nicht länger in Erwägung gezogen werden müssen. Auch wenn der Begriff der Entscheidung hier nicht überstrapaziert werden sollte, lässt sich doch festhalten, dass das Fehlen von Alternativen in intimen Beziehungen dem freiwilligen Verzicht darauf entspringt, Alternativen, die möglicherweise gegeben sind, im eigenen Handeln zu berücksichtigen. Die Begrifflichkeit der Entscheidung oder der Freiwilligkeit soll dabei nicht den passiven Charakter der Liebe verleugnen, die zustößt und erfahren wird; sie soll nur erhellen, in welchem Maße dieser passive Charakter mit Formen der freiwilligen und freien Zustimmung verbunden ist. Dies zeigt sich auch daran, dass der Liebende sein Vertrauen und seine Liebe fortwährend praktisch bestätigt, indem er Handlungen vollzieht, die ohne große Schwierigkeit den Status vertrauensvoller Handlungen besitzen.

Damit ist nun die Einsicht gewonnen, dass es leichter fällt, einem Handelnden Einstellungen des Vertrauens oder Misstrauens zuzusprechen, wenn sein Handeln vor dem Hintergrund von realen Handlungsalternativen (des Misstrauens) beschrieben werden kann. Liegen einstellungsrelevante Selbst- und Fremdbeschreibun-

69 Vgl. etwa Harry G. Frankfurt, »The Importance of What We Care About«, in: ders., *The Importance of What We Care About. Philosophical Essays*, Cambridge 1988, S. 80-94 (dt. »Über die Bedeutsamkeit des Sich-Sorgens«, in: Harry G. Frankfurt, *Freiheit und Selbstbestimmung*, Berlin 2001, S. 98-115).

gen eines Akteurs vor, gewinnen diese an Glaubwürdigkeit oder Ernsthaftigkeit, wenn sie vor dem Hintergrund realer Handlungsalternativen interpretiert werden können. Nur unter dieser Voraussetzung können die Handlungen der Personen ihre Einstellungen gewissermaßen authentifizieren. Vertrauen und Misstrauen sind in diesem Sinne nicht schlicht Einstellungen, die sich im Handeln offenbaren, sie sind Einstellungen, die sich in einem Handeln offenbaren, das unter eine *bestimmte* Beschreibung gebracht werden muss. Beide Aspekte, das Handeln und die Beschreibung, unter die das Handeln gebracht werden muss, sind folglich konstitutiv für die Einstellung des Vertrauens oder, wie vielleicht genauer formuliert werden sollte, für die Prozesse des (Selbst-) Zuschreibens dieser Einstellung. Aus diesen Überlegungen folgt beispielsweise, dass sich Meinungsäußerungen der Art »Ich halte die gegenwärtige Regierung für schlecht, weil sie ihre Versprechen nicht einhält« in ihrer Glaubwürdigkeit anders überprüfen lassen als eine Äußerung wie »Ich vertraue dieser Regierung«. Letztere lässt sich im Grunde nur angemessen überprüfen, wenn das Verhalten der Person, von der die Äußerung stammt, beobachtet und unter eine hinreichend komplexe Beschreibung gebracht werden kann. Aus diesem Grund sind standardisierte Fragebögen, die einen Vertrauens- oder Misstrauensindex erstellen, methodologisch problematisch.

Es ist in den vorangegangenen Abschnitten viel von Authentizität, Wahrhaftigkeit oder von echtem Vertrauen die Rede gewesen. Der Verweis auf den praktischen Charakter der Einstellung des Vertrauens sollte darauf hindeuten, dass sich die Frage, ob jemand wirklich vertraut (oder misstraut), nur dann entscheiden lässt, wenn sich Handlungen ausfindig machen lassen, die unter eine spezifische Beschreibung gebracht werden können. Zentral ist in diesem Zusammenhang die Unterscheidung von Verlautbarungen und Handlungen. Wenn wir sagen »Er vertraut ihr« oder wenn ich sage »Ich vertraue dir« konstatieren wir nicht einfach nur das Vorhandensein einer Einstellung an anderen oder an uns, wir beziehen uns zugleich auf Handlungen, die diese Verlautbarungen erst in ihrem Gehalt erfüllen oder bestätigen und die zugleich unter der Vorgabe der realen Existenz alternativer Handlungskurse stehen. Die Annahme, die dabei im Hintergrund steht, lässt sich auch so ausdrücken: Wenn uns verschiedene Handlungskurse offenstehen und wir wählen können, was wir tun wollen, fällt es leichter, uns Vertrauen zuzusprechen, da die getroffene Wahl unser Verhalten ändert. Da Vertrauen eine praktische Einstellung ist, die auf unser Verhalten einwirkt, ist sie angewiesen auf solche Möglichkeiten der Verhaltensänderung und kann in ihrer Wahrhaftigkeit nur an ihnen gemessen werden. In diesem Sinne wurde streng zwischen bloßen Verlautbarungen und ihrer praktischen Bestätigung unterschieden. Wir können uns leicht als vertrauensvoll oder misstrauisch bezeichnen, ohne dass solche Selbstbeschreibungen irgendeinen hervorgehobenen Effekt haben. Der Punkt, auf den es ankommt, ist, dass es zwar möglich ist, das eigene Vertrauen oder Misstrauen verbal zu artikulieren, aber diese bloße Auskunft verrät nichts über die praktischen Kontexte, in denen sich sowohl die eine als auch die andere Einstellung in ihrer verhaltensändernden Dimension bestätigen kann. Damit ist nicht gesagt, dass explizite Artikulationen des Vertrauens überhaupt keinen Effekt auf die Einstellung des Vertrauens haben. Wie deutlich geworden ist, fungieren sie zum einen als Zeichen, das uns dazu führen kann, das Verhalten des anderen im Lichte dieses Zeichens genauer in den Blick zu nehmen. Sie schaffen zum anderen einen normativen Status des Sprechers, der daran hängt, dass Artikulationen des Vertrauens in praktischen Handlungskontexten Erwartungen im Hörer wecken können, die unter bestimmten Umständen verhaltensprägend wirken. Verbale Artikulationen sind aber nicht in der Lage, das Vorliegen von Vertrauen auf eindeutige Weise zu belegen.

4.3 Elemente der Beschreibung (3): Akzeptierte Verletzbarkeit

Dass für die Einstellung des Vertrauens ein wesentlicher Praxisbezug und eine Bezugnahme auf Handlungsalternativen konstatiert werden kann, erschöpft freilich noch nicht den Gehalt dieser Einstellung. Als weiteres Element kommt die Akzeptanz der durch Vertrauen ermöglichten Verletzungen hinzu. Diese Akzeptanz soll als Nächstes thematisiert werden. Was heißt es, dass wir in Vertrauenssituationen eine bestimmte Form der Verletzbarkeit akzeptieren? Wir wollen naturgemäß nicht verletzt werden und gehen in Kontexten des Vertrauens auch davon aus, nicht verletzt zu werden. Was also akzeptieren wir hier? Es sei zunächst ein stärker epistemischer Akzeptanzbegriff von einem psychologischen unterschieden. Der epistemische Akzeptanzbegriff knüpft an Überlegungen an, die es für möglich halten, die Einstellung des Vertrauens auf einer höherstufigen Ebene noch einmal zu prüfen oder auf ihre Rationalität hin zu befragen. Dieser Verwendung nach könnte der Akzeptanzbegriff das Vermögen bezeichnen, sich auf die eigenen Pläne, Absichten und Wünsche bejahend (oder verneinend) zu beziehen, ein Vermögen, das im Übrigen sogar unabhängig vom Vorhandensein echter Handlungsalternativen ist, weil es auch dann gegeben ist, wenn ein Handlungsverlauf unausweichlich ist oder als alternativlos eingeschätzt wird. Wenn wir glauben, etwas tun zu müssen, bleibt offen, wie wir uns zu dieser Zwangsläufigkeit verhalten, wie wir sie bewerten oder einschätzen. Es ist dieser evaluative Spielraum, der die Möglichkeit, einen Handlungsverlauf zu akzeptieren oder abzulehnen, eröffnet. Akzeptanz steht damit zunächst für das höherstufige Vermögen, sich wertend auf eigene Wünsche, Absichten oder Pläne zu beziehen. Sie zu akzeptieren könnte schlicht heißen, sie zu bejahen oder positiv zu bewerten.

Würde man die Analyse des Begriffs der Akzeptanz an dieser Stelle abbrechen, blieben allerdings viele Fragen unbeantwortbar. So ist bislang unklar, ob die Selbstreferenz, die in einigen Formulierungen hervorgehoben wird (*eigene* Wünsche, *eigene* Pläne etc.), theoretisch bedeutsam ist. Es spricht *prima facie* nichts dagegen, sich wertend auf die Wünsche und Pläne anderer Subjekte zu beziehen. Darüber hinaus ist nicht geklärt, ob der höherstufige Charakter der Akzeptanz auch auf die Akzeptanz zutrifft, die in vertrauensvollen Beziehungen ins Spiel kommt. Wenn man sich an die Formulierungen anlehnt, mit denen Annette Baier die für Vertrauensverhältnisse kennzeichnende Form akzeptierter Verletzbarkeit beschreibt, dann ist nicht bereits vorentschieden, dass es sich hier um eine höherstufige evaluative Kompetenz handelt. »Hängt man vom Wohlwollen eines anderen ab«, so heißt es etwa, »dann ist man notwendigerweise verletzbar mit Blick auf die Grenzen dieses Wohlwollens«. Oder: »Vertraut man anderen, dann räumt man ihnen die Gelegenheit der Verletzung ein. [...] In einer ersten Annäherung steht das Vertrauen also für die akzeptierte Verletzbarkeit durch die möglichen, aber nicht erwarteten schlechten Absichten

[…], deren Ziel man ist.«[70] Es ist nicht erkennbar, dass der Begriff der Akzeptanz in diesen Zitaten ein höherstufiges Vermögen bezeichnet. Er signalisiert eher die psychologische Bereitschaft des Vertrauenden, die mit vertrauensvollen Verhältnissen notwendig einhergehenden Verletzbarkeiten anzunehmen, ohne gleichwohl zu wünschen, dass aus möglichen Verletzungen reale Verletzungen werden. Fragt man, *worauf* sich die Akzeptanz richtet oder *was* genau akzeptiert wird, dann wird die Antwort folglich nicht lauten: eigene Wünsche, Pläne oder Absichten, sondern abstrakter: mögliche Verletzungen durch andere. Dass ich diese gerade *nicht* wünsche oder beabsichtige, erschwert zusätzlich den Bezug der Akzeptanz auf eigene Einstellungen oder Haltungen. Das, was ich im Vertrauen wünsche, ist nicht das, was ich im Vertrauen akzeptiere, auch wenn die Möglichkeit der Verletzung aus der Umsetzung meiner Wünsche folgt oder mit ihr verwoben ist. Beim Vertrauen bewerte ich also nicht meine eigenen Wünsche oder Absichten, sondern das, was sich auf der Basis dieser Wünsche und Absichten im Intersubjektiven ereignen kann, das, was durch Vertrauen überhaupt erst möglich wird.

Um den Begriff der Akzeptanz, der im Kontext des Vertrauens häufig relevant wird, genauer einzukreisen und von anderen Akzeptanzbegriffen abzugrenzen, sei der epistemische Akzeptanzbegriff noch etwas ausführlicher beschrieben. Dabei wird es auch darum gehen, diesen Begriff in seine Grenzen zu weisen und darauf hinzuweisen, dass die höherstufige Instanz, die bestimmte Überzeugungen bewertet, de facto abhängig ist von psychischen Dispositionen der bewerteten Ebene und folglich nicht als eine von Strebungen, Interessen oder Sorgen unabhängige Instanz betrachtet werden kann.

Der epistemische Begriff, darauf habe ich hingewiesen, steht für das höherstufige Vermögen, sich positiv bewertend auf eigene Überzeugungen zu beziehen und ihnen mit Vertrauen zu begegnen.[71] In der Fassung, die Keith Lehrer in verschiedenen Werken dem Akzeptanzbegriff gegeben hat, akzeptieren wir eine Überzeugung, weil wir davon ausgehen, dass sie wahr ist oder, genauer, weil

70 Annette C. Baier, »Trust and Antitrust«, in: dies., *Moral Prejudices*, a. a. O., S. 95-129 (hier S. 99) (dt. »Vertrauen und seine Grenzen«, in: Hartmann/Offe [Hg.], *Vertrauen*, a. a. O., S. 37-84 [hier S. 43]).

71 Keith Lehrer, *Metamind*, Oxford 1990, S. 149.

wir sie für der Wahrheit würdig erachten (»das Ziel der Akzeptanz ist, etwas zu akzeptieren, wenn es wert ist, als wahr akzeptiert zu werden«).[72] Dieses Modell beruht auf zwei Annahmen: Zum einen suggeriert es, dass wir unter normalen Umständen darauf aus sind, nur das zu akzeptieren, was wahr ist; wir streben gewissermaßen danach, nur die Überzeugungen zu akzeptieren, von denen wir mit guten Gründen annehmen können, dass sie wahr sind; zum anderen impliziert es, dass das Vermögen, die eigenen Überzeugungen zu bewerten und sich positiv oder negativ, vertrauensvoll oder misstrauisch, auf sie zu beziehen, etwas mit der Tatsache zu tun hat, dass wir unsere Überzeugungen nicht immer sofort auf ihre Wahrheit hin überprüfen können.[73] Überzeugungen zu akzeptieren heißt dementsprechend, von ihrer Wahrheit auszugehen, obwohl wir nicht sicher sein können, dass sie tatsächlich wahr sind. Nur weil diese Unsicherheit besteht, sind wir gelegentlich gezwungen, unsere Überzeugungen einzuschätzen und auf einer höherstufigen Ebene epistemisch zu bewerten.

Diese Überlegungen machen deutlich, dass die höherstufigen Bewertungen nicht zwangsläufig eigene, neue Überzeugungen generieren.[74] Da wir im Modell Lehrers nur die Überzeugungen akzeptieren, die wir nicht selbst überprüfen, folgt, dass das Vermögen der Akzeptanz keine eigenen Überzeugungen generieren kann. Wir setzen darauf, dass die Überzeugungen, die wir akzeptieren, wahr sind (deswegen akzeptieren wir sie), aber es bleibt möglich, die Ebene der Überzeugungen von der Ebene der Bewertung zu trennen. Damit aber, das macht Lehrer eher implizit deutlich, gewinnt der Akzeptanzbegriff jenseits seiner eigentlichen Wahrheitsorientierung eine subjektivistische Schlagseite. Es kann nämlich nicht ausgeschlossen werden, dass wir unwahre oder inkonsistente Überzeugungen akzeptieren, wenn das unseren Interessen oder Wünschen entgegenkommt. Wir können etwa glauben, unsere Freundin sei gesund, obwohl alle Evidenzen dagegen

72 Keith Lehrer, *Self-Trust. A Study of Reason, Knowledge, and Autonomy*, Oxford 1997, S. 3.

73 Lehrer, *Metamind*, a. a. O., S. 148: »Man ist nicht immer imstande, unmittelbar zu entscheiden, ob man glauben soll oder nicht, dass eine Aussage wahr oder falsch ist.«

74 Lehrer, *Self-Trust*, a. a. O., S. 4: »Unsere Beurteilungen von Überzeugungen und Wünschen verändern nicht automatisch, was wir glauben oder wünschen.«

sprechen.[75] Durch diese Abkoppelung des Akzeptanzbegriffs von seiner eigentlichen Wahrheitsorientierung tritt ein uneigentlicher Akzeptanzbegriff auf, der in seinen Konturen weniger scharf ist, zugleich aber Licht auf den Akzeptanzbegriff insgesamt wirft. Was wir akzeptieren, hängt offensichtlich von unseren Interessen und Neigungen ab, die nicht unbedingt der Wahrheitssuche gelten müssen. Lehrer selbst spricht in diesem Zusammenhang zumeist von »Absichten« (*purposes*), die so oder anders ausfallen können. Das Verständnis seiner Position wird aber erschwert durch Formulierungen, die nahe legen, wir könnten auch offensichtlich falsche oder inkonsistente Überzeugungen akzeptieren. Richtiger dürfte die Annahme sein, dass es unserem Interesse gelegentlich entgegenzukommen scheint, wenn wir für wahr halten, was nicht wahr ist. Um bei dem Beispiel der kranken Freundin zu bleiben: Was genau akzeptieren wir, wenn wir glauben, sie sei gesund, obwohl alles dafür spricht, dass sie krank ist? In Lehrers Perspektive akzeptieren wir offensichtlich eine falsche Überzeugung (sie ist gesund). Können wir das aber im Bewusstsein ihrer Falschheit tun? Es fällt zumindest schwer, das zu glauben. Wenn der Wunsch Vater des Gedankens ist, spricht viel dafür, dass wir Eindrücke oder Evidenzen, die nicht zu dem Wunsch passen, verdrängen oder schlicht aufgeben.[76] Die falsche Überzeugung zu akzeptieren, heißt dann nicht, sie *als* falsche zu akzeptieren, es heißt, sie als vermeintlich wahre zu akzeptieren und zur Grundlage eigenen Handelns zu machen. Die Koppelung des Akzeptanzbegriffs an den Wahrheitsbegriff ist damit wieder hergestellt, aber sie wird zugleich psychologisiert. Wir akzeptieren nicht, was wahr ist, sondern, was wir für wahr halten; wir halten bisweilen für wahr, was wir für wahr halten wollen. Das, was den eigenen Interessen entgegenkommt, zu akzeptieren, heißt dann schlicht, es auch gegen widerstreitende Evidenzen zu verteidigen.

Diese Bewegung vom Epistemischen zum Psychologischen entspricht in Teilen dem Begriff der Akzeptanz, der in Vertrauensbeziehungen relevant wird. Die Verletzbarkeiten zu akzeptieren, die durch Vertrauen erst geschaffen werden, heißt, sie als reale Möglichkeit in Kauf zu nehmen und nicht zu leugnen. Dabei geht es nicht darum, eine Überzeugung oder einen Wunsch zu akzeptie-

75 Keith Lehrer, *Theory of Knowledge*, London 1990, S. 11.

76 Vgl. Richard Wollheim, *The Thread of Life*, New Haven, London 1984, S. 174.

ren, da wir, wie angedeutet, in Vertrauensverhältnissen nicht davon ausgehen, verletzt zu werden. Folglich gibt es keine Überzeugung und keinen Wunsch, die an dieser Stelle direkt ins Spiel kommen können. Der Begriff der Akzeptanz, der hier verhandelt wird, ist in genau dem Maße eigentümlich, in dem er sich nicht auf positive Wünsche oder Absichten beziehen lässt. Das zu akzeptieren, was wir nicht wünschen, bedeutet gleichsam, die Kehrseite unserer vertrauensrelevanten Wünsche anzuerkennen und ihr ins Gesicht zu sehen. Mit anderen Worten: Die Verletzbarkeiten, um die es im Vertrauen geht, gelangen auf dem Rücken der vertrauensrelevanten Wünsche in Vertrauensbeziehungen hinein. Will man sie vermeiden oder ihnen ausweichen, müssten diese Wünsche geleugnet werden. Damit ist auch klar, dass dieser Akzeptanzbegriff an Wünsche oder andere Strebungen unsererseits gebunden bleibt und nicht als »nackte« höherstufige Instanz ohne eigene Eigenschaften gedeutet wird. Diese Bindung aber, das ist schon angedeutet worden, ist eher negativer Art. Nehmen wir an, ich verspüre den starken Wunsch, ins Kino zu gehen. Um das zu tun, muss ich mein Kind einem Nachbarn anvertrauen. Überlasse ich mein Kind dann tatsächlich dem Nachbarn, eröffne ich für mich (und das Kind) einen Raum möglicher Verletzungen. Indem ich mein Kind dem Nachbarn anvertraue, akzeptiere ich die Möglichkeit dieser Verletzungen, ohne sie zu wünschen. Dieser Wunsch kann natürlich als eigener Wunsch formuliert werden: Ich wünsche nicht nur, ins Kino zu gehen, ich wünsche auch, dass mein Kind nicht verletzt wird. Ich kann diesen Wunsch sogar noch stärker individualisieren: Ich wünsche nicht, dass dieser Nachbar mein Kind verletzt. Wie immer mein Wunsch aber genauer beschrieben wird, es bleibt dabei, dass ich im Vertrauen doch die Möglichkeit dieser Verletzbarkeit akzeptiere. Das, was ich hier akzeptiere, entspricht folglich keinem meiner Wünsche, aber es folgt in diesem Fall aus einem meiner Wünsche. Weil die Handlung, die ich wünsche (ins Kino zu gehen), nur verwirklicht werden kann, wenn ich mein Kind einem Nachbarn anvertraue, gelangt die für Vertrauensverhältnisse typische Verletzbarkeit gleichsam im Schlepptau meines primären Wunsches ins Spiel. Die Akzeptanz dieser Verletzbarkeit ist auf diese Weise im Vertrauen impliziert, sie ist im Akt des Vertrauens impliziert und folgt aus der Tatsache, dass das, was ich dem Nachbarn anvertraue, aber auch die Beziehung zwischen dem Nachbarn und mir selbst, in verschiedenen Hinsichten verletzt werden kann. Im Vertrauen verzichte ich darauf, diese Verletzbarkeit auszuschließen, was im gegebenen Beispiel etwa bedeutete, nicht dem Wunsch, ins Kino zu gehen, zu folgen. Die Akzeptanz, um die es hier geht, bezeichnet also keine höherstufige Kompetenz der evaluativen Bezugnahme auf Überzeugungen, Wünsche oder Absichten, sondern eher eine Bereitschaft, die Möglichkeit von Verletzungen, die mit Wünschen und Absichten einhergehen, zu akzeptieren. Die Schwierigkeit, diese Form der Akzeptanz auf Überzeugungen, Wünsche oder Absichten zu beziehen, erschwert im Übrigen den Versuch, sie zwischen Ego und Alter anzusiedeln. In Vertrauensverhältnissen akzeptiere ich Verletzungen, die mir durch den Empfänger meines Vertrauens zugefügt werden können. Anders als bei der epistemischen Akzeptanz kann also bei der psychologischen Akzeptanz die Frage gar nicht aufkommen, ob sich die Akzeptanz auf meine eigenen Überzeugungen oder auch auf die Überzeugungen eines anderen bezieht. In Vertrauensverhältnissen räume ich *anderen* ein, *mich* zu verletzen, so dass von vornherein der relationale Charakter dieser Akzeptanz im Mittelpunkt steht.

Lässt sich dieses Element der Akzeptanz noch genauer erfassen? Es wurde bereits erwähnt, dass die Fähigkeit, sich einem Handlungskurs gegenüber akzeptierend oder ablehnend zu verhalten, nicht mit dem Vorhandensein echter Handlungsalternativen korreliert. Wir können demnach einen Handlungskurs, den wir als unausweichlich betrachten, akzeptieren oder ablehnen, was zunächst nur bedeutet, dass wir mit Blick auf die handlungsbegleitenden Einstellungen Spielräume haben. Dieser Begriff der Akzeptanz (oder Ablehnung) bleibt aber in gewisser Weise zu intellektualistisch und passivisch. Wir sehen uns einer Wirklichkeit gegenüber, die uns zu bestimmten Handlungen zwingt, und nehmen gegenüber dem als unausweichlich empfundenen Handlungskurs evaluativ Stellung. Die Akzeptanz, die in Vertrauensbeziehungen relevant wird, verlangt nach einer aktiveren Lesart, da die Verletzbarkeiten, die im Vertrauen akzeptiert werden, erst mit dem Vertrauen selbst entstehen und insofern *vertrauensrelativ* sind. In genau diesem Sinne wohnt der für Vertrauen maßgeblichen Akzeptanz ein Moment der Freiwilligkeit inne, die sich genauer erfassen lässt, wenn zwischen mindestens zwei Typen der Verletzbarkeit unterschieden wird: Auf der einen Seite gibt es Verletzbarkeiten, denen wir unabhängig von unserem Vertrauen oder Misstrauen ausgesetzt sind; die Luft etwa, die uns umgibt, gewinnt ihren potenziell gesundheitsgefährdenden Charakter nicht dadurch, dass wir ihr Vertrauen entgegenbringen; die Gebäude, die wir betreten, können einstürzen, ob wir ihnen vertrauen oder nicht; anonyme andere können uns unabhängig von unseren Einstellungen ihnen gegenüber Schaden zufügen oder eben nicht. Der zweite Typ der Verletzbarkeit hat demgegenüber einen anderen Charakter, da er allein auf der Basis unseres Vertrauens überhaupt virulent wird. Dabei kommen Verletzbarkeiten ins Spiel, die wir gewähren, die wir einräumen, die wir durch unser Verhalten erst möglich machen. Auch unausweichliche Handlungsverläufe ziehen damit, wenn sie von Vertrauen begleitet sind oder von Vertrauen getragen werden, Formen der Verletzbarkeit auf sich, die ohne Vertrauen nicht gegeben wären.

5. Noch einmal Grundvertrauen: Kritik und Reformulierung der Modelle

Aus diesen Überlegungen lassen sich erste Schlussfolgerungen ziehen, die uns zurück zur Problematik der Rede vom Grundvertrauen bringen. Da wir der Luft, die uns umgibt, unter normalen Umständen nicht einräumen oder gewähren können, uns zu verletzen, können die ihr potenziell innewohnenden Gefahren von uns auch nicht in irgendeinem relevanten Sinne akzeptiert werden. Das aber bedeutet im Rahmen der hier vertretenen Position, dass wir dieser Luft nicht vertrauen können. Die Tatsache, dass wir in der Regel ohnehin keine Wahl haben und die Luft, die uns umgibt, atmen müssen, erhöht noch die Unplausibilität der Rede vom Vertrauen in die Luft, ist aber, das sollte jetzt deutlich sein, nicht allein verantwortlich für die mit ihr verbundene Schwierigkeit. Natürlich wird es häufig so sein, dass sich unsere Akzeptanz besonders dann klar und unmissverständlich manifestiert, wenn wir in einer Situation über Optionen verfügen und durch die Wahl einer dieser Optionen zu verstehen geben, welchen Weg oder welche Gefahren wir akzeptieren. Die Akzeptanz drückt sich gleichsam in der Wahl aus, so dass es nach wie vor möglich ist, das Vermögen der Wahl als entscheidenden Faktor für die Zuschreibung von Vertrauen zu verwenden. Gleichwohl gibt es Handlungsverläufe, die wir als unausweichlich erfahren, zu denen wir uns aber dennoch akzeptierend oder ablehnend verhalten können, und die *damit* einen neuen Charakter und auch neue Verletzbarkeiten für uns annehmen. Diese Überlegungen verraten noch nichts über die genaueren Bedingungen, die gegeben sein müssen, um diese oder jene Form der Verletzbarkeit zu akzeptieren. Aber sie machen deutlich, dass die Rede vom Vertrauen an die Möglichkeit gebunden ist, die mit dem Vertrauen einhergehenden Verletzbarkeiten zu akzeptieren oder abzulehnen. Dort, wo wir gar nicht in der Lage sind, durch unser Verhalten oder durch unsere Einstellungen auf den Typ der Verletzbarkeit Einfluss zu nehmen, dem wir uns aussetzen, dort können wir nicht vertrauen, sondern höchstens hoffen oder uns darauf verlassen.

Wenn diese Überlegungen plausibel sind, dann scheinen auch

die verschiedenen Varianten des Grundvertrauens betroffen zu sein. Zumindest muss überprüft werden, ob der hier erarbeitete Akzeptanzbegriff auf alle diese Varianten zutrifft. Drei Varianten des Grundvertrauens wurden unterschieden: eine psychologische (Urvertrauen), eine kommunikative und eine existenzielle (Weltvertrauen). Mit Blick auf das frühkindliche Urvertrauen fällt es schwer, einen Begriff der Akzeptanz zu formulieren, der sinnvoll auf Kleinkinder angewendet werden kann. Das Kleinkind scheint nicht die Möglichkeit zu haben, die Zuwendungen seiner Bezugspersonen zu akzeptieren oder abzulehnen, sowenig wie es wählen oder entscheiden kann zu vertrauen oder nicht zu vertrauen. Das Kind, so könnte eine Annahme lauten, vertraut schlicht, sein Vertrauen ist, wie es etwa bei Baier heißt, angeboren.[77] Variiert man allerdings die Formulierungen, wird es schwieriger, überhaupt von Vertrauen zu reden. Sagt man etwa, das Kind hat nicht die Möglichkeit, die mit der Abhängigkeit von seinen Bezugspersonen verbundenen Verletzbarkeiten zu akzeptieren oder abzulehnen, dann wird die Verwendung des Vertrauensbegriffs fragwürdig. Das Kind ist schlicht verletzbar, und es sieht nicht so aus, als könne es durch sein Verhalten oder durch bestimmte Einstellungen an diesem Faktum etwas ändern oder gar neue, vertrauensrelative Formen der Verletzbarkeit herbeiführen. Im Rahmen einer totalen Abhängigkeit gibt es keine Spielräume. Hinzu kommt, dass es unplausibel ist, dem Kleinkind ein ausgeprägtes Gefahrenbewusstsein zu unterstellen. Weiß der Säugling, den ich auf den Arm nehme, von der Gefahr des Fallenlassens? Wenn nicht, scheint kein Grund vorzuliegen, ihm Vertrauen zuzusprechen. Eher sieht es so aus, als würden wir als Erwachsene unser Gefahrenbewusstein auf den Säugling projizieren; wir wissen um die Gefahren frühkindlicher Zuwendung und bewundern gewissermaßen die Bereitschaft des Säuglings, diese uns bewussten Gefahren mehr oder weniger klaglos hinzunehmen.

Bisher sieht es also so aus, als wäre die Rede vom Urvertrauen kaum gehaltvoll. Aber vielleicht hilft es, sich noch einmal eine der zentralen Formulierungen Eriksons anzuschauen, um erneut zu überprüfen, ob diese Kritik am Terminus »Urvertrauen« tatsächlich berechtigt ist. Es ist, so Erikson, die »erste soziale Leistung des

77 Baier, »Trust and Antitrust«, a. a. O., S. 107 (dt. S. 54).

Kindes […], wenn es die Mutter aus seinem Gesichtsfeld entlassen kann, ohne übermäßige Angst zu äußern«.[78] Genau genommen impliziert diese Formulierung ein Können des Kindes, ein Vermögen oder eine Kompetenz. Das Kind bemerkt den Weggang der Mutter und akzeptiert ihn, weil es über die Gewissheit verfügt, dass sie zurückkehren wird. Es lässt sie gehen, und das heißt nicht, dass sie gegen seinen Willen geht oder dass ihr Weggehen indifferent hingenommen wird. Wenn diese Beschreibungen zutreffen, wird auch nicht bestritten, dass das Kind über Mittel verfügt, die Mutter am Weggehen zu hindern oder ihr Weggehen zu erschweren. Empirische Studien zur Säuglingsforschung bestätigen vielmehr, dass Säuglinge schon früh in der Lage sind, Korrelationen zwischen ihrem Ausdrucksverhalten und dem Verhalten ihrer Betreuungspersonen herzustellen.[79] Damit aber eröffnen sich genau die Spielräume, die nötig sind, um die Interaktionen zwischen Kleinkind und Bezugsperson als vertrauensvoll oder misstrauisch zu kennzeichnen. Die Akzeptanz, auf die damit angespielt wird, ist naturgemäß keine bewusste oder kognitiv erfassbare Akzeptanz. Sie äußert sich in der Bereitschaft des Kindes, die Abwesenheit der Bezugsperson ohne vernehmbaren Protest zu akzeptieren, wenn ihm die Mittel eines solchen Protestes schon zur Verfügung stehen. Es ist gerade eine der Folgen der Psychologisierung des Akzeptanzbegriffs, dass er nicht auf sprachlich artikulierte oder bewusste Akzeptanz reduziert wird. Wichtig in allen Fassungen des Akzeptanzbegriffs ist nur, dass die Akzeptanz für das Verhalten Relevanz besitzt, dass sie einen Unterschied markiert.

Damit lässt sich die Annahme verteidigen, dass schon in frühkindlichen Interaktionen Vertrauen entstehen kann, das seinerseits zur Voraussetzung der Entwicklung zahlreicher Fähigkeiten des Subjekts wird. Gleichwohl bedarf die Rede vom Urvertrauen einer Modifikation. Sie sollte nicht mehr implizieren, dass dieses Vertrauen ursprünglich gegeben ist, dass es immer schon da oder angeboren ist. Als Kompetenz, Fähigkeit oder Leistung ist dieses Vertrauen Ergebnis geglückter, aber stets vom Scheitern bedrohter Sozialisationsprozesse, nicht deren Voraussetzung. Über die Bedingungen der Entstehung des Urvertrauens ist dabei schon einiges

78 Erikson, *Kindheit und Gesellschaft*, a.a.O., S. 241.

79 Martin Dornes, *Die frühe Kindheit. Entwicklungspsychologie der ersten Lebensjahre*, Frankfurt/M. 1997.

gesagt worden. Auf Seiten des Kleinkinds arbeitet Erikson mit einem Modell der Introjektion der Bezugsperson; auf Seiten der Bezugsperson wiederum steht der Unterschied zwischen bloßer Bedürfnisbefriedigung und liebevoller Zuwendung im Mittelpunkt. In jedem Fall kann das Vermögen, zu vertrauen, nicht einfach als gegeben angenommen werden; es ist erfahrungsoffen, kann entwickelt werden oder auch nicht. Will man dennoch am Begriff des Urvertrauens festhalten, so nur in dem oben spezifizierten Sinne, dass das Vermögen, andere, deren Zuwendung uns wichtig ist, gehen zu lassen, für alle Formen des Vertrauens maßgeblich ist.

Inwieweit bringt der psychologisierte Akzeptanzbegriff die Modelle zu Fall, die ein kommunikatives Grundvertrauen voraussetzen? Da das Problem des kommunikativen Vertrauens in einem gesonderten Kapitel bearbeitet werden soll, müssen hier einzelne Hinweise ausreichen. Das Modell des kommunikativen Vertrauens ist ohnehin schon so zugeschnitten, dass Formen eines »primitiven« Vertrauens in den Mittelpunkt gelangen, die mit Blick auf das Vertrauen in kommunikativen Akten einen gleichsam propädeutischen Charakter besitzen. Primitive gestische Praktiken werden als Voraussetzung für kognitiv gehaltvollere Weisen des Vertrauens behandelt, da sie in ihrer vertrauensgenerierenden (oder vertrauensverhindernden) Art gleichsam direkter sind als das verbale Verhalten, das nicht ohne den Umweg über potenziell täuschungsoffene Absichten gedeutet werden kann. Das Vermögen, die Aussagen anderer auf ihre Wahrhaftigkeit hin zu überprüfen, bedarf als explizit kritisches Vermögen wiederum einer naiven Vorstufe, die zunächst unkritisch hinnehmen muss, was andere sagen.

Das primitive Vertrauen, das damit ins Spiel kommt, eignet sich zunächst schlecht als Kandidat für eine wie auch immer beschriebene Einstellung der Akzeptanz. Insbesondere Baiers Modell der gestischen Protokommunikation legt einen quasiautomatischen Mechanismus nahe, der für die erwähnten Züge der Akzeptanz keinen Raum lässt. Wenn wir vertrauen, so hieß es, akzeptieren wir Verletzbarkeiten, die durch das Vertrauen erst geschaffen werden. Je stärker die Einstellung des Vertrauens aber naturalisiert wird, desto erheblicher wird das Maß, in dem es sich bei den relevanten Verletzbarkeiten um solche handelt, denen wir ohnehin ausgeliefert sind und die damit ihren vertrauensrelativen Charakter verlieren. Ähnlich schwierig verhält es sich mit jenem Phänomen, das wir als

Lernvertrauen bezeichnen können. Dass ich das Vermögen kritischer Beurteilungskompetenz auf der Basis einer zunächst naiven Überzeugungsübernahme erwerbe, lässt zumindest offen, an welcher Stelle in diesem Lernprozess das Moment Akzeptanz sinnvoll untergebracht werden kann. Die Asymmetrie zwischen Lehrperson und Lernendem scheint zu groß, um den Kompetenzbegriff der Akzeptanz in das Lehrverhältnis eintragen zu können. Der Schüler ist, so könnte es aussehen, dem Wissensvorsprung des Lehrers zunächst auf Gedeih und Verderb ausgeliefert und kann erst auf der Basis eines unkritisch erworbenen Wissens ein eigenes Urteilsvermögen ausbilden.[80]

Aber auch die Beschreibung protokommunikativer Gesten oder typischer Lehrsituationen lässt sich variieren, so dass die beteiligten Akteure mehr Spielräume und damit auch mehr Raum für das Akzeptanzmoment erhalten. Wir müssen anderen nicht die Hände schütteln und müssen auch nicht quasiautomatisch ihren körperlich gebundenen Gesten trauen. Baier selbst zitiert an einem Punkt ihrer Überlegungen Lockes Beschreibung »zivilen« oder »weltmännischen« Verhaltens, die in ihren Augen die nur schwer zu explizierenden Normen einfängt, welche uns Auskunft darüber geben, wie wir für andere vertrauenswürdig werden. Locke schreibt: Weltmännisch ist »jene Schicklichkeit und jener wohlgefällige Anstand in Blicken, Stimme, Worten, Gebärden und dem ganzen äußeren Sichgeben, das die Gesellschaft für uns einnimmt und diejenigen, mit denen wir verkehren, sich wohl fühlen läßt und angenehm berührt.«[81] Locke lässt nun aber gar keinen Zweifel daran, dass diese Art der Höflichkeit und Aufmerksamkeit erlernt werden muss und nicht einfach naturgegeben ist. Die Tatsache, dass es uns nicht gelingen mag, die Normen der Höflichkeit und des Anstands, die unser Verhalten leiten sollen, in klar explizierbare Prinzipien zu gießen, so dass sie weniger mit Hilfe von Lehrbüchern als »durch Beobachtung« (Locke) erworben werden, rechtfertigt noch nicht die Naturalisierung dieser Normen, zu der Baier gelegentlich neigt.

80 Vgl. Hertzberg, »On the Attitude of Trust«, a. a. O., S. 314: »Der Schüler ist nicht in der Position, Bedingungen seines Vertrauens zu formulieren, denn die Standards, um die Leistung des Lehrers zu beurteilen, sind ihm nur *durch* deren Vollzug zugänglich.«

81 John Locke, *Gedanken über Erziehung*, Stuttgart 1970, S. 174 f. (§ 143). Siehe Baier, »Sustaining Trust«, a. a. O., S. 175.

Blicke, Stimme, Worte und Gebärden ziehen nicht in jedem Fall unser Vertrauen nach sich, sondern nur, wenn sie an jenen orientiert sind, »denen man wirklich gute Lebensart zuspricht«.[82] Das primitive Vertrauen, von dem Baier spricht, ist eher ein Vertrauen, das uns im Rahmen einer Vertrauenspraxis zur zweiten Natur geworden ist und deswegen Züge des Selbstverständlichen hat.

Die Naivität des Schülers wiederum darf nicht mit einer natürlichen Reaktionsweise verwechselt werden. Auch wenn die natürliche Reaktionsweise eines Kindes gegenüber den Äußerungen anderer ein zweifelsfreier Glaube ist, darf diese anfängliche Bereitschaft, den Äußerungen anderer Glauben zu schenken, nicht mit der Einstellung des Schülers verwechselt werden. Dieser mag zum Beispiel andere Autoritäten kennen (seine Eltern, das Fernsehen), deren Glaubwürdigkeit mit der der Lehrer konkurriert. Den Lehrern zu glauben entspricht dann nicht einer natürlichen Reaktionsweise, sondern einer wie immer rudimentären Überzeugung, dass die Lehrer auf überlegene Weise Wissen vermitteln. Trifft diese Beschreibung zu, dann wird es leichter fallen, in diesen Fällen den Vertrauensbegriff anzuwenden, weil sich nun Spielräume eröffnen, die die Rede von einer akzeptierten Verletzbarkeit plausibler erscheinen lassen als vorher. In Systemen mit Schulpflicht mag ein Schüler zwar nicht die Möglichkeit haben, den Gang zur Schule zu verweigern. Aber mit welcher Einstellung er den Äußerungen von Lehrern begegnet, wird keinesfalls durch die Schulsituation als solche vorherbestimmt.[83]

Bleibt die dritte Variante des Grundvertrauens, die oben differenziert wurde, das Weltvertrauen. Dieses Weltvertrauen ist hauptsächlich in phänomenologischen Termini beschrieben worden, etwa als Abschattung möglicher Gefahren im alltäglichen Umgang mit Welt und Mitwelt. Die möglichen Gefahren treten damit gar nicht erst ein in das Bewusstsein, so dass sich das Weltvertrauen in gewisser Weise nur aus einer externen Perspektive beschreiben lässt. Als Akteure, die in der Welt agieren, zweifeln wir unter normalen Umständen nicht an der Sauberkeit der Luft, der Sicherheit der Gebäude, der Zivilität der Mitmenschen etc. Wir halten uns relativ

82 Locke, *Gedanken über Erziehung*, a. a. O., S. 174 (§ 143).

83 Hertzberg selbst bindet die Verwendung des Vertrauensbegriffs an das Vermögen der Wahl (*choice*), greift diesen wichtigen Punkt aber nicht systematisch auf (»On the Attitude of Trust«, a. a. O., S. 316).

sorglos in der Welt auf und gelangen nur auf dem Boden einer derart umfassenden Sicherheit überhaupt in die Lage, an diesem oder jenem zu zweifeln.

Aber warum sollten wir in Zusammenhängen solch praktischer Sicherheit von Vertrauen reden? Es lässt sich ja nicht bestreiten, darauf wurde schon angespielt, dass die Gefahren, um die es geht, uns auch unabhängig von unserer vertrauensvollen Einstellung betreffen können. Wir *akzeptieren* nicht, dass die Luft uns verletzen könnte, so wenig, wie wir *akzeptieren*, dass das Gebäude, in dem wir uns aufhalten, einstürzen könnte. *Prima facie* ist gänzlich unklar, wie unser Vertrauen in einer solchen Situation einen Unterschied markieren soll. Damit ist nicht gesagt, dass die Gefahr verunreinigter Luft bloß abstrakt ist; auch ist bekannt, dass Gebäude einstürzen können. Der Punkt ist nur, dass wir diesen Gefahren als Menschen ausgesetzt sind, die aufgrund ihrer organischen Ausstattung auf eine lebenserhaltende Umwelt angewiesen sind, nicht aber als Menschen, die vertrauen. Natürlich kann hier jemand erwidern: Aber wir *können* uns weigern, ein Gebäude zu betreten, hier liegt also eine Option vor, die nicht bloß abstrakt ist. Und wenn wir das Gebäude betreten, dann, weil wir darauf vertrauen, dass es nicht einstürzt. Passiert uns etwas in dem Gebäude, dann deshalb, weil wir es vertrauensvoll betreten haben. Die Verletzungen, die wir erleiden, sind damit vertrauensrelative Verletzungen, sie treffen uns, weil wir uns entschieden haben, unserem Vertrauen zu folgen, weil wir gleichsam unserem Vertrauen vertrauen.

Nun gilt aber auch, dass auch nur das latente Bewusstsein solcher Gefahren eine kaum erträgliche psychische Unruhe mit sich bringen müsste. Wie sähe eine Welt aus, in der wir vor dem Betreten eines jeden Gebäudes überlegen müssten, ob es sicher ist? Weil dies ein unerträglicher Zustand zu sein scheint, gehen wir unter normalen Umständen nicht davon aus, dass auch nur latent die Gefahr *allgemeiner* Böswilligkeit oder lebensgefährlicher Unsicherheit bestünde. Werde ich auf offener Straße überfallen, mache ich mir in der Regel nicht den Vorwurf, überhaupt auf die Straße gegangen zu sein, es sei denn, ich hätte eine Warnung erhalten, die Gegend wäre berüchtigt etc. Aber selbst dann hätte ich mir wohl nur den Vorwurf gemacht, gedankenlos in *diese* Gegend gegangen zu sein, nicht aber den Vorwurf, überhaupt das Haus verlassen zu haben. Will man dennoch davon reden, dass hier in einem konkreten und nicht bloß abstrakten Sinne Optionen vorliegen, muss man zeigen, dass die Weigerung, die Straße überhaupt zu betreten, eine reale Option ist. Je realer diese Option aber wird, desto größer müsste wieder die Unruhe werden, die ein reibungsloses Handeln im Alltag zu erschweren scheint.

Um dieses drohende Dilemma einer Lösung zuzuführen, bietet sich folgender Weg an: Der Begriff des Weltvertrauens sollte nicht mit einer Form naiver oder natürlicher Gedankenlosigkeit verwechselt werden. Wenn wir auf »gedankenlose« Weise darauf vertrauen, dass die Gebäude, die wir tagtäglich betreten, stabil oder die Menschen, denen wir tagtäglich begegnen, ungefährlich sind, dann deshalb, weil wir uns als Teilnehmer einer zivilen Praxis verstehen, in deren Rahmen bestimmte Gefahren erfolgreich gebannt oder überwunden werden konnten, so dass sie sich als reale Optionen abschatten lassen. Der Begriff des Weltvertrauens umfasst also nicht die vollständige Abwesenheit von Optionen, sondern lässt sich als soziale und kulturelle Errungenschaft begreifen, die sich auf individueller Ebene als eine habitualisierte Einstellung einer weitgehend reflexionsfreien vertrauensvollen Zuversicht auslegen lässt. Noch das Vertrauen darauf, dass die Luft, die uns umgibt, keine lebensbedrohlichen Partikel enthält, kann in einer Zeit, die immer wieder mit dem Phänomen der systematischen Luftverschmutzung zu tun hat, als Errungenschaft betrachtet werden und insofern Gegenstand eines habitualisierten Weltvertrauens sein. Dieses zeichnet sich zwar durch ein Abschatten der Möglichkeit negativer Handlungsverläufe aus, die damit auch nicht Gegenstand realer Handlungsoptionen werden, aber abgeschattete Handlungsverläufe und die damit verbundene Möglichkeit, diese nicht zum Gegenstand einer Entscheidung zu machen, implizieren keinesfalls fehlende Optionen; vielmehr handelt es sich um Optionen der Reflexion (»Könnte es sein, dass das Haus einstürzt?«), die im Hintergrund bleiben, nur gelegentlich durch aufrüttelnde Ereignisse real werden (Gasexplosionen in Häusern, Smog, verstörende Gewalt an Mitmenschen) und damit das Weltvertrauen herausfordern und in seiner stets latenten Brüchigkeit offenbaren, aber nur dann destruktive Züge annehmen, wenn die negativen Handlungsverläufe oder Ereignisse überhandnehmen und keine Beruhigung mehr zulassen.

Wird der Begriff des Weltvertrauens so gefasst, lässt auch er sich verteidigen. Die Diskussion der verschiedenen Varianten des

Grundvertrauens zeigt folglich, dass die Frage, ob diese jeweils sinnvoll sind, nicht einfach bejaht oder verneint werden kann. Wesentlich ist der Hinweis darauf, dass die Rede vom Vertrauen in allen Varianten auf ein Element der Akzeptanz verweist, das sich häufig, wenn auch nicht ausschließlich, im Vorhandensein wählbarer Optionen manifestiert. Ist dieses Element nicht vorhanden, dann verliert die Rede vom Vertrauen ihren Sinn.

5.1 Urmisstrauen: Vernachlässigung, Terror und Gewalt

Diese Überlegungen können zusätzlich gestützt werden, wenn die zweifellos vorhandenen Formen des *zerstörten* Ur- oder Weltvertrauens in den Mittelpunkt rücken. Für alle der hier diskutierten Varianten des Grundvertrauens existieren Beschreibungen, die die Dramatik erkennbar machen, die herrscht, wenn vorhandenes Grundvertrauen zerstört wird. Mit Blick auf das Urvertrauen hat bereits Erikson selbst den Begriff des Urmisstrauens ins Spiel gebracht, um jene »schizoiden und depressiven« Persönlichkeitsbilder zu erfassen, die nicht in der Lage sind, normale Kontakte zu anderen aufzubauen.[84] Opfer von Naturkatastrophen (Erdbeben, Unwetter) sind in Extremfällen nicht mehr in der Lage, die üblichen Stabilitätsunterstellungen aufrechtzuerhalten, die die Konstanz ihrer Weltstruktur bedingen. Die Zerstörung des Weltvertrauens schließlich ist von Améry eindrücklich in der Darstellung seiner Foltererfahrungen verdichtet worden: »Mit dem ersten Schlag der Polizeifaust [...], gegen den es keine Wehr geben kann und den keine helfende Hand parieren wird, endigt ein Teil unseres Lebens und ist niemals wieder zu erwecken.«[85] Vergewaltigungsopfer berichten von der Zerstörung der »grundlegenden Vorstellungen [...] von der Welt und ihrer Sicherheit in ihr«. Der Verlust des Weltvertrauens manifestiert sich unter anderem in pathologisch erhöhter Wachsamkeit und Schreckhaftigkeit.[86] Terror zielt genau auf diese Ebene des Weltverhältnisses. Ist das Weltvertrauen verloren, erscheinen nicht nur überall Risiken, die die eigene Verletzbarkeit

84 Erikson, *Kindheit und Gesellschaft*, a. a. O., S. 242.
85 Améry, »Die Tortur«, a. a. O., S. 57.
86 Susan J. Brison, *Vergewaltigt*, München 2004, S. 57 ff.

vor Augen führen, sondern diese Risiken gewinnen auch eine ungemein erhöhte Bedeutsamkeit. Dem Verängstigten liefern sie beständig neue Gründe, um Schutzmaßnahmen zu ergreifen oder um sich, wo möglich, aus der Welt zurückzuziehen.[87]

Diese Verluste des Ur- oder Weltvertrauens legen als *Verluste* nahe, dass unser normales Weltverhältnis, wenn auch unthematisch, von Vertrauen getragen ist. Erfahrungen der Vernachlässigung, der Unwahrhaftigkeit oder des Terrors zerstören *etwas* in uns, und dieses Etwas scheint angemessen mit dem Begriff des Vertrauens belegt zu werden. An die Stelle dieses Vertrauens rückt Misstrauen oder zumindest das Unvermögen, weiterhin »naiv« zu vertrauen. Diese Redeweise ist plausibel, aber man sollte doch mindestens zwei Phänomene unterscheiden. In Anlehnung an vorangegangene Überlegungen lässt sich zum einen sagen, dass Gewalterfahrungen oder katastrophale Naturereignisse genau die Möglichkeiten negativer Handlungsverläufe virulent werden lassen, die zuvor im Kontext einer kollektiven zivilen Praxis mehr oder weniger erfolgreich bewältigt worden waren. Erfahrungen der Vernachlässigung, der Unwahrhaftigkeit oder der Gewalt verweisen schmerzhaft auf Möglichkeiten intersubjektiver Verletzung, an die unter normalen Umständen nicht gedacht wird und die damit als subjektiv relevante Option ausgeblendet bleiben. Auf eine eigentümliche Weise erschließen diese Erfahrungen die Bedingungen, unter denen Einstellungen des Vertrauens oder des Misstrauens überhaupt als habitualisierte »Leistung« relevant werden. Wenn Vertrauen als akzeptierte Verletzbarkeit gefasst wird, dann impliziert es gerade keine naive Gedankenlosigkeit, sondern ein in der kollektiven Vertrauenspraxis wach gehaltenes Gespür für intersubjektiv zugefügte Verletzungen, die man als Vertrauender riskiert oder in Kauf nimmt, als Misstrauender aber meidet. Die naiv-primitive Gedankenlosigkeit, die manchem Modell des Weltvertrauens entspricht, verweist in diesem Sinne nicht auf Vertrauen. Sie ist, wenn man es pathetisch formulieren will, noch nicht durch die Gefahren gegangen, denen sich der Vertrauende aussetzt oder die er durch sein Vertrauen erst schafft. Gewiss, wenn es gelingt, Formen des Weltvertrauens zu etablieren, dann bleiben diese nega-

87 Karen Jones, »Trust and Terror«, in: Peggy DesAutels, Margaret Urban Walker (Hg.), *Moral Psychology. Feminist Ethics and Social Theory*, Lanham 2004, S. 3-18 (hier S. 9).

tiven Möglichkeiten im Hintergrund. Aber sie verschwinden nicht, und das weiß auch der, der Terror ausübt. Er will die Menschen gleichsam zwingen, die zivile Vertrauenspraxis, die ihr Leben unter normalen Bedingungen leitet, aufzugeben, um seine Interessen durchzusetzen. Dem Terroropfer wiederum haben sich gewaltsam Optionen erschlossen, die dem, der im Weltvertrauen lebt, fern stehen, die seine Vertrauenspraxis aber weiter umgeben und bedingen, dass hier von Verletzbarkeit geredet werden kann. Wenn es bei Baier lapidar heißt: »Es waren die Kriminellen, nicht die Philosophen, die eine Expertise für die verschiedenen Formen des Vertrauens entwickelt haben«, dann zeigt sich auch bei ihr ein Gespür für die Nähe zwischen Vertrauen und Verletzung.[88]

Andererseits klingt es übertrieben zu behaupten, was wir mit Hilfe eines Ur- oder Weltvertrauens abblenden, sei die Möglichkeit eines totalen Zivilisationsverlusts. Wenn wir sorglos auf die Straße gehen, blenden wir in der Regel nicht aus, dass der andere ein potenzieller Mörder ist. Die Neigung, die Mitbürger nicht anzugreifen, so Williams,

> sorgt zwar für die Basis des Vertrauens, aber es wäre irreführend zu behaupten, dabei handele es sich bereits um eine Neigung zur *Vertrauenswürdigkeit.* Es ist unwahrscheinlich, daß man sich sicher fühlt, wenn der andere sagt: »Ich verspreche dir, dich nicht zu ermorden.« […] Wenn man sich nicht darauf verlassen kann, daß der andere einen nicht umbringt, kann man sich erst recht nicht darauf verlassen, daß er sein Wort hält. Vertrauenswürdigkeit als *spezifische* Neigung kommt erst vor einem weitgehend eingespielten Hintergrund zum Tragen: in einer Situation, in der Muster der Kooperation schon etabliert sind […].[89]

Unter Bedingungen weitgehend etablierter Friedfertigkeit vertraut man nicht schon, wenn man nur davon ausgeht, dass der andere auf die Option des Tötens verzichtet. Dies mag anders sein, wenn die Gewalterfahrung noch nah ist, wenn sie gleichsam erst bezwungen wurde, aber selbst in einer solchen Situation klingt es eigentümlich, von Vertrauen zu reden. Man hat gewichtige Gründe für Misstrauen verloren, aber das ist noch kein substanzielles Vertrauen. Die Rede vom Ur- oder Weltvertrauen, das als Grundlage aller anderen Typen des Vertrauens betrachtet wird, unterschlägt in

88 Baier, »Trust and Antitrust«, a. a. O., S. 98 (dt. S. 42).
89 Williams, *Truth and Truthfulness*, a. a. O., S. 89 (dt. S. 138).

gewisser Weise, wie voraussetzungsreich schon ein solches Ur- oder Weltvertrauen sein muss, um überhaupt seinen umfassenden Charakter anzunehmen, aber wenn man diese Komplexität im Hinterkopf behält, mag diese Rede ihren Sinn haben.

Dennoch: Es gibt Gewaltakte, die nicht mit einem Vertrauen brechen, das die Möglichkeit genau dieses Gewaltakts ausblenden konnte und deswegen Vertrauen war. Es gibt Gewalt, die etwas Neues in die Welt bringt, etwas, dessen Möglichkeit vorher gar nicht virulent war und deswegen auch nicht zivilisatorisch bearbeitet und bezwungen werden konnte.[90] Wer wollte sagen, dass die Möglichkeit des Tötens durch Gas vor der nationalsozialistischen Epoche ausgeblendet bleiben konnte, so dass zur Struktur des Weltvertrauens auch das Ausblenden dieser Möglichkeit der Ermordung anderer gehörte? Die Welt nach dem Holocaust ist eine andere Welt, und das heißt auch, dass die Konturen des Weltvertrauens nicht ein für alle Mal feststehen, sondern historisch variieren. Vor Auschwitz konnte man vielleicht darauf vertrauen, dass der andere einen zivilisierten Umgang mit uns pflegt, aber konnte man darauf vertrauen, dass er auf das Vergasen verzichtet? Der zivilisierte Umgang impliziert natürlich – rein logisch oder begrifflich gesehen – den Verzicht auf das Ermorden durch Vergasung, aber er ist nicht zivilisiert, weil er auch auf diese Option inhumaner Barbarei verzichtet. Man kann sich sogar fragen, ob es überhaupt möglich wäre, den Verzicht auf diese Option mit zivilem Verhalten in Verbindung zu bringen, aber ich möchte dieser Frage hier nicht weiter nachgehen. Ich will nur festhalten: Es gibt Verletzungen, die uns zugefügt werden, weil wir vertrauen, und es gibt Verletzungen, die uns zugefügt werden, ohne dass Vertrauen im Spiel ist. Kein Jude hat darauf vertraut, nicht vergast zu werden. Ein solches Vertrauen konnte nicht Bestandteil seines Weltvertrauens sein und kann wohl auch nie Bestandteil irgendeiner Form des Weltvertrauens sein.

Ausgangspunkt der Überlegungen zu den verschiedenen Varianten des Grundvertrauens war die Frage nach dem handlungsermöglichenden Charakter des Vertrauens. Es sollte deutlich geworden sein, dass die Rede von einem umfassenden Grundvertrauen immer

90 In diesem Sinne erschließt das Außergewöhnliche, der Terror oder die Katastrophe etwas genuin Neues und entbirgt nicht einfach das, was vordem verborgen blieb. Vgl. Arne Johan Vetlesen, *Evil and Human Agency. Understanding Collective Evildoing*, Cambridge 2005, bes. S. 37.

dann an Plausibilität einbüßt, wenn die Einstellung des Vertrauens aus der Sicht eines Akteurs keine spezifisch vertrauensrelativen oder vertrauensgenerierten Verletzbarkeiten mit sich bringt. In dem Maße, in dem Vertrauen als *akzeptierte* Verletzbarkeit gefasst wird, muss davon ausgegangen werden, dass mit dem Akt der Akzeptanz nicht einfach nur bereits vorhandene Verletzbarkeiten epistemisch nachvollzogen werden, sondern neue Verletzbarkeiten entstehen, die ohne das Moment der Akzeptanz nicht gegeben wären. Aus der Sicht eines Beobachters wiederum verliert die Rede von einem umfassenden Grundvertrauen dann an Plausibilität, wenn sie nicht mit dem Vorhandensein von Handlungsoptionen einhergeht, die dazu beitragen, dass sich Vertrauens- oder Misstrauensbekundungen eines Subjekts in ihrer Ernsthaftigkeit verifizieren lassen.

5.2 Das Zeugnis des anderen: Zur Frage des kommunikativen Vertrauens

Wir können nur vertrauen, so die hier vertretene Annahme, wenn wir nicht vertrauen müssen, und das heißt auch: Zwangsverhältnisse und Verhältnisse gegenseitigen Vertrauens schließen sich aus. Auch ist Vertrauen nicht transzendentalisierbar oder naturalisierbar. Das Hervorheben des Begriffs der Handlungsoptionen und auch das Zugeständnis, wonach Vertrauen Gegenstand einer Entscheidung sein kann, stützen die Vorstellung der Freiwilligkeit vertrauensvoller Praktiken. Der Begriff der Praxis selbst schließlich impliziert die Annahme, es könne neben der einen Praxis immer auch eine andere Praxis geben, also zum Beispiel neben einer Vertrauenspraxis eine Misstrauenspraxis. Vertrauen ist wichtig, es verfügt über eine eigene normative Infrastruktur, die nicht beliebig durch andere Formen der Handlungskoordination substituiert werden kann, aber das heißt nicht, dass wir vertrauen müssen oder gar nicht anders können, als zu vertrauen. Meine Kritik an bestimmten Interpretationen des Grundvertrauens hat sich auf einen ähnlichen Punkt gestützt.

Aber gibt es nicht doch eine Perspektive, in der es fehlerhaft ist, Vertrauen in diesem Sinne zur Disposition der Akteure zu stellen? Gibt es nicht Phänomene, deren genaue Analyse zeigen kann, dass wir häufig gar nicht anders können, als anderen zu vertrauen, deswegen aber nicht einfach aufhören, von Vertrauen zu reden? In dieser Perspektive ist Vertrauen keine kontingente Praxis und keine mehr oder weniger willkürliche Konvention, es ist vielmehr eine Voraussetzung dafür, überhaupt Praktiken oder Konventionen zu etablieren. Was das bedeutet, lässt sich am Beispiel des Versprechens veranschaulichen, das auf direktem Wege zur Frage des Vertrauens führt. Versprechen, so lautet eine an Hume anknüpfende Deutung, können nur im Rahmen einer Praxis oder Konvention wirksam sein, die gleichsam die Bedingungen spezifiziert, unter denen es möglich ist, etwas zu versprechen. Mit anderen Worten: Wenn wir etwas versprechen, nehmen wir eine Verpflichtung auf uns, die wir nicht hätten, wenn wir das Versprechen nicht geäußert hätten. In diesem Sinne sind Versprechen, so Hume, »Akte des Übereinkommens [*conventions of men*], wodurch ein neues Motiv geschaffen wird«.[91] In dem Maße, in dem wir erkennen, dass die Praxis des Versprechens uns vor allem im Umgang mit Fremden dabei hilft, Handlungen zu koordinieren, die unserem persönlichen Vorteil dienlich sind, entsteht ein Interesse, so etwas wie eine Praxis des Versprechens zu etablieren, von der alle, die sie akzeptieren, gleichermaßen profitieren. Folglich führen wir, so Hume weiter, »Symbole« oder »Zeichen« ein, »durch die wir uns in einem gegebenen Falle gegenseitig Sicherheit hinsichtlich unserer Handlungsweisen verschaffen können. Nachdem diese Zeichen eingeführt sind, sieht sich jeder, der sich ihrer bedient, durch sein Interesse gebunden, seine Versprechungen zu erfüllen.«[92]

Eine der Fragen, die sich an diese Analyse angeschlossen haben, zielt darauf, wie wir denn Zeichen, Symbole oder Konventionen »einführen« wollen, wenn wir nicht schon auf irgendeiner Ebene nichtkonventionelle reziproke Verbindlichkeiten haben, welche die Verlässlichkeit des Prozesses der Einrichtung von Konventionen gewähren. Auch wenn wir uns das Entstehen einer Konvention nicht als kontraktualistischen Einmalbeschluss vorstellen, sondern als einen langsamen Prozess, in dem sich die genauere Kontur der Konvention überhaupt erst herauskristallisiert, bleibt die Notwendigkeit bestehen, die Art der normativen Verbindlichkeit zu klären, die gegeben sein muss, damit überhaupt ein Zustand der Konven-

91 David Hume, *A Treatise of Human Nature*, Oxford 1978, S. 522 (III.2.5) (dt. *Ein Traktat über die menschliche Natur*, 2 Bde., Hamburg 1978, S. 270 [Bd. 2]).

92 Ebd.

tionalisierung erreicht werden kann. Noch bevor wir also über die Konvention des Versprechens verfügen, müssen wir einander schon verbindlich und das heißt nun auch: vertrauensvoll begegnen. Manche Autoren folgern daraus, dass die Praxis des Versprechens damit ihren hervorgehobenen Status als Mittel der Herstellung verbindlicher Kooperationserwartungen einbüßt, aber es ist nicht nötig, diesen Schluss zu ziehen. Es ist nämlich durchaus möglich, die Praxis des Versprechens für besondere Beziehungsformen zu reservieren, während gleichzeitig der Bereich der normativ relevanten Herstellung von Verbindlichkeit weiter gezogen wird.[93] Entscheidender ist, dass das, was für die Konvention des Versprechens gilt, noch viel mehr für die Konvention oder Praxis des Vertrauens gelten muss. Wie immer diese Praxis im Einzelnen beschrieben wird, sie kann nicht als Praxis etabliert werden, wenn wir einander nicht schon vertrauen, das heißt, wenn es nicht schon ein Vertrauen gibt, das dieser Praxis vorgelagert ist: »Es muss eine Art von Vertrauenswürdigkeit oder Treue geben, die unabhängig von dem, was Hume ›soziale Konvention‹ nennt, möglich und wünschbar ist. [...] Eine allgemeinere moralische Tugend [...] wird also gewiss [...] von Humes ›Treue zum Versprochenen‹ vorausgesetzt.«[94]

Aber um was für eine »allgemeine moralische Tugend« kann es sich handeln? Während manche Autoren an diesem Punkt zu einer Naturalisierung des Vertrauens neigen, wählen andere den Weg, unsere *Sprachpraxis* als wesentlich durch Vertrauen und Vertrauenswürdigkeit gekennzeichnet zu beschreiben. Das heißt, wenn wir mit anderen kommunizieren, vertrauen wir immer schon darauf, dass das, was sie sagen, in wahrhaftiger Absicht geäußert wird. Wir müssen nicht unbedingt glauben, dass das, was sie sagen, wahr ist, aber wir müssen glauben, dass das, was sie sagen, das ist, was sie für wahr halten. Häufig reicht uns das, um selbst von einem Sach-

93 Der Humeaner muss nicht annehmen, nur Versprechen könnten reziproke Verbindlichkeit schaffen; aber er nimmt an, dass Versprechen vor allem im Kontext anonymer Interaktionen ihren Beitrag zur Stabilisierung der gegenseitigen Erwartungen leisten. Nun muss man auch mit diesem Punkt nicht übereinstimmen (mit scheint, dass Verträge hier eine zentralere Aufgabe haben); aber es ist doch sinnvoll, die Frage danach, wie wir reziproke Verbindlichkeit herstellen, mit der Frage nach dem sozialen, kulturellen oder institutionellen Kontext unseres Handelns zu verbinden. Hierin sehe ich die große Stärke des Humeschen Modells.

94 Baier, »Sustaining Trust«, a. a. O., S. 168.

verhalt überzeugt zu sein, über den uns ein anderer informiert hat. Diese Art der Wahrhaftigkeit ist aber keine Konvention, da es keine menschliche Gesellschaft geben kann, mithin auch keine Konventionen, wenn wir nicht immer schon im Großen und Ganzen von der Wahrhaftigkeit anderer ausgehen.[95] Dort, wo wir das nicht tun, können wir uns nicht auf diese anderen verlassen, können nicht ernsthaft mit ihnen kooperieren und all das Wissen sammeln, das wir nur haben, weil es uns andere mitgeteilt haben. In genau diesem Sinne sind Wahrhaftigkeit und Vertrauenswürdigkeit unerlässliche Voraussetzungen für jede Form der Kommunikation und damit auch für das Etablieren von Konventionen oder Praktiken, die an dem einen oder anderen Punkt auf Kommunikation angewiesen sind: »Ohne Treue und Vertrauen«, so schon Thomas Reid, »kann es keine menschliche Gesellschaft geben«.[96]

Modelle des kommunikativen Vertrauens sind dabei in sich heterogen. Ich nenne drei davon, weil die Unterschiede zwischen ihnen für unsere Überlegungen relevant sind. (1) So unterscheiden sich diese Modelle beispielsweise mit Blick auf die Frage, ob es sich aus *moralischen* Gründen verbietet, unwahrhaftig zu sein oder zu lügen. Allein die Frage räumt ein, dass die bisherige Formulierung, wonach jede Form der Kommunikation Wahrhaftigkeit voraussetzt, zu ungenau ist. Wir können unwahrhaftig sein, ohne dass deswegen das System der Kommunikation, an dem wir teilnehmen, zusammenbricht. Es gibt also in uns keinen Automatismus, der gewährt, dass wir immer wahrhaftig sind. Wenn das aber so ist, könnten wir folgern, dass Wahrhaftigkeit eine moralische Aufgabe ist, die uns als sprechende Wesen verpflichtet, wenn wir weiterhin an der Praxis des Sprechens festhalten wollen. So etwa Kant in seinen *Vorlesungen über Moralphilosophie*: »Wer mir immer was vorgelogen, dem thue ich kein Unrecht, wenn ich ihm wieder vorlüge, aber ich handle wider das Recht der Menschheit; denn ich habe wider die Bedingung gehandelt, und wider die Mittel, unter denen eine Gesellschaft der Menschen stattfinden kann.«[97] Wir können nicht lügen wollen, weil es bei Verallgemeinerung

95 Vgl. Peter Winch, »Nature and Convention«, in: ders., *Ethics and Action*, London 1972, S. 50-72.

96 Thomas Reid, *Essays on the Active Powers of Man*, Edinburgh 1853, S. 666 (V. 6).

97 Immanuel Kant, *Vorlesungen über Moralphilosophie*, in: *Kant's Vorlesungen*, Bd. IV, Berlin 1974, S. 447.

unseres Verhaltens keine Gesellschaft mehr gäbe, in der die Lüge auch nur existierte, weil niemand mehr anderen glauben würde. Aber auch der Lügner will, dass ihm geglaubt werde, und so widerspricht er seinem eigenen Vorhaben, wenn er lügt. Implizit ist also im Kantischen Modell zugestanden, dass Gesellschaft als solche nur existieren kann, wenn Wahrhaftigkeit die übliche Norm ist, an der sich die Mitglieder der Gesellschaft orientieren. Die moralische Verurteilung der Lüge impliziert dabei, dass ich auch dann nicht lügen darf, wenn es in meinem unmittelbaren Interesse wäre, zu lügen, und wenn ich keine heftigen Sanktionen für mich zu fürchten hätte.

(2) Andere Autoren halten es für überflüssig oder sogar falsch, die Notwendigkeit allgemeiner Wahrhaftigkeit moralisch zu begründen. Sie gehen davon aus, dass sich diese Notwendigkeit unter Verweis auf die rationalen Interessen menschlicher Individuen einholen lässt. David Lewis etwa spezifiziert das, was er die Konvention der Wahrhaftigkeit und des Vertrauens nennt, einzig unter Verweis auf rationale Interessen der an der Konvention beteiligten Individuen: »Einer Wahrhaftigkeitskonvention in £ [eine bestimmte mögliche Sprache] zu folgen«, so Lewis, »heißt, deshalb in £ wahrhaftig sein, weil es, sofern auch die anderen so handeln, den eigenen Präferenzen entspricht«.[98] Lewis wendet damit seine allgemeine Definition von Konventionen auf Konventionen der Sprache an. Konventionen sind dieser Verwendung nach Verhaltensregularitäten einer Gruppe, die Ausdruck gemeinsamer Interessen, eines gemeinsamen Wissens und gegenseitiger Erwartungen der Gruppenmitglieder sind. Wenn in einer Gruppe eine Konvention in Geltung ist, dann wissen sie, dass alle Mitglieder der Gruppe am Aufrechterhalten der Konvention interessiert sind, weil das allen beteiligten Einzelinteressen entgegenkommt: »In der Welt, wie wir sie kennen, [...] hat nahezu jeder immer Grund zu wünschen, daß die anderen seine Überzeugungen übernehmen, und daher auch Grund, Wahrhaftigkeitskonventionen zu befolgen.«[99] Ganz ohne Verweis auf moralische Normen oder Prinzipien können wir also, diesem Modell nach, die Existenz einer Wahrhaftigkeitskonvention begründen. Zwar ist es nicht unmöglich, dass sich auch eine Konvention moralisch begründeter Wahrhaftigkeit etabliert, die

98 Lewis, *Convention*, a.a.O., S.182 (dt. S.184f.).

99 Ebd. (dt. S.185).

für den Einzelnen zum Beispiel zur Folge hätte, einer Konvention auch dann zu folgen, wenn das den eigenen Interessen nicht entgegenkäme (weil es moralisch geboten ist), aber Lewis geht davon aus, wovon auch das letzte Zitat zeugt, dass solche Fälle, in denen die Forderungen der Moral und die eigenen Präferenzen divergieren und konfligieren, selten sind. Unter normalen Umständen ist das, was die Moral von uns fordert, auch das, was unseren Interessen entgegenkommt: »So kann man im Normalfall eine moralische Verpflichtung erfüllen und zugleich seinen eigenen Präferenzen gemäß handeln. Immer wenn das so ist, haben wir es mit der Befolgung einer Konvention zu tun.«[100]

Manche Autoren wollen an dieser Stelle sogar noch weiter gehen und legen nahe, eine moralische Perspektive auf Phänomene wie Wahrhaftigkeit und Lüge könne überhaupt nur entstehen, wenn basale Kommunikationsinteressen erfüllt sind, die folglich ohne Moral begründet werden. Um es schlicht zu formulieren: Bevor ich jemanden belügen kann, muss ich davon ausgehen können, dass er mich versteht, und um verstanden zu werden, muss ich wahrhaftig sein.[101] Jede einzelne Lüge an sich belegt natürlich, dass ich auch dann verstanden werden kann, wenn ich die Unwahrheit sage, mehr noch, dass die Lüge nur funktioniert, wenn der andere das, was ich sage, versteht und glaubt. Aber dieses Phänomen, so sieht es zumindest aus, belegt nur, dass jede einzelne Lüge auf einer *allgemeinen* Praxis der Wahrhaftigkeit aufruht, die noch unabhängig von moralischen Normen etabliert werden kann. Nur weil der, der meine Äußerung hört, annimmt, ich wolle wahrhaftig sein, kann er meine Äußerung verstehen. Und nur weil er das annimmt, kann ich ihn belügen. Wir verstehen Äußerungen, die nicht wahrhaftig sind, weil wir annehmen, dass sie wahrhaftig sind.

An diesen Überlegungen, die hier in ihrer internen Komplexität gar nicht angemessen gewürdigt werden können, fällt auf, dass Wahrhaftigkeit und ihr Gegenstück, nämlich das Vertrauen auf

100 Ebd.

101 So Dietz, *Der Wert der Lüge*, a. a. O., S. 191: »Das ›Vertrauen‹, das Konventionen begründen, basiert lediglich auf einer Hypothese über die rationale ›Berechenbarkeit‹ des Verhaltens anderer, einer Erwartung bezüglich des allgemeinen Kommunikationsinteresses, dem zufolge ein Sprecher mit seiner Äußerung verstanden werden will, und sich aus diesem Grund an die allgemein bekannte Regularität hält, daß Behauptungen sich an Wahrheitsansprüchen orientieren.«

Wahrhaftigkeit, wie Konventionen behandelt werden, obgleich unser Interesse doch darin besteht, eine vorkonventionelle Praxis gegenseitiger Vertrauenswürdigkeit zu beschreiben. Auch Lewis lässt zunächst keinen Zweifel daran, dass jede Konvention, um überhaupt eine solche zu sein, Alternativen kennen muss, da »es so etwas wie die einzigmögliche Konvention nicht gibt«. Und weiter: »Wenn R unsere tatsächliche Konvention ist, so muß R eine Alternative R' haben, und R' muß so sein, daß es anstelle von R unsere Konvention hätte sein können.«[102] Aber heißt das, dass es eine Sprache geben könnte, in der wir nicht auf die Wahrhaftigkeit anderer vertrauen? Lewis unterscheidet hier zwischen der Wahrhaftigkeit und dem Vertrauen an sich, die für jede Sprache, die man spricht oder sprechen kann, maßgeblich sind, und der Wahrhaftigkeit und dem Vertrauen in einer bestimmten Sprache, zu denen sich Alternativen in anderen Sprachen finden lassen.[103] Folglich gibt es eine Wahrhaftigkeit und ein Vertrauen, die für das Sprechen oder Kommunizieren als solches maßgeblich sind und nicht die Kriterien der Konvention erfüllen. Die Alternative zu einer bestimmten Sprache, in der die Konvention gilt, ist also nicht eine Sprache, in der sie nicht gilt, sondern nur eine Sprache, in der sie anders gilt.

Die Tatsache, dass Wahrhaftigkeit und Vertrauen in einer bestimmten Sprache Konventionen sind, sollte allerdings nicht suggerieren, wir könnten in dieser Sprache wählen, ob wir wahrhaftig oder vertrauensvoll sein wollen oder nicht. Wenn wir beispielsweise nur diese eine Sprache sprechen, gibt es offenbar keine relevanten Alternativen für uns, es sein denn, man zählt die bloße Möglichkeit des Sprechens anderer Sprachen dazu. Und selbst wenn wir zwei Sprachen sprechen, gibt es zwar eine Alternative zum Wahrhaftigsein und Vertrauen in der einen Sprache, nämlich das Wahrhaftigsein und Vertrauen in der anderen Sprache, aber was soll das für eine Alternative sein, wenn zugleich eingeräumt wird, dass wir in jeder Sprache, damit es überhaupt eine Sprache ist, wahrhaftig sein und vertrauen müssen? Damit führt Lewis letztlich ein quasitranszendentales Element in seine Bestimmung der Sprache

102 Lewis, *Convention*, a. a. O., S. 70 (dt. S. 71).

103 Lewis, »Languages and Language«, in: ders., *Philosophical Papers*, Bd. 1, Oxford 1983, S. 163-188 (hier S. 184) (dt. »Die Sprachen und die Sprache«, in: Georg Meggle [Hg.], *Handlung, Kommunikation, Bedeutung*, Frankfurt/M. 1993, S. 197-240 [hier S. 232]).

ein (für andere Phänomene, die in seinen Augen die Kriterien des Konventionellen erfüllen, gilt das nicht), und nur darauf soll es hier ankommen. Solange wir bestimmte Interessen haben, die wir durch Kommunikation verwirklichen wollen, müssen wir mehr oder weniger konsistent wahrhaftig sein und können auch anderen ein Interesse an Wahrhaftigkeit unterstellen, das uns vertrauen lässt. Manche Autoren sprechen deswegen auch schlicht von einer »semantischen« Forderung nach Wahrhaftigkeit und meinen damit die Notwendigkeit, als sprechendes Wesen die Regeln einzuhalten, die zumindest für Behauptungen gelten. Wer versteht, was es heißt, eine Behauptung aufzustellen, akzeptiert die Notwendigkeit, wahrhaftige Äußerungen vorzubringen.[104]

(3) Es gibt noch eine dritte Diskussion, in deren Rahmen die Einstellung des Vertrauens auf sprachphilosophischem Wege transzendentalisiert wird. Sie ist eng mit der letzten Diskussion verbunden. Viele unserer Überzeugungen gewinnen wir, indem wir glauben, was andere uns mitteilen, ohne dass wir in der Lage wären, diese Mitteilung auf ihren Wahrheitsgehalt hin zu überprüfen. Wir glauben zu wissen, wo wir geboren wurden, wer unsere Eltern sind, wir glauben den Sportergebnissen, die wir in der Zeitung lesen, und teilen sie Freunden mit, wir glauben, dass unser Nachbar gestern im Theater war, ohne ihn dort selbst gesehen zu haben, weil er uns gesagt hat, dass er im Theater war. Wir glauben diese Dinge freilich nur, wenn wir die jeweilige Informationsquelle für glaubhaft und kompetent halten und wenn wir den Eindruck haben, dass auch sie die Evidenzen, über die sie verfügt, als Evidenzen für *p* behandelt wissen will. Sind diese Bedingungen erfüllt, glauben wir vielen Äußerungen, die wir hören, und gewinnen auf diese Weise Überzeugungen, die wir ohne diese Äußerungen nie gewonnen hätten. Häufig wird dieser Sachverhalt auch schlicht als Vertrauen umschrieben: Dieses Vertrauen ist, so die Annahme, ein weitverbreitetes Phänomen, das viele unserer Überzeugungen stützt. Wir wissen vieles, von dem, was wir zu wissen glauben, weil andere uns ihr Wissen mitgeteilt haben, ohne dass wir in der Lage wären, für dieses Wissen mehr anzuführen als nur die Tatsache dieser Mitteilung.

104 Siehe Alasdair MacIntyre, »Truthfulness and Lies: What is the Problem and What Can We Learn from Mill?«, in: ders., *Ethics and Politics*, a. a. O., S. 101-112 (hier S. 103 f.).

Nun könnte aus diesen Überlegungen folgen, dass wir nur dann vertrauen, wenn wir andere für glaubwürdig und kompetent halten, und das ist auch tatsächlich der Fall (oder sollte es doch sein). Es wäre unverantwortlich, im Sinne der unten zu verhandelnden doxastischen Verantwortung einer Quelle zu glauben, die absolut unglaubwürdig ist. Dennoch führt diese Einschränkung nicht dazu, eine generelle Haltung des Vertrauens zu untergraben. Unser kritisches Vermögen ist gegenüber der grundlegenden Haltung des Vertrauens sekundär, weil wir auch dann, wenn wir die Äußerungen anderer auf ihre Wahrheit hin überprüfen, eine Reihe von Annahmen unbefragt als gültig voraussetzen, die wir nur auf der Basis von Vertrauen gewonnen haben: »Für Erwachsene beruht die kritische Haltung selbst auf einer allgemeinen Vertrauenseinstellung.«[105] Eine ähnliche Überlegung gilt, wenn es darum geht, eine »reduktive« Position zu attackieren, der zufolge Aussagen, Zeugnisse oder Berichte anderer nur dann als Quelle von Wissen behandelt werden können, wenn wir als Empfänger der Information über epistemische Ressourcen verfügen – etwa Wahrnehmungen, Erinnerungen oder das Vermögen der Inferenz –, die wir für grundlegender und zuverlässiger halten. Hume hat eine solche Position vertreten, etwa wenn er in seiner *Untersuchung über den menschlichen Verstand* zwar einräumt, wir würden häufig auf der Basis der Aussagen und des Zeugnisses andere Gewissheiten erlangen, zugleich aber betont, die Quelle dieser Gewissheit stamme »aus keinem anderen Prinzip [...] als aus unserer Beobachtung der Wahrhaftigkeit menschlichen Zeugnisses und der gewöhnlichen Übereinstimmung der Tatsachen mit den Berichten der Zeugen«.[106] Nur weil wir, mit anderen Worten, immer wieder die »Erfahrung« gemacht oder sogar »beobachtet« haben, dass das, was uns andere mitteilen, wahr ist, gehen wir dazu über, ihnen zu glauben, nicht aber, weil die Tatsache des Zeugnisses an sich Glaubwürdigkeit garantieren könnte. Berichtet uns jemand beispielsweise, er habe gesehen, wie ein Toter lebendig wird, werden wir dies nicht glauben, »denn das ist niemals, zu keiner Zeit und an keinem Ort, beobachtet worden«.[107] Locke hat in einem ähnlichen Zusammenhang geradezu ein Prinzip epi-

105 C.A.J. Coady, *Testimony. A Philosophical Study*, Oxford 1992, S. 46.

106 Hume, *An Enquiry Concerning Human Understanding*, a. a. O., S. 111 (X.1) (dt. S. 144).

107 Ebd., S. 148.

stemischer Autonomie formuliert: »Keineswegs fehlt es mir an der rechten Achtung vor der Meinung anderer Leute; aber schließlich gebührt doch der Wahrheit die höchste Ehre; und ich hoffe, daß man es nicht für anmaßend halten wird, wenn ich behaupte, wir würden vielleicht in der Erkenntnis vernünftiger und kontemplativer Erkenntnis größere Fortschritte machen, wenn wir diese an der Quelle, in der Betrachtung der Dinge selbst suchten und, um sie zu finden, lieber von unseren eigenen Gedanken als von den Gedanken anderer Gebrauch machten.«[108]

Das Problem dieser Ansätze ist, dass in sie auf uneingestandene Weise Annahmen integriert sind, die ohne Verweis auf Aussagen, Zeugnisse oder Beobachtungen anderer gar nicht plausibel gemacht werden können. Humes Behauptung etwa, das Auferstehen von Toten sei »niemals« beobachtet worden, beruht in offensichtlicher Weise auf den ungeprüften Beobachtungen anderer und kann unmöglich selbst oder autonom verifiziert werden. Auch Lockes Verweis auf »die Betrachtung der Dinge selbst« täuscht sich über den begrifflichen Charakter unserer Wahrnehmungen, mit denen häufig Fähigkeiten verbunden sind, die wir nur aufgrund der Aussagen anderer besitzen. Um ein Beispiel Strawsons aufzugreifen: Können wir sehen, dass der Tank leer ist, wenn man uns nicht beigebracht hat, wie man die entsprechende Anzeige liest?[109] Diese Abhängigkeit der scheinbar basaleren epistemischen Ressourcen von Aussagen, Zeugnissen und Berichten anderer wird auch noch in einem anderen Fall deutlich. Die These vom Vertrauen als Grundlage unserer Kommunikation mit anderen implizierte, wie gesehen, die Bedingung der Glaubwürdigkeit des anderen. Aber, so können

108 John Locke, *An Essay Concerning Human Understanding*, Oxford 1975, S. 101 (I.4.23) (dt. *Versuch über den menschlichen Verstand*, 2 Bde., Hamburg 1981, S. 102 [Bd. 2, I.3.24]).

109 Peter F. Strawson, »Knowing from Words«, in: Bimal Krishna Matilal, Arindam Chakrabarti (Hg.), *Knowing from Words. Western and Indian Philosophical Analysis of Understanding and Testimony*, Dordrecht 1994, S. 23-27 (hier S. 26). In diesem Band finden sich zahlreiche Aufsätze zur Problematik der »Testimonialerkenntnis«. Ähnlich wie Strawson argumentiert auch Coady, *Testimony*, a. a. O., S. 147. Neuere Beiträge zur Thematik finden sich auch in Lackey/Sosa (Hg.), *The Epistemology of Testimony*, a. a. O. Für die deutsche Diskussion hilfreich ist Oliver Scholz, »Das Zeugnis Anderer. Prolegomena zu einer sozialen Erkenntnistheorie«, in: Thomas Grundmann (Hg.), *Erkenntnistheorie. Positionen zwischen Tradition und Gegenwart*, Paderborn 2001, S. 354-375.

Reduktionisten fragen, woran erkennen wir die Glaubwürdigkeit eines anderen? Sie ist schließlich kein Gegenstand unserer Beobachtung. Daraus aber folgt, dass wir diese Glaubwürdigkeit, die Voraussetzung unseres Vertrauens ist, nicht einfach selbst voraussetzen können, sondern als Ergebnis einer Glaubwürdigkeitsprüfung betrachten müssen. Diese muss keinesfalls bewusst unternommen werden, sie kann auch unbewusst oder automatisch ablaufen, aber ohne diese Prüfung sollten wir nicht vertrauen.[110] Vertrauen kann folglich nicht unsere grundlegende Haltung sein. Es beruht vielmehr auf einer Glaubwürdigkeitsprüfung des anderen, die Auskunft darüber gibt, ob es rational sein wird, ihm zu vertrauen.

Der Antireduktionist kann dreierlei Argumente vorbringen, um diesen Einwand zu entkräften. Zum einen wird er bezweifeln, dass wir die erforderliche Glaubwürdigkeitsprüfung ohne Bezug auf die Aussagen und Zeugnisse anderer durchführen können. Denn wie genau prüfen wir denn, ob der Unbekannte, der uns erzählt, er habe einen Unfall beobachtet, glaubwürdig ist? Wenn dieser Unbekannte als Mitglied einer Organisation zu identifizieren ist, die ein hohes Ansehen genießt, vertraue ich ihm möglicherweise auf der Basis dieser Reputation. Diese aber ist mir natürlich auch durch andere vermittelt worden, mit denen ich über die Organisation gesprochen oder deren Berichte ich gelesen habe, so dass hier die Aussagen Dritter hineinspielen. Aber was ist, wenn mir der andere einfach nur unbekannt ist und ich über seine Reputation nichts weiß? Das Beispiel der Taxifahrer wird zeigen, dass wir dann die Glaubwürdigkeit prüfen, indem wir den anderen vor dem Hintergrund allgemeiner Kategorien klassifizieren, und sei es nur, dass wir feststellen, er sehe nicht aus wie einer, der Lügen verbreitet, weil er einen Anzug trägt, gepflegt erscheint, höflich ist etc. Diese Klassifikationen wiederum dürften sich häufig aus einem Gemisch eigener und fremder Erfahrungen zusammensetzen, so dass auch hier keinesfalls von einer absoluten epistemischen Autonomie gesprochen werden kann. Problematisch wird es nur, wenn der Taxifahrer sagt: Ich habe nie die Erfahrung gemacht, dass solche Personen unehrlich sind, mir hat niemand sonst davon berichtet! Wenn wir nun die Problematik der generellen begrifflichen Strukturiertheit unserer Wahrnehmungen einmal beiseite lassen, sieht es

110 Elizabeth Fricker, »Telling and Trusting: Reductionism and Anti-Reductionism in the Epistemology of Testimony«, in: *Mind* 104:414 (1995), S. 393-411.

so aus, als hätten wir hier einen Fall von epistemischer Autonomie. Der Taxifahrer hat ohne Vertrauen auf die Aussagen oder Zeugnisse anderer und einzig auf der Basis *eigener* Erfahrungen Schlüsse über die Vertrauenswürdigkeit des anderen gezogen.

Hier kommt nun ein zweites Argument zum Tragen, dass der Antireduktionist vorbringen kann. Er befürwortet nämlich gar kein naives, blindes oder bedingungsloses Vertrauen. Das ist auch in dem oben gegebenen Zitat von Austin schon deutlich geworden, wonach wir so lange vertrauen, wie wir keine Anhaltspunkte oder konkreten Gründe für Misstrauen haben. Wenn die Einstellung des Vertrauens, wie in dieser Arbeit angenommen, Tuchfühlung zur Realität bewahren muss, dann wird sie offen sein für solche negativen Gründe und ist insofern nicht einfach unkritisch oder blind. In gewisser Weise ist die Einstellung des Vertrauens immer potenziell kritisch, weil sie sich negativen Evidenzen nicht verschließen darf. Es ist ein Aspekt des mit der Einstellung des Vertrauens verbundenen Engagements, in dieser Weise neuen Gründen gegenüber aufgeschlossen zu sein, die ein eventuell einmal gerechtfertigtes Vertrauen problematisch erscheinen lassen. Es ist aber auch bereits verhandelt worden, dass die Rationalität des Unvermögens, negative Gründe auszumachen, die das eigene Vertrauen erschüttern könnten, im Rahmen einer Vertrauenspraxis steigt, die einem gleichsam die Arbeit der Prüfung abnimmt, die man selbst nicht immer erschöpfend genug vollziehen könnte. Taxifahrer, die in einer gefährlichen Gegend arbeiten, in der es keine kollektive Vertrauenspraxis gibt, müssen individuelle Überprüfungen der Vertrauenswürdigkeit der Kunden vornehmen. Nur unter Verweis auf den größeren Handlungskontext also wird es möglich, eine Haltung genereller Prüfbereitschaft als Basis der Interaktionen mit anderen vorauszusetzen. Es spricht aber nichts dafür, diese Haltung zu verallgemeinern.

Schließlich kann der Antireduktionist ganz allgemein daran zweifeln, dass wir Glaubwürdigkeitsprüfungen ohne Bezug auf die Aussagen, Berichte und Zeugnisse anderer durchführen können, und dazu wieder die begriffliche Strukturiertheit unserer Wahrnehmungen (und Erinnerung und Inferenzen) geltend machen. Wie wir es auch drehen und wenden, an irgendeinem Punkt unserer Prüfung werden zunächst unausgewiesene Annahmen ins Spiel kommen, die uns nur deswegen zur Verfügung stehen, weil wir anderen geglaubt haben, und zwar ohne dass wir das, was sie uns mitgeteilt oder was wir von ihnen gelernt haben, prüfen konnten. Wenn wir folglich grundsätzlich die Neigung haben, anderen zu glauben (wenn auch nicht immer), sind wir apriorisch (wenn auch falsifizierbar) berechtigt dazu. Die Annahme, es ließe sich nur empirisch, mithin aposteriorisch nachweisen, dass die Äußerungen anderer mit den Fakten korrelieren, ist auch deswegen unplausibel, weil diese Annahme die Möglichkeit impliziert, es verhalte sich nicht so. Was wir auf die eine Weise erfahren haben, können wir auch anders erfahren. Denn was schließt aus, dass es eine Welt gibt, in der Tote auferstehen? Auch wenn das bislang niemand beobachtet hat, könnte es doch sein, dass es bald jemand beobachtet. Ja, wäre es nicht möglich, dass es eine Welt gibt, in der die einen die anderen immer falsch informieren?[111] Ist das aber der Fall, scheint das Vermögen, anderen mit Hilfe von Behauptungen etwas zu berichten, in Gefahr zu sein, denn wer in einer solchen Welt lebt, wird bald aufhören, anderen zu glauben, was wiederum dazu führen wird, dass niemand mehr Zeugnis ablegen wird. Es kann nicht einfach nur kontingent sein, dass das, was andere uns berichten, häufig wahr ist. Zumindest sind wir berechtigt, das, was sie uns mitteilen, so lange für wahr zu halten, wie wir keine Anhaltspunkte für ihre Unglaubwürdigkeit haben. Wer etwas behauptet, äußert unmittelbar, wovon er überzeugt ist (es sein denn, er ist unaufrichtig), und deswegen darf der Hörer »in Vertrauenssituationen, in denen er sich auf den Sprecher verläßt, davon [ausgehen], daß die jeweilige Behauptung des Sprechers ihm die betreffende Information wirklich *gibt*«.[112]

Es hat also den Anschein, dass wir als sprechende Wesen gar nicht anders können, als anderen Vertrauen entgegenzubringen. Vertrauen wird damit zur quasitranszendentalen oder apriorischen Kategorie, die uns, anders als von mir nahegelegt, nicht beliebig zur Disposition steht. Es ist entweder moralisch geboten, weil wir nicht wollen können, in einer sozialen Welt zu leben, in der die Lüge vorherrscht, ja, weil eine solche Welt gar nicht als soziale Welt möglich wäre und der Lügner sich folglich selbst widersprechen

111 Diese (Un-)Möglichkeit spielt Coady durch in »Testimony, Observation and ›Autonomous Knowledge‹«, in: Matilal/Chakrabarti (Hg.), *Knowing from Words*, a. a. O., S. 225-250.

112 Williams, *Truth and Truthfulness*, a. a. O., S. 79 (dt. S. 123).

müsste, wenn er gleichzeitig lügen und in einer sozialen Welt leben wollte; es ist wesentlich für das Sprechen einer Sprache, in ihr wahrhaftig zu sein, weil eine Sprache dadurch erst zur Sprache wird und weil wir dann, wenn wir Sprache nutzen, um unter Kooperationsbedingungen unsere Interessen zu verwirklichen, wahrhaftig sein sollten; es ist schließlich unausweichlich für uns als sprechende Wesen, weil wir einen großen Teil dessen, was wir wissen, nur wissen, weil andere es uns mitgeteilt haben, die wir für glaub- oder vertrauenswürdig halten.

Ein genauerer Blick auf die vorliegenden Entwürfe zeigt nun, dass die Begriffe »quasitranszendental« und »apriorisch« ungenau sind und folglich auch die These der »Unausweichlichkeit« des Vertrauens bzw. des Vertrauen*müssens* modifiziert werden sollte. Es ist wiederholt gesagt worden: Als Sprechende können wir unwahrhaftig sein und als Hörer können wir die Wahrhaftigkeit des Sprechers bezweifeln. Weder müssen wir vertrauenswürdig sein, noch müssen wir vertrauen. Selbst wenn man einräumt, dass die Unwahrhaftigkeit parasitär von einer allgemeinen Praxis der Wahrhaftigkeit zehrt, verschwindet für den einzelnen nicht die Möglichkeit, im Einzelfall entscheiden zu müssen, ob ein Sprechakt als wahrhaftig oder als unwahrhaftig aufzufassen ist. Allgemeine Aussagen darüber, welche Faktoren für das Vorliegen von Sprache gegeben sein müssen oder nicht, nehmen dem einzelnen Sprecher mithin nicht die Arbeit ab, für sich zu entscheiden, ob eine konkrete Behauptung von einer glaubwürdigen Person stammt oder nicht. Selbst wenn sich also zeigen lässt, dass Behauptungen *als* Behauptungen auf Wahrheit zielen und im Geiste der Wahrhaftigkeit vorgebracht werden müssen, folgt daraus zunächst überhaupt nichts für konkrete Sprecher in konkreten Situationen, die mit der Möglichkeit der Lüge rechnen müssen. Diese Möglichkeit wird gewissermaßen durch die Struktur des Behauptens erst eröffnet und kann deswegen auch nicht einfach als unmöglich deklariert werden. Wenn wir entscheiden müssen, ob jemand wahrhaftig ist oder nicht, nimmt uns die philosophisch offenbarte »Wesenheit« (*essence*) des Behauptens die Entscheidung nicht ab.[113] Die Ansätze, die das Wahrhaftigsein moralisieren, scheinen mir hier einer richtigen Einsicht zu folgen, denn sie erkennen das Maß, in dem Wahrhaftigkeit als moralische

113 Ebd., S. 106 (dt. S. 165).

Tugend zu begreifen ist, für deren Befolgung möglicherweise gute Gründe vorliegen, die aber nicht automatisch eingehalten wird, weil wir sprechende Wesen sind. Ohnehin sollte an dieser Stelle eine gewisse Asymmetrie zwischen Sprecher und Hörer eingeräumt werden. Denn selbst wenn es moralisch geboten ist, nicht zu lügen und wahrhaftig zu sein, folgt daraus ja nicht, dass es ebenso moralisch geboten ist, anderen zu vertrauen. Ein solches Gebot kann es, wie bereits dargestellt, nicht geben, und zwar selbst dann nicht, wenn gute Gründe vorliegen, anderen zu vertrauen.

Diese Überlegungen belegen, in welch hohem Maße wir auch als sprechende Wesen für unser Vertrauen und für unsere Behauptungen verantwortlich sind. Wenn jemand uns gegenüber eine Behauptung aufstellt, die wir glauben sollen, übernimmt er damit die Verantwortung für das, was wir glauben, und hat diese Verantwortung freiwillig übernommen. Als Hörer wiederum behandeln wir seine Behauptung nicht einfach wie eine Evidenz für seine Überzeugungen, so wie wir sein Verhalten oder seine Gestik unter Umständen auch dann als Evidenz für eine bestimmte Einstellung oder eine bestimmte Stimmung behandeln können, wenn dies gar nicht vom Sprecher oder Akteur intendiert ist. Behauptungen haben in der Regel einen intendierten Charakter, und nur deswegen erlauben sie dem Hörer, den Sprecher gegebenenfalls zur Rechenschaft zu ziehen, wenn sich seine Behauptungen als falsch herausstellen. Der Sprecher behandelt gleichsam das Faktum, dass er von den Dingen überzeugt ist, von denen er überzeugt ist, als Grund für uns, diese Überzeugungen zu übernehmen, und bürgt damit auch für die Wahrheit dieser Überzeugungen. In diesem Sinne ist es ein Unterschied, ob wir aufgrund des Verhaltens oder der Kleidung des Sprechers darauf schließen, dass es regnet, oder aufgrund seiner Aussage, es sei so. Wir lernen viel durch die Beobachtung anderer, und wir lernen auch viel durch ihre sprachlichen Aussagen und Behauptungen. Aber wenn uns jemand etwas mitteilt, behandeln wir das Mitgeteilte nicht einfach als Evidenz, sondern wir erkennen, dass wir glauben sollen, was gesagt wird, weil es in intendierter Weise gesagt wird. Als Hörer können wir die Autorität des Sprechers anerkennen und übernehmen dann seine Überzeugungen, weil er auf glaubwürdige Weise für die Wahrheit seiner Aussagen gebürgt hat, aber wir sind nicht genötigt, diese Anerkennungsleistung zu vollbringen. Wenn wir es aber tun, sind wir abhängig vom Sprecher und von seinem freien Willen, der uns im Prinzip auch hinters Licht führen kann. Wir vertrauen ihm nicht, weil wir vertrauen müssen, wir vertrauen ihm, weil wir seine Autorität in einem Fall anerkennen, was wiederum impliziert, dass wir ihn für vertrauenswürdig halten.

Trotzdem wäre es nun kontraintuitiv zu meinen, wir würden in alltäglichen Kontexten ständig »entscheiden«, ob der andere vertrauenswürdig ist oder nicht. Es ist schon einiges über den hier relevanten Entscheidungsbegriff gesagt worden, und diese Ausführungen sollen nicht wiederholt werden. Wichtig ist, dass der Verzicht auf das Entscheiden – zumindest unter günstigen Bedingungen – keinem blinden Vertrauen entspringt, sondern einer wie auch immer etablierten Kultur der Vertrauenswürdigkeit, die uns in die Lage versetzt, auf rationale Weise zu vertrauen. Diese Überlegungen treffen auch auf spezifisch sprachliche Phänomene zu. Wenn andere im Großen und Ganzen bereit sind, wahrhaftig zu sein, dann nicht, weil sie das als mit Sprache begabte Wesen sein müssen, sondern weil sie Teil einer Kultur oder Praxis sind, in der anerkannt wird, dass sich andere auf uns verlassen können müssen. Diese Kultur oder Praxis muss erworben werden, sie ist Teil dessen, was wir lernen, so dass wir für den Unterschied zwischen wahrhaft und unwahrhaft, ehrlich und unehrlich, ernsthaft und unernsthaft sensibel werden. Man kann das Bedürfnis, für andere mehr oder weniger verlässlich zu sein, ein »natürliches« Bedürfnis nennen, aber das hat keine Folgen mit Blick auf die Tatsache des Lernprozesses, der durchlaufen werden muss, um ein verlässliches Wesen zu werden.[114] Schlägt sich das Ergebnis dieses Lernprozesses in der

114 Siehe Sabina Lovibond, *Ethical Formation*, Cambridge (Mass.), London 2002, S. 86. Richard Moran (»Getting Told and Being Believed«, in: Lackey/Sosa, *The Epistemology of Testimony*, a. a. O., S. 272-306) erörtert auf hilfreiche Weise, inwieweit es für mich einen Unterschied macht, ob mein Wissen über die Welt und über andere evidenzbasiert ist oder aber der Behauptung eines anderen entspringt (*assurance view*). Er räumt allerdings ein, dass die Behauptungen des anderen erst dann besondere Überzeugungsgründe für mich liefern, wenn ich diesen anderen für aufrichtig halte (S. 295). Damit aber droht ein Rückfall in eine evidenzbasierte Position, der nur vermieden werden kann, wenn wir vor dem Hintergrund einer Kultur der Aufrichtigkeit individuelle Aufrichtigkeitsprüfungen (die kaum ohne persönliche oder unpersönliche Evidenzen auskommen) vermeiden können. Sozial wird eine Epistemologie dann nicht schon in dem Augenblick, in dem sie verdeutlicht, wie sehr das Wissen anderer in mei-

selbstverständlichen Bereitschaft nieder, das Vertrauen, das andere in die Wahrhaftigkeit der eigenen Behauptungen setzen, nicht zu enttäuschen, dann ist uns Wahrhaftigkeit zur zweiten Natur geworden. Dass wir sie *erworben* haben, impliziert dabei auch den sozialen Charakter dieses Prozesses. Zur Praxis des Erlernens der Verlässlichkeit gehört die kontinuierliche Bestätigung durch andere, die uns genau in dem Maße ernst nehmen, in dem sie bereit sind, unseren Aussagen und Behauptungen zu vertrauen. Wer unseren Aussagen Glauben schenkt, erkennt uns als Wesen an, die gelernt haben, wahrhaftig zu sein. Nur weil andere von uns erwarten, verlässlich zu sein, und darauf angewiesen sind, dass aus dem, was wir heute sagen, ein erwartbares Verhalten folgt, festigen sich unsere Äußerungen und nehmen den Charakter von Überzeugungen an, die sich in Behauptungen Ausdruck verschaffen.

Darüber hinaus lernen wir im Rahmen einer Kultur der Vertrauenswürdigkeit auch, dass Wahrhaftigkeit nicht nur instrumentelle Bedürfnisse erfüllt, sondern einen intrinsischen Wert hat. Wir lernen dies etwa dann, wenn wir in einer Kultur leben, in der Vertrauen und Vertrauenswürdigkeit deswegen wichtig sind, weil sie Formen der Kooperation ermöglichen, die für uns autonomiefördernd sind. Können wir den Aussagen anderer nicht vertrauen, dann können wir nicht nur viele Dinge nicht tun, die wir gerne tun möchten und durch die wir uns als autonome Wesen verwirklichen, die genau das tun, was ihnen wichtig ist. Wir verlieren auch das Vermögen, uns von anderen sagen zu lassen, wer wir wirklich sind, also das Vermögen, Kritik am Selbst zu ertragen, und das Vermögen, andere zu kritisieren. Kritik an eigenen und fremden Lebensformen erfordert Aufrichtigkeit, da unaufrichtige oder gar unehrliche Kritik uns Tatsachen vorenthält, die uns wichtig sein müssen, wenn wir ein Leben frei von Selbsttäuschung führen wollen.[115] Es sind immer auch die Meinungen der anderen, die uns verdeutlichen, dass es eine von unserer Subjektivität unabhängige Realität gibt, die wir treffen oder verfehlen können, und wenn diese Meinungen unaufrichtig oder gelogen sind, bekommen wir

nem Wissen präsent ist, sondern erst dann, wenn sie zusätzlich verdeutlicht, in welchem Maße die Kompetenz der Beurteilung der Aufrichtigkeit des anderen Bestandteil einer kollektiven Kultur der Aufrichtigkeit ist.

115 Alasdair MacIntyre, »Truthfulness and Lies: What Can We Learn from Kant?«, in: ders., *Ethics and Politics*, a. a. O., S. 122-142 (hier: S. 136 f.).

nicht die Möglichkeit, den Kontakt zur Realität zu wahren. Wenn Autonomie heißt, Dinge zu tun, die uns wirklich wichtig sind, mit denen wir uns wirklich identifizieren können, dann brauchen wir andere, die uns dabei helfen, in Erfahrung zu bringen, was wir wirklich wollen. Und sie tun dies nicht nur, weil es in ihrem Interesse ist, sondern weil sie den intrinsischen Wert der Autonomie anerkennen.

Die Rede von einer Kultur oder einer Praxis des Vertrauens soll im Übrigen nicht suggerieren, Vertrauen oder Vertrauenswürdigkeit lasse sich auch als Konvention fassen. Lewis hielt es, wie angedeutet, in einer seiner Verwendungsweisen für angebracht, Wahrhaftigkeit für eine sprachliche Konvention zu halten, die in unserem reziproken Interesse ist. Aber es gibt keine Konvention der Wahrhaftigkeit so, wie es eine Konvention des Versprechens gibt oder eine des Fahrens auf der rechten Spur. Wir können Versprechen an der Form ihres sprachlichen Ausdrucks erkennen, aber wir können am sprachlichen Ausdruck nicht erkennen, ob jemand wahrhaftig ist oder nicht. Wenn wir die wörtliche Bedeutung einer Aussage erfassen, haben wir damit noch nicht erfasst, in welchem Sinn sie verwendet wird oder wie genau sie verstanden werden soll. Ob wir es mit einer Aussage, einer Forderung, einer Frage, einem Witz etc. zu tun haben, ergibt sich häufig nur aus dem Kontext der Äußerungssituation, der Vorgeschichte der Beziehung, dem vorhandenen Sprachschatz etc. Welche Konvention muss ich befolgen, damit das, was ich sage, als wahrhaftig aufgefasst wird?[116] Wir sind hier angewiesen auf unser Interpretationsvermögen und das heißt auf unser Vermögen, in konkreten Situationen ein Gespür für die Wahrhaftigkeit einer Äußerung zu entwickeln. Auch sind Konventionen (zumindest die, die Lewis thematisiert) nicht im selben Sinne normativ wie die Praxis oder Kultur der Wahrhaftigkeit, um die es uns hier geht. Es liegt kein intrinsischer Wert darin, ob wir rechts oder links fahren, auch wenn mit dieser Verkehrspraxis durchaus ein Sollen verbunden ist.[117] Anders verhält es sich mit unserem Interesse an sprachlicher Wahrhaftigkeit im Kontext einer Praxis des Vertrauens. Der Wert dieser Wahrhaftigkeit geht nicht darin auf, uns ein besseres Koordinieren unserer individuellen Handlungsprä-

116 Vgl. Davidsons Kritik an Dummett in »Modi und performative Äußerungen«, in: ders., *Wahrheit und Interpretation*, Frankfurt/M. 1986, S. 163-180.

117 Margaret Gilbert, *On Social Facts*, London 1989, S. 351.

ferenzen zu ermöglichen. Nur wenn wir anerkennen, dass etwa die Autonomie, die uns durch vertrauensvolles Handeln möglich wird, einen Wert an sich besitzt, können wir auch die instrumentellen Interessen, die wir haben, auf stabile Weise verwirklichen. Wir sind demnach auch dann wahrhaftig, wenn es unseren Interessen nicht entgegenkommt oder wenn unsere Interessen gar nicht relevant sind. Wir sind wahrhaftig, weil die Tatsache, dass andere sich auf uns verlassen, von uns Rücksichtnahme erfordert.

Diese Überlegungen erlauben den Schluss, dass die Einstellungen des Vertrauens und der Vertrauenswürdigkeit auch in sprachlichen Kontexten nicht im vollen Sinn des Wortes transzendentalisiert werden können. Auch als sprachliche Wesen sind wir verletzbar, wenn wir uns auf die Wahrhaftigkeit anderer verlassen. Wie häufig bemerkt worden ist, ist die Lüge in bestimmten Situationen eine Form des Ausübens von Macht, die darin besteht, die eigene – verzerrte – Sicht der Dinge zwischen die Welt und das andere Subjekt zu schieben. Als Belogene sind wir in dieser Hinsicht ohnmächtig, und das ist stets ein guter Nährboden für das Zufügen ernsthafter Verletzungen. Aber nicht nur wir werden durch die Lüge verletzbar, auch die Praxis, in deren Rahmen wir das Vertrauen entwickelt haben, das uns überhaupt erst verletzbar machte, nimmt Schaden durch einzelne Akte der Lüge. Vielleicht nicht in dem Sinne, dass durch die Lüge alle Formen der sozialen Kooperation unmöglich werden. Aber doch in dem Sinne, dass durch die Lüge die intrinsische Werthaftigkeit verletzt wird, die unsere Praxis normativ zusammenhält. Kant sprach vom »Recht der Menschheit«, das der Lügner verletzt. Es reicht, vom Recht derjenigen zu sprechen, die bereit sind, das zu tun, was zu tun nötig ist, um eine Praxis in ihren normativen Gehalten aufrechtzuerhalten.

6. Zum Begriff der Einstellung: Charakter, Proposition, Proeinstellung

Vertrauen wird häufig als eine Einstellung (*attitude*) beschrieben, und das ist auch der bisherige Sprachgebrauch dieser Arbeit. Auffällig ist allerdings, dass die meisten Autoren, die Vertrauen als Einstellung bezeichnen, kaum einen Gedanken darauf verwenden, den Begriff der Einstellung genauer zu klären. Aber was genau ist eine Einstellung? Und was ist eine vertrauensvolle Einstellung? Ich habe bereits den Begriff der *praktischen* Einstellung ins Spiel gebracht, aber ich habe den Einstellungsbegriff selber noch nicht hinreichend untersucht und werde im Verlauf des Buches auch noch mehr zum von mir zugrunde gelegten Praxisverständnis sagen. Auf einen Punkt sei dabei schon am Anfang einer solchen Untersuchung hingewiesen: Die folgenden Überlegungen haben eher einen destruktiven als einen konstruktiven Charakter, weil es ihnen wesentlich darum geht, Zugänge zu vermeiden, die Vertrauen auf Phänomene reduzieren, die wir auch unabhängig vom Vertrauen beschreiben können. Wir können Überzeugungen, Wünsche oder Emotionen haben, ohne dass diese mentalen Entitäten auf Vertrauen verweisen müssten. Wenn das aber der Fall ist, stellt sich die Frage, ob etwa die These, Vertrauen sei ein auf Überzeugungen beruhendes Phänomen, die Spezifik vertrauensvoller Einstellungen angemessen erfasst. Was macht Überzeugungen zu vertrauensrelevanten Überzeugungen? Hier müssen offensichtlich weitere Eigenschaften des Vertrauens benannt werden. Ein Weg, der an diesem Punkt häufig eingeschlagen wird, ist eine Art Mehr-Komponenten-Theorie. Vertrauen beruht auf verschiedenen Eigenschaften, es hat kognitive, volitive und emotionale Züge und kann nur als Mischung dieser Eigenschaften beschrieben werden. Eine solche Strategie ist sicher nicht falsch, und auch ich werde zeigen, dass vertrauensvolle Einstellungen Züge von Emotionen haben und durchaus auch auf Überzeugungen beruhen können, aber auch andere mentale Phänomene (etwa Neid oder andere Emotionen) könnten sich in dieser Weise aus verschiedenen Teilaspekten zusammensetzen, ohne dass damit schon geklärt wäre, was sie jeweils individuiert. Es gibt hier keine leichten Lösungen, aber ich möchte den Versuch unternehmen, Vertrauen als praktische Einstellung zu deuten, was heißt, dass seine praktischen Seiten und sein Vorkommen in einer Praxis dem Phänomen nicht einfach äußerlich sind, sondern wesentlich zu seiner Beschreibung hinzugehören. Mentale Kategorien sind unerlässlich, wenn es darum geht, Vertrauen zu beschreiben, aber sie reichen nie aus, um das Phänomen erschöpfend in den Blick zu bekommen.

Zunächst also zur Frage, was eine Einstellung ist. Es seien drei Typen von Einstellungen unterschieden: Wir können den Begriff der Einstellung (1) allgemein verwenden und damit ein Verhältnis zu Gegenständen oder Personen beschreiben, das volitive, kognitive und emotive Elemente in sich vereinigt. Eine Einstellung zu einem Gegenstand oder einer Person zu haben bedeutet in diesem Sinne, ein Wollen ausgebildet zu haben, in dem sich eine Art praktischer Gewissheit, ein Wissen, wie zu handeln ist, bündelt. Die Einstellung beschreibt nicht bloß eine mentale Orientierung, einen geistigen Standpunkt oder eine theoretische Perspektive, sie beschreibt vielmehr eine Bereitschaft und eine Fähigkeit zur Praxis, einen habitualisierten Drang zur Verwirklichung. Darüber hinaus sedimentieren sich in Einstellungen Gründe, die Auskunft darüber geben, wie eine Situation, ein Gegenstand oder eine Person beschaffen ist, wie angemessen auf sie reagiert werden kann und reagiert werden soll. Einstellungen sind mit einem Orientierungswissen verbunden, das mit Annahmen über die Beschaffenheit von Situationen, Gegenständen oder Personen einhergeht, und das als solches die Möglichkeiten des eigenen Verhaltens klärt. Einstellungen in diesem umfassenden Sinn besitzen schließlich auch eine emotive Dimension, sie äußern sich in Emotionen, die Situationen, Gegenstände oder Personen vorgängig als zu- oder abträglich bewerten und damit ebenfalls Einfluss auf konkrete Handlungsvollzüge nehmen. Wer eine Einstellung hat, ist so oder anders gestimmt, er sieht die Welt im emotionalen Lichte und bildet auf der Basis dieser Emotionen Überzeugungen oder Wünsche aus.[118] Einstellungen in diesem umfassenden Sinne können positiv oder negativ ausfallen, sie bezeichnen den Pessimisten ebenso wie den Optimisten, den Griesgrämigen ebenso wie den Fröhlichen. Sie bleiben ferner weitgehend präreflektiv, das heißt, ihre prägende

118 Martin Seel, *Die Kunst der Entzweiung. Zum Begriff der ästhetischen Rationalität*, Frankfurt/M. 1985, S. 91 ff.

Kraft kommt ihnen aufgrund ihrer Habitualisierung zu. Und: Sie äußern sich in Wünschen, Gedanken und Emotionen, aber sie haben offenbar ihren Sitz jenseits einzelner Wünsche, Gedanken und Emotionen. Dass sie sich in Wünschen, Gedanken und Emotionen äußern, heißt also nicht, dass jeder Wunsch, jeder Gedanke und jede Emotion eine Einstellung im beschriebenen umfassenden Sinn in sich fasst. Der holistische Charakter von Einstellungen lässt sich gerade daran erkennen, dass sie mit ihrer Eigenart alle relevanten mentalen Bereiche eines Menschen prägen. Paradigmatisch für das Haben einer Einstellung ist die Person, die einen Charakter hat, der sich in verschiedenen Handlungen und Situationen als solcher offenbart, der bleibt und mit mehr oder weniger festen praktischen Dispositionen verbunden ist. Damit soll allerdings nicht suggeriert werden, dass umfassende Einstellungen nicht auch losgelöst vom Haben eines Charakters festgestellt werden können. Tiefsitzende Vorurteile etwa konstituieren womöglich noch keinen Charakter, aber sie erfüllen gegebenenfalls alle Eigenschaften, die für das Haben einer Einstellung genannt wurden.

(2) Der Begriff der Einstellung kann enger verwendet werden, etwa, wenn von propositionalen Einstellungen die Rede ist. Die Überzeugung, dass Amrum eine Insel ist, die Absicht, das Schiff zu benutzen, der Wunsch, es möge sonnig sein, die Furcht vor niedrigen Temperaturen – all das sind Einstellungen, die wir gegenüber propositionalen Gehalten einnehmen können. Ich kann überzeugt davon sein, dass Amrum eine Insel ist, ich kann unter Umständen auch befürchten, dass Amrum eine Insel ist, ich nehme folglich unterschiedliche Einstellungen gegenüber dem gleichen propositionalen Gehalt ein. Überzeugungen, Absichten und Wünsche sind dieser Theorie gemäß ihrerseits Einstellungen, die kennzeichnen, wie wir uns zu propositionalen Gehalten verhalten, ob überzeugt, wünschend oder mit bestimmter Absicht. Diese Einstellungen sind nicht alle offen für eine positive oder negative Charakterisierung; und sie sind nicht umfassend wie die unter (1) beschriebene Einstellung.

(3) Neben Einstellungen zu Propositionen gibt es Einstellungen zu Handlungen. Davidson etwa benutzt den Begriff der Proeinstellung (*pro attitude*) und nennt beispielhaft »Wünsche, Begehren, Impulse, Reize und eine große Vielfalt von moralischen Ansichten, ästhetischen Grundsätzen, ökonomischen Vorurteilen, gesell-

schaftlichen Konventionen, von öffentlichen und privaten Zielen und Werten, insoweit diese als auf Handlungen einer bestimmten Art bezogene Einstellungen eines Handelnden gedeutet werden können«.[119] Wie der Begriff schon sagt, beziehen sich Proeinstellungen positiv auf bestimmte Handlungen, die zum Erreichen gesetzter Ziele ausgeführt werden müssen. Wünsche, Impulse, Reize etc. *sind* Proeinstellungen, weil sie sich als solche positiv auf ein mit ihnen verbundenes oder sie verwirklichendes Handeln beziehen. Der Begriff der Proeinstellung ist enger als der unter (1) vorgestellte Einstellungsbegriff, weil er zum einen auf positive Einstellungen beschränkt bleibt und weil er zum anderen den Einstellungsbegriff nahe an den Wunschbegriff heranrückt. Gleichwohl ist der Begriff offen mit Blick auf die Tiefe der Einstellung. Der Begriff der Einstellung »muß nicht nur permanente Charakterzüge erfassen, die sich im Verhalten eines ganzen Lebens zeigen, wie etwa die Liebe zu Kindern [...], sondern auch die flüchtigste Laune, wie den plötzlichen Wunsch, den Ellbogen einer Frau zu berühren«.[120]

Gibt es Gemeinsamkeiten zwischen diesen drei Einstellungsbegriffen? Eine sehr allgemeine Gemeinsamkeit besteht in der Gerichtetheit aller Einstellungen. Eine Einstellung haben heißt in der Regel, eine Einstellung *zu* etwas haben, zu Gegenständen, Personen und Situationen, zu Propositionen oder zu Handlungen. Man kann auch sagen, Einstellungen haben eine Intentionalität. Das Haben der Einstellung bestimmt dabei, wie wir uns gegenüber den Gegenständen, Personen, Propositionen etc. verhalten oder wie wir sie betrachten, bewerten, einschätzen etc. Wie genau dabei das Verhältnis oder die Interaktion von Einstellung und Gegenstand, Person, Proposition etc. zu fassen ist, wird noch genauer erläutert werden. Jenseits dieser sehr grundsätzlichen Gemeinsamkeit lassen sich allerdings schon erste Unterschiede ausmachen. Propositionale Einstellungen und Proeinstellungen bezeichnen mentale Phänomene – Wünsche, Absichten, Überzeugungen –, die als solche Einstellungen *sind*. Die Einstellung existiert also nicht jenseits dieser Phänomene, sie ist vielmehr mit diesen Phänomenen verwoben. Die Überzeugung, »dass das Amrum ist«, *ist* die Einstellung des Überzeugtseins; der Wunsch, den Ellbogen einer Frau zu berühren,

119 Donald Davidson, »Handlungen, Gründe und Ursachen«, in: ders., *Handlung und Ereignis*, Frankfurt/M. 1985, S. 19-42 (hier S. 20).

120 Ebd. (Übersetzung leicht korrigiert).

ist die Einstellung des Wollens einer Handlung. Diese Einstellungen sind wesentliche Bestandteile der angemessenen Beschreibung dieser Phänomene. Anders scheint sich der unter (1) beschriebene Einstellungsbegriff zu verhalten. Dass sich Einstellungen in Wünschen, Überzeugungen und Emotionen »äußern«, legt die Möglichkeiten nahe, den Sitz der Einstellung jenseits einzelner Wünsche, Überzeugungen und Emotionen anzusiedeln. Zumindest ist klar, dass nicht jeder Wunsch Ausdruck einer Einstellung im Sinne von (1) ist, auch wenn jeder Wunsch im Sinne von (2) eine Einstellung ist. Um das Beispiel von Davidson aufzugreifen: Wer einem Kind positiv und fürsorglich begegnet, tut das eventuell aus einer grundsätzlich liebevollen und freundlichen Haltung Kindern gegenüber. Im freundlichen Umgang mit einem Kind manifestiert sich der permanente Charakterzug der Freundlichkeit zu Kindern. Wer diese Person gut kennt, wird in der Lage sein, einzelne positive Handlungen gegenüber Kindern auf einen allgemeinen Charakterzug zu beziehen. Aber nicht jeder Wunsch, nicht jede Überzeugung dieser kinderlieben Person ist in diesem Sinne einstellungsbedingt. Mit anderen Worten, Charakterzüge legen das Verhalten einer Person nicht vollständig fest; es gibt spontane Wünsche und situative Kreativität, es gibt unvorhersehbare und nicht leicht einzuordnende Handlungszüge. Der spontane Wunsch, den Ellbogen einer Frau zu berühren, ist im Sinne von (2) eine Einstellung, aber er ist es dann nicht im Sinne von (1), wenn dieser Wunsch keine auf einen Charakter beziehbare Handlungsdisposition manifestiert. In diesem Fall kommt die Einstellung also zu bestimmten Wünschen, Emotionen und Überzeugungen hinzu, sie gewinnen erst durch die Einstellung ihren spezifischen Charakter. Die Formulierung »kommt hinzu« sollte aber nicht dazu einladen, die umfassende Einstellung ontologisch zu reifizieren. Sowohl für die Fälle unter (1) als auch für die Fälle unter (3) gilt, dass Einstellungen ontologisch nicht freischwebend sind. Wünsche *sind* Proeinstellungen, und Wünsche, Überzeugungen oder Emotionen sind einstellungsgeprägt – in beiden Fällen gilt, dass Einstellungen eine materiale Basis haben, dass sie an mentalen Phänomenen hängen und nur in ihnen und durch sie zur Geltung kommen. Im Falle von (2) sind es einzelne Propositionen, an denen sich Einstellungen ablesen lassen. Einstellungen sind also nicht nur intentionale gerichtete Phänomene, sie sind auch Phänomene, die sich nur mit Hilfe anderer mentaler Phänomene manifestieren können. Unabhängig von Wünschen, Überzeugungen, Propositionen oder Emotionen können wir keine Einstellungen individuieren.

Ein weiterer Unterschied zwischen den erläuterten Einstellungsbegriffen betrifft das, was ich ihren evaluativen Gehalt nennen möchte. Einstellungen, so hieß es, beziehen sich auf einen Gegenstand, auf eine Situation oder eine Person, und sie tun das zumeist wertend. Der Einstellungsbegriff von (1) bleibt dabei offen für positive und negative Wertungen. Wir können grundsätzlich eine kritische oder pessimistische Einstellung zum Leben haben, wir können dem Leben aber auch freundlich und optimistisch begegnen. Davidsons Begriff der Proeinstellung beschränkt sich hingegen auf positive Einstellungen zu Handlungen. Der Wunsch, den Ellbogen einer Frau zu berühren, bewertet dieses Berühren positiv, es gehört konstitutiv zu diesem Wunsch, das Berühren des Ellbogens zu wollen. Nicht alle propositionalen Einstellungen dagegen besitzen eine wertende Dimension. Die Überzeugung, dass ich auf Amrum bin, impliziert keine wertende Stellungnahme gegenüber der Proposition. Andere propositionale Einstellungen aber, wie die des Wünschens, des Beabsichtigens oder des Fürchtens, lassen sich evaluativ auslegen. So kann man sagen, dass ein Satz wie »Ich fürchte, dass das und das der Fall ist«, als eine wertende Einstellung zu einer Proposition zu verstehen ist. Hier entsteht höchstens die Frage, ob es sinnvoll ist, überhaupt davon auszugehen, dass wir uns wertend auf Propositionen beziehen können, da es merkwürdig erscheint (wie im Fall der Furcht), Propositionen zum Gegenstand einer Emotion zu machen. Ich fürchte, dass der Hund mich beißen könnte, aber ich fürchte nicht die Proposition (oder den Satz), »dass der Hund mich beißen könnte«.[121] Aber wenn wir sagen, dass Propositionen *für* Sachverhalte stehen, lässt sich diese Schwierigkeit umgehen. Wir behaupten dann nicht, dass wir die Proposition, »dass der Hund mich beißen könnte«, fürchten, sondern den Sachverhalt, der durch die Proposition ausgedrückt wird.

121 Vgl. G.E.M. Anscombe, »On the Grammar of ›Enjoy‹«, in: dies., *The Collected Philosophical Papers of G.E.M. Anscombe*, Bd. 2, *Metaphysics and the Philosophy of Mind*, Oxford 1981, S. 94-100.

6.1 Ist Vertrauen eine Einstellung?

Lässt sich nun das Phänomen des Vertrauens auf einen dieser Einstellungsbegriffe beziehen? Mit Blick auf den umfassenden Einstellungsbegriff scheint dies kein Problem zu sein. Wir nennen jemanden eine grundsätzlich vertrauensvolle Person und meinen damit eine Person, die eine Disposition hat, anderen zu vertrauen. Sie glaubt immer wieder, was andere sagen, und dieses allgemeine Wohlwollen manifestiert sich auch im Empfindungshaushalt dieser Person. So könnte es sein, dass sie nicht so schnell mit Empörung oder Verletztsein auf enttäuschtes und gebrochenes Vertrauen reagiert, weil sie sich ihre Bereitschaft, anderen vertrauensvoll zu begegnen, nicht zerstören lassen will. Auch ermöglicht ihr ihre generell vertrauensvolle Einstellung, viele ihrer Zielsetzungen ohne großen Aufwand umzusetzen; das Vertrauen bleibt nicht einfach eine theoretische Einstellung, es erweist sich als eine Form praktischer Gewissheit, die im Handeln orientiert und mit handlungsermöglichenden Fraglosigkeiten einhergeht. Als Außenstehende würden wir einer solchen Person vermutlich häufig »naives« Vertrauen vorwerfen; wir wären auch geneigt, ihr Vertrauen in die Nähe einer religiösen Glaubenshaltung zu rücken, weil Vertrauen, um rational zu bleiben, in der Regel Tuchfühlung zur Realität bewahren muss und insofern als Einstellung gezwungen ist, in steter Interaktion mit seiner Umwelt zu bleiben. Aber es kommt hier nur darauf an, ob eine solche Person vorstellbar ist, und das scheint der Fall zu sein. Problematisch am umfassenden Einstellungsbegriff ist jedoch, dass wir sicher auch dann anderen Personen vertrauen können, wenn wir keine vertrauensvolle Disposition besitzen, so dass der Einstellungsbegriff, der für Vertrauen relevant ist, nicht nur der umfassende Begriff sein kann. Dazu werden weiter unter weitere Überlegungen angestellt.

Was nun die propositionalen Einstellungen betrifft, so gibt es durchaus Autoren, die Vertrauen als eine propositionale Einstellung begreifen. »Ich vertraue (darauf), dass er gut mit meinem Kind umgeht«, formuliert eine Einstellung zu einem (gewünschten) Sachverhalt. Schwieriger verhält es sich mit Sätzen wie »Ich vertraue ihr«, da hier keine Proposition vorzuliegen scheint. Aber wenn Vertrauen immer am Modell des Anvertrauens entlang konzeptualisiert wird, ist es möglich, in diesem Satz eine Ellipse zu sehen, die durch einen vollständigen »dass-Satz« aufgehoben werden kann: »Ich vertraue darauf, dass sie gut mit meinem Kind umgehen wird.« Wir vertrauen eben nicht einer Person *tout court*, wir vertrauen ihr in bestimmten Hinsichten und mit Blick auf bestimmte Dinge, die sie für uns tun soll.[122]

Proeinstellungen im Sinne Davidsons sind, wie der Begriff schon verrät, positive Einstellungen gegenüber Handlungen. Obgleich Davidson diesen Begriff an manchen Stellen sehr weit verwendet und unter anderem Wünsche (*desires*), Begehren (*wantings*), Impulse (*urges*) sowie Reize (*promptings*) darunter fasst, sieht es nicht so aus, als ließe sich dieser Begriff der Einstellung auf Vertrauen als Einstellung beziehen, da Vertrauen schlicht kein voluntatives Phänomen ist. Zwar ermöglicht mir die Einstellung des Vertrauens, einzelne meiner Wünsche zu erfüllen, aber diese Einstellung entspricht selbst keinem Wunsch. Vertraue ich einem Nachbarn mein Kind an, weil ich ins Kino gehen will, dann versetzt mich mein Vertrauen in die Lage, meinem Wunsch nachzugehen, aber es wäre merkwürdig zu sagen, dass ich in diesem Fall das Vertrauen wünsche. Ich kann mir natürlich wünschen, mit bestimmten Personen in einem vertrauensvollen Verhältnis zu stehen, aber dieser Wunsch wird selbst nicht von einer Einstellung des Vertrauens getragen und richtet sich nicht einfach nur auf vertrauensvolle Verhältnisse an sich, sondern auf Verhältnisse, in denen mich Vertrauen in die Lage versetzt, einige meiner Wünsche besser zu verwirklichen. Vertrauen ist kein Wunsch, auch wenn es als praktische Einstellung, wie oben erläutert, einen starken Handlungsbezug aufweist.

Damit sind zwei Einstellungsbegriffe gewonnen, die für den Vertrauensbegriff Relevanz besitzen. Zum einen können wir eine Person im umfassenden Sinne als vertrauensvoll beschreiben, zum anderen kann sich unser Vertrauen auf eine Proposition richten. Aber was ist mit diesen Überlegungen gewonnen? Lässt sich der vertrauensrelevante Einstellungsbegriff noch genauer einkreisen? Was den umfassenden Einstellungsbegriff angeht, seien weitergehende Überlegungen noch etwas zurückgestellt, da er einzelne voluntative, kognitive oder emotive Einstellungen zu transzendieren

122 Hanoch Ben-Yami verwendet den Satz »I trust John« als Beispiel für die Unmöglichkeit, nichtpropositional strukturierte Sätze in eine propositionale Form zu bringen. Siehe Hanoch Ben-Yami, »Against Characterizing Mental States As Propositional Attitudes«, in: *The Philosophical Quarterly* 47:186 (1997), S. 84-89.

scheint. Mit Blick auf die spezielleren Einstellungsbegriffe lassen sich immerhin zwei Dinge mit Gewissheit sagen: Wenn Vertrauen eine Einstellung ist, dann handelt es sich nicht um eine Einstellung, die auf Wünsche (im Sinne einer Proeinstellung) reduziert werden kann, da Vertrauen kein Wunsch ist. Und: Die Einstellung des Vertrauens kann nicht auf Überzeugungen reduziert werden, da wir die Einstellung des Überzeugtseins in Sätzen wie »Ich glaube, dass ...« oder »Ich bin überzeugt, dass ...« ausdrücken, nicht aber in Sätzen wie »Ich vertraue darauf, dass ...«. Auch wenn es also richtig ist, Vertrauen als Einstellung zu propositional artikulierten Sachverhalten zu verstehen, ist die Art der Bezugnahme auf diese Sachverhalte nicht die des Überzeugtseins, sondern die des Vertrauens. Es ist wichtig, diesen Punkt hervorzuheben, weil Vertrauen nicht selten als explizit kognitives Phänomen gefasst wird: »Vertrauen«, so Hardin, »ist ein kognitiver Begriff, der zu einer Begriffsfamilie gehört, zu der auch Wissen, Überzeugtsein und jene Urteile gehören, die man als Einschätzung [*assessment*] bezeichnen könnte«.[123] Es ist aber ein Unterschied, ob ich darauf vertraue, dass jemand ehrlich ist, oder ob ich davon überzeugt bin. Dieser Unterschied liegt nicht zuletzt im praktischen Charakter des Vertrauens, das als Einstellung unvollständig bleibt, wenn es nicht unter eine handlungsrelevante Beschreibung gebracht werden kann. Auch ist angedeutet worden, dass Vertrauen zwar nicht selbst als Wunsch begriffen werden kann, aber als Einstellung auf einen *gewünschten* Sachverhalt zielt. Es ist damit auf eine Weise mit Wünschen verbunden, die sich nicht gleichermaßen auf Überzeugungen anwenden lässt.

6.2 Eine Einstellung zur Seele

Diese Überlegungen beantworten freilich noch nicht die Frage, ob Überzeugungen eine notwendige Bedingung für das Annehmen vertrauensvoller Einstellungen sind. Dann ließe sich sagen, dass die Einstellung des Vertrauens zwar nicht selbst eine Überzeugung ist, aber doch auf Überzeugungen beruht oder auf Überzeugungen angewiesen ist, um sich überhaupt zu bilden. Wenn ich davon

123 Hardin, *Trust and Trustworthiness*, a. a. O., S. 7.

überzeugt bin, dass jemand ehrlich oder zuverlässig ist, scheint dies eine gute Voraussetzung zu sein, um dieser Person zu vertrauen. Da es hier noch nicht darum geht, die (epistemischen) Voraussetzungen vertrauensvoller Einstellungen zu charakterisieren, sondern um die Klärung der Frage, um was für einen Typ von Einstellung es sich bei vertrauensvollen Einstellungen handelt, muss dieser Punkt hier nicht abschließend behandelt werden. Allerdings kann er dazu dienen, einen weiteren Einstellungsbegriff in die Diskussion zu bringen, der erwähnt werden muss, weil er gelegentlich in Abhandlungen zum Vertrauen thematisch wird. Neben der Einstellung als Charaktereigenschaft, der propositionalen Einstellung und der Proeinstellung kann dieser Einstellungsbegriff als humanistisch bezeichnet werden. In diesem Sinne fungiert er seinerseits als Quelle von Überzeugungen und ist folglich nicht abhängig von ihnen. In den *Philosophischen Untersuchungen* Wittgensteins etwa heißt es: »›Ich glaube, daß er kein Automat ist‹ hat, so ohne weiteres, noch gar keinen Sinn. Meine Einstellung zu ihm ist eine Einstellung zur Seele. Ich habe nicht die Meinung, daß er eine Seele hat.«[124] Und in den *Letzten Schriften über die Philosophie der Psychologie* liest man: »Ich möchte sagen: Die Einstellung kommt vor der Meinung. [...] Eine Meinung kann sich irrren. Aber wie sähe hier ein Irrtum aus?«[125] Während das erste Zitat nahelegt, dass es wenigstens eine Einstellung gibt, die unabhängig von Meinungen ist, erläutert das zweite, dass diese Einstellung dem Fassen von Meinungen vorausgeht. Wittgenstein muss mit diesen Überlegungen nicht bestreiten, dass auch Meinungen Einstellungen im Sinne von propositionalen Einstellungen sein können,[126] aber er formuliert hier offensichtlich einen Einstellungsbegriff allgemeineren Charakters. Wenn ich die Meinung habe, dass ein anderer Schmerzen hat, dann ist die Einstellung, dass es sich bei diesem anderen um ein beseeltes Wesen und nicht um einen Automaten handelt, bereits vorausgesetzt. Es ist meine Einstellung zur Seele, die die Bedingung der einzelnen

124 Ludwig Wittgenstein, *Philosophische Untersuchungen*, Frankfurt/M. 1984, S. 495 (II, iv).

125 Ludwig Wittgenstein, *Letzte Schriften über die Philosophie der Psychologie (1946-1951). Das Innere und das Äußere*, Frankfurt/M. 1993, S. 54 f.

126 Siehe etwa § 310 der *Philosophischen Untersuchungen* (a. a. O., S. 378): »Ich sage jemandem, ich habe Schmerzen. Seine Einstellung zu mir wird nun die des Glaubens sein; des Unglaubens; des Mißtrauens; usw.«

Meinungen ist, die ich über den anderen habe. Wir *meinen* folglich nicht, dass der andere eine Seele hat, so als könnten wir uns darüber täuschen, wir sind vielmehr auf seine Seele eingestellt, ohne dass hier (unter normalen Umständen) die Möglichkeit des Irrtums gegeben ist.[127]

Dieser Punkt kann noch genauer gefasst werden: Wenn es heißt, eine Einstellung zur Seele gehe den Meinungen voraus, so muss dies eigentlich heißen: Eine Einstellung zur Seele geht *spezifischen* Meinungen voraus. Natürlich kann ich Meinungen über Automaten haben (etwa die Meinung, dass der Flaschenautomat kaputt ist), aber ich gehe nicht davon aus, dass Automaten Schmerzen haben. Damit ist auch nicht ausgeschlossen, dass ich eine Einstellung zu Automaten habe (ich hasse sie vielleicht). Sie ist eben keine Einstellung zur Seele. Der allgemeine Punkt, dass Einstellungen Meinungen vorausgehen, lässt sich also auch an Automaten veranschaulichen. Damit steht im Übrigen außer Zweifel, dass der scheinbare Subjektivismus des Einstellungsbegriffs an den Bezugspunkten der Einstellung gebrochen wird. Das Verfügen über eine Seele zieht gewissermaßen eine Einstellung zur Seele nach sich. Mit anderen Worten: Es gibt hier eine interne Beziehung zwischen der Einstellung und ihrem Gegenstand, die Einstellung ist nicht einfach ganz und gar projektiv. Aus diesem Grund kann der hier diskutierte Einstellungsbegriff als humanistisch bezeichnet werden. Noch bevor wir Meinungen über menschliche Wesen ausbilden, müssen wir ihnen in der Einstellung beseelter Wesen begegnen. Unsere Einstellung reagiert damit auf das Vorhandensein einer Seele, das sie nicht einfach willkürlich fingiert. Sie ist in diesem Sinne auf die Seele ein*gestellt* und muss sich nicht jedes Mal auf dem Umweg über einzelne Meinungen der Beseeltheit des anderen vergewissern.[128] Dass sie damit in spezifisch allgemeiner Weise auf Menschen reagiert, nähert sie der umfassenden Einstellung des

127 Michel ter Hark, *Beyond the Inner and the Outer. Wittgenstein's Philosophy of Psychology*, Dordrecht 1990, S. 138: »In einer Einstellung ist kein Raum für Zweifel oder Irrtum und damit auch nicht für beweisen, wissen, glauben oder annehmen«; vgl. auch Michel ter Hark, »Wittgenstein und Russell über Psychologie und Fremdpsychisches«, in: Eike von Savigny, Oliver R. Scholz (Hg.), *Wittgenstein über die Seele*, Frankfurt/M. 1995, S. 84-106.

128 Vgl. Peter Winch, »›Eine Einstellung zur Seele‹«, in: ders., *Trying to Make Sense*, Oxford 1987, S. 140-153 (hier S. 147 f.).

ersten Typus an. Aber es ist unschwer zu erkennen, dass sie zum einen – stärker als der Charakterbegriff der Einstellung – wesentlich auf andere bezogen ist (der Bezug auf beseelte Wesen ist in ihre Bestimmung integriert) und zum anderen trotz ihrer humanistischen Ausrichtung in ihren konkreten Gehalten unspezifischer ist als einzelne Charaktereinstellungen. Meine Griesgrämigkeit mag zwar in Auseinandersetzung mit anderen erworben worden sein und sie mag auch in sehr allgemeiner Weise anderen gelten, aber das impliziert nicht, dass sie wesentlich mit Griesgram auslösenden Eigenschaften anderer verbunden ist. Unspezifischer ist die Einstellung zur Seele, weil sie auch als Bedingung der Ausbildung spezifischer Charaktereinstellungen bezeichnet werden kann. Ich kann nur dann einen gegenüber anderen liebevollen oder fürsorglichen Charakter haben, wenn ich ihnen mit einer Einstellung zur Seele begegne. Sie ist folglich die Grundlage des Ausbildens spezifischer Meinungen und Ansichten über andere, die sich in einem Charakter verdichten können.

Lassen sich diese Überlegungen auf die Einstellung des Vertrauens übertragen, so dass wir in ähnlicher Weise sagen können: Die Einstellung des Vertrauens ist die Voraussetzung für das Haben bestimmter Überzeugungen? So beschreibt Lars Hertzberg Vertrauen zunächst als »primitive Reaktion« und führt dann aus: »Eine Situation, in der es um Vertrauen geht […], ist eine, in der ich bestimmte Dinge glaube, weil ich eine Einstellung zur Person habe.«[129] Auch hier wird also das Verfügen über eine Einstellung dem Haben von Meinungen gegenübergestellt, wobei es in diesem Fall explizit um die Einstellung des Vertrauens geht. Damit aber scheint die Frage geklärt, ob Überzeugungen als Voraussetzung einer vertrauensvollen Einstellung zugrunde liegen können. Sie können es zumindest dann nicht, wenn wir nur auf der Basis einer kritischen Urteilskompetenz das Vermögen zur Bildung von Überzeugungen entwickeln können, und diese Kompetenz einzig in Lern- und Lehrprozessen erwerben, in denen wir den anderen immer schon vertrauen müssen, bevor wir selbst in der Lage sind, ihre Äußerungen kritisch zu beurteilen und im Ausgang davon zu eigenen Überzeugungen gelangen. Wir wissen, dass der Zweite Weltkrieg 1945 zu Ende ging, weil wir es vom Geschichtslehrer erfahren haben. Nur

129 Hertzberg, »On the Attitude of Trust«, a. a. O., S. 309 und S. 315.

in dem Maße, in dem wir ihm Vertrauen entgegenbringen, können wir dieses Wissen erlangen. Und einzig auf der Basis dieses Wissens können wir bei Bedarf auf späteren Lernstufen dazu übergehen, die im Unterricht erlernten Wissensbestände kritisch zu prüfen.

Die von Wittgenstein inspirierten Theorien heben zu Recht hervor, dass die Einstellung des Vertrauens nicht auf Überzeugungen zu reduzieren ist und in manchen Fällen dem Fassen von Überzeugungen vorausgeht. Zwei kritische Punkte müssen allerdings in diesem Zusammenhang erwähnt werden: So schließt die Tendenz, die Einstellung zur Seele und die Einstellung des Vertrauens als primitiv zu bezeichnen, das heißt als präreflexiv, die Möglichkeit aus, diese Einstellungen zu kritisieren oder auf ihre Rationalität hin zu überprüfen. Sie werden damit aber zu quasinatürlichen Einstellungen menschlicher Wesen, die unter normalen Umständen gar nicht anders können, als anderen (beseelten Wesen) mit diesen Einstellungen zu begegnen. So kann es nicht überraschen, dass Winch die Einstellung zur Seele als Zustand bezeichnet, in dem ich mich anderen gegenüber befinde, »ohne mich dafür zu entscheiden«.[130] Auch wenn es richtig sein mag, dass sich bestimmte primitive Einstellungen nicht willkürlich annehmen oder ablegen lassen, widerspricht dieses Element der Unverfügbarkeit doch dem Element der Freiwilligkeit und der Akzeptanz, das hier als Grundzug des Vertrauens angenommen wird. Das Problem ist dabei nicht so sehr die Charakterisierung des Vertrauens als Einstellung, es ist vielmehr die Charakterisierung der Einstellung als primitiv. Wenn primitiv heißt, dass wir eine Einstellung nicht wählen können, dass wir sie nicht kritisieren können und dass sie quasinatürlich dem Menschen als Menschen zukommt, dann ist Vertrauen nach der hier leitenden Vorstellung keine Einstellung. Dabei wird noch deutlich werden, dass Vertrauen tatsächlich häufig reflexionslos bleiben kann, aber die Begründung hierfür kann nicht Rekurs auf natürliche Reaktionsweisen nehmen, sondern muss in eine Theorie der zweiten Natur integriert werden.

Darüber hinaus leiden die wittgensteinianischen Ansätze an dem Problem, ihre eigenen Thesen auf ungedeckte Weise zu verallgemeinern. Auch wenn es zutrifft, dass manche Überzeugungen auf Vertrauen beruhen (wenn auch nicht unbedingt auf primiti-

130 Winch, »›Eine Einstellung zur Seele‹«, a. a. O., S. 150.

vem Vertrauen), gilt dies nicht für alle Überzeugungen. Schließlich können diese Ansätze die Möglichkeit nicht ausschließen, dass die Einstellung des Vertrauens selbst wiederum auf der Basis von Überzeugungen ausgebildet wird. Die Konzentration auf Lehr- oder Lernsituationen mag ihre Berechtigung haben, wenn untersucht werden soll, wie wir diejenigen Fähigkeiten erlangen, die uns überhaupt erst in die Lage versetzen, Informationen und Mitteilungen auf ihre Vertrauenswürdigkeit hin zu überprüfen. Sind diese Fähigkeiten aber vorhanden, scheint nichts dagegen zu sprechen, sie zum Ausgangspunkt für eigenständige Prüfprozeduren zu machen, an deren Ende wir genau dann den Aussagen anderer Vertrauen schenken, wenn wir genügend Kenntnisse und Überzeugungen besitzen, die dieses Vertrauen rechtfertigen. Auch wenn hier noch nicht entschieden werden soll, ob diese Beschreibung tatsächlich angemessen ist, darf nicht unterschlagen werden, dass eine ganze Reihe von Autoren Vertrauen geradezu mit dem Haben bestimmter Überzeugungen gleichsetzen. Wenn Wittgensteinianer sagen wollen, dass diese Ansätze generell verfehlt sind, haben sie nicht genügend Argumente geliefert, um diese Kritik zu rechtfertigen.

6.3 Warum Vertrauen keine Emotion ist

Es lässt sich also vorerst festhalten, dass Vertrauen nicht mit Wünschen und Überzeugungen in eins zu setzen ist, also nicht als voluntative oder kognitive Einstellung gefasst werden kann. Aber wie lässt es sich sonst charakterisieren? Im Rahmen der bislang vorgetragenen Überlegungen bleibt vorerst nur ein mentales Phänomen, das bislang noch nicht hinreichend berücksichtigt worden ist: Emotionen. Die schlichte Frage, die sich nun stellt, lautet: Ist Vertrauen eine Emotion oder eine emotionale Einstellung? Es könnte hilfreich sein, diese Frage zu bejahen, da einige der wesentlichen Charakteristika der Einstellung »Vertrauen« vielleicht erst dann zur Geltung kommen, wenn sie als Emotion betrachtet wird. Der Einstellungsbegriff an sich, das dürfte deutlich geworden sein, reicht noch nicht aus, um zu klären, ob Vertrauen eher dem Bereich der Wünsche, der Überzeugungen oder der Emotionen zugeordnet werden soll, da sowohl Wünsche als auch Überzeugungen selbst einstellungsrelevante Züge besitzen. Selbst wenn Vertrauen explizit als evaluative Einstellung gekennzeichnet wird, wie es im Folgenden geschehen soll, wird damit noch nicht beantwortet, in welchem Bereich des Mentalen es angesiedelt werden kann, da auch Wünsche und sogar manche propositionalen Einstellungen evaluative Komponenten enthalten. Lässt sich andererseits der Nachweis erbringen, dass die Einstellung des Vertrauens bestimmte Züge mit dem Phänomenbereich der Emotionen teilt, und lässt sich weiter zeigen, dass diese Züge zugleich dazu beitragen, die Einstellung des Vertrauens *und* den Bereich der Emotionen hinreichend deutlich von Überzeugungen und Wünschen abzugrenzen, dann mag es gelingen, den Ort des Vertrauens im Gefüge des Mentalen genauer zu skizzieren. Deswegen sollen nun zunächst fünf Eigenschaften spezifisch emotionaler Einstellungen beschrieben werden, um anschließend zu fragen, inwieweit diese Eigenschaften auch auf die Einstellung des Vertrauens zutreffen.

(1) Ohne hier eine ausführliche Definition des Emotionsbegriffs in Angriff zu nehmen,[131] sei zunächst ein konventionell zu nennender Gliederungsvorschlag übernommen. Diesem Vorschlag zufolge sind Emotionen von Überzeugungen (*beliefs*) und von Wünschen (*desires*) zu unterscheiden.[132] Das heißt nicht, dass sie ohne Bezug auf Überzeugungen oder Wünsche charakterisiert werden können, aber es heißt, dass sie sich in ihrer Eigenart unabhängig von Überzeugungen und Wünschen begreifen lassen. Während Überzeugungen darauf zielen, die Welt zu erfassen, wie sie ist, zielen Wünsche darauf, die Welt, wie sie ist, zu verändern, damit ein Zustand der Wunscherfüllung erreicht wird. Emotionen dagegen, so eine häufige Wendung, färben die Welt evaluativ für uns ein, sie lassen uns die Welt in einem bestimmten Licht erscheinen oder stehen für eine spezifische Art der Welterfahrung. Dass Emotionen einen evaluativen Gehalt haben, bedeutet, dass sie intrinsisch

131 Siehe Martin Hartmann, *Gefühle. Wie die Wissenschaften sie erklären*, Frankfurt/M., New York ²2010.

132 Richard Wollheim (*On the Emotions*, New Haven, London 1999, S. 74; dt. *Emotionen. Eine Philosophie der Gefühle*, München 2001, S. 99) schreibt: »Eine Haltung oder Einstellung (*attitude*) muß zugleich abgegrenzt werden gegen eine Überzeugung (*belief*) wie gegen einen Wunsch oder ein Verlangen (*desire*).« Anstatt hier bloß von »Einstellungen« zu sprechen, wäre es besser, er hätte von Emotionen oder von emotionalen Einstellungen gesprochen. Der Zusammenhang seiner Überlegungen macht nämlich klar, dass nicht Einstellungen an sich gemeint sind, sondern ein spezifischer Einstellungstyp.

mit Bewertungen verbunden sind. Der Neidische sieht die Welt in einem anderen Licht als der Verliebte, der Hasserfüllte in einem anderen Licht als der von Scham Gebeugte. Mit Hilfe dieser Emotionen bewerten wir andere Personen (aber auch uns selbst) oder Sachverhalte als gut oder schlecht, hassens- oder liebenswert, wertvoll oder wertlos. Dass Emotionen mit Bewertungen »intrinsisch« verbunden sind, muss dabei nicht heißen, dass sie diesen Bewertungen immer vorgängig sind, so dass die Bewertung gewissermaßen durch die Emotion hindurch erst zur Geltung kommt. Zwar gibt es eine Reihe bewertungskonstitutiver Emotionen, aber das gilt nicht für alle Emotionen. Es ist, mit anderen Worten, möglich, einen Sachverhalt oder eine Person zunächst zu bewerten und *dann* erst emotional zu reagieren. Dementsprechend gilt, dass es emotionsunabhängige Bewertungen gibt, aber keine bewertungsunabhängigen Emotionen, und genau das ist mit dem Begriff »intrinsisch« gemeint.[133]

Dass Emotionen und die mit ihnen verbundenen Einstellungen ihren Gegenstand bewerten, verleiht ihnen eine Urteilsstruktur, die gegenüber dem bewerteten Gegenstand hinreichend autonom ist, um Diskrepanzen zwischen der emotionalen Einstellung und dem wahrgenommenen Gegenstand zuzulassen. Nicht jede Emotion korreliert in diesem Sinne mit dem wahrgenommenen Wert einer Person oder eines Sachverhalts. So muss etwa die Emotion der Liebe nicht unbedingt auf wahrgenommenen Eigenschaften der geliebten Person beruhen oder direkt aus ihnen hervorgehen. Man kann auch »etwas lieben, obwohl man eingesehen hat, dass es seiner inneren Natur nach vollkommen schlecht ist«.[134] Die Liebe hat in diesem Fall den Liebenden nicht vollständig blind gemacht, denn sonst wäre er nicht in der Lage, »einzusehen«, dass das, was er liebt, »seiner inneren Natur« nach, also unabhängig von der liebenden Perspektive, schlecht ist. Die emotionale Einstellung der Liebe steht gewissermaßen neben einer anderen, ungleich negativeren Einstellung, ohne dieser anderen Einstellung einfach Platz zu machen oder sich von ihr verdrängen zu lassen. Leicht lassen sich

133 Ebd., S. 112 ff. (dt. S. 141 ff.); vgl. auch Holmer Steinfath, »Emotionen, Werte und Moral«, in: Sabine A. Döring, Verena Mayer (Hg.), *Die Moralität der Gefühle*, Berlin 2002, S. 105-122 (v. a. S. 114).

134 Harry G. Frankfurt, *The Reasons of Love*, Princeton, Oxford 2004, S. 38 (dt. *Gründe der Liebe*, Frankfurt/M. 2005, S. 43).

ähnliche Fälle der bedingten evaluativen Autonomie verschiedener emotionaler Einstellungen ausmachen. So können wir uns etwa von einer Person verraten fühlen, obwohl wir dieser Person konkret keinen Verrat nachweisen können, können auf einem Turm Angst verspüren, obwohl wir absolut sicher sind, dass keine Gefahr besteht.

Diese Möglichkeit einer Autonomie evaluativer emotionaler Einstellungen gegenüber den Gegenständen dieser emotionalen Einstellungen darf nicht zu der Annahme verleiten, emotionale Einstellungen zielten überhaupt nicht auf eine gewisse Korrelation zwischen den mit ihnen verbundenen Wertungen und den Eigenschaften des Gegenstands, die sich unabhängig, wenn auch nicht vollständig unbeeinflusst von der emotionalen Einstellung erfassen lassen. Wir gehen unter normalen Umständen davon aus, dass das, was sich der Einstellung als wichtig erschließt, *an sich* wichtig ist. Gerade weil emotionale Einstellungen diesen wertrealistischen Zug haben, sehen sie sich im Zweifelsfall gezwungen, den Gegenstand gleichsam anzusehen und in ihm nach Bestätigung ihrer eigenen Wertungen zu suchen. Sie können sich folglich nicht einfach mit einem schlichten Projektionismus begnügen, dem es reichen würde, den Gegenstand ganz im Lichte der einstellungsbedingten Wertungen aufgehen zu sehen. Sie unterstellen eine Realität einstellungsrelevanter Eigenschaften des Gegenstands, die auch dann als real unterstellt werden, wenn sich zeigt, dass sie sich nur dem spezifischen Blick der Einstellung erschließen. Dass sich, mit anderen Worten, nur dem Liebenden die positiven Eigenschaften des geliebten Wesens erschließen, impliziert nicht, dass sich der Liebende damit begnügen könnte, allein konstitutiv für die Entstehung dieser Eigenschaften zu sein. Für den Liebenden ist dementsprechend eine starke Diskrepanz zwischen Emotion und Gegenstand in dem Maße »ein Unglück«, in dem seine Liebe ungeachtet anderer negativer Urteile an ihren positiven Wertungen festhält.[135] Die mit der Emotion verbundenen wertrealistischen Annahmen prallen in einem solchen Fall auf eine Welt, die gerade diese Annahmen zu falsifizieren scheint. Entsprechend haftet einer solchen Liebe etwas Unbegriffenes an; unter der Voraussetzung, dass Emotion und Gegenstand, Bewertung und Eigenschaft korrelieren sollten, erweist

135 Ebd.

sich die beschriebene Diskrepanz als Unglück. Ähnlich verhält es sich mit der Person, die sich verraten fühlt, ohne diesen Verrat der Person, auf die sich ihre Emotion richtet, zuordnen zu können. Die Person wird sich damit undurchsichtig und kann sich der eigenen Emotion nicht stellen, kann sie nicht im vollen Sinne des Wortes anerkennen oder sich mit ihr identifizieren. Sie versteht sich nicht, wird sich fremd oder sieht sich genötigt, die eigenen Emotionen wie ein Beobachter von außen unter Verzicht auf evaluative Stellungnahmen zu beschreiben.

Der evaluative Gehalt emotionaler Einstellungen impliziert, das sei an dieser Stelle noch angefügt, dass die mit der emotionalen Einstellung verbundenen Wertungen einen irreduziblen Charakter haben und nicht einfach durch andere Formen der Wertung ersetzt werden können. Sie generieren, mit anderen Worten, ihre eigenen Gehalte, die spezifische Gehalte einer emotionalen Einstellung sind. So können die mit einzelnen Emotionen verbundenen Wertungen nicht einfach durch Gedanken oder Überzeugungen ersetzt werden. Der Gedanke »Sie betrügt mich« ist, wenn er ohne Empfindungsseite auftritt, ein anderer Gedanke als der affektiv spürbare Gedanke »Sie betrügt mich«. Der affektive Gedanke erzwingt oder impliziert ein stärkeres Involviertsein, er lässt mich nicht gleichgültig und kann nicht auf ein kühles Konstatieren reduziert werden. Wir können Emotionen als psychologische Episoden bezeichnen, die einen eigenständigen Zugang zur Welt implizieren, der nicht durch andere Episoden, etwa durch emotionsfreie Gedanken, ersetzt werden kann.[136] Autoren, die Emotionen ganz und gar kognitivistisch fassen und auf Überzeugungen reduzieren, können letztlich überhaupt nicht plausibel machen, warum man mit Blick auf diese Überzeugungen von Emotionen sprechen soll und nicht schlicht von Überzeugungen, Annahmen, Meinungen, Gedanken etc. Sie entpsychologisieren die emotionale Einstellung und verwischen damit ihre psychologisch eigenständigen Konturen.[137]

(2) Welche weiteren Eigenschaften können wir emotionalen Einstellungen zusprechen? Ein schwieriger Punkt bezieht sich auf

136 Peter Goldie, *The Emotions. A Philosophical Exploration*, Oxford 2000, S. 72; Wollheim, *The Thread of Life*, a. a. O., S. 38 f.; Michael Stocker, »Emotional Thoughts«, in: *American Philosophical Quarterly*, 24:1, 1987, S. 59-69.

137 Dies trifft besonders auf Russell Hardin zu: *Trust and Trustworthiness*, a. a. O.

ihre zeitliche Erstreckung. Sind emotionale Einstellungen Phänomene ohne »echte Dauer« im Sinne Wittgensteins? Phänomene ohne echte Dauer zeichnen sich unter anderem dadurch aus, dass sie keine zeitlich abgrenzbaren Bewusstseinszustände sind, dass sie also nicht zu einem bestimmten Zeitpunkt einem Bewusstsein in messbarer Weise zugeordnet werden können. Schmerzen haben in diesem Sinne echte Dauer, Wissen, Können und Verstehen nicht.[138] Unser Schmerz kann unterbrochen werden, er kann auftauchen und verschwinden, er kann ein für alle Mal aufhören. Wenn wir etwas wissen, ist es aber in der Regel sinnlos, zu fragen: »Wann weißt du es? Jetzt? Oder hast du es vor einer Stunde gewusst?« Einstellungen in dem bislang beschriebenen Sinne scheinen nicht für die eine oder andere Seite dieser Dichotomie prädestiniert zu sein, was sich gerade am Beispiel der Emotionen zeigt. Autoren, die Emotionen als Einstellungen behandeln, schwanken, ob sie diese Einstellungen eher als Phänomene mit oder ohne echte Dauer beschreiben sollen, oder entscheiden sich kategorisch für eine der beiden Seiten. Das drückt sich darin aus, dass die einen Emotionen als *Dispositionen* oder dispositionelle Einstellungen bezeichnen, während die anderen Emotionen eher als affektive *Zustände* erfassen, die zeitlich von begrenzter Dauer sind. Dispositionen können zwar als Anlage oder Möglichkeit einzelne mentale Zustände mit zeitlicher Erstreckung nach sich ziehen, aber *als* Dispositionen verfügen sie nicht über echte Dauer.

Die Tatsache, dass emotionale Einstellungen offenbar nicht eindeutig als Phänomene mit oder ohne echte Dauer eingestuft werden können, lädt dazu ein, diesen Punkt schlicht offenzuhalten und den Begriff der Einstellung für beide Phänomenbereiche zuzulassen. Unsere Einstellungen können sich, mit anderen Worten, sowohl dispositionell als auch in Zustandsform manifestieren. Ich kann mich vor der Schlange fürchten, die gerade vor mir auftaucht, ich kann aber auch ein furchtsamer Mensch sein, der furchtauslösende Situationen grundsätzlich meidet. Ich kann generell ein eifersüchtiger Mensch sein, ich kann über einen gewissen Zeitraum hinweg eifersüchtig auf eine bestimmte Beziehung sein, ich kann jetzt an einem Eifersuchtsanfall leiden.[139] In allen diesen Fällen

138 Ludwig Wittgenstein, *Zettel*, in: ders., *Über Gewißheit*, Frankfurt/M. 1984, §45 ff.

139 Goldie, *The Emotions*, a. a. O., S. 13.

können wir die jeweilige Emotion als Einstellung bezeichnen, die sich, sei es aktuell, zeitlich gestreckt oder als charakterliche Anlage, wertend auf ihren Gegenstand bezieht.

Allerdings sollte diese Liberalität der Begriffsverwendung nicht darüber hinwegtäuschen, dass der Begriff der Einstellung alltagssprachlich eher für längerfristige psychologische Bewertungsmuster reserviert ist. Wir sagen »Was hast du denn für eine Einstellung?« oder »Seine Einstellung zu diesen Dingen lässt nichts Gutes ahnen« und meinen damit zumeist langfristig wirksame Charaktereigenschaften, die zeitlich begrenzt auftretenden mentalen Zuständen zugrunde liegen können. Einstellungen können sich dieser Sichtweise nach im Verhalten manifestieren, sie können einzelne Äußerungen bedingen oder verursachen, aber diese Verhaltensweisen und Äußerungen sind nicht mit ihnen gleichzusetzen. Räumen wir allerdings ein, dass sich Einstellungen in einzelnen mentalen Zuständen oder Verhaltensweisen manifestieren, stellt sich die Frage, ob diese Zustände oder Verhaltensweisen nicht gewissermaßen an der ihnen zugrunde liegenden Einstellung partizipieren und Züge von dieser annehmen, ja annehmen müssen, um überhaupt als Manifestationen der Einstellung identifiziert werden zu können. Dass ich eine Disposition zur Eifersucht habe, erfahre ich nur durch regelmäßig auftretende Eifersuchtsanfälle, die mich gleichsam über meine Disposition in Kenntnis setzen. In diesem Sinne manifestiert der konkrete Eifersuchtsanfall auch den evaluativen Gehalt der ihm zugrunde liegenden Einstellung, so dass sich auch dem konkreten Anfall eine Einstellung entnehmen lässt. Der Satz »Seine Einstellung zu diesen Dingen lässt nichts Gutes ahnen« könnte dann wie folgt ergänzt werden: »Dass er diese Einstellung hat, weiß ich, weil sie in verschiedenen Situationen zutage getreten ist.« Es soll also vorerst dabei bleiben, den Begriff der emotionalen Einstellung für Dispositionen und Zustände offenzuhalten.

(3) Emotionen besitzen einen irreduziblen evaluativen Zug und sie können als Dispositionen oder Zustände auftreten. Welche weiteren Eigenschaften besitzen sie? Sie besitzen zum einen das, was man ihre Handlungstendenz genannt hat, und sie verfügen über eine expressive und eine phänomenale Seite. Die Handlungstendenz der Emotionen ist beschrieben worden als die Neigung aller Emotionen, sich in unserem Verhalten auszudrücken oder zu

manifestieren.[140] Diese Formulierung ist allerdings mit Blick auf die Frage, ob Emotionen Dispositionen oder Zustände sind, nicht ganz unvoreingenommen. Sie deutet Emotionen als Dispositionen, die die Tendenz haben, Verhalten zu beeinflussen oder im Verhalten manifest zu werden. Damit ist zum einen gemeint, dass sie sich nicht zwangsläufig im Verhalten einer Person manifestieren (das meint der Begriff der *Tendenz*), und es ist ein Unterschied zwischen Verhalten und Expression oder Ausdruck markiert, der allerdings durch den Begriff der »Manifestation« leicht verwischt wird. Scham kann sich im Gesichtsausdruck manifestieren, aber sie muss nicht schamspezifische Handlungen nach sich ziehen. Dass Emotionen eine Handlungstendenz haben heißt, sie neigen häufig dazu, das Verhalten einer Person zu beeinflussen. Theorien, die Emotionen als Zustände betrachten, thematisieren sie in der Regel im Kontext konkreter Handlungsvollzüge, so dass hier die Rede von der Handlungstendenz kaum sinnvoll ist. Sie gehen etwa dann davon aus, dass Emotionen direkt zu Handlungen führen, wenn es sich um so genannte Affektprogramme handelt, die sich mehr oder weniger reflexartig auf der Basis festgelegter Reizmuster verwirklichen. Aber nicht alle Zustandstheorien der Emotion sind auf diese Weise mit einer Theorie emotionaler Handlung verbunden. Je stärker Emotionen beispielsweise an Wahrnehmungen angeglichen werden, desto geringer ist die Neigung, sie in relevanten Hinsichten mit Handlungen zu verbinden.[141]

Dort, wo Emotionen allerdings mit einer Handlungstendenz in Verbindung gebracht werden, geht es ohnehin nicht darum, ihnen eine *direkte* Verbindung zum Handeln zu unterstellen. Der Vorschlag lautet eher, dass Emotionen auf der Basis ihrer evaluativen Eigenschaften Gegenstände oder Sachverhalte als gut oder schlecht, angenehm oder unangenehm etc. auszeichnen und *dadurch* Quelle von Wünschen und Gedanken werden, die im Zusammenspiel Handlungen bewirken können. Man kann das am Beispiel des Neidischen veranschaulichen. Seine Disposition zum Neid wird Ein-

140 Wollheim, *On the Emotions*, a.a.O., S. 16 (dt. S. 32); der Begriff der Handlungstendenz (*action tendency*) findet sich bei Jon Elster, *Alchemies of the Mind. Rationality and the Emotions*, Cambridge 1999, S. 246.

141 So etwa bei Sabine Döring und Christopher Peacocke, »Handlungen, Gründe und Emotionen«, in: Döring/Mayer (Hg.), *Die Moralität der Gefühle*, a.a.O., S. 81-103 (v.a. S. 88).

fluss auf sein Denken und Handeln haben. Der Neidische wird bestimmte Gedanken haben, bestimmte Wünsche ausbilden und auf der Basis dieser Gedanken und Wünsche gegebenenfalls handeln. So könnte er den Wunsch ausbilden, ein Bekannter möge seinen Reichtum verlieren. Da ihm die Verwirklichung dieses Wunsches im Lichte seines Neids als gut erscheint, könnte er ferner überlegen, wie dieser Wunsch zu verwirklichen ist. Fällt ihm diesbezüglich etwas ein, handelt er. Die Disposition des Neids bedingt in diesem Fall also einen bestimmten Gedanken (»Ich missgönne ihm sein Haus«), und dieser Gedanke kann »kausal effizient« sein, weil er in seiner Intentionalität Ausgangspunkt für weitere Überlegungen ist (»Ich muss sein Grundstück verseuchen«).[142] Nur in diesem indirekten Sinne lassen sich Emotionen, jenseits von Affektprogrammen, auf Handlungen beziehen, und in diesem Sinne liegt kein Problem mit dieser Annahme vor.

(4) Der expressive Zug vieler Emotionen ist bereits erwähnt worden und soll nicht ausführlicher behandelt werden. Gemeint ist damit die Tatsache, dass sich viele Emotionen im Gesichtsausdruck oder in der Haltung und Mimik einer Person niederschlagen. In einem erweiterten Sinne können auch die physiologischen Aspekte emotionaler Reaktionen an diesem Punkt genannt werden, auch wenn diese nach außen hin nicht immer wahrnehmbar sind. Beide Aspekte, der expressive und der physiologische, verweisen letztlich auf die enge Koppelung emotionaler Phänomene an den menschlichen Körper.

(5) Anders wird dagegen die Phänomenalität der Emotionen beschrieben. In ihr geht es um die Frage, wie sich Emotionen gleichsam anfühlen oder wie es ist, sie zu haben. Man hat diesen Aspekt auch ihre Subjektivität genannt, weil es schwierig ist, die Art, wie sich Emotionen anfühlen, zu objektivieren.[143] Dennoch herrscht weitgehend Übereinstimmung mit Blick auf die Existenz einer solchen phänomenalen Dimension. Es *ist* irgendwie, eifersüchtig zu sein, es *ist* irgendwie, sich zu schämen etc. Subjektivität meint folglich ein phänomenales Bewusstsein, das die Qualität unserer Erlebnisinhalte und Erlebniszustände betrifft.

Wir können zusammenfassend sagen, dass emotionale Einstellungen evaluative psychische Dispositionen oder mentale Zustände

142 Wollheim, *The Thread of Life*, a. a. O., S. 43.
143 Ebd., 38 ff.

sind, die häufig eine Handlungstendenz aufweisen und über eine expressiv-physiologische sowie phänomenale Seite verfügen. Soll Vertrauen nun als eine emotionale Einstellung behandelt werden, dann muss gezeigt werden, dass es die bislang diskutierten Eigenschaften von emotionalen Einstellungen besitzt.

Ad (1) Der evaluative Zug des Vertrauens ist kaum kontrovers. Im Vertrauen erfahren wir etwas oder jemand als gut, wertvoll oder verlässlich, und genau deswegen vertrauen wir. Die genauere Charakterisierung dieser Evaluation ist dabei keinesfalls unumstritten und wird an anderer Stelle noch ausführlicher zur Sprache kommen. Manche Autoren gehen davon aus, dass wir als Vertrauende dem Vertrauensempfänger Wohlwollen (uns gegenüber) unterstellen müssen, andere halten dies für eine zu starke Bedingung und begnügen sich an diesem Punkt mit erwarteter Rücksichtnahme.[144] Es ist allerdings nicht nötig, bereits an dieser Stelle den genaueren Gehalt der die Einstellung des Vertrauens kennzeichnenden Bewertung anzugeben, da die mit Einstellungen verbundenen Bewertungen zunächst mehr oder weniger formal erfasst werden können. Dass wir jemanden im Vertrauen als gut, wertvoll oder verlässlich bewerten, besagt noch nicht, worauf genau diese Wertung beruht, sondern lediglich, dass wir als Vertrauende eine positive Einstellung gegenüber dem Empfänger des Vertrauens einnehmen.[145] Der evaluative Zug vertrauensvoller Einstellungen kann dabei ähnlich autonome Züge annehmen, wie das bei vielen Emotionen der Fall ist. Der, der vertraut, kann sich in dem Maße täuschen, in dem der Empfänger des Vertrauens gar nicht vertrauenswürdig ist. Das heißt aber nur, dass der Vertrauende vertrauenswürdige Eigenschaften sehen kann, wo keine sind oder wo diese sich nur als vorgetäuscht erweisen. Schwieriger ist die Frage, ob die positive Wertung, die Vertrauen auszeichnet, auch dann aufrechterhalten wird, wenn sich negative Wertungen zur ihr gesellen. Können wir jemandem vertrauen, obwohl wir ihn nicht wirklich für vertrauenswürdig halten? Das scheint nicht der Fall zu sein. Die Tuchfühlung zur Realität,

144 Richard Holton, »Deciding to Trust, Coming to Believe«, in: *Australasian Journal of Philosophy* 72:1 (1994), S. 63-76 (hier S. 66, Fn. 9).

145 Vgl. Holmer Steinfath, *Orientierung am Guten*, Frankfurt/M. 2001, S. 153: »Ich halte es [...] für legitim, ihn [den Begriff des Wertens] so weit zu fassen, daß er alle mentalen Einstellungen umgreift, durch die jemand etwas als in irgendeiner Hinsicht gut, attraktiv, schön, nützlich u.ä.m. erfährt oder einstuft.«

die Vertrauen bewahren muss, schließt aus, dass wir auch dann vertrauen, wenn wir die Unzuverlässigkeit eines anderen eingesehen haben. Vertrauen ist in diesem Sinne zerbrechlicher oder anfälliger für negative Evidenzen als viele Emotionen. Wird es blind, dann nicht, weil es negative Eigenschaften des anderen ausblendet, sondern weil es positive Eigenschaften sieht, wo keine sind. Dass Vertrauen offensichtlich schneller als viele Emotionen durch negative Evidenzen zerstört wird, mag dabei schon ein Hinweis darauf sein, dass es keine vollständige Emotion ist. Allerdings müsste in diesem Zusammenhang erst einmal geklärt werden, warum denn viele Emotionen auf ihre Weise auch dann fortbestehen, wenn es keine Evidenzen für die Notwendigkeit dieses Fortbestehens gibt? Diese Frage zählt zu den umstrittensten Fragen gegenwärtiger Emotionstheorien und kann hier nicht angemessen behandelt werden. Nur ein Hinweis muss hier genügen: Der repräsentationale Gehalt, über den Emotionen zweifellos verfügen, darf nicht zu der Schlussfolgerung verleiten, es gehe in allen Emotionen ausschließlich um Repräsentation. Liebt jemand eine Person, »obwohl« er eingesehen hat, dass diese Person nicht liebenswürdig ist, lässt sich sagen, hier werde eine Person in der Emotion falsch repräsentiert. Gleichwohl wäre es eine dramatische Verkürzung, wollte man die wesentliche Aufgabe der Emotion darin sehen, Eigenschaften richtig oder angemessen zu repräsentieren. Emotionen sind Bestandteil von Selbstbildern und Selbstverständnissen, die auf die Frage antworten, wer man sein will. Im Kontext eines solchen Selbstverständnisses kann sich der Wunsch artikulieren oder dispositionell verstetigen, die eigenen Emotionen möglichst eng in Übereinstimmung mit der Realität zu halten, und sei es die Realität, die durch die Emotion hindurch erst erschlossen wird. Aber dies ist nicht zwingend. Antwortet jemand auf die Frage »Warum liebst du sie, obwohl du doch eingesehen hast, dass sie nicht liebenswürdig ist?«, indem er sagt, »Ich weiss es nicht, ich habe keine Gründe«, so ist das sicherlich eine mögliche Antwort. Aber es ist nicht die einzige Antwort. Er könnte auch sagen »Diese Liebe tut mir gut« oder »Diese Liebe tut ihr gut« oder »Es ist besser zu lieben als nicht zu lieben« oder »Gott hat mir diese Liebe befohlen« oder »Sie wird sich, durch meine Liebe hindurch, ändern« etc. Selbstverständnisse zielen nicht zwangsläufig darauf, Wirklichkeit angemessen zu repräsentieren, in ihnen artikulieren sich vielmehr Antworten auf Fragen danach, wer man

– auch gegenüber anderen – sein will oder ist. Emotionen, das ist der wesentliche Punkt, halten offensichtlich ein gewisses Quantum an falscher Repräsentation aus, ohne sich als solche aufzulösen, wenn dieser Sachverhalt bemerkt wird. Das kann, wie nun deutlich geworden sein sollte, an ihrer Verbindung zu Teilen eines Selbstverständnisses liegen, denen es nicht primär darauf ankommt, Wirklichkeit angemessen zu repräsentieren.

Ähnliches gilt für Vertrauen, obgleich ich einräume, dass Vertrauen empfindlicher für negative Evidenzen ist, weil es als Einstellung von Anfang an stärker darum bemüht ist, Eigenschaften, die für Vertrauenswürdigkeit relevant sind, adäquat zu erfassen. Diese gegenüber anderen Emotionen erhöhte Sensibilität für vertrauensrelevante Eigenschaften aber ist Teil einer sich in bestimmten Selbstverständnissen artikulierenden Vertrauenspraxis, in der es um die Verwirklichung von als wertvoll empfundenen Zielen geht. In diesem Sinne sind vertrauensvolle Einstellungen Teil eines umfassenderen Selbstverständnisses und artikulieren kein vollkommen eigenständiges Selbstverständnis – eine Annahme, die zur wesentlichen Instrumentalität des Vertrauens passt. Mit anderen Worten, auch wenn die Einstellung des Vertrauens im Kontext eines Selbstverständnisses entsteht, kann es nicht ein autonomes Selbstverständnis in all seinen komplexen Facetten manifestieren. Dies ist bei komplexen Emotionen wie Scham oder Eifersucht anders. Wer sich einer bestimmten Eigenschaft schämt, schämt sich seines So-Seins, das sich in einem gegebenen Selbstverständnis ausdrückt oder verdichtet. Ein ähnlicher Bezug auf ein Selbstverständnis fällt mit Blick auf die Einstellung des Vertrauens schwer, so dass man sagen kann, Vertrauen ist, isoliert betrachtet, ethisch dünner oder anspruchsloser als komplexe Emotionen. Das mag ein Grund dafür sein, dass Vertrauen anfälliger für negative Evidenzen ist als viele Emotionen.

Ad (2) Ungleich schwerer zu beantworten ist die Frage nach der zeitlichen Erstreckung des Vertrauens. Die meisten Autoren wählen an diesem Punkt Formulierungen, die sich nicht eindeutig für eine der oben beschriebenen Alternativen entscheiden. Stellvertretend sei Richard Holton zitiert: »Vertrauen [...] ist eine spezifische Art der Einstellung, die einen spezifischen mentalen Zustand involviert.«[146] Auffällig an diesem Zitat ist, dass mit Blick auf Ver-

146 Holton, »Deciding to Trust, Coming to Believe«, a. a. O., S. 63.

trauen sowohl von einer Einstellung (*attitude*) als auch von einem Zustand (*state*) gesprochen wird. Es sieht folglich so aus, als treffe auf die Einstellung des Vertrauens zu, was soeben generell von emotionalen Einstellungen gesagt wurde: Sie können die Form von Dispositionen annehmen, sie können aber auch die Form von zeitlich identifizierbaren Zuständen annehmen. Mehr noch, Holtons Zitat scheint nahezulegen, dass die Zustände auf die Einstellung verweisen oder dass die Einstellungen die Zustände »involvieren«, so dass auch hier *prima facie* ein Zusammenspiel beider Phänomene gegeben ist.

Nimmt der Einstellungsbegriff seine umfassende Bedeutung an, dann können wir sagen, jemand habe eine generell vertrauensvolle Einstellung. Vertrauen wird damit zu einer Disposition, die sich in Handlungen manifestiert, die sinnvoll unter eine vertrauensrelevante Beschreibung gebracht werden können. In diesem Sinne hat Vertrauen keine echte Dauer. Aber was ist mit vertrauensvollen Zuständen? Können wir sagen: »Jetzt vertraut er ihr«? Oder: »Er hat vor fünf Minuten aufgehört, ihr zu vertrauen«? Diese Aussagen klingen zweifellos eigentümlich, und das lässt darauf schließen, dass es keine eindeutig identifizierbaren vertrauensvollen Zustände gibt.

Dieser Eindruck wird noch verstärkt, wenn eingeräumt wird, dass Vertrauen auch keine expressive (ad 4) und keine phänomenale Seite (ad 5) hat. Gibt es eine Körpersprache des Vertrauens? Fühlt es sich irgendwie an zu vertrauen? Was die erste Frage angeht, so ist zwar darüber nachgedacht worden, ob es eine Körper- oder Zeichensprache der Vertrauenswürdigkeit gibt, aber ob dies auch für Vertrauen zutrifft, bleibt in der Regel unerörtert.[147] Und dies, so lässt sich hinzufügen, aus guten Gründen, denn wie sollte eine Körpersprache des Vertrauens aussehen? Wittgenstein hat in den *Philosophischen Untersuchungen* den Fall des Erwartens diskutiert und eine Situation konstruiert, in der es möglich ist, auf der Basis äußerlich wahrnehmbaren Verhaltens eine Einstellung des Erwartens zuzusprechen: »Ich schaue auf die brennende Lunte, folge mit höchster Spannung dem Fortschreiten des Brandes und wie er sich dem Explosivstoff nähert. Ich denke vielleicht überhaupt nichts, oder eine Menge abgerissener Gedanken. Das ist gewiß ein Fall des

147 Diego Gambetta, Heather Hamill, *Streetwise. How Taxi Drivers Establish their Customers' Trustworthiness*, New York 2005.

Erwartens.« (§ 576) In *dieser* Situation ist es möglich, eine Geste oder eine Körperhaltung als eine des Erwartens zu bezeichnen, was natürlich nicht impliziert, eine solche Geste oder Körperhaltung erlaube immer den Schluss auf eine spezifische Einstellung. Aber während die Einstellung des Erwartens noch situativ entschlüsselbare Gesten und Haltungen kennen mag, dürfte es schwer fallen, Gleiches vom Vertrauen zu sagen.

Mit Blick auf das »Gefühl« der Zuversicht wiederum heißt es: »Das Gefühl der Zuversicht. Wie äußert es sich im Benehmen?« (§ 579) Die Frage lautet nicht, ob sich Zuversicht überhaupt im Benehmen äußert, sondern, wie sie sich äußert. Aber die Frage nach diesem Wie muss ernst genommen werden. Vielleicht gelingt es auch hier, sich Situationen auszumalen, in denen es mehr oder weniger eindeutig möglich ist, eine Geste oder Haltung als eine der Zuversicht zu beschreiben. Aber man darf diesen Punkt auch nicht überstrapazieren. Dass sich eine Einstellung im »Benehmen« äußert, lenkt den Blick von unmittelbar wahrnehmbaren Gesten oder körperlichen Haltungen zu Verhaltensformen, die unter eine bestimmte Beschreibung gebracht werden können. Damit aber ist es gar nicht mehr nötig, besondere körperliche Merkmale zu nennen, die als Kriterien für einen inneren Vorgang fungieren. Wichtiger ist, in der Beschreibung die relevanten Merkmale der Situation angemessen zu erfassen, um die Einstellungszuschreibung zu plausibilisieren. Ein Benehmen kann dann zuversichtlich oder vertrauensvoll sein, ohne sich in körperlichen Gesten oder Haltungen zu manifestieren. Wird es auf diese Weise in eine Situation, einen Kontext oder, um einen von Wittgenstein verwendeten Begriff heranzuziehen, eine »Umgebung« eingebettet, ist es auch möglich zu sagen: »Jetzt vertraut er.« Die Frage nach der Dauer der Einstellung des Vertrauens *als Zustand* kann damit etwas entschärft werden. Vertrauensvolle Zustände können vorkommen, wenn sie beschreibend in eine Umgebung oder Situation eingebettet werden, in der es sinnvoll ist, ihr Vorkommen anzunehmen, oder die nur sinnvoll entschlüsselt werden können, wenn das Vorliegen der Einstellung angenommen wird. Wir sagen dann nicht »Er hat ihr genau drei Minuten lang vertraut«, wir sagen »Er hat ihr gestern großes Vertrauen entgegengebracht, als er ihr sein Kind während des Telefongesprächs überließ«. Wie es also nach der hier vorgeschlagenen Verwendung Dispositionen und Zustände einzelner Emotionen geben kann, so kann es auch Dispositionen und Zustände des Vertrauens geben.

Wie sieht es nun mit der Phänomenalität des Vertrauens aus? Wird die Möglichkeit im Spiel gehalten, auch von Zuständen des Vertrauens zu reden, dann impliziert diese Rede für viele Autoren eine phänomenale Dimension. Typische Beispiele für mentale Zustände sind nämlich sinnliche Wahrnehmungen und körperlich gebundene Eindrücke wie Schmerzen oder Freude, die an sich über eine phänomenale Dimension verfügen. Geht es um die Frage, ob die Einstellung des Vertrauens eine Emotion ist oder nicht, dürfte an der Beantwortung dieser Frage einiges hängen, denn es leugnet kaum jemand, dass Emotionen sich so oder so anfühlen. Selbst wenn der Emotionsbegriff als Dispositionsbegriff ohne eigene phänomenale Qualität verwendet wird, wird eingeräumt, dass sich Dispositionen nur unter Verweis auf mentale Zustände identifizieren lassen, in denen sie manifest werden, und dass einzelne psychische Zustände (etwa Schmerzen) Auslöser von emotionalen Dispositionen sein können. Gibt es also eine Art, wie sich Vertrauen anfühlt? Es ist aufschlussreich, einen Blick in die Literatur zum Vertrauen zu werfen, und zwar nicht, um Zitate aneinanderzureihen, sondern um sich vor Augen zu führen, wie schwer die Beantwortung der Frage nach dem phänomenalen Gehalt des Vertrauens offenbar fällt. Annette Baier räumt ein, dass Vertrauen über eine eigentümliche Empfindungsseite verfügt, präzisiert aber sogleich, dass diese vor allem dann zur Geltung kommt, wenn Vertrauen verloren geht: »Das Vertrauen hat sein eigenes ›Empfinden‹, was am leichtesten erkannt wird, wenn es verloren geht, etwa, wenn man eine freundliche, ›sichere‹ Nachbarschaft verlässt und in eine spannungsgeladenere, unsichere zieht.«[148] Indirekt wird damit zugestanden, dass die positive Einstellung des Vertrauens affektiv unauffällig ist. Wir spüren gewissermaßen nicht, dass wir vertrauen, sondern vertrauen einfach. Damit wird nicht bestritten, dass Vertrauen seinerseits bestimmte Emotionen nach sich ziehen kann, es bleibt aber dabei, dass Vertrauen selbst physiologisch und phänomenologisch unauffällig und unsichtbar ist. Manche Autoren sprechen deswegen von einem »weichen Affekt«, wenn sie Vertrauen von heftigeren Affekten unterscheiden wollen, räumen aber zugleich ein, Vertrauen sei

148 Baier, »Trust and Its Vulnerabilities«, in: dies., *Moral Prejudices*, a. a. O., S. 130-151 (hier S. 132).

kein hervorgehobenes Merkmal unseres phänomenalen (Gefühls-) Lebens.[149] Wieder andere Autoren beschreiben Vertrauen direkt als »affektive Einstellung«, aber das, was sie am Begriff der Affektivität relevant finden, hat wenig oder sogar gar nichts mit der phänomenalen Seite des Vertrauens zu tun.[150]

Diese Zitate geben zu erkennen, wie schwer es fällt, den phänomenalen Charakter des Vertrauens angemessen einzufangen. Als ihre Quintessenz lässt sich folgende Überlegung betrachten: Als Vertrauende schwitzen wir nicht, verspüren keinen verstärkten Herzschlag und scheinen auch sonst körperlich nicht sonderlich stark involviert zu sein. Es gibt schlicht keine für uns auffälligen körperlichen Vertrauenssymptome. Das muss nicht heißen, dass es überhaupt keine körperlichen Veränderungen gibt, wenn wir vertrauen, es heißt nur, dass wir diese Veränderungen nicht spüren. So gibt es mittlerweile im Bereich der Hirnforschung Theorien, die die physiologische Grundlage des Vertrauens im sogenannten Nucleus caudatus (dem »Schweifkern«) des Gehirns ansiedeln, aber selbst wenn diese These zutrifft, ist auch mit diesen Theorien nicht die Annahme verbunden, dass sich die Aktivität dieser Hirnregion im bewussten Empfinden der betroffenen Subjekte niederschlägt.[151] Anders als die meisten Emotionen scheint die Einstellung des Vertrauens folglich keine besonders ausgeprägte affektive oder phänomenale Seite zu haben. Zumindest lässt sich recht sicher sagen, dass wir Vertrauen nicht im selben Maße wie Furcht oder Hass spüren. Gehört aber eine solche phänomenal-subjektive Seite wesentlich zum Emotionsbegriff dazu, dann ist Vertrauen keine Emotion und damit auch keine emotionale Einstellung. Es fällt schwerer, diesen Schluss zu akzeptieren, als wenn es etwa um die Frage ginge, ob Erwartungen Emotionen sind, aber die Aussagen, die bislang vorliegen, rechtfertigen die Zuordnung des Vertrauensbegriffs zum Bereich der Emotionen nicht.

Ad (3) Bleibt die Frage der Handlungstendenz. Viele Emotionen haben, so hieß es, eine Tendenz, Handlungen zu motivieren. Sie sind nicht direkt handlungsmotivierend, da sie an sich nicht

149 Etwa Robert C. Solomon und Fernando Flores in ihrem Buch *Building Trust*, Oxford 2001, S. 58.

150 Jones, »Trust as an Affective Attitude«, a. a. O., S. 8.

151 Greg Miller, »Economic Game Shows How the Brain Builds Trust«, in: *Science* 308 (1. April 2005), S. 36.

praktisch direktiv sind, aber sie können aufgrund ihrer evaluativen Eigenschaften Quelle von Wünschen und Gedanken werden, die dann im Zusammenspiel Handlungen nach sich ziehen. Dass Vertrauen hier als *praktische* Einstellung gekennzeichnet wird, könnte den Schluss nahelegen, es werde als intrinsisch handlungsmotivierend ausgelegt, aber dieser Schluss wäre unberechtigt. Der praktische Charakter vertrauensvoller Einstellungen verweist auf die Tatsache, dass das Vorliegen vertrauensvoller Einstellungen nur dann festgestellt werden kann, wenn sich Handlungen finden, die unter eine vertrauensrelevante Beschreibung gebracht werden können. In diesem Sinne, so hieß es, verweist die Einstellung auf Handlungen, durch die sie gleichsam gesättigt oder vervollständigt wird. Dieser Verweis auf Handlungen beantwortet aber nicht die Frage danach, ob Vertrauen als Einstellung Handlungen motivieren kann. Emotionen können handlungsrelevante Wünsche und Meinungen generieren oder sind als Zustände unmittelbar handlungsrelevant. Der Neidische wünscht dem, den er um seine Güter oder sein Glück beneidet, Unglück oder stellt Überlegungen an, wie es ihm selbst gelingen könnte, in den Besitz der begehrten Güter zu kommen. Kann Vertrauen in ähnlicher Weise Wünsche und Meinungen hervorbringen? Es sollen nur zwei Überlegungen angeführt werden, die gegen diese Annahme sprechen. Zum einen ist bereits mehrmals auf den instrumentellen Charakter des Vertrauens hingewiesen worden. Es ermöglicht uns, Ziele und Zwecke zu verwirklichen, die wir ohne Vertrauen gar nicht oder anders verwirklichen müssten. Wie wir zu diesen Zielen und Zwecken gelangen, ist damit freilich nicht geklärt. Zwar kann nicht ausgeschlossen werden, dass es Ziele und Zwecke gibt, die wir nur dann ausbilden, wenn wir anderen vertrauen, aber es sieht nicht so aus, als könne dies der Regelfall sein. Wenn ich zu einem Ort A möchte und auf die Wegangaben des Einheimischen vertraue, will ich nicht deswegen zum Ort A gelangen, *weil* ich vertraue. Vielmehr will ich auch dann noch zum Ort A gelangen, wenn ich dem Einheimischen nicht vertraue. Mein Ziel, nur das soll mit dieser Überlegung bekräftigt werden, behalte ich folglich unabhängig vom Vorliegen einer vertrauensvollen Einstellung.

Ein zweiter Grund, der gegen die Annahme spricht, Vertrauen könne Handlungen direkt motivieren, hängt mit der fehlenden phänomenalen Qualität vertrauensvoller Einstellungen zusammen.

Mentale Zustände, die über eine phänomenale Qualität verfügen, die sich also so oder anders anfühlen oder so oder anders sind, können an sich den Wunsch generieren, sie zu behalten oder loszuwerden. Mein Neidgefühl, mein Hass oder meine Eifersucht können an sich so unangenehm sein, dass ich alles tue, um sie von mir abzuschütteln. Es ist folglich der konkrete Neid, der uns überlegen lässt, was zu tun ist, um ihn loszuwerden, der vielleicht auch bestimmte Wünsche in uns hervorruft, die auf Zustände zielen, in denen wir von dem Neid befreit sind. Der Neid als empfundenes Phänomen selbst wird in diesem Fall kausal effizient, er nimmt aufgrund seiner negativen hedonischen Qualitäten Einfluss auf unser Denken und Handeln. Die Einstellung des Vertrauens dagegen kann nicht im selben Maße kausal effizient werden, da sie phänomenal zu schwach ist, um als solche erstrebenswert oder abschreckend zu sein. Auch von dieser Seite her also spricht nichts dafür, Vertrauen als direkt motivationale Einstellung zu beschreiben. Wenn wir etwas vertrauensvoll tun, liegen die Gründe oder Motive für dieses Tun außerhalb des Vertrauens.

Die Einstellung des Vertrauens teilt einige Eigenschaften mit Emotionen, insbesondere ihren evaluativen Zug und die Art und Weise ihrer zeitlichen Erstreckung, aber sie unterscheidet sich, wie wir gesehen haben, auch in einigen Hinsichten von Emotionen, so dass es nicht sinnvoll ist, Vertrauen als Emotion zu bezeichnen. Damit lässt sich festhalten: Einstellungen des Vertrauens können nicht auf Wünsche (im Sinne von Proeinstellungen), auf Überzeugungen (als Spezialfall propositionaler Einstellungen) und auch nicht auf Emotionen reduziert werden. Sie konstituieren vielmehr einen eigenständigen Zugang zur Welt, der immer dann relevant wird, wenn es darum geht, Ziele und Zwecke zu verwirklichen, die einem am Herzen liegen. Diese Einstellung besitzt damit Gemeinsamkeiten mit dem oben erläuterten Begriff der umfassenden Einstellung, weil auch sie ihren Sitz jenseits einzelner Wünsche, Gedanken oder Emotionen hat. Aber sie kommt nicht nur als umfassende Einstellung (etwa als vertrauensvoller Charakter) vor. Auch der grundsätzlich Misstrauische kann gelegentlich vertrauen, ohne dadurch gleich zum grundsätzlich Vertrauenden zu werden.

Weil Vertrauen auf diese Weise zur Verwirklichung von Zielen und Zwecken beitragen kann, kommt ihm der Charakter einer praktischen Einstellung zu. Als Einstellung entfaltet sich Vertrauen nur, wenn es in Handlungen mündet, die sinnvoll unter eine vertrauensrelevante Beschreibung gebracht werden können. Der irreduzible Charakter des Vertrauens impliziert freilich nicht, dass es in gar keinem Verhältnis zu den anderen Kategorien des Mentalen steht. Wir können Vertrauen auf der Basis von Überzeugungen (und vielleicht auch von Emotionen) ausbilden, so wie wir einzelne Überzeugungen auf der Basis von Vertrauen gewinnen können. Aber wenn wir Vertrauen auf der Basis von Überzeugungen gewinnen, dann lässt sich das, was wir in diesem Zusammenhang als Vertrauen bezeichnen, nicht auf die Überzeugungen reduzieren, die zum Vertrauen geführt haben. Es gilt gewissermaßen, die mentale Eigenständigkeit des Vertrauens gegen alle Versuche zu verteidigen, sie in Abrede zu stellen.[152] Formulierungen der Art »Vertrauen ist die Überzeugung, dass ...« sind in diesem Sinne zwar nicht vollständig unangemessen, aber sie sind doch unvollständig oder unpräzise. Von etwas überzeugt sein impliziert nicht, auf der Basis dieser Überzeugung zu vertrauen. Etwas muss, mit anderen Worten, zu den Überzeugungen hinzukommen, um mit ihrer Hilfe eine vertrauensvolle Einstellung auszubilden. So muss der Wunsch vorhanden sein, bestimmte wichtige Ziele oder Zwecke zu verwirklichen. Und wenn die Überzeugungen an sich Gründe sind, einem anderen zu vertrauen, dann muss die Bereitschaft vorhanden sein, diese Gründe handlungsleitend werden zu lassen. Entscheidend für die Zuschreibung von Vertrauen ist schließlich, dass sich Handlungen finden lassen, die sich sinnvoll als Handlungen des Vertrauens fassen lassen.

Die vorangegangenen Überlegungen könnten folgenden Schluss nahelegen: Wenn die Einstellung des Vertrauens keine phänomenalen Eigenschaften hat, wenn sie nicht als Emotion beschrieben werden kann, dann kann sie ganz ohne Bezug auf psychologische Kategorien erläutert werden. Dann aber kann auch der Einstellungsbegriff fallen gelassen werden, der in vielen theoretischen Kontexten für eine im Inneren des Menschen wirksame Kraft steht, die sein äußeres Verhalten prägt.[153] Dieser entpsychologisierende

152 Eine ähnliche Irreduzibilitätsthese sehe ich mit Blick auf Emotionen bei Íngrid Vendrell Ferran, *Die Emotionen, Gefühle in der realistischen Phänomenologie*, Berlin 2008. Sie spricht in diesem Zusammenhang von der »Ursprünglichkeit« der Emotionen.

153 Diese Entpsychologisierungstendenz ist besonders ausgeprägt bei Olli Lagerspetz, *Trust. The Tacit Demand*, Dordrecht 1998.

Zug findet hier seinen Reflex in der Aufnahme der Anscombschen Rede von »Beschreibungen«, die plausibel sein müssen, und auch in der Aufnahme der Wittgensteinschen Rede von »Situationen« oder »Umgebungen«, die erläutert, wann es sinnvoll ist, einen Zustand (zum Beispiel der Erwartung) zuzuschreiben, aber er hat nicht dazu geführt, diese Rede von Beschreibungen, Situationen oder Umgebungen von allen Bezügen auf das, was in ihnen explizit gemacht oder praktisch wirksam wird, zu befreien! Die entscheidende Frage ist naturgemäß an diesem Punkt, was genau die Reflexion über Vertrauen explizit machen kann oder machen muss. Betrachtet man die bisher genannten Elemente der Vertrauensdefinition, etwa das Element der akzeptierten Verletzbarkeit oder das der Notwendigkeit von Optionen, dann wird man sagen können, dass die Elemente, die jeweils definitorisch expliziert wurden, unterschiedliche Abstände zum Bereich psychologischer Kategorien einnehmen. Während das Element der Akzeptanz explizit psychologisiert wurde, lässt sich der Begriff der Option sicherlich unabhängig von psychologischen Kategorien beschreiben. Damit wird aber nicht ausgeschlossen, dass die Optionen, um die es geht, reale Optionen des vertrauensvollen Akteurs sein müssen, die von ihm unter näher zu spezifizierenden Umständen auch als solche erkannt werden könnten. Der Einstellungsbegriff dient nun in diesem Zusammenhang genau dazu, die Rede vom Vertrauen nicht vollständig im Auge des Betrachters aufgehen zu lassen, sondern als Bestandteil einer Praxis zu verstehen, in der es möglich ist, eine Einstellung des Vertrauens auszubilden, die als solche zwar implizit bleiben kann, gleichwohl aber einen rationalen Kern hat, so dass die Annahmen, Gründe und Bedingungen ausbuchstabiert werden können, auf denen die Einstellung beruht. Damit ist eine weitere Bedeutung des Praktischen in »praktische Einstellung« erfasst. Die Einstellung des Vertrauens ist nicht nur praktisch, weil sie durch Handlungen »gesättigt« wird, sie ist auch praktisch, weil sie sich im Rahmen von Praktiken verwirklicht, die das Einnehmen der Einstellung erst möglich machen. Auch in diesem Sinne ist die Einstellung des Vertrauens psychologisch durchaus real; sie ist real nicht als bewusster Wunsch oder bewusste Überlegung, sondern als Praxis, in deren Rahmen sich Einstellungen bilden können, die implizit bleiben, weil sie sich in der Praxis selbst *darstellen* und dadurch Einfluss auf Gedanken, Emotionen, Wünsche etc. nehmen. Wenn es heißt: »Was es angemessen macht, von Vertrauen zu reden [...], ist nicht das, was ich denke [...], sondern die Situation, in der es natürlich ist, den Begriff zur Beschreibung meines Tuns zu nutzen«, dann hängt folglich alles am Begriff des Natürlichen, der damit ins Spiel kommt.[154] Hier soll mit dem Begriff eine Praxis verbunden werden, in deren Rahmen es möglich ist, eine Einstellung des Vertrauens auszubilden, weil sich für die an der Praxis beteiligten Subjekte die Bedingungen gegenseitiger Vertrauenswürdigkeit auf erfahrbare Weise in der Praxis selbst dargestellt haben. Praktiken aber gehen nicht auf in ihren Beschreibungen; sie sind materiell und ideell, sie haben harte und weiche Seiten. Der Begriff der praktischen Einstellung koppelt die Beschreibungen vertrauensvollen Verhaltens an eine Praxis und verhindert damit die gerade in Wittgensteinschen Kontexten beliebte komplette Entpsychologisierung des Vertrauens.

154 Ebd., S. 25.

7. Der Wille des anderen

Es ist an verschiedenen Punkten erwähnt worden, dass Vertrauen auf zumeist impliziten Gründen oder Annahmen beruht. Aber um welche Gründe oder Annahmen handelt es sich? Diese Frage bzw. ihre Beantwortung entlastet nicht von der Frage, wie wir zu diesen Gründen oder Annahmen gelangen, sondern möchten zunächst einmal nur die interne Struktur des mit vertrauensvollen Einstellungen verbundenen evaluativen Gehalts ausbuchstabieren. Im Vertrauen, so hieß es, erfahren wir etwas oder jemanden als gut, wertvoll, ehrlich oder verlässlich, und genau deswegen vertrauen wir. Aber was heißt »gut«, »ehrlich«, »wertvoll« oder »verlässlich«, und spielt es eine Rolle, welche dieser Eigenschaften im Vertrauen unterstellt wird? Dieser Punkt muss nun verhandelt werden.

So gut wie alle Ansätze der Vertrauensforschung gehen davon aus, dass der Geber des Vertrauens Gründe hat, in die ein Bezug auf die Motive oder das Wollen des Vertrauensempfängers integriert ist. Vertrauen wird folglich nicht einfach blind oder ohne irgendwelche Annahmen über den anderen geschenkt, es braucht Anhaltspunkte, die den anderen als vertrauenswürdig ausweisen oder Auskunft über seine Einstellung geben. Diese Gründe müssen, das sei noch einmal betont, nicht bewusst oder explizit vorliegen; sie können ganz und gar implizit bleiben und nur auf Nachfrage (»Warum hast du ihr vertraut?«) überhaupt artikuliert werden. Es ist ein Element des vertrauensrelativen Realismus, den Bezug auf vertrauensgenerierende Eigenschaften zu suchen. Als Vertrauender bin ich gleichsam wach für diese Eigenschaften, ohne aber im investigativen Sinne wachsam zu sein.[155] Manche Autoren haben diese Art des Vertrauens von Formen eines Sich-Verlassens-auf unterschieden, die, so scheint es, ohne konkreten Bezug auf die

155 Ein interessantes theologisches Beispiel für diese Wachheit sind die so genannten biblischen Klagepsalmen, in denen der, der auf Gott vertraut, zugleich darauf achtet, ob Gott dieses Vertrauen eigentlich noch rechtfertigt; siehe dazu Guido Bausenhart, »Vertrauen in die Kontingenz? Theologische Überlegungen«, in: Michael Fischer, Ian Kaplow (Hg.), *Vertrauen im Ungewissen*, Münster 2008, S. 70-86 (v. a. S. 83 f.). Die Klage »Wie lange noch, Jahwe, vergisst du mich dauernd?« (Ps 13) ist nicht die Klage des blind Vertrauenden.

Motive des anderen auskommen. Was damit gemeint ist, lässt sich an einem Beispiel erläutern, das weiter oben bereits erwähnt worden ist. Ein Kind kann sich möglicherweise darauf verlassen, von seiner Mutter mit Nahrung versorgt zu werden, und wird aufgrund dieser Versorgungsleistung durchaus eine positive Einstellung zu seiner Mutter entwickeln. Aber erst wenn sich dem Kind die »offenbarte Absicht« (Rousseau) der Mutter als eine der liebevollen Zuwendung erschließt, kann sich aus der positiven Einstellung ein seinerseits liebevolles Vertrauen entwickeln: »Vertrauen [...] schaut notwendigerweise auf den Willen.«[156] Es kann folglich nicht einfach von den Motiven des möglichen Vertrauensempfängers abstrahieren, auch wenn sein Verhalten, rein äußerlich betrachtet, dem Verhalten eines vertrauenswürdigen Akteurs entspricht. Und es kann folglich auch nicht grundlos sein, wie gelegentlich angenommen wird. Es ist Teil der Rationalität des Vertrauens, dass wir aus Gründen vertrauen, die wir gegebenenfalls angeben können. Und es ist Teil der Relationalität des Vertrauens, das sich diese Gründe in der Regel auf den anderen und auf seine Einstellungen (uns gegenüber) richten.

An einem scheinbaren Gegenbeispiel sei dies erläutert. Die Publizistin Carolin Emcke berichtet, dass ihr Zahnarzt einmal mit seiner Spritze versehentlich einen Nerv von ihr trifft. Sie hat naturgemäß große Schmerzen. Ihr Arzt entschuldigt sich, und sie fragt, ob er garantieren könne, beim zweiten Versuch den Nerv nicht zu treffen. Der Arzt führt aus, dass man aus verschiedenen Gründen nie ganz sicher sein könne, wo die Nervenbahnen verlaufen. Und er äußert inständig die Bitte: »Sie müssen mir einfach vertrauen.« Emcke leitet diesen Gedankengang ein mit den Worten »Vertrauen ist immer grundlos«.[157] Diese Geschichte scheint die Grundlosigkeit des Vertrauens gut zu belegen. Aber sie legt zugleich nahe, dass sich der Verzicht auf die Suche nach positiven Vertrauensgründen im Rahmen einer Praxis vollzieht, die als solche sehr wohl Vertrau-

156 Deigh, »Morality and Personal Relations«, a.a.O., S. 6; vgl. auch Laurence Thomas, *Living Well. A Psychology of Moral Character*, Philadelphia 1989, S. 183: »Der hohe Stellenwert, den das Grundvertrauen in unserem Leben hat, macht sichtbar, wie wichtig unsere Überzeugungen hinsichtlich der psychologischen Einstellungen anderer dafür sind, dass wir ein gutes Leben führen.«

157 Carolin Emcke, *Stumme Gewalt. Nachdenken über die RAF*, Frankfurt/M. 2008, S. 84 f.

ensgründe generieren kann. Wir gehen schließlich nicht zum Malermeister, wenn wir Zahnschmerzen haben, und wir setzen auf ein praktisches Erfahrungswissen, durch das unser Vertrauen zum Arzt selbst dann ein gewisses Maß an Rationalität gewinnt, wenn der Arzt freimütig die Grenzen seiner Kompetenz einräumt. Kein Arzt kann offenbar garantieren, nie den Nerv zu treffen, aber wir vermuten, dass ausgebildete Zahnärzte häufiger in der Lage sind, den Nerv nicht zu treffen, als Malermeister oder vielleicht sogar junge unerfahrene Zahnärzte (»Sie müssen *mir* einfach vertrauen«). Ich werde gleich auf die Frage eingehen, ob es überhaupt sinnvoll ist, im Rahmen professioneller Beziehungen von Vertrauen zu reden.

7.1 Sich-Verlassen-auf: Eine Abgrenzung

Wenn wir uns auf jemanden verlassen, so hieß es, können wir vom Willen des anderen abstrahieren. Damit ist nicht gemeint, dass dieser andere das, was er tut, nicht gewollt hat, sondern nur, dass wir auf das, was er gewollt hat, keine Rücksicht nehmen, wenn wir uns auf ihn verlassen. Das aber ist unplausibel, und es ist nötig, den Begriff des Sich-Verlassens-auf genauer zu beschreiben. Wir können uns (a) darauf verlassen, dass ein Ereignis eintritt, ohne Bezug auf die Motive eines anderen zu nehmen. Wir können uns (b) auf eine Person verlassen, weil wir die Konstanz ihrer Motive kennen oder durch Beobachtung in Erfahrung gebracht haben. Wir können uns (c) darauf verlassen, dass eine Person intrinsische Motive hat, etwas zu tun oder nicht zu tun, ohne dass wir ihr dabei einen Bezug zu uns unterstellen müssen. Hierzu zählt auch (d) die Unterstellung eines Furchtmotivs, von dem wir vermuten, dass es die Person daran hindert oder dazu veranlasst, etwas zu tun. Mit Blick auf den ersten Fall (a) können wir sagen, dass wir uns schlicht auf das Eintreten eines Ereignisses verlassen können, ohne dabei Bezug auf Personen zu nehmen. Wir verlassen uns darauf, dass die Sonne morgen wieder aufgeht, weil wir die Erfahrung gemacht haben, dass sie jeden Tag aufgeht. In diesem Sinne können wir uns auf beobachtete Gesetzmäßigkeiten verlassen, ohne dabei Intentionalität anzunehmen. Wir können uns aber auch darauf verlassen, dass ein Gegner von uns nicht aus dem Gefängnis ausbrechen kann, weil wir um die Sicherheit des Gefängnisses wissen. Um uns darauf zu verlassen, müssen wir nicht wissen, was dieser Gegner denkt und fühlt, es reicht schlicht eine gewisse Kenntnis der Umstände, um uns darauf zu verlassen, dass ein von uns nicht gewünschtes Ereignis nicht eintritt. Anders scheint das schon im Fall (b) zu sein. Wir machen die Erfahrung, dass jemand jeden Tag um die gleiche Uhrzeit seinen Hund ausführt, und können uns bald darauf verlassen, unsere Uhr danach stellen zu können. Auch hier könnte man sagen, dass wir für diese Form des Sich-Verlassens-auf keine Kenntnis der spezifischen Motivation des anderen haben müssen, weil die Beobachtung einer Regelmäßigkeit im Verhalten reicht, um Verlässlichkeit zu etablieren, aber es ist nicht abwegig, in diesem Fall eine Konstanz der Motivation zu unterstellen, die die Regelmäßigkeit des Verhaltens bedingt und so ein Sich-Verlassen-auf möglich macht. Wir kennen die genaueren Motive der Person zwar nicht, aber wir werten ihr Verhalten als Ausdruck einer festen Charaktereigenschaft und verlassen uns in dieser Weise auf wiederkehrende Motivmuster. In Heinrich Breloers Film *Die Manns* findet sich eine Szene, in der Heinrich Mann mit seiner Partnerin Nelly Kröger im August 1933 Thomas Mann in einem Ferienhaus in Sanary-sur-Mer besucht. Nelly, aus einfachen Verhältnissen stammend, ist nervös: »Sie weiß, sie ist nur ein einfaches ungebildetes Ding am Tisch eines Nobelpreisträgers.« Auf dem Weg zum Haus Thomas Manns spielt sie Heinrich vor, »wie sein Bruder mit süßsaurer Miene zur vornehm-gewählten Begrüßung ansetzen wird. ›Schau, schau! Die tapfere Frau Kröger aus Berlin. Wie schön, dass du deine Freundin mitgebracht hast. Und wieder ganz à la mode.‹« Als sie dann vor Thomas Mann stehen, begrüßt er die beiden tatsächlich mit den Worten: »Die tapfere Frau Kröger aus Berlin, wie schön, dass du deine Freundin mitgebracht hast, Heinrich. Und wieder ganz à la mode.«[158] Weil wir jemanden kennen, wissen wir, wie er sich verhalten wird, wir können uns darauf verlassen und besitzen in diesem Sinne Erwartungsstabilität.

Im dritten Fall (c) wissen wir mehr über die Motive des anderen. So kann ich mich auch darauf verlassen, dass mein Gegner nicht aus dem Gefängnis ausbricht, weil ich weiß oder erfahren habe, dass er seine Taten bereut hat und bereit ist, sie zu sühnen. Ich

158 Heinrich Breloer, Horst Königstein, *Die Manns. Ein Jahrhundertroman*, Frankfurt/M. 2001, S. 184 f.

weiß also um seine Motive und mache dieses Wissen zur Grundlage meiner Erwartungen. Ob es möglich ist, aus dem Gefängnis auszubrechen oder nicht, ist entsprechend zweitrangig, es ist zumindest nicht die primäre Grundlage meiner Annahmen über das zu erwartende Verhalten des anderen. Wichtig ist nur, dass ich nicht davon ausgehe, dass meine Erwartung Bestandteil der intrinsischen Motivation des anderen ist. Er bricht nicht aus, weil ich das so von ihm erwarte, er bricht nicht aus, weil er eingesehen hat, dass er es nicht tun sollte, dass es unrecht ist etc. Etwas abweichend hiervon lässt sich der letzte Fall (d) behandeln. Auch hier gehe ich davon aus, dass der andere intrinsisch motiviert ist, aber die Motivation, die ich unterstelle, ist eine andere. Ich weiß: Wenn er könnte, würde er ausbrechen; ich weiß aber auch: Er fürchtet sich vor den möglichen Sanktionen. Diese Furcht macht sein Verhalten in gewisser Weise verlässlich, nicht seine Einsicht. Es liegt auf der Hand, dass die Unterstellung einer solchen Furcht, soll sie zu Verlässlichkeit im Sinne des Sich-Verlassen-auf führen, auf unterstützende Aspekte angewiesen ist, um wirklich Erwartungsstabilität zu gewährleisten. Dicke Gefängnismauern kommen meinen Erwartungen an diesem Punkt durchaus entgegen, denn ich gehe davon aus, dass Furcht als Grundlage der Motivation des anderen keine gute oder besonders verlässliche Basis für den Wunsch nach Erwartungsstabilität ist.[159]

159 Manche Autoren (vgl. Jones, »Trust«, a.a.O., S. 467) bevorzugen noch einen anderen Begriff des Sich-Verlassens-auf, der auf der Abwesenheit realer Handlungsgründe fußt. Bei der Flucht aus einem brennenden Wald stehen wir vor einer Brücke. Wollen wir überleben, müssen wir sie überqueren: wir müssen uns auf sie verlassen. Aber was heißt es, sich in einer Situation, in der wir gar keine andere Wahl haben, auf etwas zu verlassen? Ich weiß nicht, ob die Brücke stabil ist, sondern nur, dass ich sterben werde, wenn ich im brennenden Wald verharre. Ich überquere die Brücke, weil ich hoffe, dass sie hält. Das heißt aber nicht, daß ich mich darauf verlasse. Ich könnte sogar bemerken, dass die Brücke brüchig ist, so dass aus meinem Hoffen ein Hoffen auf ein Wunder wird. Um sich auf etwas zu verlassen, brauchen wir erwartungsstabilisierende Eigenschaften der Welt oder anderer Personen in ihr. Handlungszwänge erzeugen keine stabilen Erwartungen, sondern im schlimmsten Fall katastrophale Dilemmata. Holton, »Deciding to Trust, Coming To Believe«, a.a.O., S. 65 f., differenziert »relying on something happening« und »relying on a person to do something«; wenn wir uns auf eine Person verlassen, setzen wir auf bestimmte Motive von ihr, Holton nennt sie »intern«; diesen Bezug brauchen wir nicht, wenn wir uns darauf verlassen, dass etwas passiert. Das Vertrauen wiederum wird von Holton vom Sich-Verlassen auf eine Person durch die spezifische Einstellung des Ver-

7.2 Wohlwollen oder Rücksichtnahme: Zur Struktur der intersubjektiven Erwartung

Vertrauen und Sich-Verlassen-auf lassen sich nicht dadurch unterscheiden, dass wir annehmen, die eine Einstellung nehme auf die Motive des anderen Bezug, die andere nicht. Es liegt vielmehr nahe, diesen Unterschied motivationsintern zu fassen, und es ist bereits angedeutet worden, wie genau dieser Unterschied zu fassen ist. Wenn wir vertrauen, gehen wir davon aus, so meine These, dass das Faktum meines Vertrauens im anderen eine Rücksichtnahme erzeugt, die auf mein Vertrauen Bezug nimmt. Der Vertrauenswürdige reagiert in diesem Sinne auf mein Vertrauen und erklärt sich bereit, diesem Vertrauen in seinem Verhalten entgegenzukommen.[160] Wenn dies plausibel ist, bleibt zu klären, wie genau der Begriff der Rücksichtnahme an dieser Stelle zu verstehen ist. Wir können hier eine starke und eine schwache Fassung der Rücksichtnahme unterscheiden. So geht Baier davon aus, dass wir nur dann vertrauen, wenn wir wohlwollende Motive im anderen voraussetzen, während wir uns auf andere immer dann verlassen, wenn wir ihnen egozentrische Motive der Erwartungserfüllung einräumen. Ich verlasse mich darauf, dass du die Lebensmittel im Supermarkt nicht vergiftest, weil du dich vor dem Wachpersonal fürchtest, nicht aber, weil ich glaube, du hättest mir gegenüber wohlwollende Motive.[161] Folgt man Baier an diesem Punkt, dann ist die Art und Weise, wie sich die Person auf uns bezieht, mit der wir in bestimmten Kontexten interagieren oder kooperieren wollen, entscheidend für die Differenz zwischen Sich-Verlassen-auf und Vertrauen. Um es genauer zu formulieren: Die Motive, die Ego Alter im Interaktionsprozess unterstellt, bestimmen die Verwendung der Begriffe Vertrauen und Sich-Verlassen-auf. Um aus der Interaktion eine vertrauensvolle zu machen, müssen wir Wohlwollen unterstellen; wenn wir dagegen egozentrische Motive der Erwartungserfüllung voraussetzen, haben wir es mit einem Fall von Sich-Verlassen-auf zu tun.

trauenden unterschieden, durch das, was im Anschluss an Strawson als »reactive attitude« bezeichnet wird.

160 Pettit (»Trust, Reliance and the Internet«, a. a. O., S. 111) spricht deswegen vom »interaktiv dynamischen Charakter« des Vertrauens.

161 Baier, »Trust and Antitrust«, a. a. O., S. 98 f. (dt. S. 42).

Mit diesem Punkt habe ich keine Probleme, da auch ich den Unterschied zwischen Vertrauen und Sich-Verlassen-auf so bestimme. Die Frage ist nur, ob die Motive, mit denen sich der andere mir zuwendet oder die ich ihm unterstelle, Motive des Wohlwollens sein müssen. Ich halte dies für eine zu starke Form der Bezugnahme und plädiere deswegen dafür, an die Stelle des Wohlwollens den formaleren und ethisch weniger aufgeladenen Begriff der Rücksichtnahme zu setzen. Auch im Alltag sprechen wir nicht nur dann von Vertrauen, wenn wir anderen Wohlwollen uns gegenüber unterstellen. Sinnvoller erscheint es, darauf zu verzichten, die Tatsache, dass sich der andere in vertrauensvollen Interaktionen auf den Vertrauensgeber bezieht, mit einem spezifischen Motiv (Wohlwollen) in Verbindung zu bringen. Es reicht, dass er in seinem Verhalten *Rücksicht* auf die Interessen und Wünsche des Kooperationspartners nimmt und diese gleichsam in sein Verhalten oder seine Einstellung integriert.[162] In diesem Sinne wäre auch Hardins Model des »encapsulated interest« ein Model des Vertrauens: »Ich vertraue dir«, so Hardin, »weil ich denke, dass es in deinem Interesse ist, meine Interessen in der Angelegenheit, um die es geht, ernst zu nehmen«.[163] Wenn dagegen dieser Bezug auf meine Interessen nicht vorhanden ist oder nicht unterstellt wird, sprechen wir von einem Fall des Sich-Verlassens-auf. Um mich darauf zu verlassen, dass du das Essen in den Regalen nicht vergiftest, muss ich dir keine Motive unterstellen, die implizit oder explizit auf mich und meine Interessen Bezug nehmen. Es reicht, dass ich dir Motive unterstelle, die deine eigenen Interessen betreffen.

Diese Position lässt sich mit der These verbinden, wonach wir in Vertrauensverhältnissen eine andere Einstellung gegenüber dem anderen haben als in Verhältnissen des Sich-Verlassens-auf. Holton etwa geht davon aus, dass wir in Vertrauensverhältnissen, anders als in Verhältnissen des Sich-Verlassens-auf, eine teilnehmende Haltung (*participant stance*) anderen gegenüber einnehmen, die sich

162 Siehe Thomas, *Living Well*, a. a. O., S. 183. Ich sehe an dieser Stelle von der Frage ab, ob es sinnvoll ist, von Grundvertrauen zu sprechen und dieses auf Überzeugungen (*beliefs*) zu stützen. Kritisch gegenüber Baier: Onora O'Neill, *Autonomy and Trust in Bioethics*, Cambridge 2002, S. 14, und Margaret Urban Walker, *Moral Repair. Reconstructing Moral Relations after Wrongdoing*, Cambridge 2006, S. 77.

163 Hardin, *Trust and Trustworthiness*, a. a. O., S. 1.

vor allem in dem Augenblick offenbart, in dem unser Vertrauen enttäuscht wird.[164] Während enttäuschtes Vertrauen ein Gefühl des Verratenwordenseins nach sich zieht, ziehen Fälle, in denen wir uns wider Erwarten nicht auf jemanden verlassen können, eher Ärger nach sich, der in der Regel weniger dem anderen gilt, auf den offenbar kein Verlass ist, als uns selbst, die wir uns naiv auf ihn verlassen haben. Das Gefühl des Verratenwordenseins dagegen ist zweifellos mit der Annahme verbunden, dass der andere *uns* so nicht hätte behandeln dürfen. Wir sind nicht nur darüber enttäuscht, dass er nicht erwartungskonform reagiert hat, sondern auch darüber, dass er sich *uns* gegenüber so verhalten hat, da wir an diesem Punkt andere Erwartungen hatten. Diese teilnehmende Haltung beruht nicht auf unterstelltem Wohlwollen, sie beruht vielmehr auf unterstellter Rücksichtnahme, von der nur noch nicht klar ist, wie sie genauer charakterisiert werden muss.[165]

Die Unterscheidung zwischen Vertrauen und Sich-Verlassen-auf, die damit gewonnen wurde, lässt sich zusammenfassend wie folgt charakterisieren: Im Vertrauen verlassen wir uns auf einen anderen, weil wir davon ausgehen, dass die Tatsache unseres Vertrauens und dessen, was in ihm auf dem Spiel steht, eine Form der Rücksichtnahme hervorrufen wird, die in Akten des bloßen Sich-Verlassens-auf nicht gegeben ist. Dass sich dieser Unterschied in unterschiedlichen emotionalen Reaktionen im Falle der Erwartungsenttäuschung manifestiert, verweist auf die unterschiedlichen normativen Erwartungen, die auf beiden Seiten in Vertrauensverhältnissen und in Verhältnissen des Sich-Verlassens-auf gegeben sind. Man kann diesen Sachverhalt auch anders formulieren: Wenn wir uns auf etwas verlassen, sind wir uns weitgehend sicher, dass es so oder so passieren wird oder sich so oder so verhalten wird. Auch zum Vertrauen gehört eine gewisse Form der Zuversicht, aber diese beruht nicht auf erfahrungsbasierten oder umstandsbedingten Voraussagen des

164 Holton, »Deciding to Trust, Coming To Believe«, a. a. O.

165 Siehe ebd., S. 66, Fn. 9. Während Holton im Text gelegentlich suggeriert, unsere Einstellung gegenüber anderen komme ganz ohne Bezug auf ihre Motive aus oder zumindest ohne Bezug auf Motive, die sich auf uns als Geber des Vertrauens beziehen, wird an dieser Stelle deutlich, dass dies nicht so ist. Holton hält allerdings die Rücksichtnahme (*regard*) für relevanter als das unterstellte Wohlwollen, das in seinen Augen nicht immer notwendig ist, um anderen zu vertrauen.

Verhaltens des anderen, sie beruht auf der wahrgenommenen Annahme oder Akzeptanz des geschenkten Vertrauens, die nicht rein mechanisch verläuft (»Immer wenn mir jemand Vertrauen entgegenbringt, erfülle ich es«), sondern als angenommene Anerkennung der eigenen Vertrauenswürdigkeit gefasst werden kann. Wenn wir anderen vertrauen, ist das eine Form der Anerkennung, die genau darin besteht, dem anderen die Freiheit zu lassen, die Art und Weise der Vertrauenserfüllung zu bestimmen. Damit wird mit jedem Vertrauensakt ein normativer Status etabliert, der zwar vorangegangene Erfahrungen aufnehmen kann, zugleich aber ein Element normativer Kreativität enthält, das im Begriff des Sich-Verlassens-auf nicht eingefangen wird. Mehr noch, es würde dem normativen Gehalt vertrauensvoller Beziehungen widersprechen, wenn sich Vertrauenswürdigkeit gleichsam mechanisch einstellte und sich auch in dieser Form berechnen ließe. Im Abschnitt über die normative Struktur des Vertrauens wird dieser Aspekt wieder aufgegriffen.

Um Vertrauen von einem Sich-Verlassen-auf unterscheiden zu können, ist die Kategorie der Rücksichtnahme eingeführt worden, die allgemein genug ist, um verschiedene konkrete Motivmuster des Vertrauensempfängers zu erfassen. Unabhängig von der allgemeinen Unterscheidung zwischen Vertrauen und Sich-Verlassen-auf, geht es nun vor allem um die Frage der genaueren Charakterisierung der Motive des Vertrauensempfängers. Welche Motive für Vertrauenswürdigkeit können andere haben? Es seien fünf mögliche Antworten genannt, von denen einige schon erwähnt worden sind. (1) Wir vertrauen dem, der uns oder unseren Plänen mit Wohlwollen begegnet. Wohlwollen heißt hier nicht unbedingt, dass der Vertrauensempfänger die gleichen Ziele verfolgt wie wir und schon allein deswegen positiv auf sie reagiert; es heißt nur, dass er der Tatsache, dass wir diese Ziele verfolgen, in unterstützender Haltung begegnet, weil er es für wichtig hält, dass wir diese Ziele erreichen können. Das Wohlwollen, so lässt sich auch sagen, gilt nicht unseren Plänen, sondern uns als Person, die diese Pläne hat, was natürlich nicht ausschließt, dass Pläne oder Absichten, die der Vertrauensempfänger für verwerflich hält, nicht seine Zustimmung finden. (2) Der andere ist in dem Maße vertrauenswürdig, in dem es in seinem Interesse ist, meine Interessen ernst zu nehmen. Er muss diesen Interessen nicht mit Wohlwollen begegnen, er muss nur erkennen, dass die Rücksichtnahme auf meine Interessen Voraussetzung für das Durchsetzen seiner eigenen Interessen ist. Diese stehen folglich motivational im Mittelpunkt, aber auf eine Weise, die intrinsisch mit einer Bezugnahme auf die Motive des Vertrauensgebers verbunden ist. (3) Wir vertrauen anderen nicht dann, wenn das ihren Interessen entgegenkommt oder wenn sie unseren Interessen wohlwollend begegnen, sondern, wenn sie moralisch integer sind, das heißt, wenn sie sich verpflichtet fühlen, das zu tun, was jeweils richtig und moralisch angemessen ist. Um das zu tun, müssen sie uns nicht mit Wohlwollen begegnen; es reicht, wenn sie sich als moralische Wesen verstehen oder tun, wozu sie moralisch verpflichtet sind. (4) Wir vertrauen den Motiven der anderen nicht im direkten Sinn, sondern gehen davon aus, dass sie im Kontext von Institutionen sozialisiert worden sind, die ihnen bestimmte Werte und Normen (wie Wahrheitsliebe oder Vertragstreue) vermittelt haben. Wir vertrauen damit in gewisser Weise darauf, dass die Institutionen über ein vertrauensstabilisierendes Ethos verfügen, das sie mehr oder weniger zuverlässig an die mit ihnen in Kontakt stehenden Personen weitergeben. (5) Handelt es sich bei den Institutionen um politische Institutionen im engeren Sinne, vertrauen wir darauf, dass die politischen Repräsentanten ihr Handeln am Gemeinwohl und nicht an ihren persönlichen Interessen (oder an Freundschaftsbeziehungen) orientieren.

Wie unschwer zu erraten ist, bemüht sich nun ein Großteil der philosophischen Literatur zum Vertrauen um den Nachweis, das eine dieser Motivationsquellen allen anderen überlegen ist. Dies geschieht vor allem, indem konstruierte Beispiele in Anschlag gebracht werden, die die Richtigkeit der präferierten Position beweisen sollen. Behauptet jemand, Wohlwollen sei das zentrale Motiv des Vertrauenswürdigen, wird ein Fall ins Spiel gebracht, der zeigt, dass man anderen vertrauen kann, ohne ihnen Wohlwollen zu unterstellen. In anderen theoretischen Kontexten dreht sich alles um den Nachweis, dass Vertrauenswürdigkeit, die auf rationalem Eigeninteresse beruht, in sich instabil sein muss. Wieder andere Autoren schließlich versuchen nachzuweisen, dass die Annahme moralischer Motive der Vertrauenswürdigkeit die mit jedem Vertrauensverhältnis verbundenen Risiken verfehlt.

Wie ist damit umzugehen? Nun, ich halte zwei Aspekte in diesem Zusammenhang für wichtig. Zum einen muss an die wesentliche Instrumentalität vertrauensvoller Verhältnisse erinnert werden. Welche Motive der Vertrauenswürdigkeit ich unterstelle, hängt auch an meinen Interessen und Wünschen, die im Vertrauensverhältnis auf dem Spiel stehen. Manche meiner Interessen sind vielleicht sogar so allgemein, dass sie sich gar nicht auf nur eine der beschriebenen Motivationslagen festlegen lassen. Jenseits dieser Allgemeinheit aber vertraue ich einem Freund Dinge an, die ich einem Arzt nicht anvertrauen würde, da ich nur vom Freund Wohlwollen erwarte, wohingegen mir beim Arzt eine gewisse Integrität reicht. Ich verlasse mich darauf, dass der Arzt professionelle Standards einhält, aber ich vertraue ihm nicht. Mehr noch, ich gehe auch nicht davon aus, dass meine Einstellung ihm gegenüber sein Verhalten entscheidend beeinflussen wird. Er muss in seinem Verhalten keinen Bezug auf meine persönlichen Interessen nehmen (was nicht heißt, dass ein Bezug auf die Interessen der Patienten nicht Teil seines professionellen Selbstverständnisses ist).

Welche Motive der Vertrauenswürdigkeit ich also unterstelle, hängt nicht unwesentlich an den konkreten Beziehungen, in denen sich das Vertrauen verwirklichen soll. Hierzu passt der zweite Punkt: Vertrauen, so hieß es weiter oben, ist eine relationale Einstellung. Damit wird unter anderem auf den Sachverhalt hingewiesen, dass der vollständige Gehalt vertrauensvoller Einstellungen nicht ohne Verweis auf historisch wandelbare Selbstverständnisse erschlossen werden kann, die Auskunft über die Dimensionen der Verletzbarkeit geben, um die es im Vertrauen jeweils geht. Auch an dieser Stelle also kann es nicht darum gehen, abstrakt Motive des Vertrauens und der Vertrauenswürdigkeit zu unterstellen, da einzig ein Blick auf historisch wandelbare Selbstverständnisse Aufschluss über die möglichen Erwartungen geben kann, die in Vertrauensverhältnissen zum Tragen kommen. Alles, was wir vorerst sagen können, ist, dass Vertrauensverhältnisse anders als Verhältnisse des gegenseitigen Sich-Verlassens-auf zwar auf unterstellter Rücksichtnahme des Vertrauensempfängers beruhen, die Art und Weise der Rücksichtnahme aber nicht ohne Verweis auf konkrete, auch historisch variable Beziehungsformen spezifiziert werden kann. Erst im zweiten Teil dieser Arbeit können diese Behauptungen an einzelnen Beispielen veranschaulicht werden. Schon vorher werde ich aber auf die Frage eingehen, ob der, den wir für vertrauenswürdig halten, aus spezifisch moralischen Gründen den Status der Vertrauenswürdigkeit für sich beanspruchen kann.

8. Die spezifische Normativität des Vertrauens

Die Überlegungen zu möglichen Motiven der Vertrauenswürdigkeit haben bislang nur zu einer sehr allgemeinen Charakterisierung der im Vertrauen unterstellten Motive des anderen geführt. Es hieß, dass wir im Vertrauen eine gewisse Rücksichtnahme auf unsere Interessen und Wünsche verlangen. Verbindet man diesen Punkt mit der wesentlichen Instrumentalität des Vertrauens, könnte allerdings der Eindruck entstehen, es gehe bei vertrauensvoll durchgeführten Handlungen einzig um Handlungen, die es mir ermöglichen, eigene Interessen und Wünsche auf eine bestimmte Art und Weise zu verwirklichen – als ruhten alle normativen Qualitäten vertrauensvoller Handlungen in dem Beitrag, den sie zur Verwirklichung der in diesen Handlungen zur Geltung kommenden Interessen leisten. Aber wird damit der normative Gehalt vertrauensvoller Beziehungen angemessen erfasst? Ist Vertrauen ausschließlich wertvoll, weil es instrumentelle Dienste leistet?

Diese Frage lässt sich vielleicht beantworten, wenn ein Aspekt betrachtet wird, der instrumentellen Handlungen in der Regel innewohnt. Sie sind nämlich gerade in ihrer Instrumentalität durch andere Handlungen substituierbar, die die Verwirklichung der gleichen Wünsche und Interessen ermöglichen. Nehmen wir an, ich will mit dem Auto von A nach B gelangen. Das Auto dient mir als Mittel, um meinen Wunsch, nach B zu gelangen, zu verwirklichen. Es ist aber durchaus ersetzbar durch ein Fahrrad, je nach Weglänge besteht eventuell auch die Möglichkeit, zu Fuß zu gehen. In normativer Hinsicht spielt es offensichtlich keine Rolle, ob ich mein Ziel erreiche, indem ich das Auto, das Fahrrad oder gar kein Fahrzeug benutze, sieht man einmal von ökologischen Fragen ab. Ich kann mein Ziel so oder anders erreichen, die genannten Vorschläge sind normativ gleichwertig. Nun beschreiben wir die Situation etwas anders. Ich will erneut von A nach B gelangen, aber für die Art, wie ich dort hingelange, spielt das Vertrauen in die Sicherheit des Wegs eine gewichtige Rolle. Wenn mein Vertrauen hoch ist, wähle ich den direkten Weg. Erscheint mir dieser aber nicht geheuer, nehme ich einen Umweg. Oder ich nehme den direkten Weg, besorge mir aber vorher eine Waffe, um mich gegebenenfalls zu wehren. Erneut lässt sich sagen, dass sich das Ziel, das ich habe, nämlich von A nach B zu gelangen, in allen drei Fällen verwirklichen lässt. Insofern scheint auch hier eine Substituierbarkeit der Mittel gegeben zu sein, wenn man die Art und Weise, wie ich zum Ziel gelange (direkt ohne Waffe, direkt mit Waffe oder durch Inkaufnahme eines Umwegs), in diesem Zusammenhang als Mittel bezeichnen will.

An diesem Punkt aber könnte nun schon eine erste Frage auftauchen. Nehmen wir an, ich vertraue darauf, dass andere, die ebenfalls auf dem Weg gehen, harmlos sind. Am nächsten Tag höre ich jedoch von einem Vorfall auf diesem Weg und entscheide mich sofort, bei späteren Gelegenheiten denselben Weg zu nehmen, aber dann mit einer Waffe. Ob ich nun vertraue oder nicht – in beiden Fällen kann ich mein Ziel, B, erreichen. Es sieht also ganz so aus, als wäre das Vertrauen nur eine Möglichkeit, um gegebene Ziele zu erreichen, keinesfalls aber die einzige Möglichkeit. Nur taucht dann die folgende Frage auf: Sind alle Arten und Weisen, von A nach B zu gelangen, normativ gleichwertig? Wenn wir hier Unterschiede erkennen, muss das daran liegen, dass es in vertrauensvollen Handlungen möglicherweise um mehr geht als nur um die Verwirklichung gegebener Ziele. Es muss daran liegen, dass die Art und Weise, in der wir ein Ziel verwirklichen, normativ relevante Unterschiede mit sich bringt. Der Begriff des Normativen, der dabei Verwendung findet, verweist auf Erwartungshaltungen, die im Falle ihrer Enttäuschung Formen einer verantwortungsrelevanten Empörung nach sich ziehen. Dass wir eine normative Erwartung haben, zeigt sich daran, dass wir mit Empörung reagieren, wenn diese Erwartung von relevanten anderen enttäuscht wird, und darüber hinaus die Bereitschaft haben, diese anderen für ihr Verhalten zur Rechenschaft zu ziehen.

Es hieß, im Vertrauen unterstellen wir den Empfängern des Vertrauens eine gewisse Rücksichtnahme auf unsere Interessen und Wünsche. Man kann auch sagen: Wir *erwarten* von ihnen diese Rücksichtnahme. Und: Wir erkennen sie im Vertrauen als solche an, denen Vertrauen entgegengebracht werden kann. Hobbes geht es um diesen Punkt, wenn er schreibt: »Einem anderen glauben [*believe*], vertrauen [*trust*] und sich auf ihn verlassen [*rely*] heißt ihn ehren, da dies ein Zeichen ist, daß wir ihm Wert [*vertue*] und Macht zuschreiben. Einem mißtrauen oder nicht glauben heißt entehren.«[166] Den anderen im Vertrauen als einen anzuerkennen, dem vertraut werden kann, heißt, darauf zu verzichten, ihn in seinem Verhalten zu überwachen, und etabliert das, was man als *kooperative Autonomie* bezeichnen kann. Nicht nur als Vertrauende gewinnen wir Spielräume, die uns in die Lage versetzen, einzelne uns wichtige Ziele zu verwirklichen, auch der Vertrauensempfänger erhält solche, indem ihm Handlungsmöglichkeiten eingeräumt werden, die ihn als autonomes Kooperationswesen auszeichnen. Da wir viele unserer Ziele und Pläne nur verwirklichen können, wenn andere uns dabei unterstützen, sind wir als Wesen, denen an Autonomie etwas liegt, auf ein wechselseitiges Vertrauen angewiesen, ohne das wir zumindest dann nicht autonom werden können, wenn unter Autonomie mehr verstanden wird als die bloße Unabhängigkeit von anderen.[167] Wenn Autonomie darin besteht, tun zu können, was einem wirklich wichtig ist, wenn sie bedeutet, Pläne und Ziele zu verwirklichen, mit denen man sich wirklich identifizieren kann und die man gleichzeitig nur umsetzen kann, wenn andere kooperativ und zwanglos zur Seite stehen, dann ist Vertrauen eine entscheidende Voraussetzung für die Ausbildung einer solchen kooperativen Autonomie.

Die weitere These ist nun, dass sich diese kooperative Autonomie auf nichtsubstituierbare Weise nur in vertrauensvollen Verhältnissen verwirklichen kann, so dass diese einen intrinsischen Wert erhalten, zu dem wir als Vertrauende immer schon positiv Stellung nehmen. Indem wir uns bei gegebenen Alternativen dafür »entscheiden«, der vertrauensvollen Variante zu folgen, stützen wir die Werte, die in vertrauensvollen Beziehungen verwirklicht werden, und zwar auch dann, wenn wir die instrumentellen Werte, die im Rahmen solcher Beziehungen verwirklicht werden, nicht miteinander teilen. In diesem Sinne ist es in normativer Hinsicht nicht gleichgültig, ob ich von A nach B gelange, indem ich eine Waffe mitnehme, oder indem ich anderen vertraue. Auch wenn das Resultat der Handlung in beiden Fällen identisch sein mag, *tue* ich jeweils etwas anderes, denn nur wenn ich anderen vertraue, erkenne ich sie als Wesen an, denen vertraut werden kann, so wie sie mich als einen anerkennen, dessen Wünsche oder Interessen Rücksichtnahme erfordern. Diese normativen Aspekte dessen, was

166 Hobbes, *Leviathan*, a. a. O., S. 64 (I.10) [dt. S. 68].

167 Vgl. O'Neill, *Autonomy and Trust in Bioethics*, a. a. O., S. 24 f. und S. 88.

hier kooperative Autonomie genannt wird, lassen sich nur in vertrauensvollen Verhältnissen verwirklichen, die damit neben ihren instrumentellen Aspekten zugleich intrinsische Werte annehmen.

8.1 Der Aspekt des Intrinsischen

Der Begriff des Intrinsischen, der damit genannt ist, bedarf der näheren Explikation. Bislang scheint er Folgendes zu bedeuten: Wir können in Vertrauensverhältnissen Ziele und Zwecke verwirklichen, die wir gegebenenfalls auch ohne sie verwirklichen können, aber trotz dieser instrumentellen Dimension besitzen diese Vertrauensverhältnisse auch ein normatives Eigengewicht und verwirklichen Werte, die sich nur in ihnen oder durch sie hindurch verwirklichen lassen. Der Begriff des Intrinsischen steht an dieser Stelle folglich für die nichtsubstituierbaren normativen Eigenschaften vertrauensvoller Verhältnisse. Es gibt aber noch eine zweite Weise, Einstellungen des Vertrauens und der Vertrauenswürdigkeit als intrinsisch wertvoll zu betrachten. Bislang habe ich gesagt, wir können bestimmte Ziele und Zwecke auch ohne Vertrauen verwirklichen, ziehen aber gegebenenfalls den Weg des Vertrauens vor, weil wir am Vertrauen selbst intrinsisch wertvolle Züge ausmachen. Die Art, wie wir uns im Vertrauen als Subjekte anerkennen, die einander vertrauen können, ist nicht substituierbar. Nun mag es aber auch Ziele, Zwecke oder Werte geben, die wir nur im Vertrauen verwirklichen können. Die übliche Rede »Vertrauen ist gut, Kontrolle ist besser« lenkt von diesem Punkt ab, weil sie suggeriert, Kontrolle könne an die Stelle von Vertrauen gesetzt werden, wenn wir das so wünschen. Es dürfte aber häufig genug gar nicht möglich sein, das, was im Vertrauen auf dem Spiel steht, ohne Substanzverlust in kontrollgeprägten Beziehungen zu verwirklichen. Man kann hier eine negative Gesetzmäßigkeit formulieren: Je schwieriger es ist, das, was im Vertrauen auf dem Spiel steht, im Rahmen von kontrollierten Beziehungen zu erlangen, desto plausibler ist es, in diesem Zusammenhang die Existenz vertrauensrelativer Güter anzunehmen. Diese Güter können wir nur im Kontext vertrauensvoller Beziehungen verwirklichen, was impliziert, dass sie, um stabil zu existieren, auf unsere intrinsische Wertschätzung des Vertrauens angewiesen sind. Sie sind aufgrund ihrer Vertrauensrelativität gleichsam verletzlicher als die

Güter, die wir unter Umständen auch außerhalb von Vertrauensverhältnissen verwirklichen können. Darüber hinaus können sie natürlich selbst in intrinsischer Weise, also um ihrer selbst willen, von uns wertgeschätzt werden. In einem solchen Fall überlagern sich die Ebenen der intrinsischen Wertschätzung oder verstärken sich gegenseitig. Gibt es Güter, die wir um ihrer selbst willen schätzen und die wir nur im Rahmen von Vertrauensbeziehungen verwirklichen können, dann fällt es schwer, die Wertschätzung, die wir dem Vertrauen entgegenbringen, von der Wertschätzung zu trennen, die wir den Gütern entgegenbringen, um die es im Vertrauen geht. Trotzdem ist es sinnvoll, diese beiden Wertschätzungsdimensionen wenigstens analytisch zu trennen, weil sonst die Gefahr besteht, Vertrauensverhältnisse zu stark mit der Verwirklichung bestimmter Güter (und Werte) zu verbinden.

Was damit gemeint ist, sei noch einmal am Beispiel kooperativer Autonomie erläutert: Ich gehe davon aus, dass es das gibt, was ich als kooperative Autonomie bezeichne, die sich, grob gesagt, nur in dem Maße verwirklicht, in dem wir darauf vertrauen, dass andere uns in obigem Sinn »unkontrolliert« begegnen und uns die Freiheit lassen, uns nach unserem Gutdünken zu entfalten. Wir sagen dann, dass Vertrauen nötig ist, um diesen Wert oder dieses Gut zu verwirklichen, ja, wir sagen, dass wir diesen Wert ohne Vertrauen gar nicht verwirklichen können. Heißt das aber, dass wir als Vertrauende immer schon diese Form der kooperativen Autonomie wertschätzen müssen? Das wäre in meinen Augen ein falscher Schluss, welcher der Historizität des Vertrauens nicht gerecht wird und das Vertrauen unnötig substanzialisiert. Dass wir kooperative Autonomie nur im Rahmen von Vertrauensverhältnissen verwirklichen können, impliziert nicht, dass Vertrauen immer schon den Wert der kooperativen Autonomie verwirklicht. Auch Verbrecher erkennen sich als Subjekte an, denen vertraut werden kann, aber sie neigen nicht dazu, den Wert kooperativer Autonomie derjenigen hochzuschätzen, denen sie Schaden zufügen wollen. Während also der Wert der kooperativen Autonomie gleichsam zum Vertrauen drängt, drängt dieses seinerseits nicht unbedingt zum Wert kooperativer Autonomie und bleibt insofern eher formal. Welche der Güter, denen wir mit intrinsischer Wertschätzung begegnen, nur im Kontext von Vertrauensbeziehungen verwirklicht werden können, sehen wir dem Vertrauen nicht an. Es ist somit eine Frage des konkreten Handlungskontextes, welche weiteren Werte und Güter wir mit dem Vertrauen in Verbindung bringen und wie genau sich diese zum Vertrauen verhalten. Wenn weiterhin von der intrinsischen Wertschätzung geredet wird, die wir dem Vertrauen entgegenbringen, dann ist damit zumeist die Wertschätzung gemeint, die wir der im Vertrauen verwirklichten reziproken Anerkennung entgegenbringen, es kann aber auch der Aspekt des intrinsisch Wertvollen gemeint sein, der dazu beiträgt, dass die Einstellung des Vertrauens Güter verwirklicht, die einzig im Rahmen vertrauensvoller Beziehungen verwirklicht werden. Hinzugefügt werden muss an dieser Stelle lediglich, dass die anerkennende Dimension *aller* Vertrauensbeziehungen ihrerseits häufig unter dem Einfluss der Güter steht, die im Vertrauen verwirklicht werden. Dass wir als jemand anerkannt werden wollen, dem vertraut werden kann, scheint zwar eine in sich ruhende, nicht weiter begründungsbedürftige Formulierung zu sein, aber dieser Eindruck täuscht darüber hinweg, dass der Wert, den wir mit der Einstellung des Vertrauens verbinden und der scheinbar ganz und gar intrinsisch ist, nicht immer unabhängig von unserer Wertschätzung der Güter ist, die wir im Vertrauen jeweils verwirklichen.

So geht es also stets darum, das Zusammenspiel dieser Dimensionen der Wertschätzung im Blick zu haben. Wir können hier unterscheiden zwischen Gütern, die wir innerhalb und außerhalb von Vertrauensbeziehungen verwirklichen können, und Gütern, die sich nur innerhalb von Vertrauensbeziehungen verwirklichen lassen. Und wir können zwischen Gütern unterscheiden, die wir für intrinsisch wertvoll halten, und solchen, die wir für instrumentell wertvoll halten. Da ich davon ausgehe, dass wir in der Regel Güter oder Ziele im Vertrauen verwirklichen, die uns wichtig sind, spricht vieles dafür, denjenigen Fall zum paradigmatischen zu erklären, in dem wir Güter im Vertrauen verwirklichen, die wir intrinsisch wertschätzen, aber ich will hier keine analytische Verbindung behaupten. Es kann nicht ausgeschlossen werden, dass es Güter gibt, die für uns einen instrumentellen Charakter haben, die wir aber durchaus im Rahmen vertrauensvoller Beziehungen verwirklichen (die Verbrecher, die einander vertrauen, planen einen Bankraub; dieser aber dient dem instrumentellen Ziel des Gelderwerbs). Ohne hier das von mir damit angedeutete Tableau an möglichen Kombinationen von Vertrauen und Intrinsität/Instrumentalität voll durchzudeklinieren, sei nur so viel gesagt: Es kommt unserer intrinsischen Wertschätzung des Vertrauens entgegen, wenn die Güter, die wir im Vertrauen verwirklichen, von uns intrinsisch wertgeschätzt werden, und zwar unabhängig von der Frage, ob wir diese Güter nur im Vertrauen verwirklichen können. Haben wir es allerdings mit Gütern zu tun, die sich ausschließlich im Rahmen von Vertrauensbeziehungen verwirklichen lassen, drückt die Enttäuschung über gebrochenes Vertrauen auch die Enttäuschung über die Geringschätzung der Güter aus, die wir im Vertrauensverhältnis zu verwirklichen trachteten. Handelt es sich um Güter, die wir auch ohne Vertrauen verwirklichen können, trifft diese Beschreibung ebenfalls zu, aber der Angriff auf das Gut, um das es geht, ist für das Gut nicht so existenziell wie im ersten Fall. Wir können versuchen, es ohne Vertrauen zu verwirklichen. Dass wir es trotzdem vorgezogen haben, den Weg des Vertrauens zu gehen, zeigt aber, dass wir mit der Einstellung des Vertrauens weitere uns wichtige Werte verbinden, die durch den Bruch des Vertrauens angegriffen werden.

Mit dieser Unterscheidung im Hintergrund kann nun die Frage angegangen werden, was es heißt, dass vertrauensvolle Verhältnisse intrinsisch normative Eigenschaften »besitzen«. Es sind vor allem zwei Auslegungen des Begriffs vom Intrinsischen, die hier behandelt werden müssen, um Bausteine einer Antwort auf die gestellte Frage zu gewinnen. Eine Auslegung fasst den Begriff des Intrinsischen als *Zweck-Mittel-Begriff*. Wir nennen etwas intrinsisch gut, wenn wir es um seiner selbst willen verfolgen oder tun und keine weiteren Zwecke damit in Verbindung bringen. Der Begriff des Intrinsischen steht entsprechend für letzte oder höchste Zwecke, denen wir mit einer bestimmten Einstellung begegnen oder die wir durch unsere Einstellung zu letzten oder höchsten Zwecken machen. Eine zweite Auslegung deutet den Begriff des Intrinsischen als *Eigenschaftsbegriff*. Wir nennen etwas intrinsisch gut, wenn es unabhängig von unseren Einstellungen wertvoll ist. Mit dieser Auslegung sind wertontologische Annahmen verbunden, die Korsgaard in ihrer Diskussion dieser Thematik in die folgenden Worte kleidet: »Manchmal [...] urteilen wir, dass bestimmte Dinge absolut gut sind, das heißt, die Welt ist hier und jetzt ein besserer Ort aufgrund dieses Dings.«[168]

168 Christine Korsgaard, »Two Distinctions in Goodness«, in: dies., *Creating the Kingdom of Ends*, Cambridge 1996, S. 249-274 (hier S. 249).

Die Tatsache, dass ich Vertrauensverhältnisse als wesentlich instrumentell bezeichne, schließt die Möglichkeit aus, dass wir sie auszeichnen, weil sie über absolute intrinsische Werte verfügen. Selbst wenn sie intrinsisch wertvoll in diesem Sinne sind, behalten sie in jedem Fall ihre instrumentelle Seite. Wir vertrauen anderen nicht deswegen, weil wir ihnen vertrauen wollen oder weil uns das Vertrauen an sich wertvoll erscheint. Wir vertrauen im Kontext einer Praxis, in deren Rahmen wir Ziele und Zwecke verwirklichen, die nicht im Vertrauen aufgehen oder sich darauf reduzieren lassen. Ein Satz wie »Ich vertraue dir mein Kind an, weil ich es wichtig finde, dass es Vertrauen gibt oder um durch mein Handeln wertvolles Vertrauen zu schaffen« verfehlt die Instrumentalität des Vertrauens und wirkt eigentümlich. Der, dem auf diese Weise Vertrauen signalisiert wird, könnte durchaus empört oder verstört reagieren, da er gleichsam zum Instrument für die Verwirklichung objektiv vorliegender Werte gemacht wird. Das aber verfehlt den normativen Deutungsrahmen, den vertrauensvolle Verhältnisse in der Sicht des Vertrauensempfängers besitzen. Im Vertrauen will ich von dir als einer anerkannt werden, dem vertraut werden kann, aber nicht, um mehr Vertrauen an sich zu schaffen, sondern weil ich bereit bin, auf deine Wünsche und Interessen auch dann Rücksicht zu nehmen, wenn sie nicht meine eigenen sind. Es ist die Tatsache, dass *du* mir vertraust, die in mir die Bereitschaft weckt, dieses Vertrauen nicht zu enttäuschen. In meine Vertrauenswürdigkeit sind folglich Bezüge auf deine Interessen und Zwecke in ihrer partikularen Dimension integriert, die, wie noch deutlich werden wird, auch dann verfehlt werden, wenn es heißt, wir seien auf der Basis moralischer Prinzipien vertrauenswürdig.

Wie lässt sich die intrinsische Normativität vertrauensvoller Verhältnisse aber stattdessen erläutern? Legen wir den Zweck-Mittel-Begriff zugrunde, dann scheint die intrinsische Güte vertrauensvoller Verhältnisse an unserer Einstellung ihnen gegenüber zu hängen, an der Art und Weise, in der wir ihnen gleichsam begegnen, in der wir sie deuten und verstehen. Aber wird diese Einstellung nicht durch die Instrumentalität des Vertrauens vorgegeben? Wir vertrauen, weil wir Ziele und Zwecke haben, die wir im Rahmen vertrauensvoller Verhältnisse gut erreichen können. Das ist unsere Einstellung. Wenn das so ist, brauchen wir dann überhaupt noch den Bezug auf intrinsische Werte von Vertrauensverhältnissen?

Vielleicht reicht es ja, die intrinsische Normativität vertrauensvoller Verhältnisse extern zu beschreiben, ohne dass diese externe Perspektive noch einmal Rückendeckung vom Subjekt benötigte. Das Subjekt kann gleichsam seine instrumentelle Perspektive aufrechterhalten, ohne sich um die spezifische Normativität des Vertrauens zu kümmern, die gleichwohl extern beschrieben werden kann. Bevor geklärt wird, was genau intrinsisch wertvoll heißen soll, ist es zunächst nötig, die Frage zu beantworten, auf welcher Ebene die Dimension des Intrinsischen überhaupt ins Spiel kommt. Zeigt sich dann, dass die Subjekte sehr wohl in der Lage sein müssen, auf irgendeiner Ebene auf den intrinsisch wertvollen Charakter vertrauensvoller Verhältnisse Bezug zu nehmen, kann erörtert werden, wie dieser Bezug genau aussieht.

8.2 Intrinsität und Stabilität

Nehmen wir an, die Akteure verhalten sich zu ihrem vertrauensvollen Verhältnis in einer ausschließlich instrumentellen Weise. Damit soll gemeint sein, dass sie in ihrem Handeln nur die für sie besten Konsequenzen im Blick haben. Sie sind damit egoistisch im philosophischen Sinne, das heißt, sie berücksichtigen die Interessen ihrer Kooperationspartner nur in dem Maße, in dem das ihren eigenen Interessen entgegenkommt. Wenn es zu ihren Interessen gehört, die Interessen der Kooperationspartner zu befriedigen, dann ist das folglich kein Widerspruch. In Hinsicht auf Vertrauen besagt die instrumentelle Perspektive, dass wir nur dann vertrauen oder vertrauenswürdig sind, wenn sich daraus gute Konsequenzen für uns ergeben, wenn wir also in der Lage sind, auf der Basis des Vertrauens (der Vertrauenswürdigkeit) unsere – egoistischen – Interessen zu befriedigen. Wir gehen ferner davon aus, dass dies auch die Weise ist, in der unsere Kooperationspartner Vertrauen betrachten, dass wir einander also reziprok ähnliche oder sogar identische Handlungsmotive unterstellen.

Die entscheidende Frage ist nun, ob es auf der Basis derartiger Einstellungen stabile Verhältnisse gegenseitigen Vertrauens geben kann? Die Antwort vieler Autoren, der ich mich anschließen möchte, lautet: Nein. Zwar ist nicht ausgeschlossen, dass Akteure auf der Basis dieser Annahmen miteinander kooperieren, aber im Prinzip ist es für sie nicht rational einander zu vertrauen, wenn sie davon ausgehen müssen, dass egoistische Einstellungen im beschriebenen Sinne vorherrschen. Das häufig genannte Problem an dieser Stelle sieht wie folgt aus: Akteure, die einander egoistische Motive unterstellen, können keine kooperativen Züge machen, weil sie hier und jetzt davon ausgehen müssen, dass ihre potenziellen Kooperationspartner kooperative Züge immer dann unerwidert lassen, wenn das ihren Interessen oder Präferenzen entgegenkommt. Hume hat dieses Problem anschaulich dargestellt:

> Dein Korn ist heute reif, das meinige wird es morgen sein. Es ist für uns beide vorteilhaft, daß ich heute bei dir arbeite und du morgen bei mir. Ich habe keine Neigung zu dir, und weiß, daß du ebenso wenig Neigung zu mir hast. Ich strenge mich daher nicht um deinetwillen an; und würde ich um meinetwillen, d. h. in Erwartung einer Erwiderung bei dir arbeiten, so weiß ich, daß ich enttäuscht werden und vergeblich auf eine Dankbarkeit rechnen würde. Also lasse ich dich bei deiner Arbeit allein. Und du behandelst mich in gleicher Weise. Nun aber wechselt das Wetter; wir verlieren beide unsere Erträge vermöge des Mangels an gegenseitigem Vertrauen [*mutual confidence*] und der Unmöglichkeit, uns einer auf den anderen zu verlassen.[169]

Unter der Voraussetzung reziproker egoistischer Motivunterstellungen ergeben sich folglich für die Akteure suboptimale Ergebnisse, weil sie nicht sicher sein können, dass ihre potenziellen Kooperationspartner tatsächlich Gelegenheiten ungenutzt verstreichen lassen, den eigenen Vorteil auf Kosten des jeweils anderen Kooperationspartners zu mehren. Dieses Problem bleibt auch dann bestehen, wenn die Akteure sich auf Einrichtungen juristischer oder politischer Art einigen, die dazu beitragen sollen, Verträge oder Abmachungen zu halten. Auch die Furcht vor Sanktionen im Falle des Vertrags- oder Wortbruchs bleibt nur so lange intakt, wie die Akteure keine Möglichkeit sehen, dem Zugriff der sanktionsbewährten Instanzen zu entgehen. Wenn sie diese Möglichkeit sehen, kann zumindest nicht ausgeschlossen werden, dass sie Vertrags- oder Wortbruch begehen, da das gegebenenfalls ihren Vorteil in größerem Maße mehrt als die Einhaltung abgegebener Versprechen. In diesem Sinne zerstört die ausschließliche Orientierung an einer

169 Hume, *A Treatise of Human Nature*, a. a. O., S. 520 f. (III.2.5) (S. 268 [Bd. 2]).

instrumentellen Rationalität das Vermögen, vertrauensvolle Verhältnisse zu etablieren, weil es für die Akteure unter Voraussetzung einer solchen Rationalität rationaler ist, nicht zu vertrauen oder nur, soweit das ihrem persönlichen Interesse entgegenkommt.[170]

Diese Überlegungen besagen auch, dass Theorien, die Akteure einzig im Lichte zweckrationaler Interessen deuten, mit dem Selbstverständnis der Akteure nicht vereinbar sind. Die Akteure können gleichsam die Einstellung, die ihnen von der Theorie empfohlen wird, nicht sinnvoll aufrechterhalten, weil dies eine instabile Praxis nach sich ziehen würde. In dem Maße also, in dem die Akteure ihre eigenen Einstellungen – also etwa die Bereitschaft, anderen zu vertrauen oder ihr Vertrauen nicht zu enttäuschen – bloß instrumentalistisch deuten, müssen diese Einstellungen instabil werden, weil ihnen keine stabile Praxis entspricht, in deren Rahmen sie sich erkennbar manifestieren können.[171] Genau an diesem Punkt entsteht folglich die Notwendigkeit, die instrumentelle Dimension vertrauensvollen Verhaltens um eine intrinsische Dimension zu erweitern, denn die instrumentellen Effekte können nur verlässlich erzielt werden, wenn die Akteure nicht nur eine instrumentelle Haltung zueinander und zu ihren vertrauensrelevanten Einstellungen einnehmen. Es ist gleichsam im Interesse stabiler instrumenteller Verhältnisse, dass die Akteure die Perspektive des Instrumentellen einschränken und mit einer nichtinstrumentellen Perspektive verbinden. Ist damit aber die Ebene benannt, auf der die Bezugnahme auf intrinsische Aspekte vertrauensvoller Verhältnisse fassbar wird, kann nun in einem nächsten Schritt der Versuch unternommen werden, noch einmal zu fragen, was genau es heißt, etwas als intrinsisch wertvoll zu betrachten.

Bernard Williams versucht diese Frage mit Blick auf die Perspektive des Vertrauensempfängers zu beantworten, für den es darum geht, vertrauenswürdig zu sein oder nicht. Williams sei ausführlicher zitiert:

Wenn der Vertrauenswürdigkeit (oder irgendeiner anderen Sache) ein intrinsischer Wert zugeschrieben wird, besteht die Gefahr, daß man anneh-

170 Vgl. Martin Hollis, *Trust Within Reason*, Cambridge 1998, S. 159.

171 Vgl. Bernard Williams, *Ethics and the Limits of Philosophy*, London 1985, S. 108 (dt. *Ethik und die Grenzen der Philosophie*, Hamburg 1999, S. 154); ders., *Truth and Truthfulness*, a. a. O., S. 90 f. (dt. S. 140).

men möchte, über ihren Wert sei nichts weiter zu sagen: Sie sei gut, weil sie etwas Gutes ist, und weitere Auskünfte gebe es nicht. Erläutert man hingegen, wie sich ihr Wert eventuell zu anderen und womöglich elementareren Werten und Bedürfnissen verhält (indem man etwa auf die Gewährleistung einer im Interesse aller liegenden kooperativen Tätigkeit abhebt), scheint man jenen Wert auf reduktionistische und instrumentalistische Weise zu erklären, woraus doch (wie es dann heißt) hervorgehe, daß es eigentlich gar kein intrinsischer Wert sei. Aber diese Art der Gegenüberstellung kann nicht wirklich vernünftig sein. Sie läßt uns nur die Wahl zwischen einem unerklärbaren und in sich selbst ruhenden intrinsischen Gut, dessen Wert sich von selbst erklärt, einerseits und einem Gut, das ausschließlich instrumentalistisch begriffen werden muss, andererseits. Was wir statt dessen brauchen, ist ein gewisses Verständnis dieser Werte, eine Erklärung ihrer Beziehungen zu anderen Dingen, von denen wir wissen, daß wir sie brauchen und hochschätzen, aber dieses Verständnis soll sie nicht auf die Ebene des bloß Instrumentellen reduzieren.[172]

Was hier angedeutet wird, lässt sich auch so formulieren: Wenn vertrauensvolle Verhältnisse eine intrinsische Dimension haben, dann muss diese mit den instrumentellen Dimensionen des Vertrauens vereinbar sein, ohne von diesen aufgesogen zu werden, sie muss, in den Worten Williams' »von innen heraus sinnvoll erscheinen«.[173] Die Tatsache, dass Vertrauen eine instrumentelle Dimension hat, führt andererseits nicht dazu, dass wir unfähig sind, intrinsische Aspekte am Vertrauen auszumachen. Wenn ich als potenzieller Vertrauensgeber darüber nachdenke, warum ich dir vertrauen sollte, kann ich mir durchaus darüber Gedanken machen, was mir durch mein Vertrauen ermöglicht wird. Ich will ins Kino gehen und deswegen vertraue ich dir mein Kind an. Diese instrumentalistische Dimension des Vertrauens lässt sich gewissermaßen nicht wegdefinieren. Wenn aber Vertrauensgeber und Vertrauensnehmer ihr Verhältnis nur unter diesem Gesichtspunkt betrachten, wird das Vertrauen instabil. Wenn sie also das Vertrauen (und die Vertrauenswürdigkeit) nicht auch als an sich wertvoll betrachten, können sie dessen instrumentelle Effekte nicht genießen. So könnte ich ja als potenzieller Vertrauensgeber darüber nachdenken, warum dir daran gelegen sein sollte, mein Vertrauen nicht zu enttäuschen.

172 Ebd., S. 90 (dt. S. 139 f.); vgl. Martin Hartmann, Martin Saar, »Bernard Williams on Truth and Genealogy«, in: *European Journal of Philosophy*, 12:3 (2003), S. 386-398.

173 Williams, *Truth and Truthfulness*, a. a. O., S. 91 (dt. S. 142).

Ich mache mir klar, dass auch du instrumentelle Interessen mit der Erfüllung des Vertrauens verbindest. Ich weiß zum Beispiel, dass du gerne mein Auto ausleihen möchtest. Wenn dir aber darüber hinaus nicht an dem Vertrauen gelegen ist, könntest du deine Interessen auch durchsetzen, indem du das dir anvertraute Kind kurzfristig in der Obhut deiner in solchen Dingen unerfahrenen Tochter lässt, um selbst in der Zeit meines Kinobesuchs auszugehen, dies in der beständigen Hoffnung, ich werde davon nichts erfahren. Wenn ich als potenzieller Vertrauensgeber einen solchen Gedankengang durchlaufe, könnte mein Vertrauen instabil werden (»unstable under reflection« heißt es bei Williams). Sollen Vertrauensverhältnisse andererseits stabil sein (und zwar auch in der Reflexion), dann müssen sie einen intrinsischen Wert annehmen, der die instrumentelle Seite des Vertrauens nicht angreift.

Die Pointe dieser Überlegungen besteht darin, den instrumentellen und den intrinsischen Wert des Vertrauens nicht gegeneinander auszuspielen, sondern aufeinander zu beziehen. Vertrauen kann nur dann dauerhaft instrumentelle Effekte haben, wenn es von den an Vertrauensverhältnissen beteiligten Akteuren immer auch als intrinsisches Gut behandelt wird. Aber was genau heißt es nun, ein Gut als intrinsisch wertvoll zu betrachten? Für Williams heißt intrinsisch, dass man es als positiv ansieht, »so zu handeln wie eine vertrauenswürdige Person, und zwar einfach deshalb, weil es sich um eine Handlung der gegebenen Art handelt [*just because it is the kind of action it is*]«.[174] Das ist, wie unschwer zu erkennen ist, keine sehr hilfreiche Formulierung, aber sie soll darauf hinweisen, dass es für den Empfänger des Vertrauens darum geht, das Vertrauen nicht zu enttäuschen, weil das Aufrechterhalten vertrauensvoller Beziehungen an sich wertvoll ist, also unabhängig von den instrumentellen Effekten, die auch damit gegeben sind.

Was genau aber macht diese Beziehungen *an sich* wertvoll? Hier bieten sich zwei Antwortvarianten an. Die erste versucht, gerade den instrumentellen Wert vertrauensvoller Beziehungen zum Grund ihres intrinsischen Werts zu machen. Weil uns Vertrauen in die Lage versetzt, wichtige Ziele zu verwirklichen, könnten wir sagen, es sei an sich wertvoll. Harry Frankfurt beschreibt das eigentümliche Verflochtensein von Instrumentalität und intrinsischer Wert-

174 Ebd., S. 90 (dt. S. 139).

haftigkeit am Beispiel des Liebenden: »Die Liebe ist ihm jedoch *genau* und *nur* aufgrund ihres Nutzens von Wert. Den Zwecken und Interessen des von ihm Geliebten zu dienen ist etwas, das er als einen Zweck in sich selbst schätzt. Falls er seine liebende Hingabe nicht als zweckdienlich erachten würde, dem von ihm Geliebten Vorteile zu gewähren, wäre sie ihm nicht intrinsisch wertvoll.«[175] In dem Maße, in dem seine Liebe den Interessen des geliebten Wesens dient, ist sie an sich wertvoll für den Liebenden. Doch dieses Ineinander von Instrumentalität und intrinsischer Werthaftigkeit lässt sich nicht auf vertrauensvolle Beziehungen übertragen. Das liegt vor allem daran, dass nicht klar ist, ob die in diesen Verhältnissen zur Geltung kommende Instrumentalität umstandslos als intrinsisch wertvoll bezeichnet werden kann. Wenn ich dir mein Kind anvertraue und deswegen ins Kino gehen kann, bin ich zwar in der Lage, ein mir wichtiges Ziel zu verwirklichen, aber es ist nicht klar, ob der Wert des Kinogangs dem Wert entspricht, den die Liebe zu einem geliebten Wesen impliziert. Wir betrachten nicht alle Ziele, die wir verwirklichen wollen, als gleich wichtig. Darüber hinaus ist bereits angedeutet worden, dass es eventuell möglich ist, das Ziel des Kinogangs anders zu erreichen. Ich warte, bis mein Kind schläft und nehme es dann mit ins Kino. Aber die Liebe zum geliebten Wesen steht und fällt mit der Liebe, die sich nicht substituieren lässt.

Jedoch bietet sich eine andere Antwortvariante auf die Frage an, was vertrauensvolle Beziehungen an sich wertvoll macht. Ich habe weiter oben bereits auf diese Variante verwiesen. Es ist unsere Einstellung zu den Gütern, die im Vertrauen jeweils verwirklicht werden. Halten wir diese Güter für intrinsisch wertvoll, fällt es uns leichter, auch das Vertrauen für intrinsisch wertvoll zu halten, durch das hindurch wir diese Güter verwirklichen. Der intrinsische Wert des Guts färbt gleichsam auf das Vertrauen ab. Wie genau das Gut beschrieben werden muss, um das es dabei jeweils geht, hängt natürlich von zahlreichen Umständen ab. Viel erfahren wir, wenn wir fragen, was uns an Handlungen stört, die Vertrauen enttäuschen oder hintergehen. Gehen wir, um auf das obige Beispiel zurück-

175 Harry G. Frankfurt, »Autonomy, Necessity, and Love«, in: ders., *Necessity, Volition, and Love*, Cambridge 1999, S. 129-141 (hier S. 134) (dt. »Autonomie, Nötigung und Liebe«, in: ders., *Freiheit und Selbstbestimmung*, a. a. O., S. 166-183 [hier S. 173]).

zukommen, davon aus, dass kooperative Autonomie ein zentraler Wert unseres Zusammenlebens ist, dann empört uns an gebrochenem Vertrauen die Manipulation oder Täuschung des Vertrauensgebers, die in der Regel der besseren Durchsetzung eigener Interessen dient.[176] In dieser Empörung kommt eine Wertschätzung kooperativer Autonomie zum Tragen, die in dem Maße intrinsische Züge besitzt, in dem sie unabhängig von der Frage ist, was Subjekte jeweils konkret mit der ihnen im Vertrauen gewährten Autonomie anfangen. Ist kooperative Autonomie andererseits für uns wertvoll, dann gehen wir davon aus, dass Vertrauenswürdigkeit unerlässlich ist, um diesen Wert zu verwirklichen. Die Formulierung, wonach es unsere *Einstellung* zu den durch Vertrauen verwirklichten Gütern ist, die über den intrinsischen Charakter der in diesen Gütern zum Tragen kommenden Werte entscheidet, darf also nicht dezisionistisch missverstanden werden: Wollen wir kooperativ autonome Wesen sein, *müssen* wir Vertrauen und Vertrauenswürdigkeit hochschätzen und mit Empörung auf Vertrauensbrüche reagieren. Sie darf darüber hinaus nicht individualistisch missverstanden werden: Wenn wir ein Gut wie kooperative Autonomie als intrinsisch wertvoll hochschätzen, müssen wir davon ausgehen, dass auch andere dies tun: »Da diese Denkweise der Beteiligten zum gemeinschaftlichen Wissen gehören muß, ist es [...] notwendig, daß die Vorstellung von diesem intrinsischen Wert überall verbreitet ist und daß ihre allgemeine Geltung als Element der Kultur begriffen wird.«[177] Damit wir ein Gut als intrinsisch wertvoll hochschätzen können, müssen wir annehmen, dass unsere Einstellung kollektiv geteilt wird, da wir unter der Voraussetzung verbreiteter instrumenteller Haltungen kaum in der Lage wären, dauerhaft kooperative Autonomie zu etablieren. Der Begriff der Einstellung darf schließlich nicht epistemisch missverstanden werden: Wir fragen uns nicht vor jedem Vertrauensakt, ob der andere hinreichend motiviert ist, das Vertrauen nicht zu enttäuschen. In gleicher Weise fragt sich der Empfänger des Vertrauens in der Regel nicht, ob er das Vertrauen erfüllen soll oder nicht. Dass das Wissen um die Bereitschaft, Vertrauenswürdigkeit als »Element der Kultur« zu begreifen, allgemein (*common*) ist heißt, dass es sich in einzelnen mehr oder weniger be-

176 Williams, *Truth and Truthfulness*, a.a.O., S. 93 (dt. S. 144). Vgl. auch O'Neill, *Autonomy and Trust in Bioethics*, a.a.O., S. 98.

177 Williams, *Truth and Truthfulness*, a.a.O., S. 90 (dt. S. 139).

währten institutionalisierten Praktiken verdichtet und darstellt, in deren Rahmen die Ausbildung einer vertrauensvollen oder vertrauenswürdigen Einstellung Züge einer zweiten Natur annimmt. In diesem Sinne ist die Bereitschaft, einen Wert als intrinsisch wertvoll zu betrachten, kein individuelles Handlungsmotiv. Sie ist vielmehr eingelassen in eine Praxis, die als solche die Arbeit der Überprüfung individueller Einstellungen überflüssig macht, weil sich der intrinsisch wertvolle Charakter des Vertrauens oder der Vertrauenswürdigkeit praktisch erfahrbar in einem kollektiven Rahmen darstellt und dadurch Einfluss auf Gedanken, Wünsche und Emotionen nehmen kann. Um welchen konkreten kulturellen Rahmen es sich dabei handelt, kann offengelassen werden. Dass Vertrauen und Vertrauenswürdigkeit kooperative Autonomie fördern, wenn neben ihren instrumentellen Effekten auch eine intrinsische Normativität an ihnen anerkannt wird, impliziert nicht, dass einzig die Förderung kooperativer Autonomie als normative Basis vertrauensvoller Verhältnisse fungieren kann. Wenn es hier ein Apriori gibt, dann handelt es sich stets um ein historisches Apriori. Nicht alle menschlichen Kooperationsverhältnisse laufen auf eine Auszeichnung kooperativer Autonomie hinaus, so dass es auch nicht nötig ist, den Begriff des intrinsisch Wertvollen mit dem Wert kooperativer Autonomie gleichzusetzen. Es wird im zweiten Teil dieses Buches darum gehen, diese These genauer zu erläutern. Die stärkste Annahme, die sich in diesem Zusammenhang formulieren lässt, lautet: Damit Verhältnisse gegenseitigen Vertrauens stabil bleiben, müssen sie *immer* mit Formen einer intrinsischen Wertschätzung einhergehen, da die ausschließliche Orientierung am instrumentellen Charakter des Vertrauens einen destabilisierenden Einfluss ausübt. So wie *wir* den Wert kooperativer Autonomie nicht hinterfragen, so kann es zu anderen Zeiten andere Werte geben, die sich als unhintergehbar erweisen. Ist Vertrauen zu ihrer Verwirklichung unerlässlich, dann ist es nötig, dieses Vertrauen durch Bezüge auf Formen intrinsischer Normativität zu stützen. Ist es nicht unerlässlich, spricht immer noch viel dafür, den Weg des Vertrauens möglichen anderen Wegen vorzuziehen. Aber das hängt auch von den Gütern ab, die auf dem Spiel stehen.

Etwas als intrinsisch wertvoll zu behandeln impliziert also nicht eine eigene, quasitautologische Einstellung (»Ich will es als intrinsisch wertvoll behandeln, weil ich es für intrinsisch wertvoll halte«), sondern eine wertgestützte Praxis, die wir in dem Augenblick anerkennen, in dem wir der Praxis folgen. Diese Praxis kann nur einen stabilen Charakter haben, wenn die sie tragenden und in sie eingelassenen Einstellungen die intrinsische Werthaftigkeit der in ihr verwirklichten Güter anerkennen, was wiederum nur im Kontext der Praxis selbst passieren kann. Praktiken, die nur durch instrumentelle Einstellung geprägt sind, tendieren zur Instabilität oder brechen zusammen.

8.3 Die (funktionalistische) Illusion der Substituierbarkeit

Ist der Begriff des Intrinsischen soweit geklärt, kann auf einen bereits erwähnten Punkt genauer eingegangen werden. Kooperative Autonomie, so hieß es, kann sich auf *nichtsubstituierbare* Weise nur in vertrauensvollen Verhältnissen verwirklichen. Damit wird Deutungsmustern widersprochen, denen zufolge Einstellungen des Vertrauens durch andere Einstellungen oder Praktiken ohne Verlust an normativer Substanz ersetzt werden können. Es ist wichtig, auf diesen Punkt hinzuweisen, da es durchaus üblich ist, Einstellungen des Vertrauens an Einstellungen, Dispositionen oder kognitiven Leistungen zu messen, die durch Vertrauen »ersetzt« oder »verkürzt« werden. Einige dieser Deutungsmuster sollen vorgestellt werden, da nur eine Auseinandersetzung mit ihnen die intrinsischen Qualitäten vertrauensvoller Verhältnisse angemessen veranschaulichen kann.

Vertrauen, so eine häufige Auffassung, hilft uns dabei, Informationen auf eine verdichtende Weise zu selektieren, so dass wir in Kooperationsprozessen darauf verzichten können, über andere alles in Erfahrung zu bringen. Nicht anders als viele Emotionen lenkt Vertrauen damit unsere Aufmerksamkeit und steuert unsere Annahmen über Welt und Mitwelt. Mit dieser Annahme sind mindestens zwei weitere Aspekte verbunden. Zum einen impliziert sie, dass wir bestimmte Informationen, die uns im Umgang mit anderen helfen könnten, nicht wahrnehmen oder registrieren müssen, da wir als Vertrauende genug relevante Informationen besitzen, und verkürzt so den Prozess der kooperationsrelevanten Reflexion; zum anderen suggeriert sie, dass wir als Vertrauende bestimmte Informationen ausblenden und ignorieren, was dann als Quelle des vertrauenstypischen Optimismus gesehen werden kann. Die Parallele zu einigen Emotionen liegt auf der Hand. Der Eifersüchtige sieht überall Anzeichen, die seine Eifersucht bestätigen; der Liebende übersieht Hinweise, die seine Liebe erschüttern könnten. In ähnlicher Weise, so die Annahme, lässt uns Vertrauen den anderen in einem bestimmten Licht erscheinen.[178] Ähnlich wie die Emotionen der Eifersucht, der Liebe oder der Scham kann die Einstellung des Vertrauens, diesem Deutungsmuster gemäß, Überzeugungen generieren, die dieser Einstellung und diesen Emotionen nicht zugrunde liegen. Einzig auf der Basis einer bereits vorhandenen Eifersucht kann Jago Othellos Überzeugungssystem manipulieren. Das Gefühl beschränkt entsprechend den Bereich der Informationen, den ein Subjekt registriert oder wahrnimmt, es legt Dringlichkeitsmuster fest, die, wie das Othello-Beispiel zeigen soll, dazu beitragen können, dass die Wirklichkeit nur noch verzerrt oder einseitig aufgenommen wird.[179] Das Vertrauen wäre dann eine Art, die Wirklichkeit optimistisch zu verzerren, und verschafft gerade auf der Grundlage dieser Verzerrung handlungsermöglichende Gewissheiten.

Es gibt einige Elemente dieses Deutungsmusters, die problematisch sind. Wenn man etwa meint, der Vertrauende lege Scheuklappen an, wird Vertrauen zu einer robusten Einstellung, die aufgrund ihrer optimistischen Struktur dazu neigt, vertrauenszersetzende oder vertrauensgefährdende Details zu übersehen. Wer vertraut, schießt gewissermaßen über die Evidenzen hinaus, da er sich entweder nicht um sie kümmert oder einseitig in seinem Sinne auslegt. Es gibt mehrere Überlegungen, die diesem Bild widersprechen. So ist etwa die Gleichsetzung von Vertrauen und Optimismus problematisch, weil nur der Optimist widerstreitende Evidenzen systematisch übersehen kann, nicht aber der Vertrauende, wie schon mehrfach angedeutet wurde. Vertrauen erfordert eine größere Sensibilität für situative oder kontextuelle Hinweise, die Auskunft über die Berechtigung der vertrauensvollen Einstellung geben, als die Einstellung des Optimismus. Letztere ist situativ gleichsam unbedarfter, sie zeichnet sich gerade dadurch aus, dass sie auch dann durchgehalten wird, wenn die Evidenzen gegen sie

178 Vgl. Jones, »Trust as an Affective Attitude«, a. a. O., S. 12.

179 Ronald de Sousa, *The Rationality of Emotion*, Cambridge (Mass.), London 1987, S. 195 f. (dt. *Die Rationalität des Gefühls*, Frankfurt/M. 1997, S. 319 f.).

sprechen oder gar nicht berücksichtigt werden.[180] Diese Differenz zwischen beiden Einstellungen zeigt sich etwa an der unterschiedlichen Reaktion auf widerstreitende Evidenzen. Während Vertrauen leicht zerstört wird, sind es widrige Umstände, die den Optimisten voll zur Geltung kommen lassen. Die Einstellung des Optimismus ist an diesem Punkt eher der Hoffnung näher als dem Vertrauen, das darum bemüht sein muss, die Tuchfühlung zur Realität nicht zu verlieren, auch wenn es letzte Gewissheit für den Vertrauenden nicht gibt und nicht geben kann.[181] Vor dem Hintergrund dieser Überlegungen leuchtet es nicht ein, die Einstellung des Vertrauens gewissermaßen mit Scheuklappen auszustatten. Dass Vertrauen unsere Wirklichkeitswahrnehmung beeinflusst oder färbt, muss nicht implizieren, dass es diese Wahrnehmung verzerrt oder verfälscht. Es muss nicht einmal heißen, dass das Vertrauen ganz ohne Wirklichkeitsverzerrung *selektiv* auf Wirklichkeit zugreift. Im Hintergrund dieser Annahme steht ein Bild, das aus Emotionen (und damit auch aus dem Vertrauen) informationsverarbeitende Systeme macht, die als solche zur Wirklichkeitsbewältigung beitragen. Stellvertretend für viele sei hier die einflussreiche Position de Sousas herangezogen, der davon ausgeht, dass Emotionen »die Lücke« füllen können, die die »›reine Vernunft‹ bei der Festlegung von Handlung und Überzeugung lässt«.[182] Emotionen, so die Vorstellung de Sousas, besitzen eigene Kapazitäten der Informationsverarbeitung, die sie in die Lage versetzen, eine potenziell ständig überforderte Vernunft zu ersetzen oder zu ergänzen. Die wesentliche Leistung der Emotionen besteht in diesem Zusammenhang in einer enormen zeitlichen Verknappung. Wird unser Handeln von Emotionen getragen, können wir aufgrund der durch sie festgelegten Dring-

180 Vgl. Jonathan Lear, *Radical Hope. Ethics in the Face of Cultural Devastation*, Cambridge (Mass.), London 2006, S. 113-117, wo Formen eines realitätsblinden bloßen Optimismus von Formen einer realitätssensiblen Hoffnung unterschieden werden.

181 Siehe dazu auch Robert M. Gordons Unterscheidung zwischen faktischen und epistemischen Emotionen, in: *The Structure of Emotions. Investigations in Cognitive Philosophy*, Cambridge 1987. Unabhängig von der Frage, wie plausibel diese Unterscheidung ist (siehe die kritische Rekonstruktion bei Wollheim, *On the Emotions*, a. a. O., S. 102 ff. [dt. S. 130 ff.]), kann sie auf Vertrauen bezogen werden. Die Einstellung des Vertrauens steht auf eigentümliche Weise zwischen den beiden Emotionstypen.

182 de Sousa, *The Rationality of Emotion*, a. a. O., S. 195 (dt. S. 319).

lichkeitsmuster auf weitere Schritte der Informationsverarbeitung verzichten und so schnell und gegebenenfalls reflexionsfrei agieren. Emotionen teilen uns auf ihre Weise mit, welche Informationen wir nicht qua Vernunft verarbeiten müssen, und können so die »Lücke« füllen, die eine überforderte Vernunft zurücklässt. In dem Maße, in dem uns Emotionen gleichsam von sich aus auf bestimmte Wirklichkeitsausschnitte lenken, ja, auf diese Ausschnitte fixieren, können wir darauf verzichten, andere Wirklichkeitsausschnitte wahrzunehmen oder auch nur zu registrieren. In genau diesem Sinne vereinfachen Emotionen einzelne Handlungsabläufe, weil sie informationsbasierte Entscheidungsprozesse beschleunigen.

Das Bild, das im Hintergrund dieser Überlegungen wirkt, ist aus der Vertrauensliteratur bekannt. Luhmanns Annahme, wonach Vertrauen Komplexität »reduzierte«, zehrt ebenso davon wie Habermas' Vorstellung, Vertrauen »kondensiere« Kommunikationsprozesse und trage dadurch zu einer entlasteten Koordination intersubjektiv regelungsbedürftiger Handlungssituationen bei.[183] Ob Vertrauen »reine Vernunft« ersetzt, indem es sie von informationsverarbeitenden Schritten entlastet, ob es eine systembedingte Vielfalt möglicher Ereignisse reduziert, indem es »Entwicklungsmöglichkeiten von der Berücksichtigung« ausschließt,[184] oder ob es kommunikative Akte kondensiert, indem es eine sonst nur kommunikativ herstellbare Rationalitätsunterstellung (etwa gegenüber Experten) in sich aufnimmt und somit mögliche Dissensrisiken vermindert – stets springt Vertrauen in eine Lücke, die durch eine überforderte Vernunft oder durch überforderte Systeme und Kommunikationsprozesse entsteht.

Zwei Probleme drängen sich auf: (1) Es ist bereits darauf hingewiesen worden, dass sich die Einstellung des Vertrauens nicht in gleicher Weise Scheuklappen anlegen kann wie manche Emotionen. Dass die Einstellung des Vertrauens Tuchfühlung zur Realität bewahren muss, verlangt vom Vertrauenden, wenn schon nicht ein erhöhtes Maß an Aufmerksamkeit, so doch ein ausgebildetes Vermögen vertrauensrelevanter Urteilskraft. Hier liegt also eine deutliche Differenz zwischen einzelnen heftigen Emotionen (Furcht, Panik, Liebe) und der Einstellung des Vertrauens vor, die ihre Quelle

183 Luhmann, *Vertrauen*, a. a. O.; Jürgen Habermas, *Theorie des kommunikativen Handelns*, 2 Bde., Frankfurt/M. 1981, S. 270 (Bd. 2).

184 Luhmann, *Vertrauen*, a. a. O., S. 26.

im affektiv ruhigeren Charakter des Vertrauens hat. Trifft diese Überlegung zu, wird es schwieriger, die Einstellung des Vertrauens im Sinne de Sousas als Lückenfüller für eine überforderte Vernunft heranzuziehen. Während beispielsweise Eifersucht in der Lage ist, Evidenzen, die gegen die Berechtigung der Eifersucht sprechen, zu übersehen oder sogar in den Kontext der Eifersucht zu integrieren und entsprechend zu »verbiegen«, lässt sich Vertrauen als eine latent skeptische Einstellung beschreiben, die sehr schnell bereit ist, an der eigenen Berechtigung zu zweifeln. Dabei geht es nicht um die Annahme, diese latente Skepsis sei ihrerseits stets berechtigt; auch soll nicht suggeriert werden, Vertrauen gehe in bestimmten Evidenzen auf oder lasse sich zweifelsfrei begründen; vielmehr geht es um die Beschreibung des Vermögens, Wahrnehmungen einzukapseln und dadurch Entscheidungsprozesse zu beschleunigen.[185] Die Einstellung des Vertrauens, so die These, ist nicht sonderlich versiert im Ausblenden von Informationen oder im Übergehen von vertrauensgefährdenden Evidenzen.

(2) Das Bild der Scheuklappen, aber auch das der Einkapselung impliziert die Möglichkeit eines umfassenderen Wissens. Karen Jones' Theorie etwa besagt letztlich, dass wir nur deswegen anderen Vertrauen entgegenbringen, weil wir nicht alles über sie wissen, weil wir vertrauensgefährdenden Details, die ein längerer Prozess der Informationsgewinnung vielleicht zu Tage fördern könnte, keine Aufmerksamkeit schenken. Ähnliches hatte Simmel im Sinn, als er Vertrauen als einen mittleren »Zustand zwischen Wissen und Nichtwissen« bezeichnete. »Der völlig Wissende braucht nicht zu vertrauen«, so Simmel, »der völlig Nichtwissende kann vernünftigerweise nicht einmal vertrauen.«[186] Die Annahme jedoch, der Vertrauende sei zwangsläufig in bestimmten Hinsichten unwissend, birgt einige Tücken. Wir können den Kontrast zum verknappten Wissen des Vertrauenden in diesem Sinne als Zustand umfassenden Wissens oder vollständiger Informiertheit bezeichnen. Nur weil dieser Zustand unmöglich zu erreichen ist, kommt die Einstellung des Vertrauens, kommen aber auch einzelne Emotionen als funktionale Lückenfüller für eine überforderte Vernunft oder einen

185 Von Einkapselung spricht de Sousa, *The Rationality of Emotion*, a. a. O., S. 195 (dt. S. 319).

186 Georg Simmel, *Soziologie. Untersuchungen über die Formen der Vergesellschaftung*, Frankfurt/M. 1992, S. 393.

überforderten Wahrnehmungsapparat in Frage. Nahe gelegt wird mit diesen Überlegungen häufig auch, dass ein Zustand vollständiger Informiertheit wünschenswerter wäre als ein stets Risiken nach sich ziehendes Gemisch aus Wissen und Unwissen, das als Basis vertrauensvoller Akte fungiert. Neben den rein epistemologischen Problemen liegt hier auch ein normativer Konflikt vor, der als solcher allerdings selten angesprochen wird.

Die Funktionalität des Vertrauens (und der Emotionen) wird also gemessen an einem Zustand umfassenden Wissens oder vollständiger Informiertheit. Das Problem der unvollkommenen Vernunft könnte nun darin bestehen, nie genügend Informationen zur Hand zu haben, da sie als endliche Vernunft den Prozess der Informationsverarbeitung an irgendeinem Punkt beenden muss. Diese Endlichkeit wiederum kennt zwei Varianten: Endlich ist die Vernunft aus kontingenten Gründen; in dem Maße nämlich, in dem wir als Handelnde einem unmittelbar empfundenen Handlungsdruck unterliegen, müssen wir früher oder später den Reflexionsprozess beenden und eine Entscheidung fällen. Wird die Endlichkeit der Vernunft dagegen als notwendig begriffen, dann ist der Zustand vollständiger Informiertheit oder umfassenden Wissens nicht bloß aus kontingenten Gründen, sondern grundsätzlich unerreichbar. Wir können, mit anderen Worten, nie alles über einen anderen wissen, können nie vollständig über seine Motive und Absichten informiert sein. Unabhängig davon, welche dieser Lesarten richtig ist, trifft auf beide zu, dass die Vernunft endlich ist, weil sie gemessen am Standard vollständiger Informiertheit nur über begrenztes Wissen verfügt. Inwieweit aber können Emotionen oder die Einstellung des Vertrauens diese »Lücke« füllen? Und: Ist es aus der Sicht des Vertrauens überhaupt sinnvoll, am Standard umfassenden Wissens festzuhalten, wenn sich doch zeigt, dass dieser Standard notwendig oder kontingent unerreichbar bleiben muss? Taugt dieser Standard auch nur als regulatives Ideal?

Die Antworten auf diese Fragen fallen unterschiedlich aus, je nachdem welches Bild von Endlichkeit den Überlegungen jeweils zugrunde liegt. Kontingente Endlichkeit lässt sich gewissermaßen noch beeinflussen; auch wenn wir aus Zeitgründen früher oder später Entscheidungen fällen müssen, könnte es ein regulatives Ideal geben, das uns empfiehlt, dies möglichst spät zu tun und zuvor so lange wie möglich Informationen zu sammeln. Ziel dieses Ideals wäre es, konkrete Entscheidungen so weit wie möglich an den Zustand optimaler Informiertheit heranzuführen. Wird dagegen von Anfang an bezweifelt, dass es überhaupt so etwas wie vollständige Informiertheit geben kann, mag es ungleich schwererfallen, ein regulatives Ideal zu statuieren, das die Existenz eines solchen Zustands, und sei es in orientierender Absicht, unterstellt. Was soll es schließlich heißen, auf einen Zustand hinzuwirken, von dem ich weiß, dass ich ihn nie, ja, nicht einmal annähernd erreichen kann?[187] Dieser Unterschied zwischen einer notwendigen und einer kontingenten epistemischen Endlichkeit mag allerdings nur graduell sein. Wichtiger ist hier, ob sich diese Endlichkeit und die mit ihr verbundenen Schwierigkeiten durch Vertrauen kompensieren lassen. Vier Punkte sollen in knapper Form Licht auf diese Frage werfen. (i) Zum einen ist es misslich, dass das Modell des ersetzenden oder verdichtenden Vertrauens dieses als Ausfallbürgschaft für zeitlich gestreckte Informationsbeschaffungs- und Kommunikationsprozesse behandelt, da dadurch der Eindruck entsteht, Vertrauen spiele in normalen Wahrnehmungs- und Kommunikationsprozessen keine Rolle. Nimmt man demgegenüber an, dass Vertrauen und Sprache bzw. Kommunikation gleichursprünglich sind und dass auch Wahrnehmungsprozesse, in denen es darum geht, Informationen zu sammeln und zu gewichten, an manchen Punkten auf Vertrauen angewiesen sind, dann lässt sich Vertrauen nicht mehr einfach nur als funktionaler Ersatz für Information oder Kommunikation behandeln. Wenn schon die Leistungen der »reinen Vernunft« (de Sousa) oder der Kommunikation (Habermas) nicht ohne Vertrauen auskommen,[188] dann kann Vertrauen nicht in der Weise funktional entlastend wirken, wie das in den Augen vieler Autoren möglich ist. Zumindest müssten Typen des Vertrauens unterschieden werden (Vertrauen in der Kommunikation vs. Vertrauen als Entlastung oder Verdichtung von Kommunikation), aber das geschieht in den genannten Werken nicht. (ii) Habermas' Vorstellung, rationales Vertrauen »verdichte« Kommunikation,

187 Vgl. Wellmers Kritik an einer »metaphysischen« Version der idealen Kommunikationsgemeinschaft in: Albrecht Wellmer, »Wahrheit, Kontingenz, Moderne«, in: ders., *Endspiele. Die unversöhnliche Moderne*, Frankfurt/M. 1993, S. 157-177 (hier S. 162).

188 Mit Blick auf Habermas hat dies William Rehg eindrücklich gezeigt: *Insight and Solidarity. The Discourse Ethics of Jürgen Habermas*, Berkeley 1994, Kap. 8.

zehrt von der Annahme, im Vertrauen könnten die gleichen Begründungsleistungen aufgehoben oder gespeichert werden wie in gewöhnlicher sprachlicher Kommunikation. Zumindest vor dem Hintergrund des Habermasschen Kommunikationsbegriffs scheint diese Annahme jedoch zweifelhaft zu sein. Die Rationalität des Vertrauens bemisst sich nicht an einem explizit durchgeführten, argumentativ strukturierten Beweisverfahren, das mir den anderen als vertrauenswürdig ausweist, sondern daran, dass mir berechtigte Zweifel an der Aufrichtigkeit des anderen fehlen. Dieses Fehlen wird nicht als Endpunkt eines Beweisverfahrens bewusst konstatiert, es ergibt sich aus einer habitualisierten Urteilskraft, die offen ist für mögliche Gründe und Zeichen berechtigten Misstrauens.[189] In diesem Sinne kann auch Vertrauen rational sein, aber diese Rationalität entspringt nicht dem intersubjektiven Geben und Nehmen von Gründen, sondern dem Fehlen vertrauensausschließender Gründe, das zwar der Form nach Gegenstand diskursiver Einigung sein kann (»Wir stellen fest: Niemand hat uns Gründe geliefert, die uns daran hindern könnten, ihm zu vertrauen«), faktisch aber eher eine Sache individuell wirksamer Urteilskraft ist, die durch ein »Klima« oder eine »Kultur« des Vertrauens beeinflusst wird. Ist es plausibel zu sagen, dass *diese* Art des rationalen Vertrauens Formen der kommunikativ generierten Rationalität verdichtet? *Prima facie* sieht es so aus, als hätten wir es hier mit sehr unterschiedlichen Formen der Rationalität zu tun, so dass es nicht möglich ist, die eine beliebig durch die andere zu ersetzen. (iii) Dort, wo Vertrauen als Ausfallbürgschaft oder, wie man auch sagen kann, Residualkategorie thematisch wird, entsteht leicht der Eindruck, es komme im Sinne einer zweitbesten Lösung intersubjektiver Koordinationsprozesse ins Spiel. Normativ wünschenswerter wäre gewissermaßen ein absolutes Wissen oder eine umfassende Informiertheit, die im Umgang mit anderen größere Sicherheiten oder ein höheres Maß an Erwartungsstabilität garantierten. Diese Sichtweise übersieht die spezifische Normativität des Vertrauens. Verzichten wir im Vertrauen darauf, weitere Details über den anderen zu erfragen, dann nicht, weil wir unter einem zu großen Handlungsdruck stehen und deswegen eine Entscheidung fällen müssen, sondern weil wir keine weiteren Informationen wollen, weil wir es nicht für nötig halten,

189 Ich orientiere mich hier an Formulierungen aus Hartmann, »Akzeptierte Verletzbarkeit«, a. a. O., S. 401.

Äußerungen oder Handlungen des Vertrauensempfängers wie ein Buchhalter fortlaufend zu registrieren. Die Entscheidungsspielräume, die wir dem anderen im Vertrauen zubilligen und uns selbst zumuten, entspringen folglich nicht epistemischer Endlichkeit oder zeitlichem Druck, sie entstehen vielmehr aus einer genuinen normativen Einstellung heraus, für die der Verzicht auf Zusatzinformationen und überwachende Maßnahmen *an sich* wertvoll ist. Mit anderen Worten: Selbst wenn es uns möglich wäre, weitere Details über den anderen zu erfahren oder überwachende Maßnahmen zu etablieren, würden wir von diesen Möglichkeiten keinen Gebrauch machen, weil wir als Vertrauende keinen Wert auf die Verwirklichung dieser Möglichkeiten legen. Es ist diese dem Vertrauen eigentümliche Normativität, die dem Bild des Vertrauens als einer zweitbesten Lösung intersubjektiver Handlungskoordination und damit vielen funktionalistischen Theorieansätzen widerspricht. (iv) Es ist schließlich bereits darauf hingewiesen worden, in welchem Maße Emotionen ihre eigenen Gedanken nach sich ziehen oder, wenn man so will, regieren. Die Eifersucht Othellos bedingt, dass sein Denken eine bestimmte Richtung einschlägt, dass es unentwegt um einen Gegenstand kreist (das Taschentuch), nicht aber um andere. In diesem Sinne können Emotionen durchaus ihre eigene Komplexität erzeugen, die mit jener, die sie angeblich reduzieren, aber wenig zu tun hat. Dies scheint in gewissen Maßen auch auf Vertrauen zuzutreffen. Dass sich für den Vertrauenden bestimmte Entwicklungsmöglichkeiten »ausschließen«, wie Luhmann sagt, impliziert nicht, dass sich ihm nicht neue erschließen, die ihre eigene Komplexität mit sich bringen. So liegt es etwa im Ermessen des Vertrauenden zu beurteilen, wann sein Vertrauen enttäuscht worden ist und wann nicht. Beurteilungsprozesse dieser Art aber sind keinesfalls einfach und bedürfen häufig eines großen intersubjektiven Fingerspitzengefühls.

Diese Überlegungen sollen dazu beitragen, die Einstellung des Vertrauens auch in dem Sinne mit intrinsischen Qualitäten auszustatten, in dem es sinnvoll ist, Vertrauen nicht ausschließlich im Lichte anderer Einstellungsmuster oder Kognitionssysteme zu betrachten. Vertrauen lässt sich auch nicht ohne normativen Substanzverlust durch diese anderen Einstellungsmuster und Kognitionssysteme ersetzen. Ein Grund, weswegen es uns möglich ist, Vertrauen nicht nur instrumentell, sondern auch mit Blick auf seine intrinsische Normativität zu betrachten, ein Grund auch, warum sich diese intrinsische Normativität institutionell oder praktisch verdichten kann, so dass vertrauensrelevante Eigenschaften auf der individuellen Ebene den Charakter einer zweiten Natur annehmen können, hat mit den irreduziblen Zügen des Vertrauens zu tun, die als solche die instrumentellen Effekte überhaupt erst stabilisieren. Dass der Vertrauende dabei auf Reflexion verzichten kann, impliziert nicht deren kontingenten oder notwendigen Abbruch, der orientiert bleibt an einem Modell vollständiger oder umfassender Reflexion und Information; es impliziert einen bereits praktisch bewährten und normativ gewollten Ausschluss von Zweifelsgründen, der zudem noch Stabilität gewährt, weil in ihm die instrumentelle Dimension des Vertrauens aufgehoben ist.

8.4 Sollen, nicht Müssen

Der Begriff des Normativen, der bislang verwendet worden ist, verweist auf Erwartungshaltungen, die im Falle ihrer Enttäuschung Formen einer verantwortungsrelevanten Empörung nach sich ziehen. Dass wir eine normative Erwartung haben, zeigt sich daran, dass wir mit Empörung reagieren, wenn diese Erwartung von relevanten anderen enttäuscht wird, und darüber hinaus die Bereitschaft haben, diese anderen für ihr Verhalten zur Rechenschaft zu ziehen. Es ist genau diese Verbindung aus Erwartungen und möglichen Enttäuschungen, durch die sich Vertrauen als normatives Phänomen ausweist. Vorausgesetzt ist dabei natürlich, dass der andere unser Vertrauen in nachvollziehbarer Weise angenommen hat, was keinesfalls zwingend so sein muss. Hat er es aber angenommen, erwarten wir von ihm ein bestimmtes Verhalten und sind bereit, je nach Umstand, auf einen Bruch dieser Erwartung mit Empörung oder Enttäuschung zu reagieren. Der andere *soll* sich in bestimmter Weise verhalten, nachdem er unser Vertrauen angenommen hat, aber nicht, weil wir dies aus bloßer Willkür heraus wollen, sondern weil wir es erwarten und unser Vertrauen durch diese Erwartung strukturiert ist. Manche Autoren wollen an diesem Punkt den Begriff der Normativität vom Begriff des Sollens fernhalten, weil Normativität seiner Verwendung nach mit einem Müssen zu tun hat, das einzig durch *eigenes* Wollen und mehr oder weniger objektive

Notwendigkeitsbeziehungen konstituiert wird. Weil ich gesund werden will, muss ich Sport treiben (das ist die Notwendigkeit, die objektiven Charakter hat, aber erst relevant wird, wenn ich gesund werden will). Fremdes Wollen kann in diesem Sinne keinen normativen Druck in mir erzeugen, weil daraus für mich nicht unbedingt etwas folgen muss: »Viele Leute wollen von einem etwas. Aus dem Wollen des anderen resultiert aber kein Handlungsdruck.«[190] Den Begriff des Sollens etwa thematisiert Stemmer genau in diesem Zusammenhang – wir sollen immer dann etwas tun, wenn ein anderer das will, aber das sei kein normatives Müssen.

Es ist schwierig, wenn nicht gar unmöglich, die spezifische Normativität des Vertrauens in einem solchen egozentrischen Rahmen anzusiedeln, was an der wesentlichen Relationalität des Vertrauens liegt. Nehmen wir an, ich, als Geber des Vertrauens, will etwas vom anderen, etwa, dass er, weil er ein Freund ist, auf mein Kind aufpasst. Nennen wir das »Wollen«. Daraus folgt, dass ich etwas tun muss, auch wenn vielleicht nicht ganz klar ist, was genau. Ich muss den Freund anrufen, einen Termin arrangieren etc. Für den anderen folgt daraus überhaupt kein Müssen, das ist zunächst richtig. Er kann ablehnen, keine Zeit haben etc. Nehmen wir aber an, er akzeptiert mein Wollen und nimmt mein Kind an einem bestimmten Tag bei sich auf. Die egozentrische Perspektive verlangt an diesem Punkt folgende Rekonstruktion: Er *will* das Kind bei sich aufnehmen und daraus, dass er will, folgt einiges für ihn. Er muss auf das Kind aufpassen, ihm gegebenenfalls Windeln wechseln, muss fürsorglich sein etc. Dieses Müssen kommt erst ins Spiel, wenn sein (eigenes) Wollen und die damit verbundenen Notwendigkeiten benannt sind, es kommt aber nicht ins Spiel, weil ich etwas von ihm wollte, das wäre zunächst nur ein Sollen (das dann aber weniger verbindlich als ein Müssen ist). Zwei Dinge scheinen an dieser Beschreibung problematisch: Zunächst ist zu fragen, warum nur eigenes Wollen Handlungsdruck erzeugen soll und nicht fremdes (in diesem Fall: mein) Wollen. Ich habe zwar eingeräumt, dass aus meinem Wunsch, der andere möge mein Kind zu sich nehmen, kein Müssen des anderen folgt, aber wenn er diesem Wunsch nachgegeben hat, scheint das, was sich nun für ihn als Müssen ergibt, nicht bloß aus der Mischung aus eigenem Wollen und Notwendig-

190 Peter Stemmer, *Normativität. Eine ontologische Untersuchung*, Berlin 2008, S. 47.

keitsbeziehung zu folgen. Er schuldet nun *mir* (und meinem Kind) ein bestimmtes Verhalten und hat sich in gewisser Weise auch bereit erklärt, auf die Tatsache meines Vertrauens in seinem Verhalten Rücksicht zu nehmen. In seinem Wollen nimmt er damit Bezug auf mich, und dieser Bezug ist nicht bloß kontingent vorhanden, sondern strukturiert es nun. Dass ich bestimmte Dinge von ihm erwarten darf und dass er seinerseits bestimmte Dinge tun sollte oder nicht tun sollte, ergibt sich folglich aus der Verzahnung unserer beider Wollen. Von meinem Wollen geht ein Handlungsdruck aus, den der andere akzeptiert und der nicht allein auf den Druck seines eigenen Wollens reduziert werden kann.

Aber kann man nicht sagen, dass er ja auf diesen Druck reagieren will, ihm entgegenkommen will, einer sein will, dem vertraut werden kann? Und wenn daraus folgt, dass er mein Vertrauen nicht enttäuschen darf, dann *muss* er alles tun, um den Vertrauensbruch zu vermeiden. Wir können so reden, aber ich werde zeigen, dass damit die komplexe Relationalität vertrauensvoller Verhältnisse unangemessen beschrieben wird. Für die Frage, was wir tun sollen oder tun müssen, ist nicht entscheidend, wie wir reden können, sondern welche Redeweise unsere normativen Intuitionen am besten einfängt. Gleichwohl sei eines eingeräumt: Wenn ich sage, dass der andere mein Vertrauen nicht annehmen muss, dann sage auch ich, dass das Wollen des anderen für die Frage der normativen Verbindlichkeit durchaus relevant ist. Nur wenn er einer sein will, dem Vertrauen entgegengebracht werden kann, folgt für ihn, dass er vertrauenswürdig sein sollte (der Begriff »Müssen«, den Stemmer nennt, scheint mir zu stark, denn was aus angenommenem Vertrauen wirklich folgt, ist viel weniger objektiv notwendig, als Stemmer gelegentlich suggeriert – ein Punkt, auf den ich zurückkommen werde). Aber hier kommt der zweite Einwand zum Tragen. Was kann Gegenstand meines Wollens sein? Kann ich einem anderen nicht erst dann Vertrauen entgegenbringen (wollen), wenn ich Anhaltspunkte für seine Vertrauenswürdigkeit habe? In mein Wollen wäre dann ein intrinsischer Bezug auf den anderen integriert, was beim Vertrauen generell der Fall zu sein scheint. Wie dieser andere aber auftritt und in welchen Kontexten ich vertrauensrelevante Eigenschaften an ihm wahrnehme, habe ich naturgemäß nicht in der Hand, so dass mein Wollen als solches in Abhängigkeit von Faktoren gerät, die ihm äußerlich sind. Ich plädiere in diesem Buch ja dafür, das Vorhandensein von Praktiken als besonders vertrauensrelevant einzustufen. Was ich wollen kann, liegt nicht vollständig in meiner Hand, und es gibt vieles, was ich nur wollen kann, weil ich in einem kooperativ strukturierten Rahmen agiere, in dem ich bestimmte Einstellungen anderer als gegeben unterstellen kann. Der Begriff der kooperativen Autonomie sei an dieser Stelle erneut erwähnt. Treffen diese Überlegungen zu, kommt es darauf an, die Einstellungen und Haltungen zu untersuchen, die nötig sind, um Praktiken als Praktiken aufrechtzuerhalten. Meine Vermutung ist, dass die egozentrische Perspektive an dieser Stelle einer, wenn man so will, sozialontologischen Ergänzung bedarf. Die Fragen, die damit auftauchen, lassen sich so formulieren: Welche Bedingungen müssen gegeben sein, damit ich das, was ich will, wollen kann und was muss ich tun, um diese Bedingungen zu gewährleisten? An diesen Fragen zeigt sich, dass das Ich keinesfalls aus dem Rahmen der Praxis herausfällt, an der es beteiligt ist. Sie deuten aber auch an, dass die Tatsache, dass sein Wollen zum Teil der Praxis geschuldet ist, in seinem Wollen reflektiert werden sollte. Ich gehe davon aus, dass Vertrauenspraktiken einer intrinsischen Wertschätzung der daran beteiligten Subjekte bedürfen, die nicht im Bezug auf das eigene Wollen aufgeht. Wir können zwar sagen, dass wir diese Praktiken haben wollen, jedoch nur gemeinsam wollen können, was heißt, dass wir in unserem Wollen Bezug nehmen auf das Wollen der anderen und gleichzeitig wissen, dass wir diesen Willen nur ausüben können, wenn andere ihn auch ausüben. Damit aber, so die These, ergibt sich eine Normativität, die zwar wollensrelativ ist, aber um die kollektiven Voraussetzungen dieses Wollens weiß. Ich erwarte, dass der andere, der mein Vertrauen angenommen hat, mein Vertrauen nicht enttäuscht. Enttäuscht er es, bin ich über ihn enttäuscht, und zwar auch als jemandem, der vorgab, einer Praxis zu folgen, der wir zunächst gemeinsam zu folgen schienen und die als solche unser jeweiliges Wollen strukturiert hat.

8.5 Moral und Vertrauen

Bislang habe ich versucht, die Annahme zu plausibilisieren, wonach es ein vertrauensrelatives Sollen gibt, das im Empfänger des Vertrauens einen gewissen Handlungsdruck erzeugt und deswegen

»normativ« genannt werden darf. Aber wie genau lässt sich diese Dimension des Normativen weiter skizzieren? Und heißt »normativ« auch »moralisch« in irgendeinem üblichen Sinne? Das bloße Vorhandensein von Erwartungen und möglichen Enttäuschungen kann vertrauensvolle Verhältnisse dann nicht als moralisch qualifizieren, wenn die mit den Erwartungen verbundenen Gründe nur gute Gründe für mich sind, nicht aber auch gute Gründe für andere. Natürlich bin ich empört, wenn mein Vertrauen gebrochen wird, aber heißt das, dass es generell verwerflich ist, Vertrauen zu enttäuschen, so dass sich für den Empfänger des Vertrauens eine Art Pflicht ergibt, geschenktes Vertrauen zu erfüllen? Sowohl das Element der Akzeptanz der Verletzungen, die mit Vertrauen einhergehen können, als auch das Element der Rücksichtnahme auf meine Interessen und Wünsche bringen eine partikularisierende Dimension ins Spiel, von der *prima facie* unklar ist, wie sie mit den häufig für typisch gehaltenen Zügen des moralischen Standpunkts vereinbart werden kann. Unabhängig von dieser Frage ergibt sich noch aus einem anderen Blickwinkel ein Problem, das die Moral vertrauensvoller Verhältnisse betrifft. Hier geht es gleichsam um die Außenseite vertrauensvoller Verhältnisse. Ist es, so lässt sich fragen, immer moralisch gut, anderen Vertrauen zu schenken? Selbst wenn diese anderen Mitglieder einer kriminellen Vereinigung sind? Ist es unter solchen Umständen moralisch gut, vertrauenswürdig zu sein? Kann es so etwas wie eine Pflicht geben, anderen zu vertrauen oder wenigstens eine Pflicht, geschenktes Vertrauen nicht zu enttäuschen, weil Vertrauenswürdigkeit generell gut ist? Ist Vertrauenswürdigkeit folglich eine Tugend? Unter welchen Umständen gedeiht moralisch angemessenes Vertrauen besonders gut, unter welchen Umständen wird Vertrauen zerstört? Das sind nur einige der Fragen, die sich in diesem Zusammenhang stellen.

Es sind also zwei Komplexe, die in diesem Zusammenhang geklärt werden müssen. Mit Blick auf die Binnenperspektive des vertrauensvollen Akteurs stellt sich die Frage, ob Vertrauen überhaupt ein moralisches Phänomen ist. Sind die Erwartungen an den Empfänger des Vertrauens moralischer Natur? Mit Blick auf die Außenseite vertrauensvoller Verhältnisse stellt sich die Frage nach dem Beitrag, den diese Verhältnisse im Kontext einer weitergefassten Umwelt leisten und der seinerseits moralisch qualifiziert werden kann. Wenn Vertrauen Handlungen ermöglicht, die ohne Vertrauen nicht möglich wären oder zumindest anders vollzogen werden müssten, dann stellt sich die Frage nach der moralischen Qualität dieser Handlungen selbst dann, wenn das Vertrauensverhältnis binnenperspektivisch gar nicht als moralisch relevant gekennzeichnet wird. Natürlich lassen sich diese Perspektiven auch zusammenführen; wir sagen dann, dass die Empörung über enttäuschtes Vertrauen in dem Fall nicht moralisch relevant oder, genauer, berechtigt ist, wenn die Handlungen, die durch das Vertrauen möglich werden, ihrerseits moralisch fragwürdig sind. Die Frage nach der moralischen Außenwirkung vertrauensvoller Verhältnisse schlägt dann auf die Frage durch, ob die Erwartungen, die der Vertrauensgeber gegenüber dem Vertrauensempfänger hegt, moralisch relevant oder legitim sind. Aber auch wenn dies eine elegante Lösung zu sein scheint, um die zwei genannten Fragenkomplexe auf einen zu reduzieren, bleibt es sinnvoll, die Binnen- und die Außenperspektive getrennt zu behandeln. So kann es beispielsweise vorkommen, dass ich mein Vertrauen einer Person schenke, die dieses Vertrauen einsetzt, um moralisch verwerfliche Ziele zu verfolgen, von denen mir aber nichts bekannt ist, ja, von denen ich zum Zeitpunkt der Vertrauensvergabe auch gar nichts wissen kann, weil sie sich erst im zukünftigen Verhalten der Person offenbaren. Wäre ich in einem solchen Fall nicht berechtigt, mit Empörung auf den vollzogenen Vertrauensbruch zu reagieren, wenn er mir denn bekannt wird und es sich aus meiner Sicht tatsächlich um einen Vertrauensbruch handelt? Und diese Empörung, so kann hinzugefügt werden, bezieht sich nicht einmal primär auf die Tatsache, dass der Empfänger meines Vertrauens moralisch verwerfliche Ziele verfolgt – obwohl mich das auch empören mag –, sondern auf die Tatsache, dass er *mein* Vertrauen enttäuscht hat, also meine Wünsche und Interessen nicht zur Grundlage seiner Entscheidungen gemacht hat.

Wird akzeptiert, dass die Unterscheidung zwischen einer Binnen- und einer Außenperspektive möglich ist, stellt sich zunächst die Frage nach den moralischen Aspekten der Binnenperspektive. Die Antwort auf diese Frage hängt naturgemäß am zugrunde gelegten Begriff der Moral, dessen genauere Analyse deswegen am Anfang der folgenden Überlegungen stehen müsste. Es ist aber wenig verlockend, abstrakt einen Moralbegriff einzuführen, um dann zu überlegen, ob Verhältnisse gegenseitigen Vertrauens unter ihn fallen, da dadurch gerade die verschiedenen Dimensionen und Perspektiven der Moral, die sich erst aus der konkreten Analyse von Vertrauensverhältnissen ergeben, verfehlt werden. Deswegen wird es im Folgenden darum gehen, mit Blick auf vorhandene Interpretationen des Vertrauens Schritt für Schritt die gegebenenfalls vorhandene Dimension der Moral freizulegen. Es sollen gleichsam am Phänomen die Punkte identifiziert werden, an denen ein Bezug auf spezifisch moralische Erwartungen und Forderungen möglich wird.

In der Binnenperspektive vertrauensvoller Akteure stellt sich die Frage nach der Moral des Vertrauens vor allem in Bezug auf die Motive des Vertrauensempfängers. Genau hier ist bestritten worden, dass es sich beim Vertrauen überhaupt um ein moralisches Phänomen handelt. Wenn es etwa heißt, Vertrauen sei »in vielen Fällen kein Vertrauen in die moralische Haltung der anderen, sondern Ausdruck einer Abschätzung ihrer persönlichen Interessen«, wird damit am Vorhandensein spezifisch moralischer Motive des Vertrauensempfängers als Grund für Vertrauenswürdigkeit gezweifelt.[191] Der Begriff der Moral, der dabei zugrunde gelegt wird, differenziert den moralischen Gesichtspunkt von Bezugnahmen auf eigene bzw. persönliche Interessen. Für den Vertrauensempfänger, so die Annahme, stellt sich zwar die Frage, ob ein Erfüllen des Vertrauens eigenen Interessen dient, nicht aber, ob es moralisch geboten ist, entgegengebrachtes Vertrauen auch dann zu erfüllen, wenn es eigenen Interessen zuwiderläuft. Die These ist schlicht, dass wir als Vertrauensgeber nicht auf spezifisch moralische Motive im Empfänger des Vertrauens setzen, sondern auf eigeninteressierte Anreize, zu denen dann auch, das ist bereits deutlich geworden, eine Bezugnahme auf die Interessen und Wünsche des Vertrauensgebers gehören kann.[192] Damit ist freilich nicht gesagt, dass ein moralischer Gesichtspunkt nicht an anderer Stelle ins Spiel kommt. Nehmen wir an, ich gehe davon aus, dass mein Gegenüber das ihm

191 Simone Dietz, *Die Kunst des Lügens. Eine sprachliche Fähigkeit und ihr moralischer Wert*, Hamburg 2003, S. 66.

192 Da Dietz davon ausgeht, dass wir auf die eigeninteressierten Motive des anderen vertrauen können, ohne dass dieser auf unsere Motive Rücksicht nehmen muss, erfüllt sie eigentlich nicht die Kriterien des Vertrauens, die hier erarbeitet werden. Wo Dietz von Vertrauen spricht, wird hier von Sich-Verlassen-auf gesprochen. Da es hier aber nicht um eine ausführliche Würdigung der Dietzschen Position geht, sei diese Differenz vernachlässigt.

entgegengebrachte Vertrauen im Eigeninteresse annimmt (diese Rede ist missverständlich, denn sie gleicht Vertrauensverhältnisse an Akte eines gegenseitigen Vertragsschlusses oder an gegenseitig geleistete Versprechen an, aber dieser Punkt muss vorerst unerörtert bleiben) oder dass ich gute Gründe habe, ihm ein solches Interesse zu unterstellen. Später zeigt sich dann, dass mein Vertrauen enttäuscht wird. Könnte ich hier nicht mit einer Form von Empörung reagieren, die moralisch genannt wird, weil ich davon ausgehe, dass *man* Vertrauen nicht so enttäuschen darf? Kann diese Form der Enttäuschung nicht unabhängig von den genaueren Motiven sein, die der Empfänger meines Vertrauens für sein Verhalten hat? Die Antwort auf diese Frage liegt auf der Hand: Wir reagieren nur dann mit moralischer Empörung auf einen Vertrauensbruch, wenn wir von vornherein mit moralischen Erwartungen an den anderen herangetreten sind. Das aber ist offenbar dann nicht der Fall, wenn unser Vertrauen auf einer »Abschätzung« der Motive des anderen beruht, für die wesentlich unser Vermögen maßgeblich ist, sie mit Geschick, Gespür oder unter Rückgriff auf unseren Erfahrungsschatz vorzunehmen. Wird geschenktes Vertrauen enttäuscht, richtet sich unser Blick folglich eher auf uns selbst und auf unser kalkulatorisches Ungeschick als auf den anderen, dessen Verhalten wir ja ohnehin als wesentlich eigeninteressiert verstehen. Wir fragen uns, warum wir den anderen nicht besser eingeschätzt haben, oder werfen uns Leichtgläubigkeit vor. Damit liegt eine Strategie der Entmoralisierung vertrauensvoller Verhältnisse vor. Wir suchen im Vertrauen, so die Annahme, nicht nach Motiven im anderen, die unabhängig von seinen Interessen sind, und bauen folglich nicht auf eine vermutete moralische Haltung, die ihn dazu bringen könnte, von seinen Interessen abzusehen (mehr scheint mit dem Begriff der Moral hier nicht angedeutet zu werden).

Nun ist aber schon deutlich geworden, dass die Reduktion vertrauensvoller Verhältnisse auf zweckrationale Mittel zur Verfolgung eigener Interessen mit Problemen behaftet ist, die letztlich Zweifel daran aufkommen lassen, dass unter solchen Voraussetzungen stabile Verhältnisse gegenseitigen Vertrauens überhaupt aufgebaut werden können. Um es zu wiederholen: Unter der Voraussetzung reziproker egoistischer Motivunterstellungen ergeben sich für die Akteure suboptimale Interaktionsergebnisse, weil sie nicht sicher sein können, dass ihre potenziellen Kooperationspartner Gelegenheiten ungenutzt verstreichen lassen, den eigenen Vorteil auf Kosten des jeweils anderen Kooperationspartners zu mehren. Dieses Argument sollte die These untermauern, wonach vertrauensvolle Beziehungen von uns immer auch als intrinsisch wertvoll betrachtet werden müssen, weil wir nur in ihnen Werte verwirklichen können, die uns wichtig sind. Und es hieß weiter, dass zu den für uns im Vertrauen verwirklichten Werten der Wert der kooperativen Autonomie zählt, der für uns unabhängig von der Frage, was wir konkret mit dieser durch Vertrauen gewonnenen Autonomie tun, wichtig ist. Wollen wir kooperativ autonome Wesen sein, müssen wir, so hieß es, Vertrauen und Vertrauenswürdigkeit hochschätzen und mit Empörung auf Vertrauensbrüche reagieren. Wird damit nicht eine moralische Dimension ins Spiel gebracht, die offensichtlich nicht einfach in einer Wut oder Enttäuschung über eigenes kalkulatorisches Unvermögen aufgeht?

Meine Antwort lautet, dass dies in der Tat der Fall ist. Wir gehen davon aus, dass die in Vertrauensverhältnissen auf dem Spiel stehenden Werte über ein normatives Eigengewicht verfügen, das dazu führt (bzw. führen sollte), die unmittelbare Verfolgung eigener Interessen zurückzustellen, die zweckrational häufig geboten zu sein scheint.[193] Entsprechend sind wir enttäuscht, wenn unser Vertrauen gebrochen wird, aber nicht nur, weil wir uns über uns selbst getäuscht haben und uns vorwerfen, den anderen nicht richtig eingeschätzt zu haben, sondern auch, weil der Bruch des Vertrauens uns als Kooperationswesen verletzt, die sich in Akten des Vertrauens auf die Unterstützung des anderen verlassen, den wir ebenfalls als Kooperationswesen einschätzen. Dieser Punkt ist unscheinbar, aber wichtig: Als Vertrauende sind wir vor allem als Kooperationswesen verletzbar, das heißt als Wesen mit kooperativen Erwartungen, die in ihrem Gehalt wesentlich auf unterstützende Leistungen anderer Bezug nehmen (ohne dass damit andere Dimensionen moralisch relevanter Verletzbarkeit prinzipiell ausgeschlossen werden). Die Moral, die im Vertrauen relevant wird, ist eine Kooperationsmoral, die uns, wenn wir sie akzeptieren, in die Lage versetzt, andere daraufhin zu beurteilen, ob sie sich ihr entsprechend verhalten. Mit Blick auf Vertrauensverhältnisse bewerten wir folglich Personen als moralisch gut bzw. schlecht, die sich durch ihr Verhalten als koope-

193 Siehe Charles Fried, *An Anatomy of Values. Problems of Personal and Social Choice*, Cambridge (Mass.) 1970, S. 83.

rationswillig bzw. als kooperationsunwillig erweisen.[194] Darüber hinaus besitzt unser Urteil in dem Maße einen verallgemeinernden Zug, in dem unsere intrinsische Wertschätzung des Vertrauens die Form von Praktiken angenommen hat, die uns zur zweiten Natur geworden sind und die einen irreduzibel kollektiven Gehalt haben. In diesem Modell beruht Vertrauen gerade nicht auf individuell vorgenommenen »Abschätzungen« des anderen, sondern auf vorbewusst angenommenen Einstellungen, die uns unter günstigen Umständen komplexe Prüfprozesse ersparen, in denen es darum gehen müsste, die Vertrauenswürdigkeit des anderen vor Aufnahme eines kooperativ orientierten Verhältnisses in Erfahrung zu bringen.

Was das heißt, kann man sich am Beispiel der »Institution« oder Praxis der Freundschaft vor Augen führen. Im Rahmen einer Freundschaft machen wir uns gewöhnlich keine Gedanken über die Vertrauenswürdigkeit des anderen, weil diese geradezu konstitutiv für das Bestehen einer Freundschaft ist. Die Annahme, der andere sei vertrauenswürdig, ist dabei in der Regel nicht das Ergebnis vorausgegangener Prüfung, sondern das Ergebnis eingespielter Nähe und empfundener Intimität. Das Vertrauen, das wir dem Freund entgegenbringen, ist uns zur zweiten Natur geworden, was unter anderem impliziert, dass es unserem bewussten Wollen entglitten ist. Als *zweite* Natur bleibt das Vertrauen zwar weiter im Bereich unserer Verantwortung, weil die Gründe, die unser Vertrauen stützen, an ihrem Ursprung nicht automatisch Vertrauen nach sich ziehen; aber als Gründe sind sie gleichsam in der Beziehung verschwunden, die wesentlich von der Selbstverständlichkeit des reziproken Vertrauens lebt. Die Praxis der Freundschaft dient in diesem Sinne als Instanz, die die Vertrauenswürdigkeit des anderen praktisch erfahrbar macht und genau dadurch individuelle Akte der Überprüfung der Vertrauenswürdigkeit des anderen überflüssig werden lässt.

Wird nun Vertrauen enttäuscht, gibt es tatsächlich neben der Wut und Enttäuschung über den anderen eine Rückwendung auf uns selbst, die beunruhigende Züge besitzt, weil sie einer Schicht unserer Persönlichkeit gilt, die uns einerseits in unserem Verhalten

194 Müsste ich den von mir bevorzugten moralischen Gesichtspunkt näher ausbuchstabieren, würde ich mich wesentlichen Annahmen aus Tugendhats *Vorlesungen über Ethik* (Frankfurt/M. 1993) anschließen.

geleitet hat, andererseits aber unserem bewussten Wollen entzogen ist. Das, was uns ausmacht, erweist sich als unzuverlässig.[195] Deswegen wäre es ein Irrtum, den Begriff der Verantwortlichkeit an dieser Stelle mit dem Begriff der willkürlichen Disponibilität zu verwechseln. »Wie konnte ich ihm nur vertrauen?« – das heißt tatsächlich, dass ich ihm nicht hätte vertrauen müssen, da kein Zwang im Zustandekommen der Freundschaft lag. Ich bin verantwortlich für mein Vertrauen. Die vorwurfsvolle Frage ist aber auch wörtlich zu verstehen: Sie will wissen, wie das, was doch nicht hätte sein müssen, gleichwohl möglich wurde. Wenn meine eigene zweite Natur unzuverlässig ist, dann ist unzuverlässig, was mich wesentlich ausmacht und worauf ich keinen willkürlichen Einfluss (mehr) habe. Mehr noch, die Praxis, in deren Rahmen sich meine zweite Natur überhaupt erst ausbilden konnte, erweist sich als unzuverlässig und verliert an Geltung. Jeder einzelne Akt des Vertrauensbruchs, so lässt sich sagen, greift die Praxis an, die für das Zustandekommen des Vertrauens maßgeblich ist. Deswegen besitzen einzelne Akte des Vertrauensbruchs eine Gewalt und Macht, die nur schwer zu rechtfertigen ist, wenn man sie isoliert betrachtet. Vertrauen, so heißt es oft, ist schneller zerstört als aufgebaut. Hinzugefügt werden kann, dass Vertrauen nicht nur schnell, sondern auch schnell umfassend zerstört ist, was damit zu tun hat, dass einzelne Akte des Vertrauens ebenso wie einzelne Akte des Vertrauensbruchs über sich hinaus auf die sie ermöglichende Praxis verweisen. Weil einzelne Akte des Vertrauens häufig in einem Rahmen kollektiver Deutung von Praktiken vollzogen werden, verliert dieser Rahmen seine Geltung oder ist zumindest darin erschüttert, wenn einzelne Vertrauensakte gebrochen werden. Hierin liegt der Grund für die Moralität der Empörung, die enttäuschtes Vertrauen hervorruft. Im einzelnen Vertrauensbruch erkennen wir einen Angriff auf eine Praxis, die das für uns allenthalben notwendige Vertrauen möglich macht und die damit Garant ist für die für uns wichtigen Formen kooperativer Autonomie. Wir werfen dem anderen vor, *uns* betrogen zu haben, aber auch, als ein Kooperationspartner versagt zu haben, der Teil einer intrinsisch wertvollen Praxis ist, die wir nur gemeinsam stützen können.

Damit ist angedeutet, warum es sinnvoll ist, in der Binnenper-

195 Harry G. Frankfurt, »The Faintest Passion«, in: ders., *Necessity, Volition, and Love*, a. a. O., S. 95-107 (hier S. 97).

spektive des Vertrauenden moralische Motive anzunehmen. Wir erwarten vom Empfänger unseres Vertrauens durchaus eine moralische Haltung, die sich ebenso auf uns und unser Vertrauen richten soll wie auf die Praxis des Vertrauens an sich und die durch sie ermöglichten Werte. Aber heißt das, dass der Empfänger des Vertrauens eine Pflicht hat, unser Vertrauen nicht zu enttäuschen? Das ist zumindest dann nicht der Fall, wenn man davon ausgeht, dass dem Begriff der Pflicht stets ein Begriff des generellen Rechts korrelieren muss, denn es gibt nicht im gleichen Sinne ein generelles (moralisches) Recht darauf, dass das einem anderen geschenkte Vertrauen nicht enttäuscht wird, wie es ein Recht auf körperliche Unversehrtheit oder auf Meinungsfreiheit gibt. Das kann schon deswegen nicht der Fall sein, weil das Recht auf körperliche Unversehrtheit oder auf Meinungsfreiheit in der Regel dadurch eingehalten wird, dass Überschreitungen dieser Rechte *unterlassen* werden, während ein Recht auf Vertrauenswürdigkeit zumeist positive Handlungen erfordert, die an die Aufnahme konkreter Beziehungen zu diesen anderen gebunden sind. Ein anderer muss nicht mir gegenüber vertrauenswürdig sein, wenn ich ihm gar kein Vertrauen schenke (etwa weil ich ihn nicht kenne). Auch wenn der Wunsch, ein anderer möge das ihm geschenkte Vertrauen nicht enttäuschen, darauf zielt, er möge den Vertrauensbruch unterlassen, ist das Vertrauen durch eine solche Unterlassung keinesfalls erfüllt. Vertraue ich dir mein Kind an, erwarte ich, dass bestimmte Dinge nicht passieren, aber ich erwarte auch, dass bestimmte Dinge passieren. Wenn das Kind weint, erwarte ich, dass du ihm Trost spendest, wenn es Hunger hat, dass du ihm Essen zubereitest, wenn es sich langweilt, dass du ihm Unterhaltung bietest. Erfahre ich, dass du mein Kind in ein Zimmer gesperrt und unterdessen im Keller eine Arbeit verrichtet hast, halte ich mein Vertrauen für gebrochen, selbst wenn meinem Kind nichts passiert ist und ich meine Erwartungen vor Aufnahme des Vertrauensverhältnisses nicht ausbuchstabiert habe. Im Vertrauen vertraue ich darauf, dass du weißt, wie mit dem geschenkten Vertrauen umzugehen ist, mehr noch, es gehört zum Vertrauen, dass ich dir einen Ermessensspielraum einräume, innerhalb dessen du selbst entscheidest, wie angemessen mit dem Vertrauen umzugehen ist.

Nun schließt die Rede von Rechten den Bezug auf positive Pflichten anderer natürlich nicht aus. Auch soziale Rechte oder

Leistungsrechte werden nicht einfach durch Unterlassung bestimmter Handlungen erfüllt. Aber es dürfte einleuchten, dass es kein generelles Recht auf Vertrauenswürdigkeit geben kann, weil gar nicht klar wäre, wer der kodifizierbare Adressat eines solchen Rechtsanspruchs wäre. Darüber hinaus gibt es keine Pflicht, geschenktes Vertrauen anzunehmen. Ich kann mich weigern, dem Vertrauen, das mir entgegengebracht wird, zu entsprechen, weil ich darin eine Überforderung sehe oder mich dem Vertrauensgeber nicht nah genug fühle. Wenn wir also zu Recht sagen wollen, dass wir vom Empfänger des Vertrauens eine moralische Haltung erwarten, dann kann das nur heißen, dass wir sie von dem erwarten, der das Vertrauen tatsächlich empfangen oder angenommen hat und uns damit die Bereitschaft zur Vertrauenswürdigkeit zu verstehen gibt. Folglich kann die Frage nur lauten, ob wir nun ebendieser Person gegenüber ein moralisches Recht auf Vertrauenswürdigkeit haben, etwa weil wir, meiner eigenen Darstellung nach, bestimmte moralische Erwartungen gegenüber dieser Person hegen? Wir haben es dann mit speziellen Rechten und vielleicht auch mit speziellen Pflichten zu tun, die strikt beziehungsrelativ sind und folglich keinen universalistischen Gehalt haben.

Wäre diese Beschreibung richtig, würden viele daraus folgern, dass der Begriff der *moralischen* Rechte und Pflichten auf Beziehungen gegenseitigen Vertrauens keine Anwendung findet, da mit dem Begriff der Moral in jedem Fall nichtrelative Formen der Berechtigung und der Verpflichtung einhergehen, das heißt, solche, die nicht bloß auf dem Wohlwollen des je anderen beruhen und insofern zumindest in Teilen unabhängig von konkreten Personen und Beziehungen sind. So könnte man davon ausgehen, dass es so etwas wie eine nichtrelative Verpflichtung geben muss, Versprechen, die man einem konkreten anderen gegeben hat, einzuhalten. Ich habe diese Verpflichtung dir gegenüber, da ich dir, und nur dir, ein Versprechen gegeben habe, aber ich habe sie, weil es generell richtig ist, Versprechen zu halten.[196] Breche ich mein Versprechen muss ich zwar nicht damit rechnen, dass du dein Recht einklagst (es sein denn, das Versprechen hat vertragsförmige Züge), aber ich muss damit rechnen, moralisch sanktioniert zu werden. Mitglied einer moralischen Gemeinschaft zu sein heißt, zu wissen und anzuerken-

196 Vgl. Tugendhat, *Vorlesungen über Ethik*, a.a.O., S. 340f.

nen, dass andere Rechte haben, denen auf unserer Seite Pflichten entsprechen, die wir einzuhalten haben, ob wir die anderen nun mögen oder nicht.

Kann es in dieser Weise eine nichtrelative Verpflichtung geben, geschenktes Vertrauen nicht zu enttäuschen? Diese Verpflichtung wäre einerseits relativ, weil sie nur dann in Kraft tritt, wenn jemand uns tatsächlich Vertrauen schenkt, aber sie besäße einen nichtrelativen Zug, weil sie von der allgemeinen Position ausginge, wonach es falsch ist, geschenktes Vertrauen zu enttäuschen. Manche Autoren vertreten eine solche Position. So legt Carolyn McLeod nahe, dass sich unser Vertrauen auf die moralische Integrität des anderen richtet: »Wir wollen, dass sie dauerhaft bereit sind, sich moralisch respektvoll uns gegenüber zu verhalten, und wir wollen, dass ihre Handlungen mit dieser Bereitschaft übereinstimmen.«[197] Anders formuliert: Wenn wir anderen vertrauen, vertrauen wir auch darauf, dass sie ihnen geschenktes Vertrauen *prinzipiell* nicht enttäuschen, also unabhängig von der Frage, wer ihnen Vertrauen geschenkt hat. Genau deswegen halten wir sie für moralisch integer, was schließlich impliziert, dass man sich nicht von momentanen Überlegungen verbiegen lässt und seinen moralischen Prinzipien treu bleibt.

Nur: Ist das wirklich, was wir in Vertrauensverhältnissen erwarten? Der Begriff der Rücksichtnahme, der weiter oben eingeführt wurde, lässt Zweifel daran aufkommen. Im Vertrauen verlassen wir uns auf einen anderen, so hieß es, weil wir davon ausgehen, dass die Tatsache unseres Vertrauens und dessen, was in ihm auf dem Spiel steht, eine Form der Rücksichtnahme hervorrufen wird, die wesentlich auf unsere Interessen und Wünsche bezogen ist, auch wenn dieser andere diese nicht teilt. Im Vertrauen soll folglich ein Bezug auf uns als Vertrauensgeber mit einem unverwechselbaren Gesicht bestehen bleiben, der im Begriff des moralischen Respekts verloren zu gehen droht. Es ist schon erwähnt worden: Wer Vertrauen erfüllt, weil er meint, es sei seine Pflicht, Vertrauen zu erfüllen, verfehlt die partikularen Züge, die allen Vertrauensverhältnissen innewohnen, und rückt in die Position dessen, auf den wir uns verlassen, weil er moralisch integer und entsprechend berechenbar ist. Sagt uns ein Freund: »Ich habe dein Vertrauen nicht enttäuscht,

197 McLeod, *Self-Trust and Reproductive Autonomy*, a. a. O., S. 23; siehe auch Walker, *Moral Repair*, a. a. O., S. 80.

weil sich das nicht gehört«, sind wir, so würde ich behaupten, leicht verwirrt oder sogar enttäuscht, weil wir davon ausgegangen sind, dass das Vertrauen wesentlich auf der Grundlage besonderer Züge unserer Beziehung beruht und auf nichtrelative Bezugspunkte verzichten kann. Der Empfänger unseres Vertrauens soll gewissermaßen *uns* meinen, wenn er dem Vertrauen entgegenkommt, nicht aber ein allgemeines Man, dem Vertrauenswürdigkeit geschuldet ist.[198] Auch gilt weiterhin, was eben schon skizziert wurde: Vertrauen zu schenken impliziert die Bereitschaft, dem Empfänger des Vertrauens einen Ermessensspielraum einzuräumen, innerhalb dessen er entscheiden kann, wie mit dem Vertrauen umgegangen wird. Und dazu gehört auch die Entscheidung, dem Vertrauen nicht zu entsprechen, weil sich die Situation oder die Bedingungen, unter denen Vertrauen geschenkt wurde, verändert haben, so dass es nicht mehr angemessen oder angebracht wäre, dem Vertrauen ohne Wenn und Aber zu entsprechen. Es liegt insofern nichts *prinzipiell* Wertvolles darin, geschenktem Vertrauen zu entsprechen. Und wenn das Vertrauen erfüllt wird, setzen wir darauf, dass der Empfänger unseres Vertrauens die ihm eingeräumten Spielräume klug und verantwortungsvoll nutzt, und erwarten keine blinde Pflichterfüllung.[199]

Sind wir dann aber nicht doch an dem Punkt angekommen, an dem wir darauf verzichten können, Vertrauensverhältnisse überhaupt als moralisch relevant zu kennzeichnen? Wollen wir trotzdem die Sprache von Rechten und Pflichten beibehalten, müssen wir von vornherein vormoralische Rechte und Pflichten meinen, Phänomene, für die man in der Literatur gelegentlich den Begriff der persönlichen oder speziellen Rechte und Pflichten verwendet hat, die eben nicht *moralische* Rechte oder Pflichten sind. Rein sprachlich spricht auch gar nichts dagegen, Rechte oder Pflichten zu bestimmen, die sich nur auf Personen in einem besonderen Interaktionsverhältnis beziehen und folglich ohne nichtrelative Aspekte auskommen. Man müsste nur stets darauf hinweisen, dass es sich hier um persönliche oder spezielle Rechte handelt, die auf einer datierbaren Interaktion zwischen A und B beruhen, in deren

198 Vgl. Dori Kimel, *From Promise to Contract. Towards a Liberal Theory of Contract*, Oxford 2003, S. 70.

199 Annette C. Baier, »Sympathy and Self-Trust«, in: dies., *Reflections on How We Live*, Oxford 2010, S. 189-215 (hier S. 210).

Rahmen A aufgrund seines Verhaltens B bestimmte Rechte einräumt, die B dann unter Umständen gegenüber A (und nur gegenüber A) einklagen kann. Für manche mögen die Begriffe des Rechts und der Pflicht hier überstrapaziert werden oder gar ihren Gehalt verlieren; um dieser Tendenz vorzubeugen, wird der Vorschlag gemacht, diese Begriffe durch das Attribut des Persönlichen oder Speziellen zu erweitern.

Für meine Überlegungen gäbe es dann allerdings das Problem, dass nicht einzusehen ist, warum oben eine moralische Dimension für Vertrauensverhältnisse geltend gemacht wurde. Viel hängt an dieser Stelle am Begriff des Nichtrelativen. Der Begriff der Moral wurde zuletzt so verwendet, dass er eine Pflicht oder Verpflichtung und entsprechend korrelierende Rechte kennzeichnet, die wir entweder *stricto sensu* gegenüber allen anderen haben oder aber gegenüber all denen, die aufgrund von speziellen Handlungen in eine normativ relevante Beziehung mit uns getreten sind. In beiden Fällen führt der Begriff des Nichtrelativen weg von den konkreten Personen, mit denen wir interagieren und zielt auf Personen an sich oder auf Versprechen, die zu halten sind, etc. Aber vielleicht ist es falsch, den Begriff der Moral in dieser Weise mit nichtrelativen Elementen anzureichern oder zu identifizieren; vielleicht ist es möglich, ihn auch auf persönliche Verhältnisse anzuwenden oder sogar wesentlich auf sie anzuwenden. Eine andere Strategie könnte darin bestehen, den Begriff des Nichtrelativen fallen zu lassen und durch den Begriff der *relativen Allgemeinheit* zu ersetzen.

Ich halte, wenig überraschend, letzteren Vorschlag für sinnvoll. Indem wir anderen vertrauen oder uns ihnen gegenüber als vertrauenswürdig erweisen, bejahen wir nicht nur die konkrete Vertrauensbeziehung und die Dinge, die durch sie ermöglicht werden, sondern auch, dass wir als Glieder dieser Beziehung zugleich Glieder einer allgemeineren Kooperationspraxis sind, die nur aufrechterhalten werden kann, wenn wir die durch das Vertrauensverhältnis verwirklichten Werte, also etwa den Wert der kooperativen Autonomie, für intrinsisch wertvoll halten. In diesem Sinne verlangt die konkrete Vertrauensbeziehung eine Einstellung, die sich löst von den partikularen instrumentellen Interessen, die im Vertrauen immer auch mit im Spiel sind. Diese Einstellung richtet sich auf die Praxis, in deren Rahmen das Vertrauen möglich wird und die als solche Gründe bereitstellt, die unabhängig von der Instrumentalität des Vertrauens sind. Mit Blick auf Freundschaften hat Joseph Raz den Begriff der »expressiven Gründe« eingeführt, die mit der Praxis der Freundschaft selbst verbunden sind und in denen sich die Akzeptanz ausdrückt, mit der die an der Praxis beteiligten Akteure dieser selbst begegnen: »Expressive Gründe werden so genannt, weil die Handlungen, die mit ihnen einhergehen müssen, die jeweilige Beziehung oder Einstellung ausdrücken.«[200] Es ist gewissermaßen die kulturelle Praxis selbst, die von sich aus von all denen eine nichtinstrumentelle Perspektive verlangt, die sie in ihrem Wert und ihrer Relevanz anerkennen, die gleichzeitig aber als etablierte Praxis die intrinsische Güte der in ihr verwirklichten Werte symbolisiert und repräsentiert, so dass die Individuen, die an der Praxis teilnehmen und sie in ihrem Verhalten expressiv anerkennen, überhaupt unter Verzicht auf gegenseitige Prüfmaßnahmen in die Lage geraten, einander in der Haltung gegenseitiger Vertrauenswürdigkeit zu begegnen.

Für die Beurteilung von Vertrauensverhältnissen als moralisch relevant ist es also wesentlich, dass der Empfänger des Vertrauens durch den Bruch des Vertrauens eine Praxis angreift, an der er in dem Maße teilzunehmen scheint, in dem er sich zunächst auf das Vertrauensverhältnis einlässt. Nur insoweit er sich durch die Annahme des Vertrauens als Kooperationswesen zu erkennen gegeben hat, kann er moralisch zur Rechenschaft gezogen werden, wenn er das Vertrauen enttäuscht, so dass die Geltung der Moral an diesem Punkt nur von relativer Allgemeinheit ist. Was hier jeweils als Praxis bezeichnet wird, kann dabei zunächst offengelassen werden. Die Freundschaft diente nur als Beispiel für eine Praxis, die zu bestimmten Zeiten und an bestimmten Orten Eigenschaften angenommen hat, die wesentlich durch wechselseitiges Vertrauen gekennzeichnet sind. Aber es gibt, wie der zweite Teil dieser Arbeit deutlich machen wird, andere Praktiken, die ähnliche Züge aufweisen, ja, es wird zu prüfen sein, ob nicht jede soziale Praxis, sofern sie stabil bleiben will, auf dem Vermögen beruht, den in ihr involvierten Individuen nichtinstrumentelle Einstellungen der Praxis gegenüber abzuverlangen oder zu ermöglichen. Vertrauen, so hieß es, entfaltet sich stets in Kontexten, in denen es um etwas anderes

200 Joseph Raz, *The Authority of Law*, Oxford 1979, S. 255; Raz nennt Freundschaft ein »kulturelles Muster«, das als solches bestimmte Verhaltensweisen als angebracht, andere wiederum als unangebracht klassifiziert.

geht. Wir vertrauen nicht nur um des Vertrauens willen. Auch in Freundschaften ermöglicht uns das Vertrauen, Ziele zu verwirklichen oder Bedürfnisse zu befriedigen, die ohne Vertrauen nicht in gleicher Weise verwirklicht oder befriedigt werden könnten. Aber sie verlangen von sich aus Verhaltensformen, die wir voneinander erwarten, wenn wir Freunde sind, und gewinnen damit ein intrinsisches evaluatives Gewicht, das in konkreten Akten gegenseitiger Freundschaft stets expressiv zur Geltung gebracht wird.

In diesem Sinne mag es also richtig sein, von moralischen Rechten und Pflichten auch im Rahmen von Beziehungen gegenseitigen Vertrauens zu sprechen. Sofern wir uns als jemand zu verstehen geben, der an bestimmten Kooperationspraktiken teilnimmt oder deren Werte akzeptiert, stehen wir gewissermaßen unter dem Einfluss einer Praxis, die unserem Selbstverständnis nach dies oder das von uns verlangt. Folglich sagen wir nicht: Es ist kategorisch zu missbilligen, Vertrauen zu enttäuschen, sondern: Es gehört sich für einen Freund nicht, das ihm von einem anderen Freund geschenkte Vertrauen zu enttäuschen. Um anderen zu vertrauen, das ist die hier noch nicht vollständig ausbuchstabierte These, brauchen wir eine Praxis, die es uns erlaubt, uns als Kooperationswesen nichtinstrumentell aufeinander zu beziehen. Nur im Rahmen einer solchen Praxis können wir auch dem Fremden vertrauen, dem wir noch nie begegnet sind.[201] Zugleich sollte aber auch klar sein, dass es keine Praxis gibt, die als solche gegenseitiges Vertrauen garantiert. Vertrauen wird nur da enttäuscht, wo es zugleich möglich wird, und es verzichtet als Vertrauen auf die Überprüfung und Überwachung

201 Laut Hardin (*Trust and Trustworthiness*, a. a. O., S. 78) kann Vertrauenswürdigkeit nur dann überhaupt moralisch verpflichtende Züge annehmen, wenn sie im Rahmen konkreter Beziehungen entsteht. Zumindest mit dieser Deutung stimme ich nicht überein, denn aus meiner Sicht bezieht sich die eben diskutierte moralische Haltung, die ich vom anderen erwarte, nicht nur auf Freunde und Bekannte. Für Hardin dagegen gilt: Wenn wir mit Individuen interagieren, die uns fremd sind oder mit denen uns keine spezielle Beziehungsgeschichte verbindet, können moralische Verpflichtungen nicht entstehen, weil in solchen anonymen Interaktionskontexten die Gelegenheiten fehlen, um in irgendeinem Sinne relevante reziproke Erwartungshaltungen auszubilden. Und weil er den Begriff der Moral an den der Pflicht bindet, kann es demnach außerhalb enger Beziehungen keine moralische Dimension an vertrauensvollen Beziehungen geben. Hardin fehlt gewissermaßen der Begriff einer Interaktionspraxis unter Fremden.

des anderen, der damit ein Maß an Freiheit erhält, zu dem das Vermögen gehört, Vertrauen zu enttäuschen.

Es ist erwähnt worden, dass durch den Vertrauensbruch eine Praxis angegriffen wird (weniger in ihrer Existenz als in ihrer Geltung), in der wir uns als Kooperationspartner begegnen. Es ist aber ebenfalls erwähnt worden, dass der Vertrauensbruch nicht nur die Praxis verletzt, durch die konkrete Vertrauensverhältnisse erst ihre Stabilität erreichen, sondern auch uns als Teilnehmer der Praxis. Die Moral des Vertrauens umfasst in diesem Sinne eine relativ allgemeine und eine partikulare Ebene, wobei beide naturgemäß zusammenhängen. Und sie erweist sich als eine Moral, der es darum geht, Individuen sowie die Praktiken, durch die sie erst zu Individuen werden, vor Verletzungen zu schützen.

8.6 Die Entmoralisierung des Vertrauens

Aber gibt es nicht doch noch eine Möglichkeit, an der Moralität des Vertrauens zu zweifeln? So kann gefragt werden, ob es plausibel ist, angesichts der bisherigen Überlegungen den Begriff der Verletzung in den Mittelpunkt zu stellen, wo doch die *Akzeptanz* bestimmter Verletzungen oder die Akzeptanz der Möglichkeit bestimmter Verletzungen wesentlich in die Bestimmung des Vertrauens eingegangen ist. Selbst wenn der Akzeptanzbegriff hier nicht die Bereitschaft signalisiert, die Verletzungen, die mit vertrauensvollen Beziehungen hin und wieder einhergehen, in irgendeinem positiven Sinne zu wollen, scheint doch die Tatsache, dass ich diese Verletzungen in Kauf nehme oder zumindest nichts unternehme, um sie zu verhindern (obwohl ich das könnte), eine tatsächlich eingetretene Verletzung in ihrer moralischen Schwere abzufedern. Zumindest lässt sich nicht ganz leugnen, dass ich eine gewisse Mitschuld trage, wenn das Vertrauen enttäuscht wird. Ich hätte schlicht nicht tun müssen, was ich tat, hätte dem anderen mein Vertrauen nicht schenken müssen (denn ein Geschenk ist nur ein Geschenk, wenn es freiwillig überreicht wird). Liegt hier nicht ein Unterschied zu anderen Formen der moralischen Verletzung vor, die sich dadurch auszeichnen, dass sie mir zustoßen können, auch wenn ich nichts tue, um sie hervorzurufen, ja, die in dem Maße moralisch verwerflich sind, in dem ich ihnen schutzlos ausgeliefert bin? Hinter diesen Überlegungen steht die Intuition, dass wir als Vertrauende verantwortlich sind für die Folgen, die sich aus dem Aufbau einer vertrauensvollen Beziehung ergeben können, und damit weniger berechtigt sind, im Falle des Vertrauensbruchs die Schuld allein dem Empfänger des Vertrauens zuzusprechen. Ähnliches könnte für die Lüge gelten. Natürlich ist es moralisch fragwürdig, andere zu belügen. Aber die Belogenen tragen immer auch ein gewisses Maß an Mitschuld, denn sie sind, wie wir alle, verantwortlich für das, was sie glauben, und tun in der Regel gut daran, mit der Lüge des anderen zu rechnen.[202]

Auch wenn diese Annahmen stimmig sind, folgt daraus natürlich nicht, dass wir nicht enttäuscht oder sogar empört sein dürfen, wenn unser Vertrauen gebrochen wird. Aber es steht noch einmal in Frage, ob diese Enttäuschung oder Empörung einen moralischen Status für sich beanspruchen kann. Bislang ist der Begriff der Moral durch Verweis auf eine Kooperationspraxis gerechtfertigt worden, die durch Akte des Vertrauensbruchs angegriffen wird. Zumindest konnte auf diesem Wege der Begriff der relativen Allgemeinheit eingeführt werden, der dem für Vertrauensverhältnisse relevanten Begriff von Moral seine universalistischen Zähne ziehen sollte. In dem Maße, in dem wir anderen zu erkennen geben, an einer solchen Praxis teilzunehmen, sind diese berechtigt, enttäuscht zu reagieren, wenn ein Akteur dieser Praxis nicht länger folgt. Vorausgesetzt ist dabei, dass die scheinbare Akzeptanz der Praxis handlungsrelevante Erwartungen erzeugt, die zur (wie sich zeigen wird) einseitigen Aufnahme eines Kooperationsverhältnisses führen. Aber reicht diese Beschreibung aus, um schon von moralischen Erwartungen und Enttäuschungen zu sprechen? Wir können auch als Teilnehmer eines Spiels von anderen enttäuscht oder im Stich gelassen werden. Wir werfen ihnen dann vor, das Spiel nicht richtig verstanden zu haben, oder ärgern uns über ihr Unvermögen, die Regeln des Spiels angemessen umzusetzen, aber wir verbinden diesen Unmut nicht mit einer spezifisch moralischen Kritik.

Drei Hinweise sollen genügen, um diese Entmoralisierungsstrategie zu entkräften. Zum einen reicht die Tatsache, dass wir verantwortlich sind für das Einnehmen einer Haltung natürlich nicht aus, um Enttäuschungen oder Brüche der mit dieser Haltung

202 Dietz, *Die Kunst des Lügens*, a. a. O., S. 132 f.

verbundenen Erwartungen als moralisch irrelevant zu kennzeichnen. Selbst naives Vertrauen rechtfertigt nicht den Bruch oder die Enttäuschung dieses Vertrauens, auch wenn der Vertrauensgeber *ex post factum* genug damit zu tun haben wird, seine Naivität zu bereuen und sich selbst vorzuwerfen. Diesen Extremfall einmal ausgenommen, basiert Vertrauen in der Regel auf der wie immer signalisierten Bereitschaft, das Vertrauen anzunehmen und verantwortungsvoll mit ihm umzugehen. Im Kontext einer Diskussion der normativen Geltungskraft von Versprechen hat Scanlon diesen Punkt in die Form eines Treueprinzips gegossen, das für die Zwecke meiner Diskussion wie folgt paraphrasiert werden kann: Wenn A freiwillig und in intendierter Weise in B die Erwartung hervorruft, vertrauenswürdig zu sein oder vertrauenswürdig mit x umzugehen (es sei denn, B stimmt zu, dass A nicht in dieser Weise vertrauenswürdig sein muss), dann muss A vertrauenswürdig sein oder vertrauenswürdig mit x umgehen, vorausgesetzt, B reagiert auf diese Erwartung, indem er A zu verstehen gibt, dass ihm an x gelegen ist.[203] Scanlon geht davon aus, dass ein solches Treueprinzip auch dann zutrifft, wenn A kein explizites Versprechen formuliert hat, ja, er legt nahe, dass die Geltung des Prinzips nicht einmal auf gesprochene Sprache angewiesen ist. Sobald A *in irgendeiner Weise* in B die Erwartung hervorgerufen hat, vertrauenswürdig zu sein, sollte er es sein, wenn B angedeutet hat, dass ihm daran gelegen ist.

Es soll hier nicht darauf ankommen, Scanlons Begriff des Müssens genauer zu analysieren, der offensichtlich nichtrelative, universalistische Züge trägt und damit nicht zu dem hier entwickelten Begriff der praxisbezogenen relativen Allgemeinheit zu rechnen ist. Wichtiger ist, dass derjenige, der normativ relevante Erwartungen im anderen hervorruft, die moralische Hauptlast trägt, wenn Vertrauen enttäuscht wird, auch wenn die Bereitschaft, dieser Erwartung zu folgen, weiterhin dem Vertrauenden zugesprochen werden muss. Wir schulden es dem Vertrauenden, sein Vertrauen nicht zu enttäuschen, wenn wir zu verstehen gegeben haben, dass wir bereit sind, das Vertrauensverhältnis aufzunehmen; und diese Schuldigkeit verschwindet nicht, wenn der Vertrauende für sein Verhalten verantwortlich ist, denn wir haben dazu beigetragen, dieses Vertrauen zu schaffen. Hier liegt also ein Unterschied zu demjenigen

203 Angelehnt an Thomas M. Scanlon, *What We Owe to Each Other*, Cambridge (Mass.), London 1998, S. 304.

vor, der sein Haus gegenteiligen Warnungen zum Trotz in ein Überschwemmungsgebiet baut und ergo damit rechnen muss, zur Rechenschaft gezogen zu werden, wenn es überflutet wird (was nicht impliziert, dass ihm nicht geholfen werden sollte). Der Vertrauensempfänger hätte die Möglichkeit gehabt, das geschenkte Vertrauen zurückzuweisen, was nicht unbedingt heißt, dass dies ein leicht vollziehbarer Schritt ist (wie weigere ich mich etwa im Rahmen einer Freundschaft, Vertrauen anzunehmen?), aber doch bedeutet, dass zu jeder vertrauensvollen Kooperationspraxis mindestens zwei Akteure gehören, von denen einer, nämlich der Empfänger des Vertrauens, das Ansinnen des anderen gleichsam vervollständigt und damit erst wirklich werden lässt.

Hinzu kommt eine Schwierigkeit, die im nächsten Kapitel noch ausführlicher thematisch werden muss. Gehen wir einmal davon aus, dass Lügen in den meisten Fällen sprachlicher Art sind. Und gehen wir weiterhin davon aus, dass Dietz mit ihrer Behauptung Recht hat, wonach es letztlich unsere Entscheidung bleibt, »wem wir etwas glauben«.[204] Dass wir dies, wie Dietz meint, überhaupt *entscheiden* können, dürfte nicht zuletzt daran hängen, dass wir es bei Lügen mit mehr oder minder gut identifizierbaren sprachlichen Einheiten zu tun haben, die wir auf ihren Wahrheitsgehalt hin überprüfen können. Aber lässt sich Gleiches auch von der Vertrauenswürdigkeit eines anderen sagen? Es ist in den letzten Abschnitten häufig davon die Rede gewesen, dass wir einander Vertrauen oder Vertrauenswürdigkeit zu »erkennen« geben oder »anzeigen« oder »signalisieren«, aber wenn diese Redeweisen überhaupt stimmig sind (was keinesfalls vorausgesetzt werden darf), was implizieren sie? *Wie* geben wir Vertrauen oder Vertrauenswürdigkeit zu erkennen? Ich habe schon darauf hingewiesen, dass dies in der Regel nicht explizit, und das heißt, nicht sprachlich geschieht. Mehr noch, es könnte sein, dass das Vermögen, zu entscheiden, ob der andere Wahres gesprochen hat, am Vertrauen hängt, dass wir ihm entgegenbringen, was zumindest immer dann der Fall sein dürfte, wenn wir nicht in der Lage sind, persönlich zu überprüfen, ob das, was er gesagt hat, den Tatsachen entspricht oder nicht (es ist evident, wie häufig das der Fall ist). Aber wie sehen dann die Signale der Vertrauenswürdigkeit aus? Gibt es überhaupt (nichtsprachli-

204 Dietz, *Die Kunst des Lügens*, a. a. O., S. 132.

che) Signale, die als solche unmissverständlich Vertrauenswürdigkeit anzeigen? Wenn dies nicht der Fall ist, bleibt unklar, ob es wirklich sinnvoll ist, den Begriff des Entscheidens in dem Sinne als evidenzbasiert zu fassen, wie es Dietz, aber auch viele andere tun. Der Begriff der Entscheidung wird damit nicht fallengelassen, aber es wird dafür plädiert, ihn mit Blick auf Vertrauensverhältnisse neu zu überdenken und entsprechend zu reformulieren. Daraus wiederum folgt, dass wir die Tatsache, prinzipiell entscheiden zu können, ob wir anderen vertrauen wollen, nicht vorschnell einer entmoralisierenden Lesart zuführen sollten. Solange nicht geklärt ist, wie wir hier genau entscheiden, ist auch nicht geklärt, ob die Frage der moralischen Zurechnung vertrauensvoller Akte wesentlich an der Entscheidung des Vertrauensgebers hängt.

Ein zweiter Punkt: Praktiken gegenseitigen Vertrauens sind kein Spiel. Insofern entsprechen die Erwartungen, die wir als Vertrauende haben, nicht den Erwartungen, die wir als Teilnehmer eines Spiels haben. Das, worum es uns im Vertrauen geht, ist uns wichtig, ist Gegenstand unserer Sorge, aber auch das Vertrauen selbst besitzt, wie nun deutlich geworden ist, eine intrinsisch wertvolle Dimension, an der uns gelegen ist. Folglich reagieren wir auf Vertrauensbrüche auch deswegen empfindlich, weil sie verletzen, was uns wichtig ist. Zumindest das Modell des Anvertrauens bricht an diesem Punkt mit einigen Zügen der Lüge. Natürlich gibt es Lügen, denen wir Glauben schenken sollen, um dann anderen, die uns nahestehen, Schaden zuzufügen. Jagos Lügen im *Othello* zielen auf Othellos Geist, aber sie tun es in der Hoffnung, einen Einstellungswandel herbeizuführen, der Desdemona treffen soll. Die Tatsache, dass es Lügen gibt, die Dritten Schaden zufügen, darf jedoch nicht darüber hinwegtäuschen, dass es viele Lügen gibt, mit denen wir als Betroffene gleichsam allein bleiben und auch allein bleiben können. Mehr noch, es gibt bekanntlich »gute« Lügen, die Dritten helfen können, am Leben zu bleiben, und es ist nicht klar, dass es hierfür ein Äquivalent im Bereich des Vertrauens gibt. Es gibt, wenn man so will, keinen guten Vertrauensbruch. Natürlich muss der Empfänger des Vertrauens gelegentlich beurteilen, ob er noch in der Lage ist, das Vertrauen zu erfüllen, und wenn er feststellt, dass das nicht mehr der Fall ist, sollte er das Verhältnis beenden oder Modifikationen am Verhältnis vornehmen. Aber die Fähigkeit, auf diese Weise den Stand des Vertrauensverhältnisses zu überprüfen, gehört noch zum Vertrauensverhältnis selbst und darf nicht schon als Bruch desselben dargestellt werden. Wir räumen dem Empfänger des Vertrauens gerade den Spielraum ein, selbst zu bestimmen, was das geschenkte Vertrauen von ihm verlangt und was nicht. Es kann Teil der Rücksichtnahme auf unsere Interessen und Wünsche sein, ein Vertrauensverhältnis nicht länger fortzuführen, indem ein Wandel der Einstellung signalisiert wird. Gebrochen wird das Vertrauensverhältnis erst, wenn das Ende des Verhältnisses einzig den instrumentellen Interessen des Vertrauensempfängers dient, der die Interessen des Vertrauensgebers gar nicht mehr im Blick hat oder von seinem Umgang mit ihnen einseitig profitiert. Da es sich dabei um wichtige Interessen handelt, da es ihnen um Wichtiges geht, lässt sich das, was den von Vertrauensbrüchen Betroffenen widerfährt, nicht einfach als moralisch irrelevant abtun.[205]

Schließlich kommt ein dritter Punkt hinzu. Wie bereits angedeutet, geht es im Vertrauen nicht nur um die Interessen der unmittelbar am Vertrauensverhältnis beteiligten Parteien, sondern immer auch um die Verwirklichung von Werten, die nur in Vertrauensverhältnissen verwirklicht werden können. Um welche Werte es sich dabei handelt, variiert historisch und mit Blick auf soziokulturelle Umstände, aber unabhängig von der konkreten Gestalt dieser Werte gilt, dass sie nur dann auf stabile Weise in Vertrauensverhältnissen verwirklicht werden können, wenn die Akteure ihrer Verwirklichung intrinsische Güte zusprechen. Das wiederum bedeutet, dass wir diesen Werten eine allgemeinere Relevanz zusprechen, die durchaus losgelöst von unseren unmittelbaren instrumentellen Interessen gesehen werden kann, auch wenn es weiterhin möglich sein muss, sie auf diese zu beziehen. Nehmen wir etwa an, in Vertrauensverhältnissen steht unser Verständnis von kooperativer Autonomie auf dem Spiel. Dann ist davon auszugehen, dass uns auch der Wert der kooperativen Autonomie auf eine Weise wichtig ist, die durch die Analogisierung von Vertrauenspraktiken mit Spielen verfehlt wird, und zwar schon allein deshalb, weil wir einsehen, dass wir unsere instrumentellen Interessen nicht auf eine stabile Weise verwirklichen können, wenn wir nicht mit einer Praxis rechnen, die von hinreichend vielen der an ihr beteiligten Akteure für intrinsisch wertvoll gehalten wird.

205 Kimel (*From Promise to Contract*, a. a. O., S. 24) führt einen ähnlichen Punkt mit Blick auf Versprechen ein.

Wenn wir davon ausgehen, dass alle an der Praxis beteiligten Akteure den Wert der kooperativen Autonomie schätzen, können wir zugleich davon ausgehen, dass alle einen Grund haben, diesen Wert zu stützen, der ihr unmittelbar instrumentelles Interesse transzendiert. In den Worten Williams': »Sobald es allgemein bekannt wird, daß von bestimmten Praktiken jeder profitieren würde, setzen sich diese Praktiken durch und bringen Handlungsgründe neuer Art mit sich, nämlich Handlungsgründe, die sich wesentlich darauf beziehen, daß andere Menschen ähnliche Handlungsgründe haben. Was auf diese Weise zustande kommt, ist in ganz eingeschränktem Sinn ein gemeinschaftlicher Handlungsgrund [*collective reason*]: Es ist zwar nach wie vor ein Grund für individuelles Handeln, doch man hat ihn in der Gemeinschaft, und dieses kollektive Moment ist ihm wesentlich.«[206] Diese Überlegungen besitzen eine genealogische Pointe, denn sie suggerieren eine Abfolge von Stufen, die ihren Anfang in primitiven egozentrischen Interessen am Verfolgen einer Praxis nehmen (etwa der Praxis, wahrhaftige Äußerungen vorzubringen) und erst später gemeinschaftliche Handlungsgründe generieren, aber Williams macht unmissverständlich deutlich, dass diese Genealogie einen fiktiven Status hat, der nur dazu dient, ein Phänomen, von dem man nicht unbedingt vermutet, dass es überhaupt instrumentell oder funktional erklärt werden kann, mit einer Geschichte auszustatten, die gleichwohl die als selbstverständlich erachtete intrinsische Geltung des Phänomens intakt lässt oder sogar bestätigt. Letztlich aber bleibt unbestritten, dass die Praxis selbst und die in ihr verwirklichten Werte »immer und unabdingbar« über ihre Funktion hinausgehen, so dass die genealogischen Anfänge nicht für sich beanspruchen können, reale Erklärungsmuster zu liefern.[207]

Wenn nun mit der hier zu diskutierenden Entmoralisierungsstrategie die Tendenz einhergeht, Kooperationspraktiken reduktiv zu rationalisieren, so dass im Prinzip keine moralischen Erwartungshaltungen involviert sind, sondern nur Erwartungen individueller Akteure, die einer Praxis folgen, weil das ihren Interessen dient, dann lässt sich an dieser Stelle die bereits vorgebrachte Kritik an handlungsrationalen Theorien kooperativen Verhaltens erneuern. Dietz beispielsweise behauptet, die Konvention, wahrhaftig

206 Williams, *Truth and Truthfulness*, a.a.O., S. 33 (dt. S. 57).

207 Ebd., S. 35 (dt. S. 59).

zu sprechen (und nicht zu lügen), diene zunächst (primär) dem Wunsch des Kommunikationsteilnehmers, verstanden zu werden, und lasse sich erst sekundär moralisieren: »Das ›Vertrauen‹, das Konventionen begründen, basiert lediglich auf einer Hypothese über die rationale ›Berechenbarkeit‹ des Verhaltens anderer, einer Erwartung bezüglich des allgemeinen Kommunikationsinteresses, dem zufolge ein Sprecher mit seiner Äußerung verstanden werden will, und sich aus diesem Grund an die allgemein bekannte Regularität hält, daß Behauptungen sich an Wahrheitsansprüchen orientieren.«[208] Im Mittelpunkt der Wahrhaftigkeitskonvention steht also zunächst ein (gleichwohl verallgemeinertes) individuelles Interesse, das erst in einem weiteren Schritt derart moralisch transformiert werden kann, dass der Wahrhaftigkeitskonvention auch dann gefolgt wird, wenn damit eigene Interessen zurückgestellt werden müssen.

An dieser Rekonstruktion sprachlicher Wahrhaftigkeit ist sicher richtig, dass sie darauf verzichtet, Sprache an sich zu moralisieren, indem ihr etwa in teleologischer Manier ein Verständigungszweck imputiert wird. Selbst wenn man einräumt, dass Behauptungen auf Wahrheit zielen, hat man damit noch nicht geklärt, ob man in individuellen Sprechakten tatsächlich wahrhaftig sein soll, wenn die Frage ansteht, ob man es sein soll: Wir wissen, dass wir täglich lügen (im Schnitt angeblich alle acht Minuten), ohne dass deswegen die Welt, wie wir sie kennen, zusammenbricht. Fraglich aber ist, ob es tatsächlich möglich ist, ein als primär gesetztes Interesse an wahrhaftiger Kommunikation rational vollständig einzuholen. Selbst wenn die allgemeine Beobachtung richtig sein mag, dass eine Praxis durch Ausnahmen von der Regel (in diesem Fall durch Lügen) noch lange nicht als Praxis gefährdet ist, stellt sich die Frage, ob ich in allen relevanten Fällen auf die Wahrhaftigkeit der anderen setzen kann, wenn ich doch weiß, dass es in vielen Fällen in ihrem Interesse ist, Kooperationsbereitschaft nur anzudeuten, um dann zu »defektieren«. Die Tatsache, dass die generelle Praxis der Wahrhaftigkeitskonvention stabil bleibt, wenn Einzelne hin und wieder lügen, hilft mir nicht, wenn ich entscheiden muss, ob ich selbst in einer Situation vom anderen Wahrhaftigkeit erwarten kann. Im

208 Simone Dietz, *Der Wert der Lüge. Über das Verhältnis von Sprache und Moral*, Paderborn 2002, S. 191; es ist nicht ganz klar, warum Dietz meint, das Interesse an Verständlichkeit werde durch wahre Behauptungen gefördert.

Gegenteil, ich muss im Prinzip ständig damit rechnen, dass die angenommene Stabilität der allgemeinen Praxis Einzelne leicht in die Lage versetzt, gegen die Praxis zu verstoßen, weil sie wissen, dass damit keine ernsthafte Gefährdung einer Praxis verbunden ist, von der ja auch sie im Großen und Ganzen profitieren. Wenn es bei Dietz heißt, Lügen sei »eine zweckgerichtete Handlung, die als solche nicht im ständigen Interesse der Sprecher liegt«, ist unklar, von wo aus das gesprochen ist. In der Perspektive des unmittelbar Handelnden bleibt das Problem, wie diese allgemeine Einsicht (ist sie begrifflich oder empirisch?) dazu beitragen kann, konkrete Kooperationspraktiken zu stabilisieren. Woher weiß ich, so muss naiv gefragt werden, ob es tatsächlich *in diesem konkreten Fall* im Interesse des Sprechers liegt, nicht zu lügen? Dietz deutet an, dass die allgemeine Einsicht letztlich dazu führt, dass ich in einzelnen Fällen entscheiden muss, ob ich den anderen für glaubwürdig halte oder nicht. Kommen Zweifel auf, bleibt nur der Weg der Glaubwürdigkeitsprüfung. In ihrem Modell werden solche Zweifel wohl eher die Ausnahme bleiben. Nach meiner Rekonstruktion stellt sich die Frage, ob es nicht doch so etwas wie eine unplausible Verstetigung des Zweifels geben muss und ob es angemessen ist, die zweifelsfreien alltäglichen Kooperationsprozesse durch Verweis auf die stabilisierende Kraft reziproker Rationalitätsunterstellungen zu erläutern. Grundsätzlich gibt es natürlich die Möglichkeit, das rationale Eigeninteresse der Akteure sekundär zu moralisieren. Die Akteure sehen ein, dass es ihren rationalen Interessen hilft, wenn sie die rationale Perspektive zugunsten einer moralischen Perspektive brechen. Gegen dieses Argument aber treffen wiederum die oben vorgebrachten Einwände zu.[209]

Das Problem, das sich hier ergibt, kann auch so formuliert werden: Einsichten über den allgemeinen Charakter einer Praxis sollten mit der Binnenperspektive der Akteure harmonieren und nicht dazu beitragen, diese zu destabilisieren. Natürlich lässt sich empirisch nicht bestreiten, dass eine Praxis nicht schon zusammenbricht, wenn Einzelne die sie definierenden Regeln brechen. Aber damit diese Einsicht nicht zum destabilisierenden Faktor wird, darf das Verhältnis des Einzelnen zu der Praxis, an der er teilnimmt, nicht bloß rational sein. Ein Schritt in diese Richtung wäre bei-

209 Ebd., S. 160.

spielsweise, wenn die Rechtfertigungen für die Praxis an sich und die Rechtfertigungen für einzelne praxisdefinierte Akte strikt getrennt werden. Rawls schlägt in seinem berühmten Aufsatz »Two Concepts of Rules« genau einen solchen Schritt vor. Wir können, so die Annahme, die Praxis des Versprechens (ein Beispiel von Rawls) durchaus utilitaristisch begründen, das heißt, wir können uns fragen, warum wir eine solche Praxis haben sollten, wie wir sie im Einzelnen gestalten wollen, und auf diese Weise zu dem Schluss kommen, dass es insgesamt nützlich ist, über eine solche Praxis zu verfügen. Daraus aber darf für den Einzelnen nicht folgen, er könne nun in jeder besonderen Situation, in der sich die Frage ergibt, ob ein Versprechen zu halten ist oder nicht, in ähnlicher Weise utilitaristisch argumentieren. Die Praxis, um die es hier geht, schließe eine solche partikulare utilitaristische Begründung geradezu aus, so Rawls, und verlange den Verzicht auf die Freiheit, im Einzelfall klugheitsorientiert oder utilitaristisch zu argumentieren. Und sie tut dies, wie Rawls vermutet, wiederum aus utilitaristischen Gründen: »Offenkundig ist es utilitaristisch von Vorteil, eine Praxis zu besitzen, die es dem Versprechenden versagt, sich zu seiner Verteidigung allgemein auf das utilitaristische Prinzip zu berufen, durch das diese Praxis selbst gerechtfertigt werden könnte.«[210] Um ihren kollektiven Nutzwert zu behalten, muss die Praxis gleichsam allen an ihr beteiligten Subjekten verbieten, genau diesen Nutzwert zur Grundlage individueller Entscheidungen zu machen. An manchen Punkten seines Textes geht Rawls sogar noch weiter: Wenn eine Praxis in der Lage ist, einzelne Akte zu spezifizieren, die ohne sie gar nicht gegeben wären, dann ist die Frage, ob der einzelne Akt unter die Regeln der Praxis fällt, logisch widersinnig, da dieser einzelne Akt in seiner Struktur durch die praxisdefinierenden Regeln überhaupt erst ins Leben gerufen wird. Wenn die Regel angibt, dass ein Strafstoß aus elf Metern zu schießen ist, dann ist es nur ein Zeichen von Verwirrtheit oder Regelunkenntnis, sollte ein Spieler in einer konkreten Situation meinen, er könne den Ball aus sieben Metern schießen. Wer das tut, will gegebenenfalls ein anderes Spiel spielen und fragt nicht länger, ob das, was er tut oder tun will,

210 John Rawls, »Two Concepts of Rules«, in: ders., *Collected Papers*, Cambridge (Mass.), London 1999, S. 20-46 (hier S. 31) (dt. »Zwei Regelbegriffe«, in: Ottfried Höffe [Hg.] *Einführung in die utilitaristische Ethik. Klassische und zeitgenössische Texte*, Tübingen, Basel ^{4}2008, S. 135-166 [hier S. 150]).

unter die Regeln des Spiels fällt, um das es zunächst geht. Auch wenn es natürlich generell möglich ist, über den Sinn der elf Meter zu verhandeln und eventuell sogar Regeländerungen zu bewirken, kann dies nicht während des Spiels geschehen, das seinen spezifischen Charakter erst durch die Regeln erhält, die es definieren. Wir müssen folglich streng unterscheiden zwischen der Perspektive, in der wir über den Sinn und Zweck der Praxis im Allgemeinen verhandeln, und der Perspektive, in der wir als Teilnehmer der Praxis gar nicht anders können, als den Regeln der Praxis zu folgen, weil wir nur in diesem Fall überhaupt sinnvoll als Teilnehmer der Praxis bezeichnet werden können.

Die Strategie, eine Praxis oder einzelne Regeln so zu konzipieren, dass sie denen, die sich der Praxis anschließen oder die den Regeln folgen sollen, die Möglichkeit nimmt, in ihrem individuellen Verhalten die Begründungen zu verwenden, die die Praxis und die Regeln stützen, ist zweifellos attraktiv, weil sie eine Destabilisierung der Praxis und der Regeln zu verhindern scheint.[211] Aber diese Strategie hat auch einige Tücken, die im weiteren Verlauf noch häufiger erwähnt werden müssen. So überschätzt sie offensichtlich den Spezifizierungscharakter einzelner Regeln oder regeldefinierter Praktiken. Darüber hinaus bleibt das Verhältnis, das jeder Einzelne zu der allgemeinen Praxisbegründung haben soll, undeutlich. Beide Punkte hängen naturgemäß zusammen. Dass eine Regel einen Zug im Spiel oder als Bestandteil einer Praxis spezifiziert, heißt nicht, dass sie in jedem Fall den genauen Charakter des Zugs determiniert.[212] Mag die Regel, wonach ein Strafstoß aus elf Metern

211 Siehe auch Joseph Raz, »Promises and Obligations«, in: P.M.S. Hacker, Joseph Raz (Hg.), *Law, Morality, and Society. Essays in Honour of H.L.A. Hart*, Oxford 1977, S. 210-228; Raz entfaltet in diesem Text den Begriff der »exclusionary reasons«, der besagt, dass es zu jeder Regel gehört, Gründe, die gegen ihre Geltung sprechen, auszuschließen. Regeln beruhen demnach also nicht nur auf positiven Gründen, sondern auch auf Gründen, die bestimmte negative Gründe ausschließen.

212 Rawls legt dies an manchen Punkten nahe; siehe »Two Concepts of Rules«, a. a. O., S. 37 f. [dt. S. 159]: »Wenn man die von einer bestimmten Praxis bestimmte Handlung ausführen will, dann bleibt einem nichts anderes übrig, als den Regeln zu folgen, die sie definieren.« Siehe auch Stanley Cavells Kritik an Rawls in *The Claim of Reason*, Oxford 1979, S. 292-312 [dt. *Der Anspruch der Vernunft*, Franfurt/M. 2006, S. 473-503]; ich folge dieser Kritik in wesentlichen Punkten. Ein hilfreicher Vergleich beider Ansätze findet sich bei Stephen Mul-

zu schießen ist, im Fußball derzeit absolute Gültigkeit haben und recht eindeutig sein, so gilt das nicht von anderen Zügen im Spiel und schon gar nicht von Zügen, die im Rahmen einer moralischen Praxis vorkommen. Hier ist häufig erst situativ zu klären, was genau es heißen kann, einer Regel zu folgen, und die Antwort auf diese Frage lässt die Regel nicht einfach unberührt in ihrem Gehalt. Die Rolle der individuellen Urteilskraft muss in diesem Sinne deutlicher hervorgehoben werden, als das bei Rawls der Fall ist. Genau damit aber stellt sich die Frage des Verhältnisses des Einzelnen zu den allgemeinen praxisdefinierenden Regeln. Wie genau sind an diesem Punkt die Formeln zu verstehen, die besagen, dass die Vorteile einer Praxis dem Einzelnen *verbieten*, in seiner individuellen Abwägung die Gründe anzuführen, die für die Praxis im Allgemeinen sprechen?[213] Was für eine Art Verbot ist das? Nicht gemeint ist offensichtlich, dass die einzelnen Akteure die allgemeinen Begründungen der Praxis nicht kennen dürfen, um gleichsam gar nicht erst in Versuchung zu kommen, ähnliche Begründungsmuster zu verwenden. Die praxisdefinierenden Regeln müssen allgemein bekannt sein, denn sonst können sie keine Praxis etablieren, die es unabhängig von den Regeln nicht gibt.[214] Wir müssen wissen, warum es sinnvoll ist, über die Praxis des Versprechens samt ihrer normativen Implikationen zu verfügen, sonst können wir diese Praxis nicht etablieren. Könnte das Verbot dementsprechend nicht einfach ein explizites Verbot sein? So wie die Regel, wonach Strafstöße aus elf Metern zu schießen sind, implizit (wenn nicht sogar explizit) verbietet, sie aus sieben Metern zu schießen, so könnte es auch eine Regel geben, die besagt, dass Versprechen im Einzelfall nicht aus utilitaristischen Nutzenerwägungen heraus zu brechen sind, auch wenn die Praxis des Versprechens allgemein sehr wohl aus solchen Erwägungen heraus begründet werden darf. Wir stellen fest: Alle profitieren mehr oder weniger von der Praxis, wonach

hall, »Promising, Consent, and Citizenship. Rawls and Cavell on Morality and Politics«, in: *Political Theory* 25:2 (1997), S. 171-192.

213 Rawls, »Two Concepts of Rules«, a. a. O., S. 31 [dt. S. 151]: »Die Praxis verbietet diese generelle Verteidigung [...].«

214 Bernard Williams erläutert am Beispiel von Sidgwicks Utilitarismus eine Art Zweiklassenmoral, die vorsieht, dass das Wissen der Theorie nicht zum Wissen der weiteren Bevölkerung werden darf (so dass der Geist der Theorie nicht dem Geist entspricht, den die Theorie rechtfertigt); siehe *Ethics and the Limits of Philosophy*, a. a. O., S. 107 ff. (dt. S. 153 ff.).

Versprechen einzuhalten sind, aber wenn ein Einzelner sich fragt, ob er ein gegebenes Versprechen einhalten soll, darf er nicht danach fragen, von welchem Weg er selbst am meisten profitieren würde. Es kann, mit anderen Worten, allgemein von Vorteil sein, den Gesichtspunkt des Nutzens in individuellen Abwägungsprozessen zu verbieten, um diesen Gesichtspunkt durch einen stärker kategorischen zu ersetzen. Nur: Wenn dieses Verbot nicht bloß willkürlich erscheinen soll, wird es hilfreich sein, die es leitenden Gründe zu bestimmen. Und welche können das sein? Rawls selbst hat hier, wie schon erwähnt, wiederum utilitaristische Gründe angeführt, aber damit kann nicht wirklich die Frage der individuellen Perspektive auf die Praxis erläutert werden, die ja gerade von utilitaristischen Aspekten absehen soll. Wie lässt sich ein kategorisches moralisches Gebot in einem normativen Rahmen etablieren (begründen), der utilitaristisch ist?

Die schlichte Antwort dürfte sein: Es geht nicht. Quasikantianische Selbstwidersprüchlichkeitsargumente, die darauf verweisen, dass eine insgesamt nützliche Praxis in ihrer Stabilität gefährdet wäre, wenn Einzelne sich die Freiheit nehmen, die Nutzenperspektive auch in ihren individuellen Entscheidungen zur Grundlage zu machen, können an diesem Punkt noch nicht verfangen, weil jeder Einzelne wissen kann, dass partikulare Abweichungen die Praxis insgesamt nicht gefährden. Ohnehin ist die Perspektive der Universalisierung partikularer Handlungsmaximen noch nicht eingeführt. Es ist demzufolge nicht möglich, aus utilitaristischen Gründen »sekundär« moralische Gründe zu destillieren, die dazu führen, dass die utilitaristischen Gründe ignoriert werden. Natürlich können Regeln Verbote postulieren. Kognitive Dissonanzen aber drohen, wenn die Regeln, um die es geht, genau die Gründe in Frage stellen, die für sie selbst sprechen. Sind diese Gründe einmal ausbuchstabiert, wäre es naiv zu meinen, man könne sie gleichsam auf einer anderen Ebene wieder vergessen oder unterdrücken. Aus diesen Überlegungen sind zwei Schlussfolgerungen zu ziehen: Die Gründe, die wir haben, um eine Praxis zu rechtfertigen, müssen mit den Gründen harmonieren, die wir im Einzelfall anführen (können), um der Praxis zu folgen. Ist aus der Sicht einzelner Akteure etwa eine kategorische Geltung bestimmter Gründe geboten, muss diese Geltung schon auf der Ebene der Praxisbegründung formuliert werden. Dass es nützlich ist, über eine allgemeine Praxis des Versprechens zu verfügen, ist kein prinzipiell verbotenes Argument; aber die Praxis kann nicht stabilisiert werden, wenn dies das einzige Argument ist, das wir für sie anführen können, weil dieses Argument, wird es auf individuelle Einzelfälle appliziert, eine destabilisierende Wirkung entfalten kann. Dass wir nach intrinsischen Kriterien der Wertschätzung einer Praxis suchen, hat in diesem Problem seine Quelle. Ein zweiter Punkt: Wenn wir es mit moralischen Praktiken zu tun haben, sollten wir nicht glauben, die Praxis lege eindeutige Verhaltensweisen fest. Praktiken beruhen nicht so sehr auf dem Einschluss oder Ausschluss bestimmter Gründe, die für oder gegen sie sprechen, sie haben vielmehr die Tendenz, einen Raum von Gründen zu erschließen, der dann unter Zuhilfenahme individueller Urteilskraft durchschritten werden muss. Wenn wir etwa über die Praxis des Versprechens verfügen, gehört es *zu dieser Praxis*, ein Gespür dafür zu entwickeln, wann ein gegebenes Versprechen nicht einzuhalten ist. Die Praxis legt als solche nicht eindeutig fest, wann ein solcher Fall eintritt, was auch impliziert, dass es hier nicht einfach einen unparteiischen Schiedsrichter geben kann, der diese Frage durch Verweis auf ein Regelwerk eindeutig klärt. Man kann sagen, dass die Frage, ob ein Versprechen einzuhalten ist oder nicht, erst vor dem Hintergrund einer vorhandenen Praxis des Versprechens überhaupt möglich wird. Hier liegt also eine gewisse Diskrepanz zum Beispiel des Strafstoßes und zu anderen Beispielen aus dem Bereich des Spiels vor. In ähnlicher Weise ist oben darauf verwiesen worden, dass die Einstellungen des Vertrauens und des Misstrauens Bestandteil einer Praxis sind, die den Wunsch, bestimmte Ziele und Zwecke auf eine bestimmte Weise zu verwirklichen, voraussetzt, so dass Misstrauen die Option ist, die im Vertrauen überwunden wird. Man kann auch sagen, dass die Einstellungen des Vertrauens und des Misstrauens nur dann Bestandteil unseres Wollens werden können, wenn wir darauf vertrauen können, dass es eine Praxis gibt, der sich hinreichend viele Subjekte zugehörig fühlen. Dieses Praxisvertrauen ist die Grundlage der einzelnen Vertrauens- und Misstrauensakte.

Damit kann ich zum Vertrauen zurückkehren. Die Vermutung, dass Wahrhaftigkeit im wohlverstandenen Eigeninteresse aller liegt, reicht nicht aus, um in Einzelfällen die Frage zu klären, ob der andere wahrhaftig ist, da das Tor für sanktionsfreies »Schwarzfahren« öffnet, wer das Eigeninteresse als Ausgangspunkt nimmt. In der Perspektive des Handelnden selbst brauchen wir offenbar, so lautet eine Schlussfolgerung dieser Überlegungen, stärkere Formen der Erwartungsstabilität, die nicht erst sekundär moralisiert werden, sondern schon in sich als intrinsisch wertvoll ausgezeichnet werden und damit auch über ein verkürzt verstandenes Eigeninteresse hinausgehen. Das bedeutet nicht, das Kommunikationsinteresse teleologisch zu moralisieren, denn dass andere den Wert der Wahrhaftigkeit intrinsisch schätzen, ergibt sich nicht daraus, dass sie sprechende Wesen sind, sondern daraus, dass sie bereit sind, an einer Praxis teilzunehmen, in der sich dieser Wert erkennbar und erfahrbar niedergeschlagen hat.[215] Sie entscheiden, ob sie an dieser Praxis teilnehmen wollen, und damit auch, ob sie sich in einem gewissen Sinn als moralische Wesen verstehen wollen. Nur wie genau sie dies entscheiden, ist bislang noch nicht hinreichend geklärt worden.

8.7 Zwang und Herrschaft: Grenzen des Vertrauens

Es gibt noch einen weiteren Weg, die moralische Relevanz vertrauensvoller Verhältnisse zu erweisen. Als Vertrauende, so hieß es stets, sind wir der Macht des Vertrauensempfängers ausgesetzt und damit offen für Enttäuschungen und bisweilen tiefe Verletzungen. Auch wenn es gelegentlich den Anschein hat, als gehöre die Kategorie des Vertrauens zu jenen weichen Variablen, von denen man spricht, wenn man etwa im Kontext der Sozialwissenschaft das sogenannte soziale Kapital in den Blick nimmt, darf man sich nicht über die harten Seiten vertrauensvoller Beziehungen täuschen. Wenn wir anderen vertrauen, räumen wir ihnen eine gewisse Macht ein, auf Dinge Einfluss zu nehmen, die uns wichtig sind und die wir in dem Maße unserer eigenen Macht entziehen, in dem wir sie der Macht anderer aussetzen. Wenn Moral etwas mit dem Schutz vor Verletzungen zu tun hat, die andere uns zufügen können, dann ist Ver-

215 Deswegen nennt Williams Wahrhaftigkeit und Genauigkeit *Tugenden*; sie sind *angeeignete* Dispositionen, die wir (nur) im Rahmen einer Kultur der Wahrhaftigkeit oder der Genauigkeit erwerben können (aber nicht erwerben müssen). Vgl. zur Praxis als Ort der Verwirklichung von Normen auch Charles Taylor, *A Secular Age*, Cambridge (Mass.), London 2007, S. 164 (dt. *Ein säkulares Zeitalter*, Frankfurt/M. 2009, S. 283).

trauen moralisch relevant, weil der Empfänger des Vertrauens eine Macht gewinnt, die uns im besonderen Maße verletzbar macht. Darüber hinaus statten wir andere nicht nur mit einer Macht aus, die sie vorher nicht hatten, wir vertrauen auch darauf, dass Mächtige die Macht, die sie haben, in moralisch akzeptabler Weise einsetzen. Es ist möglich, anderen zu vertrauen, *weil* sie Macht haben, so wie es möglich ist, dass Mächtige im Rahmen ihrer Macht weniger mächtigen Personen Dinge anvertrauen, die ihnen wichtig sind.

Es ist also nicht schon das Vorliegen von Macht an sich, das Vertrauensverhältnisse verhindert oder moralisch dubios werden lässt. Gerade im Kontext des demokratischen politischen Vertrauens statten wir ein gewähltes Personal mit weitreichenden Kompetenzen aus und setzen darauf, dass die derart verteilte Macht maßvoll und im Interesse des Gemeinwohls genutzt wird. Aber auch unabhängig von politischen Zusammenhängen setzen wir darauf, dass der, dem wir Vertrauen schenken, Kompetenzen hat oder durch unser Vertrauen gewinnt, die ihn als vertrauenswürdig kennzeichnen. Dazu gehört nicht nur das Vermögen, beurteilen zu können, was vom Vertrauen jeweils erfordert wird und was nicht, also das Vermögen, verantwortungsvoll mit der geschenkten oder verliehenen Macht umzugehen, sondern dazu gehören auch psychologische Charakteristika wie Selbstachtung und Selbstvertrauen, die bewirken, dass wir dem anderen zutrauen, sich selbst als jemand zu sehen, der mit geschenktem Vertrauen verantwortungsvoll umzugehen weiß. Es ist eine Sache, den anderen als kompetent einzuschätzen, aber etwas anderes, ob er selbst sich ebenfalls so einschätzt. Zwar ist es vorschnell zu behaupten, wir würden dem Willensschwachen oder auch dem, der ohne Selbstbewusstsein ist, grundsätzlich nicht vertrauen,[216] da damit die anerkennende Dimension des Vertrauensakts in ihrer kreativen Dimension unterschlagen wird, aber es darf nicht übersehen werden, dass wir in noch näher zu spezifizierender Hinsicht als Vertrauende auf wahrgenommene Eigenschaften *reagieren* und insofern nicht in selbstmächtiger Weise Vertrauenswürdigkeit *de novo* herbeiführen können. Nicht jedes Vertrauensgeschenk wird auch angenommen.

216 So David Owen in »Self-Government and ›Democracy as Reflexive Co-operation‹. Reflections on Honneth's Social and Political Ideal«, in: Bert van den Brink, David Owen (Hg.), *Recognition and Power. Axel Honneth and the Tradition of Critical Social Theory*, Cambridge 2007, S. 290-320 (hier S. 317).

Derjenige, dem wir Vertrauen schenken wollen, muss also einer sein, der in der Lage ist, es anzunehmen. Oft vertrauen wir ihm, weil er die Macht hat, die nötig ist, um verantwortungsvoll mit dem Gut, das uns wichtig ist, umzugehen. Unter welchen Bedingungen aber wird Vertrauen normativ dubios, unter welchen Umständen kommt es erst gar nicht zum Vertrauensverhältnis? Ein Fall, der Vertrauen auszuschließen scheint, ist der des Zwangsverhältnisses. Da die Verletzbarkeit, die im Vertrauen gegeben ist, *akzeptiert* werden muss, kann Vertrauen nicht erzwungen werden. Phänomenologische und normative Aspekte gehen hier gleichsam Hand in Hand. Wir *können* nicht dazu gezwungen werden, anderen zu vertrauen, und wir *dürfen* nicht dazu gezwungen werden. Allerdings lässt sich nicht ausschließen, dass sich im Rahmen von Zwangsverhältnissen Beziehungen etablieren, die nicht anders als vertrauensvoll bezeichnet werden können. Laurence Thomas verhandelt das Beispiel eines schwarzen Kindermädchens, das unter den Bedingungen der Sklaverei auf die Kinder eines weißen Sklavenhalters aufpasst. Das Kindermädchen mag zwar dazu gezwungen werden, den Ort seiner Arbeit nicht zu verlassen und *bestimmte* Tätigkeiten zu verrichten, aber es ist kaum wahrscheinlich, ja, vielleicht sogar unmöglich, durch Zwang eine gewisse Nähe und Intimität zu den Kindern herzustellen: »Die Rolle des Kindermädchens«, so Thomas, »hätte nicht existiert, wären einige Schwarze nicht vertrauenswürdige Versorger der Kinder von Weißen gewesen«.[217] Weil diese Nähe zwischen Kindermädchen und Kind nicht zwangsweise herbeigeführt werden kann, sieht Thomas im Verhalten des Kindermädchens, wie im Verhalten der Sklaven überhaupt, eine gewisse Form der Mitarbeit an der eigenen Unterdrückung gegeben. Man kann diesen Punkt sogar noch verschärfen, wenn man hinzufügt, dass die Sklavenhalter, die ihre Kinder den Sklaven überlassen, den Sklaven damit eine gewisse Macht einräumen, die sie *als* Sklaven nicht haben.

Dieses Beispiel besitzt sicherlich eine gewisse Plausibilität, aber es muss richtig interpretiert werden. Auch im Rahmen eines Herrschaftsverhältnisses ist es nicht möglich, jemanden dazu zu bringen, die Kinder eines anderen zu lieben. Die Aufforderung »Liebe

217 Laurence Thomas, »Characterizing the Evil of American Slavery and the Holocaust«, in: David Theo Goldberg, Michael Krausz (Hg.), *Jewish Identity*, Philadelphia 1993, S. 153-176 (hier S. 156).

meine Kinder!« verfehlt die Phänomenologie der Liebe. Sehr wohl möglich aber ist es, jemanden qua Befehl und unter Androhung von Strafe dazu zu bringen, auf diese Kinder aufzupassen, sich um sie zu kümmern, ihnen Zeit zu widmen etc. Und natürlich ist es möglich, dass die Sklavin dieser Aufforderung nachkommt, ohne eine wirklich ernsthafte Bindung zu den Kindern aufzubauen. Mehr noch, es ist möglich, unter solchen Bedingungen ein scharfes Ressentiment gegen die Kinder auszubilden, das aber kaum Ausdruck findet, da sonst Sanktionen drohen. Thomas' Argument lebt letztlich von der Annahme, wonach sich Gefühle der Zuneigung gegenüber den Kindern auf eine »natürlich Weise« (*naturally*) bei den versklavten Frauen einstellen werden.[218] Und genau darauf setzt der Sklavenhalter! Er vertraut gewissermaßen darauf, dass sich im Verhältnis der weiblichen Sklaven zu den in ihre Obhut gegebenen Kindern eine natürliche Zuneigung einstellt, die seine Angst zerstreut, die Unterdrückten könnten seinen Kindern (aus Rache, aus Boshaftigkeit, aus Verzweiflung etc.) Schaden zufügen. Er muss folglich nicht einmal davon ausgehen, dass die versklavten Frauen in irgendeiner Weise ihm gegenüber freundlich gesinnt sind. Er braucht sich nur auf die »Natur« zu verlassen, die oft genug (sicher nicht immer) bedingt, dass Erwachsene den Kindern, auf die sie aufpassen, bald schon mit Zuneigung und aufrichtiger Nähe begegnen.[219]

Aber ist das Vertrauen? Zunächst ist festzuhalten, dass das Verhalten der Sklavin unabhängig von ihrer Einstellung zu den in ihre Obhut gegebenen Kindern natürlich immer im Kontext eines Zwangsverhältnisses gesehen werden muss, das dem Sklavenhalter sogar erlaubt, die Sklavin für mangelnde Liebe zu bestrafen. Die Sklavenhalter müssen sich in ihren Strafen nicht an rationale Bedingungen halten. Selbst wenn es widersinnig ist, Liebe einzuklagen, hindert das nicht daran, den empfundenen Mangel an Liebe

218 Ebd., S. 157.

219 Ein eindrückliches Beispiel für die Weigerung eines Sklaven, entgegengebrachtes Vertrauen zu »enttäuschen«, findet sich in Mary R. Jackman, *The Velvet Glove. Paternalism and Conflict in Gender, Class, and Race Relations*, Berkeley 1994, S. 85. Sie skizziert auch die paternalistische Tendenz der Sklavenhalter, ihre Sklaven als Teil der eigenen Familie zu betrachten. Durch diese Intimisierung des Verhältnisses gelingt es dem Sklavenhalter häufig, starke Loyalitätsbande des Sklaven zu seinem Herrn aufzubauen.

(in diesem Fall zu den Kindern) zu bestrafen. Und die Sklaven, davon ist auszugehen, sind sich dieser Gefahr (dieser Irrationalität) durchaus bewusst und werden sicher viel tun, um ihr Verhalten an die Forderungen des Sklavenhalters anzupassen. Sie können nicht zur Liebe gezwungen werden, aber doch zu liebeskonformem Verhalten. Liebeskonformes Verhalten aber, so möchte man hier einwenden, rechtfertigt kein Vertrauen, weil es ohne Bezug auf positive Einstellungen oder auf Rücksicht im oben spezifizierten Sinne auskommt (wobei hinzugefügt werden muss, dass sich der Mangel an positiven Einstellungen hier sowohl gegenüber den Kindern als auch gegenüber dem Sklavenhalter ergeben mag). Man kann diesen Punkt vielleicht auch anders ausdrücken: Selbst wenn der Sklavenhalter mehr will als bloß liebeskonformes Verhalten, kann er nie wirklich wissen, ob die Einstellung der versklavten Frau echte oder nur gespielte Liebe ist. Es ist die Gegenwart des Zwangs, die dazu führt, dass dieser Unterschied aus der Sicht des Sklavenhalters nicht eindeutig markiert werden kann. Selbst wenn das, was die versklavte Frau den Kindern gegenüber empfindet, echte Liebe ist, bleibt es für den Sklavenhalter unmöglich, diese von der gespielten Liebe zu unterscheiden. Wenn das aber richtig ist, dann vertraut er nicht der Sklavin, er verlässt sich vielmehr auf das Funktionieren seiner Zwangsgewalt. Und das ist nicht Vertrauen.

Angenommen aber, Thomas hat etwas anderes im Sinn. Der Sklavenhalter will nicht nur liebeskonformes Verhalten, er will echte Liebe zu seinen Kindern. Und weil er weiß, dass er diese nicht herbeibefehlen kann, verlässt er sich ganz auf das Wirken der Natur, die gleichsam den Grenzen seiner Zwangsgewalt zur Hilfe kommt und für ihn leistet, was er nicht leisten kann. Auch hier liegt der Einwand nahe, Sich-Verlassen-auf sei kein Vertrauen, weil es ohne Bezug auf das Element der Rücksichtnahme im Empfänger des Vertrauens auskommen muss. Aber der Punkt, um den es hier geht, ist subtiler: Der Sklavenhalter verlässt sich darauf, dass sich eine Form der Rücksichtnahme, ja der Liebe oder Zuneigung natürlicherweise einstellt, das heißt, er verlässt sich nicht auf eine Regelmäßigkeit des bloß äußeren Verhaltens, sondern auf eine Regelmäßigkeit, mit der sich positive innere Einstellungen im Rahmen von Beziehungen von Erwachsenen zu Kindern ergeben.

Aber reicht das aus, um von Vertrauen zu sprechen? Wird die hier entwickelte Begriffsbestimmung zugrunde gelegt, scheint ein

Element zu fehlen. Wenn der Sklavenhalter darauf vertraut, dass das Kindermädchen seinen Kindern wohlwollend begegnet, vertraut er nicht zugleich darauf, dass es sich auch *ihm* gegenüber wohlwollend verhalten wird. Insofern handelt es sich hier gewissermaßen um eine unvollständige Beziehung des Anvertrauens. Selbst wenn der Sklavenhalter davon ausgehen kann, dass sich das Kindermädchen wohlwollend seiner Kinder annehmen wird, weiß er nicht, in welcher Einstellung es ihm gegenübertritt. Unter zwangsbefreiten Handlungsumständen wäre das ein Grund dafür, dem anderen nicht zu vertrauen. Wir können beispielsweise Kenntnis davon haben, dass unsere Nachbarin eine hervorragende Erzieherin ist, die grundsätzlich liebevoll mit Kindern umgeht. Wissen wir zugleich, dass sie uns nicht leiden kann, werden wir ihr vermutlich schon allein deswegen unsere Kinder nicht anvertrauen, weil wir nicht mit der Annahme oder Akzeptanz des Vertrauens rechnen können, aber vor allem natürlich, weil es uns selbst schwerfiele, dieser Person etwas uns Wichtiges zu überlassen. Nur unter zwangsbewährten Umständen ergibt sich die Möglichkeit, negative Einstellungen, die ein anderer uns gegenüber hegt, auszublenden, da der, den wir unterdrücken, nicht in der Lage ist, uns oder der Person, die wir ihm anvertraut haben, Schaden zuzufügen. Gerade durch den Zwang versucht sich der Unterdrücker vor den Verletzungen zu schützen, die mit offenen Vertrauensverhältnissen einhergehen. Selbst wenn man also weiterhin an der Annahme festhält, dass der Sklavenhalter auf die »natürliche« Zuneigung des Kindermädchens zu seinen Kindern vertraut (der damit allerdings das Element der Freiwilligkeit und Akzeptanz fehlt, das für Vertrauen sonst maßgeblich ist), bleibt das Vertrauensverhältnis unvollständig und vollzieht sich nicht in »kooperativem Geist« (Thomas), weil mit dem anvertrauten Gut nicht aus Wertschätzung oder aus positiver Rücksicht auf den Vertrauensgeber umsichtig umgegangen wird, sondern aus anderen Gründen. Nicht nur der Vertrauensgeber erkennt im Vertrauen den anderen als einen an, dem vertraut werden kann; auch der Empfänger des Vertrauens erkennt denjenigen, der ihm Vertrauen schenkt, als einen an, der Vertrauenswürdigkeit verdient. In Zwangsverhältnissen wird diesen beiden expressiven Aspekten reziproker Anerkennung nicht entsprochen.

Diese Überlegungen treffen auch auf andere asymmetrische Verhältnisse zu. Nehmen wir den Fall einer zerrütteten Ehe, in der die Ehefrau gleichwohl weiterhin das Vertrauen des Ehemanns mit Blick auf die Betreuung der Kinder genießt, weil er davon ausgeht, dass sich seine Vorstellungen vom Kindeswohl ausreichend mit denen seiner Frau überschneiden. Obwohl also auch hier eine am Vertrauensverhältnis beteiligte Partei nicht davon ausgehen kann, dass ihr die andere Partei mit Wohlwollen begegnet, ist das Vertrauensverhältnis dadurch, so jedenfalls Annette Baier, nicht ernsthaft gefährdet. Selbst wenn »die Ehefrau finanzielle Not oder sogar den Verlust ihrer Kinder für den Fall befürchten [muss], dass sie das Vertrauen ihres Mannes enttäuscht oder zuviel Misstrauen von seiner Seite auf sich zieht, [...] wird sie vernünftigerweise solange die gehorsame Ehefrau bleiben, bis sich ihre Machtposition ändert [...]. Der Ehemann dagegen, der sich aufgrund seiner Position sicher sein kann, dass seine Frau durch die Kosten einer verlorenen Vertrauenswürdigkeit abgeschreckt ist, wird, wenn er klug ist, in seinem Vertrauen fortfahren und lediglich seine Wachsamkeit ein wenig verstärken.«[220]

Man ist an dieser Stelle schnell geneigt zu sagen, es sei wenig sinnvoll, eine derart zerrüttete Ehe überhaupt noch als vertrauensvoll zu beschreiben.[221] Das Modell des Anvertrauens aber bietet hier einen Weg an, zumindest für bestimmte Bereiche der Beziehung weiterhin reziprokes Vertrauen zu reklamieren. Auch wenn die Partner vielleicht einander nicht mehr vertrauen, gehen sie doch davon aus, dass der jeweils andere dieses Misstrauen nicht zum Anlass nimmt, den gemeinsamen Kindern Schaden zuzufügen. Nur dieser Bereich ist gleichsam Gegenstand des gegenseitigen Vertrauens. Geht man für den Augenblick von der Plausibilität dieses Modells aus, stellt sich aber spätestens dann ein Problem ein, wenn eine der Parteien über mehr Macht verfügt als die andere. Denn nun gilt auch hier, was schon für den Sklavenhalter-Fall galt: Selbst wenn der Sklave die Kinder tatsächlich lieben sollte, kann der Sklavenhalter nicht wirklich wissen, ob es sich bei dieser Liebe um echte oder gespielte Zuneigung handelt. Damit aber fehlt ihm die Möglichkeit, Motive der Rücksichtnahme zu unterstellen, die entweder ihm oder aber den Kindern gelten könnten. Genau die angenommene Anwesenheit dieser Motive aber unterscheidet Vertrauen von einem bloßen

220 Baier, »Trust and Antitrust«, a.a.O., S. 121f. (dt. S. 74).

221 Jones weist dies in ihrer Auseinandersetzung mit Baier entsprechend vehement zurück: Jones, »Trust as an Affective Attitude«, a.a.O., S. 19.

Sich-Verlassen-auf, das damit in den beschriebenen Fällen eher zur Geltung zu kommen scheint. Der Punkt ist nicht so sehr, dass es im Rahmen von Zwangsverhältnissen *de facto* keine Zuneigung oder Liebe zu anvertrauten Gütern oder Personen geben kann, sondern, dass die Anwesenheit von Zwang das Vermögen schwächt, Motive des Wohlwollens oder der Rücksicht von Motiven des Gehorsams oder der Furcht zu unterscheiden, oder aber direkt die einen Motive durch die anderen überlagert. Die Formulierung ist an dieser Stelle bewusst vorsichtig gehalten, da es durchaus möglich ist, generell davon auszugehen, dass das Vorhandensein von Zwang andere, stärker normativ orientierte Motivschichten zerstört. Ich bitte dich darum, mir das Salz zu reichen, und du tust es, weil du mich respektierst, weil du höflich sein willst, weil du mich magst oder einfach, weil sich das so gehört. Nun bitte ich dich erneut, setze dir aber eine Pistole auf die Brust und drohe mit Erschießung für den Fall der Nichterfüllung meiner Bitte. In einem solchen Fall werden die Gründe, die du ursprünglich hattest, mir das Salz zu reichen, vollständig durch andere Gründe überlagert oder zerstört. Wenn du mir das Salz reichst, was sehr wahrscheinlich ist, wirst du es tun, weil ich dich dazu gezwungen habe, nicht aber, weil du mich respektierst oder weil es sich so gehört. Du kannst es gar nicht mehr aus Respekt oder Höflichkeit tun, weil ich durch mein Verhalten die Bedingungen zerstört habe, unter denen Respekt oder Höflichkeit überhaupt zum Ausdruck kommen können.[222]

Obgleich diese Lesart auf Fälle einer derart direkten und unmittelbaren Gewaltandrohung wohl zutrifft, lässt sie sich jedoch nicht beliebig ausweiten. Gewalt und Zwang treten nicht in allen Fällen unvermittelt auf; sie besitzen indirekte Züge, sind auf unerkannte Weise habitualisiert oder gehören zu den systemischen und strukturellen Voraussetzungen einer Handlung. Genau das dürfte auch auf den Fall der ungleichen Machtrelation in der Ehe zutreffen. Der indirekte Charakter des Zwangs (die latente Drohung) macht sich hier dadurch bemerkbar, dass die Möglichkeit des Zwangs nicht *per se* alle Motive des Wohlwollens oder der Liebe auslöscht.[223] Es ist vermutlich diese Einsicht, die Baier veranlasst, auch dann noch von Vertrauen zu reden, wenn Beziehungen

222 Vgl. Meir Dan-Cohen, »In Defence of Defiance«, in: *Philosophy and Public Affairs* 24:23 (1994), S. 24-51, bes. S. 28.

223 Vgl. dazu Kimel, *From Promise to Contract*, a. a. O., S. 50.

mit Blick auf Fragen der Macht asymmetrisch strukturiert sind. Selbst wenn aber Motive der Zuneigung oder Liebe im Rahmen von Zwangsverhältnissen nicht in toto zerstört oder durch andere Motivschichten überlagert werden müssen, gefährdet der Zwang die expressive Dimension vertrauensvoller Verhältnisse. Expressive Gründe, so hieß es, hängen an Handlungen und verleihen diesen eine symbolische Dimension. Im Vertrauen etwa erkennen wir den Empfänger des Vertrauens als einen an, dem vertraut werden kann, so wie er, wenn er das Vertrauen annimmt, uns als Person anerkennt, die Vertrauenswürdigkeit verdient. Finden nun Handlungen im Rahmen eines Zwangsverhältnisses statt, verlieren sie wenn schon nicht jede symbolische Bedeutung, so doch in jedem Fall jene, die sie im Rahmen reziproker Vertrauensverhältnisse haben könnten. In ihnen drückt sich nicht mehr wechselseitiger Respekt oder wechselseitige Anerkennung aus, selbst wenn diese Einstellungen durch das Zwangsverhältnis nicht vollständig ausgelöscht worden sind. Man kann den gleichen Sachverhalt auch anders formulieren: In dem Maße, in dem ungewiss geworden ist, inwieweit eine Beziehung auf Freiwilligkeit beruht oder inwieweit die mit der Beziehung einhergehende Verletzbarkeit akzeptiert wird, verwischt sich zugleich die expressive Dimension der Beziehung. Allein die Tatsache, dass der Empfänger des Vertrauens gegebenenfalls nur aus Furcht vor Sanktionen erwartungskonform handelt, zerstört schon die Voraussetzungen reziprok vertrauensvoller Verhältnisse. Der Vertrauensgeber weiß schlicht nicht genau, ob der Empfänger des Vertrauens aus Rücksichtnahme im oben beschriebenen Sinne handelt oder nicht. Mehr noch, wenn er sich seiner Zwangsgewalt bewusst ist, ist er in der Lage, vom anderen auch dann ein erwartungskonformes Verhalten zu erzwingen, wenn dieser keine wohlwollenden Motive hat. Das aber heißt, dass er sich auf ein Entgegenkommen des anderen verlassen muss und nicht länger darauf vertrauen kann. Und es heißt, dass ein Wegfall der machtrelevanten Asymmetrie den anderen dazu bringen könnte, sein Verhalten vollständig von den Erwartungen des vermeintlichen Vertrauensgebers abzulösen. Ohnehin ist davon auszugehen, dass negative Einstellungen gegenüber dem Geber oder Empfänger des Vertrauens auch das Vertrauen affizieren, das eigentlich dem anvertrauten Gut gilt. Die heftigen Auseinandersetzungen zwischen geschiedenen Eltern um das Sorgerecht für ihre Kinder haben sicherlich sehr viele und sehr unterschiedliche Gründe. Einer mag jedoch auch damit zusammenhängen, dass die Eheleute sich wechselseitig nicht mehr zutrauen, verantwortungsvoll oder im Sinne der eigenen Erwartungen mit dem Wohl der Kinder umzugehen. Der Vertrauensverlust, der primär dem ehemaligen Partner gilt, dehnt sich gleichsam aus.

Zwangsverhältnisse, das ist eine der Lektionen der vorangegangenen Überlegungen, eignen sich also nicht, um Verhältnisse gegenseitigen Vertrauens zu etablieren. Es sei noch ein letztes Beispiel genannt, das diesen Punkt veranschaulichen soll. Joseph Raz erörtert im Kontext seiner politischen Philosophie die Frage, unter welchen Bedingungen demokratisch gewählte Regierungen paternalistisch, und das heißt gegebenenfalls auch unter Zwang, in das Leben ihrer Bürger eingreifen dürfen.[224] Die Annahme, wonach es nie gut sei, Zwang auf die Bürger auszuüben, weil dadurch die moralisch schützenswerte Autonomie der Bürger zerstört werde, akzeptiert Raz zwar im Prinzip, aber er möchte doch Formen des Paternalismus verteidigen, die die Autonomie der Bürger schützen und unter Umständen sogar verbessern. So schränke es unsere Autonomie nicht ein, wenn wir daran gehindert werden, andere umzubringen, vielmehr ermögliche uns ein solcher Zwang erst, ein moralisch wertvolles Leben zu führen. Zwänge also, die uns wertvolle Optionen eröffnen, schränken uns nicht ein, sondern tragen zur moralischen Verbesserung unserer Lebensqualität und damit auch unserer Autonomie bei. Dies gilt sowohl, wenn wir durch Zwang daran gehindert werden, einem anderen Schaden zuzufügen, als auch, wenn unsere eigenen langfristigen Interessen auf dem Spiel stehen oder wir dazu angehalten werden, einer Pflicht nachzukommen. Es gibt aber, so Raz, eine Voraussetzung für das Ausüben von paternalistischem Zwang, und das ist eben Vertrauen. Nur in dem Maße, so die These, in dem wir uns darauf verlassen können, dass es dem anderen wirklich um unser langfristiges Wohl geht, können wir auch annehmen, dass der Zwang, den er unter Umständen auf uns ausübt, gleichsam einen guten Zweck für uns erfüllt: »Nur diejenigen, denen die, die man zwingt, vertrauen, besitzen die Autorität, paternalistischen Zwang auszuüben.«[225] So akzeptieren wir beispielsweise den Zwang, den ein guter Freund aus-

224 Joseph Raz, »Liberty and Trust«, in: Robert P. George (Hg.), *Natural Law, Liberalism, and Morality. Contemporary Essays*, Oxford 1996, S. 113-129.
225 Ebd., S. 123.

übt, wenn er uns auf einer Party daran hindert, eine Überraschung, die man uns bereitet, vorzeitig zu entdecken, indem er uns sanft in einen anderen Raum bugsiert. Weil wir ihm vertrauen, akzeptieren wir den Zwang, den er ausübt, um unser Wohl zu fördern. Im Bereich des politischen Handelns erfüllt der Status des Bürgers (*citizen*) die Rolle, die im Privaten der Freund erfüllt. Haben wir den berechtigten Eindruck, dass wir von der Regierung als vollwertige Mitglieder des Gemeinwesens angesehen werden, deren Interessen im Mittelpunkt der relevanten politischen Entscheidungen stehen, dann können wir der Regierung vertrauen und gegebenenfalls den Zwang akzeptieren, den sie ausübt, um uns ein wertvolles, autonomes Leben zu ermöglichen: »Vertrauen in die Regierung ist eine Bedingung ihres Rechts, Zwang um des Wohls der Bürger willen auszuüben, eine Bedingung für die Legitimität paternalistischen Zwangs. Ein Staatsbürgerschaftsstatus ist normalerweise eine Vorbedingung für Vertrauen.«[226]

Wenn diese Überlegungen, deren weiterer politiktheoretischer Gehalt hier nicht erörtert werden soll, triftig sind, dann wäre damit ein Zusammenhang benannt worden, in dem Zwang und Vertrauen sich eben nicht ausschließen. Aber wie plausibel ist die Art, in der Vertrauen und Zwang hier miteinander verbunden werden? Man kann diese Frage anhand des Party-Beispiels beantworten. Wenn es tatsächlich ein Freund ist, der mich daran hindert, in einen bestimmten Raum zu gehen, ist es unwahrscheinlich, dass ich sein Handeln unmittelbar als Zwang empfinde. Es zeichnet gerade das Vertrauen unter Freunden aus, die Entscheidungen des anderen zu respektieren, weil sie in der Regel dem Wohl der Freundschaft zuträglich sind. Wenn Vertrauen, wie auch Raz betont, die normalen Standards der Vorsicht und Unabhängigkeit lockert, impliziert es die Bereitschaft, dem Empfänger des Vertrauens Spielräume zu gewähren, innerhalb derer er »entscheiden« darf, wie genau mit dem geschenkten Vertrauen umgegangen werden sollte. In diesem Sinne gehört es zum Wesen der Freundschaft, darauf zu vertrauen, dass der je andere klug, umsichtig und im Interesse der freundschaftlichen Beziehung vorgeht. Folglich wäre es eigentümlich, ein Verhalten als Zwang auszulegen, das ein Freund uns gegenüber an den Tag legt. Wäre es ein Fremder, der uns abdrängt, stellte sich die

226 Ebd., S. 127.

Lage womöglich anders dar, weil in diesem Fall keine Anhaltspunkte gegeben sind, das Verhalten als freundschaftlich auszulegen. Natürlich kann auch ein Fremder unser Wohl im Auge haben, mehr noch, er kann gute Gründe für sein Verhalten anführen, denen ich mich beugen würde, wenn sie mir bewusst wären. Aber als Objekt des paternalistischen Zwangs kann ich um diesen Zug des Fremden nicht wissen, so dass ich nicht davon ausgehen kann, mein Wohl stehe für ihn im Mittelpunkt. Dieses subjektive Empfinden aber ist durchaus relevant, wenn es darum geht, ob jemand mein Wohl berücksichtigt oder nicht. Es ist gewissermaßen Teil dieses Wohls, dass ich davon ausgehen kann, dass der andere genau dieses Wohl im Blick hat.[227] Wenn dies so ist, und das ist der problematische Zug an Raz' Modell, wird jedoch undeutlich, inwieweit Vertrauen und Zwang zusammengehen können. Wenn wir einer Person, aber auch einer Regierung, tatsächlich vertrauen, besteht keine Notwendigkeit, Zwang auf uns auszuüben, weil wir als Vertrauensgeber davon ausgehen können, dass diese Person oder diese Regierung unser Wohl im Auge hat, und wir deswegen ihren Entscheidungen keinen nennenswerten Widerstand entgegenbringen (und ein solcher Widerstand scheint die Voraussetzung für das Ausüben von Zwang zu sein). Natürlich kann es auch im Rahmen einer Freundschaft zu Missverständnissen, Ungereimtheiten oder Streitpunkten kommen. Aber es würde dem Wesen der Freundschaft widersprechen, diese Misshelligkeiten statt durch Gespräch und Überzeugungsarbeit durch Zwangsmaßnahmen beseitigen zu wollen. Mit anderen Worten, wenn ein Freund oder eine Regierung uns zwingt, eine Handlung durchzuführen, deren Sinn wir nicht gleich einsehen oder gegen die wir uns sogar zur Wehr setzen, dann kann nicht länger von einem intakten Vertrauensverhältnis gesprochen werden. Der Zwang bricht *als* Zwang mit dem Vertrauen und kann

227 Raz erwähnt diesen Punkt an der Stelle, an der es um die »subjektiven« Komponenten der Zugehörigkeit zur Bürgerschaft geht. Die Regierung mag mich wie einen vollwertigen Bürger behandeln; habe ich aber nicht das Gefühl, dass es so ist, dann ist mein Status als Bürger tatsächlich gebrochen, vgl. ebd., S. 125. Vertrauen stellt genau diese subjektive Komponente her (und ergänzt dadurch die objektive Komponente der tatsächlichen Behandlung). In seiner in dem gleichen Band veröffentlichten Kritik an Raz übersieht Christopher Wolfe diesen Punkt; siehe »Being Worthy of Trust: A Response to Joseph Raz«, in: Robert P. George (Hg.), *Natural Law, Liberalism, and Morality*, a. a. O., S. 131-150 (vor allem S. 138).

nicht gut neben ihm koexistieren. Während struktureller Zwang das Vermögen des Vertrauensgebers angreift, im gegebenenfalls vertrauenskonformen Verhalten des Vertrauensempfängers echte Vertrauenswürdigkeit auszumachen, zerstört direkter Zwang unmittelbar das Vertrauen des Vertrauensgebers in die Zwang ausübende Instanz. In dem einen Fall ist es der Geber des Vertrauens (zum Beispiel der Ehemann), der Zwang ausübt oder doch ausüben kann, in dem anderen der Empfänger (zum Beispiel die Regierung). In beiden Fällen bricht das Vorliegen von Zwang oder die Androhung von Zwang das Vertrauen.

8.8 Ist Vertrauen immer gut?

Ist auf diesem Weg nachgewiesen, dass Vertrauensverhältnisse eine moralische Dimension besitzen, die mit der Perspektive der beteiligten Individuen zusammenhängt, so ist noch nicht die anfänglich aufgeworfene Frage geklärt worden, wie sich diese Binnenmoral vertrauensvoller Verhältnisse mit ihrer Außenmoral verbindet. Wie steht es mit der moralischen Qualität einer mafiösen Verbindung, die in sich vermutlich durch starke Vertrauensbande gekennzeichnet ist? Die Antwort liegt auf der Hand: Das Vertrauen der Mafiosi untereinander ist ein moralisch verwerfliches Vertrauen, was sich im Übrigen nur dann feststellen lässt, wenn die Perspektive der Mafiosi selbst gebrochen wird. Dieser Gedankengang lässt sich natürlich erweitern: Die moralische Qualität vertrauensvoller Verhältnisse lässt sich nur aus einer externen Perspektive beurteilen, die sensibilisiert ist für die weiteren Folgen, die diese Verhältnisse haben. Wer im Rahmen einer moralisch verwerflichen Praxis betrogen wird (das soll auch unter Mafiosi vorkommen), hat keinen legitimen Anspruch auf moralische Empörung und darf auch nicht unbedingt mit moralisch inspiriertem Mitleid rechnen. Diese Perspektive widerspricht nicht der These, wonach Vertrauensverhältnissen eine moralische Dimension zukommt, sie bestreitet nur, dass diese Dimension hinreichend erfasst wird, wenn die Perspektive eine der relativen Allgemeinheit ist.

Wie ist mit diesem Einwand umzugehen? Bleiben wir beim Beispiel der Mafia. Es heißt, es könne so etwas wie ein Vertrauen unter Individuen geben, die Teil einer Praxis sind, welche anderen

Schaden zufügt. Aber ist das wirklich der Fall? Wenn es beispielsweise stimmt, dass Mafiaverbände immer auch durch Zwangsmaßnahmen integriert werden oder auch nur durch die Androhung von solchen, lässt sich auf der Grundlage der vorangegangenen Überlegungen bezweifeln, dass wir es im Falle einer Verbindung unter Kriminellen tatsächlich mit intakten Vertrauensverhältnissen zu tun haben. Solange die Mitglieder dieser Verbindung damit rechnen müssen, dass abweichendes Verhalten oder gar der Ausstieg mit harten Strafen belegt werden (bis hin zur Ermordung), fällt es schwer, überhaupt von Vertrauen unter diesen Mitgliedern zu sprechen. Man könnte versuchen, an dieser Stelle ein systematisches Argument zu konstruieren: Kooperationspraktiken, die moralisch inakzeptable externe Konsequenzen zeitigen, können nicht intern auf Vertrauen beruhen, weil sie an dem einen oder anderen Punkt mit Zwängen einhergehen, durch die die Beteiligten genötigt werden, einander in instrumenteller Perspektive wahrzunehmen. Aber ich räume ein, dass dieses Argument nur schwer zu untermauern ist. Nehmen wir ein Ehepaar, das die eigenen Kinder pornographisch vermarktet. Es sieht doch so aus, als ließe sich diese verwerfliche Praxis nur dann aufrechterhalten, wenn die Eltern ein geradezu blindes Vertrauen zueinander haben. Und erfüllt dieses Verhältnis nicht alle Kriterien, die bislang für Vertrauen genannt worden sind? Warum sollten die handlungsermöglichenden Seiten von Vertrauen nicht auch verwerfliche Handlungen ermöglichen? Natürlich kann man darüber nachdenken, wie stabil eine Praxis sein kann, die sich selbst in erheblichem Maße verbergen muss. Aber die entscheidende Frage ist doch wohl, ob das Verhältnis unter den Partnern tatsächlich als vertrauensvoll eingestuft werden kann. Stellen wir uns mit Blick auf die kriminellen Eltern einen Satz vor, der möglich zu sein scheint: Wir sagen etwa, dass die Partner wechselseitig darauf vertrauen, dass der je andere das dunkle Geheimnis, das sie verbindet, nicht preisgibt. Dies scheint *prima facie* Vertrauen zu sein, weil nur dieses Vertrauen die Partner in die Lage versetzt, ihre instrumentellen Interessen zu verwirklichen, gleichwohl aber eine erhebliche Verletzbarkeit für beide gegeben ist. Und es sieht auch so aus, als würden die Eltern ihr Verhältnis nicht nur instrumentell deuten, sondern auch intrinsisch aufladen. Ihre kriminelle Aktivität erlaubt es ihnen, ihre Ziele zu verfolgen (sie verdienen Geld), und diese Ziele (Freiheit) sind für sie als solche wertvoll.

Einige meiner Formulierungen sind noch vorsichtig, aber ich sehe nicht, wie man sinnvoll leugnen kann, dass wir es hier mit einem intakten Vertrauensverhältnis zu tun haben, das moralisch hochgradig verwerflich ist. Kooperation ist nicht an sich gut, auch dann nicht, wenn sie von Vertrauen getragen wird. Ein möglicher Einwand gegen meine Lesart könnte allerdings so aussehen: Die Eltern profitieren in ihrem Verhalten von einer Praxis (Elternschaft), deren Werte sie gleichwohl nur unzureichend verwirklichen. Sie profitieren davon, dass Eltern in der Regel das Erziehungsrecht genießen, das ihnen nur schwer entzogen werden kann, aber sie verletzen einige der normativen Vorschriften, die mit der Praxis der Elternschaft heute einhergehen. In diesem Sinne nehmen sie an der Praxis teil, zugleich aber brechen sie mit ihr in einigen wesentlichen Punkten.

Obgleich ich diese Beschreibung für angemessen halte, sehe ich nicht, warum dadurch das Vertrauen der Eltern untereinander zerstört werden sollte. Ihr kriminelles Tun lebt ja gerade davon, dass sie einander im Lichte der Praxis, an der sie teilnehmen, weitgehend unbehelligt vertrauen dürfen und können. Man kann es noch schärfer formulieren: Nur weil es die mehr oder weniger institutionalisierte Praxis der Elternschaft gibt, kommen die Eltern in die Lage, untereinander ein Vertrauen aufzubauen, das für andere verheerende Folgen hat. Dass sie diese Praxis aus der Sicht ihrer Kinder und aus der Sicht des mit der Praxis der Elternschaft verbundenen Selbstverständnisses unvollkommen verwirklichen (und auch deswegen moralisch verwerflich handeln), hat keinen Einfluss auf diesen Punkt. Sie interpretieren die Praxis, an der sie teilnehmen, gewissermaßen selektiv.[228] So bleibt es dabei, dass es unter bestimmten Umständen nötig ist, neben die interne Perspektive der an der Kooperationspraxis beteiligten Individuen die externe Perspektive derjenigen zu stellen, die von ihren Handlungen gegebenenfalls betroffen sind. Ja, die Notwendigkeit, die interne Perspektive an der externen zu brechen, existiert letztlich schon im

228 Je stärker Privatheit egalitär gedeutet wird, desto deutlicher wird dieser Punkt; vgl. Beate Rössler, *Der Wert des Privaten*, Frankfurt/M. 2001. Rössler versucht zu zeigen, dass Normen der Gerechtigkeit und des Schutzes von Autonomie keinesfalls den Normen der Privatheit (wie Fürsorge oder Intimität) widersprechen müssen. Sie geht allerdings kaum auf die Implikationen ein, die ihre Überlegungen für das Eltern-Kind-Verhältnis haben.

Rahmen der Vertrauenspraxis selbst, denn die Tatsache, dass wir als Vertrauensgeber dem Empfänger des Vertrauens einen Ermessensspielraum geben, innerhalb dessen er entscheiden kann und muss, wie genau das Vertrauen erfüllt wird, impliziert auch ein ständiges Abwägen der Interessen des Vertrauensgebers mit den Interessen anderer Personen. Je unspezifischer ein Vertrauensband ist, desto größer wird der Spielraum für den Empfänger des Vertrauens. Hierin liegt nicht nur die Quelle für einen möglichen Missbrauch des Vertrauens, sondern auch die Quelle für Prozesse des Abwägens unterschiedlicher Interessen. Vertrauensverhältnisse zwischen Eltern und Kindern bestehen nicht darin, dass die Eltern alle Wünsche der Kinder erfüllen. Es kann, mit anderen Worten, im Rahmen solcher Beziehungen nötig werden, die Interessen der Kinder gegen die Interessen der Großeltern oder gegen eigene Interessen abzuwägen, um sich dann gegen die Kinder zu entscheiden. Eine solche Entscheidung aber muss nicht das Vertrauensband zwischen den Eltern und den Kindern zerstören. Es gehört gewissermaßen zu diesem Vertrauen, dass der, dem das Vertrauen eingeräumt wird, entscheiden kann, was dem Vertrauensgeber zuzumuten ist und was nicht. Insofern gehört es zum Vertrauen, die Beziehung, um die es geht, an einer externen Perspektive zu reiben. Diese externe Perspektive ist dabei keine neutrale Perspektive, die in einem Nirgendwo angesiedelt wäre, es ist vielmehr die Perspektive einer nun erweitert gefassten Kooperationsgemeinschaft, die genau dann berechtigt ist, darauf zu achten, ob andere in ihrem Verhalten auch wirklich die für die Kooperationspraxis, an der sie teilzunehmen vorgeben, relevanten Werte und Normen (zum Beispiel Autonomie oder Gewaltfreiheit) angemessen verwirklichen, wenn der Eindruck entsteht, dass dies nicht der Fall ist. Die kriminellen Eltern tun dies mit Blick auf ihre Kinder zweifellos nicht, so dass sie berechtigterweise sanktioniert werden, wenn ihr Verhalten ruchbar wird.[229] Die Praxis, von der sie zehren, mag stabil sein, sie mag im rechtlich-institutionellen Rahmen sogar intakt sein, aber das heißt

229 Es ist folglich falsch zu meinen, moralische Kritik könne nur von außen an Praktiken herangetragen werden. MacIntyre macht deutlich, dass jede Praxis dazu nötigt, sich die Frage vorzunehmen, ob man noch gemäß der praxisleitenden Normen handelt, siehe Alasdair MacIntyre, »Social Structures and Their Threats to Moral Agency«, in: ders., *Ethics and Politics. Selected Essays 2*, Cambridge 2006, S. 186-204, bes. S. 201.

nicht, dass die Art, in der die Eltern sie für sich auslegen, eine gute Praxis ergibt.

Natürlich stellt sich die Frage, was passiert, wenn die Eltern im Rahmen einer Kultur leben, in der Kinder systematisch missbraucht werden, und genau an diesem Punkt hat der Kantianismus stets seinen großen Auftritt, weil nur er absolute Imperative formulieren kann, deren Geltung nicht von kontingenten kulturellen Faktoren abhängt. Aber selbst wenn das so ist und wenn man dem Kantianismus diese Rolle gerne überlässt, spricht nichts dafür, die universalistische Perspektive als einzige Perspektive der Beurteilung menschlicher Interaktionen zu betrachten. Das Verhalten von Partnern etwa, die einander keinen Schaden zufügen, wird nicht dadurch moralisch, dass sie auch anderen keinen Schaden zufügen. Das scheint mir eine der wesentlichen Erkenntnisse der Fürsorge-Ethik zu sein, die nicht ohne Grund die Kategorie des Vertrauens stärker reflektiert hat als utilitaristische oder kantianische Ansätze.[230] Nahbeziehungen verfügen über eine reichhaltige und sehr komplexe moralische Infrastruktur, die aber nicht vollständig losgelöst ist von einer Moral größerer Reichweite. Für viele Praktiken des Vertrauens gilt, dass sie schon intern genügend Kriterien zur Verfügung stellen, um einen Missbrauch dieser Praxis oder eine selektive Auslegung der mit ihnen einhergehenden Normen zu kritisieren. Dies liegt schon allein daran, dass die Handlungen, die durch Vertrauen möglich werden, kooperativer Natur sind, das heißt, auf die Unterstützung anderer angewiesen sind. Um zu dem Beispiel der Eltern zurückzukommen: Selbst wenn sie untereinander vertrauensvoll zusammenhalten, kann ihnen ihr kriminelles Tun nur dauerhaft gelingen, wenn ihnen ihre Kinder oder ihr weiteres Umfeld Vertrauen entgegenbringen. Dieses Vertrauen missbrauchen sie.

230 Siehe aber Barbara Herman, »Agency, Attachment, and Difference«, in: dies., *The Practice of Moral Judgment*, Cambridge (Mass.), London 1993, S. 184-207.

9. Die Rationalität des Vertrauens

Ich habe wiederholt eine enge Fassung des Rationalitätsbegriffs kritisiert, die diesen auf den Wunsch reduziert, eigene Interessen möglichst effizient zu verwirklichen. Wie könnte nun ein erweiteter Rationalitätsbegriff aussehen, der zugleich den bislang explizierten Praxisbegriff aufgreift? Um diese Frage einer Antwort zuzuführen, seien noch einmal einige Punkte aufgegriffen, die sich im Laufe der bisherigen Überlegungen ergeben haben. So hieß es gelegentlich, der intrinsische Wert vertrauensvoller Beziehungen sei kein individuelles Handlungsmotiv, sondern finde sich eingelassen in eine Praxis, die als solche die Überprüfung individueller Einstellungen überflüssig macht, weil sich der intrinsisch wertvolle Charakter des Vertrauens oder der Vertrauenswürdigkeit praktisch erfahrbar in einem kollektiven Rahmen darstellt und dadurch Einfluss auf Gedanken, Wünsche und Emotionen nehmen kann. Ferner hieß es, eine Person »entscheide« sich, an einer solchen Praxis teilzunehmen, und nehme nicht immer schon (etwa als sprechendes Wesen) an ihr teil. Auch wurde häufiger darauf hingewiesen, dass Vertrauen im Rahmen einer Praxis für die an der Praxis beteiligten Individuen Züge einer »zweiten Natur« annehmen kann, das heißt, dauerhaft zu etwas Implizitem wird. Schließlich fanden sich häufiger Formulierungen, wonach ich mich »weigern« kann, geschenktes Vertrauen anzunehmen, oder anderen »signalisieren« kann, dass ich ihr Vertrauen annehme bzw. ablehne.

Zusammengenommen ergeben diese Annahmen und Thesen kein sehr klares Bild. Einerseits wird festgehalten, dass es sich beim Vertrauen um eine weitgehend implizit bleibende Praxis handelt, die die Akteure von bewussten Reflexionsakten entlastet. Andererseits hat sich eine Sprechweise gehalten, die nahelegt, Vertrauen könne Gegenstand von Entscheidungen sein, könne »angenommen« und »abgelehnt« werden. Wie lassen sich diese beiden scheinbar widersprüchlichen Annahmen vereinbaren? Und wenn die These aufgestellt wird, der Begriff der *Vertrauenspraxis* erlaube es, die beiden Annahmen zu vereinbaren, was muss dann genauer unter einer solchen Vertrauenspraxis verstanden werden?

Um auf diese nicht gerade einfachen Fragen zu antworten, wird es sinnvoll sein, noch einmal einen Punkt zu betonen, der ebenfalls an der einen oder anderen Stelle schon angesprochen wurde. Vertrauen ist zwar häufig unausgesprochen und implizit, aber das heißt nicht, dass es keinen rationalen Kern hat. Wir vertrauen, weil wir Gründe haben zu vertrauen; wir vertrauen nicht, wenn wir keine Gründe haben, die Vertrauen rechtfertigen. Diese Gründe müssen uns nicht bewusst sein, wir müssen sie auch nicht prinzipiell vor der Aufnahme vertrauensrelevanter Interaktionen prüfen und beurteilen, um dann gegebenenfalls Vertrauen zu schenken. Aber wenn wir im Kontext einer Praxis gefragt werden, warum wir auf diese oder jene Weise handeln, können wir antworten: weil wir vertrauen. Und wir können uns bemühen, die Gründe für dieses Vertrauen zu nennen und zu artikulieren. Dieser Prozess des Explizitmachens dient nicht einfach nur dazu, intern vorliegende Gründe gleichsam ans Licht zu bringen, als ginge es darum, ein verhangenes Fenster zu öffnen, um einen freien Blick auf ein Feld zu gewinnen. Geschieht das Explizitmachen der Gründe für Vertrauen im Kontext einer laufenden Vertrauensbeziehung, ist vielmehr davon auszugehen, dass dies den Status der Beziehung verändern kann. So kann das Explizitmachen als solches die Vertrauensbeziehung angreifen, obwohl sie zuvor noch intakt war. Diese Gefahr dürfte vor allem dann bestehen, wenn das Vertrauensverhältnis besonders stark von seinem impliziten Charakter zehrt oder ganz darauf beruht. Im Rahmen einer solchen Beziehung macht man sich gewissermaßen nicht klar, worauf diese Beziehung gründet, und genau das ist es, worauf es in dieser Beziehung ankommt. Artikuliert man dagegen plötzlich die Gründe, die das gegenseitige Vertrauen ausmachen, werden zwar nur positive, vertrauensstabilisierende Gründe genannt, aber die Tatsache, dass überhaupt Gründe genannt werden, stört die Beziehung oder verändert sie zumindest. Das Explizitmachen kann als solches neue Verantwortlichkeiten schaffen, es kann neue Annahmen im Hörer hervorrufen, neue Erwartungen schaffen etc.

Anders liegt der Fall, wenn das Offenlegen der Gründe den am Vertrauensverhältnis beteiligten Subjekten klarmacht, dass das Vertrauen auch schon *davor* gestört war. Nur hatte man diesen Sachverhalt noch nicht ausbuchstabiert, hatte ihn noch nicht bewusst begrifflich artikuliert. Dieses Artikulieren reflektiert gleichsam ein bereits angegriffenes Verhältnis, hat aber auch hier eine konstitutive

Rolle, weil es das, was expliziert wird, zugänglich macht und erstmals offenlegt. Dadurch werden vorliegende Zweifel, wachsendes Misstrauen oder eine leise Entfremdung artikuliert, und das wiederum verändert die Vertrauensbeziehung. Aus blindem Vertrauen wird vorsichtiges oder umsichtiges Vertrauen, das sensibel ist für negative, vertrauensgefährdende Evidenzen.

Denkbar ist aber auch, dass das Explizitmachen der Gründe für Vertrauen stabilisierende Züge gewinnt. Gerade vor dem Hintergrund bestehender Zweifel kann ein Aussprechen der Gründe, die Vertrauen stützen, eine neue Situation herbeiführen und so Vertrauen generieren. Eine Aufforderung wie »Vertraue mir, ich habe noch niemanden fallengelassen« mag im Kontext einer intakten vertrauensvollen Beziehung kontraproduktive Züge haben oder schlicht überflüssig sein; wenn sie jedoch im Kontext einer gestörten oder einer neu aufzunehmenden Vertrauensbeziehung geäußert wird, kann sie gegebenenfalls vorhandene Zweifel ausräumen, weil der, der so spricht, gleichsam verspricht, das ihm geschenkte Vertrauen nicht zu enttäuschen, und damit unter einen erhöhten normativen Druck gerät. Es ist, nur das sollen diese Überlegungen verdeutlichen, schlicht nicht ausgemacht, dass das Explizitmachen von Gründen für Vertrauen per se destruktive Seiten haben muss. Dies gilt sicherlich umso mehr, wenn wir etwa mit einem anderen über eine dritte Person reden und in Erfahrung bringen wollen, ob diese dritte Person vertrauenswürdig ist oder nicht. Was wir hier über die dritte Person erfahren, kann zur Grundlage der Aufnahme eines vertrauensvollen Verhältnisses werden. Damit ist auch angedeutet, dass das Explizitmachen von Gründen für Vertrauen oftmals dann notwendig wird, wenn wir es mit Interaktionen zwischen Fremden zu tun haben. Wenn uns jemand unbekannt ist, kann es nötig werden, etwas über ihn herauszufinden, um dann zu entscheiden, ob wir ein vertrauensrelevantes Verhältnis zu dieser Person aufnehmen wollen. Es hängt folglich immer auch am Charakter der Beziehung, ob es nötig und sinnvoll ist, sie auf eine explizit begründete Basis zu stellen. Während wir etwa in eine Freundschaft hineinwachsen können, ohne uns je explizit Rechenschaft abzulegen über die Gründe, die die Freundschaft stützen oder rechtfertigen, gibt es Zusammenhänge, in denen wir einiges unternehmen, um in Erfahrung zu bringen, ob jemand unser Vertrauen verdient.

Wir können nun erneut auf die Frage zurückkommen, die

schon weiter oben thematisch war. Können wir uns dazu entscheiden, anderen zu vertrauen? Ich habe diese Frage vorsichtig bejaht, weil ich die Rede vom Vertrauen an das Vorliegen mindestens einer Misstrauensoption gebunden habe. Wenn wir vertrauen, so hieß es, schließen wir diese Option aus, und das kann man als eine Entscheidung für Vertrauen charakterisieren. Gleichzeitig habe ich aber betont, dass wir nicht entscheiden können, ob wir eine solche Option vor uns haben oder nicht, so dass die Rede vom Entscheiden auf eigentümliche Weise eine Dimension des Unverfügbaren impliziert. Nimmt man nun die Rede von Gründen auf, die für oder gegen Vertrauen sprechen, lässt sich ein ähnlicher Punkt machen. Eben hieß es ja, man könne auf der Basis von Gründen sein Vertrauen anderen schenken oder nicht und sich mithin entscheiden, dieses Geschenk zu geben oder nicht. Weiter oben war wiederum die Rede davon, man könne entgegengebrachtes Vertrauen »annehmen« oder »ablehnen«. Diese Redeweisen laufen einerseits Gefahr, Vertrauen wie einen Gegenstand zu behandeln, der anderen ausgehändigt werden kann oder nicht. Sie treffen aber andererseits einen Punkt, weil sie nahelegen, dass Gründe, die wir für oder gegen Vertrauen haben, nicht automatisch zu einer Praxis des Vertrauens werden, wenn sie nicht schon Bestandteil einer solchen sind. Mit Blick auf den einen Punkt ist zu sagen: Als Einstellung ist Vertrauen ein Phänomen, das nicht willkürlich herbeigeführt werden kann. Wir können Vertrauen so wenig wollen oder per Beschluss bewirken wie Hass oder Liebe. Es ergibt sich, es ist da oder nicht da, es wächst, es vergeht, stellt sich ein, findet sich vor – aber es ist nicht einfach durch eine Entscheidung herbeizuführen. Das passive Element, das den meisten, wenn nicht allen Emotionen zukommt, lässt sich auch am Vertrauen beobachten, das gerade in dieser Hinsicht Ähnlichkeiten zum Bereich des Emotionalen aufweist. Die Aufforderung »Vertraue mir!« ist insofern eigentümlich, weil sie scheinbar darauf abzielt, eine Einstellung im anderen herbeizuführen, die entweder da ist oder nicht, aber nicht willkürlich geschaffen werden kann. Ein Blick auf mögliche Kontexte einer solchen Aufforderung vermag allerdings zu zeigen, dass sie nicht völlig sinnlos ist. Nehmen wir an, ich habe neue Nachbarn, die mir auf den ersten Blick sehr sympathisch sind. Ich überlege, ob ich ihnen mein Kind anvertraue, weil ich einen unerwarteten wichtigen Termin habe. Sagt nun einer der Nachbarn: »Sie können uns vertrauen, auch wenn wir uns nicht gut kennen«, mag das dazu führen, dass ich ihnen tatsächlich das Kind überlasse, da durch diese Äußerung eine Einstellung bekräftigt wird, die ohnehin schon in ersten Ansätzen vorhanden ist. Anders mag es sich verhalten, wenn diese Einstellung noch nicht vorhanden ist oder sogar Antipathie vorliegt. Auch mit einer solchen Äußerung geht es also weniger darum, die Einstellung des Vertrauens *de novo* herbeizuführen, als darum, Gründe für Vertrauen, die vorliegen (sehr zuvorkommend, kompetent im Umgang mit Kindern, ehrlich etc.), in eine Praxis des Vertrauens münden zu lassen. Dies wiederum ist erforderlich, weil Gründe, über die man verfügt und an die der, der um Vertrauen wirbt, appelliert, nicht automatisch Handlungen nach sich ziehen, die unter eine vertrauensrelevante Beschreibung gebracht werden können. Die Frage, ob wir diese Gründe praktisch werden lassen, wird von uns als potenziellen Vertrauensgebern geklärt und ist in diesem Sinne Gegenstand unserer Entscheidung. Wir sind, mit anderen Worten, verantwortlich für das Praktischwerden der Gründe und können nicht auf einen blinden Automatismus setzen, der uns hier das Entscheiden abnimmt. Entsprechend ärgern wir uns, wenn unser Vertrauen enttäuscht wird, auch darüber, dass wir es waren, die dieses Vertrauen praktisch werden ließen, obwohl wir das nicht hätten tun müssen.

Anders verhält es sich, wenn die Gründe, die unser Vertrauen stützen, bereits praktisch geworden sind. Solche Gründe müssen nicht immer aus einer Entscheidung hervorgehen, durch die wir bewirken, dass Gründe, die wir haben, in konkrete Handlungsformen fließen oder diese herbeiführen. Die Gründe können schlicht einhergehen mit einer vertrauensvollen Praxis, die sich ergibt oder deren Vollzug wir an uns bemerken. Nur heißt das nicht, dass in diesem Fall gar keine Entscheidung gefällt worden ist. Wir können an einer bestehenden Praxis teilnehmen oder es auch lassen, je nachdem, wie wir uns mit Blick auf diese Praxis verhalten. Sowohl das Element der Akzeptanz als auch die Notwendigkeit, in eine vollständige Beschreibung vertrauensvollen Verhaltens das Element der möglichen Handlungsalternativen zu integrieren, reflektieren die Tatsache, dass Vertrauen kein Handlungsautomatismus ist und in gewisser Weise vom Akteur gewollt werden muss. Der Begriff der Entscheidung steht hier folglich für das zwanglose Akzeptieren einer vorliegenden oder noch zu etablierenden Praxis, auf das wir auch hätten verzichten können. Selbst wenn wir auf unbemerkte Weise in eine Praxis hineinwachsen, können wir uns für diese Praxis entscheiden, indem wir fortlaufend an ihr teilnehmen.

Wenn man damit einräumt, es sei durchaus möglich, sich zu entscheiden, anderen zu vertrauen, sollte hervorgehoben werden, dass sich die Reichweite des Entscheidens nicht auf die Gründe erstreckt, die unser Vertrauen rechtfertigen können. Diese Gründe sprechen für Vertrauen oder nicht, sie legen Vertrauen nahe oder nicht, sie sind in sich widersprüchlich, sind starke Gründe oder schwache Gründe – in jedem dieser Fälle führen sie von sich aus nicht automatisch zu einer Praxis des Vertrauens, ohne die eine Beschreibung vertrauensvollen Handelns unvollständig bleiben muss.

Aber, so könnte gefragt werden, gibt es nicht Situationen, in denen wir aktiv nach Gründen für (oder gegen) Vertrauen suchen? Das kann zweifellos der Fall sein, aber man sollte dann zwei Dinge im Auge behalten. Zum einen sind solche Situationen zumeist von Misstrauen getragen, das durch die Suche nach Gründen der Vertrauenswürdigkeit abgebaut werden soll. Zum anderen impliziert die Suche nach Gründen nicht, dass diese Gründe Gegenstand einer Entscheidung sein können. Wir *finden* sie oder nicht, und das ist dann die Grundlage für die Entscheidung, dem anderen zu vertrauen oder nicht.

9.1 Taxifahrer in New York und Belfast

Ein Beispiel mag helfen, diese Punkte zu veranschaulichen. Es kann auch dazu dienen, Genaueres über die Gründe für Vertrauen in Erfahrung zu bringen. In ihrer Studie *Streetwise. How Taxi Drivers Establish Their Customers' Trustworthiness* untersuchen Diego Gambetta und Heather Hamill, wie es Taxifahrern in New York und Belfast gelingt, die Vertrauenswürdigkeit ihrer potenziellen Kunden festzustellen. Sie tun dies, so die Quintessenz der Studie, indem sie aktiv nach Zeichen für die Vertrauenswürdigkeit des Kunden suchen, bevor sie mit ihnen die Fahrt antreten. Da Vertrauenswürdigkeit keine Eigenschaft ist, die sich leicht erkennen oder gar sinnlich wahrnehmen ließe, müssen die Taxifahrer die ihnen fremden Personen zunächst einer »Semiotik des Vertrauens« unterziehen: Sie müssen Zeichen suchen, die in ihren Augen mit der nicht direkt wahrnehmbaren Eigenschaft der Vertrauenswürdigkeit korrelieren.[231] Liegen diese Zeichen vor, entscheidet sich der Taxifahrer, den Kunden mitzunehmen, andernfalls oder wenn negative Zeichen vorliegen, nimmt er ihn nicht mit. Typische Zeichen für Vertrauenswürdigkeit sind etwa die Kleidung, das Alter, der Ort, wo der Kunde abgeholt werden möchte, die Körperhaltung, der Gesichtsausdruck, die Augen, das Geschlecht, die Stimmlage oder die Reaktion auf den genannten Fahrpreis. Nimmt der Taxifahrer den Kunden mit, liegt Vertrauen vor.

Diese Studie ist aufschlussreich, weil sie sich darum bemüht, der Thematik des Vertrauens eine operationalisierbare Basis zu geben, was in der sozialwissenschaftlichen Literatur zum Thema sonst kaum geschieht. Dennoch wirft sie auch einige Fragen auf. Die Ausgangssituation ist übersichtlich: Zwei einander fremde Personen müssen für einen bestimmten Zeitraum eine Interaktion aufnehmen, die mit einer gewissen Intimität und Nähe verbunden ist. Für beide Personen liegen folglich erhebliche Verletzbarkeiten vor, ein Sachverhalt, der in der Studie durch Daten und Statistiken untermauert wird, die über die Gefährlichkeit der Arbeit von Taxifahrern in New York und Belfast Auskunft geben (gelegentlich sind aber auch die Kunden in Gefahr). Da die Personen sich nicht kennen, gibt es zunächst keine Basis für gegenseitiges Vertrauen, so dass es nötig ist, diese Basis innerhalb eines sehr kurzen Zeitraums aktiv herzustellen. Dies geschieht durch die genannten semiotischen Prozesse, mit deren Hilfe vermeintliche Zeichen für Vertrauenswürdigkeit dechiffriert werden. Diese Zeichen können auch als Gründe für Vertrauen beschrieben werden, weil sie stets eingelassen sind in einen interpretativen Kontext, in dem etwa die Kleidung Auskunft über den Status und der Status Auskunft über die Seriosität der Person gibt. Die Taxifahrer könnten, so die Vermutung, die Wahl der vertrauensstabilisierenden Zeichen begründen, und sei es dadurch, dass sie nur ihren Erfahrungsschatz befragen, der ihnen verrät, dass Frauen weniger gefährlich sind als Männer und große Männer wiederum weniger als kleine etc. Gambetta und Hamill sind sich natürlich auch im Klaren darüber, dass Zeichen der Vertrauenswürdigkeit vorgetäuscht werden können, wenn der Fahrgast weiß, auf welche Zeichen Taxifahrer mit Vertrauen reagieren.

231 Gambetta/Hamill, *Streetwise*, a. a. O., S. 7.

Dadurch entsteht ein »sekundäres Vertrauensdilemma«, das von den Taxifahrern verlangt, nicht nur nach Zeichen für Vertrauenswürdigkeit zu suchen, sondern auch darüber zu urteilen, ob diese verlässlich sind.[232] Eine Strategie im Umgang mit diesem Problem ist der Versuch der Taxifahrer, nach solchen Zeichen zu suchen, die nur mit großem Aufwand nachgeahmt oder vorgetäuscht werden können.

Taxifahrer, das ist ein Ergebnis der Studie, sind in besonderem Maße genötigt, Gründe für Vertrauen zu suchen, um dann auf der Basis dieser Gründe zu entscheiden, ob sie vertrauen wollen oder nicht. Deutlich dürfte sein, dass diese Gründe nicht selbst Gegenstand der Entscheidung sind; sie müssen vielmehr gesucht werden und, ob sie gefunden werden, untersteht nicht der Willkür der Taxifahrer. Dass Vertrauen eine Einstellung ist, die mit dem Bemühen einhergeht, Tuchfühlung zur Realität zu bewahren, zeigt sich am Beispiel der Taxifahrer in hervorstechender Weise. Viele Fahrer unternehmen noch während der Fahrt Versuche, die Vertrauenswürdigkeit der Kunden zu testen, indem sie Gespräche mit ihnen anfangen und darauf setzen, aus den Äußerungen der Kunden Aufschluss über ihre inneren Einstellungen zu gewinnen.

Allerdings könnte die Frage aufkommen, ob es in der Studie von Gambetta und Hamill überhaupt um Vertrauen geht, weil ein derartiges Maß an Wachsamkeit und Prüfbereitschaft schlecht zum reflexionsentlastenden Charakter des Vertrauens passt, den die Autoren durchaus anerkennen. Zum anderen geht aus den Äußerungen von Gambetta und Hamill unmissverständlich hervor, dass New York und Belfast Städte sind, in denen das Taxifahren insgesamt als gefährlich einzustufen ist. Mit Blick auf New York und die Vereinigten Staaten etwa heißt es: »Wir dürfen nicht vergessen, dass Taxifahren in den Vereinigten Staaten ein gefährlicher Beruf ist – der gefährlichste gar, wenn es um die Wahrscheinlichkeit geht, umgebracht zu werden, und der zweitgefährlichste (nach dem Polizeidienst), wenn es um die Wahrscheinlichkeit geht, gewaltsam angegriffen zu werden.«[233] Da die Taxifahrer um dieses Gefahrenpotenzial wissen, ist verständlicherweise Misstrauen ihre Grundhaltung. Kommt es also zur alltäglichen Situation des Kundenkontakts, geht es offenbar zunächst darum, dieses Miss-

232 Ebd., S. 9.
233 Ebd., S. 189.

trauen abzubauen. Abgebautes Misstrauen aber geht nicht einfach in Vertrauen über. Es ist schon erwähnt worden, dass Misstrauen und Vertrauen sich zwar konträr, nicht aber kontradiktorisch zueinander verhalten. Wenn wir nicht vertrauen, sind wir nicht automatisch misstrauisch, und wenn wir nicht misstrauisch sind, folgt keinesfalls, dass wir vertrauen. Man könnte sagen, dass es den Taxifahrern zwar immer wieder gelingt, ihr quasinatürliches Misstrauen zu überwinden, was sich an ihrer Bereitschaft zeigt, in diesen gefährlichen Städten überhaupt Kunden mitzunehmen, dass es ihnen aber nicht unbedingt in gleichem Maße gelingt, Vertrauen herzustellen. Dieser zweite Punkt ergänzt den ersten: insofern die Fahrer noch während der Fahrt kontrollierende Blicke auf ihre Kunden werfen, kann nicht von einem Vertrauensverhältnis gesprochen werden. Man könnte von einem gedämpften Misstrauen sprechen oder einer wachsamen Vorsicht, aber es dürfte sinnvoll sein, diese Einstellungen von der des Vertrauens abzugrenzen. An diesem Punkt mag sogar noch ein dritter Grund genannt werden, der Zweifel an der These aufkommen lässt, es gehe Gambetta und Hamill in ihrer Studie wirklich um Vertrauen oder Vertrauenswürdigkeit. Um die Einstellung des Vertrauens von einem bloßen Sich-Verlassen-auf zu differenzieren, wurde die Kategorie der Rücksicht eingeführt. Sie besagt, dass der Empfänger des Vertrauens vertrauenswürdig ist, wenn er in seinem Verhalten unsere Wünsche und Interessen berücksichtigt, auch wenn er sie nicht teilt. Darüber hinaus stabilisiert sie eine Vertrauensbeziehung, wenn die an ihr Beteiligten dem Vertrauen einen intrinsischen Wert beimessen, durch den rein instrumentelle Interessen, die durchaus auch an einem Vertrauensverhältnis beteiligt sind, gebrochen werden. Dies kann beispielsweise dadurch geschehen, dass die am Vertrauensverhältnis beteiligten Akteure den Gütern, die im Vertrauen auf dem Spiel stehen oder durch es verwirklicht werden, in ähnlicher Einstellung begegnen.

Da Vertrauen im Kontext meiner Überlegungen als eine wachsame, wenn auch keine überwachende Einstellung behandelt wird, mag es noch hingehen, die prüfenden Blicke (und Gespräche) der Taxifahrer als Bestandteile des Versuchs der Vertrauensherstellung zu betrachten. Es handelt sich zweifellos um extreme Fälle, aber die Suche nach vermeintlichen Kriterien der Vertrauenswürdigkeit lässt sich nicht kategorisch aus allen vollständigen Beschreibungen vertrauensvoller Verhältnisse ausschließen, auch wenn es sich gewissermaßen um vorbereitende Maßnahmen handelt. Dies ist auch der Grund, weswegen Rational-Choice-Ansätze, die fast die gesamte Wirtschaftswissenschaft, aber auch beträchtliche Teile der sozialwissenschaftlichen Thematisierung des Vertrauens beherrschen und die von Anfang an im Vertrauen eine kalkulatorische oder berechnende Einstellung sehen, nicht per se zurückzuweisen sind (auch die Studie von Gambetta und Hamill zehrt an vielen Punkten von Ansätzen dieser Forschungstradition). Sie erfassen jenen Aspekt des Vertrauens, der mit der engagierten Öffnung des Vertrauensgebers für die Eigenheiten des möglichen Vertrauensempfängers zu tun hat. Insbesondere im Umgang mit Fremden achten wir auf Eigenschaften, Charakterzüge und äußerliche Merkmale, die wir, ob nun zu Recht oder zu Unrecht, für vertrauensrelevant halten. Kein Vertrauen liegt etwa dann vor, wenn wir einfach nur darauf hoffen, dass ein anderer sich als vertrauenswürdig erweist oder in fatalistisch-resignativer Manier mögliche Gefahren einer Interaktion ausblenden. In beiden Fällen verzichten wir darauf, den anderen wahrzunehmen, und insofern sind beide Haltungen nicht mit Vertrauen vereinbar.[234]

Dennoch bleibt das Unbehagen, das vom zweiten Einwand ausging. Ist abgebautes Misstrauen wirklich schon als Vertrauen zu bezeichnen? Natürlich liegt es nahe, die Tatsache, dass ein Fahrer sich entscheidet, einen Kunden mitzunehmen, schon für ein untrügliches Zeichen von Vertrauen zu halten. Läge kein Vertrauen vor, würde der Fahrer den Kunden nicht mitnehmen. Aber selbst wenn diese Annahme nicht ganz von der Hand zu weisen ist, muss sie doch differenziert werden. Wenn ein Fahrer einen Kunden sieht, ihn evaluiert und als vertrauenswürdig einschätzt, ihn daraufhin in sein Auto lässt und sich keinerlei Gedanken mehr macht über dessen mögliche Gefährlichkeit, dann kann, so sieht es zunächst jedenfalls aus, Vertrauen vorliegen. Bemüht er sich dagegen auch während der Fahrt weiter darum, seinen Fahrgast einzuschätzen (Gambetta und Hamill nennen das »probing during the journey«), etwa, weil es nicht möglich war, ihn vorher zu observieren, dann sollte eher von einer fortgesetzten misstrauischen Haltung ausgegangen werden. Es wäre zu einfach, den Akt des Misstrauens nur

234 Vgl. ebd., S. 188.

in der Weigerung zu sehen, jemanden mitzunehmen. Es gibt, mit anderen Worten, auch misstrauische Formen der Interaktion, die durchaus ihre Ziele erreichen. Um sie aber »Vertrauen« zu nennen, fehlt ihnen die Bereitschaft, ein Gut auch ohne Aufwand von Beobachtung und Wachsamkeit dem möglichen Zugriff eines anderen zu überlassen. Die Tatsache, dass Taxifahrer einen Kunden mitnehmen, kann daher nicht schon als solche einen Akt des Vertrauens anzeigen.

Ohnehin dürfte offensichtlich sein, dass wir es bei den Taxifahrern in New York und Belfast nicht mit Personen zu tun haben, denen es möglich ist, die Gefahren ihres Berufs auszublenden, weil sie etwa in einer Kultur der Vertrauenswürdigkeit leben und diese habitualisiert haben. Ihnen fehlt das Weltvertrauen im oben spezifizierten Sinne. Allein die Notwendigkeit, die Kunden anfänglich zu observieren, um Zeichen ihrer Vertrauenswürdigkeit zu gewinnen, belegt diesen Punkt. Sie können die möglichen Gefahren ihres Berufs nicht vergessen, weil sie entweder selbst von ihnen betroffen sind oder doch von anderen darum wissen. Deswegen aber kann in ihrem Fall von Vertrauen gesprochen werden, auch wenn dies für manche kontraintuitiv klingen mag. Es ist allerdings ein Vertrauen, das, wie noch deutlich werden soll, stark individualisiert ist und nur mit Mühe einen kollektiven Rahmen herstellen oder anrufen kann. Diejenigen wiederum, denen es gelingt, diese Gefahren auszublenden, schaffen es, nicht darüber nachzudenken, indem sie die geringe Wahrscheinlichkeit persönlicher Betroffenheit anführen oder aber schlicht einsehen, dass ein normales Leben als Taxifahrer nicht möglich ist, wenn permanent Angst vorherrscht. Es ist gerade die als Belastung empfundene Notwendigkeit, anderen zu vertrauen, die gelegentlich Haltungen der Resignation, der Hoffnung oder des Fatalismus nach sich zieht. Weil Situationen des Vertrauens Situationen der Verletzbarkeit sind, müssen sie umgedeutet werden zu Situationen, in denen die Gefahr der Verletzbarkeit nicht länger vorliegt. Der aktive Versuch, die gegebenen Gefahren auszublenden, ist somit der Versuch, nicht vertrauen zu müssen.

In den letzten Abschnitten ging es um die Rationalität des Vertrauens, die Frage der Entscheidbarkeit und die Rolle des Kontextes, in dem einzelne Vertrauensentscheidungen stehen. Je anonymer dieser Kontext ist und je größer die Gefahren sind, die ihn umgeben, desto individualisierter und riskanter ist die Vertrauensentscheidung. Aber auch wenn es eine gut etablierte Vertrauenspraxis gibt, folgt daraus keinesfalls, dass die Gründe, die für Vertrauen sprechen, absolute Sicherheit oder Garantien gewähren. Das ist nicht gemeint, wenn Vertrauen als rational bezeichnet wird. Jedem Akt des Vertrauens wohnt ein Element der evidenztranszendierenden Ungewissheit inne, die sich auf Seiten des Vertrauensgebers als Vertrauensvorschuss bemerkbar macht. Weil Vertrauen in diesem Sinne auf einem ungesicherten Glauben beruht, kommt ihm eine kreative Dimension zu. Indem wir anderen zu verstehen geben, dass wir ihnen vertrauen, obwohl wir keine vollständige Gewissheit über ihre Vertrauenswürdigkeit besitzen, erkennen wir sie als welche an, denen vertraut werden kann. Diese Tatsache allein kann im Übrigen Gründe für Vertrauenswürdigkeit etablieren, die vor dem Akt der Vertrauensgabe nicht vorhanden waren.[235] Aber auch dies muss nicht so sein. Mit anderen Worten: Ich muss das Vertrauen, das mir signalisiert wird, nicht annehmen, ohne dass es nötig wäre, es explizit abzulehnen. So wie mir Vertrauen entgegengebracht wird, indem mir beispielsweise bestimmte Aufgaben zugeteilt werden, so kann ich Vertrauen ablehnen, indem ich diese Aufgaben nicht übernehme oder zu verstehen gebe, dass ich sie nicht annehmen möchte. Das ist die Art und Weise, in der ich mich für oder gegen Vertrauen entscheide.

9.2 Doxastische Verantwortung und zweite Natur

Bislang wissen wir noch nicht, welcher Art die Gründe sind, die Vertrauen rechtfertigen oder nicht. Auch darf das Beispiel mit den Taxifahrern, die aktiv nach Gründen (Signalen, Zeichen) der Ver-

235 Vgl. Hans Joas, *Die Entstehung der Werte*, Frankfurt/M. 1997, S. 70f.; siehe auch Philip Pettit, »The Cunning of Trust«, in: *Philosophy and Public Affairs* 24 (1995), S. 202-225: »Nicht nur kann Vertrauen auf Vertrauen beruhen, wie etwa bei der Akkumulation von Vertrauen in bestehenden Vertrauensverhältnissen; es kann auch auf nichts beruhen und dazu beitragen, solche Verhältnisse überhaupt erst zu etablieren – *de novo* zu schaffen« (hier S. 218). Ich bezweifle jedoch, dass Vertrauen wirklich »auf nichts« beruhen kann. Richtiger wäre folgende Formulierung: Durch Akte einer zunächst einseitigen Vertrauensgabe können neue Gründe der Vertrauenswürdigkeit entstehen, die ihrerseits wiederum dazu dienen können, ein laufendes Vertrauensverhältnis auf eine zunächst nicht mögliche Weise rational zu rechtfertigen.

trauenswürdigkeit suchen, nicht suggerieren, dies sei der übliche Weg der Aufnahme von oder des Verzichts auf Vertrauensbeziehungen. Auch wenn Vertrauen rational ist, also auf Gründen beruht, bleibt es dabei, dass diese Gründe unter günstigen Umständen keiner explizit durchgeführten Beweisaufnahme entspringen, die mir den anderen als vertrauenswürdig ausweist. Es bemisst sich vielmehr daran, dass mir berechtigte Zweifel an der Aufrichtigkeit oder Zivilität des anderen *fehlen*. Dieses Fehlen wird nicht als Endpunkt eines Beweisverfahrens bewusst konstatiert, sondern ergibt sich aus einer habitualisierten Urteilskraft, die offen ist für mögliche Gründe und Zeichen berechtigten Misstrauens. Ich werde diese Urteilskraft im Anschluss an eine These John McDowells als eine Form der »doxastischen Verantwortung« (*doxastic responsibility*) bezeichnen. Im Zusammenhang der Frage nach der Beurteilung der Glaubwürdigkeit der Aussagen anderer schreibt McDowell: »Obgleich es doxastisch unverantwortlich ist, jemandem Glauben zu schenken, von dem man begründeterweise annimmt, dass er nicht vertrauenswürdig ist [...], bedarf die doxastische Verantwortung nicht positiver Gründe, um anzunehmen, dass ein scheinbarer Informant tatsächlich informiert ist und geradeheraus spricht. Hier wie auch anderswo muss es nicht doxastisch unverantwortlich sein, die bekannten Risiken einzugehen, die gegeben sind, wenn man glaubt, etwas verhalte sich auf diese oder jene Weise.«[236] Es soll hier nicht erneut auf die Problematik der »Testimonialerkenntnis« eingegangen werden, die in Abschnitt 5.2 schon aufgegriffen worden ist. Hilfreich an McDowells Ausführungen aber ist die Annahme, wonach wir unter normalen Umständen darauf vertrauen, dass andere wahrhaftig oder aufrichtig sind, und wir nur dann misstrauisch werden, wenn uns berechtigte Zweifel kommen. Allerdings darf dieses Vertrauen nicht naturalisiert und vollständig individualisiert werden. Wir können besonders im Rahmen einer etablierten Praxis allgemeiner Vertrauenswürdigkeit ohne weitere Reflexion darauf setzen, dass andere zumeist wahrhaftig und aufrichtig sind. Und auch jenseits dieser Praxis ist es möglich, Vertrauen aufzubauen. Aber dieses Vertrauen ist in sich labiler und gefährdeter. Mit an-

236 John McDowell, »Knowledge by Hearsay«, in: ders., *Meaning, Knowledge, and Reality*, Cambridge (Mass.), London 1998, S. 414-443 (hier S. 435). Ich lehne mich hier und im Folgenden an meinen Aufsatz »Akzeptierte Verletzbarkeit«, a. a. O., an (S. 401 ff.).

deren Worten: Das Fehlen von Zweifeln an der Aufrichtigkeit oder Ehrlichkeit anderer ist besonders dann rational, wenn es gleichsam getragen wird von einer Kultur der Vertrauenswürdigkeit. Denkbar wäre ja auch, dass mir nur deswegen keine Zweifel an der Aufrichtigkeit des anderen kommen, weil mir diese Frage gleichgültig ist oder weil ich notorisch gutgläubig bin, aber selbst wenn ich in einem konkreten Fall Recht behalte und etwa auf der Basis meiner Gutgläubigkeit erfolgreich mit anderen interagiere, wäre es kaum angebracht, dieses Vertrauen rational zu nennen. In dem Maße aber, in dem ich davon ausgehen kann, dass ich an einer Praxis teilnehme, die sich in einer Kultur der Vertrauenswürdigkeit vollzieht, kann ich auf Zweifel verzichten, wenn mir keine guten Gründe für diese Zweifel vorliegen. Meine individuelle Urteilskraft und eine feine Wahrnehmung für Täuschung und Lüge werden durch die Zugehörigkeit zu einer solchen Kultur nicht erübrigt. Auch gibt es Umstände, die von sich aus einen gewissen Zweifel an der Wahrhaftigkeit, der Wahrheit oder der Aufrichtigkeit einer Äußerung nahelegen. McDowell spricht von einem »rationalen Zwang« (*rational force*), der von jenen Überlegungen und Umständen auszugehen vermag, die die Äußerung eines anderen (einer Zeitung, eines Zeugen) in gewisser Weise umgeben (*surrounding considerations*).[237] Liegt eine Äußerung beispielsweise Jahre zurück, dann wäre es doxastisch unverantwortlich, sie noch immer für wahr zu halten. Der zeitliche Abstand der Äußerung fungiert hier als »Umstand« der informationsvermittelnden Instanz, von dem eine bestimmte Nötigung zur Übernahme einer misstrauischen Einstellung auszugehen vermag. Dieses Rationalitätskriterium ist allerdings vage, denn wann liegt eine Äußerung so weit zurück, dass man das in ihr zum Ausdruck Gebrachte nicht länger unkritisch glauben sollte? Die Gründe für einen berechtigten Zweifel sind nicht einfach *da* und sie legen sich auch nicht in ihren handlungspraktischen Konsequenzen autonom für mich aus; sie müssen vielmehr als Gründe erkannt und dann in ihren möglichen Konsequenzen interpretiert werden, so dass sie meiner mehr oder weniger verantwortungsvoll eingesetzten Urteilskraft unterworfen sind, ohne aber von dieser letztgültig erschöpft zu werden. In diesem Sinne kann es nicht ausbleiben, dass es im Einzelfall weiterhin dem einzelnen Individuum überlassen

237 McDowell, »Knowledge by Hearsay«, a. a. O., S. 430.

bleibt, für sich einzuschätzen, ob eine Quelle oder Person vertrauenswürdig ist. Der Punkt ist nur der folgende: Wenn wir in einer Kultur leben oder an einer Praxis teilnehmen, in deren Rahmen es üblich ist, Unaufrichtigkeit oder Unehrlichkeit mehr oder weniger konsistent und erfolgreich zu sanktionieren, und in der alle mehr oder weniger gut über diesen Sachverhalt informiert sind, nimmt uns diese Kultur einen Teil genau jener Rationalisierungsarbeit ab, ohne die das Fehlen von Zweifeln an der Aufrichtigkeit anderer gar nicht hinreichend rational sein kann. Mehr noch, in dem Maße, in dem diese Kultur oder Praxis zerbricht, wie etwa im Beispiel der Taxifahrer, wird es für den Einzelnen nötig, die Vertrauenswürdigkeit anderer individuell zu prüfen und auf Zeichen zu achten, die diesen anderen als Mitglied einer Schicht von Personen ausweist, die anständig oder zivilisiert ist. Um das zu leisten, bemühen sich beispielsweise die Taxifahrer darum, die Individualität des anderen in einem eigenständigen Interpretationsprozess klassifikatorisch zu brechen, als ginge es darum, punktuell ein Substitut für die verlorene Kultur der Vertrauenswürdigkeit zu etablieren. Denn das ist ja eine der Pointen der Studie von Gambetta und Hamill: Die Semiotik des Vertrauens, beschrieben am Beispiel der Taxifahrer, ist eine Semiotik der erfahrungsbasierten Klassifikation. Weil der andere unbekannt ist und keine persönliche Interaktionsgeschichte vorliegt, versuchen die Fahrer Eigenschaften ausfindig zu machen, von denen sie annehmen, dass sie den Fahrgast als Mitglied einer Klasse von Personen ausweisen, die diese Eigenschaften teilen. Ob es sich um das Geschlecht, den Ort der Aufnahme, die Sprache oder die religiöse Zugehörigkeit handelt – stets geht es darum, die beunruhigende Individualität des Fremden durch Klassifikationsarbeit zu brechen. Erweist sich der andere als einer »von uns« (gleiche Religion) oder als einer von denen, denen erfahrungsgemäß vertraut werden kann, steigt die Wahrscheinlichkeit, dass er mitgenommen wird.

Unter Bedingungen einer Interaktion unter Fremden aber vermag die Rationalität des Einzelnen die Rationalität einer allgemeinen Vertrauenspraxis nur schwer zu erreichen. Das gilt schon für die Frage der Vertrauenswürdigkeit der Urteilskraft des einzelnen selbst. Stimmen unsere Urteile über die Vertrauenswürdigkeit einer bestimmten Person mit den Urteilen anderer überein, stabilisiert sich unser Urteil und gewinnt an Rationalität. Bemerken diese anderen dagegen, dass wir uns häufig täuschen oder täuschen lassen, haben wir Anlass, unserer Urteilskraft nicht länger blind zu vertrauen.[238] Man kann diesen Sachverhalt auch anders formulieren: Es gibt eine Reihe von Überzeugungen und Annahmen über uns, denen wir mehr oder weniger fest vertrauen. Wir gehen davon aus, dass sie wahr sind oder zumindest nicht falsch. Da wir nun viele dieser Überzeugungen durch die Vermittlung anderer gewinnen, durch ihre Berichte oder Gespräche mit ihnen, aber auch durch Zeitungen und Radiosendungen, liegt der Schluss nahe, dass sich das Vertrauen zu unseren eigenen epistemischen Stellungnahmen und Annahmen in erheblichem Ausmaß der Tatsache der sozialen Genese derselben verdankt. Es wäre inkonsistent, nur mir selbst zu vertrauen, aber alle anderen für unehrlich, uninformiert, inkompetent oder unwahrhaftig zu halten, da viele der Überzeugungen, die ich habe und denen ich vertraue, von diesen anderen stammen.[239] Dies ist kein apriorisches Argument, da durchaus Situationen denkbar sind, die zu einem globalen Zweifel an meinen Überzeugungen führen und damit auch mein Vertrauen in die epistemischen Fähigkeiten anderer erschüttern; und es ist auch kein Argument, das auf irgendeiner Stufe die Fallibilität eigener oder fremder Überzeugungen leugnen muss, die gegebenenfalls danach verlangt, diese Überzeugungen radikal zu kritisieren oder zu überdenken. Es geht zunächst nur um die These, dass eine allgemeine Vertrauenspraxis einzelne Akte des Vertrauens stärkt und ihnen zusätzliche Rationalität verleiht. Um es noch einmal anders zu wenden: Nicht nur haben wir viele Überzeugungen, weil andere sie auch haben und sie uns durch diese vermittelt wurden, wir haben sie auch, weil andere immer wieder darauf vertrauen, dass das, was wir sagen, wahr oder zumindest wahrhaftig ist; dieser Prozess stabilisiert »unsere Bekundungen, Stimmungen und Impulse«, so dass sie »die Gestalt von so etwas wie Überzeugungen und relativ gefestigten Einstellungen annehmen«.[240] Es ist gleichsam die Anwesenheit anderer oder die

238 Keith Lehrer, »Testimony and Trustworthiness«, in: Jennifer Lackey, Ernest Sosa (Hg.), *The Epistemology of Testimony*, Oxford 2007, S. 145-159 (v. a. S. 151).

239 So auch Richard Foley, *Intellectual Trust in Oneself and Others*, Cambridge 2001, S. 106.

240 Williams, *Truth and Truthfulness*, a. a. O., S. 193 (dt. S. 290 f.); siehe auch Allan Gibbard, *Wise Choices, Apt Feelings. A Theory of Normative Judgment*, Cambridge (Mass.), London 1990, S. 71 ff.

Tatsache sozialer Kooperation, die uns dabei hilft, gegenüber unseren eigenen Einstellungen und Äußerungen ein größeres Maß an Vertrauenswürdigkeit zu erreichen. Wir gewinnen Überzeugungen, weil andere häufig darauf angewiesen sind, dass das, was wir ihnen gegenüber äußern, unsere Überzeugungen sind.

10. Der Gegenstandsbereich des Vertrauens

Auf wen kann sich unser Vertrauen erstrecken? Sieht man einmal von der Kategorie des Weltvertrauens ab, sind wir bis jetzt implizit immer von einem Vertrauen zwischen Menschen ausgegangen, aber gerade die Alltagssprache kennt nicht nur ein Vertrauen zu Menschen, sondern auch ein Vertrauen zu Dingen, technischen Prozessen, ein Vertrauen in die Zukunft, zum Wetter, zu Tieren oder auch ein Vertrauen zu sich selbst. Wie bereits betont, geht es mir nicht darum, alle Verwendungen des Vertrauensbegriffs zu explizieren oder plausibel zu machen. Ich möchte vielmehr eine Kernbedeutung ausfindig machen, ohne behaupten zu wollen, dass sie den meisten Verwendungen des Vertrauensbegriffs zugrunde liegt, sondern nur, dass sie diejenigen Elemente erfasst, die einige der wesentlichen Vertrauenspraktiken prägen. Die ungeheure Breite der Verwendung des Vertrauensbegriffs dürfte mit dem recht dünnen, aber doch stabilen semantischen Kern zusammenhängen, der den Begriff trägt. Gleichgültig, ob wir Tieren, Maschinen oder Menschen vertrauen – stets verlassen wir uns auf das Entgegenkommen einer Welt und Mitwelt, durch das wir beim Verwirklichen unserer Pläne und Ziele unterstützt werden, aber ohne diese Unterstützung erzwingen zu wollen oder zu können und ohne die absolute Gewissheit, dass was wir wollen, auch tatsächlich eintritt. Jenseits dieses Kerns gibt es weitere Spezifizierungen, die nur unter Bezug auf konkrete Praktiken veranschaulicht werden können und folglich von Praxis zu Praxis variieren. Die von mir hervorgehobenen Aspekte des Begriffs bilden den Kern einzelner Vertrauenspraktiken, die erst noch beschrieben werden müssen, nicht aber den Kern *aller* Verwendungen des Vertrauensbegriffs. Ob sie breiter sind und mehr erfassen als die noch zu beschreibenden Praktiken, kann nur eine eingehende Analyse anderer Praktiken klären, die hier nicht unternommen wird.

Aber auch das bisher erarbeitete Instrumentarium erlaubt die Frage, worauf sich ein derart spezifiziertes Vertrauen beziehen kann. Sie soll hier einer eher knappen Antwort zugeführt werden.

10.1 Selbstvertrauen oder Vertrauen zu sich selbst

Wir kennen eine Person voller Selbstvertrauen, wir kennen aber auch jemanden, der Vertrauen zu sich selbst hat. Beide Begriffsfelder sind uns im Rahmen dieses Buches schon begegnet. Wir vertrauen dem nicht gern, der sich selbst nichts zutraut, der wenig selbstbewusst und selbstsicher ist. Da der, dem wir Vertrauen schenken, einen Ermessensspielraum von uns erhält, der es ihm ermöglicht, mit dem anvertrauten Gegenstand im Rahmen eigener Urteilskraft umzugehen, hilft es uns als Geber des Vertrauens, wenn nicht nur wir von seiner Bereitschaft, umsichtige Verantwortung zu übernehmen, ausgehen, sondern auch er selbst sich als jemand einschätzt, dem vertraut werden kann. Selbstvertrauen im psychologischen Sinne des Wortes erleichtert das Schenken von Vertrauen. Das gilt im Übrigen auch für den Geber des Vertrauens selbst. Nur wer die mit Vertrauensverhältnissen einhergehende Verletzbarkeit dulden kann, wird in der Lage sein, sich oder das, was einem wichtig ist, dem anderen auszuliefern. Es gibt Strategien der Vertrauensvermeidung, die nicht nur auf der Annahme beruhen, Vertrauen lasse sich nicht hinreichend rechtfertigen, sondern auf einer Angst vor Vertrauen überhaupt. Das Vertrauen darauf, die Verletzbarkeit des Vertrauens auszuhalten, setzt, wenn man so will, eine paradoxe Form der Ich-Stärke voraus, die vor allem darin besteht, das Ich an Kooperationen zu beteiligen, in deren Rahmen es die Notwendigkeit der entgegenkommenden Vervollständigung eigener Handlungen durch andere anerkennt. Es erkennt an, eigene Handlungen nur mit Hilfe anderer durchführen zu können, aber nicht in dem Sinne, dass es gar nicht anders geht (manchmal geht es anders), sondern dass es bewusst keinen anderen Weg sucht. Selbstvertrauen dürfte eine wesentliche Voraussetzung für die Fähigkeit sein, die Grenzen eigener Handlungsmächtigkeit auch dort anzuerkennen, wo es nicht unbedingt nötig ist.

Das Vertrauen zu sich selbst ist nun sprachlich nicht weit von dieser Art Selbstvertrauen entfernt, aber es soll doch einen anderen Sachverhalt beschreiben (der im Englischen durch die Unterscheidung zwischen *self-confidence* und *self-trust* zum Ausdruck kommt). Wir sind ihm an den Punkten begegnet, an dem epistemische Formen des Verhältnisses zu eigenen Überzeugungen oder Meinungen thematisch wurden. Wir können darauf vertrauen, dass unsere Meinungen oder Überzeugungen wahr sind, und wir tun dies dann, wenn wir sie nicht vollständig überprüfen können. Selbst wenn wir sie überprüfen, um Zweifel an der Angemessenheit unserer Überzeugungen auszuräumen, müssen wir darauf vertrauen, dass die Mittel, die wir verwenden, um die Prüfung vorzunehmen, selbst nicht durch und durch fehlerhaft sind. Solche epistemischen Theorien des Vertrauens zu sich selbst, des Vertrauens zu den eigenen Meinungen und Überzeugungen, beruhen in der Regel auf antifundamentalistischen Prämissen. Sie bezweifeln die Existenz unmittelbarer oder absolut evidenter oder verlässlicher Erkenntnisse, die als unumstößliche Basis für alle weiteren Erkenntnisse dienen können. Nur weil wir nicht über solche unmittelbaren Gewissheiten verfügen, müssen wir immer wieder unseren Überzeugungen und Meinungen vertrauen. Diese sind aber deswegen nicht irrational; solange wir keine berechtigten Zweifel an unseren »tiefen« Überzeugungen haben, können wir uns auf sie verlassen, auch wenn wir sie darob nicht unbedingt in einem absoluten Sinne als wahr erkennen.[241]

Neben die epistemische Rede von Vertrauen zu sich selbst tritt eine stärker moralische, die allerdings Berührungspunkte zu jener aufweist. Manche Autoren glauben, wir könnten darauf vertrauen, anderen gegenüber wahrhaftig und moralisch integer zu sein. Wir wollen sie nicht täuschen, wir bemühen uns darum, nur das zu sagen, was wir begründet für wahr halten, wir übertreiben und untertreiben nicht in unseren Aussagen und handeln damit insgesamt epistemisch verantwortlich.[242] Diese Beschreibung mag zunächst eigentümlich klingen, da nicht ganz deutlich ist, an welchem Punkt das Vertrauen in diesem Prozess des Bemühens um Wahrhaftigkeit auftaucht, aber wenn man sich vor Augen führt, was passiert, wenn dieses Vertrauen in die eigene moralische Integrität zerstört ist, gewinnt die Rede vom Vertrauen in diesem Zusammenhang eine gewisse Plausibilität. Wenn etwa eine von uns anerkannte Autorität grundsätzlich an unseren Aussagen zweifelt, kann es vorkommen, dass unser Vertrauen in unsere moralische Integrität angegriffen wird. »Was habe ich da die ganze Zeit nur er-

241 Foley, *Intellectual Trust in Oneself and Others*, a. a. O., S. 21: »[Eine] Überzeugung muß nicht rational sein, wenigstens in einer wichtigen Hinsicht, um als ein Fall von Wissen zu gelten.«

242 So McLeod, *Self-Trust and Reproductive Autonomy*, a. a. O., S. 41.

zählt?« oder »Offenbar täusche ich mich hier über mich selbst« oder »Wollte ich am Ende gar nicht die Wahrheit sagen?« – das wären typische Fragen und Feststellungen einer Person, die ihrem Vermögen, wahrhaftig zu sein, nicht länger vertraut. Die Person erfährt in sich gewissermaßen eine Spaltung, und zwar in eine Person, die sie sein will, und eine Person, die sie offenbar tatsächlich ist. Galt ihr Vertrauen dem Versuch, den Forderungen ihres Ich-Ideals (Ehrlichkeit, Integrität, Wahrhaftigkeit) gerecht zu werden, beruht das zerstörte Vertrauen auf dem Zweifel an der Berechtigung, diesem Ich-Ideal in konkreten Erfahrungen zumindest in Ansätzen Realitätsgehalt zu verleihen.

Wie plausibel sind diese Versuche, den Begriff des Vertrauens auf das eigene Ich auszuweiten, um damit Kategorien wie Selbstvertrauen oder Vertrauen zu sich selbst zu gewinnen? Vor dem Hintergrund der bisherigen Bestimmungsversuche tauchen schnell Schwierigkeiten auf. Nehmen wir den wohl wichtigsten Punkt: Vertrauen, so hieß es, ist eine normative relationale Kategorie. Damit sollte unter anderem gesagt sein, dass Vertrauen auf andere Personen bezogen ist, denen wir mit bestimmten, normativen Erwartungen entgegentreten. Aber wer ist diese andere Person im Falle des Vertrauens zu sich selbst? Wer enttäuscht das Vertrauen, das wir zu uns selbst haben, und wem machen wir Vorwürfe, wenn es so kommt? Die offensichtliche Antwort ist: Wir vertrauen uns selbst, enttäuschen uns selbst und machen uns selbst Vorwürfe. Wir liefern uns im Vertrauen gleichsam uns selbst aus (obwohl wir das nicht tun müssen) und wir sind es auch, die uns selbst die Verletzungen zufügen, wenn wir das in uns gesetzte Vertrauen enttäuschen. »Wir können tatsächlich uns selbst gegenüber verletzlich sein«, so Baier, »etwa, wenn wir unserem eigenen Urteil darüber trauen, wie viel wir trinken sollten.«[243] Wir haben Interessen und Wünsche, die sich in Ich-Idealen verdichten, aber wir können als freie Wesen nicht davon ausgehen, dass wir diese Interessen und Wünsche in jedem Fall angemessen verfolgen. Wir können nur darauf vertrauen, dass wir es tun. Wir kooperieren mit uns selbst, wir tun Dinge, die wir nur tun können, weil wir uns selbst vertrauen. Auch wenn man nicht annehmen muss, wir seien zwei Personen in einer, können wir uns doch von uns selbst distanzieren

243 Baier, »Sympathy and Self-Trust«, a. a. O., S. 190.

und Einstellungen höherer Ordnung zu uns einnehmen, die uns ermöglichen, uns selbst zu beurteilen. Wenn wir diese Form der Selbstreflexion unterlassen, dann, weil wir darauf vertrauen, dass unsere Neigungen erster Ordnung die Ziele verfolgen, die unserem Ich-Ideal entsprechen. Kommen aber Zweifel auf, denken wir über uns nach und fragen: »Wer bin ich eigentlich?« »Kann ich mir noch vertrauen, meinen Impulsen und Strebungen?« »Täusche ich mich am Ende nicht über mich selbst?« Hinzugefügt werden kann noch, dass diese und ähnliche Fragen natürlich auch von einer dritten Person an uns gerichtet werden können. Jemand kann uns fragen, ob wir mit Blick auf einen Freund noch sicher sind, dass unser Vertrauen zu ihm gerechtfertigt ist. Diese Frage kann das Vertrauen zu dem Freund erschüttern, aber auch das Vertrauen in die eigene Urteilskraft.

Einige der vorangegangenen Formulierungen sollen natürlich auch ein wenig provozieren, weil sie ganz formal einzelne Elemente der bislang vorliegenden Vertrauensbestimmung auf das Selbstverhältnis übertragen. Aber ist es legitim, das Selbstverhältnis in diesem Fall am Modell des Verhältnisses zu anderen zu entwickeln? Nehmen wir an, wir seien uns einer Sache sehr sicher, bis uns ein anerkannter Experte eines Besseren belehrt. Ein Arzt etwa zweifelt an meiner Körperwahrnehmung und wirft mir indirekt Hypochondrie vor. Nun könnte es sein, dass ich mit Selbstzweifeln reagiere. Ich verliere gleichsam die Gewissheit, die Signale meines Körpers gut auszudeuten.[244] Genau an diesem Punkt könnte man nun die Kategorie des Vertrauens zu sich selbst einführen und etwa sagen, dass dieses Vertrauen darin besteht, sich selbst gegenüber ehrlich oder mit Blick auf die Aussagen über sich selbst verantwortungsvoll zu sein. Und dieses Vertrauen wird durch den Arzt zerstört.

Aber ist das plausibel? Zunächst ist auffällig, dass die so entstandenen Selbstzweifel ja keinesfalls den Schluss nahelegen, man habe nach der Kritik des Arztes an der eigenen Bereitschaft gezweifelt, wahrhaftig oder ehrlich sein zu wollen. An der Wahrheit oder Richtigkeit des Gesagten zu zweifeln heißt nicht, am eigenen Willen zur Wahrhaftigkeit zu zweifeln. Man ist sich nicht sicher, ob das, was man zu wissen glaubte, tatsächlich als Wissen beschrieben werden kann, aber man zweifelt nicht an der Bereitschaft, überhaupt zu sa-

244 Ein ähnliches Beispiel findet sich bei McLeod, *Self-Trust and Reproductive Autonomy*, a. a. O., S. 38.

gen (oder gesagt zu haben), was man für wahr hält. Vielleicht ist dies aber auch nicht der Punkt, um den es geht. Vielleicht geht es um die Schwierigkeit, unter dem Eindruck akzeptierter Autorität überhaupt eigenes Wissen *als* Wissen geltend zu machen. Ich verliere in dem skizzierten Szenario das Vertrauen darauf, mein eigenes Wissen als solches anzuerkennen. Und, um es schlicht zu sagen, wenn ich dieses Vertrauen verloren habe, dann habe ich es vorher gehabt.

Können wir also darauf vertrauen, dass unser Wissen Wissen ist? Ich denke, dass dies eine irreführende Formulierung ist, weil das Bild, das sie untergründig speist und das auch die anderen selbstbezogenen Beschreibungen des Vertrauens speist, ein Selbst erfasst, das so in sich gespalten ist, dass ein beobachtendes, bewertendes, höherrangiges Selbst einem anderen Selbst gegenübersteht, dessen Erkenntnis und dessen Verhalten es nicht vollständig bestimmen und vorhersehen kann. Aber obgleich wir tatsächlich gelegentlich an unserem Wissen zweifeln oder unsere Wünsche in Frage stellen, impliziert dies nicht, dass wir dies ständig tun, und auch nicht, dass diese Bewertung stets negativ ausfällt und damit eine Diskrepanz zwischen bewertetem Selbst und bewertendem Selbst verrät. Zudem ist unser epistemisches Selbstverhältnis unter normalen Umständen praktischer Natur. Das heißt, wir stehen uns nicht als Beobachter gegenüber, die an sich Zustände epistemischer Art erfassen, sondern als praktisch orientierte Akteure, die nicht einfach nur wissen wollen, ob sie glauben, was sie glauben, sondern die wollen, dass das, was sie glauben, wahr oder richtig ist. Wir stellen, mit anderen Worten, normalerweise nicht an uns fest, dass wir p glauben, um uns dann zu fragen, ob p wahr ist; wir nehmen vielmehr immer schon Stellung zu p, bejahen oder verneinen p, erkennen es an, identifizieren uns mit p oder sind bereit, für die Implikationen von p die Verantwortung zu übernehmen.[245] Es gibt in diesem Sinne keine separate Instanz in uns, die für uns Dinge tut, die wir ihr anvertrauen, oder auf deren Aufrichtigkeit wir uns verlassen, denn unter normalen Umständen sind wir es, die aufrichtig sind, indem wir sprechen und handeln. Wir müssen also nicht optimistisch darauf hoffen, dass wir tatsächlich aufrichtig sind, denn wenn wir das täten, implizierte das gewissermaßen ein auf Dauer gestelltes entfremdetes Selbstverhältnis.

245 Vgl. Moran, *Authority and Estrangement*, a. a. O.

Nun gibt es aber zweifellos Augenblicke und Situationen, in denen wir uns fremd werden oder uns wie ein externer Beobachter zu uns verhalten. Wir verspüren Scham und finden das unnötig. Wir sind wütend, fragen uns aber, ob wir wirklich Anlass zu dieser Wut haben. Wir bemerken ein Vertrauen an uns und fragen, ob es noch gerechtfertigt ist. Schließlich gibt es auch das Phänomen des Selbstbetrugs: Wir verraten unsere tiefsten Bindungen, indem wir nicht tun, was wir eigentlich tun wollen, nicht die Pläne und Absichten umsetzen, die wir eigentlich umsetzen wollen. Wir belügen uns gleichsam selbst und verlieren dadurch das Vermögen, uns selbst weiterhin zu vertrauen, da wir nicht mehr davon ausgehen können, uns selbst ehrlich und aufrichtig zu begegnen.

Sind dies nicht Beispiele für Situationen und Phänomene, in denen wir uns selbst fremd werden und folglich das Vertrauen zu uns verlieren, das wir vorher besaßen? Zwei Überlegungen sollen dazu beitragen, diese Sicht zu erschüttern. Zum einen: Der Primat des Praktischen, von dem die Rede war, verliert auch in der scheinbar entfremdeten Beziehung zu sich selbst nicht seine Wirkung. Wir werden uns selbst zu Fremden, wenn wir eine Diskrepanz zwischen dem, was wir eigentlich wollen, und dem, was wir tatsächlich wollen, an uns bemerken oder wenn wir uns fragen, ob das, was wir empfinden und denken, das ist, was wir empfinden und denken sollten. Ohne den Bezug auf unser »eigentliches« Wollen und ohne Bezug auf die Dimension dessen, was wirklich wahr oder wirklich gerechtfertigt ist, kommen wir aber gar nicht dazu, eine Diskrepanz zwischen verschiedenen psychischen, voluntativen oder kognitiven Ebenen in uns zu konstatieren. In dem Maße, in dem wir uns fragen, was wir wollen, denken und empfinden sollen, oder darunter leiden, dass das, was wir wollen, denken und empfinden, nicht das ist, was wir wollen, denken und empfinden sollen oder wollen, erkennt unser evaluatives Ich weiterhin den Primat des Praktischen an. Wir sind, mit anderen Worten, in solchen Situationen nicht schlicht neutrale Beobachter unserer selbst geworden, die feststellen, dass da jemand ist, dem man vertrauen kann oder auch nicht, denn das, was uns ausmacht, ist in diesem Prozess der Selbstreflexion weiterhin präsent. Wir verstehen zwar nicht unbedingt, warum wir in einer bestimmten Situation denken, was wir denken, oder wollen, was wir wollen, aber der, der hier nicht versteht, ist kein Fremder in uns, sondern eine Instanz, die wir Ich nennen, und die den Druck des Praktischen weiterhin verspürt und folglich bereit ist, darüber nachzudenken, ob ihre Gedanken, Empfindungen und Wünsche wahr, gerechtfertigt oder angemessen sind.[246]

Damit soll nicht gesagt sein, dass das Vermögen der Reflexion schon in der Lage ist, als solches undurchschaute Impulse, Wünsche oder Gedanken zu brechen. Dies ist eine psychologisch hoffnungslos naive Position, die manche neokantianischen Deutungen der praktischen Vernunft speist. Es gibt tiefsitzende – paranoide oder wahnhafte – Motivmuster in uns, die noch unser bewusstes Denken auf unbemerkte Weise prägen und beeinflussen, so dass dieses nicht schon an sich transformatorischen Einfluss auf diese Motivmuster nehmen kann.[247] Aber das Dilemma solcher Formen eines undurchschauten Einflusses ist ja gerade, dass die Subjekte, die davon betroffen sind, darin zunächst nicht unbedingt ein Problem sehen. In ihnen muss gewissermaßen die Diskrepanz zwischen den Wertungen des reflektierenden Ich und jenen der unbewussten Impulse überhaupt erst hergestellt werden, um eine therapeutische Bearbeitung dieser Impulse zu ermöglichen. Solange diese Subjekte in ihrem wahnhaften Weltbild leben, müssen sie sich nicht selbst vertrauen, weil sie gar kein fremdes Ich in sich verspüren, dem sie eine unkontrollierbare Macht oder einen explizit zugestandenen Einfluss einräumen. Es gilt gewissermaßen, in der Therapie einen besseren, durchaus auch distanzierenden Blick auf sich zu gewinnen, aber dieser Blick vollzieht sich idealerweise im Lichte von Wertungen, mit denen sich das Subjekt auf leidensfreie Weise identifizieren kann und die darauf aus sind, die zunächst undurchschaute Impuls- und Motivstruktur besser in Einklang mit sich zu bringen.[248]

Es ist also nicht so leicht, jenseits der psychologischen Kategorie des Selbstvertrauens eine Beziehung des Subjekts zu sich selbst zu beschreiben, die man als Vertrauen zu sich selbst, zu eigenen Meinungen, Überzeugungen und Wünschen erfassen kann. Damit gelangen wir zur zweiten der beiden oben angekündigten Überlegungen, die uns im Verlaufe dieser Arbeit schon begegnet ist

246 Siehe dazu Thomas Nagel, »Kommentar zu Korsgaard«, in: Christine Korsgaard, *The Sources of Normativity*, Cambridge 1996, S. 200 f.

247 Eindrücklich dazu Jonathan Lear, »Avowal and Unfreedom«, in: *Philosophy and Phenomenological Research* LXIX:2 (2004), S. 448-454.

248 Vgl. ebd., S. 454.

und die auch die rein epistemische Selbstbeziehung des Vertrauens trifft. Kann die Möglichkeit einer erfahrenen evaluativen Diskrepanz zwischen beobachtendem Ich und beobachtetem Ich, die die Rede von verlorenem Vertrauen plausibel zu machen scheint, im Umkehrschluss die Rede von einem Vertrauen zu sich selbst rechtfertigen, das ein nichtentfremdetes Selbstverhältnis gleichsam natürlicherweise begleitet? Nehmen wir an, die Beschreibungen eines gestörten Vertrauens zu sich selbst sind doch plausibel. Im erkenntnistheoretischen Kontext könnte dies zum Beispiel die Erfahrung der Skepsis sein, die eigene Überzeugungen grundsätzlich in Frage stellt und dazu führt, ihnen nicht mehr zu vertrauen.[249] Können wir dann automatisch den Schluss ziehen, im normalen Selbstverhältnis müsse Vertrauen zu sich selbst vorliegen? Ich habe oben schon den Versuch unternommen, die Selbstverständlichkeit dieses Umkehrschlusses in Frage zu stellen. Es gibt Situationen, in denen die Vertrauensproblematik virulent wird, ohne dass vorher Vertrauen vorgelegen haben muss. Anders formuliert: In der Krise brechen Möglichkeiten auf, deren Eintreten wir praktisch vor der Krise nicht beachtet hatten und das wir deswegen auch nicht fürchten mussten. Damit aber war die Option des Vertrauensverlustes nicht gegeben. Der Zusatz »praktisch« ist dabei nicht unwichtig. Natürlich wissen wir, dass Häuser einstürzen können, sowie wir wissen, dass manche unserer tiefsten Überzeugungen sich als falsch erweisen können. Aber dieses generelle Bewusstsein der Möglichkeit des Eintretens katastrophaler Ereignisse oder eines allgemeinen Fallibilismus bedingt nicht, zumindest nicht in meiner Verwendung des Begriffs, dass wir unter normalen Umständen darauf vertrauen, dass das Haus nicht einstürzt oder dass unsere Überzeugung wahr ist. Nach Durchleben einer solchen Katastrophe ist dies anders, denn dann ist die Option des Negativen in der Erfahrung präsent und kann nicht leicht vergessen werden (es ist auch nicht leicht, sich von seinen tiefsten Überzeugungen zu verabschieden). Vor dem Eintreten der Katastrophe oder dem Fragwürdigwerden eigener Gewissheiten erreicht das allgemeine oder abstrakte Bewusstsein der Möglichkeit des Negativen nicht unser praktisches Selbstverhältnis, und das ist vermutlich auch gut so. Anders als die Kategorie des Selbstvertrauens ist die Kategorie des Vertrauens zu

249 Foley, *Intellectual Trust in Oneself and Others*, a. a. O., S. 6ff.

sich selbst, vor dem Hintergrund dieser Ausführungen, nicht plausibel.[250]

10.2 Technik und Institutionen

Abschließend seien zwei weitere Felder genannt, in denen häufig von Vertrauen geredet wird. Insbesondere in sozial- oder politikwissenschaftlichen Zusammenhängen ist oft von einem Vertrauen zu Dingen, technischen Geräten, Systemen oder Institutionen die Rede. Dieser Rede nach vertrauen wir dem Geld, das wir benutzen, den Fahrzeugen, mit denen wir fahren, den Systemen, die unser modernes Leben bestimmen (zum Beispiel dem Expertensystem), oder den Parlamenten, die wir wählen. Kennzeichnend für dieses Vertrauen ist das, was Anthony Giddens die »Gesichtsunabhängigkeit« des Vertrauens genannt hat.[251] Wir vertrauen diesen Dingen und Systemen auf anonymisierte Weise, das heißt, ohne Bezug auf Personen, mit denen uns Interaktionsgeschichten verbinden. Parlamente werden zwar von Personen bevölkert, die wir kennen könnten oder gelegentlich sogar kennen, aber es hat sich eingebürgert, das Vertrauen zum Parlament oder zum Präsidenten, zur Polizei, zum Bundesverfassungsgericht etc. als Größe zu behandeln, die auch quantitativ in Umfragen gemessen werden kann. Die Politikwissenschaft spricht entsprechend vom Institutionenvertrauen.

Es wäre sinnlos, diese oder andere Redeweisen philosophisch maßregeln zu wollen. Dennoch sieht es stark danach aus, als würden durch diese Wendungen Elemente des interpersonellen Vertrauens auf sachliche oder dingliche Zusammenhänge übertragen, da nur so der Begriff des Vertrauens gerechtfertigt werden kann. Bestätigt sich das, haben wir es in gewisser Weise mit verkürzten Redewendungen zu tun: Wir vertrauen nicht der Brücke per se, sondern den Ingenieuren, die die Brücke konstruiert haben; wir vertrauen nicht dem Auto per se, sondern den Technikern und Ar-

250 Es ist auffällig, dass Baier in ihrer Behandlung dieses Themas (»Sympathy and Self-Trust«, a. a. O.), von Anfang an einen Dritten einführt, der mich in meinen vertrauensrelevanten Urteilen bestärkt oder erschüttert. Was immer ich also an Vertrauen zu mir selbst habe, ist vermittelt über die expliziten oder impliziten Urteile anderer.

251 Anthony Giddens, *Die Konsequenzen der Moderne*, Frankfurt/M. 1995.

beitern, die es hergestellt haben; wir vertrauen nicht dem System per se, sondern den Personen, die es bevölkern; und wir vertrauen nicht dem Parlament per se, sondern den Abgeordneten, die ihm Leben einhauchen. Da wir diese Personen aber nicht persönlich kennen, richten wir das Augenmerk auf die Einrichtungen, in denen sie wirken, oder auf die technisch-dinglichen Produkte, die sie herstellen, und mit denen wir in gewisser Weise unmittelbarer konfrontiert sind. Dass uns dabei nicht ganz wohl zumute ist, erweist sich etwa daran, dass im Kontext dieser Einrichtungen und Systemkomplexe selbst das Bedürfnis entsteht, das abstrakte Vertrauen zu »vermenschlichen«, indem »Zugangspunkte« geschaffen werden, an denen »gesichtsabhängige und gesichtsunabhängige Bindungen miteinander in Berührung kommen«.[252] An diesen Punkten werden uns Menschen präsentiert, die in den anonymen Systemen und Institutionen arbeiten und für sie einstehen und genau dadurch an ihren anthropologischen Zusammenhang erinnern.

Aber selbst wenn es gelingt, das abstrakte Vertrauen auf diese Weise zu vermenschlichen oder zu personalisieren, sind nicht alle Fragen geklärt. So bleiben uns auch die Personen, die an Zugangspunkten arbeiten, in der Regel unbekannt. Warum sollten sie in der Lage sein, unser Vertrauen zum System, das sie repräsentieren, zu erhöhen? Und gerade mit Blick auf Institutionen stellt sich die Frage, ob es nicht doch möglich ist, ihnen zu vertrauen. Können wir nicht dem Parlament als Einrichtung vertrauen, ohne den gegenwärtigen Mitgliedern des Parlaments Vertrauen entgegenzubringen? Wir halten sie für korrupt, für verlogen, für eigensüchtig etc., aber wir glauben, dass der Parlamentarismus eine gute Idee ist und vertrauen auf das demokratische Potenzial der Erneuerung (durch Wahlen).

Mit Blick auf die erste Frage entsteht ein gewisses Dilemma: Einerseits brauchen wir den Bezug auf Personen, um in technischen oder sachlich-dinglichen Kontexten überhaupt von Vertrauen zu reden,[253] andererseits verbindet uns wenig oder gar nichts mit die-

252 Ebd., S. 107.

253 Eindeutig ist hier Thomas M. Scanlon, *Moral Dimensions. Permissibility, Meaning, Blame*, Cambridge (Mass.), London 2008, S. 161: »Autos können zuverlässig sein, aber nicht treu, weil sie keine Gefühle haben oder auf Gründe reagieren können. Mit Bezug auf leblose Dinge können wir also nur in einem metaphorischen Sinn von Treue, Vertrauen und, so meine ich, Schuld sprechen.«

sen Personen, so dass ganz unklar wird, was es heißen soll, ihnen zu vertrauen. Können wir ihnen eine Rücksichtnahme auf unsere Interessen und Wünsche unterstellen, obwohl sie gar nicht wissen, wer wir sind? Eine Lösung dieses Dilemmas besteht in dem Verweis auf Regeln oder Standards, deren Einhaltung im Produktionsprozess wir voraussetzen, wenn wir technische Dinge oder Geräte benutzen. Wir vertrauen darauf, dass sich die Personen, die in den Produktionsprozess involviert sind, an die Regeln und Standards halten, die eingehalten werden müssen, damit die Dinge und Geräte sicher von uns verwendet werden können.[254] Auf diese Weise ist der Bezug auf unsere Interessen und Wünsche gewissermaßen in den Produktionsprozess integriert worden. Dabei hilft es uns natürlich, wenn wir bereits Erfahrungen mit den Produkten eines Herstellers gemacht haben, wenn wir uns über seine Reputation informieren können oder wenn eindeutige Garantien vorliegen. Wird unser Vertrauen enttäuscht, stellt sich durchaus so etwas wie Empörung ein, die zunehmend auch eine moralische Färbung annehmen mag.[255] Mehr noch, wenn ein Unternehmen bereit ist, sich selbst besonders anspruchsvollen und zugleich transparenten Herstellungsstandards zu unterwerfen, könnte sich eine Situation einstellen, in der sich das Verhältnis zwischen Konsument und Produzent als eine Vertrauenspraxis mit normativ intrinsischen Qualitäten bezeichnen ließe. Auch wenn marktwirtschaftliches Handeln immer von Profitinteressen getrieben wird, lässt sich nicht ausschließen, dass zusätzlich zu diesen Interessen andere Interessen ins Spiel kommen, die nicht ausschließlich instrumentalistisch interpretiert werden können. Wer »fair« hergestellte Güter kauft, will Güter erwerben, die bestimmte Präferenzen befriedigen, aber er will gegebenenfalls auch die Lebensbedingungen der Produzenten verbessern. Marktförmiges Handeln kann also im Rahmen einer Vertrauenspraxis auftreten und folglich auch unabhängig von dauerhaften gesichtsabhängigen Kontakten Vertrauen generieren. Allerdings wird das Vertrauen in Märkte verbessert, wenn es Personen gibt, die auch die intrinsischen Werte der Praxis glaubhaft verkörpern.

In Bezug auf das Parlament lässt sich ein ähnliches Argumentationsmuster vorbringen. Natürlich kommt es vor, dass die Mitglieder

254 Siehe O'Neill, *Autonomy and Trust in Bioethics*, a. a. O., S. 14.

255 Nico Stehr, *Die Moralisierung der Märkte. Eine Gesellschaftstheorie*, Frankfurt/M. 2007.

des Parlaments an Vertrauen verlieren, auch wenn der Parlamentarismus deswegen insgesamt nicht in Frage gestellt wird. Umfragen ergeben überraschend häufig das Bild einer Bürgerschaft, die zwar den demokratischen Institutionen und auch der Verfassung hohes Vertrauen entgegenbringt, nicht aber dem Personal, das diese Institutionen besetzt oder die Verfassung auslegt. Aber was genau bedeuten diese empirischen Ergebnisse? Sie verraten uns etwas über die normative Infrastruktur des Vertrauens. In dem Maße, in dem einzelnen Personen oder einer ganzen Klasse von Personen eigensüchtige oder rein instrumentelle Handlungsmotive unterstellt werden, zerbricht die intrinsische Wertschätzung des Vertrauens und der Vertrauenswürdigkeit, die nötig ist, damit eine stabile politische Vertrauenspraxis etabliert werden kann. Die Institutionen an sich dagegen bündeln in den ihrer Struktur zugrunde liegenden Prinzipien und Normen den Bezug auf das Gemeinwohl, der in den Augen der Bürger dem politischen Personal zu häufig fehlt. Sie verkörpern gleichsam auf symbolische Weise das gute Gewissen der Demokratie und ziehen deswegen großes Vertrauen auf sich.[256] Zweifellos hilft es diesen Institutionen, wenn sie über glaubwürdige personale »Zugangspunkte« verfügen, in denen die sie strukturierenden Werte anschaulich und fassbar repräsentiert sind. Und es wäre auch gefährlich, die Unzufriedenheit mit dem politischen Personal unter Verweis auf die Stabilität des allgemeinen Institutionenvertrauens zu bagatellisieren. Politische Institutionen und auch politische Verfassungen leben langfristig von der Vertrauenswürdigkeit, mit der das sie gestaltende Personal den politischen Willen des Souveräns implementiert und exekutiert. Eine dauerhafte Unzufriedenheit mit diesem Personal wird abfärben auf das Vertrauen in die Grundstruktur der demokratischen Institutionen. Der Punkt, auf den es mir hier nur ankommt, betrifft den institutionellen Aspekt dessen, was hier Vertrauenspraxis genannt wird. Eine solche Praxis kann in gewissen Grenzen das Misstrauen in die Personen aushalten, die im Rahmen dieser Praxis agieren, jedenfalls dann, wenn diese Person diesen Rahmen selbst nicht aktiv zerstören. Sie bleibt aber in ihrer dauerhaften Stabilität an Personen gebunden, die ihre Werte glaubwürdig verkörpern, so dass die Relationalität des Vertrauensverhältnisses gewahrt bleibt.

256 Ausführlicher zu diesem Themenkomplex ist mein Aufsatz »Vertrauen« in: Göhler/Iser/Kerner (Hg.), *Politische Theorie*, a. a. O.

10.3 Tiere

Zum Abschluss dieses Abschnitts sei noch die Möglichkeit eines Vertrauens zu Tieren angesprochen. Es mag merkwürdig erscheinen, diese Möglichkeit hier zu thematisieren, da zu viele Kriterien der bisher vorliegenden Bestimmung des Vertrauens mit Blick auf Tiere offenbar nicht erfüllt sind, aber es gibt doch einige Aspekte am Verhältnis des Menschen zu bestimmten Tieren, die Licht auf vertrauensvolle Verhältnisse insgesamt werfen. Auch ist bereits an verschiedenen Stellen vor einer Naturalisierung des Vertrauensphänomens gewarnt worden, zugleich aber in manchen Zusammenhängen von einer zweiten *Natur* des Vertrauens die Rede gewesen. Die Diskussion des Verhältnisses zwischen Menschen und Tieren vermag zu zeigen, dass naturalisierende Deutungen des Vertrauens nur dann Schwierigkeiten aufwerfen, wenn diese Deutungen den Naturbegriff vom Begriff der Konvention, vom *nomos* oder von der gesetzten Norm abgrenzen und damit dem Bereich unverfügbarer Gesetzmäßigkeit annähern. Ist es andererseits möglich, das Verhältnis des Menschen zu bestimmten höheren tierischen Organismen als vertrauensvoll zu kennzeichnen, dann muss die Rationalität, um die es hier geht, nicht als Gegenbegriff zum Natürlichen konstruiert werden, sondern als Bestandteil einer Natur, die auf bestimmten evolutionären Stufen die Anlagen zur Rationalisierung in sich trägt, so dass auch manche Tiere durch menschliche Erziehung »empfänglich« für die »Forderungen der Vernunft« werden können.[257] Das Vertrauen zwischen Mensch und Tier kann in diesem Sinne für beide zu einer zweiten Natur werden, weil es einerseits geworden ist und erst als Ergebnis eines Bildungsprozesses möglich wird, andererseits aber als Gewordenes auf natürlichen Fähigkeiten beruht, die durch den Bildungsprozess entfaltet werden.

Obwohl nun kaum bestritten wird, dass wir manchmal so reden, als würden wir Tieren vertrauen, bietet es sich doch an, darin nur eine bloß übertragene Redeweise zu sehen. Mit dieser Rede, so die Annahme, personalisieren wir die Tiere, wir anthropomorphisieren sie und reden dann so, als würden wir ihnen vertrauen können (aber: Können sie uns vertrauen?). Trotz dieses Eindrucks sollte geklärt werden, was an der bisherigen Bestimmung des Ver-

257 Vgl. dazu John McDowell, *Mind and World*, Cambridge (Mass.), London 1994, S. 92.

trauens nicht zu einer angemessenen Beschreibung unseres Verhältnisses zu Tieren passt? Da wäre zum einen vermutlich das Phänomen der Rücksichtnahme, das wir dem Empfänger des Vertrauens unterstellen. Können Tiere auf uns Rücksicht nehmen, und zwar in dem Sinne, in dem wir das erwarten, wenn wir anderen Vertrauen schenken? Können Sie verantwortungsvoll mit dem Vertrauen umgehen, das wir ihnen entgegenbringen? Räumen wir ihnen einen Ermessensspielraum ein? Und: Machen wir ihnen Vorwürfe, wenn sie unser Vertrauen enttäuschen? Können sie uns als Wesen, von denen wir eine bestimmte Art des Umgangs erwarten, verletzen, wenn sie nicht tun, was wir uns von ihnen erhoffen? Gehen wir überhaupt davon aus, dass sie Entscheidungen treffen, was doch eine Voraussetzung für das Annehmen eines geschenkten Vertrauens zu sein scheint?

Es wäre unsinnig, alle diese Fragen unreflektiert zu bejahen. Ohnehin sollte die Rede vom Vertrauen zu Tieren nun genauer gefasst werden. Wir vertrauen nicht der Amöbe und wohl auch nicht der Ameise oder dem wildlebenden Tiger. Aber wie sieht es mit den Hunden aus, mit den Katzen und Pferden, denen wir Namen geben, die wir als Haustiere halten, mit denen wir sprechen, über die wir uns beschweren, die wir lieben oder hassen, die wir pflegen, die uns führen, wenn sie Blindenhunde sind, und an die wir durchaus Erwartungen herantragen? Können wir diesen Tieren vertrauen? Vertrauen wir dem Hund, der uns vor Eindringlingen schützen soll? Vertrauen wir ihm etwas an – unsere Sicherheit, unser Leben, unser Wohlbefinden? Oder sind all das nur übertragene Redeweisen, die diesen Tieren quasipersonale Eigenschaften andichten, die sie *de facto* nicht haben, weil sie Wesen ohne Selbstbewusstsein und ohne Intentionalität sind?

Um wenigstens ansatzweise auf die Fragen zu antworten, möchte ich auf einen Aspekt zurückkommen, der bereits zur Sprache kam (Kapitel 4). Dabei soll die Rede von Tieren stets nur Haustiere meinen oder solche Tiere, mit denen uns eine intensive quasidialogische Interaktionsgeschichte verbindet. Um eine Handlung sinnvoll als vertrauensvoll zu erfassen, muss es sich unter eine Beschreibung bringen lassen, die das Handeln als vertrauensvoll identifiziert. Wenn wir wissen wollen, ob wir etwa Hunden oder Katzen vertrauen können, müssen wir also prüfen, ob es gelingen kann, Beschreibungen unseres Verhältnisses zu Tieren zu entwickeln, die auf plausible Weise das Element des Vertrauens enthalten. Selbst in der Philosophie gibt es viele solcher Beschreibungen, und es ist sicher kein Zufall, dass es vor allem Autoren sind, die sich der Philosophie Wittgensteins verbunden fühlen, die sich darum bemüht haben, solche Beschreibungen zu liefern. Es ist Wittgensteins Kritik am Introspektionismus, die in den Augen mancher Autoren die Möglichkeit eröffnet, das Verhältnis zwischen Mensch und Tier in ähnlichen Termini zu beschreiben wie das Verhältnis von Mensch zu Mensch. Denn wenn wir nicht länger davon ausgehen, dass wir nur dann etwas über das Innenleben anderer Menschen oder nichtmenschlicher Tiere herausfinden, wenn sie uns mitteilen können, was in ihnen vorgeht, dann können wir uns auf unser Verhalten konzentrieren, auf die Art und Weise unseres Umgangs mit diesen Menschen oder Tieren, um herauszufinden, ob wir ihnen so etwas wie eine Seele oder ein Innenleben im Sinne Wittgensteins zusprechen. Dieses Verhalten wiederum kann unter eine Beschreibung gebracht werden, deren Plausibilität daran hängt, ob sie gut mit dem beschriebenen Verhalten korreliert oder ob der, dessen Verhalten beschrieben wird, eine ähnliche Beschreibung seines eigenen Verhaltens anfertigen würde. Da zumindest Tiere nicht gefragt werden können, ob sie Menschen vertrauen oder deren Vertrauen entgegennehmen, bleibt es hier bei den Beschreibungen, die Menschen anfertigen, um ihr Verhalten gegenüber Tieren als vertrauensvoll zu kennzeichnen. Aber dass Tiere ihr Verhalten nicht unter eine Beschreibung bringen können, daran sei nur erinnert, impliziert nicht, dass sie ohne Intentionalität oder ein Worumwillen ihres Verhaltens sein müssen. Der Vogel, der sich auf den Zweig mit Vogelleim setzt und offensichtlich unglücklich darüber ist, *will* nicht auf dem Vogelleim sitzen, das scheint sogar Anscombe zu unterstellen.

Beschreibungen, die das Verhältnis des Menschen zu Tieren als vertrauensvoll kennzeichnen, enthalten in der Regel die folgenden zwei Elemente: Sie sprechen den Tieren moralische Kompetenzen zu und implizieren damit zugleich, dass das Tier eine eigene Würde besitzt, die Respekt verdient. Sie betrachten das Tier also nicht wie einen konditionierbaren physiologischen Apparat, dessen Verhalten unter Bezug auf trainierte Reiz-Reaktions-Schemata vorhersehbar ist, sondern als ein Wesen, das über einen rudimentären Begriff des Sollens verfügt, der durch erzieherische Maßnahmen weiter entwickelt werden kann.[258] Tiere, zumindest höhere Organismen, können, dieser Beschreibung nach, Impulse von sich unterdrücken, wenn sie bemerken, dass es nicht angemessen wäre, diesen freien Lauf zu lassen. Sie tun dies, nicht weil sie fürchten, sonst bestraft zu werden, sondern weil sie an einer Lebensform teilnehmen, in der man bestimmten Impulsen nicht nachgibt. Sie haben in gewisser Weise ein Verständnis für das, was in einer Situation gefordert ist, und sind insbesondere in Situationen, in denen es darum geht, einzelne Aufgaben zu trainieren, bereit, ihre Aufmerksamkeit mit der des Trainers zu koordinieren. Es ist diese Fähigkeit der Teilnahme an einer kooperativ strukturierten Lebensform, die für die Menschen, die mit den Tieren umgehen, einen »kommunikativen Druck« erzeugt, diese Tiere in anthropomorphisierender Weise anzusprechen, was schließlich auch bedeutet, den Tieren gegenüber die normative Sprache reaktiver Einstellungen zu verwenden: »Wir vertrauen darauf, dass Gypsy [der Name eines Hundes] bestimmte Dinge tut und andere Dinge nicht tut. Und wenn wir feststellen, dass unser Vertrauen unbegründet ist, reagieren wir enttäuscht.«[259] Weil wir in diesem Sinne moralische Erwartungen gegenüber Tieren haben, können wir ihnen auch in einer nichtübertragenen Weise Vorwürfe machen. Wir sprechen sie wie moralisch kompetente Wesen an und erweisen ihnen dadurch eine gewisse Form des Respekts. Aus diesem Respekt wiederum folgen andere Verhaltensweisen. Manche Halter von Tieren beerdigen sie, nachdem sie gestorben sind, und tun alles, um ihnen einen würdigen Tod zu bereiten. Die Vorstellung, die solche Praktiken leitet, dürfte auch etwas mit der Annahme zu tun haben, dergemäß es speziesspezifische Güter gibt, die zu verwirklichen die jeweilige Spezies anstrebt und die entsprechend als Zielpunkte des Handelns oder Verhaltens gelten – Zielpunkte, die erreicht werden können, aber eben auch nicht. Neben anderen symbolischen und psychologischen Bedeutungen,

258 Raimond Gaita beschreibt das Verhältnis zu seinem Hund Gypsy auf diese Weise in seinem Buch *The Philosopher's Dog. Friendships with Animals*, New York 2002, S. 42. Siehe auch George Pitcher, *The Dogs Who Came to Stay*, New York 1995, bes. S. 67.

259 Gaita, *The Philosopher's Dog*, a. a. O., S. 42 f. Die Wendung »kommunikativer Druck« stammt von Cora Diamond; siehe ihren Aufsatz »Injustice and Animals«, in: Carl Elliot (Hg.), *Slow Cures and Bad Philosophers. Essays on Wittgenstein, Medicine, and Bioethics*, Durham, London 2001, S. 118-148 (hier S. 134).

die die Bestattung eines Tiers haben mag, beruht diese Praxis auf der Annahme, dass auch Tiere längerfristigen Vorhaben folgen, zu denen nicht primär das Sterben zählt. Es gehört zum Respekt, den man Tieren entgegenbringt, auf diese Weise Güter zu identifizieren, die zu verfolgen sich für die Tiere »lohnt«, die sie anstreben und verwirklichen wollen, und sie damit auf eine Ebene mit dem Menschen zu stellen, der auch bestimmte Güter, wenn auch häufig anderer Art, als Zielpunkte seines Handelns kennt.[260]

Tiere sind folglich nicht nur verletzbar, weil sie physische Körper haben und auch Schmerzempfinden kennen; sie sind verletzbar, weil sie Absichten haben oder »Gründen« folgen und in sozialen Verbänden leben, in denen diese Absichten verwirklicht werden und deren Zerstörung katastrophale Konsequenzen für sie haben kann. Dieser Sachverhalt lässt sich an vielen höheren Tierarten veranschaulichen, was hier allerdings nicht in großer Ausführlichkeit geschehen kann. So zeigen Studien über Elefanten etwa, wie komplex das Sozialleben dieser Tiere ist. Jungelefanten werden in intakten Herden jahrelang vom Muttertier, aber auch von ihren Großeltern, Tanten und Freunden betreut. Diese Beziehungen können sich über einen Zeitraum von siebzig Jahren erstrecken und jede Störung dieser intimen Bande kann ernsthafte Konsequenzen für die psychische Stabilität der Tiere haben. Sterben Elefanten, werden sie einem mehrwöchigen Trauerritual unterworfen. Das tote Tier wird mit Büschen und Erde bedeckt, seine Knochen werden häufig mit dem Rüssel berührt.[261]

Es soll an dieser Stelle nicht weiter auf diese Phänomene eingegangen werden. Worauf es mir ankommt, ist dies: Wenn wir bestimmten Tieren ein komplexes Sozialleben zusprechen, das diesen Namen verdient, sollte nicht ausgeschlossen werden, dass diese Tiere im Rahmen ihrer natürlichen Verbände Kompetenzen wie Rücksichtnahme auf die Bedürfnisse und Belange anderer Tiere erwerben, die auf die eine oder andere Weise auch im Verhalten zwischen Menschen und Tieren zur Geltung kommen können oder sich als Ergebnis einer spezifischen Interaktionsgeschichte zwischen Mensch und Tier einstellen. Ist das wiederum der Fall, sind unsere

260 Alasdair MacIntyre, *Die Anerkennung von Abhängigkeit*, a. a. O., S. 33 ff. (MacIntyre veranschaulicht seine Überlegungen am Beispiel von Delfinen).

261 Siehe den faszinierenden Artikel von Charles Siebert, »An Elephant Crackup?«, in: *The New York Times*, 8. Oktober 2006.

Beschreibungen des Verhältnisses zwischen Mensch und Tier nicht einfach nur projektive Beschreibungen, die humane Kategorien ungerechtfertigterweise auf Mensch-Tier-Interaktionen übertragen, sondern sie können auf Anhaltspunkte in diesen Interaktionen selbst verweisen, ja, sie müssen dies sogar, wenn sie plausibel sein wollen. Naturwissenschaftliche Erkenntnisse etwa, wonach Elefantenjunge, die den gewaltsamen Verlust ihrer Eltern- oder Geschwistertiere durch Wilderer beobachten mussten, typische, hirnphysiologisch messbare Traumaspuren aufweisen (und auch in ihrem Sozialleben gewalttätiger und unkontrollierbarer werden), könnten diesen realistischen Zug der Beschreibung des auch für Menschen relevanten tierischen Verhaltens noch stützen.

Dieser Aspekt lässt sich auch durch das zweite Element belegen, das die meisten Beschreibungen des Verhältnisses zwischen Menschen und Tieren als vertrauensvoll durchzieht. Diese folgen einer narrativen Struktur, die darauf aus ist, das Verhältnis zwischen Mensch und Tier als eine Interaktions*geschichte* zu entfalten, in deren Rahmen sich das anfänglich keineswegs vorhandene Vertrauen erst herstellt. Es sind folgende Merkmale, die diese Geschichten prägen: Die Tiere, um die es geht, tragen oftmals Namen und erlangen schon dadurch den Status von Wesen, zu denen sich ein hinreichend komplexes soziales Verhältnis einstellen kann. Der Name fungiert wie ein Anerkennungsmerkmal, durch das dem Tier ein irreduzibler Status eingeräumt wird, so dass es gleichsam aus der amorphen Masse natürlicher Animalität herausfällt.[262] Das Tier, das einen Namen trägt, gewinnt personale Eigenschaften und wird damit Teil einer neuen Lebensform. Dort, wo es nicht dazu kommt, Tieren Namen zu geben, oder wo nicht auf vorhandene

262 Besitzer von Nutztieren berichten oft, dass sie den Tieren, die sie zum eigenen Verzehr schlachten wollen, keine Namen geben dürfen, weil sonst die Hemmschwelle zu groß wird. In seiner Abhandlung über die Soziologie der Abtreibung erwähnt Luc Boltanski, dass Frauen (oder Eltern), die sich entschließen, ihren Fötus abzutreiben, keinen Namen für den Fötus suchen. Die Mütter und Eltern dagegen, die das Kind annehmen, suchen oft schon vor der Geburt einen Namen für ihr Kind. Dadurch, so Boltanski, »bestätigen« sie den Fötus durch das Wort und erheben ihn in den Status des Menschseins. Siehe Luc Boltanski, *La condition fœtal. Une sociologie de l'engendrement et de l'avortement*, Paris 2004, S. 73 ff. (dt. *Soziologie der Abtreibung*, Frankfurt/M. 2007, S. 95 ff.). Siehe zur Namensgebung bei Tieren auch Vicky Hearne, *Adam's Task. Calling Animals by Name*, New York 1986, S. 166-171.

Namen rekurriert werden kann, kann es nur einer detaillierten oder dichten Beschreibung des tierischen Verhaltens selbst gelingen, die Singularität dieses Verhaltens zu etablieren. Eine solche dichte Beschreibung wird ihrerseits getragen von einer Vorstellungskraft, der es gelingt, die Gattungsgrenze zu überspringen und im Verhalten der Tiere Eigenschaften zu erkennen, die in gleicher oder ähnlicher Weise an menschlichem Verhalten erkannt werden können, ohne dabei jedoch zwangsläufig die Fremdheit des Tiers gänzlich zu leugnen. Dieses Einfühlungsvermögen und das Vermögen der Narration bedingen sich gegenseitig und dezentrieren damit die menschliche Vorstellungskraft, die sich im Erzählen auf das Tier hin erweitert, was auch impliziert, dass der Mensch in diesem Prozess des Aufeinanderbezogenseins mit vorher ganz unbekannten Fähigkeiten des Tiers konfrontiert wird, die sein Verständnis des Tiers transformieren (beide Seiten lernen). Das Tier wird im Verlaufe der Interaktion zu einem Du, dessen Perspektive einfühlend durch eine »rezeptive Wahrnehmung« erfasst werden kann, und suspendiert damit, zumindest zeitweise, objektivierende Haltungen zu ihm.[263] Das Erzählen selbst hat dabei oft die Struktur einer Bildungsgeschichte. Ein »wildes« oder »fremdes«, ein »misstrauisches« oder »aggressives« Tier tritt in einen humanen Kontext ein, in dem sich Mensch und Tier zunächst reziprok Respekt erarbeiten müssen und das Tier erst dann Gegenstand erzieherischer Fürsorge werden kann. Nicht anders als im Kontext menschlicher Beziehungen ist das Vertrauen nicht unbedingt eine Voraussetzung, sondern eher eine Errungenschaft gelungener Interaktion. Das Vertrauen, das am Ende dieses Prozesses steht, erstreckt sich dabei auf das Vermögen des Tiers, das erst im Erziehungsprozess vollständig erworbene Vermögen, zwischen Sollen und Wollen zu unterscheiden, nicht zum Nachteil des Menschen einzusetzen. Erst das Tier, das sich gewissermaßen entscheidet, seinen Impulsen nicht nachzugeben, um die mühsam errungene Gemeinschaft mit seinen menschlichen

263 Vgl. Martha C. Nussbaum, *Frontiers of Justice. Disability, Nationality, Species Membership*, Cambridge (Mass.), London 2006, S. 354f. (dt. *Die Grenzen der Gerechtigkeit. Behinderung, Nationalität und Spezieszugehörigkeit*, Frankfurt/M. 2010, S. 481f.); siehe auch Vicky Hearne, »A Taxonomy of Knowing: Animals Captive, Free-Ranging, and at Liberty«, in: *Social Research* 62:3 (1995), S. 441-456, die Wendung von der »rezeptiven Wahrnehmung« (*receptive beholding*) findet sich dort auf S. 453.

Gefährten nicht zu gefährden, wird zum Gegenstand vertrauensvoller Interaktionen. Anders gewendet: Das wilde Tier, das mich verletzt, hat mein Vertrauen nicht missbraucht. Erst das Tier, das mich respektiert als Antwort auf den Respekt, den ich ihm zolle, wird im Umgang berechenbar (wenn auch nicht vollständig) und schafft damit die Erwartungsstabilität, die intakte Vertrauensbeziehungen auf beiden Seiten benötigen. Erst dieses Tier kann mein Vertrauen enttäuschen, wenn es anders handelt als erwartet und das Gespür für Angemessenheit verliert. Der Unterschied aber zwischen wildem und domestiziertem Tier ist nicht bloß einer der Beschreibung. Dass wir Geschichten vom Umgang mit Haustieren erzählen, setzt bereits einen Unterschied zwischen diesen Tieren und wilden Tieren voraus, der realer nicht sein könnte. Selbst der Wolf im Märchen, der zum Rotkäppchen spricht, ist als Sprechender schon kein wildes Tier mehr. Nur so lässt sich auch die harte Strafe erklären, die ihm zuteil wird. Es ist eine Art Todesstrafe.

Diese Überlegungen implizieren natürlich einen Unterschied zwischen Zwang und Erziehung, zwischen Bestrafung und »Korrektur«. Von Hunden, die von professionellen Trainern aufgezogen werden, heißt es oft, sie müssten abgerichtet werden, das englische »dog handler« wird gelegentlich übersetzt mit »Hundeabrichter«. Doch das Abrichten erfasst nicht, worum es dem Tiertrainer eigentlich geht. Natürlich gibt er Befehle und verteilt Strafen, aber diese Befehle und Strafen sollen den Hund nicht seiner natürlichen Freiheit berauben und vollständig gefügig machen, sondern verfolgen das Ziel, ihm »Rechte« einzuräumen, die er nur genießen kann, wenn er in erwartbarer Weise auf Zurufe reagiert.[264] Insofern geht es nicht um Konditionierung, sondern um eine Art Befreiung von natürlichen Impulsen, die das Zusammenleben erschweren und deswegen durch »zivilere« Impulse ersetzt werden müssen. Der Befehl ist folglich wohlwollend motiviert, weil er von einer Autorität herrührt, die im besten Fall ein Gespür für das hat, was dem Tier zugemutet werden kann und was nicht. Ist also auf einer bestimmten Stufe Vertrauen zwischen Mensch und Tier etabliert, geht es nicht um ein Vertrauen unter Zwang. Nicht anders als beim Menschen muss das Vertrauen auf der Bereitschaft des Tiers beruhen, freiwillig auf den Bruch des Vertrauens zu verzichten. Han-

264 Vgl. Hearne, *Adam's Task*, a. a. O., Kap. 3.

delte es sich um ein reines Zwangsverhältnis, wäre kein Vertrauen möglich.

Ich möchte die Überlegungen zur Frage des Vertrauens zwischen Menschen und Tieren an dieser Stelle abbrechen. Es sollte deutlich geworden sein, dass ich versucht habe, einige Elemente meiner anfänglichen Vertrauensdefinition in die Beschreibung von Verhältnissen zwischen Menschen und Tieren zu integrieren. Dabei habe ich darauf hingewiesen, dass sich diese Elemente nur in bestimmten, eher engen und dichten Formen des Mensch-Tier-Verhältnisses finden. Darüber hinaus wurde der Vorwurf des Anthropomorphismus durch Verweis auf den kommunikativen Druck zurückgewiesen, der häufig dazu nötigt, ein intentionalistisches, normatives und auch emotionsgeladenes Vokabular mit Blick auf bestimmte Tiere zu verwenden. Dieser Druck entsteht dabei in der Regel im Rahmen narrativierbarer Praktiken, die von der Bereitschaft getragen sind, das Tier in der Ich-Du-Perspektive anzusprechen und erst so dazu zu gelangen, kooperative Einstellungen im Tier einfühlend zu erfassen. Viele dieser Narrative implizieren Freundschaften zwischen Menschen und Tieren, andere stützen sich auf Kontexte, in denen durch intensives Training Aufgaben gelernt werden sollen. Die Sprache, die im Zusammenhang mit diesen Praktiken verwendet wird, ist ihnen nicht einfach nur äußerlich oder gar nur von außen in die Praxis hineinprojiziert. Sie ist vielmehr wesentlicher Bestandteil der Praxis selbst und ermöglicht damit erst das, was jeweils in der Situation gelernt werden soll oder was der Beziehung ihre unverwechselbare Form gibt. Ich sehe nicht, warum in solchen Kontexten nicht auch von Vertrauen zwischen Menschen und Tieren gesprochen werden kann, ohne damit behaupten zu wollen, dass dieses Vertrauen in allen Hinsichten dem Vertrauen zwischen Menschen entspricht.

11. Der Begriff der Praxis (2)

Es ist nun nötig, mehr über den Begriff der Vertrauenspraxis zu sagen, der schon häufiger genannt wurde. Dabei ist es nicht möglich, eine klare und eindeutige Definition zu liefern. Ich werde den Begriff eher von verschiedenen Seiten einkreisen, um so möglichst viele der Facetten in den Blick zu bekommen, die mein Verständnis dieses Begriffs prägen sollen. In Abschnitt 11.1 wird es dabei darum gehen, über den häufig verwendeten Begriff des Vertrauensklimas Zugang zum Begriff der Vertrauenspraxis zu gewinnen. Es wird sich zeigen, dass es durchaus Parallelen zwischen einem Klima und einer Praxis gibt, aber auch Differenzen, die für die weiteren Überlegungen wichtig sind. In Abschnitt 11.2 nehme ich die Rede von intakten oder guten Vertrauenspraktiken auf, die bislang eher undefiniert geblieben ist. Anschließend sollen die Gründe erläutert werden, die mich überhaupt dazu bringen, das Thema der Vertrauenspraxis aufzunehmen. In einem weiteren Schritt schließlich stellt sich die Frage nach dem Vertrauen, das dem Vorliegen einer Vertrauenspraxis gelten könnte. Ich nenne es Praxisvertrauen und erläutere es in Abschnitt 11.3 am Beispiel des Versprechens. Es gehört gleichsam zu einer guten Vertrauenspraxis, dass sie Hinweise auf ihr eigenes Vorliegen gibt.

11.1 Was ist ein Vertrauensklima?

Üblicher als die Rede von der Vertrauenspraxis ist die Rede vom Vertrauensklima. Bei Baier etwa heißt es, das Vertrauen gewinne an Wahrscheinlichkeit, »wenn ein Klima des künstlich gestützten Vertrauens vorherrscht«. Schon die bloße Existenz einer regulären Arbeit oder rollenspezifischer Pflichten schaffe, so Baier weiter, »ein gewisses Vertrauensklima, das jenen gilt, die dieser Arbeit nachgehen«.[265] Üblicherweise zielt der Begriff des Vertrauensklimas auf die Tatsache, dass es Umstände gibt, unter denen wir einer konkreten Person deswegen vertrauen, weil wir uns in einer Umgebung

265 Baier, »Trust and Antitrust«, a. a. O., S. 111 (dt. S. 60 f.).

wähnen, in der man anderen *generell* vertrauen kann. Wenn wir glauben, uns in einer solchen Umgebung zu befinden, vertrauen wir nicht A oder B, wir vertrauen darauf, dass in einer solchen Umgebung alle mehr oder weniger vertrauenswürdig sind. Anders gesagt: Wir vertrauen A oder B, aber nicht, weil wir sie kennen, sondern weil wir sie als Teil eines sozialen Ganzen begreifen, in dem man A, B, C und anderen vertrauen kann. Dieses Bild vom Klima trifft zweifellos vieles am Vertrauensphänomen. Trotzdem wird es selten analysiert, weswegen ich etwas näher darauf eingehen möchte.

Ich will vier Implikationen der Rede vom Vertrauensklima ausbuchstabieren. Dabei nehme ich den Begriff des Klimas zunächst ganz wörtlich, also im meteorologischen Sinn, und übertrage ihn von hier aus auf Beziehungen zwischen Individuen. (a) Wenn wir von einem Klima des Vertrauens zwischen Individuen sprechen, führen wir ein Element in die Beziehung ein, über das wir keine Kontrolle haben. Das meteorologische Klima umgibt uns, es beeinflusst unsere Stimmung, ja es beeinflusst sogar unser Verhalten und erzeugt so eine reaktive Haltung in uns. Aber das geschieht (wenn wir für einen Augenblick das Phänomen des Klimawandels außen vor lassen), ohne dass wir darauf einen nennenswerten Einfluss haben. Wir sind dem Klima zunächst passiv ausgesetzt, auch wenn wir natürlich auf klimatische Faktoren wie Regen und Kälte reagieren können. (b) Das natürliche Klima ist ein komplexes Phänomen, dessen genaues Zustandekommen von vielen Faktoren abhängig ist, die der Mensch noch immer nicht vollständig durchschaut. Zwar können wir grobe Einteilungen in Klimaphasen vornehmen, aber das verhindert nicht, dass das Klima für uns häufig ein schwankendes Phänomen ist, dessen Veränderungen gelegentlich unvorhersehbar sind. Unter dem Einfluss eines Klimas zu stehen heißt also, unter dem Einfluss einer »Macht« zu stehen, die wir nicht kontrollieren können und die uns auch kaum anzeigt, was als Nächstes passiert. Die Wettervorhersage versucht, diese Unberechenbarkeit ein wenig in den Griff zu bekommen, aber sie kann das Klima natürlich nicht kontrollieren. (c) Das Klima hat, das wissen wir aus unseren alltäglichen Gesprächen über das Wetter, eine kommunitäre Funktion. Innerhalb einer geographischen Region stehen *alle* unter dem Einfluss des Klimas. Wenn es sehr heiß oder kalt ist, leidet fast jeder unter diesen extremen Temperaturen. Wir leiden vielleicht nicht in gleicher Weise, aber in unseren Gesprächen gelingt es uns, diese Differenzen zu überwinden, und so schaffen wir einen Raum gemeinsamer Erfahrung. Es ist natürlich übertrieben, hier von einem kommunitären Charakter des Klimas zu reden, aber ich verwende den Begriff, um dessen potenziell verbindenden Charakter zu betonen, den wir durch unsere Konversationspraktiken verstärken. Wer bei großer Kälte barfuß läuft, gilt als merkwürdig und fällt auf. (d) Es ist erwähnt worden, dass das Klima Einfluss auf unsere Stimmung hat. Damit wird nicht bestritten, dass wir das Klima häufig bewusst wahrnehmen und darauf reagieren, sondern lediglich der affektive Einfluss des Klimas unterstrichen. Wie sehr klimatische Bedingungen Einfluss auf unsere Stimmung nehmen können, bleibt uns häufig verborgen. Auch gilt, dass die Stimmung, in der wir uns aufgrund des Klimas befinden, als solche eher ungerichtet und unfokussiert ist. Wenn wir Wettergötter schaffen, erfinden wir gleichsam eine personalisierte Klimaquelle, auf die wir unsere Stimmung richten können, die sich dadurch in eine Emotion verwandelt (Wut, Zorn etc.). In säkularen Gesellschaften aber kritisieren wir das Wetter nicht, weil wir nicht davon ausgehen, dass es über eine eigene Intentionalität verfügt. Das Klima ist präintentional.

Wenn wir diese vier Implikationen der Rede vom Klima im Auge behalten, können wir fragen, wie weit sie sich auf das, was ich Vertrauenspraxis nenne, übertragen lassen. Nehmen wir den ersten Punkt, den man die Passivitätsbedingung nennen kann. Es ist sicher richtig, dass wir als Teilnehmer einer Vertrauenspraxis von kollektiven Versuchen profitieren, die darauf zielen, die Praxis zu erhalten, aber in gleicher Weise darunter leiden, wenn diese Versuche ausbleiben oder scheitern. Wir mögen individuell noch so vertrauenswürdig oder zum Vertrauen bereit sein – wenn wir in einem ausgeprägten Klima des Misstrauens leben, wird es uns schwer fallen, diese Dispositionen zur Geltung zu bringen. Wir sind in diesem Sinne einem Vertrauens- oder Misstrauensklima so ausgesetzt wie dem meteorologischen Klima. Andererseits aber sind wir als Glieder einer Praxis immer auch aktiv an ihr beteiligt und bestimmen auf diese Weise mit, wie genau sie aussieht. Selbst wenn wir passiv in sie hineinwachsen, kommt irgendwann der Punkt, an dem wir durch unser eigenes Handeln Einfluss auf die kollektive Gestalt der Praxis nehmen. Dieser Einfluss mag verschwindend gering sein, trotzdem ist er da. Hinzu kommt, dass wir natürlich in den Fällen, in denen wir ein geschenktes Vertrauen zurückziehen oder den »Stand« eines Vertrauensverhältnisses überprüfen, aktiv Einfluss auf dieses Verhältnis nehmen und es dadurch verändern. Baier spricht nicht ohne Grund von einem »künstlich« gestützten Vertrauen. Praktiken des Vertrauens sind nicht einfach da; sie sind von uns geschaffen und werden von uns zerstört. Sie teilen mit dem meteorologischen Klima allerdings, dass eine kleine Bestätigung hier oder eine kleine Enttäuschung dort schnell großen Einfluss auf die Praxis insgesamt nehmen kann.

Dieser Gedanke führt zum nächsten Punkt. Es war die Rede vom kommunitären Aspekt des Klimas. Es sollte klar sein, dass die Teilnehmer einer kollektiven Praxis ein Verständnis davon teilen, was es heißt, an der Praxis teilzunehmen (oder es zumindest teilen könnten). In politischen Fragen reicht es gelegentlich schon aus, wenn man sich nur als »Bürger« im anspruchsvollen Sinne des Begriffs versteht, um Gewohnheiten des Vertrauens und der Vertrauenswürdigkeit anzunehmen. Wir brauchen, anders gesagt, irgendwelche gemeinsamen Referenzpunkte, um uns auf andere zu beziehen, selbst wenn wir nicht die jeweilige Konzeption des Guten des je anderen teilen oder wenn soziale oder kulturelle Differenzen uns trennen. Haben wir den Eindruck der Gleichbehandlungen als Bürger, dann kann das eine Vertrauensbereitschaft in uns erzeugen, die sich nicht ohne eine gemeinsame Praxis erzeugen ließe. Hier trifft die Metapher vom Klima vermutlich am stärksten zu, denn sie verweist auf ein allgemeines Niveau des Vertrauens oder des Misstrauens zwischen Individuen (Bürgern, ethnischen Minderheiten, Generationen etc.), das die Möglichkeit einzelner Vertrauensakte beeinflusst. Gibt es ein traditionelles Misstrauen zwischen den Mitgliedern unterschiedlicher Ethnien, um nur ein Beispiel zu nennen, dann ist es für einzelne schwierig (wenn auch nicht unmöglich), dieses Faktum zu ignorieren, um zwischen den Gruppen Vertrauen herzustellen. Ein erster Schritt in diese Richtung ist die Anerkennung etwa des Unrechts, das die eine Gruppe der anderen in früheren Zeiten zugefügt hat, aber es ist wichtig zu sehen, dass es sich hierbei um einen »ersten« Schritt und keinesfalls um den letzten handelt.

Mit Blick auf die Präintentionalität des Klimas lässt sich festhalten, dass wir so lange auf eine Zuschreibung von vertrauensrelevanter Verantwortung verzichten, wie wir in einem gesunden Klima des Vertrauens leben. Sobald aber dieses Klima gestört ist, suchen wir nach »Schuldigen« oder nach zurechenbaren Instanzen.[266] Wir suchen gleichsam nach einem Punkt, an dem sich das Klima »verdichtet«, an dem es sichtbar und damit für uns zugänglich wird. Das Etablieren solcher »Zugangspunkte« (Giddens), die Abstraktes oder eben Atmosphärisches für uns individualisieren und greifbar machen, ist aber, anders als beim meteorologischen Klima, nicht ganz unberechtigt, wenn man bedenkt, dass Einzelne tatsächlich je auf ihre Weise zum Gesamtklima beitragen. Ein Vertrauensklima kann nicht die eine entscheidende Intentionalität kennen, es kennt nur viele einzelne Intentionalitäten. Durch diese wird es getragen, aber sie sind es auch, die in ihrer Unübersichtlichkeit die Fragilität des Vertrauensklimas ausmachen. Man kann hier die Klimametaphorik vielleicht durch eine Netzmetaphorik ersetzen: Reißt das Netz an einem Punkt, dann ist das ganze Netz in Mitleidenschaft gezogen, obgleich die Mehrzahl der Fäden noch ganz intakt ist. Hier mag es eine Parallele zum meteorologischen Klima geben und womöglich sogar zum viel beschworenen Klimawandel. Wir lernen zunehmend, in welchem Maße Ereignisse an einem Punkt des Systems Ereignisse an anderen Punkten beeinflussen können, aber wir durchschauen diese Dynamik noch nicht annähernd. Ähnlich ist es mit dem Vertrauen: Wir spüren, dass es leicht angegriffen ist, auch wenn wir noch gar nicht wissen oder verstehen, an welchem Punkt unserer Praxis sich ein Bruch oder Riss vollzogen hat.

11.2 Intakte Praxis – gute Praxis

Bevor ich den Begriff der Vertrauenspraxis näher erläutere, sei noch eine andere Unterscheidung aufgegriffen, die an verschiedenen Punkten eine Rolle spielte. So habe ich häufiger von stabilen, intakten oder guten Vertrauenspraktiken gesprochen, ohne diese Begriffe hinreichend zu erläutern. Es hieß zum Beispiel, intakte Praktiken böten eine Basis für den Missbrauch von Vertrauen und sollten deswegen von guten Praktiken unterschieden werden.

Für alle Vertrauenspraktiken gilt, dass sie *als* Praxis um ein Gut

266 Sehr schön dazu Walker, *Moral Repair*, a. a. O., S. 86.

kreisen, das in ihnen verwirklicht werden soll. Deswegen sind sie aber noch nicht gute Vertrauenspraktiken in einem normativen Sinn. Die mafiöse Vereinigung hat als solche vermutlich auch ein Gut im Blick, und sei es nur das Gut der kollektiven oder persönlichen Bereicherung. Ich habe nicht ausgeschlossen, dass im Rahmen einer kriminellen Vereinigung Vertrauen eine Rolle spielen kann, auch wenn es stärker nach innen und nicht im gleichen Maße nach außen wirken wird, und auch wenn es Anhaltspunkte dafür gibt, dass dieses Vertrauen nicht dauerhaft stabil sein kann. Wenn Gambettas Deutung der Mafia richtig ist, dann bietet sie nach außen eher Schutz in einem von Misstrauen getragenen Klima und substituiert folglich ein nicht vorhandenes Vertrauen durch sanktionsbewährte Abschreckungsmechanismen.[267] Sie kann das fehlende Vertrauen nicht ersetzen, sie kann es nicht schaffen, sie kann nur auf den Verlust oder auf das Fehlen von Vertrauen reagieren. Intern aber mag eine mafiöse Praxis auf Vertrauen angewiesen sein, und man hat die *omertà* (das Schweigegebot der Mafia) in diese Richtung gedeutet. Natürlich könnte man sagen, dass die, die den Schutz der Mafia in Anspruch nehmen wollen (und sei es auf der Basis von Schutzgelderpressungen), ihrer »Kompetenz« in Fragen der Sicherheit vertrauen müssen, so dass zumindest an diesem Punkt im Außenverhältnis der Mafia zu ihren Klienten die Kategorie des Vertrauens ins Spiel zu kommen scheint. Aber ich habe ausgeschlossen, dass Zwang oder seine Androhung Bestandteil vertrauensvoller Beziehungen sein kann, und deswegen würde ich (anders als Gambetta) für die Beschreibung des Außenverhältnisses der Mafia ohne die Kategorie des Vertrauens auskommen wollen. Intern dagegen mögen wir von einer stabilen Vertrauenspraxis sprechen, die nicht einmal ausschließt, dass die, die ihr angehören, an manchen Punkten ihre persönlichen Interessen zugunsten eines kollektiven Ziels zurückstellen, dessen Wert ihnen als intrinsisch wertvoll gilt.

Es kann also stabile oder intakte Vertrauensverhältnisse geben, die von Dauer sind, solange die, die an ihnen teilnehmen, das Vertrauen des je anderen als Grund einer reziproken Rücksichtnahme ansehen und auf alle Formen des Zwangs oder der Gewaltandrohung verzichten. Ich werde am Beispiel von Hobbes zeigen (siehe

267 Gambetta, *The Sicilian Mafia*, a. a. O., S. 78.

Kapitel 15), dass Folgebereitschaft, von der man nicht sicher sagen kann, dass sie nicht auf der Androhung von Gewalt oder Zwang beruht, keine Basis für stabiles (politisches) Vertrauen bilden kann, was nicht heißt, dass es nicht trotzdem Gesellschaften geben kann, die in elementarer Weise auf der Furcht vor Sanktionen beruhen. Wenn diese Furcht alles ist, was solche Gesellschaften zusammenhält, sind sie keine Vertrauensgesellschaften. Wenn sie andererseits einzig durch ein rationales Vertrauen zusammengehalten werden, dann schließt ein solches Vertrauen zwar Zwang und Gewalt aus, aber ich bezweifle, wie bereits ausführlich dargelegt, dass ein solches Vertrauen dauerhaft stabil sein kann.

Man kann im Rahmen meiner Rede von stabilen oder intakten Vertrauenspraktiken vielleicht noch einmal einen graduellen Unterschied benennen, der damit zu tun hat, das manche Praktiken einen institutionell-rechtlichen Rahmen besitzen, der gleichsam wie eine äußere Stütze Stabilität gewährleistet und den Subjekten damit einen Teil der Stabilisierungsarbeit abnimmt. Als Beispiel nannte ich oben die Familie, die als sozial, rechtlich und politisch anerkannte Praxis stabil und intakt sein kann, ohne deswegen gut zu sein. Gerade ihr rechtlich weitgehend abgesicherter Status und die damit gewährleistete Stellung der Eltern gegenüber den Kindern ermöglicht einen Vertrauensmissbrauch gegenüber den Schutzbefohlenen, der häufig nicht einmal auf Zwang beruht, sondern die wie immer gewachsene Zuneigung der Kinder für eigene Interessen nutzt. Intakt ist die Praxis, solange sie gesellschaftlich anerkannt ist, solange also die Güter, die durch sie verwirklicht werden, als hinreichend wichtig erachtet werden, um sie im Rahmen einer dafür gleichsam reservierten Praxis umzusetzen.

Vor dem Hintergrund dieser Überlegungen drängt sich die Frage auf, was hier als gutes Vertrauen bezeichnet werden soll. Gutes Vertrauen existiert nicht, um es ganz schlicht zu sagen, auf Kosten anderer. Das heißt, die Handlungen, die durch Vertrauen möglich werden, und die dazu beitragen, eigene Bedürfnisse und Interessen zu befriedigen, greifen nicht in unzulässiger Weise in die Lebenspläne anderer ein, sie instrumentalisieren diese anderen nicht, belügen sie nicht, missbrauchen sie nicht. Was hier also »gutes Vertrauen« oder »gute Vertrauenspraxis« genannt werden soll, bezieht sich weniger auf das Verhältnis der einander Vertrauenden als auf die Außenwirkung ihres Vertrauens, auf die Effekte, die dieses Vertrauen auf Dritte hat. Das, was aus der Sicht der Vertrauenden gutes Vertrauen ist, muss nach außen kein solches sein. Wenn andererseits im Innern des Vertrauensverhältnisses selbst die eine Seite das Vertrauen der anderen Seite missbraucht, dann kann das, von außen betrachtet, durchaus gut sein, weil dadurch eine schlechte Vertrauenspraxis gestört wird. Ich brauche diese Erweiterung der Perspektive um die dritte Person, weil es mir hier um Dimensionen einer Vertrauenspraxis geht, die als Ganze als gut oder schlecht beurteilt werden soll. Annette Baier etwa skizziert ebenfalls einen auf dritte Personen bezogenen Test, der die Güte eines Vertrauensverhältnisses daran bemisst, ob es einem »geeigneten« Außenstehenden möglich ist, an dem Vertrauen zwischen Ego und Alter Anteil zu nehmen (sie spricht von *sympathy*) oder es gut zu heißen, aber sie räumt explizit ein, dass sich dieser Test nur auf Individuenpaare und nicht auf größere Vertrauensnetzwerke bezieht.[268] Will ich angeben, was eine gute Vertrauenspraxis ist, muss ich die Wirkungen in den Blick nehmen, die das Vertrauen zwischen Paaren von Individuen auf andere hat. Das schließt nicht aus, dass ein solcher Test auch geeignet ist, die Qualität des Vertrauens zwischen Alter und Ego zu beurteilen, aber solange der Test nur auf dieses interne Vertrauen gerichtet ist, kann nicht ausgeschlossen werden, dass ein extern schlechtes Vertrauen aus der Perspektive der Vertrauenden als gut erscheint.

Hinzuzufügen wäre noch, dass sich in dieser Rede von einer guten Vertrauenspraxis keine zeitlose Moral manifestiert. Vertrauenspraktiken wie Elternschaft können, das ist nun schon häufiger erwähnt worden, nach innen negative Konsequenzen haben, ohne dass dies als allgemeines Problem wahrgenommen wird. Gewalt gegen Kinder ist nicht immer sozial sanktioniert worden. Die Einsicht, dass ein Vertrauensverhältnis nur dann gut ist, wenn eine solche Gewalt ausgeschlossen ist, muss als moralischer Fortschritt begriffen werden, der auch erst dann stabile Züge annimmt, wenn Gewalt gegen Schutzbefohlene emotionale Empörung nach sich zieht. Die Unterscheidung von intakten und guten Vertrauenspraktiken macht deutlich, dass nicht jede Vertrauenspraxis gut ist, und das gilt auch für die Gegenwart. Gleichwohl mag es bestimmte gute Formen der Vertrauenspraxis geben, die sich erst in jüngerer Zeit als solche herauskristallisiert haben.

268 Baier, »Sympathy and Self-Trust«, a. a. O., S. 190.

Ich will nun noch einmal die Punkte nennen, an denen die Notwendigkeit entsteht, den Begriff einer Vertrauenspraxis oder einer Kultur des Vertrauens thematisch werden zu lassen. Zum einen hieß es, die Einstellung des Vertrauens sei unter anderem auch deswegen praktisch, weil sie sich in Praktiken verwirklicht, die das Einnehmen oder Ausbilden der Einstellung erst möglich machen. In dem Maße, in dem sich vertrauensrelevante Eigenschaften in einer Praxis auf erfahrbare Weise darstellen, können die Individuen anderen vertrauen, von denen sie begründet annehmen, dass sie an dieser Praxis teilnehmen. Zum anderen tauchte der Begriff im Zusammenhang der Diskussion des intrinsischen Werts vertrauensvoller Einstellungen auf. Da es nicht möglich ist, dauerhaft stabile Kooperationsverhältnisse einzig auf handlungsrationaler Basis zu etablieren, ist es nötig, so die Annahme, eine Praxis zu beschreiben, in deren Rahmen der Wert der Vertrauenswürdigkeit allgemein als intrinsisch wertvoll betrachtet wird. Wenn wir in einer solchen Kultur aufwachsen, kann uns eine Einstellung des Vertrauens oder der Vertrauenswürdigkeit zur zweiten Natur werden. Wir denken dann nicht mehr in allen relevanten Einzelfällen darüber nach, ob der andere vertrauenswürdig ist oder nicht, da sich ein Teil der Gewissheit, dass er es ist, auf erfahrbare Weise in den kulturellen Praktiken, an denen wir teilnehmen, niedergeschlagen hat.

Daraus dürfte deutlich hervorgehen, dass die Rede von einer Praxis oder einer Kultur des Vertrauens kollektive Umgangsformen und Lebensweisen beschreibt, die einzelne Akte des Vertrauens und der Vertrauenswürdigkeit ermöglichen. Der Punkt ist dabei nicht, dass wir außerhalb solcher Praktiken überhaupt nicht vertrauen können oder dass diese Praktiken absolute Gewissheit gewähren mit Blick auf die Vertrauenswürdigkeit anderer. Entscheidend ist vielmehr, dass wir dort, wo wir auf eine mehr oder weniger dauerhafte oder verlässliche Weise mit anderen kooperieren wollen, eine Praxis brauchen, durch die es uns möglich wird, bloß instrumentelle Einstellungen zum Vertrauen, die durchaus vorhanden sind, zu transzendieren. Der Begriff der Praxis soll dabei in diesem Zusammenhang dazu beitragen, die kollektiven *Voraussetzungen* individueller Vertrauensakte in den Blick zu bekommen und individualistische Positionen zu schwächen. So kann beispielsweise die

Praxis, Vertrauen und Vertrauenswürdigkeit für intrinsisch wertvoll zu halten, nur dann effektiv handlungsstabilisierend sein, wenn die an ihr beteiligten Individuen um die Existenz dieser Praxis wissen. Dieses gemeinschaftliche Wissen lässt sich durchaus individualistisch rekonstruieren, also unter Bezug auf einzelne epistemische Subjekte, die sich reziprok bestimmte Wissensinhalte zusprechen.[269] Einer anderen Beschreibung nach aber zielt der Begriff des gemeinschaftlichen Wissens auf die kollektiven Voraussetzungen oder Bedingungen individueller Wissensakte, die ohne Bezug auf eine kollektive Wissenspraxis gar nicht vollständig in ihren Gehalten beschrieben werden könnten.[270] Ähnlich soll auch hier davon ausgegangen werden, dass eine Vertrauenspraxis, in deren Rahmen Vertrauen und Vertrauenswürdigkeit als intrinsisch wertvoll behandelt werden, die Voraussetzung für individuelle Akte des Vertrauens ist, die ohne aufwendige Prozesse der Überprüfung anderer auskommen. In dem Maße, in dem wir davon ausgehen können, dass die Werte, die wir im Vertrauen verwirklichen, von einer hinreichend großen Anzahl von Individuen für intrinsisch wertvoll gehalten werden, können sich Einstellungen des Vertrauens habitualisieren und zur zweiten Natur einzelner Individuen werden. Wir gehen dann davon aus, dass das Element der Rücksicht, das wesentlich für Einstellungen der vertrauenssichernden Vertrauenswürdigkeit ist, weit genug verbreitet ist, um ein praxisbezogenes Vertrauen zu rechtfertigen.

Auf diese Weise lässt sich ein Problem lösen, das unter der Voraussetzung handlungsrationaler Motive nur schwer zu lösen ist. Die Annahme, Probleme vertrauensrelevanter sozialer Koordination ließen sich allein unter Rückgriff auf eigeninteressierte Handlungsmotive lösen, muss sich die Frage vornehmen, woher ein Akteur im konkreten Fall weiß, dass ein anderer Akteur auch

269 So etwa David Lewis, *Convention. A Philosophical Study*, Oxford 2002 [1969], S. 52-60 (dt. *Konventionen. Eine sprachphilosophische Abhandlung*, Berlin/New York 1975, S. 53-61).

270 Ähnlich argumentiert Annette C. Baier gegen individualistische Theorien kollektiver Intentionalität; siehe ihren Aufsatz »Doing Things with Others: The Mental Commons«, in: Lilli Alanen, Sara Heinämaa, Thomas Wallgren (Hg.), *Commonality and Particularity in Ethics*, London 1997, S. 15-44 (dt. »Dinge mit anderen tun: Die mentale Allmende«, in: Hans Bernhard Schmid, David P. Schweikard [Hg.], *Kollektive Intentionalität. Eine Debatte über die Grundlagen des Sozialen*, Frankfurt/M. 2009, S. 230-265).

dann erwartungsstabil handeln wird, wenn ein Verhalten, das die Erwartungen enttäuscht, ohne kostspielige Sanktionen für den Empfänger des Vertrauens bliebe. Diese Frage ist eine ernsthafte Frage, die sich dem Akteur stellt, und zwar auch dann, wenn er weiß, dass eine Praxis insgesamt stabil bleiben kann, wenn einzelne Akteure hin und wieder gegen die sie bestimmenden Regeln verstoßen. Wir haben diesen Punkt schon am Beispiel der Lüge verdeutlicht. Natürlich kann ich davon ausgehen, das Lügen sei »eine zweckgerichtete Handlung, die als solche nicht im ständigen Interesse der Sprecher liegt«.[271] Aber diese allgemeine Einsicht hilft mir nicht dabei, im konkreten Fall zu entscheiden, ob ich jemanden für wahrhaftig halte oder nicht. Anders gesagt, sie befreit mich nicht von dem Erfordernis, genau diese Frage zu klären. Damit aber wird Misstrauen in gewisser Weise zum Ausgangspunkt unserer Interaktionen mit anderen. Um zu klären, ob dieser konkrete andere in diesem konkreten Fall bereit ist, der allgemeinen Einsicht zu folgen, muss ich ihn einer Glaubwürdigkeitsprüfung unterziehen und kann erst dann vertrauen. Das empirische Beispiel der Taxifahrer hat gezeigt, wie labil eine solche Praxis ist bzw. wie schwierig es ist, ohne Umschweife von einer stabilen vertrauensvollen Praxis zu reden. Eine von Misstrauen getragene Praxis ist zwar durchaus möglich, entspricht aber naturgemäß nicht dem, was hier als Vertrauenspraxis beschrieben werden soll. Nur im Rahmen einer Praxis, in der eine hinreichend große Anzahl von Individuen Vertrauenswürdigkeit auf erfahrbare Weise als ein intrinsisch wertvolles Gut betrachten, also als ein Gut, das nicht ausschließlich in instrumenteller Perspektive gedeutet wird, kann das Maß an Reflexionslosigkeit erreicht werden, das für Vertrauen typisch ist. Dieser Punkt lässt sich noch schärfer fassen, indem man sagt, dass auch instrumentell gedeutete Praktiken nur dann stabil sein können, wenn die Perspektive der Instrumentalität mit Werthaltungen vereinbar ist, die als intrinsisch gekennzeichnet werden.

Diese Überlegungen sind allerdings noch zu abstrakt und zu formal, um wirklich überzeugen zu können. Weder ist hinreichend deutlich geworden, was genau der Begriff des Intrinsischen für konkrete Weisen des Verhaltens bedeutet und wie genau er mit der Normativität des Vertrauens verbunden ist, von der oben die Rede

271 Dietz, *Der Wert der Lüge*, a. a. O., S. 160.

war, noch ist klar, was beispielsweise mit dem Zusatz, es müsse sich um Formen *erfahrbarer* allgemeiner Vertrauenswürdigkeit handeln, gemeint ist. Darüber hinaus ist der Begriff der Praxis nicht genügend von anderen Kollektivbegriffen wie »Kultur«, »Konvention«, »Lebensform« oder »Sitte« differenziert worden. Ich bevorzuge den Begriff der Praxis, weil er auf eine Reihe sehr unterschiedlicher Formen institutionalisierter sozialer Interaktion bezogen werden kann. Wir können von einer Praxis der Freundschaft sprechen, aber auch von demokratischen Praktiken oder Glaubenspraktiken. Wesentlich für meinen Praxisbegriff ist die Annahme, dass Praktiken mit Gütern verbunden sind, die in ihnen verwirklicht werden und durch die sich die eine Praxis von der anderen unterscheidet. Der Begriff der Vertrauenspraxis steht insofern nicht für *eine* Praxis, sondern für verschiedene Praktiken, in denen Vertrauen aus durchaus verschiedenen Gründen jeweils relevant sein kann. Er lenkt unseren Blick gleichsam auf konkrete Felder des Handelns, in denen je unterschiedliche Güter verwirklicht werden, und genau das ist der Grund, warum er hier verwendet wird. Die Güter, die in diesen Praxisfeldern je verwirklicht werden, werden durch Individuen verwirklicht, die mit diesen Gütern nicht nur instrumentelle Interessen verbinden. Und auch wenn wir im Rahmen einer Praxis, zum Beispiel im Rahmen einer Freundschaft, jeweils das konkrete Gut des anderen im Blick haben, stützen wir durch unsere Handlungen auch die Freundschaft an sich und die Werte, die mit ihrer Hilfe wirklich werden. Es ist, mit anderen Worten, die Teilnahme an einer Praxis, durch die wir in die Lage geraten, individuelle Vertrauensakte durchzuführen, durch die wir wiederum die Praxis stützen, an der wir teilnehmen.

Der Begriff der zweiten Natur, der in diesem Zusammenhang mehrmals gefallen ist, kann dabei verschiedene Bedeutungen annehmen.[272] Er impliziert zum einen die Tatsache, dass es sich bei den Praktiken, die wir im Blick haben, nicht um natürliche Praktiken handelt, sondern um soziale, institutionelle oder kulturelle Praktiken, die eine Geschichte haben und positiv als Errungenschaften oder Leistungen gedeutet werden können, die sich auf der Basis sozialisatorischer Effekte im Verhalten der Individuen niederschlagen. Darüber hinaus verweist der Begriff auf die Selbstverständ-

272 Siehe Martin Hartmann, »Rezension zu Sabina Lovibonds *Ethical Formation*« in: *European Journal of Philosophy* 11: 2 (2003), S. 233-238.

lichkeit und Reflexionsfreiheit, mit der die Individuen in intakten Vertrauensverhältnissen agieren. Die vertrauensvolle Einstellung der Individuen gewinnt gleichsam die Unausweichlichkeit und spontane Unmittelbarkeit natürlicher Gesetze und muss nicht weiter reflektiert oder bewusst kontrolliert werden. Im Rahmen einer Praxis, in der Vertrauen zur zweiten Natur geworden ist, gewinnt der Verzicht auf Zweifel an der Vertrauenswürdigkeit anderer die Rationalität, die ein einzelner ohne Bezug auf die kollektive Praxis nicht erreichen könnte. Was an dieser Art des Vertrauens rational ist, lässt sich nicht in jedem Fall vollständig ausbuchstabieren. Eine Vertrauenspraxis kann nicht leicht durch explizite Lehre oder einen erlernbaren Katalog von Normen und Prinzipien angeeignet werden. Lockes Hinweis, wonach wir sie »durch Beobachtung« anderer gewinnen, erfasst, dass es hier eher um das Erlernen eines *knowing how* als um das eines *knowing that* geht. Wir haben uns diese Praxis in dem Augenblick angeeignet, in dem wir den Prozess des Lernens gleichsam vergessen, uns also das, was wir erworben haben, nicht länger als erworben vorkommt. Das Natürliche an der zweiten Natur ist in diesem Sinne eine vergessene Geschichte.

Ich möchte einige weitere Punkte nennen, die die Rede von einer Vertrauenspraxis nahelegen und bereits zur Sprache gekommen sind. So wurde darauf hingewiesen, dass sich die Rationalität des Vertrauens, also seine Angemessenheit oder Unangemessenheit, an einer Praxis bemisst, die erst die Kriterien liefert, um das Vertrauen so oder anders zu beurteilen. Wir müssen wissen, worum es dem Vertrauen geht, welche Werte in ihm auf dem Spiel stehen, um es jeweils einzuschätzen, und dieses Wissen ist ein kollektives Wissen, das einer Gemeinschaft entspringt, in der bestimmte Werte verteidigt, andere angegriffen werden. In diesem Sinne habe ich bestritten, dass die Basis unserer Urteile über Vertrauen primär epistemisch gefasst werden sollte. In dem Maße, in dem wir Vertrauen als Bestandteil einer Vertrauenspraxis begreifen, die immer auch von den Selbstverständnissen der daran beteiligten Subjekte getragen wird, entscheidet sich die Frage der Angemessenheit daran, ob das Vertrauen den normativen Gehalt dieser Selbstverständnisse noch in übereinstimmender Weise artikuliert. Dabei bedürfen Praktiken, um stabil zu bleiben, übereinstimmender Urteile, die sich auf das Selbstverständnis der an der Praxis beteiligten Akteure beziehen. Driften diese Urteile auseinander, ist die Einheit der Praxis in Gefahr. Beschreibungen wiederum, die wir anfertigen, um zu verstehen, was Vertrauen für uns ist, gewinnen ihre Plausibilität in dem Maße, in dem es ihnen gelingt, implizite Bestandteile dieser Praxis begrifflich auf den Punkt zu bringen.

Aber Praktiken gehen nicht auf in ihren Beschreibungen. Wenn uns Vertrauen im Rahmen einer Praxis zur zweiten Natur wird, dann reden wir von einer Praxis, in deren Rahmen es möglich ist, eine Einstellung des Vertrauens auszubilden, weil sich für die an der Praxis beteiligten Subjekte die Bedingungen gegenseitiger Vertrauenswürdigkeit auf erfahrbare Weise in der Praxis selbst dargestellt haben. Praktiken sind, so hieß es, materiell und ideell, sie haben harte und weiche Seiten. Der Begriff der praktischen Einstellung koppelt die Beschreibungen vertrauensvollen Verhaltens an eine Praxis und verhindert damit die gerade in Wittgensteinschen Kontexten beliebte komplette Entpsychologisierung des Vertrauens.

In diesem Sinne ist die Formel zu verstehen, eine Praxis des Vertrauens müsse für die daran beteiligten Subjekte »erfahrbar« sein. Mit diesem Begriff der Erfahrbarkeit ist unter anderem gemeint, dass Vertrauen nach Handlungen verlangt, in denen sich das Vertrauen ausdrückt. Erinnert sei an Raz' Rede von expressiven Gründen,[273] die mit einer Praxis verbunden sind. Die Gründe, die wir haben, um anderen zu vertrauen, suchen sich gleichsam Handlungen, in denen sie sich in erfahrbarer Weise manifestieren. Ich habe selbst davon gesprochen, dass sich Verlautbarungen des Vertrauens erst durch Handlungen, die sich sinnvoll als vertrauensvoll beschreiben lassen, »sättigen«, so dass unabhängig von dieser »Sättigung« der Status des Vertrauens unklar bleibt. Es ist angedeutet worden, dass Umfragen, in denen das Vertrauen der Bevölkerung zu bestimmten Personen oder Einrichtungen untersucht wird, im Unklaren lassen, was daraus für die Praxis der befragten Subjekte folgt. Dennoch will ich damit den Wert solcher Umfragen nicht vollständig bestreiten. Sie bemühen sich darum, wenn man so will, den Stand eines Vertrauensverhältnisses symbolisch zu erfassen, und können damit als Teil der Erfahrungsdimension einer Vertrauenspraxis begriffen werden. So wie andere Zeichen Vertrauen ebenfalls auf symbolische Weise zu artikulieren vermögen, können auch Umfragen einen expressiven Charakter annehmen. Sie wer-

273 Siehe oben, S. 224.

den damit Bestandteil einer wenn auch nur unvollständig erfassten Vertrauenspraxis. Dass in medial gesteuerten Demokratien »Stimmungsbilder« selbst dann Einfluss auf politische Entscheidungen nehmen können, wenn unklar ist, was aus ihnen praktisch folgt, ist darüber hinaus hinlänglich bekannt.

Praktiken gehen als solche einher mit sichtbaren Handlungen, in denen sich die praxisstützenden Gründe artikulieren. Im Aristotelischen Rahmen etwa dient Freundschaft als Form der Sichtbarmachung bestimmter positiv ausgezeichneter Qualitäten der Person. Der andere wird im Freund zum Modell für eine Art und Weise, zu sein, auf die ich mich positiv beziehen kann oder von der ich sogar lerne.[274] Freundschaften sind auch der Rahmen, in dem ich nicht nur dem anderen vertraue, sondern mich auch für ihn vertrauenswürdig mache. Denn es sind besonders Freunde, die darauf vertrauen, dass das, was wir sagen, wahr oder zumindest wahrhaftig ist, so dass sie unsere Vermutungen oder Meinungen festigen, was uns wiederum in die Lage versetzt, unseren Einstellungen und Äußerungen ein größeres Maß an Vertrauen entgegenzubringen. Weil andere darauf angewiesen sind, dass das, was wir ihnen gegenüber äußern, Überzeugungen sind, bilden wir Überzeugungen aus.

Nicht nur in diesem Kontext zeigt sich auch, dass Praktiken einen normativen Charakter haben, was beispielsweise nicht für Konventionen gilt. Im Kontext einer guten Praxis kann aus einem einzelnen Akt des Vertrauens ein gutes Vertrauen werden. Auch für diese normative Dimension der Praxis gibt es eine erfahrungsbasierte Stütze, nämlich unsere oft emotional gefärbten Urteile über die Qualität einer Vertrauensbeziehung. In dem Maße, in dem wir etwa in unseren emotional gestützten Reaktionen auf Vertrauensbrüche übereinstimmen, können wir uns als Teilnehmer einer Vertrauenspraxis verstehen, an deren Erhalt uns gelegen ist. Ich werde diesen Aspekt später im Kapitel über Adam Smith erläutern und möchte deswegen an dieser Stelle nicht ausführlich darauf eingehen. Wichtig aber ist, dass der hier verwendete Praxisbegriff damit einen durchaus fragilen Charakter gewinnt. Jenseits unserer immer auch emotional gestützten Anerkennung einer Praxis haben wir

274 Siehe Arne Johan Vetlesen, »Freundschaft in der Ära des Individualismus«, in: Axel Honneth, Beate Rössler (Hg.), *Von Person zu Person. Zur Moralität persönlicher Beziehungen*, Frankfurt/M. 2008, S. 168-207 (hier S. 171).

keine Anhaltspunkte dafür, dass die Praxis tatsächlich oder als allgemeine Praxis existiert.

Es ist diese Überlegung, die mich an einigen Punkten dazu geführt hat, das Vorliegen einer Vertrauenspraxis von einem Vertrauen in das Vorliegen dieser Praxis zu unterscheiden und letzten Aspekt als Praxisvertrauen zu bezeichnen. Für meinen Ansatz übernimmt dieser Begriff die Rolle, die man in anderen theoretischen Kontexten dem Ur- oder Weltvertrauen einräumt. Wer davon ausgeht, an einer Vertrauenspraxis teilzunehmen, setzt die geteilte Existenz dieser Praxis voraus, ohne sie jedoch garantieren zu können (denn das kann kein Einzelner). In diesem Sinne bleibt Vertrauen riskant, so rational es auch sein mag. Aber dieses Praxisvertrauen ist nichts, über das wir immer schon verfügen; vielmehr entsteht es erst im Rahmen einer Praxis und wird auch nur im Rahmen einer solchen Praxis erneuert. Das Problem, das Hobbes Theorie aufwirft, wie ich noch zeigen werde, kann leicht missverstanden werden. Es besteht weniger darin, dass es dieser Theorie zufolge nicht möglich ist, das ursprüngliche »natürliche« Misstrauen in Vertrauen zu verwandeln. Wichtiger für mich ist, dass das, was Hobbes als Gesellschaft beschreibt, in meiner Terminologie keine Vertrauenspraxis sein kann, so dass auch kein Praxisvertrauen möglich ist. Hobbes ist zwar bereit, die Situation im Naturzustand als eine von Misstrauen getragene zu beschreiben, aber er ist weit weniger bereit, die Situation des Gesellschaftszustands als eine von Vertrauen getragene zu kennzeichnen (obgleich es diesbezüglich einige Hinweise gibt). Das ist nur konsequent, wenn man die Prämissen seiner Überlegungen berücksichtigt. Kann es eine solche Gesellschaft nicht geben? Ich bin mir nicht sicher, aber ich habe natürlich Vermutungen. Wenn Furcht das ist, was diese Gesellschaft zusammenhält, dann ist sie meines Erachtens keine Gesellschaft des Vertrauens. Aber ist sie deswegen auch keine mögliche Gesellschaft?

Die Fragilität des Praxisvertrauens mag man sich am Vergleich zur Praxis des Versprechens verdeutlichen. Das Versprechen ist von Hume bekanntlich auf einflussreiche Weise als Konvention bezeichnet worden, die wir brauchen, weil es ohne sie schwierig oder sogar unmöglich wäre, gegenüber unbekannten Dritten verpflichtende Haltungen einzunehmen. Weil wir uns nicht natürlicherweise verpflichtet fühlen, gegebene Versprechen zu halten, gleichwohl aber in einer Gesellschaft leben, in der sich ein »eigennütziger

Verkehr der Menschen […] einzubürgern« beginnt (*begins to dominate*), müssen wir ein Instrument schaffen, das eine mehr oder weniger verlässliche Kooperation unter Fremden ermöglicht und dazu beitragen kann, die bereits im privaten und intimen Kontext gemachten Kooperationserfahrungen über diesen engen Kreis hin auszudehnen.[275] Das Versprechen als künstliche Praxis dient genau dieser Funktion. Sind die Zeichen des Versprechens erst einmal eingeführt, »sieht sich jeder, der sich ihrer bedient, durch sein Interesse gebunden, seine Versprechungen zu erfüllen: er darf nicht mehr erwarten, daß man ihm je wieder traut, wenn er sich weigert, das zu tun, was er versprochen hat.«[276] Einzelne Akte des Versprechens gewinnen vor dem Hintergrund dieser Überlegungen ihren Sinn, weil sie auf einer allgemein akzeptierten Praxis beruhen, die als solche bedingt, dass alle an der Praxis beteiligten Individuen um den Vorteil wissen, den die Praxis mit sich bringt. Die Praxis als solche ist insofern einzelnen ihr zugehörigen Akten vorgängig und verleiht ihnen Sinn und, wenn man so will, Rationalität. Gäbe es, mit anderen Worten, keine allgemeine Praxis des Versprechens, dann wäre es sinnlos und irrational, ein Versprechen abzugeben oder es zu halten.

Die Parallele zu dem Phänomen, das hier als kollektive Vertrauenspraxis bezeichnet wird, liegt auf der Hand. Es gibt Akte des Vertrauens, die nur vor dem Hintergrund einer intakten kollektiven Praxis des Vertrauens sinnvoll sind und ihre Rationalität gewinnen. Der Vergleich mit der Praxis des Versprechens hilft dabei auch, den in beiden Fällen verwendeten Praxisbegriff genauer zu erläutern. So darf die kollektive Vertrauenspraxis ebenso wenig wie die kollektive Praxis des Versprechens reifiziert oder allzu stark an Regeln orientiert werden. Dass individuelle Akte des Versprechens ihre Möglichkeitsbedingung in einer kollektiven Vertrauenspraxis haben, impliziert nicht, dass die einzelnen Akte lediglich ein ihnen vorgängiges Regelwerk konkret applizieren. Cavell schreibt mit Blick auf (humeanisch inspirierte) Theorien, die das Kollektive an der Praxis des Versprechens auf das Vorliegen einer öffentlich bekannten Regel des Versprechens zurückführen wollen, Regeln seien »ihrerseits in Abhängigkeit von unserer Verpflichtung bindend«. Und weiter: »[E]s gibt keine Praxis, bevor man sie zu einer, zu der *seinigen* ge-

275 Hume, *A Treatise of Human Nature*, a. a. O., S. 521 (III.2.5) (dt. S. 269 [Bd. 2]).
276 Ebd., S. 522 (III.2.5) (dt. S. 270 [Bd. 2]).

macht hat.«[277] Der Begriff, der an dieser Stelle von Cavell in den Mittelpunkt gerückt wird, ist der der Verpflichtung (*commitment*). Bevor eine Praxis als solche Verpflichtungen generieren kann, so die Überlegung, müssen wir uns gleichsam an ihren bindenden Charakter binden, müssen ihn für uns akzeptieren und übernehmen und verleihen der Praxis erst dadurch ihren verpflichtenden Charakter. So gesehen jedoch scheinen individuelle Akte des *commitments* den praxisgenerierten Verpflichtungen vorauszugehen und in ihrem verpflichtenden Charakter überhaupt erst zu begründen.

Die Kontroverse, die sich an diesem Punkt abzeichnet, kreist um das genauere Verhältnis von individuellen Akten des Versprechens und der kollektiven Praxis, die diese Akte speist, und um die Frage nach der Entstehung von Verpflichtungsgefühlen. Für die humeanische Perspektive ergeben sich Bindungen und Gefühle der Verpflichtung schon unabhängig von individuellen Akten der Akzeptanz von Bindungen auf einer informellen Ebene. Mit Blick auf die Etablierung des Besitzprinzips etwa sagt Hume, es beruhe auf einer Übereinkunft, die »allmählich« entstehe, »in langsamem Fortschritt und vermöge wiederholter Erfahrungen von den Unzuträglichkeiten ihrer Übertretung«.[278] Wir wachsen gleichsam allmählich in den verpflichtenden Charakter der Praxis hinein und stimmen ihr zu, indem wir mehr oder weniger bewusst an ihr teilnehmen. Noch schärfer formuliert Annette Baier: »In Verpflichtungen werde ich hineingeboren«, so Baier, »ich muss keine Initiative ergreifen oder irgendetwas tun, um mich zu binden. [...] Die verpflichtende allgemeine Praxis geht den verpflichtenden konventionellen Akten einzelner voraus.«[279] Nun muss Cavell seinerseits freilich nicht behaupten, es gebe vor Akten individueller Akzeptanz einer Praxis überhaupt keine Praxis. Sein Punkt ist nur, dass die Gestalt dieser Praxis immer auch abhängig ist von individuellen Akten, die nicht einfach nur darin bestehen, vorliegende Regeln blind zu übernehmen, sondern darin, diese Regeln in ihrem Gehalt gegebenenfalls zu transformieren. Genau deswegen sieht Cavell an dieser Stelle den Regelbegriff, zumindest in einer bestimmten Auslegung, an seine Grenzen gekommen. Wollen wir etwa wissen,

277 Cavell, *The Claim of Reason*, a. a. O., S. 307 und S. 309 (dt. S. 495 und S. 498).

278 Hume, *A Treatise of Human Nature*, a. a. O., S. 490 (III.2.2) (dt. S. 234 [Bd. 2]).

279 Annette C. Baier, »Promises, Promises, Promises«, in: dies., *Postures of the Mind. Essays on Mind and Morals*, Minneapolis 1985, S. 174-206 (hier S. 180).

ob es in einer bestimmten Situation angemessen ist, ein gegebenes Versprechen zu halten oder nicht, können wir nicht einfach einen vorhandenen Regelapparat befragen und in der Manier eines Schiedsrichters auf die Situation applizieren. Eher schon müssen wir vor dem Hintergrund eines gegebenen Verständnisses darüber nachdenken, ob es in dieser Situation angemessen wäre, die Folgen des gebrochenen Versprechens mit den Folgen des eingehaltenen Versprechens zu vergleichen. Unter bestimmten Umständen kann es dann sogar erlaubt sein, ein gegebenes Versprechen zu brechen: »[E]in moralisches Argument für das Brechen oder Halten eines Versprechens wird genau solche Fragen betreffen wie die, ob das von jemandem Gesagte ein (ernstes) Versprechen war [...], ob der Betreffende wirklich daran gehindert war, es zu halten (oder vielleicht nur einer Versuchung oder Einschüchterung nachgegeben hat), ob er, im Wissen, was vermutlich geschehen würde, es überhaupt hätte abgeben sollen, ob er alles ihm Mögliche getan hat, um die Folgen für den Betroffenen zu mildern [...]. Und wie stets wird das Ergebnis des Arguments sich darauf auswirken, ob die betroffenen Personen weiterhin in derselben moralischen Welt leben werden, ob sie zukünftig einander gegebene Versprechen annehmen werden.«[280] Dieser letzte Satz ist entscheidend: Cavell leugnet nicht, dass sich das Vermögen, einer Praxis durch *commitment* zu folgen, vor dem Hintergrund einer wie immer bereits etablierten Praxis entfaltet;[281] mehr noch, er räumt ein, dass es Bedingungen gibt, die gegeben sein müssen, damit eine Praxis zur Praxis wird. Um an einer Praxis teilzunehmen, muss man beispielsweise in der Lage sein, Verantwortung für das eigene Verhalten innerhalb der

280 Cavell, *The Claim of Reason*, a. a. O., S. 297 (dt. S. 480).

281 In seiner Auseinandersetzung mit Rawls Aufsatz über »Zwei Regelbegriffe« weist er immer wieder darauf hin, dass er nur einen bestimmten, spezifischen Praxisbegriff für ungeeignet hält, um das Phänomen des Versprechens zu erläutern, nicht aber den Praxisbegriff insgesamt (*The Claim of Reason*, a. a. O., S. 293-312 [dt. S. 475-503]). Baier neigt an diesem Punkt zu einer allzu individualistischen Lesart Cavells und übersieht seine Hinweise auf das, was er als die »Moralität genannte Lebensform« bezeichnet. Auch suggeriert sie, man müsse den Begriff des *commitments* auf ein datierbares Ereignis (»dateable occurrence«) beziehen, was aber nicht auf der Hand liegt. Ich kann mich einer Sache verpflichtet fühlen (im Sinne von *commitment*), ohne ein Datum oder einen Zeitpunkt angeben zu können, an dem meine Verpflichtung angefangen hat. Siehe Baier, »Promises, Promises, Promises«, a. a. O., S. 177-181.

Praxis zu übernehmen. Wer glaubt, die Folgen eigenen Verhaltens innerhalb einer Praxis einfach rückgängig machen zu können, als ginge es darum, den Zug einer Schachfigur zurückzusetzen, verkennt den Sachverhalt, dass die Fähigkeit, den Folgen des eigenen Tuns ins Auge zu sehen und zugleich anzuerkennen, dass die Konsequenzen des eigenen Tuns nur im Zusammenspiel mit anderen modifiziert werden können,[282] wesentlich für das Bestehen einer Praxis sind. Nur weil auch das Versprechen *in dieser Weise* eine Praxis ist, gerät der, der ein Versprechen bricht, unter Rechtfertigungsdruck. Wer glaubt, heute ein Versprechen zu geben, das er morgen bricht, ohne dass damit Konsequenzen verbunden sein werden, der hat die Praxis des Versprechens nicht verstanden, ja, der hat nicht verstanden, was es heißt, überhaupt einer Praxis zu folgen. Der Bruch des Versprechens aber weist nicht per se auf den Bruch der Praxis hin, er eröffnet lediglich die Frage nach den genaueren Konturen der Praxis, nach ihren Möglichkeiten, auf einen solchen Bruch zu reagieren oder nicht. Er ist wie ein Zug im Spiel, von dem noch unklar ist, ob er ein guter Zug ist oder nicht.

So bestreitet Cavell vor allem, dass sich das, was am Versprechen als praktisch bezeichnet werden kann, auf allgemein bekannte Regeln reduzieren lässt, die in eindeutiger Weise vorgeben, wie die Praxis jeweils (im Streitfall) interpretiert werden muss. Die Art, wie wir die gestellten Fragen beantworten, gibt uns nicht nur Auskunft über eine Praxis, die wir eigentlich alle kennen und an deren genauen Gehalt wir uns gleichsam erinnern lassen müssen; sie bestimmt vielmehr, wie wir die Praxis weiterhin verstehen wollen und damit auch, ob die Praxis nach Durchlaufen der Antworten noch in erkennbarer Weise an ihre überkommene Form anknüpft. Es gibt, anders gewendet, keine Praxis des Versprechens jenseits unserer jeweiligen Auslegungen dessen, was es heißt, ein Versprechen zu geben, einzuhalten, zu brechen oder einzufordern. Diese Auslegungen ereignen sich in einem bestimmten Verständnisrahmen, der aber keine Deutungsmuster vorgibt und nicht festlegt, welcher Zug auf welchen Zug folgen muss. »Jeder Zug verändert

282 In seiner einflussreichen Theorie des Versprechens geht Scanlon davon aus, dass mich nur der, dem ich etwas versprochen habe, von den damit eingegangenen Verpflichtungen, befreien kann. Siehe Scanlon, *What We Owe to Each Other*, a. a. O., S. 301.

die Situation, in der der nächste Zug zu machen ist.«[283] In diesem Sinne beeinflussen individuelle Akte des Versprechens und ihre Annahme oder Ablehnung durch andere die Praxis des Versprechens insgesamt, die folglich nicht unabhängig von der Gestalt dieser individuellen Akte und von der Bereitschaft, so oder anders auf sie zu reagieren, existiert. Dass das individuelle *commitment* erst die Praxis schafft, ist zweifellos eine dezisionistisch angehauchte Übertreibung. Dem *commitment* kommt aber eine Rolle für die genaue Gestalt der Praxis zu, die auch dann nicht verloren geht, wenn auf die kollektiven Voraussetzungen der individuellen Entscheidung (sich einer Praxis anzuschließen) hingewiesen wird. Im Bereich der Moral gibt es nur die Verpflichtungen, zu denen sich die Subjekte bekennen. Auch wenn man nicht der Auffassung ist, dass diese Verpflichtungen erst entstehen, wenn wir sie explizit und individuell angenommen und akzeptiert haben, sondern schon dann, wenn wir nur mehr oder weniger freiwillig an der Praxis teilnehmen, in deren Rahmen diese Verpflichtungen Geltung besitzen, darf sich die Geltung oder Rechtfertigung dieser Verpflichtungen nicht verselbständigen und von den individuellen Anerkennungsmustern der Subjekte ablösen. Mit anderen Worten: Selbst wenn wir in Verpflichtungen in gewisser Weise hineingeboren werden, transformieren wir sie durch die Art, wie wir uns zu ihnen verhalten, wie wir sie anerkennen oder nicht. Wie genau eine solche Anerkennung aussieht, wird auch von Cavell nicht vorentschieden. Es ist nicht einmal ausgeschlossen, dass individuelle Akte des *commitments* sich ebenso »allmählich« und informell herauskristallisieren wie Humes Praxis der reziproken Anerkennung des Besitztitels. Irgendwann haben wir gelernt, was es heißt, ein Versprechen zu geben und zu halten, und solange niemand an diesem Verständnis rüttelt, leben wir offenbar in derselben moralischen Welt. Aber diese Welt ist nichts Feststehendes, sie existiert nicht jenseits der einzelnen Züge, durch die wir sie konstituieren. Sie ist oft genug gerade in ihrer vermeintlichen Gemeinsamkeit eine Unterstellung unsererseits, ein Anspruch, den wir erst durch die Schaffung einer gemeinsamen Praxis einlösen müssen.[284]

283 Cavell, *The Claim of Reason*, a. a. O., S. 308 (dt. S. 496).

284 Vgl. die Einleitung zu dem von mir herausgegebenen Schwerpunkt »Stanley Cavells Philosophie« in: *Deutsche Zeitschrift für Philosophie* 55:2 (2007), S. 220-224.

In ähnlicher Weise sollte die Vertrauenspraxis nicht so verstanden werden, als sei sie durch »ein Regelsystem spezifiziert [...], das Pflichten, Rollen, Maßnahmen, Strafen, Verteidigungen und so weiter definiert und das der Tätigkeit ihre Struktur gibt«.[285] Es gibt keine offiziellen Akte, durch die wir in die Praxis eintreten und keine klar definierten Ausschlusskriterien.[286] Unsere Teilnahme an der Praxis vollzieht sich in der Regel, indem wir in Handlungskontexte eintreten, die sinnvoll unter eine vertrauensrelevante Beschreibung gebracht werden können. Wir fahren Taxi, ohne uns Gedanken über die Vertrauenswürdigkeit des Fahrers zu machen, so wie der Fahrer uns mitnimmt, ohne uns investigativ zu mustern. Die Praxis existiert als Vertrauenspraxis, solange wir in dieser Weise an ihr teilnehmen. Ob wir freilich noch in derselben moralischen Welt leben, mag sich gelegentlich erst *ex post* herausstellen, so dass der Anspruch gemeinsamer moralischer Standards, der unser Verhalten geleitet hat, im Rückblick den Status einer bloßen Unterstellung oder eines Vorgriffs auf Gemeinsamkeit gewinnt. Wir stellen im Lauf der Fahrt fest, dass der Fahrer die Türen verriegelt hat oder nur belebte Straßen als Route wählt. Auf Nachfrage erfahren wir, dass er schlechte Erfahrungen mit Kunden gemacht hat. Diese Information lässt sich als Zug verstehen, der die Situation verändert. Haben wir es überhaupt noch mit einer Situation vertrauensvoller

285 Rawls, »Two Concepts of Rules«, a. a. O., S. 20 (Fn. 1), (dt. S. 135).

286 Hier sehe ich ein Problem bei naturalistischen Ansätzen, die etwa suggerieren, das Neuropeptid Oxytocin steuere unsere Entscheidungen, anderen zu vertrauen, die damit von Interpretationsleistungen der Subjekte befreit seien. Ich möchte nicht bestreiten, dass Vertrauensakte neurologische Vorgänge auslösen oder von ihnen begleitet werden, aber ich sehe ein Problem, wenn der Akt der Vertrauensvergabe einen quasideterministischen Zug annimmt, der sogar *gegen* die bewusste Selbsteinschätzung der Subjekte die Rede von der Vergabe von *Vertrauen* intakt lassen soll. Bei Michael Kosfeld heißt es im Zusammenhang mit spieltheoretischen Vertrauensexperimenten: »[O]xytocin erhöhte die Vertrauensbereitschaft der Subjekte, ohne dass sie dadurch die Vetrauenswürdigkeit der Vertrauensnehmer optimistischer beurteilten« (»Trust in the Brain. Neurobiological Determinants of Human Social Behaviour«, in: *EMBO reports* 8 [2007], S. 44-47 [hier S. 46]). Es dürfte einleuchten, dass diese Herangehensweise an Vertrauen mit vielen der von mir als wesentlich gekennzeichneten Elementen des Vertrauens bricht. Da es allerdings keinen semantischen Artenschutz für meine Vertrauensbestimmung gibt, ist nicht ausgeschlossen, dass sich unser Vertrauensverständnis im Lichte aktueller Forschungen und sozialer Trends transformiert.

Interaktion zu tun? Existiert die angenommene Kultur des Vertrauens noch? Lässt sich die Situation noch unter eine Beschreibung bringen, in der beide Akteure Elemente des Vertrauens ausfindig machen können?

Wenn von Praktiken des Vertrauens die Rede ist, das ist eine Schlussfolgerung aus den vorangegangenen Überlegungen, dann ist nicht die Rede von einer regelgeleiteten oder gut definierten Praxis, deren Bestehen oder Nichtbestehen von einem neutralen Schiedsrichter bestimmt werden könnte. Die Praxis existiert, solange eine Kongruenz zwischen praktisch supponierten Eigenschaften der Vertrauenswürdigkeit und realen Eigenschaften der Vertrauenswürdigkeit besteht, die sich auf die Existenz von Konventionen oder Institutionen beziehen lässt, in deren Rahmen sowohl die Einstellung des Vertrauens als auch die der Vertrauenswürdigkeit als intrinsisch wertvoll gelten. Es gibt in diesem Sinne Vertrauensakte, die einzig im Rahmen einer kollektiven Vertrauenspraxis ihre Rationalität gewinnen. Dabei nehmen wir an einer solchen Praxis keinesfalls nur dann teil, wenn wir uns explizit zu ihr bekennen. Wie bereits betont, ist es ein Kennzeichen intakter Vertrauenspraktiken, dass sie uns zur zweiten Natur geworden sind und uns dadurch gewissermaßen die Arbeit der individuellen Überprüfung des anderen abnehmen. Wir eignen uns dieses »natürliche« Vertrauen an, indem wir, oft genug langsam und auf ganz informelle Weise, in eine Praxis hineinsozialisiert werden, die einzelnen Vertrauensakten ihre Rationalität verleiht. Der genauere Charakter dieser kollektiven Praxis kann dabei in seiner Komplexität variieren. Freundschaften als Praxis des Vertrauens besitzen eine vielschichtige normative Grammatik und eine eigene soziokulturelle Geschichte, die für ein Verständnis der Praxis durchaus relevant ist. Aber auch die Praxis der Begrüßung durch Handschlag kann, wenn sie die Bereitschaft signalisiert, die Hände nicht destruktiven Zwecken zuzuführen, auf ihre Weise als evolutionäre Errungenschaft mit komplexer Geschichte gedeutet werden. Es wird Aufgabe des zweiten Teils dieses Buches sein, etwas Licht auf diese Prozesse zu werfen und damit zugleich hervorzuheben, dass Praktiken des Vertrauens natürlich auch als solche verschwinden können.

Drei Aspekte müssen an dieser Stelle noch erwähnt werden. Während Hume nahelegt, es könne kein Versprechen jenseits einer Konvention des Versprechens geben, soll dies hier nicht in gleicher

Weise vom Vertrauen gesagt werden. Es besteht jedenfalls kein Grund, davon auszugehen, es könne Vertrauen einzig im Kontext einer wie auch immer strukturierten kollektiven Praxis des Vertrauens geben. Es ist wichtig, sich dies vor Augen zu führen, wenn im zweiten Teil dieser Arbeit von Praktiken des Vertrauens die Rede ist. Allerdings sollte man sich auch nicht darüber hinwegtäuschen, dass selbst scheinbar ganz individuelle Beziehungen gegenseitigen Vertrauens Elemente enthalten, die über die Beziehung an sich hinausgehen. Oft zeigt sich, dass die Eigenschaften, die als vertrauenswürdig gelten, Merkmale allgemeiner Klassifikationen enthalten. Wenn Taxifahrer (in New York und Belfast) eher ältere als jüngere, weibliche als männliche, weiße als schwarze oder reiche als arme Fahrgäste für vertrauenswürdig halten,[287] dann zeigt sich daran nur in einem extremen Fall (zudem im Kontext einer mehr oder weniger stabilen Praxis), was auch für viele Vertrauensverhältnisse außerhalb einer festen Praxis gilt: Eigenschaften der Vertrauenswürdigkeit sind oft solche, die mit allgemeinen Wesensmerkmalen in Verbindung gebracht werden. Es geht gleichsam darum, im Einzelfall Eigenschaften ausfindig zu machen, die die konkrete Person in den Status all derjenigen erhebt, denen vertraut werden kann (dass die individuelle Erfahrung dabei auf Stereotype zurückgreift, zeigen einige der genannten Eigenschaften). Selbst die individuelle Freundschaft entfaltet sich in einem vorgegebenen Rahmen, der nicht frei von Verhaltensvorgaben ist, die den Freund betreffen und ihn erst zum Freund werden lassen. In Montaignes »Weil er er war; weil ich ich war« verbindet sich auf paradoxe Weise das Einmalige der Freundschaft mit einem überkommenen Muster, das genau diese Einmaligkeit vorsieht und das antiker Philosophie und neuzeitlichem Humanismus entnommen werden kann.[288] Auch hier also entfaltet sich das Vertrauen in einem Rahmen, der in seiner spezifischen Form Vertrauenswür-

287 Gambetta/Hamill, *Streetwise*, a. a. O., S. 193.

288 Michel de Montaigne, *Essais*, Zürich 1953, S. 225 (Essay XXVIII: »Von der Freundschaft«); Jean Starobinski spricht in diesem Zusammenhang folglich direkt von einem »Topos der vollkommenen Freundschaft« und erwähnt Cicero und die Neuplatonisten (*Montaigne. Denken und Existenz*, Frankfurt/M. 1986, S. 80); Hugo Friedrich erwähnt in seinem Montaigne-Kommentar ebenfalls die »literarischen Vorformungen« des von Montaigne entworfenen Freundschaftsideals, bemüht sich aber darum, diese klassische Vorprägung in ihrer Wirkung auf Montaigne kleinzureden (*Montaigne*, Tübingen [3]1993, S. 229).

digkeit gewährleisten kann und der sich insofern als Rahmen einer Praxis verstehen lässt.

Eine zweite Bemerkung: Der Begriff der Vertrauenspraxis ist in gewisser Weise irreführend, da er suggeriert, es gebe eine Praxis, die einzig dem Vertrauen gilt. Es sollte aber bereits deutlich geworden sein, dass es eine solche Praxis nicht gibt und nicht geben kann. Ähnliches ließe sich auch von der Praxis des Versprechens sagen. Sofern wir von einer solchen sprechen, meinen wir in der Regel eine Praxis, die uns erlaubt, Verbindlichkeiten zu etablieren, die für den, der etwas verspricht, verpflichtenden Charakter haben. Aber obgleich dem Versprechen damit in vielen theoretischen Modellen durchaus eine ganz eigenständige und eigentümliche Normativität zukommt, behält auch die Praxis des Versprechens einen instrumentellen Index. Sie hilft uns dabei, unsere Interaktionen in einer von uns gewünschten Weise verbindlich zu gestalten, und genau darin liegt ihr eigentlicher Zweck. Humes Rede vom allgemeinen Nutzen des Versprechens betont diesen Aspekt nur deutlicher als andere, die in dieser Rede zu viel utilitaristische Elemente vermuten. Aber auch erklärte Antiutilitaristen sprechen vom Versprechen als von einem »Instrument« (Foot) oder einem »Mittel« und »Instrument« (Anscombe), das wir erfunden haben, um der »besseren Bewältigung« unseres Lebens willen (Foot) oder um Menschen auf zwanglose Weise dazu zu bewegen, Dinge zu tun, die uns wichtig sind (Anscombe). In den Worten Anscombes: »Es ist kaum möglich, in einer Gesellschaft zu leben, ohne darauf [die Praxis des Versprechens] zu treffen und ohne faktisch daran teilzunehmen.«[289] In allen diesen Fällen erweist sich das Versprechen nicht als Selbstzweck, sondern als Mittel der Handlungskoordinierung, dessen Wert sich aus dem Wert ableiten lässt, den diese für uns besitzt. Ist also die Rede von einer Praxis des Vertrauens oder einer Praxis des Versprechens, dann verweist der Praxisbegriff nicht auf Praktiken, die gleichsam im Vertrauen und Versprechen aufgehen, sondern auf Praktiken, die ohne Bezug auf vorhandenes Vertrauen oder abgegebene Versprechen zwar nicht vollständig beschrieben werden können, gleichwohl aber ihren

289 G.E.M. Anscombe, »On Promising and its Justice, and Whether it Need be Respected in Foro Interno«, in: dies., *The Collected Philosophical Papers of G.E.M. Anscombe*, Bd. 3, *Ethics, Religion and Politics*, Oxford 1981, S. 10-21 (hier S. 18); Philippa Foot, *Die Natur des Guten*, Frankfurt/M. 2004, S. 74.

Zweck erst durch jene Handlungen gewinnen, die durch Vertrauen und Versprechen möglich werden. Auch wenn wir (mit Foot und Anscombe) einräumen, dass wir viele für uns wichtige Dinge nur erreichen können, wenn wir über Praktiken des Vertrauens und des Versprechens verfügen, behalten sowohl das Vertrauen als auch das Versprechen ihren instrumentellen Index. Es gehört zum hier verwendeten Praxisbegriff, dass Phänomene wie Vertrauen und Versprechen ihre eigentümliche Normativität stets vor dem Hintergrund weiterer Werthorizonte annehmen, deren genauere Struktur in den Blick genommen werden muss, wenn die spezifische Normativität des Versprechens und Vertrauens vollständig verstanden werden soll.

Eine dritte Bemerkung: Obgleich es möglich ist, eine Reihe von Parallelen zwischen dem Phänomen des Versprechens und dem des Vertrauens ausfindig zu machen, gibt es auch Differenzen von erheblicher Reichweite. Es seien zwei Aspekte genannt: Zum einen verfügen wir nicht in gleicher Weise über explizite Formeln des Vertrauens wie über explizite Formeln des Versprechens. Nicht ohne Grund hat Searle am Beispiel des Versprechens die allgemeine Struktur illokutionärer Akte veranschaulicht. Das Versprechen, so Searle, »ist wie eine Gebirgslandschaft, die die geographischen Züge besonders deutlich zeigt«.[290] Zwar können wir versuchen, mit einer Äußerung der Form »Vertraue mir!« einen ähnlichen Effekt zu erzielen wie mit einer Äußerung der Form »Ich verspreche dir«, ja, es gibt Autoren, die der Überzeugung sind, dass beide Formen der Herstellung von Verbindlichkeit ganz und gar identisch sind,[291] aber diese Position besitzt nur dann Plausibilität, wenn die performative Dimension dieser Äußerungen übergangen wird. Äußerungen der Form »Ich verspreche dir, morgen zu kommen« gelten in dem Sinne als performativ, in dem sie im gleichen Atemzug den Sachverhalt schaffen, den sie beschreiben. Unter bestimmten Bedingungen erfüllt die Äußerung »Ich verspreche dir, morgen zu kommen« alle Kriterien, die gegeben sein müssen, um aus der

290 John R. Searle, *Sprechakte. Ein sprachphilosophischer Essay*, Frankfurt/M. 1971, S. 84. Die meisten Autoren räumen allerdings ein, dass die explizite Form des Versprechens für sie nur eine paradigmatische Form für alle möglichen Versuche der Herstellung von Erwartungsstabilität sind. Explizit wird das bei Raz (»Promises and Obligations«, a. a. O., S. 228).

291 Scanlon, *What We Owe to Each Other*, a. a. O., S. 306.

Äußerung tatsächlich ein Versprechen zu machen. Die Aufforderung »Vertraue mir!« besitzt jedoch nicht in demselben Sinne eine performative Dimension, denn sie kann aus sich heraus nicht sicherstellen, dass der, der auf diese Weise aufgefordert wird zu vertrauen, auch tatsächlich vertraut. Es ist auch nicht möglich, Bedingungen anzugeben, unter denen genau dieser Effekt garantiert werden könnte, da es nicht in jedem Fall möglich ist, Vertrauen als Reaktion auf eine Aufforderung zu schenken. Natürlich ist die Äußerung »Vertraue mir!« als *Aufforderung* auch ein Sprechakt, der eigenen Bedingungen unterliegt. Aber es ist ein Unterschied, ob ich jemanden auffordere, etwas zu tun, oder ihm verspreche, etwas zu tun. Wird die wörtliche Aufforderung (»Vertraue mir!«) als Versprechen gedeutet und damit gleichsam ihres wörtlichen Charakters entkleidet, wird dieser Unterschied verwischt. Zu den Bedingungen des erfolgreichen Aufforderns gehört zum Beispiel die, dass der, der aufgefordert wird, auch tun kann, wozu er aufgefordert wird.[292] Nun kann der, der aufgefordert wird, einem anderen zu vertrauen, diesem natürlich prinzipiell vertrauen. Aber es ist nicht klar, ob dies als Effekt der Aufforderung möglich ist. Ist dies nicht der Fall, verliert die Aufforderung »Vertraue mir!« ihren performativen Zug. Sie wird gleichsam zu einer Aufforderung ohne gesicherte Performanz und mutiert damit im Rahmen der Sprechakttheorie zu einer unvollständigen Aufforderung. Gerade weil hier ein Unterschied zwischen Versprechen und Vertrauen besteht, lässt sich die Frage erörtern, ob der Sprechakt des Versprechens selbst Vertrauen schaffen kann. Baier beispielsweise hält dies für möglich: »Versprechen«, so schreibt sie, »sind verwirrend, weil ihnen die Macht zuzukommen scheint, durch sprachliche Magie echte, freiwillige und kurzfristige Vertrauensverhältnisse zu initiieren«.[293] Sie sind dazu imstande, weil sie keinen Aufforderungscharakter haben, sondern als Elemente einer Praxis fungieren, in der immer schon akzeptiert ist, dass das Äußern eines Versprechens eine starke Verbindlichkeit nach sich zieht, auf die sich der, dem versprochen wird, verlassen kann. In dem Maße, in dem wir wollen, dass das, was uns versprochen wird, eintritt, und auch wollen, dass wir eine gewisse, normativ gewich-

292 So auch Searle, *Sprechakte*, a. a. O., S. 100. Searle bestimmt Auffordern als Befehlen, was mit Blick auf das Versprechen zu weiteren Unterschieden führt. Diese sollen hier aber nicht erörtert werden.

293 Baier, »Trust and Antitrust«, a. a. O., S. 111 (dt. S. 60).

tige Garantie für das Eintreten des Versprochenen erhalten, sieht es so aus, als könne ein Versprechen Vertrauen schaffen (wenn wir es akzeptieren).

Hier allerdings kommt der zweite Aspekt zum Tragen, der einen Unterschied zwischen Versprechen und Vertrauen markiert. Wollen wir als Vertrauende überhaupt *Garantien* für das Eintreten dessen, was uns versprochen wird? Wollen wir, dass der, der verspricht, die *Pflicht* hat, sein Versprechen einzulösen, um so unser Vertrauen nicht zu enttäuschen? Selbst wenn wir annehmen, dass Versprechen eine derartige Pflicht erzeugen, bleibt die Frage, ob wir als Vertrauende in ähnlicher Weise den anderen auf die Erfüllung seiner Leistung verpflichten wollen? Es sind weiter oben bereits einige Überlegungen angestellt worden, die den Pflichtcharakter der Vertrauenserfüllung betreffen. Dabei war unter anderem die Frage leitend, ob der, der Vertrauen hervorruft, moralisch genötigt ist, dieses Vertrauen auch zu erfüllen oder zu rechtfertigen. Hier dagegen geht es stärker um die Frage, ob der, der anderen vertraut, den Empfänger des Vertrauens überhaupt in normativer Hinsicht auf Erfüllung verpflichten möchte. Scanlon etwa konstruiert das Versprechen in genau dieser Weise. Der, dem ein Versprechen gegeben wird, sucht eine Form der Sicherheit, die sich auf die Handlung bezieht, deren Ausführung versprochen wird. Er kann diese Sicherheit gleichsam einfordern, wenn er darauf beharrt, dass eine bereits vorliegende Zusicherung (»Ich werde es tun!«) durch ein explizites Versprechen ergänzt wird (»Versprichst du es?«).[294] Versprechen sind das Mittel, mit dem der, der eine Handlung in Aussicht stellt, die verlangte Sicherheit liefern kann, aber Scanlon geht davon aus, dass an diesem Punkt nicht viel an Worten hängt. Wenn ich im anderen bewusst die Erwartung erzeuge, B zu tun, kann ich die gewünschte Zusicherung auch auf andere Weise als durch ein explizites Versprechen liefern. Ich kann sagen »Mache dir keine Sorgen, ich tue es« oder »Vertraue mir!«. Wichtig ist im Rahmen der Scanlonschen Überlegungen nur, dass diese Zusicherungen vom Empfänger auch gewollt werden, denn erst, wenn das der Fall ist, gewinnt die Zusicherung ihr normatives Gewicht. Scanlon scheint dabei davon auszugehen, dass es durchaus normal ist, solche Zusicherungen zu wollen, aber es bleibt letztlich unklar, woran ich

294 Scanlon, *What We Owe to Each Other*, a. a. O., S. 304.

erkenne, dass jemand von mir eine starke Form der Zusicherung für einen Handlungskurs begehrt.

Wie immer dieser Punkt behandelt wird, es ist meiner Ansicht nach klar, dass wir als Vertrauende nicht in dieser Weise Garantien suchen, ja, dass es dem Vertrauen geradezu widerspricht, eine solche Garantie zu verlangen. Der, dem wir Vertrauen schenken, wird, wie erwähnt, als einer anerkannt, dem vertraut werden kann, und das heißt auch, er wird als einer anerkannt, der mit dem Vertrauen angemessen umzugehen weiß, was weiterhin heißt, dass ihm ein Ermessensspielraum eingeräumt wird, innerhalb dessen er mehr oder weniger selbstbestimmt entscheiden kann, wie mit dem Vertrauen umzugehen ist, wie es erfüllt wird oder wann es angebracht ist (dem Vertrauen entspricht), die Erwartungen des Vertrauensgebers zu brechen. Es würde dem Wesen des Vertrauens widersprechen, den Willen des Vertrauensempfängers im Sinne einer reziproken Zielvereinbarung dauerhaft zu binden, so dass dieser die im Vertrauen enthaltenen Spielräume nicht mehr besitzt und sich eine Art normative Fessel anlegt. Wer fragt, ob Einstellungen des Vertrauens auf der Basis von abgegebenen Versprechen (spontan) entstehen können, muss sich folglich darüber im Klaren sein, dass er die mit Akten des Vertrauens verbundene Zuversicht an die normative Gewissheit von Versprechen angleicht und genau damit Gefahr läuft, die spezifische Verbindlichkeit von Vertrauensverhältnissen zu verfehlen. Dies wird auch dann deutlich, wenn noch einmal daran erinnert wird, dass der Verpflichtungscharakter von Versprechen in der Regel allgemeinen Charakter besitzt. Ich bin verpflichtet, das dir gegebene Versprechen einzuhalten, weil *man* Versprechen (unter bestimmten Bedingungen) einhalten muss. Wer seine Versprechen einhält, ist moralisch integer. Es ist aber schon darauf hingewiesen worden, dass diese allgemeine Integrität die spezifische Verbindlichkeit von Vertrauensverhältnissen verfehlt, die einen unauslöschbar partikularen Bezug enthält. Dass du mein Vertrauen nicht enttäuschst, will ich nicht deswegen, weil man Vertrauen nicht enttäuscht; ich will es, weil ich hoffe, dass die Tatsache meiner Vertrauensgabe in dir eine Form der Rücksichtnahme auf meine Interessen und Bedürfnisse weckt, die auch dann gegeben ist, wenn du meine Ziele nicht teilst.

Jenseits der damit benannten Differenzen zwischen Akten des Vertrauens und Akten des Versprechens lässt sich festhalten, dass sich beide im Praxisbegriff treffen. Intakte Praktiken des Vertrauens und des Versprechens helfen uns, Unsicherheiten zu bewältigen, die wir alleine nicht bewältigen könnten. Mit Blick auf das Vertrauen lässt sich sagen, dass es weniger das Vertrauen an sich ist, das Komplexität reduziert, als vielmehr das Vorhandensein einer intakten Vertrauenspraxis, durch das individuelle Akte des Vertrauens erst ihre spezifische Rationalität erhalten. Mit Blick auf das Versprechen lässt sich sagen, dass die erwähnte Unsicherheit darüber, ob der, dem ein Handlungsverlauf in Aussicht gestellt wird, überhaupt eine Zusicherung will, nur auf der Basis von Praktiken verringert werden kann, auf die wir uns beziehen, um dem anderen zu verstehen zu geben, dass wir normative Gewissheit über seine Handlungen wollen. »Versprichst du mir das?« ist ein Weg, um die Unsicherheit zu verringern.

Praktiken in diesem Sinne aber sind nichts Feststehendes, sie wandeln sich mit unseren individuell variablen Verständnissen der Praxis, die an bestimmten Konfliktpunkten in Übereinstimmung gebracht werden müssen, wenn weiterhin von *einer* Praxis die Rede sein soll. Man kann sagen, dass einzelne Vertrauensakte in dem Maße einen Vertrauensüberhang oder Vertrauensvorschuss an sich tragen, in dem sie von der zunächst nur unterstellten Annahme zehren, dass der, dem Vertrauen entgegengebracht wird, an der Praxis partizipiert, an der man selbst auch zu partizipieren vorgibt. Es gibt Hinweise und Anzeichen einer solchen Partizipation, aber es gibt keine Garantien und Gewissheiten.

In genau diesem Sinne auch kann eine bestimmte Form des Vertrauens der Versprechenspraxis vorgelagert werden, ein Punkt, auf den gelegentlich hingewiesen wird, der aber leicht missverstanden werden kann. So wird in manchen Kontexten hervorgehoben, dass sich Versprechen auf *vorhandenes* Vertrauen berufen können müssen, um Aussicht auf Erfolg zu haben. Entsprechend werden Versprechen paradigmatisch auf Beziehungen unter Freunden und gerade nicht, wie bei Hume, auf Interaktionen unter Fremden bezogen (für diese sind Verträge zuständig).[295] Die Intuition, die damit eingefangen werden soll, ist durchaus richtig, aber sie treibt in

295 Siehe Dori Kimel, *From Promise to Contract*, a. a. O., S. 29. Ähnlich Charles Fried, *Contract as Promise. A Theory of Contractual Obligation*, Cambridge (Mass.), London 1981, S. 11. Anders als Kimel behandelt Fried Versprechen wie Verträge.

eine falsche Richtung. Wir nehmen nicht nur dem ein Versprechen ab, dem wir in einem starken Sinne des Wortes vertrauen, sondern auch dem, den wir nicht gut kennen. Versprechen wir der Verkäuferin, das wir ihr das fehlende Geld am nächsten Tag bringen werden, so haben wir es nicht mit einem Versprechen unter Freunden zu tun und auch nicht mit der Imitation eines solchen Versprechens. Gleichwohl spielt auch in dieses Versprechen eine gewisse Form des Vertrauens hinein, nämlich das Vertrauen darauf, dass der andere die allgemeine Fähigkeit zur Praxisteilnahme besitzt, die unter anderem darin besteht, für die Konsequenzen des eigenen Handelns die Verantwortung zu tragen. In genau diesem Sinne stehen auch die Fremden, die Hume im Blick hat, in einem vertrauensvollen Verhältnis, das ihnen ermöglicht, Versprechen miteinander auszutauschen. Sie müssen nicht nur darauf vertrauen, dass das, was der je andere sagt, aufrichtig ist, sondern auch darauf, dass er ein ungefähr gleiches Praxisverständnis hat wie sie selbst. Versprechende sind durch eine Praxis miteinander verbunden, deren Existenz Gegenstand eines wie immer expliziten oder impliziten Vertrauens ist, die sich aber erst im konkreten Handeln als solche bewährt. Der bereits erwähnte Handschlag, der bevorzugt Fremden angeboten wird, lässt sich beispielsweise als eine solche Praxis begreifen. Anders als Versprechen unter Freunden, die als stark expressiv bezeichnet werden können, sind Versprechen unter Fremden folglich eher in einem schwachen Sinne expressiv; in ihnen drückt sich weniger ein lange gewachsenes Vertrauen aus als ein Vertrauen darauf, dass der andere die gleiche (moralische) Lebensform teilt wie man selbst und weiß, was es heißt, im Rahmen dieser Lebensform Versprechen zu geben. Dieses Vertrauen ist in gewisser Weise formaler als das unter Freunden. Dass es nicht ohne normative Substanz ist, belegen allerdings Erfahrungen des Zusammenbruchs moralischer Lebensformen. Nicht sicher zu sein, ob andere wissen, was es heißt, ein Versprechen zu geben oder einzuhalten, ist keine Kleinigkeit.

Es musste zunächst – so möchte ich kurz zusammenfassen – geklärt werden, inwieweit einzelne Akte des Vertrauens mit einer Konvention oder Praxis des Vertrauens zusammenhängen. Im Vergleich mit der Praxis des Versprechens zeigten sich Parallelen aber auch Unterschiede. Parallelen wurden insbesondere da erkennbar, wo Akte des Versprechens und Akte des Vertrauens als Praxis begriffen werden, die keinen regelhaften Charakter hat, und sie erst als solche, als Praxisbestandteile, sinnhaft werden und Rationalität erlangen. Unterschiede zeigen sich da, wo der Verpflichtungscharakter von Versprechen thematisch wird, der nicht in der gleichen Weise auf Vertrauensverhältnisse übertragen werden kann. Dieser Unterschied lässt sich freilich nur dann konstatieren, wenn man der Auffassung ist, dass Versprechen eine starke Form der moralischen Verpflichtung nach sich ziehen, die vom Empfänger des Versprechens genau als solche gewollt wird. Wird diese Auffassung revidiert oder aufgeweicht, verschwimmt auch diese Differenz. Aber selbst wenn man den Verbindlichkeitscharakter von Versprechen abschwächt oder stärker zur Disposition der an der Versprechenspraxis beteiligten Subjekte stellt, bleiben Versprechen Versuche, spontan Vertrauen herzustellen. Und dies scheint mir nach wie vor ein problematisches Verständnis zu sein. Auch wenn die Praxis des Versprechens selbst auf (schwachem) Vertrauen beruht, heißt das nicht, dass einzelne Akte des Versprechens darauf zielen, Vertrauen zu erzeugen. Nicht ohne Grund bevorzugt Scanlon an dieser Stelle den Begriff der Gewissheit oder Zusicherung (*assurance*). Und nicht ohne Grund hat Hume Versprechen vor allem auf Beziehungen unter Fremden bezogen. In dem Maße, in dem wir gerade kein starkes Vertrauen zu ihnen haben, hilft uns eine Praxis des Versprechens, die bestehende Unsicherheit zu überwinden.[296]

Als Nächstes muss nun noch die Frage geklärt werden, ob es möglich ist, eine Praxis im hier verstandenen Sinne einzig auf den Nutzen zu gründen, den die an ihr beteiligten Individuen von ihr haben. Dazu sei noch einmal Humes Theorie des Versprechens herangezogen. Hume hatte, wie erörtert, die Konvention des Versprechens in einem ersten Schritt seiner Argumentation einzig darauf zurückgeführt, dass es in unserem Interesse liegt, über Konventionen der Herstellung von Verbindlichkeit unter Fremden zu verfügen, weil wir nur so unsere Interessen (in einer wachsenden Marktgesellschaft) dauerhaft befriedigen können. Die Frage, wodurch wir denn bei Beibehaltung der Perspektive des Eigeninteresses die Sicherheit gewinnen, dass der andere sein Versprechen auch halten wird, beantwortet Hume im *Traktat über die menschliche Natur* noch mit dem Hinweis auf die offensichtlichen negativen Folgen, die ein Bruch gegebener Versprechen für uns haben wird.

296 So auch John Deigh, »Promises under Fire«, in: *Ethics* 112 (April 2002), S. 483-506 (hier S. 492).

Zumindest in kleinen und übersichtlichen Gesellschaften müssen wir damit rechnen, dass uns im Falle eines nicht eingehaltenen Versprechens nie wieder vertraut werden wird. Schwieriger wird es allerdings, wenn wir uns größere und unübersichtliche Sozialverbände vorstellen, in denen die Wahrscheinlichkeit unentdeckter Brüche gegebener Versprechen naturgemäß ansteigt, so dass es hier schon eher der Fall sein könnte, dass die eigenen Interessen in stärkerem Maße durch ein gebrochenes als durch ein eingehaltenes Versprechen bedient werden. Glücklicherweise verfügen wir aber über ein Vermögen, Hume nennt es Sympathie, das uns in die Lage versetzt, den Bruch von Versprechen auch dann zu verurteilen, wenn wir selbst gar nicht unmittelbar davon betroffen sind. Beobachten wir, wie jemand von einer anderen Person durch ein gebrochenes Versprechen hintergangen wird, stellen wir uns auf der Basis unserer eigenen Erfahrungen vor, wie diese betrogene Person sich fühlen muss. Diese Vorstellung verwandelt sich dann in ein verwandtes Gefühl in uns, und dieses ist die Basis für unsere Verurteilung des nicht eingehaltenen Versprechens. Diese Überlegung können wir auch anstellen, wenn wir uns die Konsequenzen unserer eigenen Bereitschaft, ein Versprechen zu brechen, vorstellen, und so kommt es, dass wir der Pflicht, ein Versprechen zu halten, auch dann nachkommen, wenn es unserem Interesse zunächst entgegenkäme, das Versprechen zu brechen.

Wer sich die Rezeption der praktischen Philosophie Humes vor Augen führt, wird schnell erkennen, dass es kaum einen umstritteneren Bereich gibt als die Frage, wie genau diese vom Eigeninteresse losgelöste Dimension der Verbindlichkeit zu verstehen ist. Es kann hier nicht darum gehen, diese weitverzweigte Debatte auch nur in ihren groben Konturen wiederzugeben. Die Schwierigkeiten an diesem Punkt hängen mit der bereits erwähnten Annahme Humes zusammen, wonach wir von Natur aus kein treibendes Motiv in uns finden, das uns dazu bringen könnte, das Einhalten von Versprechen als Pflicht zu akzeptieren. Da wir aber dennoch den Eindruck haben, zur Einhaltung von Versprechen verpflichtet zu sein, entsteht die Frage, woher diese Art der Pflicht kommen kann. Humes Antwort auf diese Frage ist ebenfalls bereits skizziert worden: In dem Maße, in dem wir erkennen, dass es in unserem Interesse ist, eine allgemein akzeptierte Konvention des Versprechens zu etablieren, die von uns verlangt, gegebene Versprechen nicht zu brechen, entsteht in uns auch die Bereitschaft, eine solche Konvention zu etablieren und uns ihren normativen Maßgaben zu fügen. Wir haben gleichsam von Natur aus ein Interesse daran – manche sprechen von einer »natürlichen Pflicht« –, unser Interesse einer allgemeinen Konvention zu unterwerfen, um genau dieses Interesse weiterhin befriedigen zu können. Es ist also das Interesse selbst, das die Konvention des Versprechens will.[297] Wie aber ist aus dieser Ableitung einer eigeninteressiert motivierten »künstlichen« Pflicht der Treue eine *Moral* der Treue abzuleiten, die von uns auch dann ein Einhalten unserer Versprechen verlangt, wenn dies unseren Interessen nicht entgegenkommt? Humes Theorie der Sympathie scheint eine Antwort auf diese Frage zu liefern, aber nicht wenige haben daran gezweifelt, dass diese Antwort tatsächlich trägt. Die Schwierigkeit hängt daran, dass es so aussieht, als werde Moral von Hume als eine Art Kompensation für die Kurzsichtigkeit unserer Interessen eingesetzt. Da wir nicht wissen, ob der Bruch eines Versprechens wirklich immer negative Folgen für die allgemeine Konvention des Versprechens hat, könnte der Fall eintreten, dass wir das Interesse aus den Augen verlieren, »das wir an der Aufrechterhaltung der Ordnung haben«, und stattdessen einem »geringeren, aber näherliegenden Interesse« folgen.[298] Wir können diese Gefahr allerdings ausschließen, weil wir einen moralischen Mechanismus in uns vorfinden, der dazu beiträgt, dass wir Treuebrüche auch dann, an anderen und schließlich an uns, verurteilen, wenn wir davon nicht unmittelbar profitieren. Ein Moralempfinden hilft hier funktional aus, das Interesse zu stützen, das aus sich heraus nicht in der Lage ist, stets zu tun, was ihm selbst entgegenkommt. Dieses Empfinden richtet sich auf die Aufrechterhaltung der Ordnung einer allgemeinen Konvention der Treue, an der wir auch dann interessiert sein sollten, wenn unser Interesse im engeren Sinne zunächst gar keinen Nutzen darin sehen kann. Die Stimme

297 David Hume, *A Treatise of Human Nature*, a. a. O., S. 526 (III.2.6) (dt. S. 274 [Bd. 2]): »So gewiß sie [die drei Grundgesetze des Naturrechts (Sicherheit des Besitzes, Übertragung durch Zustimmung, Erfüllung von Versprechungen)] den Affekten der Menschen Zwang auferlegen, so sind sie doch in Wahrheit Erzeugnisse dieser Affekte, und nur ein kunstvolleres und verfeinertes Mittel zu ihrer Befriedigung [...]. Die Natur hat daher diese Angelegenheit ganz dem Tun der Menschen überlassen.«

298 Ebd., S. 499 (III.2.2) (dt. S. 243 [Bd. 2]).

der Moral verrät uns, dass jeder einzelne Bruch eines Versprechens negative Konsequenzen für die allgemeine Ordnung haben muss, und deswegen verurteilen wir diesen Bruch an anderen und an uns.

Nun ist leicht zu erkennen, an welchem Punkt ein derart funktionalistisches Moralverständnis angreifbar ist. Das Moralempfinden scheint seine kompensatorische Funktion nur in dem Maße ausüben zu können, in dem wirklich belegt werden kann, dass einzelne Akte der Untreue der allgemeinen Ordnung Schaden zufügen. Fällt diese Voraussetzung weg, steht einem Bruch konkreter Versprechen im Prinzip nichts mehr im Wege. Hume selbst zieht diese Konsequenz an jenem Punkt seiner *Untersuchung über die Prinzipien der Moral*, an dem er einen gescheiten »Spitzbuben« (*sensible knave*) einführt, der nicht ohne Berechtigung in einem konkreten Fall davon ausgehen kann, dass »eine ungerechte oder treulose Handlung [...] sein Vermögen beträchtlich vermehren [könnte], ohne die soziale Gemeinschaft und das soziale Bündnis wesentlich zu beeinträchtigen«.[299] Hilft die Moral in der Darstellung des *Traktats über die menschliche Natur* noch aus, wenn es dem Einzelnen aufgrund seiner Kurzsichtigkeit nicht mehr gelingt, die Konsequenzen des eigenen Tuns für die allgemeine Ordnung zu berücksichtigen, indem sie gleichsam stellvertretend sein weiterhin bestehendes Interesse an einer stabilen Gesamtordnung vertritt, entlarvt der »Spitzbube« aus den *Untersuchungen über die Moral* die diese Überlegungen strukturierende Suggestion einer durch einzelne Akte gefährdeten Gesamtordnung als Illusion der Moral. Zeigt sich, dass einzelne Akte der Untreue die moralische Gesamtordnung der Gesellschaft nicht ernsthaft gefährden können, spricht aus der Sicht des Interesses nichts dagegen, den Treuebruch zu vollziehen. Da wir nach Hume auch keine natürlichen Motive haben, die uns dazu führen können, gegebene Versprechen einzuhalten, führt die beschriebene Aushöhlung des künstlichen Interesses an einer allgemeinen Ordnung zu einer Situation moralischer Skepsis. Die Gesellschaft, darin sieht etwa David Gauthier die wesentliche Botschaft des »Spitzbuben«, besitzt keine moralische Basis.[300]

299 David Hume, *An Enquiry Concerning the Principles of Morals*, Oxford 1975, S. 282 (IX.2) (dt. *Eine Untersuchung über die Prinzipien der Moral*, Stuttgart 1984, S. 213).

300 David Gauthier, »Artificial Virtues and the Sensible Knave«, in: *Hume Studies* XVIII:2 (1992), S. 401-427 (hier S. 422).

Freilich sind diese skeptischen Schlussfolgerungen nur dann plausibel, wenn die Moral im Subjekt als stellvertretende Instanz der allgemeinen Praxis des Versprechens fungiert und als solche vorgibt, auch dann im Interesse des Subjekts zu sein, wenn dieses unmittelbar dazu neigt, sein persönliches Interesse gegen die allgemeine Praxis des Versprechens zu stellen, oder zumindest unfähig ist, die negativen Konsequenzen eines Treuebruchs für die allgemeine Praxis zu erkennen. Wird die Moral dagegen von solchen Bezügen auf das Interesse des Subjekts befreit, verringert sich auch die Drohung durch den »Spitzbuben«. Insofern nämlich die Moral nicht länger als Kompensation für ein kurzsichtiges Interesse fungiert und stattdessen ein eigenes normatives Gewicht annimmt, steht gar nicht mehr zur Diskussion, ob ihre Vorschriften dem Interesse des Subjekts entgegenkommen oder nicht. Sie ist unter diesen Bedingungen vielmehr auch dann in der Lage, Treuebrüche zu verurteilen, wenn das Subjekt selbst von den negativen Konsequenzen eines solchen Bruchs nicht betroffen ist. Die Moral ist dann darüber hinaus nicht mehr die Instanz, die dazu führt, dass sich die Interessen des Subjekts transformieren und beschränken, um als Interessen weiterleben zu können, sie entspringt eher einem Prozess, der zwar seinen Ausgangspunkt im Interesse des Subjekts hat, diesen aber immer mehr hinter sich lässt und letztlich aufgibt. Ist diese Stufe einmal erreicht, gewinnt die Moral einen intrinsischen Wert und kann auch ohne Bezug auf die Interessen der Subjekte vermittelt werden.

Nun gibt es eine Reihe von Hume-Exegeten, die davon ausgehen, dass sich im Rahmen seiner praktischen Philosophie tatsächlich die Grundlagen einer solchen vom Interesse unabhängigen Moral finden lassen. In manchen Kontexten ist explizit von Humes »zwei« Theorien der Gerechtigkeit die Rede (Barry), andere sprechen von einer »zweiten Stufe« (Cohon), wieder andere von einer Bewegung, die wegführt von unseren engen Partikularinteressen zu einer allgemeinen moralischen Perspektive (Taylor).[301] Hume selbst hat diese Sicht an mehreren Stellen nahegelegt: »So ist Eigennutz

301 Siehe Brian Barry, *Theories of Justice*, London 1989, S. 164; Rachel Cohon, »Hume on Promises and the Peculiar Act of the Mind«, in: *Journal of the History of Philosophy* 44:1 (2006), S. 25-45 (hier: S. 36); Jacqueline Taylor, »Justice and the Foundations of Social Morality in Hume's *Treatise*«, in: *Hume Studies* XXIV:1 (1998), S. 5-30 (hier S. 19).

das ursprüngliche Motiv zur Festsetzung der Rechtsordnung, aber Sympathie für das Allgemeinwohl [*public interest*] ist die Quelle der sittlichen Anerkennung, die dieser Tugend [der Gerechtigkeit] gezollt wird.«[302] Oder: »Dies Interesse ist der erste Grund der Verpflichtung zur Erfüllung von Versprechungen. Später unterstützt das Sittlichkeitsgefühl [*sentiment of morals*] das Interesse und schafft eine neue Verpflichtung für die Menschen.«[303] Und schließlich:

> Dem nun entspricht die Tatsache, daß das Mitgefühl schwächer ist als unser Interesse für uns selbst und das Mitgefühl mit fernstehenden Menschen schwächer als das Mitgefühl für Personen, die uns nahe oder benachbart sind, daß wir aber diese Unterschiede nicht mitsprechen lassen, wenn wir die Charaktere der Menschen ruhig beurteilen. Abgesehen davon, daß unsere eigene Beziehung zu den Menschen beständig wechselt, begegnen wir auch alle Tage Menschen, die in einer anderen Beziehung zu ihnen stehen, als wir, und mit denen darum keine Verständigung möglich wäre, wenn wir nur nach unserer Beziehung zu den beurteilten Personen und von dem uns eigentümlichen Gesichtspunkte aus urteilen wollten. Der Meinungsaustausch [*the intercourse of sentiments*] in der Gesellschaft und der wechselseitigen Unterredung läßt uns einen allgemeinen, unwandelbaren Maßstab gewinnen, nach welchem wir Charaktere und Sitten loben oder tadeln.[304]

Genau genommen enthalten diese Zitate verschiedene Gesichtspunkte, unter denen es möglich ist, die Perspektive der Moral im Rahmen der Humeschen Philosophie zu bestimmen, von denen nicht ganz klar ist, ob sie sich vereinbaren lassen. So legt das erste Zitat nahe, dass wir zwar keine unmittelbaren Motive haben, in unserem konkreten Verhalten dem Allgemeinwohl zu folgen, sehr wohl aber über Gründe verfügen, das Verhalten anderer am Maßstab des Allgemeinwohls zu beurteilen. Wir sind gewissermaßen fähig, zwischen unseren Handlungsmotiven und unseren Beurteilungsgründen des Verhaltens anderer zu unterscheiden.[305] Der Grund für diese Unterscheidung tritt allerdings nicht sehr deutlich zutage. Vorstellbar ist, dass es uns schwer fällt, das Motiv des Interesses, das wir auch an anderen beobachten, als moralisch lobenswert auszuzeichnen, weil der Ausgangspunkt beim Interesse oder

302 Hume, *A Treatise of Human* Nature, a.a.O., S. 499 f. (III.2.2) (dt. S. 243 f. [Bd. 2]).

303 Ebd., S. 523 (III.2.5) (dt. S. 270 [Bd. 2]).

304 Ebd., S. 603 (III.3.3) (dt. S. 357 [Bd. 2]).

305 Siehe Baier, *A Progress of Sentiments*, a.a.O., S. 242.

Eigennutz keine besonders hohe moralische Qualität zu besitzen scheint. Abgesehen davon aber, dass eine solche Sicht der Dinge die Perspektive der Moral unerläutert voraussetzt, impliziert diese Sicht eine Art normativer Schizophrenie: Wir wissen zwar, dass wir selbst und andere im Handeln stets vom Interesse geleitet sind, aber wenn es darauf ankommt, dieses Handeln zu beurteilen, verlassen wir abrupt die Perspektive des Interesses und unterstellen die Existenz einer moralischen Beurteilungsbasis, von der wir gleichwohl wissen, dass sie praktisch unwirksam ist. Tatsächlich ist Hume immer wieder eine solche moralpsychologisch schizophrene Position unter dem Titel einer »error theory« unterstellt worden. Diese Position kann aber nicht erklären, warum es nicht möglich sein soll, dass sich Beurteilungsgründe in Motive verwandeln und folglich als solche handlungswirksam werden. Hume selbst scheint im zweiten Zitat anzudeuten, dass das, was dort »Sittlichkeitsgefühl« genannt wird, *eigene* Verpflichtungen generieren kann, obgleich es zunächst nur als Unterstützung des Interesses gedacht wird. Das Unterstützungsmodell der Moral ist weiter oben bereits erläutert worden und soll deswegen hier nicht noch einmal aufgegriffen werden. Wie deutlich wurde, nimmt es genau dann problematische Züge an, wenn die Moral dem Interesse in solchen Fällen stellvertretend zur Seite springt, in denen dem Interesse die allgemein schädlichen Konsequenzen scheinbar rationaler Treuebrüche nicht bewusst sind. Spätestens der »Spitzbube« macht dem Interesse klar, dass es nicht zwangsläufig auf die Stimme der Moral hören muss, da unter komplexen Handlungsbedingungen nicht davon auszugehen ist, dass einzelne Treuebrüche tatsächlich allgemein schädliche Konsequenzen haben.

Weil damit für manche Autoren (etwa Gauthier) die Moral in einem bestimmten Sinne scheitert, hat sich die Tendenz ausgebreitet, den von Hume entwickelten moralischen Standpunkt ohne Bezug auf das Interesse auszuarbeiten. Allerdings sind sich die meisten Autoren der Schwierigkeiten bewusst, die ein solcher Ansatz zunächst bereiten muss, und es ist gerade der Topos des Versprechens, der diese Schwierigkeiten ans Licht treten lässt. Die Ausgangslage Humes sei noch einmal skizziert: Unabhängig von sozialen Praktiken oder Konventionen haben wir kein spezifisch moralisches Motiv, Versprechen gegenüber Fremden zu halten, da eine Handlung von Natur aus tugendhaft sein muss, ehe sie aus

Rücksicht auf ihre Tugendhaftigkeit vollzogen werden kann. Unabhängig davon, ob es eine allgemeine Praxis der Elternliebe gibt, halten wir es für löblich, wenn Eltern sich liebevoll um ihre Kinder kümmern. Aber wir kennen keine natürliche Tugend der Treue. Zwar haben wir eigeninteressierte Gründe, Versprechen zu halten, die wir gegenüber Freunden oder Partnern äußern, aber diese Motive sind in ihrer Reichweite begrenzt und tragen nicht mehr, wenn es um Versprechen unter Fremden geht, für die wir nun aber gerade eine Praxis der Handlungskoordination brauchen. Deswegen einigen wir uns auf eine Konvention des Versprechens, die es uns ermöglicht, unser Interesse auch in Interaktionen mit Fremden zur Geltung zu bringen. Die Verpflichtung des Versprechenden ist in diesem Sinne eine künstliche und behält einen klaren Bezug auf die Interessen der involvierten Subjekte.

Stimmt man dieser Beschreibung zu, wird es allerdings schwierig die Perspektive der Moral von ihrem Bezug auf das Interesse zu lösen, um ihr darüber hinaus auch noch eine Form natürlicher Moralität zuzusprechen. Denn Hume hat ja bereits unmissverständlich deutlich gemacht, dass es keine natürlichen und interessefreien Motive gibt, Versprechen gegenüber Fremden auch dann einzuhalten, wenn daraus für das untreue Subjekt keine nennenswerten negativen Konsequenzen folgen. Wollen wir die Rede von einer Moral retten, müssen wir uns gleichsam einbilden, es gäbe doch natürliche Treuemotive, die moralisch aufgeladen sind und deswegen auch dann gelten, wenn ein Treuebruch dem Interesse eigentlich stärker entgegenkäme. Hume erwähnt diese Einbildung an einer Stelle seines *Traktats*, die unter den Interpreten für viel Unruhe sorgt. Wir machen uns, so heißt es, »in der Einbildung einen neuen Geistesakt zurecht, den wir das auf die Verpflichtung gerichtete Wollen nennen, und lassen die Sittlichkeit auf ihm beruhen. Aber wir haben schon bewiesen, daß es keinen solchen Geistesakt gibt, daß Versprechen darum keine natürliche Verpflichtung in sich schließen.«[306]

Warum aber sollten wir eine solche natürliche Basis der Verpflichtung suchen (oder imaginieren)? Warum sollte es nicht reichen, den verpflichtenden Charakter von Versprechen konventionell zu begründen? Manche Interpreten bringen an dieser Stelle Aussagen über die Psychologie des Menschen ins Spiel. Wir hängen, so die

306 Hume, *A Treatise of Human Nature*, a. a. O., S. 523 (III.2.5) (dt. S. 271 [Bd. 2]).

Idee, an der Konzeption natürlicher Tugend und versuchen diese auf die Tugend des Einhaltens von Versprechen zu übertragen. So, wie wir natürliche Motive der Elternliebe unterstellen, unterstellen wir auch natürliche Motive des Einhaltens von Versprechen, obwohl wir im Grunde wissen, dass es diese nicht gibt.[307] Aber warum sollten wir eine solche Neigung haben, das Konzept der natürlichen Tugend zu privilegieren und alle anderen Tugenden (das Einhalten von Versprechen *ist* ja eine Tugend) daran zu messen? Warum sollte uns das Künstliche am verpflichtenden Charakter des Versprechens normativ beunruhigen? Und warum sollte es nicht möglich sein, die nutzenorientierte Basis des Versprechens auf ihrem eigenen Spielfeld zu überwinden und im Durchgang durch sie eine genuin moralische Verpflichtung der Treue zu etablieren, die gleichwohl als solche die nutzenorientierte Perspektive im Blick behält? Man könnte dann schreiben, was Williams eine »rechtfertigende« Genealogie nennt, also eine narrative Erklärung der Entstehung des Versprechens, die ihren Ausgang beim Interesse hat, dann aber zu einem moralischen Standpunkt fortschreitet, ohne dass dessen Geltung von seiner »niedrigen« Herkunft berührt wird.[308] Die Verpflichtungen, die wir haben, nachdem einmal die Konvention des Versprechens eingeführt ist, sind dann nicht mehr die gleichen, die wir vor Errichtung der Konvention im Naturzustand vergeblich suchen. Mit anderen Worten: Unsere Natur ist gleichsam eine andere geworden und musste auch eine andere werden, damit überhaupt der Standpunkt der Moral in Loslösung vom Interesse etabliert werden konnte. War es im Naturzustand natürlich, die Menschen, die einem nahe sind, praktisch zu bevorzugen,[309] so erfährt dieser natürliche Ausgangspunkt eine tiefgreifende Transformation

307 So vor allem Cohon, »Hume on Promises and the Peculiar Act of the Mind«, a. a. O., S. 40.

308 Bernard Williams, *Truth and Truthfulness*, a. a. O., S. 36 (dt. S. 62).

309 Dass wir im Naturzustand keine Verpflichtung haben, Versprechen zu halten, heißt eben nicht, dass wir im Naturzustand keine Verpflichtungen haben; durchaus haben wir Verpflichtungen der Nähe, die entsprechend dem Bereich der natürlichen Tugend zugeordnet werden müssen. Hume reserviert später das Versprechen für Interaktionen unter Fremden, weil er davon ausgeht, dass wir im Nahbereich menschlicher Interaktion nicht versprechen, da wir uns dort eher von Wohlwollen leiten lassen. Folglich sollte die Frage, ob es im Naturzustand eine Pflicht des Versprechens gibt, von Anfang an auf die Frage zugespitzt werden, ob es im Naturzustand Versprechenspflichten gegen Fremde gibt.

in dem Augenblick, in dem wir feststellen, dass, wie es im dritten Zitat heißt, der uns eigentümliche affektive und intellektuelle Gesichtspunkt mit divergierenden Gesichtspunkten konfrontiert wird und auf diese Weise eine Dezentrierung erfährt. Zweifellos hat sich Hume schwer getan, die Genese dieses »allgemeinen« Maßstabs der Beurteilung anderer hinreichend zu erläutern. Zu unvermittelt stehen in seinem Modell die faktisch in ihrem Egozentrismus verharrenden Haltungen des Mitgefühls neben dem mehr oder weniger neutralen Blick auf andere. Gleichwohl nennt Hume Kontexte, in denen es offenbar nicht möglich ist, weiter auf einem beschränkten Standpunkt zu verharren. Neben der bloß konstatierten Tatsache einer dezentrierenden Funktion pluraler Kontakte und Positionen sind es vor allem politische und pädagogische Kontexte, die eine Transzendierung der egozentrischen Perspektive erzwingen. Eltern etwa »sehen sich veranlasst ihren Kindern von frühester Jugend an die Grundsätze der Rechtschaffenheit einzuprägen, und sie durch Belehrung dahin zu bringen, daß sie die Beachtung jener Regeln, durch welche die Gesellschaft erhalten wird, als etwas Würdiges und Ehrenhaftes, ihre Übertretung als etwas Niedriges und Ehrloses ansehen«. Und sie können durch diese erzieherische Tätigkeit, daran lässt Hume kaum einen Zweifel, durchaus Wirkung erzielen; sie können im Kind Triebfedern schaffen, die »nur wenig hinter jenen Triebfedern zurückbleiben, die zu unserem innersten Wesen gehören«.[310] Die genuin moralischen Triebfedern werden auf diese Weise zu einer zweiten Natur des Menschen, die ohne Verweis auf seine erste Natur auskommen kann und folglich auch nicht unter dem Druck steht, die Geltung der in ihr enthaltenen Verbindlichkeiten »naturalistisch« abzufedern. Was sich dabei in den Institutionen der Erziehung und der Politik immer auch symbolisch verdichtet, ist das, was man die Einsicht in den intrinsischen Wert einer Praxis des Versprechens nennen kann. »Spitzbuben« können dieser Praxis nichts mehr anhaben, weil in ihr die Frage nach dem Interesse des Subjekts keine *primäre* Rolle mehr spielt. Der Nachweis, dass ein Akt der Treulosigkeit das soziale Ganze oder die allgemeine Praxis des Versprechens nicht ernsthaft tangiert, prallt gleichsam am Subjekt ab, das sich im besten Falle sogar in der Lage sieht, die Annahme, einzelne Akte der Treulosigkeit

310 Hume, *A Treatise of Human Nature*, a. a. O., S. 501 (III.2.3) (dt. S. 245 [Bd. 2]).

tangierten die allgemeine Praxis des Versprechens nicht, in Zweifel zu ziehen. Welche Argumente an diesem Punkt ins Spiel gebracht werden können, ist weiter oben bereits skizziert worden. Letztlich geht es um den Nachweis, dass auch die Orientierung am eigenen Interesse vom Bestehen einer Praxis zehrt, der die Subjekte intrinsischen Wert beimessen. Weder Erziehungsprozesse noch Prozesse politischer Einflussnahme müssen zwangsläufig als solche den intrinsischen Wert einer Praxis des Versprechens stützen. Sie tun es aber dann, wenn sie darauf verzichten, in ihren Verlautbarungen und Interventionen Bezüge auf das Interesse des Subjekts in den Mittelpunkt zu stellen. Humes Rede von der Ehrlosigkeit der Untreue hält sich genau in diesem Bereich einer Praxis auf, die als normativ intrinsisch wertvoll gekennzeichnet werden soll. Und die Annahme, es gehe darum, durch »Sitte und Erziehung« das »Interesse und die Überlegung« des Einzelnen zu unterstützen,[311] lässt sich nun als Versuch lesen, die Existenz einer dem Interesse dienlichen Praxis des Versprechens an die Existenz einer hinreichend weit verbreiteten intrinsischen Wertschätzung der Praxis zu binden.

Es ist darauf hingewiesen worden, dass sich die Existenz solcher Wertschätzungsmuster nicht einfach als gegeben unterstellen lässt. Sie ist selbst Gegenstand eines Vertrauens und gehört zu dem Phänomen jenes Praxisverständnisses, das vertrauensvolle Akteure einander reziprok unterstellen müssen und dessen tatsächliches Vorhandensein sich erst *in actu* zeigt. Es gibt Anzeichen, die auf das Vorhandensein einer solchen Praxis schließen lassen, aber auch solche Anzeichen sind keine Garantien. Es gibt gleichsam Versuche, Einstellungen, die das Vertrauen und die Vertrauenswürdigkeit als intrinsisch wertvoll kennzeichnen, symbolisch so zu verdichten, dass typische Gefangenendilemmata gar nicht erst entstehen. Der Diskurs der Politik und der Erziehung dient in diesem Zusammenhang als ein Medium, das in seiner Selbstreflexion die instrumentelle Perspektive überwinden kann, deren Vorherrschen eine Stabilität allgemein vertrauensvoller Einstellungen unmöglich macht. Aber auch Humes »Austausch der Empfindungen« (*intercourse of sentiments*) ermöglicht unter günstigen Umständen eine Dezentrierung subjektiver Befangenheiten und schafft damit die Basis für eine Relativierung der eigeninteressierten Perspektive. Wir nehmen

311 Ebd., S. 500 (III.2.3) (dt. S. 244 [Bd. 2]).

wahr, dass andere auf Vertrauensbrüche ähnlich reagieren wie wir oder dass sie überhaupt darauf reagieren, während wir selbst nicht reagieren, und das ermöglicht uns, gemeinsame moralische Reaktionsmuster zu entwickeln. Wir müssen dies nicht tun, und darin liegt weiterhin unser individueller Beitrag zur Genese und Bestimmung kollektiver Praktiken. Aber unsere individuellen Reaktionen zehren von der Unterstellung gemeinsamer Lebensformen, wenn es um die Frage der Aufnahme einer vertrauensvollen Einstellung geht. Dass wir keinen Beitrag zur Stabilisierung einer nicht ausschließlich nutzenorientierten Praxis des Vertrauens leisten müssen, heißt folglich nicht, dass wir es nicht gerade dann tun sollten, wenn uns an der stabilen Durchsetzung unserer Interessen gelegen ist.

12. Ausblick auf den zweiten Teil

Es ist wichtig zu betonen, dass ich keinesfalls über eine allgemeine Theorie der Praxis verfüge, sondern nur Überlegungen darüber anstelle, wie eine Praxis des Vertrauens aussehen kann. Ich vermute, dass Vertrauenspraktiken spezifische Züge haben, die sie von anderen Praktiken abgrenzen, aber jenseits einzelner verstreuter Bemerkungen werde ich dieser Vermutung nicht weiter nachgehen. So habe ich beispielsweise bereits daran gezweifelt, dass Praktiken des Vertrauens einen regelhaften Charakter haben oder auf einzelne Prinzipien moralischer Art reduziert werden können, aber es gibt natürlich Praktiken (etwa Spiele oder die Praxis des Versprechens), auf die das zutrifft oder die nur von je einer Person ausgeübt werden, während die Praktiken, die ich im Blick habe, wesentlich kollektiver Natur sind. Patience wird in der Regel von nur einer Person gespielt, trotzdem haben wir es mit einer Praxis zu tun, die bestimmten Regeln folgt. Der relationale Charakter des Vertrauens aber bedingt, dass wir nur unter Bezug auf eine Pluralität von Personen vertrauen können. Damit ist nicht gesagt, das sei noch einmal betont, dass wir nur im Rahmen von Praktiken einander Vertrauen entgegenbringen können. Sofern das aber der Fall ist, handelt es sich um kollektive Praktiken. Das heißt unter anderem, dass wir uns immer dann, wenn wir uns als Glieder einer Vertrauenspraxis verstehen, auf andere beziehen oder in unseren praxisrelevanten Handlungen, mit Ricœur gesprochen, prinzipiell die Handlungen der anderen berücksichtigen.[312]

Typische Beispiele für Praktiken sind Spiele und Berufe, aber ich bezeichne auch Formen der demokratischen Kontrolle von Herrschaft oder Formen des Umgangs mit Fremden als Praktiken. Alle diese Praktiken spezifizieren offensichtlich ein Verhältnis zwischen Einzelnem und Allgemeinem oder zwischen einer Einheit und einzelnen Handlungen, die unter sie fallen. Wenn wir etwa davon ausgehen, dass der Beruf des Bibliothekars eine Praxis ist, dann wird es eine ganze Reihe von einzelnen Handlungen geben, die ihren Sinn nur erhalten, wenn sie auf die Praxis als solche bezogen werden.

312 Ricœur, *Soi-même comme un autre*, a. a. O., S. 184 (dt. S. 191).

Die Praxis existiert naturgemäß nicht unabhängig von den Einzelhandlungen, aber sie kann auch nicht einfach durch ein additives Zusammenzählen einzelner Elemente bestimmt werden. Diese gewinnen ihren Charakter als Einzelelemente einer Praxis ja erst als Instantiierungen der Praxis, so dass dieser ein Vorrang vor dem Partikularen zukommt. Praktiken in diesem Sinne schaffen Handlungseinheiten und sie etablieren Sinnzusammenhänge. Falsch aber wäre es, zumindest mit Blick auf Vertrauenspraktiken, den Begriff der Instantiierung so zu deuten, als wäre damit nur ein einsinniges Verhältnis zwischen Allgemeinem und Partikularem gemeint. Das Partikulare artikuliert das Allgemeine, es manifestiert es, aber selbst wenn man davon ausgeht, dass es auf der Basis konstitutiver Regeln mit diesem Allgemeinen verbunden ist und nicht unabhängig von diesem verstanden werden kann, nimmt es doch als Partikulares Einfluss auf die Gestalt des Allgemeinen. Dies mag nicht für alle Praktiken gelten, und je regelhafter eine Praxis ist, desto geringer ist vermutlich das Maß, in dem einzelne Züge der Praxis die Praxis insgesamt verändern können, aber von Vertrauenspraktiken gilt, dass sie aufgrund ihres eher informellen Charakters sehr anfällig für Rückkoppelungsprozesse dieser Art sind. Das zeigt sich auch an einem andere Aspekt von Vertrauenspraktiken, auf den bereits verwiesen wurde: Es hieß, intakte Vertrauenspraktiken nehmen den Subjekten, die an ihnen teilnehmen, die Arbeit der Rationalitätsüberprüfung vertrauensrelevanter Einstellungen ab. Wird die Einstellung des Vertrauens zu einer zweiten Natur, ergibt sich ein Verzicht auf die Suche nach positiven Kriterien der Vertrauenswürdigkeit. Gleichwohl bleibt die Einstellung des Vertrauens offen für negative Merkmale des Vertrauensbruchs und geht nicht über in blindes Vertrauen. Es gehört zur Rationalität eines zur zweiten Natur geronnenen Vertrauens, dass es offenbleibt für Merkmale des Vertrauensbruchs, so dass die Urteilskraft des Einzelnen an diesem Punkt maßgeblich zur Stabilisierung und Etablierung von Vertrauensverhältnissen beiträgt.

Praktiken setzen eine Gemeinsamkeit derjenigen voraus, die an ihnen beteiligt sind, und sie haben emotionale und symbolische Seiten. Worin besteht zunächst die Gemeinsamkeit, wenn wir es mit Vertrauenspraktiken zu tun haben? Sie besteht in einer Gemeinsamkeit der Gründe, die unsere Teilnahme an der Praxis bedingen, und in einer Gemeinsamkeit der evaluativen Urteile über die Praxis. Wenn Vertrauen rational ist, dann haben wir Gründe zu vertrauen. Gründe, die im Rahmen einer Praxis vorkommen, sind Gründe, die wir haben, weil andere sie auch haben. In diesem Sinne sind sie »gemeinschaftlich« oder kollektiv.[313] Sie sind damit zwar weiterhin Gründe, die jeder Einzelne hat, um seine Teilnahme an der Praxis zu rechtfertigen, aber sie sind zugleich Gründe, die er hat, weil er davon ausgehen kann, dass andere sie auch haben. Der Bezug auf die Gründe der anderen ist wesentlicher Bestandteil der eigenen Gründe. Schwieriger ist die Gemeinsamkeit des Urteils zu erläutern, die zum zweiten Punkt führt. Praktiken zeichnen sich dadurch aus, dass sie gut oder schlecht, besser oder schlechter sein können. Sie verwirklichen ein Gut oder mehrere Güter, die mit ihnen verbunden sind oder durch sie erst zur Geltung kommen. Die damit einhergehende Normativität beläuft sich folglich nicht nur auf ein Bewusstsein von Normen, sondern auch auf eine Kenntnis der Verwirklichungsbedingungen dieser Normen. Praktiken sind stabil in dem Maße, in dem die, die an ihnen teilnehmen, die Bedingungen der Verwirklichung der praxisleitenden Normen für gegeben halten. Das gilt auch für Vertrauenspraktiken, die einen moralischen Index haben. Wenn es von uns wertgeschätzte Güter gibt, die wir im Vertrauen besonders gut oder vielleicht sogar nur im Vertrauen verwirklichen können, dann gilt uns die Praxis, in der wir diese Güter verwirklichen, als gut. Diese Form der normativen Qualität einer Praxis bedarf der wiederholten Bestätigung durch kollektive Urteile und Emotionen, in denen sich die Teilnehmer der Praxis immer wieder darüber vergewissern, dass sie noch an derselben Praxis teilnehmen und diese auch ähnlich beurteilen. Die Existenz dieser kollektiven Urteilsinstanz muss dabei nicht durch eine induktive Addition einzelner Urteile bestätigt werden, sie ergibt sich vielmehr aus den durchaus auch emotionalen Reaktionen auf erfülltes oder gebrochenes Vertrauen. Die Empörung etwa, die wir empfinden, wenn Vertrauen gebrochen wird, enthält eine kollektive Dimension, da sich in ihr gemeinschaftliche Wertschätzungsmuster bündeln. Diese Empörung beansprucht, *an sich* angemessen zu sein, und erweist sich damit als Bestandteil der Kooperationsmoral des Vertrauens. Smith' Figur des unparteiischen Zuschauers, auf die am Ende noch einzugehen sein wird, ist für

313 Williams, *Truth and Truthfulness*, a. a. O., S. 33 (dt. S. 57).

meine Überlegungen deswegen interessant, weil sie als Ergebnis einer »Übereinstimmung der Empfindungen« gelesen werden kann, die ihrerseits wiederum darauf beruht, dass man sich vorstellen kann, in der Situation des anderen ähnlich zu reagieren oder zu empfinden. Praktiken beruhen in beträchtlichem Maße auf einer solchen Gemeinsamkeit der Empfindungen und empfindungsgestützten Urteile, da sie die Güter, die sie verwirklichen, gut oder schlecht verwirklichen und da die Art, wie die Urteile an diesem Punkt ausfallen, der Praxis und ihrer normativen Qualität nicht einfach äußerlich ist. Bleibt bei hinreichend vielen anderen die Empörung aus, die wir erwarten, wenn Vertrauen gebrochen wird, steht die Praxis offenbar zur Disposition. Wir stellen in einer solchen Krise fest, dass wir, die wir die Praxis so beurteilen, und die anderen, die sie anders beurteilen, nicht an ein- und derselben Praxis teilgenommen haben, oder registrieren konsterniert eine schleichende Transformation der Praxis.

Ich möchte im Folgenden einzelne Praktiken des Vertrauens beschreiben, um die bislang recht abstrakten Überlegungen mit Leben zu füllen und um gleichzeitig meinen begrifflichen Vorschlag in dem von mir spezifizierten Sinne zu »sättigen«. Die Frage, die dabei natürlich entstehen mag, ist die nach meinen Auswahlkriterien. Warum habe ich die Vertrauenspraktiken ausgewählt, die ich ausgewählt habe? Es ist nicht leicht, auf diese Frage zu antworten, weil der Versuch, den Begriff des Vertrauens in eine historisch-praktische Perspektive zu rücken, mit zahlreichen Schwierigkeiten konfrontiert ist. So blickt zum Beispiel der Begriff der Toleranz auf eine lange und äußerst komplexe Geschichte zurück, die auch aus gegenwärtiger Sicht noch von großem Interesse ist.[314] Es ist aber nicht im gleichen Sinne möglich, eine Geschichte der Konzeptualisierungen des Vertrauens zu schreiben, da es nicht annähernd so viele (historische) Abhandlungen über diesen Begriff gibt. Zwei mögliche Gründe hierfür seien ohne Anspruch auf tiefere Durchdringung genannt. Zum einen ist mehrmals auf die wesentliche Instrumentalität des Vertrauens hingewiesen worden. Die Einstellung des Vertrauens ist nicht selbst ein Handlungsziel, das wir verwirklichen wollen, weil wir es für wertvoll oder erstrebenswert halten, sondern nur ein möglicher Weg zur Verwirklichung eines

314 Siehe Rainer Forst, *Toleranz im Konflikt. Geschichte, Gehalt und Gegenwart eines umstrittenen Begriffs*, Frankfurt/M. 2003.

solchen Ziels. Sie ist folglich eine Voraussetzung oder Bedingung für das Gelingen von Handlungen und bleibt als solche theoretisch eher im Hintergrund. So lässt sich zum Beispiel behaupten, dass die Frage der Toleranz im Rahmen einer pluralistischen Gesellschaft immer dann ins Spiel kommt, wenn die mit der eigenen Weltsicht verbundenen Wahrheitsansprüche auf konkurrierende Wahrheitsansprüche treffen und sich an diesen konkurrierenden Ansprüchen reiben. Es ist offensichtlich, in welchem Maße an diesem Punkt sehr schnell existenzielle Problemstellungen auftauchen, auf die eine Antwort gefunden werden muss. Ebenso offensichtlich ist, dass Vertrauen eine hilfreiche Voraussetzung für gegenseitige Toleranz ist, wenn mit Letzterer auch ein Aushalten von Fremdheit verbunden ist. Wenn wir darauf vertrauen, dass der andere, dessen Meinungen und Ansichten wir nicht teilen, uns gegenüber keine destruktiven Absichten hat oder dass die Wahrheiten, an die er glaubt, unsere Wahrheiten nicht zwangsläufig bedrohen, wird es uns auch leichter fallen, ihm mit Toleranz zu begegnen oder ihn in seiner Differenz anzuerkennen.[315] Man könnte überspitzt formulieren, dass es ohne gegenseitiges Vertrauen gar keine Toleranz geben kann. Gleichwohl ist das Thema der Toleranz schon in der Vergangenheit viel stärker bearbeitet worden, weil es, so ist zu vermuten, den eigenen Überzeugungen nähersteht und weil es sich leichter rationalisieren lässt als das Thema des Vertrauens. Wir können uns fragen, ob wir unter Bedingungen einer pluralistischen Gesellschaft und vor dem Hintergrund unserer spezifischen Konzeption des Guten bereit sind, Andersdenkenden mit Toleranz zu begegnen, können Gründe dafür und dagegen suchen, und alles, was wir tun müssen, hat mit einer Befragung unserer Konzeption des Guten zu tun und vielleicht auch mit einer Befragung der fremden Konzeption des Guten. Natürlich können wir uns in ähnlicher Weise fragen, ob wir gute Gründe haben, anderen zu vertrauen, aber da uns allein eine stabile Vertrauenspraxis die Güte unserer Gründe versichern kann, ist auch die Frage in letzter Instanz nur durch eine solche Praxis zu beantworten, in der sich die Vertrauenswürdigkeit des anderen bereits erwiesen hat. Diese Vertrauenswürdigkeit

315 Richard H. Dees, *Trust and Toleration*, London, New York 2004; Martin Hartmann, »Dulden oder Anerkennen? Varianten der Toleranzkritik«, in: Matthias Kaufmann (Hg.), *Integration oder Toleranz? Minderheiten als philosophisches Problem*, Freiburg 2001, S. 118-132.

lässt sich theoretisch nicht vorwegnehmen, sie lässt sich nicht unter Verweis auf Weltbilder oder Konzeptionen des Guten rational erklären. Verglichen mit dem Begriff der Toleranz verweist der Begriff des Vertrauens von sich aus stärker auf Gründe, die sich erst im Durchgang durch eine Praxis in ihrer normativen Güte (oder ihrer fehlenden normativen Güte) bewähren können, und bleibt somit aus theoretischer Sicht stärker im Schatten. Selbst wenn wir also wie Locke zu dem Schluss gekommen sind, dass religiöse Überzeugungen nicht durch Zwang herbeigeführt werden können, wissen wir noch nicht, ob der Andersgläubige, den wir vor uns haben, einer ist, der aus dieser Einsicht heraus (sofern er sie überhaupt teilt) tolerant handelt. Toleranztheorien können uns Gründe liefern, die Bestandteil einer stabilen Vertrauenspraxis sein können, aber sie können die Praxis des Vertrauens selbst nicht herbeiführen.

Die Frage, warum die Thematik des Vertrauens lange eher stiefmütterlich behandelt wurde, kann alternativ auch sehr direkt beantwortet werden. Es war in kleinen und überschaubaren Sozialverbänden schlicht unnötig, anderen zu vertrauen, weil die Fremdheit zwischen den Gliedern dieser Verbände eher gering blieb. In *Face-to-face*-Gesellschaften erübrigt sich Vertrauen, weil die mit Vertrauen verbundenen Interaktionsrisiken minimal bleiben.[316] Im Hintergrund einer solchen Beschreibung steht die Annahme, Vertrauen komme immer dann ins Spiel, wenn zwischen einzelnen Akteuren ein hinreichend großes Maß an Fremdheit herrscht, durch das stabile reziproke Erwartungshaltungen erschwert werden. So schafft in den Augen mancher Interpreten erst die Rollenpluralisierung moderner Gesellschaften die Voraussetzung für gegenseitiges Vertrauen, weil die Akteure nicht länger in erwartbarer und sozial vorgeschriebener Weise mit einer Rolle in Verbindung gebracht werden können.[317] In dem Maße, in dem sich jenseits einzelner Rollen ein Selbst bilden muss, das seine Identität in Reaktion auf *verschiedene* Rollenmuster entwickelt, gewinnt dieses Selbst ein eigenständiges Gewicht und nimmt die Statur eines autonomen Handlungszentrums an, dessen Verhalten nicht an vorgegebenen sozialen Strukturmerkmalen abzulesen ist, sondern erst im Durchlauf partikularer Interaktionsgeschichten verlässlich wird.

316 Peter Laslett, »The Face to Face Society«, in: ders. (Hg.), *Philosophy, Politics and Society*, Oxford 1970, S. 157-184 (hier S. 173).

317 Adam B. Seligman, *The Problem of Trust*, Princeton 1997.

Das Problem des Vertrauens, so die These, ergibt sich folglich erst im Kontext moderner Gesellschaften. Diese erfordern ein hohes Maß an Handlungskoordination unter einander fremden Subjekten, und dies unter Bedingungen einer potenziell destabilisierenden Rollendiversifikation.

Es liegt mir fern, solche Versuche der Historisierung des Vertrauens auf die leichte Schulter zu nehmen. Auch wenn der Begriff der Praxis in seiner Reichweite begrenzt ist und nicht per se historische, kulturelle oder soziostrukturelle Faktoren mitberücksichtigt (Kulturen oder Epochen sind in diesem Sinne keine Praxis), muss er zweifellos mit Blick auf historische, kulturelle und soziostrukturelle Kontexte analysiert werden. Gleichwohl sollte das Ausmaß an Erwartungsstabilität in vormodernen Gesellschaften nicht überschätzt werden.[318] Auch vormoderne Gesellschaften haben einen Modus des Umgangs mit Fremden und mit Fremdheit etablieren müssen, und die Tatsache, dass sie dies nicht vorwiegend entlang der Terminologie von Vertrauen und Misstrauen getan haben, soll nicht heißen, diese Terminologie oder das, wofür sie steht, spiele in solchen Gesellschaften gar keine Rolle. Es sei wiederholt: Eine explizite Vertrauensbegrifflichkeit ist nicht nötig, um vergangenes Handeln oder seine Theoretisierung für vertrauensrelevant zu halten. Es reicht, wenn sich Praktiken finden lassen oder zumindest Konzeptualisierungen von solchen, die wir sinnvoll unter eine Beschreibung bringen können, welche wiederum dem hier entwickelten Vertrauensbegriff adäquat ist. Die Beschreibungen dieser Praktiken werden natürlich deutliche Differenzen aufweisen, aber das ist nur erwartbar, wenn die These stimmt, wonach Vertrauensverhältnisse stets in größere kulturelle, politische und soziale Werthorizonte eingelassen sind.

Die von mir beschriebenen Praktiken erfüllen in meinen Augen (mit einer Ausnahme) wesentliche Kriterien meiner Vertrauensbestimmung und sind doch unterschiedlich genug, um voneinander abgegrenzt zu werden. Ihre Auswahl hat dabei eher einen konstruktiven oder systematischen als einen historischen oder historisierenden Grund. Dieser Hinweis ist wichtig, weil an einer Stelle von der »Demokratisierung des Vertrauens« die Rede ist, wodurch

318 Siehe auch Ute Frevert, »Does Trust Have a History?«, in: *Max Weber Programme: Lecture Series* 1 (2009), S. 1-10, ⟨http://cadmus.eui.eu/dspace/bitstream/1814/11258/1/MWP_LS_2009_01.pdf⟩, letzter Zugriff 10. 05. 2011.

der Eindruck entstehen könnte, die vorher behandelten Vertrauenspraktiken seien im Vergleich zum demokratisierten Vertrauen normativ zweitrangig oder weniger fortschrittlich. Es ist aber nicht meine Absicht, eine Fortschrittsgeschichte des Vertrauens zu schreiben! Eher geht es darum, an einzelnen Beispielen zu zeigen, in welchem Maße Vertrauen nur kontextuell verstanden werden kann. Erst wenn dieser erste Schritt vollzogen ist, kann man in einem zweiten Schritt zeigen, inwieweit Problemstellungen, die mit Hilfe eines Vertrauenskonzepts bearbeitet wurden, nach wie vor oder wieder relevant sind. Gottvertrauen ist ja keine Sache der Vergangenheit, das zeigt schon ein kurzer Blick auf neuere Entwürfe einer theologischen Dogmatik.[319] Auch ist der erste Schritt Voraussetzung für die Frage nach normativ relevanten Veränderungen konkreter Vertrauenspraktiken. Wenn der Fremde für uns nicht länger ein Feind ist, sondern schlicht ein Fremder, mit dem wir fortan unter bestimmten Bedingungen interagieren wollen, verändert sich durchaus etwas in unserem Vertrauensverständnis und in unserer Vertrauenspraxis. Nehmen wir etwa an, dass durch diesen Wandel der Kreis potenzieller Vertrauenskandidaten deutlich vergrößert wird. Ist das ein Fortschritt? Wirklich entscheiden lässt sich das nur, wenn wir wissen, was in einer bestimmten Epoche für die an einer Praxis beteiligten Subjekte wichtig und handlungsrelevant war. Was wollten sie erreichen? Und was hätte es für sie bedeutet, wenn sie aufgrund mangelnden Vertrauens nicht hätten tun können, was sie gerne tun wollten?

Ich kann naturgemäß aufgrund mangelnder historischer Kompetenz kaum angemessen auf diese Fragen antworten, sondern nur vage andeuten, was nötig ist, um überhaupt eine historisch sensible Vertrauensforschung zu betreiben, mithin, warum es sich bei den von mir thematisierten Praktiken um vertrauensrelevante Praktiken handelt. Dass es so ist, wird aber natürlich plausibler, wenn sich im Kontext dieser Praktiken Beschreibungen finden, die ein vertrauensnahes Vokabular verwenden. So soll etwa die zentrale Rolle der *fides* für die römische Kultur zunächst auf der Ebene der theoretischen Verlautbarung erfasst und dann in weiteren Schritten mit mehr sozialem und kulturellem Gehalt angereichert werden. Ziel der Darstellung ist es, an einem Beispielfall in groben

319 Etwa Wilfried Härle, *Dogmatik*, Berlin, New York [3]2007, S. 55 ff.

Konturen das zu skizzieren, was im ersten Teil dieses Buches als Vertrauenspraxis bezeichnet wurde. Dabei bin ich mir natürlich darüber im Klaren, dass ich in den meisten Fällen nur theoretische Verlautbarungen und nicht die von ihnen beschriebenen Praktiken selbst erfasse. Das methodologische Problem an dieser Stelle ist gewichtig und soll nicht heruntergespielt werden. Andererseits habe ich darauf hingewiesen, dass Vertrauen unter Beschreibungen gebracht werden kann, die natürlich auch einen stärker theoretischen Charakter haben können. Diese werden vermutlich immer von den alltäglichen Beschreibungen des Phänomens abweichen oder sogar in einen offenen Konflikt mit ihnen geraten, aber solche Konflikte sind letztlich Teil der Praxis, sie sind nicht einfach etwas, was über der Praxis schwebt. Wenn wir etwa fragen, ob es Vertrauen in internetbasierter Kommunikation geben kann, fragen wir auch, was das in diesem Zusammenhang heißen soll, das heißt, wir überlegen, ob wir unseren Vertrauensbegriff kontextuell modifizieren müssen. Wie immer wir auf diese Frage antworten – die Antwort kann Auswirkungen haben auf unsere Praxis internetbasierter Kommunikation.

Dass meine Fragestellungen im zweiten Teil dieses Buches eher systematischer Art sind, zeigt vor allem das Kapitel über Hobbes. Hier geht es mir um die Frage, ob sich ein Praxisvertrauen im Kontext einer von reziproker Furcht und instrumenteller Rationalität geprägten Situation überhaupt etablieren kann. In meiner Verneinung dieser Frage sind vermutlich die stärksten systematischen Intuitionen enthalten, die ich meiner Analyse des Vertrauensbegriffs insgesamt zugrunde lege, und wenn ich Beurteilungen der einzelnen Praktiken vornehme, dann von einem Gesichtspunkt der *Stabilität* aus. Wenn es etwa bei Williams heißt, keine Gesellschaft könne nur »mit einer rein instrumentellen Auffassung der Werte der Wahrheit auskommen«, ist impliziert, dass es keine stabile Gesellschaftsbildung geben kann, wenn es unter einer hinreichend großen Anzahl von Subjekten nicht die Bereitschaft gibt, Aufrichtigkeit, Vertrauenswürdigkeit oder Wahrhaftigkeit als intrinsisch wertvoll zu betrachten.[320] Quasitranszendentale Aussagen dieser Art geben keine Auskunft über tatsächliche Prozesse der Gesellschaftsbildung und sie versetzen uns auch nicht in die Lage, Verhaltensmuster empi-

320 Williams, *Truth and Truthfulness*, a. a. O., S. 93 und S. 59 (dt. S. 144 und S. 94).

risch vorherzusagen, gerade so, als hätten wir als empirische Subjekte gar keine andere Möglichkeit, als wahrhaftig zu sein, weil wir sprechende Wesen sind oder weil Aussagen als solche auf Wahrheit zielen. Unter bestimmten Bedingungen können wir unwahrhaftig sein oder müssen entscheiden, ob wir wahrhaftig oder unwahrhaftig sein wollen. Die quasitranszendentalen Aussagen eröffnen vielmehr eine Art Heuristik der Analyse, die auf die stets zu überprüfende Vermutung hinausläuft, dass konkrete Gesellschaften nicht als solche stabil bleiben können, wenn es ihnen nicht zuvor gelungen ist, Motive wie Wahrhaftigkeit, Vertrauenswürdigkeit oder Aufrichtigkeit in der Perspektive ihrer intrinsischen Werthaftigkeit so in den Dispositionen der Bürgerinnen und Bürger zu verankern, dass sie auch dann an diesen »Tugenden« festhalten, wenn es nicht in ihrem unmittelbaren Interesse zu sein scheint.[321] Der Begriff der Stabilität, der dabei ins Spiel gebracht wird, ist unauffällig, besitzt aber doch ein hohes Maß an theoretischer Relevanz.

Wie bereits angedeutet, teile ich Williams' Annahme, wonach es nur Gesellschaften geben kann, wenn eine hinreichend große Anzahl von Subjekten Wahrhaftigkeit und Vertrauenswürdigkeit als intrinsisch wertvolle Tugenden betrachten. Aber ich gehe nicht so weit, diese Annahme zu transzendentalisieren. An Hobbes versuche ich dies zu verdeutlichen: Ich glaube nicht, dass Hobbes zeigen kann, wie es möglich sein soll, aus dem Naturzustand in einen Zustand friedlicher Kooperation zu wechseln. Ich will damit nicht behaupten, dass eine Gesellschaft voll Furcht und mit einem hohen Maß an instrumenteller Rationalität unter ihren Bürgern überhaupt nicht möglich ist, sondern nur, dass eine solche Gesellschaft nicht die Basis eines allgemeinen Praxisvertrauens bilden kann und zur Instabilität neigt. Insofern greife ich eine Überlegung von Williams auf, dergemäß rein utilitaristische oder nutzenorientierte Analysen des Vertrauens und der Vertrauenswürdigkeit bei »fortwährender Reflexion« nicht stabil bleiben.[322] Im Zusammenhang mit Rawls' Regelaufsatz ist auf diesen Punkt bereits angespielt worden. Die Gründe oder Motive, die wir anführen, um in einer gegebenen Situation zu handeln oder unser Handeln zu rationalisieren,

321 Die quasitranszendentale Aussage verlangt folglich von sich aus nach empirischer Überprüfung; siehe Hartmann/Saar, »Bernard Williams on Truth and Genealogy«, a. a. O., S. 392.

322 Williams, *Truth and Truthfulness*, a. a. O., S. 92 (dt. S. 142).

dürfen nicht ernsthaft mit den Gründen und Motiven kollidieren, die wir haben, um die Praxis zu rechtfertigen, in deren Rahmen wir agieren. Damit die Praxis auch in der internen Perspektive der Akteure stabil bleiben kann, muss sie die Möglichkeit bieten, die von ihr verwirklichten Werte als intrinsisch wertvoll zu betrachten.

Diese Annahme scheint mir schwächer zu sein als die quasitranszendentale Annahme, die Williams formuliert, ist aber ihrerseits mit einer hohen Beweislast konfrontiert und alles andere als unkontrovers. Nicht nur explizite *Rational-choice*-Theorien würden ihren Wahrheitsgehalt bezweifeln, auch im Kontext eines Kantischen Republikanismus sind Versuche unternommen worden, im Ausgang von eigeninteressierten Handlungsmotivationen die Möglichkeit einer politischen Ordnung zu denken. Wenn das Problem der Staatserrichtung »selbst für ein Volk von Teufeln (wenn sie nur Verstand haben) auflösbar« ist, wie Kant behauptet, dann ist nicht davon auszugehen, dass dieser Staat durch eine intrinsisch motivierte Akzeptanz der Wahrhaftigkeitstugend oder der Pflicht zur Vertrauenswürdigkeit geprägt ist.[323] Es mag strategisch motivierte Bereitschaften zur Moralisierung des eigenen Verhaltens geben oder moralisierende Nebeneffekte einer bereits errichteten republikanischen Freiheitsordnung, aber diese Effekte sind nicht wesentlich für die Konstitution dieser Ordnung selbst, die vor allem durch ein System zwangsbewährter Grundrechte zusammengehalten wird.[324] Gegen derartige Positionen muss sich die These, dass keine Gesellschaft allein durch instrumentelle Einstellungen zu den Werten der Wahrheit stabilisiert werden kann, durchsetzen, indem sie auf historische Gebilde verweist, die dazu beitragen können, sie zu verifizieren. Gegenspieler dieses Ansatzes können folglich nicht jene Theorien sein, die sich gar nicht auf eine wenigstens rudimentäre empirische Prüfung ihrer zunächst theoretisch entfalteten Idealisierungen einlassen. Denn erst, wo eine solche Prüfung vorgenommen wird, können die eigenen Modellannahmen die Rolle

323 Immanuel Kant, »Zum ewigen Frieden«, in: ders., *Schriften zur Anthropologie, Geschichtsphilosophie, Politik und Pädagogik 1*, Werkausgabe Bd. XI, Frankfurt/M. 1964, S. 191-251 (hier S. 224).

324 Vgl. Peter Niesen, »Volk-von-Teufeln-Republikanismus. Zur Frage nach den moralischen Ressourcen der liberalen Demokratie«, in: Lutz Wingert, Klaus Günther (Hg.), *Die Öffentlichkeit der Vernunft und die Vernunft der Öffentlichkeit. Festschrift für Jürgen Habermas*, Frankfurt/M. 2001, S. 568-604.

einer Gegenlektüre annehmen, in deren Rahmen Sachverhalte von vornherein anders interpretiert werden.

Um beim Beispiel des Kantischen Republikanismus zu bleiben: Man hat vorgeschlagen, dass auch strategisch orientierte Konflikte zwischen Gruppen oder Individuen in einem republikanischen (Rechts-)Rahmen genau dann zivilisierende oder »moralsubstitutive« Effekte erzielen können, wenn diese Konflikte den Vorgaben der Gewaltfreiheit und der Publizitätsbereitschaft folgen.[325] Die Subjekte müssen bereit sein, ihre Interessen öffentlich nachvollziehbar durchzusetzen, und darauf verzichten, strategische Erfolge in geheimer Lobbyarbeit zu erzielen. Sind diese Vorgaben erfüllt, spreche nichts dagegen, die Akteure als strategisch orientiert zu beschreiben, ohne das daraus dysfunktionale Konsequenzen für die Stabilität des Gemeinwesens folgen. Eine Gegenlektüre, die sich auf die Annahme stützt, wonach es keine stabilen Gesellschaften geben kann, die nur mit rein instrumentellen Auffassungen der Wahrheit und Wahrhaftigkeit auskommen, muss an dieser Stelle zeigen, dass empirisch vorfindbare Konflikte gar nicht angemessen beschrieben werden können, wenn nicht das stets auch normative Vokabular der Akteure selbst berücksichtigt wird, denen es dabei nicht nur darum geht, eigene Interessen (pseudo-)moralisch auszustaffieren, um die Verwurzelung der eigenen Position in egozentrischem Machtdrang zu verbergen. Sie muss sich einer politischen Soziologie zuwenden, die zeigt, in welchem Maße die Akteure, die sich an sozialen oder politischen Auseinandersetzungen beteiligen, nur dann Erfolg haben können, wenn sie bereit sind, ihre Argumente einer Rechtfertigungsordnung zu unterwerfen, zu der wesentlich ein, wenn auch bestreitbarer, Bezug auf das Gemeinwohl gehört.[326] Der Publizitätsdruck, der hier entsteht, fordert folglich nicht nur ein öffentlich nachvollziehbares Eingestehen der eigenen strategischen Perspektive, sondern eine Transformation dieser Perspektive unter der Vorgabe der Bereitschaft, die eigenen Interessen als gemeinwohlförderlich darzustellen. Diese Bereitschaft wieder-

325 Ebd., S. 594.

326 Siehe zum Beispiel Luc Boltanski, Laurent Thévenot, *De la Justification. Les économies de la grandeur*, Paris 1991 (dt. *Über die Rechtfertigung. Eine Soziologie der kritischen Urteilskraft*, Hamburg 2007), insb. S. 26 (dt. S. 29). Siehe auch Martin Hartmann, »Rechtfertigungsordnungen und Anerkennungsordnungen. Zum Vergleich zweier Theoriemodelle«, in *WestEnd* 5:2 (2008), S. 104-119.

um darf nicht vorschnell als bloß ideologisch abgetan werden, da sich im Rahmen einer Rechtfertigungsordnung immer Instrumente der Überprüfung finden, die dazu dienen, den Wahrheitsgehalt der Gemeinwohlbehauptung einer Bewährungsprobe zu unterziehen.

Auch wenn ich also nicht davon ausgehe, dass es prinzipiell keine Gesellschaften geben kann, in denen ein hohes Maß an Unaufrichtigkeit und Misstrauen herrscht, bezweifle ich, dass diese Gesellschaften stabile Überzeugungs- und Rechtfertigungsmuster generieren können, die in der Perspektive der einzelnen Akteure ausreichend normative Folgebereitschaft wecken. Aber diese Zweifel verlangen nach empirischen Verifikationen und können nicht in transzendentaler oder quasitranszendentaler Perspektive angegangen werden, und genau deswegen deute ich in den folgenden Abschnitten die Punkte an, an denen es im Kontext der jeweils beschriebenen Praxis darum geht, die intrinsische Wertschätzung der Praxis selbst zu symbolisieren oder handlungsrelevant zu verdichten. Dabei wende ich den Blick nicht auf Gesellschaften *per se*, sondern nur auf einzelne Praktiken, die im Rahmen einer Gesellschaft oder einer Gesellschaftsbegründung relevant sind (Umgang mit Fremden, Bedingungen des Vertragsschlusses, Etablierung eines repräsentativen Demokratiemodells etc.). So wird, um Beispiele zu nennen, die Analyse des Gottvertrauens den Zug der Realitätssensibilisierung, aber auch die Zerbrechlichkeit des Vertrauens in den Mittelpunkt stellen. Die Analyse des römischen *Fides*-Modells verweist auf den Machtcharakter von Vertrauensverhältnissen, der gerne übersehen wird. Dem Hobbesschen Werk entnehme ich die Idee, wonach Vertrauen etabliert werden muss, um soziales Zusammenleben zu ermöglichen, zugleich aber zeige ich am Beispiel des *Leviathan*, warum es Hobbes nicht gelingt, ein plausibles Modell des Vertrauens zu entwerfen. Locke hingegen hat die anthropologischen Grundlagen seiner politischen Theorie sozialisiert und damit einen besseren Ausgangspunkt für die Begründung des Vertrauens geschaffen. Des Weiteren hat er den Freiheitsbegriff so eingeführt, dass Formen der Naturalisierung des Vertrauens vermieden werden. Adam Smith schließlich liefert das für den in dieser Arbeit verwendeten Praxisbegriff wichtige Theorem der Übereinstimmung im Gefühl und im Urteil als Basis für eine gemeinschaftliche Praxis. Allen vorgelegten Modellen (mit Ausnahme des Modells von Hobbes) versuche ich die Dimension der intrinsischen Wertschätzung des Vertrauens zu entnehmen, wobei ich an einigen Punkten auf Symbolisierungsformen dieser Wertschätzung Rücksicht nehme. Denn Praktiken haben nicht nur kommunikative, sondern auch emotionale und symbolische Seiten.

II.
Praktiken des Vertrauens

13. Gottvertrauen

Die Rede vom Gottvertrauen besitzt eine Selbstverständlichkeit, die es schwer macht, sie auf eine für die Analyse hinreichend große Distanz zu bringen. Dieser Umstand erfährt noch eine gewisse Verschärfung, wenn man sich vor Augen führt, in welchem Maße es vergeblich wäre, nach paradigmatischen Texten zu suchen, die gleichsam in sich alles bündeln, was sinnvoll zum Gottvertrauen gesagt werden kann. Natürlich gibt es Texte der Tradition, die das beschreiben, was man als Gottvertrauen bezeichnen kann. Aber weder ist es möglich, den einen Text zu nennen, der maßgeblich für alle anderen Texte geworden ist, noch ist in den Texten selbst auf je unverdächtige Weise von Gottvertrauen die Rede. Das Wort »Gottvertrauen« dient vielmehr zumeist als Versuch, das vorgefundene Material in bestimmter Weise auszulegen, und kommt damit nicht ohne interpretative Elemente aus. Mit Blick auf den biblischen Kontext ergeben sich darüber hinaus noch Übersetzungsfragen, die nicht einfach ignoriert werden können. Es gibt Wörter des Hebräischen, Griechischen oder Lateinischen, die mit »Vertrauen« übersetzt werden und die oft, und nicht zu Unrecht, als Ausgangspunkt der Überlegungen dienen. Aber diese Wörter haben natürlich in ihren Originalsprachen Bedeutungen, die das deutsche Wort »Vertrauen«, das ungefähr seit dem 15. Jahrhundert belegt ist, nicht hat, so wie das deutsche Wort »Vertrauen« seinerseits Bedeutungen angenommen hat, die nicht einfach zurück in die alten Sprachen projiziert werden können. All das ist mehr oder weniger banal und sollte nicht aufgebauscht werden. Dennoch ist es wichtig, zumindest darauf hinzuweisen. Schließlich wird es im Folgenden darum gehen, Figuren des Vertrauens auszubuchstabieren, die so etwas wie einen schwachen historischen Wahrheitsgehalt für sich beanspruchen. Sowenig dabei auf interpretatorische Konstruktionsleistungen verzichtet werden kann, deren Material im ersten Teil dieses Buches ausgearbeitet worden ist, sosehr muss es auch darum gehen, die vorgebrachten Aussagen wenigstens schwach historisch zu plausibilisieren. Eine philosophische Arbeit kann dies nicht tun, indem sie plötzlich das Genre wechselt und anfängt, im Stile einer Historiographie akribisch die Geschichte zu rekonstruieren. Sie kann nur genau dann historische Kenntnisse zitieren und für sich fruchtbar machen, wenn ihr Material ausdrücklich nach einer solchen Historisierung verlangt. Das wiederum ist schon der Fall, wenn etwa die Frage aufgeworfen wird, zu welchen Formen des Handelns Vertrauen geführt hat. Wie schon die begriffliche Rekonstruktion des ersten Teils deutlich machte, kann diese Frage nicht angemessen beantwortet werden, wenn wir nicht in Erfahrung bringen, welche Bedeutung Vertrauen für die Akteure jeweils hat und mit welchen sonstigen Werten Vertrauen und Vertrauenswürdigkeit im Leben dieser Akteure verknüpft ist. Ein besonders christliches Vertrauen gibt es eben nur in einer Welt, in der christliche Werte gelten oder zumindest ernsthaft mit anderen Wertesystemen konkurrieren. Fällt dieser Rahmen weg, kann es durchaus möglich sein, dass Elemente des christlichen Weltbildes in anderen Kontexten überleben oder mit Erfolg in diese hineinwachsen. Aber ob es sich so verhält, lässt sich seinerseits nur wieder in historischer Perspektive erörtern.

13.1 Beharren im Kontakt: Das Alte Testament

Die Hinwendung zu historisch überlieferten Konzeptualisierungen bedeutet mit Blick auf ein christliches Vertrauensverständnis vor allem eine Hinwendung zu Texten, in denen sich Elemente eines christlichen Selbstverständnisses wiederfinden lassen. Die Bibel spielt hier natürlich eine hervorgehobene Rolle, weswegen es sinnvoll ist, mit ihr zu beginnen. Für das Alte Testament ergibt sich das Gottesvertrauen in der Regel als Bestandteil eines allgemeinen Glaubensverhältnisses, zu dem neben dem Vertrauen Elemente wie Hoffnung, Furcht und Gehorsam gehören. Gottesfurcht kann eine Umschreibung für Glauben sein (1 Mose, 20, 11: »Abraham sprach: Ich dachte, gewiß ist keine Gottesfurcht an diesem Orte [...]«), zugleich aber ist Gott Gegenstand der Hoffnung angesichts widriger Umstände. Bei Jesaja (8, 17) heißt es: »Und ich will hoffen auf den HERRN, der sein Antlitz verborgen hat vor dem Hause Jakob, und will auf ihn harren.« Der Glaube verschafft auf diese Weise eine Art Sicherheit und Stabilität (2 Chronik, 20, 20: »Glaubet an den HERRN, euren Gott, so werdet ihr sicher sein [...]«), dennoch bleibt er ein Wagnis und kann leicht in Murren und Zweifeln übergehen. Die Gefahr, die an dieser Stelle droht, ist der Ungehorsam (5 Mose, 9, 23: »[…] da wart ihr ungehorsam dem Mund des HERRN […]«), dessen Kehrseite die alttestamentarische Forderung nach Gehorsam gegen Gottes Gebote ist. Der wahrhaft Gläubige kommt aber gar nicht erst in Versuchung und bleibt seinem Gott auch dann treu, wenn er, wie in dem Zitat Jesajas angedeutet, fern ist und sein Antlitz verbirgt. Allerdings ist der wahrhaft Gläubige auch nicht ohne Anhaltspunkte für seinen Glauben, denn es sind Gottes Taten und Worte in der Vergangenheit, die das gegenwärtige Vertrauen rechtfertigen. Ohne die göttlichen Verheißungen der Vergangenheit (die sich etwa im Bundesschluss verdichten) lässt sich die Klage über den Abfall Gottes, die in einigen Psalmen zum Vorschein kommt, gar nicht angemessen verstehen. Sie gründet gleichsam auf der Wachheit eines Blicks und eines Verhältnisses, das Gott selbst zwischen sich und den Menschen etabliert hat: »Gott ist nicht ein Mensch, daß er lüge […]« (4 Mose, 23, 19); »Denn des HERRN Wort ist wahrhaftig, und was er zusagt, das hält er gewiß« (Psalm 33, 4). Entsprechend deuten einige Kommentatoren den Glauben im Alten Testament als »reactio des Menschen auf die primäre actio Gottes«, was auch heißt, dass das Vertrauen des Menschen zu Gott einer Einladung entspringt, die von Gott an den Menschen ergangen ist.[1] Die Verlässlichkeit Gottes überträgt sich in der Folge gleichsam auf den Menschen, der in seinem Glauben Sicherheit und Festigkeit erlangt.

Zwei Punkte müssen an dieser Stelle Erwähnung finden. Zum einen verdeutlichen diese groben Hinweise, dass es offenbar nicht möglich ist, das Verhältnis des Menschen zu Gott, wie es sich im Alten Testament darstellt, einzig als eines des Vertrauens zu skizzieren. Es ist in gewissen Grenzen eine Frage der Interpretation, wenn die Haltung des Vertrauens gegenüber den Haltungen der Hoffnung, der Furcht und des Gehorsams stärker gewichtet wird. Das aber heißt umgekehrt, dass es nicht falsch ist, das alttestamentarische Verhältnis des Menschen zu Gott als vertrauensvoll zu kennzeichnen und dieses Vertrauen als wesentlichen Bestandteil der Glaubenshaltung zu betrachten. Diese Möglichkeit besteht schon allein deswegen, weil sich der Gott des Alten Testaments in Sorge und Zuneigung seinem Volk zuwendet und damit ein quasipersonales Verhältnis zwischen sich und den Menschen etabliert. In dem

1 Artur Weiser, πιστεύω κτλ, B. Der altestamentliche Begriff, in: *Theologisches Wörterbuch zum Neuen Testament*, Bd. 6, Stuttgart 1959, S. 182.

Maße, in dem Gott selbst als »treu«, »gerecht« und »wahrhaftig« bezeichnet wird, kann sich auch ein Vertrauen auf ihn richten, das praktische Auswirkungen auf das eigene Handeln hat.[2] So kann es nicht überraschen, dass einige Autoren gerade das Element des Vertrauens im Glaubensverhältnis hervorgehoben haben. Nach Buber etwa beruht das Verhältnis des Menschen zu Gott auf einem unbegründbaren Vertrauen, das wiederum als »Beharren im Kontakt« mit Gott gefasst wird.[3] Ohne Umstände wird hier an einschlägigen Bibelstellen das Vokabular ausgetauscht. Jesaja 7, 9 etwa – »Glaubt ihr nicht, so bleibt ihr nicht« – wird umgewandelt in »Vertraut ihr nicht, bleibt ihr nicht betreut«.[4] Diese semantische Transformation hat natürlich ihre systematischen Gründe, auf die hier nicht näher eingegangen werden wird. Aber in dem Maße, in dem die Glaubenshaltung als Ganze existenzialisiert und als Lebenshaltung (über die Seelenhaltung hinaus) erfasst werden soll, bietet sich offenbar die Begrifflichkeit des Vertrauens eher an als die des bloßen Glaubens. Wie auch immer man über diesen Interpretationsvorschlag insgesamt denkt, es bleibt die Tatsache, dass es durchaus möglich ist, das Glaubensverhältnis im Alten Testament unter die Kategorie des Vertrauens zu bringen. Die Formel vom »Beharren im Kontakt« ist dabei hilfreich, weil sich in ihr Grundzüge des Vertrauens artikulieren, die sich schon im ersten Teil dieses Buches an verschiedenen Stellen aufgedrängt haben. Die Formel vom »Kontakt« verweist auf jene Form der Wirklichkeitssensibilisierung, die den Vertrauenden insgesamt auszeichnet und ihn vom Gleichgültigen unterscheidet. Der Gläubige *will* etwas von Gott und hat das Geschenk der Gnade angenommen. Entsprechend richten sich seine Erwartungen auf Gott und entsprechend beobachtet er, was geschieht. Beharrlich ist das Vertrauen in dem Maße, in dem es auch dann andauert, wenn es auf die Probe gestellt wird. Auf dem Spiel stehen das Heil und die Erlösung von irdischem Unglück, womit, wenn man so will, das Gut bezeichnet wird, um das es im Vertrauensverhältnis zwischen Gott und Mensch geht. Das Beharren muss dabei auch angesichts eigener Schwächen des Menschen durchgehalten werden, die immer wieder maßgeblich zur

2 5 Mose, 32, 4: »Treu ist Gott und kein Böses an ihm, gerecht und wahrhaftig ist er.«

3 Martin Buber, *Zwei Glaubensweisen*, Darmstadt 1994, S. 12.

4 Ebd., S. 31.

Instabilität des Verhältnisses zwischen Mensch und Gott beitragen. Nur weil der Mensch in diesem Sinne von Gott abfallen kann, bedrohen auch die Elemente der Furcht und des Gehorsams nicht zwangsläufig das religiöse Vertrauensverhältnis. Es bleibt letztlich im Ermessen des Menschen, ob er seinen Glauben Gott zuwendet oder nicht, und es sieht nicht so aus, als könne die Gefahr der Strafe bloß mechanische Akte der Hinwendung zu Gott nach sich ziehen. Zu sehr fordert der Glaube den ganzen Menschen, als dass es möglich wäre, ein rein rationales Verhältnis im Glauben zu errichten.

13.2 Vertrauen zum Mitmenschen bei Thomas von Aquin und Martin Luther

Die soeben skizzierte Glaubenskonzeption rückt das Vertrauen zu Gott in den Mittelpunkt, während sie das Vertrauen zum Mitmenschen zum Problem werden lässt.[5] Zwei Deutungsvarianten lassen sich hier unterscheiden. Die erste orientiert sich in der Regel an Jeremia 17, 5: »So spricht der HERR: Verflucht ist der Mann, der sich auf Menschen verläßt und hält Fleisch für seinen Arm und weicht mit seinem Herzen vom HERRN.« In Psalm 118, 8 heißt es wiederum (in der Übersetzung Luthers): »Es ist gut, auf den HERRN vertrauen und nicht sich verlassen auf Menschen.« Das Problem am Mitmenschen ist dabei seine Unehrlichkeit und Wankelmütigkeit, die ihm im Gegensatz zu Gott zu eigen ist: »Ihre falschen Zungen sind tödliche Pfeile; mit dem Munde reden sie freundlich zu ihrem Nächsten, aber im Herzen lauern sie ihm auf« (Jeremia 9, 7). Vor dem Hintergrund der Treue, Wahrhaftigkeit und Festigkeit Gottes verliert die Seele des Menschen gleichsam an Wert und droht all der Eigenschaften verlustig zu gehen, die als Voraussetzung des Vertrauens dienen. Ein weiteres Element in dieser Abwertung des intersubjektiven Vertrauens findet sich in einer Predigt Luthers (von 1537) über das 14. und 15. Kapitel des Johannesevangeliums. Dort heißt es: »Denn des menschen hertz sol kurtz nicht vertrawen noch sich verlassen, on auff den einigen Gott, Was darneben vertrawen

5 L. J. Engels, Art. »fiducia«, in: *Reallexikon für Antike und Christentum*, Bd. 7, Stuttgart 1969, S. 839-877.

oder verlassen heisset, das ist alles eitel Abgötterey.«[6] Vertrauen hat in diesem Zitat offensichtlich damit zu tun, einem anderen Wesen Macht über sich einzuräumen, und nach lutherischem Verständnis darf diese Macht eigentlich nur Gott eingeräumt werden und nicht anderen Menschen, die sich gleichsam selbst zu Göttern machen, wenn sich andere in ihre Hand begeben.[7] Das Vertrauen zum Mitmenschen ist also nicht bloß schwierig, weil dieser sich als unehrlich oder unaufrichtig erweisen kann, es ist auch schwierig, weil es als Akt verstanden wird, der einem anderen Macht über sich einräumt, über die er »wie ein Gott« verfügen kann. Selbst wenn es also möglich wäre, anderen Vertrauen zu schenken, gibt es immer noch Argumente, die dagegen sprechen. Wer das Vertrauen eines Mitmenschen besitzt, hat diesen gewissermaßen in seiner Gewalt und macht sich zu dessen Herrn. Auch Augustinus beschreibt in seinen *Bekenntnissen* in Reaktion auf den Tod eines guten Freundes eine Bewegung, die am Ende in die Einsicht mündet, wonach nur die Liebe Gottes »nie verloren gehen kann«. Die Liebe zum verstorbenen Freund dagegen erweist sich im Lichte der religiösen Perspektive als bloßer Irrtum, da sie einen Sterblichen liebte, »als sei er unsterblich«.[8] Die Abkehr vom Vergänglichen und die Hinwendung zu Gott führt also auch hier zur Abwertung intersubjektiven Vertrauens. Und selbst das Moment der »Abgötterei«, das Luther betont, findet sich implizit in den *Bekenntnissen*. Einen Sterblichen behandeln, als sei er unsterblich, bedeutet, ihn lieben wie nur Gott geliebt werden darf, ihm Attribute zusprechen, die nur eines Gottes würdig sind. Es ist, als ginge es um eine heimliche Ökonomie des Gefühlsaufwands: Die Intensität, mit der der Freund geliebt wurde, zerschellt am jähen Ende seiner Existenz, das als solches rückwirkend den Sinn der eigenen Gefühle in Frage stellt. Nur Gott verdient die Liebe des Menschen, denn nur er kann sie angemessen erwidern und aufnehmen. Wer Gott liebt, so Augustinus, liebt in ihm »seinen Freund«.[9]

6 Martin Luther, »Das XIV und XV. Capitel S. Johannis«, in: *D. Martin Luthers Werke*, Kritische Gesamtausgabe, 45. Bd., Weimar 1911, S. 477.

7 Dorothea Weltecke, »Gab es ›Vertrauen‹ im Mittelalter? Methodische Überlegungen«, in: Ute Frevert (Hg.), *Vertrauen. Historische Annäherungen*, Göttingen 2003, S. 67-89 (hier S. 87); vgl. zum christlichen Vertrauen auch Annette C. Baier, Art. »Confiance«, in: Monique Canto-Sperber (Hg.), *Dictionnaire d'éthique et de philosophie morale*, Paris 1996, S. 283 f.

8 Augustinus, *Bekenntnisse*, München 1950, S. 98 f.

9 Ebd.

Luther hat in seinen Katechismen ähnliche Gedanken formuliert. In seiner Auslegung des ersten Gebots (»Du sollst nicht andere Götter haben«) wird ebenfalls empfohlen, nur Gott Vertrauen zu schenken, denn »[w]orauf Du nun (sage ich) Dein Herz hängest und verlässest, das ist eigentlich Dein Gott«.[10] Neben diesem »rechten« Vertrauen auf Gott gibt es das Vertrauen auf andere Götter, die nicht eigentlich Götter sind, so dass sich das Vertrauen in ein »unrechtes« Vertrauen verwandelt. Luther denkt hier etwa an die, die ihr Herz an »Geld und Gut« hängen oder sich allzu viel auf ihre »Gelehrsamkeit, Klugheit, Gewalt, Gunst, Verwandtschaft und Ehre« zu Gute halten. Vermutlich mit Blick auf die Ehre spricht ein Kommentator explizit vom Vertrauen auf »zwischenmenschliche Werte«, das in Luthers Perspektive allerdings in den Bereich der Abgötterei gehört:[11] Wir können unser Herz offensichtlich an anderes hängen als an Gott; aber wenn wir das tun, widersprechen wir nicht nur dem Willen Gottes, wir geben uns auch der Illusion anheim, woanders zu erreichen oder zu finden, was wir doch nur bei Gott erreichen und finden können. Entsprechend formuliert Luther, dass Gott uns »von allem anderen abwenden [will], das außer ihm ist, und zu sich ziehen, weil er das einzige ewige Gut ist«.[12] Im Gottvertrauen reagieren wir gleichsam auf den göttlichen Willen, nur ihm zu folgen und unser Herz nur an ihn zu hängen. Deswegen auch ist der Hang manch eines Gläubigen verwerflich, zu demonstrieren, wie christlich man doch gelebt habe (»gestiftet, gefastet, Messe gehalten« etc.), um auf diese Weise, so die Hoffnung, Gottes Zuspruch gleichsam zu erzwingen. Hier schwingt sich der Mensch selbst zum Gott auf und verliert so den Bezug zum eigentlichen, zum wahren Gott.

Kehren wir zurück zum Vertrauen, so existiert gleichwohl eine zweite Deutungsvariante, die das Gottvertrauen als Umweg zum intersubjektiven Vertrauen verwendet. Es ist diese Deutungsvariante, an die noch Locke in seiner Kritik am Atheismus anknüpft.

10 Martin Luther, »Der Grosse Katechismus« (1529), in: Kurt Aland (Hg.), *Luther Deutsch. Die Werke Luthers in neuer Auswahl für die Gegenwart*, Bd. 3, Stuttgart/Göttingen ³1961, S. 20.

11 Albrecht Peters, *Kommentar zu Luthers Katechismen, Band 1: Die zehn Gebote*, Göttingen 1990, S. 102. Ich danke Ingolf Dalferth (Zürich) für Hinweise zu Luther.

12 Luther, »Der Grosse Katechismus«, a. a. O., S. 22.

Zugrunde liegt die Annahme, dass nur dem Gläubigen Vertrauen entgegengebracht werden kann, da dieser in sich die Treue Gottes reproduziert. In dem Maße, in dem Gott den Menschen nach »seinem Bilde« schafft (1 Mose, 1, 27), erscheint die Treue zum Mitmenschen wie ein Ausfluss der göttlichen Ebenbildlichkeit des Menschen.[13] Es ist folglich diese *imitatio dei*, die als Basis der zwischenmenschlichen Moral fungiert, auch wenn sich insbesondere die Propheten keine Illusion über die Häufigkeit wirklich treuer Menschen machen. Trotz der realen Abweichungen besteht jedoch die Annahme, dass die Gottesebenbildlichkeit des Menschen diesem die Möglichkeit gibt, sich ähnlich stabil und verlässlich wie Gott selbst zu verhalten. Zentral ist nur, dass diese Haltung nicht in eine Form der Selbstüberhebung oder gar in übermäßigem Selbstvertrauen mündet. Was immer der Mensch an Moral aufbringt, verdankt er seinem Glauben an Gott, nicht jedoch seiner eigenen normativen Schöpferkraft. Im besten Falle gelingt es dem Menschen, »Gottes Barmherzigkeit« am anderen zu üben (2 Samuel 9, 3) und so etwas von Gottes Güte weiterzugeben.

Die Abwertung des Vertrauens in die Mitmenschen kann also in gewissen Grenzen aufgefangen werden, wenn der Glaube an Gott Attribute der Vertrauenswürdigkeit im Gläubigen selbst verankert und diesen damit des Vertrauens anderer würdig macht. Gleichwohl bleibt die Gefahr bestehen, dass das Vertrauen, das andere mir schenken, mir eine Macht zuteil werden lässt, die leicht in Überheblichkeit oder Arroganz umschlagen kann. Blickt man auf Luthers Bibelübersetzung wird deutlich, dass der Begriff des Vertrauens an diesem Punkt eine spezielle Färbung bekommt. Wie Dorothea Weltecke auf instruktive Weise gezeigt hat, setzt Luther »Vertrauen« dort ein, wo es um Sicherheit geht, um förmliche Verbindlichkeit und um »Herrschaft in einer sehr engen und unauflöslichen Beziehung, für die metaphorisch die Ehe steht«.[14] Wenn Gott in Jeremia 3, 14 spricht, »Kehrt um, ihr abtrünnigen Kinder [...], denn ich bin euer Herr«, so heißt dies bei Luther »Bekeret euch, jr abtruennige kinder [...], denn ich will euch mir vertrawen,

13 Pierre Adnès, Art. Fidélité, in: *Dictionnaire de spiritualité* 5, Paris 1964, S. 307-332 (hier S. 317); siehe auch Tanja Gloyna, »›Treue‹: Zur Geschichte des Begriffs«, in: *Archiv für Begriffsgeschichte*, Bd. XLI (1999), S. 64-85 (hier S. 70 f.).

14 Dorothea Weltecke, »Gab es ›Vertrauen‹ im Mittelalter?«, a. a. O., S. 84.

und will euch holen.«[15] Und das heißt: Ich will euch beherrschen (besitzen)! Vertrauen wird gefasst als eine Übergabe von Macht, die den, der über diese Macht verfügt, in die Lage versetzt, zum Sicherheitsgaranten der sich ihm Anvertrauenden zu werden. Nur weil Vertrauen auf diese Weise als Bestandteil einer asymmetrischen Herrschaftsbeziehung gedeutet wird, kann der Vertrauensempfänger in den Ruch der Machtanmaßung kommen. Natürlich gilt auch hier schon, dass der, der das Vertrauen gibt, nicht davon ausgeht, dass es zu seinen Ungunsten eingesetzt wird. Aber die Existenz Gottes tritt gleichsam in Konkurrenz zu allen Formen irdischer Machtausübung und fordert letztlich jeden potenziellen Vertrauensgeber dazu auf, Menschen nicht mehr Macht über sich einzuräumen als Gott. Dem Gläubigen kann vertraut werden insofern das, was man Gottes Tugend nennen kann, durch ihn hindurch zur Geltung kommt. Damit aber vertraut man dem Gläubigen so, als würde man Gott vertrauen, oder, anders gewendet, man vertraut in ihm wieder Gott. Dort, wo der Empfänger des Vertrauens seine eigene Vertrauenswürdigkeit und Treue als Eigenleistung verbucht, beginnt der Bereich der Anmaßung und des illegitimen Selbstvertrauens.

Dass der, der über Vertrauen verfügt, ein nicht unerhebliches Maß an Handlungsmacht besitzt, findet sich auch an den Stellen der *Summa Theologica*, an denen Thomas von Aquin Vertrauen explizit ins Spiel bringt. Für Thomas ist Vertrauen (*fiducia*) Teil der Tugend der Großgesinntheit (*magnanimitas*), die wiederum der Tapferkeit zugeordnet wird. Der Großgesinnte wagt sich an die Verwirklichung wahrhaft großer und nur schwer zu erreichender Dinge, indem er etwa versucht, die Tugenden des Menschen vollkommen zu verwirklichen. Er versucht in diesem Sinne, Schwieriges zu verwirklichen, versucht das Große, »das er als Geschenk Gottes besitzt«, in der Welt zur Geltung zu bringen.[16] Genau in diesem Zusammenhang bedarf er des Vertrauens zu sich selbst und zu anderen. Das Vertrauen ist Teil der Hoffnung des Großgesinnten, das von ihm Gewünschte zu erreichen, indem die potenziellen Gefahren überwunden werden. Hoffnung kann sich dabei auf den Glauben an die Worte desjenigen richten, der Hilfe verspricht,

15 Zitiert nach Weltecke, S. 83.

16 Thomas von Aquin, *Die Deutsche Thomas-Ausgabe*, II-IIae, 123-150, Bd. 21, Heidelberg 1964, S. 107 (q. 129, 3).

aber auch auf das, was man an sich selbst und an anderen gesehen hat. So kann man darauf vertrauen, die nötige Kraft zur Durchführung großer Taten zu besitzen, weil man gesehen hat, dass man gesund ist, so wie man auf die Unterstützung eines anderen setzen kann, weil man gesehen hat, dass er handlungsmächtig ist. Es ist die Kraft der Hoffnung (*robur spei*), die Thomas in diesem Zusammenhang als Vertrauen bezeichnet.[17] Nicht anders als im ersten Teil expliziert, bedarf der Vertrauende gewisser Anhaltspunkte, die sein Vertrauen rechtfertigen. Thomas thematisiert vor allem solche Anhaltspunkte, die darauf verweisen, dass wir selbst die Kraft haben werden, unsere Vorhaben auszuführen, im Zweifelsfall aber auch mit der Unterstützung anderer rechnen können. Es ist nämlich übermenschlich, »überhaupt keines anderen zu bedürfen«. Weil wir zur Verwirklichung unserer Vorhaben immer wieder auch auf die Unterstützung anderer angewiesen sind, »gehört es zum Großgesinnten, Vertrauen zu anderen (*fiduciam de aliis*) zu haben«.[18] Unschwer zu erkennen ist, dass dieses Vertrauen zu anderen nicht Bestandteil eigener Schwäche, sondern wesentliches Element eigener Größe und Stärke ist. Freilich darf auch hier das Selbstvertrauen des Vertrauenden nicht in Anmaßung übergehen. Durch das Vertrauen, so heißt es, »setzt der Mensch Hoffnung auf sich selbst, jedoch in Unterordnung unter Gott«.[19]

Dass der, der über Vertrauen verfügt, genau dadurch über Handlungsmacht verfügt, schien die Überlegungen von Thomas mit den späteren Überlegungen Luthers zu verbinden. Dieser Eindruck allerdings täuscht, denn er übersieht dabei wesentliche Differenzen, die einer bloß begriffsanalytischen Perspektive nicht zugänglich sind. Die entscheidende Frage in diesem Zusammenhang ist die nach der genauen Struktur des Vertrauens. Wie wir sahen, ist es bei Thomas der Großgesinnte, der den anderen vertraut. Er vertraut darauf, dass sie ihm bei der Verwirklichung seiner Vorhaben helfen, und gewinnt gerade dadurch an Handlungsmächtigkeit. Was aber ist mit diesen anderen? Gewinnen auch sie an Macht? Wir haben im ersten Teil dieses Buches so gesprochen, als es hieß, dass die Empfänger des Vertrauens Ermessensspielräume erhalten, die

17 Ebd., S. 118 (q. 129, 6). Siehe auch Henri-Dominique Noble, Art. Confiance, in: *Dictionnaire de spiritualité 2*, Paris 1953, S. 1405-1410.

18 Thomas von Aquin, *Die Deutsche Thomas-Ausgabe*, a. a. O., S. 119 (q. 129, 6).

19 Ebd., S. 90 (q. 128, 1).

ihnen ein gewisses Maß an Macht über den Vertrauensgeber einräumen. Bei Thomas jedoch gilt das Vertrauen des Großgesinnten offenbar genau denen, die selbst bereits über so viel Handlungsmacht verfügen, dass sie zu unterstützenden Handlungen in der Lage sind. Sie sind, wenn man so will, in dem Maße vertrauenswürdig, in dem sie die Macht haben, den Großgesinnten in seinen Vorhaben zu unterstützen. Der Starke sucht sich Starke, die ihm helfen, oder wird erst stark durch die Hilfe von Starken. Bei Luther dagegen erhält der, dem vertraut wird, eine Macht, welche diejenigen, die sie ihm geben, nicht haben oder nicht mehr haben. Vertrauen wird gefasst als eine Übergabe von Macht, die den, der über diese Macht verfügt, in die Lage versetzt, zum Sicherheitsgaranten der sich ihm Anvertrauenden zu werden. Der Vertrauensgeber wird insofern eher in einer Position der Schwäche gesehen. Anders gewendet: Wenn die Übergabe von Macht, die im Vertrauen begründet liegt, die Thematik der Abgötterei aufdrängt, dann nur, weil der Vertrauensgeber dem anderen eine Macht einräumt, die er selbst nicht für sich beansprucht. Es sieht also nicht so aus, als würde bei Luther aus einer Position der Stärke heraus vertraut; eher ist es der Schwache, der sich aus verschiedenen Gründen gezwungen sieht, sein Vertrauen dem Mächtigen zu übergeben. Natürlich stellt sich hier aus heutiger Sicht die Frage, ob wir es in diesem Fall überhaupt noch mit Vertrauen zu tun haben.[20] Wir können darauf verweisen, dass auch heute noch gilt, dass der, dem wir Vertrauen schenken, die Kompetenz haben muss, mit dem geschenkten Vertrauen gut umzugehen; und dass der, der vertraut, ein Handlungsvermögen gewinnt, das er ohne Vertrauen nicht hätte. Schwieriger aber ist es, wenn der, dem vertraut wird, ein Maß an Macht gewinnt oder besitzt, das die Freiwilligkeit der Vertrauensvergabe in Frage stellt. Nicht Herrschaft an sich zerstört Vertrauen; aber sobald die Herrschaft einhergeht mit Zwangsgewalt, bedroht sie das Element der Freiwilligkeit, das nicht aus dem Vertrauen herauszudefinieren ist. Gleichwohl verweist der Luthersche Vertrauensbegriff auf Wertzusammenhänge, in deren Rahmen das Vertrauen vor allem auf ausgeprägte Sicherheitsbedürfnisse angesichts einer unsicheren Welt verweist. Und damit knüpft Luther auf seine Weise an eine schon

20 Weltecke zum Beispiel erwähnt, dass Luthers Vertrauensbegriff »mit dem uns eher geläufigen Aspekt ›sich verlassen auf‹, ›zuversichtlich erwarten‹, ›jemandem glauben‹« zusammenhängt (»Gab es ›Vertrauen‹ im Mittelalter?«, a. a. O., S. 84).

länger bestehende Tradition an, die sich schon, wie noch deutlich werden wird, im Bereich der römischen *Fides*-Kultur findet. Vertrauen hat dieser Tradition gemäß einen eher exklusiven Charakter, da es Verhältnisse etabliert, die dazu dienen, Einzelne vor anderen zu schützen; und es hat einen asymmetrischen Charakter, indem es gedacht wird als Übergabe von Macht, durch die dem Empfänger des Vertrauens zugleich Sicherheitsleistungen abverlangt werden. Die später zu schildernde Demokratisierung des Vertrauens beseitigt diese Elemente keinesfalls vollständig, aber wird das Vertrauen in den Kontext neuer Werte stellen und damit eine Transformation des Vertrauensverständnisses selbst herbeiführen. Dadurch wird es möglich, das in theologischen Kontexten gelegentlich als ein entscheidendes Element betrachtete »Sich-bestimmen-Lassen« durch ein Gegenüber, das immer dann, wenn Gott dieses Gegenüber ist, mit einer absoluten »Hingabe« an dieses Wesen einhergeht, gleichsam in seiner Ausschließlichkeit zu modifizieren.[21] Gerade weil dem anderen im Vertrauen Macht eingeräumt wird (und das christliche Vertrauensverständnis eignet sich gut, um diesen Punkt deutlich zu machen), gilt es, denjenigen, der Vertrauen schenkt, mit Kompetenzen auszustatten, die das absolute Ausgeliefertsein brechen. Ist das Vertrauen zu Gott absolut und maßlos (und muss es wohl auch sein), so gewinnt das demokratische Vertrauen ein Maß und erlaubt, ja erzwingt einen Bezug auf das Selbst, das etwas von sich einem anderen anvertraut, von dem es nicht gerufen wird, da es selbst ihn gerufen hat.

Thomas, das möchte ich an dieser Stelle noch anmerken, steht dabei insofern für eine von Luther abweichende Position, als er das Vertrauen als intersubjektive Einstellung oder Haltung thematisiert, die auf diesseitiges Handeln gerichtet ist und ein gewisses Selbstvertrauen voraussetzt. Während Luther die Glaubenshaltung stark auf Gott ausrichtet, das diesseitige Handeln eher herabsetzt und den Vertrauenden in einer Position der Schwäche sieht, entwirft Thomas im Anschluss an Aristoteles eine Theorie der Großgesinntheit und der Handlungsmächtigkeit, deren Zweck nicht zuletzt darin besteht, die »religiöse Aufmerksamkeit« der Welt zuzuwenden »zum Zweck ihrer christlichen Besitzergreifung und ihrer Dienstbarmachung im großen Stil für den Weg zum jenseitigen

21 Wilfried Härle, *Dogmatik*, Berlin, New York [3]2007, S. 58.

Leben«.[22] Dadurch wendet er sich avant la lettre gegen eine Tradition, die den Christenmenschen auffordert, der Welt (im Kloster) den Rücken zuzukehren, um sich ganz auf Gott zu konzentrieren.

13.3 Glauben, Hoffen, Vertrauen

Vertrauen, so hieß es, ist im religiösen Kontext stets umgeben von anderen Haltungen und Einstellungen wie Hoffnung oder Glauben. Deswegen ist es schwer, die Einstellung des Vertrauens trennscharf zu isolieren. Worauf vertraut der, der Gott vertraut? Die Auskunft, er vertraue darauf, dass sich die Verheißungen Gottes bewahrheiten, ist zwar ein erster Schritt in Richtung einer Antwort, aber warum sollte man nicht auch einfach darauf hoffen oder schlicht glauben, dass es so komme? Wenn Thomas das Vertrauen als »Kraft der Hoffnung« bezeichnet, und diese Hoffnung wiederum als Reaktion auf den Glauben an Gesehenes oder Gehörtes begreift, werden Vertrauen, Hoffnung und Glauben in ein enges semantisches Verweisungsnetz integriert, das es scheinbar erlaubt, die jeweiligen Termini in definitorischer Absicht durch einen der anderen zu erläutern. Hinzu kommt noch das bereits erwähnte Element der Furcht, das im Bereich der christlichen Moral neben dem Glauben, der Hoffnung und dem Vertrauen bestehen soll und in der Regel der Gerechtigkeit Gottes gilt, die den straft, der Strafe verdient. Dieses Element der Furcht ist zwar leichter von den anderen Elementen des Gottesbezugs abzugrenzen, ist aber gleichwohl auf sie bezogen und trägt dazu bei, ihnen ihre spezifische semantische Färbung zu geben.

Es ist nichts Ungewöhnliches, wenn in genau bestimmbaren Kontexten Begriffsfelder entstehen, deren Bestandteile alle eng aufeinander verweisen. Dennoch muss es auch möglich sein, Differenzen zu benennen, die es erlauben, diese Bestandteile so weit in Abstand zueinander zu bringen, dass es überhaupt sinnvoll ist, hier von »Verweisen« in einem semantischen Sinne zu reden. Identisches kann nicht aufeinander verweisen. So bemüht sich gerade Thomas immer wieder darum, genauer zu erläutern, wie etwa Glauben und Hoffen zusammenhängen und wie sie in ihrem Zusammenhang

22 So der Kommentar von Josef Fulko Groner zur *Summa Theologica*, Frage 129 (*Die Deutsche Thomas-Ausgabe*, a. a. O., S. 502).

differieren. Wir können nur auf das hoffen, was wir für möglich halten oder an dessen Möglichkeit wir glauben. Ist der Gegenstand unserer Hoffnung etwa das Erlangen »ewiger Beseligung« (*aeterna beatitudine*), dann nur deswegen, weil wir an sie glauben und ihr Erreichen für möglich halten. Der Glaube selbst wiederum wird als Fürwahrhalten oder als »feste Beipflichtung des Verstandes« gefasst, die sich auf einen Sachverhalt bezieht, den man nicht sehen kann.[23] Quelle dieses Glaubens ist im religiösen Kontext naturgemäß Gott, der gleichsam der erste und letzte Zeuge für die Wahrheit der von ihm verkündeten Verheißungen ist. In diesem Sinne ist der Glaube der Hoffnung vorgelagert, was zwar nicht heißt, dass die Hoffnung den Glauben oder das Festhalten an ihm nicht ihrerseits bestärken kann, aber was trotzdem anzeigt, dass wir nicht auf das hoffen können, an dessen Möglichkeit wir gar nicht glauben. Schwieriger ist es, die genaue Position des Vertrauens zu bestimmen. Aber auch wenn das Vertrauen als »Kraft der Hoffnung« beschrieben wird oder wenn es heißt, Vertrauen bedeute, »daß jemand Hoffnung faßt, weil er den Worten eines Hilfe Versprechenden glaubt«, lassen sich Differenzen benennen.[24] Wir vertrauen offenbar genau dann, wenn wir auf der Basis eines wie auch immer gewonnenen Glaubens darauf hoffen, dass uns jemand in der Erlangung unserer Tugenden unterstützt. Vertrauen und Hoffnung scheinen hier zwar semantisch mehr oder weniger zusammenzufallen, aber selbst wenn das so ist, haben wir es mit einer spezifischen Hoffnung zu tun, die sich auf Akte sozialer Unterstützung bezieht und die damit von der Hoffnung auf »ewige Beseligung« oder der Hoffnung auf Gottes Milde (angesichts der Furcht vor seiner Gerechtigkeit) unterschieden ist. Als Vertrauende erkennen wir an, dass wir Unterstützung brauchen, ohne dass wir Gewissheit darüber hätten, dass diese Unterstützung tatsächlich erfolgen wird. Selbst wenn wir als Vertrauende an Handlungsmacht gewinnen, indem wir anderen Handlungsmächtigen vertrauen, erkennen wir an, dass wir diese Handlungsmacht nur durch andere erlangen können. Vertrauen gilt also dem, der helfen kann. Wir können offensichtlich auch darauf hoffen, dass der, der helfen kann, helfen wird, aber diese Iden-

23 Thomas von Aquin, *Die Deutsche Thomas-Ausgabe*, II-IIae, 1-16, Bd. 15, Heidelberg 1950, S. 97 f. (q. 4, 1).

24 Thomas von Aquin, *Die Deutsche Thomas-Ausgabe*, II-IIae, 123-150, Bd. 21, a. a. O., S. 118 (q. 129, 6).

tität der Bedeutungen tritt zurück hinter den spezifischen Bezug auf intersubjektive Unterstützung in Verhältnissen asymmetrischer Macht (der andere muss mich nicht unterstützen, deswegen hoffe ich oder vertraue).

Diese Überlegungen mögen immer noch nicht ganz zufriedenstellen. Ohnehin ist ja nicht deutlich, inwieweit der damit ins Spiel gebrachte Vertrauensbegriff überhaupt auf Gott bezogen wird. Dass es möglich ist, das Vertrauen auf Unterstützung auch auf Gott zu beziehen, zeigt sich an einem vielgelesenen, anonym publizierten englischen Traktat aus dem 17. Jahrhundert mit dem Titel *The Whole Duty of Man*.[25] Der Autor skizziert dort mehrere Pflichten des Menschen gegenüber Gott, darunter die Pflicht, an Gott zu glauben (*faith*), die Pflicht der Hoffnung (*hope*), der Liebe (*love*), der Furcht (*fear*) und eben die, Gott zu vertrauen (*trust*).[26] Während die Hoffnung gefasst wird als ein Erhoffen des von Gott versprochenen Guten und der Glaube den von Gott in der Bibel offenbarten Verkündigungen gilt (wobei der Glaube nur dann ein ernster Glaube ist, wenn er mit der Bereitschaft einhergeht, sein Leben gemäß Gottes Vorgaben zu ändern), richtet sich das Vertrauen auf einen Gott, der vor den Gefahren der Sünde bewahrt, indem er uns die Kraft gibt, den Verlockungen der Sünde zu widerstehen.[27] Wir vertrauen darauf, dass Gott entweder die vorhandenen Versuchungen selbst beseitigt oder uns in die Lage versetzt, diesen Versuchungen selbst entgegenzutreten. Wir tun dies genau dann, wenn wir uns darauf verlassen, dass er uns diese unterstützenden Leistungen zuteil werden lässt. Zusätzlich vertrauen wir darauf, dass Gott unsere geistigen und körperlichen Bedürfnisse erfüllt – wir suchen beispielsweise seine Gnade und bitten um das »tägliche Brot«. Der Autor dieses Traktats schließt dabei insofern an die Tradition der Abwertung zwischenmenschlichen Vertrauens an, als er dazu auffordert, die Abhängigkeit von Gott zu suchen und sich keinesfalls auf andere »Kreaturen« zu verlassen. Zugleich hebt er jedoch hervor, dass die Abhängigkeit von Gott eine Reihe von Vorteilen mit sich bringt, die zu erwarten sind, wenn man sich derart einem anderen Wesen ausliefert: »Men, you know, think themselves highly concern'd not to fail those that depend and trust

25 Vgl. auch Baier, Art. »Confiance«, a. a. O., S. 284.

26 Anonym, *The Whole Duty of Man*, London 1659.

27 Ebd., S. 25 ff.

upon them; and certainly God doth so much more.« Es gibt also durchaus auch ein zwischenmenschliches Vertrauen, das in gewisser Weise sogar als Modell für die enge Bindung zu Gott fungiert. Mehr noch, so, wie wir durch einen einseitigen Vertrauensakt im anderen die Bereitschaft wecken können, dieses Vertrauen nicht zu enttäuschen, so können wir auch versuchen, auf Gott Einfluss zu nehmen, indem wir durch einen einseitigen Unterwerfungsakt seine Bereitschaft wecken, uns in Not und Gefahr zu unterstützen. Aber trotz dieser Parallelen bleibt es dabei, dass das, worum es im Gottvertrauen geht, nicht auf andere Weise als durch Gottvertrauen eingelöst werden kann. Es kann gewissermaßen gar keinen anderen Menschen geben, der die Autorität und die Macht besäße, all das zu erfüllen, was sich über ein intaktes Verhältnis zu Gott erfüllen lässt. Dass das, was da erfüllt werden soll, selbst religiöse Inhalte sind, verschärft nur noch die Notwendigkeit des Gottesbezugs im Vertrauen.

Auf diese Weise lassen sich unterschiedliche Objekte des Glaubens, der Hoffnung und des Vertrauens benennen, die helfen können, diese Begriffe in Distanz zueinander zu bringen.[28] Der Glaube gilt der Wahrheit des (in der Vergangenheit) verkündeten Worts, die Hoffnung richtet sich darauf, dass Gott (zukünftig) Milde walten lassen möge, wenn es darum geht, den Menschen in der Jenseitsperspektive zu beurteilen, und das Vertrauen zielt auf die Hilfe, die der Mensch braucht, um vor Sünde bewahrt zu werden und um seine geistigen und körperlichen Bedürfnisse zu erfüllen. Aber auch wenn es gelingt, die Begrifflichkeiten etwas genauer zu unterscheiden, indem – abstrakt gesprochen – unterschiedliche intentionale Objekte ausfindig gemacht werden, die zu den jeweiligen Einstellungen passen, bleibt es natürlich dabei, dass sie innerhalb des religiösen Kontextes eingebunden bleiben in ein Netz aus verwandten Begriffen, die nur im Gesamtzusammenhang ihre jeweiligen Bedeutungen annehmen. Allein über den Objektbereich lassen sich religiöse Haltungen jedenfalls nicht leicht voneinander differenzieren. Zwar gilt: Ich kann nicht neidisch sein auf etwas, was mir selbst gehört, was impliziert, dass der Objektbereich des Neids auf Gegenstände beschränkt bleibt, die anderen gehören. Aber es scheint möglich zu sein, darauf zu hoffen, dass mir ein an-

28 Siehe auch Baier, Art. »Confiance«, a. a. O., S. 284.

derer (oder Gott) hilft, oder aber darauf zu vertrauen. Unterschiedliche Einstellungen können sich auf die Hilfe richten, die mir ein anderer zuteil werden lassen kann. Ich kann sie erhoffen, ich kann mich auf sie verlassen, ich kann auf sie vertrauen. Will man dennoch Bedeutungsnuancen differenzieren, wird man feststellen, dass im Kontext der Abwertung des zwischenmenschlichen Vertrauens (passives Vertrauen) das Element der Abhängigkeit und im Kontext des Vertrauens als Voraussetzung der Handlungsmächtigkeit des Subjekts (aktives Vertrauen) das Element der Handlungsermöglichung im Mittelpunkt steht. In beiden Fällen gilt, dass die genaueren Konturen des Vertrauensbegriffs nur angemessen verstanden werden können, wenn der spezifische theologische Kontext berücksichtigt wird, in dem sie auftauchen. Bei allen Differenzen zwischen den Modellen des passiven und des aktiven Vertrauens verbinden sie sich doch in der Annahme, dass Vertrauen etwas mit Macht zu tun hat. Und das gilt natürlich auch für das Vertrauen in Gott. Seine Allmacht rechtfertigt das Vertrauen, das man ihm schenkt, denn nur er kann leisten, was im Vertrauen auf dem Spiel steht. Seine Allmacht begründet auch die Furcht, die neben dem Glauben, der Hoffnung, dem Vertrauen (und der Liebe) auf Gott gerichtet ist. Vor allem diese Furcht ist uns heute als Bestandteil einer Vertrauensdefinition fremd geworden. Wir fürchten nicht die potenziell strafende Gerechtigkeit des anderen, die uns allgemein beurteilt oder trifft, sondern ein konkretes Versagen des anderen, das etwas über ihn als Charakter verrät oder über uns, die wir ihn falsch eingeschätzt haben. Es passt nicht zum modernen Vertrauen, dass der, dem vertraut wird, in einer Weise allmächtig ist, die noch die Entscheidung über unser Seelenheil umfasst. Dennoch ist der theologische Begriff der Furcht relevant, weil er die Dimension der Verletzbarkeit erfasst, die auch für jeden säkularen Vertrauensbegriff maßgeblich ist. Folgt man den theologischen Überlegungen, kann Gott uns nur in dem Maße verletzen, in dem wir uns auf ihn eingelassen und uns seinem Macht- und Einflussbereich ausgesetzt haben. Es gibt, je nach religiöser Tradition, Anhaltspunkte dafür, dass Gott das Vertrauen, das wir in ihn setzen, nicht enttäuschen wird (wobei diese Anhaltspunkte im Luthertum bekanntlich äußerst schwach sind), aber es gibt keine Garantien und keine absolute Gewissheit.

13.4 Rationales Gottvertrauen

Die Überlegungen zum Gottvertrauen sollen nicht in Abrede stellen, dass der, dem da vertraut wird, nicht über die Eigenschaften verfügt, die wir Menschen zusprechen, denen wir vertrauen. Dieses Thema wurde bereits im Zusammenhang mit der Furcht vor Gottes Strafe angesprochen. Hieran lässt sich anknüpfen, um eine weitere Frage zu stellen. Es hieß, es gebe durchaus die Möglichkeit, unter Zuhilfenahme religiöser Argumente Vertrauen zu Mitmenschen zu rechtfertigen. Die Moral der Gottesebenbildlichkeit erlaube es einem potenziellen Vertrauensgeber, dem zu vertrauen, der Gottes Treue in sich abbildet. In diesem Sinne kann der Vertrauensgeber unter der Prämisse eigener Gläubigkeit darauf setzen, dass zum Beispiel die Furcht vor Strafe den gläubigen Empfänger des Vertrauens davon abhalten wird, das Vertrauen zu brechen. Entsprechend hat man im Kontext religiöser Vertrauensbeziehungen von einer »Motividentität« zwischen Geber und Empfänger des Vertrauens gesprochen: »Sorgt gesellschaftsweite Gottesfurcht für die Verläßlichkeit (Treue) der Vertrauensnehmer, so kann sie auch der Erwartung (dem Glauben) der Vertrauensgeber zugrundeliegen.«[29] Wie später zu zeigen sein wird, hat Locke in der Interpretation einiger Autoren genau aus diesem Grund versucht, seinen Vertrauensbegriff weiterhin religiös zu fundieren. Doch wenn es wahr wäre, dass das zwischenmenschliche Vertrauen einzig durch die Furcht vor einer möglichen Gottesstrafe motiviert ist, wäre am Ende das gefährdet, was im ersten Teil dieses Buches als intrinsische Wertschätzung des Vertrauens oder der Vertrauenspraxis bezeichnet wurde. Es sieht fast so aus, als könne man damit rechnen, dass der, der an Gott glaubt, empfangenes Vertrauen nicht brechen wird, und als hätte er wesentlich eigeninteressierte Motive für seine Vertrauenswürdigkeit.[30] Sollte das wiederum eine plausible Beschreibung sein, wird unklar, inwieweit es möglich sein kann, vor dem Hintergrund re-

29 Peter Niesen, »Vertrauen – eine Kantische Sicht«, in: Rainer Schmalz-Bruns/Reinhard Zintl (Hg.), *Politisches Vertrauen. Soziale Grundlagen reflexiver Kooperation*, Baden-Baden 2002, S. 99-123 (hier S. 99 f.).

30 Niesen spricht davon, es sei im religiösen Kontext nicht nur »rational«, anderen zu vertrauen, sondern auch vertrauenswürdig zu agieren (ebd., S. 100). Es geht mir jedoch darum zu zeigen, dass der Begriff der Rationalität in diesem Zusammenhang unglücklich ist.

ligiöser Überzeugungssysteme eine Vertrauenspraxis im hier spezifizierten Sinne zu etablieren. Steht, mit anderen Worten, das individuelle Seelenheil im Mittelpunkt der religiösen Bestrebungen, scheint jeder nur deswegen vertrauenswürdig zu sein, weil er um sein persönliches Wohl besorgt ist, nicht aber, weil er einer allgemein als intrinsisch wertvoll empfundenen Vertrauenspraxis folgt.

Ich glaube, dass hier ein wirkliches Problem für jede christlich inspirierte Begründung des Vertrauens liegt. Es ist letztlich Gottes Allmacht, die als solche bedingt, dass eigeninteressierte Motive der Normbefolgung nie ganz ausgeschlossen werden können. Zumal dann, wenn davon ausgegangen wird, dass Gott nicht nur gütig, sondern auch verantwortlich für die Verwirklichung des Guten ist, kann eine Form des Gottesgehorsams entstehen, die annimmt, es sei wichtig, Gott zu gehorchen, damit das Gute wirklich wird. Gleichwohl wäre es auch im christlichen Rahmen nicht unproblematisch, das Handeln des Gläubigen einzig auf Eigeninteresse zu stützen, denn es geht der christlichen Ethik ja gerade darum, die Perspektive des Eigennutzes zu überwinden oder zu brechen.[31] Insofern muss sie Platz lassen für andere Formen der Motivation und tut das auch. Was genau das für die Einstellung des Vertrauens bedeutet, kann sicherlich nur durch einen genauen Blick auf die religiösen Überzeugungssysteme beantwortet werden. So ist im Luthertum das Verhältnis des Menschen zu Gott bekanntlich extrem individualisiert und, wenn man so will, entinstitutionalisiert: »Innerlichkeit und christliche Gesinnung«, so Nipperdey, »sind abgehoben vom äußeren Tun und Treiben der Welt, von der Welt der Institutionen, des Rechts, der Taten.«[32] Es kann nicht verwundern, dass es im Rahmen einer derart verinnerlichten Glaubenskonzeption wenig Raum für spezifisch intersubjektives Vertrauen gibt, zumal wenn Vertrauen die Bedeutungen wie im Kontext der Lutherschen Überlegungen hat. Gleichwohl soll hier nicht ausgeschlossen werden, dass es so etwas wie eine religiöse Vertrauenspraxis geben kann, die ihren Namen verdient. Ich werde im Abschnitt über Locke zeigen, dass dessen Modell des Vertrauens in dieser Richtung vielleicht am

31 Siehe dazu Alasdair MacIntyre, *A Short History of Ethics. A History of Moral Philosophy from the Homeric Age to the Twentieth Century*, London, New York 1966, S. 109.

32 Thomas Nipperdey, »Luther und die moderne Welt«, in: ders., *Nachdenken über die deutsche Geschichte*, München 1986, S. 36-51 (hier S. 43).

weitesten vorangeschritten ist. Schon jetzt lässt sich allerdings festhalten, dass es die Haltung des Glaubens verkürzt, wenn man sie einseitig rationalistisch auslegt. Das Verhältnis zu Gott muss vielmehr als intrinsisch wertvoll und existenziell total gesehen werden, so dass auch die Bereitschaft, den Geboten Gottes zu gehorchen und *dadurch* vertrauenswürdig zu werden, ihren Wert nicht nur aus einer Abwehr möglicher Sanktionen gewinnt, sondern als Bestandteil eines Selbstverständnisses betrachtet werden kann, dem es darauf ankommt, in der Imitation Gottes ein gutes Leben zu führen.[33] Treue und Vertrauenswürdigkeit wären dann zwar immer noch Forderungen Gottes,[34] wären Pflichten, die es zu erfüllen gilt, aber es wären Pflichten, die den eigenen Neigungen nicht widersprechen. Ihnen nachzukommen ist nicht nur dann geboten, wenn Sanktionen drohen, es ist geboten, weil man sich im Glauben zu einer Person gemacht hat, die verlässlich sein *will*. Dieses Sich-dazu-Machen vollzieht sich dabei leichter in einer Kultur, in der religiöse Motive der Verlässlichkeit und Vertrauenswürdigkeit reziprok gestützt werden. In einer solchen Kultur kann das »Machen« dann unter günstigen Umständen vergessen werden, so dass Verlässlichkeit und Vertrauenswürdigkeit auf der individuellen Ebene den Charakter einer zweiten Natur annehmen. Doch selbst wenn es zu solch einer quasinaturgesetzlichen Praxis käme, in der wir uns mehr oder weniger blind darauf verlassen könnten, dass andere unser Vertrauen nicht enttäuschen, wäre es immer noch sinnvoll, den Begriff des Vertrauens nicht durch den des Sich-Verlassens-auf zu ersetzen. Gerade das religiöse Schrifttum macht immer wieder hinreichend deutlich, wie labil jede Praxis des Vertrauens sein muss.

33 Adnès, Fidélité, a. a. O., S. 317.

34 Mose, 11, 44: »Darum sollt ihr euch heiligen, so daß ihr heilig werdet, denn ich bin heilig.«

14. Die römische *Fides*-Kultur

Wir haben am Beispiel von Thomas von Aquin und Martin Luther eine Form des aktiven und eine des passiven Vertrauens kennen gelernt, die beide auf je eigentümliche Weise mit dem Phänomen der Übergabe von Macht verbunden sind. Die diesbezüglichen Unterschiede hatten etwas mit der unterschiedlichen Betonung der Ausgangslage des Vertrauenden zu tun. Während bei Thomas derjenige, der anderen vertraut, an Macht gewinnt, weil die Verlässlichkeit anderer seine Handlungsspielräume erweitert, konzipiert Luther Vertrauen eher als eine Anerkennung eigener Schwäche und Schutzbedürftigkeit. Hier scheint derjenige, dem vertraut wird, an Macht zu gewinnen, weil nun wesentliche Güter des anderen seinem Einfluss und Ermessen unterstellt sind. Beide Autoren gehen dabei davon aus, dass der, dem vertraut wird, nicht erst durch das Vertrauen Macht gewinnt, sondern schon davor über Macht verfügt und genau dadurch vertrauenswürdig wird.[35] Hinzugefügt werden muss dabei noch, dass der, dem vertraut wird, nicht einfach nur das Vertrauen gewinnt, weil er Macht hat, sondern weil er zugleich als sittlich oder moralisch inspiriert begriffen wird. Dass er die Macht, die er hat, nicht missbrauchen wird, liegt an seiner Bereitschaft, diese Macht zu zügeln oder in normativ akzeptable Bahnen zu lenken. Im Gottvertrauen wird dieser Aspekt in gebündelter Weise zusammengefasst: Gott ist nicht nur allmächtig, er ist auch gütig und gerecht. Luthers Problem mit dem zwischenmenschlichen Vertrauen mag genau hier seine Quelle haben: Der Mensch ist – im Vergleich zu Gott – zu verdorben, als dass ihm ernsthaft vertraut werden könnte.

Es sind diese Aspekte, die ihre sonst so unterschiedlichen Modelle einander annähern. In dem Maße nämlich, in dem beide Modelle Vertrauen als eine Übergabe von Macht an sittlich inspirierte Mächtige erfassen, sind sie Teil einer gemeinsamen Tradition, für die in der Regel der lateinische Begriff der *fides* einsteht. Anders als der griechische Begriff der *pistis* war *fides* Bestandteil einer auch lebensweltlich verankerten Kultur, die an verschiedenen Punkten

35 Thomas von Aquin, *Die Deutsche Thomas-Ausgabe*, II-IIae, 123-150, Bd. 21, a. a. O., S. 118 (q. 129, 6).

immer wieder die Leistungen und Eigenschaften dessen, der die *fides* hat, hervorhob und normativ auszeichnete. Was das genau bedeutet, möchte ich nun wenigstens skizzenhaft darstellen, wobei es mir darauf ankommen wird, jene Aspekte zu erwähnen, die für das Phänomen des Vertrauens besonders relevant sind.

14.1 *Alicui fidem habere*: Die Doppelseitigkeit des *Fides*-Begriffs

Die Übersetzung des *Fides*-Begriffs erweist sich als ein erstes Problem. Übersetzt man *fides* einfach mit Vertrauen (oder Zutrauen, Glauben), besteht nach Ansicht vieler Autoren die Gefahr, ein semantisch einseitiges modernes Verständnis zu projizieren. Wir sind es gewohnt, zu sagen »Ich vertraue dir« (habe Zutrauen zu dir, glaube dir) oder »Ich schenke dir mein Vertrauen«, und meinen damit »Ich gebe dir etwas, mit dem du dann etwas anfangen kannst«. Wir denken das Vertrauen vom Subjekt her, auch wenn wir seinen relationalen Aspekt hervorheben und betonen, dass es eines anderen bedarf, um überhaupt vertrauen zu können. Zugleich gehen wir davon aus, dass wir das, was wir schenken, irgendwie behalten. Wenn ich dir mein Vertrauen schenke, vertraue ich dir oder habe Vertrauen zu dir. Das, was ich dir schenke, geht mir also nicht verloren; ich *habe* es, obwohl ich es dir gegeben habe. Auch das Lateinische kennt ein derart aktives Vertrauen. Wenn Livius im Zusammenhang mit dem zweiten Punischen Krieg das Gerücht diskutiert, Hannibal hätte bei der Überquerung des Po seine Elefanten genutzt, »um die Gewalt der Strömung zu brechen«, fügt er nüchtern hinzu: »ea peritis amnis eius vix fidem fecerint«, was übersetzt wird mit: »dies dürften aber Leute, die den Fluß kennen, kaum glauben [*vix fidem*]«.[36] Der Hörer glaubt, was er gehört hat, oder er glaubt es nicht. Ähnlich kann Cicero in *De inventione* schreiben: »Wenn aber die Rede [...] bei den Zuhörern Vertrauen erweckt zu haben scheint [*fidem videbitur auditoribus fecisse*]«, und damit ebenfalls die Haltung der Zuhörer zum Gehörten beschreiben.[37]

36 T. Livius, *Ab urbe condita/Römische Geschichte*, Buch XXI-XXIII, München 1974, S. 103 (XXI 47, 5).

37 M. Tullius Cicero, *De inventione/Über die Auffindung des Stoffes*, Darmstadt 1998, S. 53 (I, 25).

Aber es hat Versuche gegeben, im *Fides*-Begriff auch eine andere Seite hervorzuheben, die besser von Ausdrücken wie »Zuverlässigkeit« oder »Vertrauenswürdigkeit« eingefangen wird. Eduard Fraenkel etwa betont in einem frühen Artikel über *fides*, dass zum Beispiel die Formel »alicui fidem habere«, die sich häufig beim römischen Komödiendichter Plautus findet, mit »jemandem vertrauen« im Grunde falsch übersetzt ist. Vielmehr impliziert *fides* hier »eine Eigenschaft dessen, dem man vertraut, oder genauer die Art seines Verhaltens dem anderen gegenüber, nicht eine geistige Tätigkeit oder eine Stimmung des Vertrauenden«.[38] *Fides* beschreibt folglich weniger eine Haltung oder Einstellung des Subjekts gegenüber einem Sachverhalt (einer Rede) als vielmehr eine Eigenschaft derjenigen Person beziehungsweise Rede, der vertraut wird. Sie ist zuverlässig, vertrauenswürdig und deswegen verdient sie überhaupt unser Vertrauen. In dieser Weise konnte man, wenn man »alicui honorem habere« sagt, damit meinen, dass jemand über Eigenschaften verfügt, die ihn ehrenhaft machen.

Fraenkel möchte mit seinem Artikel den Nachweis erbringen, dass *fides* nicht von Anfang an »Vertrauen« oder »Glauben«, sondern soviel wie Zuverlässigkeit, Treue oder Glaubwürdigkeit bedeutet hat, womit eben Eigenschaften desjenigen beschrieben werden, dem Vertrauen entgegengebracht wird. Es geht damit im *Fides*-Begriff um »all das, worauf man sich verlassen kann, Garantie im weitesten Sinne«.[39] Erst später hat sich dann die aktivere Bedeutung des Vertrauens und des Glaubens herauskristallisiert, und zwar vor allem über den Umweg der Rhetorik: in einer Rede musste es möglich sein, die Zuhörer so zu überzeugen, dass sie Vertrauen zum Gesagten schöpfen konnten. Unabhängig von dieser späteren Phase aber legt Fraenkel mit seinen Überlegungen zunächst nahe, dass im ursprünglichen *Fides*-Begriff die Zuverlässigkeit, Glaubwürdigkeit oder Treue des Vertrauensempfängers von diesem allein gewährt werden kann, gerade so, als spielte die Haltung des Vertrauensgebers in diesen Prozess gar nicht hinein. Genau an diesem Punkt setzt, wenn ich recht sehe, die Kritik Richard Heinzes in einem weiteren klassischen Text zur Thematik an. Heinze nämlich möchte dem *Fides*-Begriff von Anfang an eine »doppelseitige« Be-

38 Eduard Fraenkel, »Zur Geschichte des Wortes Fides«, in: ders., *Kleine Beiträge zur Klassischen Philologie*, 2 Bde., Rom 1964, Bd. 1, S. 15-26 (hier S. 16).

39 Ebd., S. 15.

deutung zumuten, die auf die Überlegung hinausläuft, dass jemand nur dann Vertrauenswürdigkeit haben kann, wenn sie von anderen anerkannt wird. Ob jemand als vertrauenswürdig eingeschätzt wird, entscheidet sich gewissermaßen am Vertrauen, das ihm entgegengebracht wird.[40] Genau darin besteht die Doppelseitigkeit des Begriffs: Die *fides* kann tatsächlich Eigenschaften dessen meinen, dem vertraut wird, aber sie verweist auch auf dieses Vertrauen selbst, das über die Vertrauenswürdigkeit des anderen bestimmt, indem es sie anerkennt. Mit anderen Worten: Was als Garantie im Sinne Fraenkels verstanden werden kann, wird nicht vom Empfänger des Vertrauens allein festgelegt, sondern hängt immer auch an der Bereitschaft des Vertrauensgebers, an die Zuverlässigkeit, Treue oder Glaubwürdigkeit des anderen zu glauben oder auf sie zu vertrauen. Auch der Formel »fidem habere alicui« eignet insofern eine aktivische oder subjektive Seite. So kann Benveniste in seiner späteren Rekonstruktion des *Fides*-Begriffs diese Formel übersetzen mit »jemandem die *fides* erweisen, die ihm zusteht« und damit implizit erfassen, dass es jemanden geben muss, der beurteilen kann, was dem anderen »zusteht«.[41] Interessanterweise vermeidet es Benveniste an dieser Stelle, den *Fides*-Begriff zu übersetzen, aber der Kontext legt nahe, hier von »Vertrauen« zu sprechen, denn das ist es, was dem anderen zusteht, und zwar vielleicht gerade deshalb, weil er die *fides* besitzt, also weil er vertrauenswürdig ist. Das Subjekt, das vertraut, ist aktiv, es *erweist* jemandem die *fides*, die ihm zusteht, aber es reagiert damit auf Eigenschaften des Vertrauensempfängers.

Benveniste erkennt hier die Quelle für Formulierungen, die verstanden werden müssen als Vertrauen, das man in jemanden setzt, und differenziert sie von anderen Formulierungen wie »fides est mihi apud aliquem«, was in seiner Übersetzung soviel heißt wie »Ich erwecke Vertrauen bei ihm« oder »Ich habe Kredit bei jemandem«.[42] Es sind diese Formulierungen, die in seinen Augen von unserem modernen Verständnis des Vertrauens abweichen, da

40 Richard Heinze, »Fides«, in: ders., *Vom Geist des Römertums. Ausgewählte Aufsätze*, Darmstadt [3]1960, S. 59-81 (hier S. 61: »Die *fides* [...] ist keine Eigenschaft, die objektiv dem ›Vertrauenswürdigen‹ zugesprochen würde, sondern schließt in sich Glauben oder Vertrauen des anderen«).

41 Emile Benveniste, *Indoeuropäische Institutionen. Wortschatz, Geschichte, Funktionen*, Frankfurt/M. 1993, S. 97.

42 Ebd., S. 96.

Vertrauen hier nichts ist, was ich dem anderen gebe, sondern etwas, was der andere mir gibt. Vertrauen ist hier der Kredit, den man beim Partner genießt und der einen in die Lage versetzt, darüber zu verfügen. Ausgehend von diesen Bestimmungen muss sich dann der subjektive Begriff des Vertrauens entwickeln, der Formulierungen möglich macht, in denen ich das Vertrauen einem anderen schenke. Unklar ist freilich, warum Benveniste aus dieser sprachlichen Differenzierung einen quasihistorischen Sachverhalt macht und nun seinerseits – wie Fraenkel – eine Phaseneinteilung vorschlägt, dergemäß in einer ersten Phase der Verwendung des *Fides*-Begriffs das Vertrauen noch nicht von mir einem anderen geschenkt, sondern nur von einem anderen in mich gesetzt werden konnte. *Fides* kann dann zwar mit Vertrauen übersetzt werden, aber eben – wie bei Fraenkel – nur in Kontexten, in denen ein anderer mir Vertrauen entgegenbringt. Nur: Wie sieht die Perspektive dieses anderen aus, der (mir) offenbar aktiv vertraut? Kann es ihn realiter geben, nicht aber semantisch oder syntaktisch? Das scheint wenig plausibel zu sein. Wenn ich jemandem Vertrauen schenke, scheine ich derjenige zu sein, der dem anderen vertraut und ihn über das Vertrauen verfügen lässt. Zumindest sieht es nicht so aus, als könne man zeigen, dass es im älteren Latein keine sprachliche Ressource gab, aktives Vertrauen auszudrücken. Schließlich findet sich die von Benveniste herangezogenen Formel »fidem habere alicui«, die bereits den Übergang zu einem modernen Verständnis subjektiven Vertrauens andeuten soll, ebenso bei Plautus (ca. 254-184 v. Chr.) wie die Formel »fides est mihi apud aliquem«, die mutmaßlich einen älteren Vertrauensbegriff indiziert. Angesichts dieses Sachverhalts ist es plausibler, mit Heinze beim *Fides*-Begriff stets dessen Doppelseitigkeit hervorzuheben.[43] Heinzes Überlegungen scheinen dabei einerseits von philosophischen Annahmen zu zehren, die bezweifeln, dass jemand im Bereich der *fides* Verhaltensgarantien geben kann, ohne dass ein anderer durch seine Einstellung Einfluss darauf nimmt, ob das, was als Garantie intendiert ist, tatsächlich als eine solche verstanden wird. Andererseits betont er, dass der *Fides*-Begriff in dem Bereich, in dem besonders starke

43 So auch Joseph Hellegouarc'h, *Le vocabulaire latin des relations et des partis politiques sous la République*, Paris 1963, S. 25. Hellegouarc'h verweist dort auf Überlegungen, die zeigen sollen, dass zwischen *fides* und *credo* auch eine etymologische Verwandtschaft besteht.

Garantien eingeholt werden können, nämlich im Recht, keine hervorgehobenen Rolle spielt, ja, er wirft Fraenkel untergründig eine Juridifizierung des Begriffs vor, obgleich doch die *fides* »dem Recht ursprünglich fremd« ist.[44]

Der sprachliche Befund besagt also, dass *fides* je nach Kontext sowohl mit »Vertrauen« als auch mit »Vertrauenswürdigkeit« übersetzt werden kann (und daneben natürlich auch noch eine Reihe weiterer Bedeutungen kennt). Aber derselbe Befund besagt auch, dass der Begriff, um jeweils zu bedeuten, was er bedeutet, eine im eminenten Sinne intersubjektive und praktische Struktur haben muss.[45] Nur der kann verlässlich sein, der von anderen als verlässlich erfahren wird, was auch impliziert, dass nur der verlässlich sein kann, der tatsächlich tut, was er verspricht oder ankündigt. Cicero hat deswegen im Anschluss an andere gemutmaßt, der Begriff *fides* leite sich von »Machen« oder »Tun« ab: »Daher [...] wollen wir [...] glauben, weil man nicht ungeschehen ›läßt‹, was zugesichert wurde [*quia fiat, quod dictum est*], sei die Bezeichnung ›Verläßlichkeit‹ [*fidem*] gewählt worden.«[46] Auch wenn man den etymologischen Befund nicht will, zeigt sich hier ein Verständnis für das, was im ersten Teil als praktischer Charakter der Einstellung des Vertrauens gekennzeichnet wurde. Wer in einer Beziehung steht, die sinnvoll unter den Begriff der *fides* gebracht werden kann, *handelt* in bestimmter Weise und hat damit die Ebene der bloßen Verlautbarung verlassen. Mindestens ebenso wichtig für meine Überlegungen ist aber auch die Tatsache, dass sich die volle Bedeutung des *Fides*-Begriffs erst erschließt, wenn er als Bestandteil einer umfassenden kulturellen Praxis verstanden wird, in deren Rahmen es immer wieder in ganz unterschiedlichen Kontexten darum geht, Formen der reziproken Verlässlichkeit zu etablieren und zum Ausdruck zu bringen, die zwischen Freunden notwendig sein kann, aber auch zwischen einem Patron und seinem Klienten oder dem Imperator und seinem besiegten Feind.

44 Heinze, »Fides«, a. a. O., S. 64; siehe auch S. 75.

45 Viktor Pöschl (»Politische Wertbegriffe in Rom«, in: *Antike und Abendland* XXVI [1980], S. 1-17, hier S. 13) spricht mit Blick auf *fides* von einem »Relationsbegriff, der eine Partnerschaft konstituiert«, was zu einigen Überlegungen im ersten Teil dieses Buches passt.

46 M. Tullius Cicero, *De officiis/Vom pflichtgemäßen Handeln*, Stuttgart 1976, S. 23 (I, 23).

14.2 Fides als *fundamentum iustitiae* (Cicero)

Dass bestimmte Formen der Treue, der Verlässlichkeit, der Fürsorge, der Verantwortung, der Loyalität, des Anstands oder des Gewissens zum Kernbestand römischer Tugenden gehören, ist oft belegt worden und muss nicht eigens thematisiert werden. Hier soll es nur darauf ankommen, in groben Konturen die praktischen Kontexte zu skizzieren, in denen diese Tugenden, für die der Begriff *fides* steht, strukturbildend waren. Der umfassende ethische Charakter dieser Tugenden lässt sich dabei anhand einzelner Überlegungen Ciceros belegen, da in seinem Werk von Anfang an die persönlichen, scheinbar privaten Einstellungen und Haltungen als stützende Elemente einer politischen Gemeinschaft erörtert werden. So beschreibt Cicero in *De officiis* (*Vom pflichtgemäßen Handeln*) Verlässlichkeit (*fides*) als eine »Grundforderung der Gerechtigkeit« (*fundamentum autem est iustitiae*), die darin besteht, Zusagen und Übereinkünfte einzuhalten, und auch darin, wahrhaftig zu sein.[47] Gerechtigkeit wiederum zählt neben der Weisheit, der Tapferkeit und der Mäßigung zu jenen Kardinaltugenden, deren Besitz und Ausübung Ehre versprechen, die als letzter Maßstab dessen gilt, was pflichtgemäß zu tun ist. Trotz dieser horizontalen Reihung der Tugenden besitzt die Gerechtigkeit eine gewisse Vorrangstellung, da nur durch sie »die Zusammengehörigkeit der Menschen untereinander und gleichsam ihre Lebensgemeinschaft [*communitas*] bewahrt wird«.[48] Ohne eine stabile Gemeinschaft ist es laut Cicero gar nicht möglich, Tugenden wie Weisheit oder Tapferkeit zu erlangen, und genau deswegen kann Gerechtigkeit im dritten Buch von *De officiis* (28) als die »aller Tugenden Herrin und Königin« (*domina et regina virtutum*) bezeichnet werden.

Aber was genau verlangt Gerechtigkeit vom einzelnen und welche Rolle spielt die Verlässlichkeit in ihr? Gerechtigkeit verlangt erstens die Bereitschaft, anderen keinen Schaden zuzufügen sowie andere vor Schaden zu schützen. Sie verlangt zweitens, dass Gemeingut als Gemeingut und private Güter als private Güter behandelt werden. Drittens verlangt sie die bereits erwähnte Verlässlichkeit und schließlich auch »gütiges Handeln« (*beneficentia*), das als Güte (*benignitatem*) oder Freigebigkeit (*liberalitas*) auftre-

47 Ebd., S. 23 (I, 23).
48 Ebd., S. 21 (I, 20).

ten kann.[49] Wie schnell ersichtlich ist, wird Gerechtigkeit damit nicht so sehr als eine Eigenschaft gesellschaftlicher Institutionen angesehen, sondern eher als eine individuelle Eigenschaft, in der sich eine Haltung zur Gemeinschaft widerspiegelt. Diese Haltung allerdings nährt eine Eigenschaft des Menschen, die man (mit Cicero) als seine natürliche Geselligkeit bezeichnen kann. Die Natur bringt, so Cicero, »den Menschen dem Mitmenschen nahe zur Gemeinschaft der Rede und der Lebensgestaltung«, und das nicht nur, weil es darum geht, in gegenseitiger Arbeitsteilung das zum Leben Notwendige zu beschaffen, sondern weil es ein natürliches Bedürfnis ist, die spezifisch menschlichen Fähigkeiten und Tugenden in Kontakt mit anderen auszuüben.[50] Wer diese natürliche Geselligkeit an sich erfährt, hat schon allein deswegen einen Grund, das zu tun, was der Gemeinschaft nützt, und das heißt, er hat einen Grund, gerecht zu sein (denn die Vernunft soll der Natur folgen). Auch die Aufforderung, andere vor Ungerechtigkeit zu schützen, verrät den eminent politischen Charakter der Gerechtigkeitskonzeption Ciceros. Es reicht nicht, nur deswegen gerecht zu sein, weil Gerechtigkeit Bedingung einer tugendhaften und gesunden Seele ist; es geht vielmehr in der Gerechtigkeit um das Gut der Gemeinschaft, das auch dann angegriffen wird, wenn andere unter Ungerechtigkeiten leiden, mit denen ich selbst im engeren Sinne nichts zu tun habe. Man muss sich nur klarmachen, was aus dieser Forderung für den Gerechtigkeitssinn des Einzelnen folgt. Es ist ungerecht, so Cicero explizit in *De officiis* (23), das Unrecht nicht von denen fernzuhalten, denen Unrecht zugefügt wird (wenn man dazu in der Lage ist). Damit aber wird implizit eingeräumt, dass der Schaden, den der andere hat, wenn ich nichts tue, um diesen von ihm abzuwenden, auch mein Schaden ist. Im anderen wird durch Unrecht gewissermaßen der Gemeinschaftssinn angegriffen, durch den auch alle anderen in das Gemeinwesen integriert sind.[51] Das heißt auch, dass das Interesse

49 Ebd., S. 21 (I, 20 f.).

50 Ebd., S. 15 (I, 12); siehe auch I, 158. Vgl. M. Tullius Cicero, *De re publica/Vom Gemeinwesen* (Stuttgart 1979, S. 131, I, 39): Der erste Beweggrund der Menschen, zusammenzukommen, »ist nicht so sehr die Schwäche als eine sozusagen natürliche Geselligkeit der Menschen« (*naturalis quaedam hominum quasi congregatio*).

51 Siehe E.M. Atkins, »›Domina et Regina Virtutum‹: Justice and Societas in De Officiis«, in: *Phronesis* XXXV/3 (1990), S. 258-289.

des Einzelnen an der Gemeinschaft mit dem Interesse der anderen an der Gemeinschaft zusammenfällt, oder: dass das, was nützlich ist, mit dem korreliert, was moralisch geboten ist. Der Versuch, sich unter Umgehung der allgemeinen Gerechtigkeitsordnung Vorteile zu verschaffen, verstößt nicht nur gegen moralische Prinzipien, er endet auch mit dem Verlust der eigenen Stellung in der Gemeinschaft. Noch für die Räuberbande gilt: »[W]er einem von denen, die mit an dem Raub beteiligt sind, etwas stiehlt oder entreißt, der läßt für sich nicht einmal in einer Räuberbande einen Platz, jener aber, der als Räuberhauptmann bezeichnet wird, wird wohl, wenn er die Beute nicht gleichmäßig verteilen sollte, von seinen eigenen Spießgesellen umgebracht oder verlassen.«[52] Weil aber Ehre die letzte Quelle der Stellung in der Gemeinschaft ist, kann es nicht im Interesse des Einzelnen liegen, durch Unrecht seine Ehre zu gefährden. Diese postulierte Identität zwischen dem Nutzen der Einzelperson und dem allgemeinen Interesse, von der Cicero in *De officiis* spricht (III, 26), sollte auch den Schluss verhindern, es sei empfehlenswert, der Gemeinschaft dann Schaden zuzufügen, wenn daraus, aus welchen Gründen auch immer, keine negativen Konsequenzen für den Täter folgen. Es sind letztlich die Vorschriften der Natur, die der befolgt, der gerecht handelt, und die jeder kennen kann, der über Vernunft (*ratio*) verfügt; werden diese gebrochen, widerspricht er all dem, was ihn überhaupt zum Menschen macht, das heißt, er widerspricht seiner eigenen Natur, die zu »Verbindung und Geselligkeit mit den Menschen und zu einer naturgemäßen Vergesellschaftung« tendiert.[53]

Mit diesen Überlegungen ist freilich noch gar nicht angegeben, was genau es im Einzelnen heißt, anderen kein Unrecht zuzufügen, sie vor dem Unrecht Dritter zu schützen oder ihnen mit Wohltätigkeit zu begegnen. Ciceros Überlegungen zu dieser Frage sind nicht sehr detailliert, aber sie beruhen in allen Fällen auf einem inegalitären oder proportionalen Gerechtigkeitsbegriff. Den Menschen mit Gerechtigkeit zu begegnen, verlangt nämlich, sie zuvor nach den »Stufen der Würde« (*gradus dignitatis*) einzuteilen, und dann die eigenen Handlungen an diese Einteilung anzupassen, woraus sich ein

52 Cicero, *De officiis/Vom pflichtgemäßen Handeln*, a. a. O., S. 177 (II, 40).

53 M. Tullius Cicero, *De finibus bonorum et malorum/Über die Ziele des menschlichen Handelns*, München/Zürich 1988, S. 231 (III, 65).

ungleicher Umgang mit den anderen ergibt.[54] Die darin enthaltene und gelegentlich auch ausgesprochene Formel, wonach jedem das Seine zukomme, impliziert die Bereitschaft, zwischen ranghohen und rangniedrigen Personen zu unterscheiden, und zusätzlich das Vermögen, auf der Basis dieser Unterscheidung das eigene Handeln zu orientieren. In dem Maße, in dem beispielsweise die Wohltätigkeit Bestandteil der Gerechtigkeit ist, muss auch bei ihr, wie es in *De officiis* heißt (I, 45) eine »Auswahl nach Würde« erfolgen, muss sie auf den Charakter und die Gesinnung dessen achten, dem die Wohltätigkeit zukommen soll. Gleichbehandlung im strengen Sinne bedeutet Ungerechtigkeit. Darüber hinaus darf Gerechtigkeit nicht dazu führen, die nächsten Angehörigen zu vernachlässigen, und verlangt insofern auch in dieser Hinsicht ein Differenzierungsvermögen. Auch wenn es prinzipiell nicht untersagt ist, Fremden zu helfen, beschränkt sich die Reichweite der Gerechtigkeit zunächst auf den Nahbereich, da es diesem Modell nach eher der Natur des Menschen entspricht, denjenigen zu helfen, denen man durch Verwandtschaft oder Freundschaft verbunden ist. An manchen Stellen (etwa in I, 58 von *De officiis*) geht Cicero so weit, eine Art Rangfolge bezogen darauf zu erstellen, wem im Konfliktfall zuerst zu helfen ist. An erster Stelle steht die Vaterstadt (*patria*), es folgen die Eltern, die Kinder und schließlich die weiteren Verwandten.

Wie fügt sich nun in dieses Gerechtigkeitsmodell die Tugend der *fides* in ihren verschiedenen Facetten ein? Da sie, wie angedeutet, Bestandteil der Gerechtigkeit ist und Gerechtigkeit wiederum diejenige Tugend ist, die alle Formen der Gemeinschaft (auch die Räuberbande) stabilisiert, ist davon auszugehen, dass das Vermögen der Treue und Vertrauenswürdigkeit überall dort Relevanz besitzt, wo es darum geht, durch eigene Verlässlichkeit soziale Bande zu schützen oder überhaupt erst als solche zu konstituieren. Cicero lässt keinen Zweifel daran, dass *fides* eine zentrale Stellung im Gerüst der römischen Gesellschaftsstruktur innehat, und es kann nach dem Gesagten auch nicht weiter überraschen, dass sie in verschiedenen gemeinschaftsbildenden Kontexten thematisch wird. Diese Kontexte seien in loser Reihenfolge genannt: (a) Das Verhältnis zwischen Regierungsbeamten (*magistratus*) und Bürgern wird als ein Vertrauensverhältnis beschrieben; der Beamte handle in der

54 Cicero, *De re publica/Vom Gemeinwesen*, a. a. O., S. 134 (I, 43). Vgl. Neal Wood, *Cicero's Social and Political Thought*, Berkeley 1988, S. 70 ff.

»Rolle der Bürgerschaft« (*personam civitatis*), die seiner »Verläßlichkeit« anvertraut ist (*fidei suae commissa*).[55] Die Beamten setzen sich gleichsam die Maske des Gemeinwesens auf (mit dem sie folglich nicht identisch sind) und sehen sich dadurch mit der Aufgabe konfrontiert, die Interessen dieses Gemeinwesens, und das heißt die Interessen aller dem Gemeinwesen zugehörigen Bürger, vertrauensvoll zu schützen. Diese Maske repräsentiert auf diese Weise das Gemeinwesen und bündelt in sich symbolisch die Verpflichtungen all derer, die öffentliche Ämter annehmen. (b) Die *fides* ist, worauf noch näher einzugehen sein wird, auch in außenpolitischen Belangen wichtig, insbesondere wenn man sich als besiegte Partei in die Obhut des siegreichen Feldherrn begibt. Dieser kann ein Schutzversprechen abgeben (*imperatorum fidem*), woraus sich für ihn dann eine ganze Reihe von Verpflichtungen ergibt. Er kann den Gegner, der kapituliert hat, seinem Schutz unterstellen (*recipere in fidem*), dieser wiederum kann sich ihm anvertrauen (*dare se in fidem*) und dadurch zum Bundesgenossen werden. Cicero geht in *De officiis* (II, 26f.) so weit, das Vertrauen zwischen Sieger und Besiegtem mit der Kraft auszustatten, aus bloßer Herrschaft eine Schirmherrschaft (*patrocinium orbis terrae*) zu machen, so dass die Gewalt an der Wurzel dieser Beziehung in Vergessenheit gerät. Der Bruch dieses Vertrauens dagegen resultiert in würdelosem Verhalten gegen die Besiegten, das sich etwa dann zeigt, wenn ihre Besitztümer verkauft oder wenn sie öffentlich gedemütigt werden. (c) Zu den Prinzipien der Gerechtigkeit gehörte, wie erwähnt, auch das Respektieren des privaten und des öffentlichen Eigentums. In diesem Bereich ist es folglich zentral, geliehene Güter oder empfangene Kredite zurückzuerstatten, denn »nichts hält das Gemeinwesen wirkungsvoller zusammen als die Verläßlichkeit [*fides*], die nicht bestehen kann, wenn die Erstattung anvertrauten Guts nicht notwendig ist«.[56] (d) Ein weiterer durch die *fides* strukturierter Bereich ist die Freundschaft (*amicitia*). Sie zeichnet sich in einer Variante vor allem durch gegenseitiges Wohlwollen, durch übereinstimmende Meinungen und Wahrnehmungen sowie durch Beständigkeit aus.[57] Freundschaft kann in diesem Sinne intensiver oder näher als

55 Cicero, *De officiis/Vom pflichtgemäßen Handeln*, a.a.O., S.109 (I, 124). Vgl. zu dieser Stelle Wood, *Cicero's Social and Political Thought*, a.a.O., S.135f.

56 Cicero, *De officiis/Vom pflichtgemäßen Handeln*, a.a.O., S.219 (II, 24).

57 Es gibt auch Freundschaftsvarianten, die stärker auf instrumentellen Interessen

Verwandtschaft sein, die gelegentlich ohne Wohlwollen empfunden wird. Sie zeichnet sich durch eine natürliche Gleichgesinntheit aus, die dennoch auf einer Wahl beruht: »Weiterhin ist es angemessen«, so Cicero, »einen schlichten, umgänglichen und gleichgesinnten Mann auszuwählen, das heißt einen, der sich durch dieselben Eindrücke bestimmen läßt, denn alle diese Eigenschaften gehören zur Treue [*fidelitatem*]. So wenig ein vielfältiges und gewundenes Wesen treu sein kann, so wenig kann auch einer, der nicht durch gleiche Eindrücke bestimmt wird und von Natur mit uns im Einklang ist, treu oder beständig sein.«[58] In der Freundschaft geht es darum, jemanden zu finden, der nicht erst im Umgang mit uns gleiche Gesinnungen annimmt, sondern von sich aus Eigenschaften aufweist, die der Freundschaft zuträglich, weil der Natur gemäß sind. Der Freund ist ein *Alter Ego*, dem man, ganz unabhängig vom Nutzen, schon allein deswegen zugewandt ist, weil eine eigene Freude in wechselseitiger Zuneigung besteht. Wir sind dem anderen nicht zugetan, weil wir bedürftig oder schwach sind, weil wir also etwas von ihm brauchen, sondern, weil wir die Liebe zu ihm als »eigensten« Genuss empfinden (*Laelius*, XXXI). Weil Freundschaft vor allem Beständigkeit und Treue erfordert, diese Tugenden aber den guten Menschen auszeichnen, hebt Cicero immer wieder hervor, dass nur zwischen Guten Freundschaft sein kann. Und er erwähnt auch, dass wir Rechtschaffenheit (*vis probitatis*) selbst an jenen bewundern, die wir nicht kennen oder die unsere Feinde sind. Diese könnten im Prinzip unsere Freunde werden, da wir ihnen schnell in einer »liebevollen Hinneigung der Herzen« begegnen, aber damit aus dieser Liebe Freundschaft wird, muss die Erfahrung von Zuneigung und Güte, müssen Gewohnheit des Umgangs und Nähe hinzukommen. Diese erlebte Freundschaft aber bleibt ein seltenes Phänomen, sie entfaltet sich nur »zwischen zwei oder wenigen Personen« (*Laelius*, XIX und XXIX).[59] (e) Wir sind dem Einflussbereich der *fides* bislang in mehr oder weniger institutionalisierten Kontexten begegnet (Politik, Außenpolitik, Eigentum, Freundschaft) – ein nicht unerhebliches Faktum. Es sind

beruhen; vgl. Hellegouarc'h, *Le vocabulaire latin des relations et des partis politiques sous la République*, a. a. O., S. 48 ff.

58 M. Tullius Cicero, *Laelius. Über die Freundschaft*, Stuttgart 1970, S. 29 (XVIII).

59 Siehe zu diesen Passagen Jacques Derrida, *Politik der Freundschaft*, Frankfurt/M. 2000, S. 231 ff.

konkrete Praktiken, die durch *fides*, das heißt durch Verlässlichkeit, Treue, Vertrauen und Vertrauenswürdigkeit ermöglicht und stabilisiert werden, Praktiken, in denen es immer auch um anderes geht als um Vertrauen (nämlich um Repräsentation, Herrschaft, Selbsterhaltung durch Besitz oder Liebe). Der *Fides*-Begriff kann aber auch unspezifischer verwendet werden, etwa wenn es darum geht, denen zu vertrauen, die Aufgaben übernommen haben, denen man selbst nicht nachgehen kann, was zweifellos in ganz unterschiedlichen Handlungsbereichen der Fall sein kann. Auch im Falle von »Geschäften, die wir nicht persönlich wahrnehmen können« und die durch die »redliche Bemühung [*fides*] unserer Freunde stellvertretend« ausgeführt werden, gilt: »Wer das gegenseitige Vertrauen verletzt, greift eine allen Bürgern gemeinsame Schutzwehr an und stört das gesellschaftliche Leben [*disturbat vitae societatem*].«[60] Auffällig ist hier, was schon in anderen Zusammenhängen gelegentlich betont worden ist: Einzelne Akte des Vertrauens sind eingelassen in einen umfassenderen sozialen Zusammenhang, mit dem sie gleichsam wie durch unsichtbare Fäden verbunden sind. Wird das Vertrauen eines Einzelnen enttäuscht, ist der ganze soziale Zusammenhang, an dem auch das einzelne Verhältnis partizipiert, in Gefahr. Das Allgemeine trägt das Partikulare und umgekehrt, und nur weil dies so ist, löst der einzelne Vertrauensbruch eine weit über ihn hinausreichende Kraft der Zerstörung aus. Wenn Gerechtigkeit erfordert, dem anderen keinen Schaden zuzufügen, dann ist ein zugefügter Schaden nicht nur einer an ihm, sondern an allen, die sich dem Regime der Gerechtigkeit unterworfen haben. Die *disturbatio*, die dadurch ausgelöst wird, betrifft das Vertrauen darauf, dass der andere noch ein ähnliches Praxisverständnis hat wie ich selbst, ein Vertrauen, das selbst wieder nur im Rahmen dieser Praxis überhaupt erworben wird.

14.3 *Dextra data et accepta*: Symbolik der Treue

Was an Cicero in Ausschnitten gezeigt wurde, sind zunächst nichts weiter als theoretische Verlautbarungen, von denen nicht wirklich klar ist, inwieweit sie als Reflexion einer tatsächlich üblichen Praxis

60 M. Tullius Cicero, »Rede für Sextus Roscius aus Ameria«, in: Liselot Huchthausen (Hg.), *Römisches Recht*, Berlin/Weimar 1975, S. 350 (Abschnitt 111).

betrachtet werden können. Dass etwa im Bereich der Außenpolitik die Schutzherrschaft Roms gegenüber unterlegenen Gegnern hervorgehoben wird, ist in Teilen bereits Reaktion auf den beobachtbaren Verfall der Sitten. Wenn aber dennoch von einer spezifisch römischen *Praxis* des Vertrauens gesprochen werden soll, dann muss es nach dem, was im ersten Teil des Buches gesagt wurde, möglich sein, symbolische Verdichtungen dieser Praxis zu finden, welche die intrinsische Werthaftigkeit der *fides* kennzeichnen. Gerade mit Blick darauf lässt sich auf der Grundlage der Forschung mittlerweile eine ganze Reihe von Beispielen anführen. So gab es auf dem Capitol einen der römischen Göttin *Fides* geweihten Tempel, der neben religiösen Funktionen auch Stätte stärker weltlicher Rituale und Handlungen war. In diesem Fidestempel sollen Senatssitzungen stattgefunden haben, und er diente als Archiv und als Ort für Weihungen, die den Schutz internationaler Abmachungen zum Ausdruck brachten. Mit Blick auf die religiöse Dimension berichtet Titus Livius in seiner *Römischen Geschichte* von dem sagenhaften König Numa, der für die *Fides* einen Kult errichten ließ: »Zu ihrem Heiligtum ließ er die Flamines auf einem zweispännigen Planwagen fahren und, die Hand bis zu den Fingern eingewickelt, das Opfer vollziehen; damit sollten sie dartun, daß die Treue zu schützen und daß auch der Sitz der Treue in der rechten Hand etwas Heiliges sei [*sacratam esse*].«[61] Die genaue Deutung dieses Kults ist umstritten und kann hier nicht weiter kommentiert werden. Grundsätzlich dienten Tempel, die einer begrifflichen Gottheit gewidmet waren und in denen Kräfte und Eigenschaften des Menschen objektiviert wurden, als Mittel, »staatstragende Vorstellungen« in repräsentativer Weise darzustellen.[62] Was sich in einem solchen Tempel also verdichtet, ist die idealisierende Wertschätzung, die normativ hochstehenden Begriffen und den mit ihnen verbundenen Praktiken entgegengebracht wird. Andere Tempel der Zeit (im 4. und 3. Jahrhundert v. Chr.) waren etwa Begriffen wie *Spes*, *Libertas*, *Honos*, *Mens* und *Virtus* geweiht. Der Aspekt der Idealisierung muss dabei eigens hervorgehoben werden. In sakralen oder weltlichen

61 Titus Livius, *Ab urbe condita/Römische Geschichte*, Buch I-III, München/Zürich 1987, S. 59 (I, 21). Zum Tempel selbst vgl. Christopher Reusser, *Der Fidestempel auf dem Kapitol in Rom und seine Ausstattung*, Rom 1993.

62 Tonio Hölscher, »Die Anfänge römischer Repräsentationskunst«, in: *Mitteilungen des deutschen archäologischen Instituts Rom* 85 (1978), S. 315-357 (hier S. 350).

Repräsentationsbauten konfrontiert sich eine Kultur gleichsam mit den in ihr geschätzten Wertvorstellungen, um sie als Maßstab eigenen Verhaltens und als Mittel der Beurteilung fremden Verhaltens sichtbar zu machen – von den Barbaren heißt es bei Livius, deren Treue hänge vom Glück ab (*ex fortuna pendet fides*).[63] Diese Bauten symbolisieren insofern Wertvorstellungen, in denen sich kulturell äußerst einflussreiche Selbstverständnisse verdichten, stehen damit aber zugleich für Aspekte des Selbstverständnisses, die das einzelne Selbst transzendieren und auf eine größere Gemeinschaft beziehen. Selbst wenn die Praxis der *fides* immer auch instrumentelle Effekte aufweist und Vorteile für diejenigen mit sich bringt, die sich an ihr orientieren, muss sie selbst in kollektiv geteilten oder anerkannten Wertvorstellungen verankert sein, die als solche auf eine Erfahrungsschicht verweisen, die über eine vom Eigeninteresse diktierte Erfahrungswelt hinausgeht.[64] Die Vergöttlichung einzelner Tugenden offenbart in dieser Weise Dimensionen der intrinsischen Wertschätzung der *fides*. Nicht ohne Grund mahnt Cicero, dass dort, wo »Heiligkeit und Religion schwinden [...], auch die Treue und das Gemeinschaftsgefühl des Menschengeschlechtes [*fides etiam et societas generis humani*] und die höchste aller Tugenden, die Gerechtigkeit, aufgehoben werden«.[65] Ohne hier Überlegungen zur Frage der spezifisch römischen Religiosität anzustellen, lässt dieses Zitat erkennen, in welchem Maße die *fides* als ein soziales Bindemittel betrachtet wurde, das nur aufgrund einer eigenen quasisakralen normativen Kraft die Stabilität römischer Gemeinschaftsbildung garantieren konnte. Die Empörung, die dem Bruch der Treue folgt, ließe sich nicht gut erklären, wenn einzig Eigeninteresse den Umgang mit dieser Treue leiten würde. Den besiegten Gegner auszuplündern, mag hohe Gewinne mit sich bringen. Doch der Bruch der Treue gefährdet ganz unabhängig vom Eigeninteresse eine Praxis, die im Kern, wie noch deutlich werden wird, einem moralischen Verständnis folgt und deswegen eigene Erwartungen

63 Titus Livius, *Ab urbe condita/Römische Geschichte*, Buch XXVII-XXX, Düsseldorf/Zürich 1997, S. 233 (XXVIII, 17,7).

64 Ich folge hier der Wertentstehungstheorie von Hans Joas in *Die Entstehung der Werte*, Frankfurt/M. 1997; siehe auch meine Rezension zu diesem Buch in *Deutsche Zeitschrift für Philosophie* 47:3 (1999), S. 525-533.

65 M. Tullius Cicero, *De natura deorum/Vom Wesen der Götter*, Darmstadt 1990, S. 11 (I, 3-4).

und Sanktionen generiert. Weil an dieser Praxis jeder einzelne Akt der Treue und Vertrauenswürdigkeit partizipiert, sieht sie sich auch durch jeden einzelnen Missbrauch als ganze gefährdet. Selbst wenn sie real nicht wirklich gefährdet ist, bedeutet der einzelne Bruch doch ihre symbolische Aufhebung.

Es gibt noch weitere kulturell bestimmte Ausdrucksseiten der römischen *fides*. So sind beispielsweise Münzen gefunden worden, auf denen eine zumeist weibliche Gottheit den Namen *Fides* oder πίστις trägt und mit ihrem rechten Arm einer sitzenden Figur, der personifizierten oder deifizierten 'Ρώμα, einen Kranz oder eine Krone aufsetzt.[66] Gelegentlich ist die Gestalt der *Fides* umgeben von Zeichen des Reichtums wie Früchten, Ähren oder Füllhörnern. Interessanter für unsere Zusammenhänge ist jedoch ein anderes Ausdruckszeichen, nämlich der Handschlag oder das Ausstrecken der rechten Hand beim Schwur. Die rechte Hand symbolisiert den Sitz der *fides* und wird deswegen beim Pakt oder Schwur ausgestreckt, so dass sie sich mit einer anderen rechten Hand verschlingen kann. Bei Plinius dem Älteren heißt es: »Auch andere Körperteile genießen eine gewisse Verehrung, wie etwa die rechte Hand: man ergreift sie, um sie auf der Rückseite zu küssen, und streckt sie beim Schwur aus [*in fide porrigitur*].«[67] Von der bereits erwähnten Tempelstatue der Göttin *Fides* nimmt man ebenfalls an, dass sie mit ausgestreckter rechter Hand dargestellt wurde. Das zumindest legt Valerius Maximus in seiner Schrift über *Denkwürdige Taten und Worte* nahe, in der es heißt, die ehrwürdige Göttin *Fides* zeige ihre rechte Hand – »certissimum salutis humanae pignus«.[68] Eheversprechen, Gastfreundschaft und Eide – sie alle werden mit der rechten Hand besiegelt. Auch Bündnisse und andere Formen des politischen Treueverhältnisses werden symbolisch immer wieder durch verschlungene rechte Hände dargestellt. Dabei ist zu beachten, dass die verschlungenen rechten Hände bereits den Vollzug des

66 Abbildung 18 in Gérard Freyburger, *Fides. Etude sémantique et religieuse depuis les origines jusqu'à l'époque augustéenne*, Paris 2009; siehe auch Karl-J. Hölkeskamp, »*Fides – deditio in fidem – dextra data et accepta*: Recht, Religion und Ritual in Rom«, in: Christer Bruun (Hg.), *The Roman Middle Republic. Politics, Religion, and the Historiography c. 400-133 B.C.*, Rom 2000, S. 223-249 (hier S. 236).

67 C. Plinius Secundus d.Ä., *Historia naturalis/Naturkunde*, Buch XI, Darmstadt 1990, S. 161 (XI, 251).

68 Valerius Maximus, *Facta et dicta memorabilia/Denkwürdige Taten und Worte*, Stuttgart 1991 (VI, 6).

Bündnisses signalisieren, während die ausgestreckte rechte Hand nur die Absicht oder den Wunsch markiert, ein vertrauensvolles Verhältnis zum anderen aufzunehmen. Typisch sind Szenen auf Bronzetafeln, Münzen oder Fresken, in denen eine Rom unterlegene Partei durch Ausstrecken der Hand darum bittet, in die *fides* Roms aufgenommen zu werden. Erst wenn die überlegene Partei die Hand annimmt und der Handschlag vollzogen wird, tritt sie tatsächlich in den Bereich der *fides* ein. Dass auf vielen dieser künstlerischen Darstellungen der römische Imperator oder Feldherr die ihm entgegengebrachte rechte Hand noch nicht ergriffen hat, impliziert dabei vermutlich, dass es einzig in seiner absoluten souveränen Macht liegt, diesen Akt zu vollziehen, dass also die unterwerfende Geste kein »Recht« auf Aufnahme in den Bereich der römischen *fides* nach sich zieht. Auch kann der Imperator zwar die Hand ergreifen, aber nicht die Hand an sich, sondern das Handgelenk, um so den Eindruck zu vermeiden, es handle sich um eine ebenbürtige Beziehung.[69] Schließlich gibt es auch noch die Geste der totalen Kapitulation, die darin besteht, dem Sieger beide Hände entgegenzustrecken als Zeichen der Bereitschaft, sich fesseln zu lassen. Diese Geste impliziert eher ein Sich-Ausliefern an die Willkür oder an das Ermessen der überlegenen Partei und weniger eine Bitte um Schutz und Patronage, die in den meisten Fällen durch Ausstrecken nur der rechten Hand vollzogen wird.[70]

Auch dieser Sachverhalt macht noch einmal deutlich, in welchem Maße eine bestimmte Form der Treue, der Vertrauenswürdigkeit und Verlässlichkeit (oder ihrer Anrufung) einen sakralisierten Charakter angenommen hat, der mit eigenen Erwartungen und Sanktionen verbunden und insofern symbolisch hochgradig aufgeladen ist. In der Geste des Handschlags oder der ausgestreckten rechten Hand verdichtet sich ein ganzes Geflecht von kultu-

69 Silke Knippschild, *»Drum bietet zum Bunde die Hände«. Rechtssymbolische Akte in zwischenstaatlichen Beziehungen im orientalischen und griechisch-römischen Altertum*, Stuttgart 2002, S. 48. Pierre Boyancé (»La main de *Fides*«, in: ders., *Études sur la religion romaine*, Rom 1972, S. 121-133) suggeriert, die Initiative zur Aufnahme in die *fides* könne nur vom überlegenen römischen Herrscher ausgehen; das aber wird durch das archäologische Material nicht bestätigt.

70 In einem vielzitierten Aufsatz interpretiert Gerhard von Beseler die »Darstreckung« der (beiden) Hände als Form des *in fidem venire* (»Fides«, in: *Atti del Congresso Internazionale di Diritto Romano*, Rom 1933, S. 133-167, hier S. 141). Kritisch dazu Boyancé, »La main de *Fides*«, a. a. O., S. 125.

rell sedimentierten Bedeutungen, die zwar auch mit Hilfe reiner Wortformeln eingefangen werden konnten, deren sakraler Charakter aber gerade durch die Geste des Handschlags auf offenbar konstitutive Weise signalisiert wurde, so dass diese Geste entweder unabhängig von Wortformeln oder zumindest in Verbindung mit ihnen eigene Verbindlichkeiten nach sich zog.[71] Vor dem Hintergrund dieser Überlegungen fällt es schwer, die durch Handschlag erzeugten Verbindlichkeiten zu naturalisieren und als Beispiele einer mehr oder weniger praxisfreien Form der Vertrauensproduktion oder des Vertrauensausdrucks zu deuten. Man hat auf dieser Basis, und natürlich nicht ohne Grund, im Handschlag eine Geste gesehen, durch die sich die Akteure ihres gegenseitigen Vertrauens versichern, indem sie sich auf freiwilliger Basis gegenseitig entwaffnen. Wenn wir die Hand des anderen ergreifen und unsere Hand durch die seine ergreifen lassen, verzichten wir darauf, diese Hand oder den Arm, dessen Verlängerung sie ist, in gewaltsamer Absicht gegen den anderen zu richten. Wir entmachten uns gewissermaßen gegenseitig. Darüber hinaus hat man in dieser Geste eine »primitive kooperative Praxis« gesehen, die auf einer Ebene mit Phänomenen wie einem ermutigenden Lächeln, einem fragenden Heben der Augenbrauen oder verschiedenen Formen des suchenden oder ausweichenden Blickkontakts steht. Wir vertrauen diesen Gesten, ohne uns Gedanken über die Intentionen zu machen, die hinter ihnen stehen mögen, und ohne vom anderen in irgendeiner Form Bestätigungen oder Garantien seiner Vertrauenswürdigkeit zu verlangen. Mehr noch, unsere komplexeren Vertrauenspraktiken beruhen auf diesen primitiven Praktiken und verdanken ihnen ihr Entstehen. Wir haben es hier mit einer Form vorbewussten und präreflexiven natürlichen oder naturwüchsigen Vertrauens zu

71 Für eine Wortformel der Bitte um Aufnahme in die römische *fides* vgl. Dieter Nörr, *Die Fides im römischen Völkerrecht*, Heidelberg 1991, S. 13; in Nörrs Augen stehen Unterwerfungsgesten »außerhalb des Rechtsaktes«, so dass nichts für ihre »konstitutive Bedeutung« spricht; verhalten kritisch dazu Hölkeskamp, »*Fides – deditio in fidem – dextra data et accepta*«, a. a. O., S. 242 f. Ob symbolische Inszenierungen eigene Verbindlichkeiten *erzeugen* können oder nur anderweitig begründete Geltungsansprüche *bekräftigen*, wird von Jürgen Habermas diskutiert in »Symbolischer Ausdruck und rituelles Verhalten. Ein Rückblick auf Cassirer und Gehlen«, in: Gert Melville (Hg.), *Institutionalität und Symbolisierung. Verstetigungen kultureller Ordnungsmuster in Vergangenheit und Gegenwart*, Köln 2001, S. 53-67 (hier S. 59).

tun. Geht es um die Bedeutung eines Lächelns, eines Schulterzuckens, eines Blickkontakts oder eines Handschlags gilt nach Baier: »Wir müssen die Motive [unseres Gegenübers] nicht kennen, um darauf zu bauen, dass es sich bei diesen Gesten genau um jene handelt, die sie zu sein scheinen.«[72] Was speziell den Handschlag betrifft, scheint er zudem eine im eminenten Sinne egalitäre Geste zu sein. Baier vermutet, dass allzu große Machtunterschiede keine gute Basis für einen vertrauensvollen Austausch der Hände sind. Es mag angesichts solcher Unterschiede sinnvoller sein, sich in entsprechendem Abstand voneinander vor dem anderen zu verbeugen.[73]

Ich habe schon weiter oben Formen der Naturalisierung des Vertrauens kritisiert und möchte das auch an dieser Stelle tun. Dabei gibt es drei Aspekte, die im Anschluss an die Überlegungen zum römischen Handschlag hervorzuheben sind.[74] Zum einen ist es unangemessen, den Handschlag als primitive oder gar natürliche Geste der reziproken Vertrauenswürdigkeit zu verstehen; zum anderen ist er nicht *zwingend* eine egalitäre Geste. Und drittens ist es unplausibel, ihn als eine Grundlage für komplexere Wege der Vertrauenserzeugung zu begreifen, etwa für prinzipiengeleitete Praktiken des Versprechens, wenn nicht die Praxis des Handschlags selbst schon im Kern einen moralischen Gehalt hat. Wenn wir einander nicht schon mit unserem Handschlag normativ reichhaltige Intentionen mitteilten, wäre nur schwer ersichtlich, wie wir von der dann intentionalitätsindifferenten Sphäre der Gesten zur intentionalitätsrelevanten Sphäre komplexer sozialer Praktiken gelangen. Vertraue ich darauf, dass das Versprechen, das der andere mir gegenüber äußert, deswegen aufrichtig ist, weil ich ihm vorher gedankenlos die Hand geschüttelt habe? Selbst wenn es eine Reihe nichtverbaler Gesten gibt, die Vertrauen ausdrücken, heißt das nicht, dass diese Gesten keinen rationalen Gehalt haben, dass sich in ihnen nicht Intenti-

72 Baier, »Sustaining Trust«, in: dies., *Moral Prejudices. Essays on Ethics*, Cambridge (Mass.), London 1994, S. 152-182 (hier S. 176). Zum Handschlag vgl. ebd. S. 177 ff.; siehe auch Annette C. Baier, »Trusting People«, in: dies., *Moral Prejudices*, a. a. O., S. 183-202 (hier S. 197).

73 Baier, »Sustaining Trust«, a. a. O., S. 178.

74 Dass dieser zumeist symbolisch aufgeladen war, betont auch Knippschild, »*Drum bietet zum Bunde die Hände*«, a. a. O., S. 41: »Der Handschlag steht in der römischen Literatur selten für sich. In der Regel wird die Art des so besiegelten Verhältnisses näher qualifiziert.«

onen manifestieren, die nur deswegen primitiv und natürlich wirken, weil sie uns zur zweiten Natur geworden sind.

Dass der Handschlag nicht *per se* einen egalitären Charakter haben muss, wird schon daran deutlich, dass er – wie die Beispiele zeigen – nicht nur als Gruß, sondern auch als Schwur oder Eid funktioniert. Die eine Seite schwört der anderen Seite unbedingte Treue, die andere Seite nimmt diesen Schwur gegebenenfalls an und übernimmt damit eine gewisse Verantwortung für das Wohl und Wehe der unterlegenen Partei. Grüßen hat im Unterschied zum Schwur oder Eid, der offensichtlich unter herrschaftslogisch asymmetrischen Bedingungen stattfinden kann, allerdings tatsächlich einen symmetrisierenden Zug. Tilman Allert etwa betrachtet in seiner Studie über den »deutschen Gruß« (gemeint ist der Hitler-Gruß) den Gruß im Allgemeinen als »Folge einer Krise der Begegnung und somit einer Krise im Verhältnis von Selbst und Anderem«.[75] Im Grüßen versuchen wir gleichsam, dieser Krise (Wer ist der andere? Was will er von mir? Ist er wohlwollend oder bloß strategisch? etc.) ein Ende zu bereiten, indem wir dem anderen Kooperationsbereitschaft oder Friedfertigkeit signalisieren. Auch für Allert bietet sich die Hand an als »Organ der gestisch unterstrichenen Wechselseitigkeit – in Abgrenzung von der Möglichkeit, sie in der Begegnung als Waffe oder als Waffenträger einzusetzen«, aber diese Überlegung legt natürlich nicht nahe, dass der Handschlag ausschließlich so funktionieren muss und nicht auch anderweitigen Kommunikationsabsichten dienen kann. Wichtiger als die Geste selbst scheint ihr kommunikativer Rahmen zu sein, und dieser verschiebt sich, je nachdem ob von Schwüren oder von Grüßen die Rede ist.

So ist etwa der Hitler-Gruß für Allert kein Gruß, sondern eher ein Schwur, weil es in diesem »Gruß« nur darauf ankommt, einem ab- und doch zugleich anwesenden Dritten absolute Treue zu schwören, womit auch die Zugehörigkeit zum »Reich« dieses Dritten bestätigt und bekräftigt wird. Gerade dieser formelhafte Bezug auf Hitler aber zerstört die Präsenz des anderen, die im Grüßen sonst hergestellt oder anerkannt wird, und artikuliert damit eher Misstrauen zwischen den sich grüßenden Subjekten: »Sich begegnen bedeutet nicht mehr die Chance auf eine gemeinsame

75 Tilman Allert, *Der deutsche Gruß. Geschichte einer unheilvollen Geste*, Stuttgart 2010, S. 27.

Handlungspraxis, sondern sich voneinander entfernen, und paradoxerweise bedeutet das Grüßen den Anfang von Misstrauen und Gleichgültigkeit.«[76] Dass es im Hitler-Gruß gestisch gar nicht mehr zum Handschlag kommt, passt zu dieser Deutung, die auch auf den militarisierenden Zug der in diesem Gruß insgesamt eingenommenen angespannten Körperhaltung verweist, aber dass der Handschlag als »echter« Gruß der nur vermeintlichen Grüßungsabsicht des deutschen Grußes entgegensteht, lässt sich nicht quasinaturalistisch erläutern. Die Bedeutungen, die Gesten haben, lassen sich nicht aus den Gesten selbst ablesen.

14.4 Fides und Moral

Damit will ich zurückkehren zum moralischen Gehalt der römischen *fides*. Dass hier tatsächlich ein moralischer Gehalt vorliegt, mag aufgrund der noch zu diskutierenden Möglichkeit des Vertrauens unter Ungleichen unplausibel erscheinen. Und tatsächlich liegt hier ein Problem, welches die Frage betrifft, wie man aus einer modernen Perspektive heraus die römische Praxis der Erzeugung, Anrufung oder Akzeptanz von *fides* beurteilt. Mir kommt es allerdings lediglich darauf an, dass der sakrale Charakter der römischen *fides* allgemein für eine normative Verbindlichkeit steht, die zwar in einem größeren Wertrahmen durchaus instrumentelle Effekte haben kann, gleichwohl aber an sich einen Kern an Verbindlichkeiten mit sich führt, der nicht – etwa im Namen egozentrischer Eigeninteressen – verletzt werden darf, ohne dass damit zentrale römische Wertvorstellungen in Gefahr geraten, die wiederum als solche konstitutiv für eine Praxis sind. Im sakralen Charakter des Handschlags verdichtet sich genau dieses komplexe Konglomerat von Wertvorstellungen auf anschauliche Weise. Dabei sind es gerade Situationen äußerster Ungleichheit zwischen den Akteuren, die ein Akutwerden der Vertrauensthematik bedingen und nicht von vornherein als der Moral abträglich gekennzeichnet werden dürfen. Natürlich ergeben sich viele der für den römischen Kontext einschlägigen Formen des Vertrauens im Rahmen von asymmetrisch strukturierten Herrschaftsbeziehungen. Aber diese Asymmetrie

76 Ebd., S. 80 f.

impliziert keinesfalls ein völliges Ausgeliefertsein an den, in dessen *fides* man eintreten will. Wird diese Bitte akzeptiert, ergeben sich vielmehr Verpflichtungen auch für den, der dem anderen Schutz oder Schonung versprochen hat.

In genau diesem Sinne scheint es sinnvoll zu sein, der römischen *Fides*-Kultur einen moralischen Gehalt zuzusprechen, der sich etwa in der Empörung ausdrückt, die den trifft, der ein gegebenes Versprechen zu brechen gedenkt. Zwei Beispiele mögen genügen, um diesen Punkt zu veranschaulichen. Der Sohn des Pacuvius Calavius plant bei einem Gelage ein Attentat gegen Hannibal, mit dem sein Vater und die Kampaner zuvor ein Bündnis gegen Rom geschlossen hatten. Der Vater ist entsetzt: »›Bei allem, was Kinder und Eltern verbindet, bitte ich dich von Herzen, all dies Schreckliche nicht vor den Augen deines Vaters begehen und dulden zu wollen. Es sind erst wenige Stunden her, daß wir bei allen Göttern den Eid leisteten und ihm mit Handschlag Treue versprachen [*dextrae dextras iungentes, fidem obstrinximus*]. Geschah dies, um diese durch das Versprechen gebundenen Hände gleich nach dem Gespräch gegen ihn zu bewaffnen?‹«[77] Pacuvius Calavius spricht hier keinesfalls selbstlos. Er verfolgt bündnispolitische Interessen, die sich in letzter Konsequenz gegen die Vorherrschaft Roms richten. Aber wenn die Empörung, die sich in seinen Worten ausdrückt, aufrichtig ist, dann gilt sie auch dem Bruch des durch Handschlag gegebenen Versprechens und seiner Sakralität. Das von Livius zitierte Bild ist eindrücklich genug: Eine Hand, die zum Versprechen ausgestreckt wurde, unterliegt einer sittlich-normativen Bindung oder, wenn man so will, einer moralischen Fessel und darf nicht befreit werden, darf sich nicht selbst befreien, um ein Schwert zu führen. Sie hat sich durch den Handschlag entwaffnet (was, wie gesagt, Teil einer komplexen und bedeutungsvollen kulturellen Gestik und nicht natürlich oder primitiv ist).

Das zweite Beispiel ist komplexer. Im Jahre 191 v. Chr. besiegten die Römer in der Zweiten Schlacht bei den Thermopylen die Griechen unter Antiochos III. und sicherten sich damit die Vorherrschaft im östlichen Mittelmeerraum. Nachdem die Römer die Stadt Herakleia eingenommen hatten, erklärten sich die Ätoler bereit, einen Friedensvertrag mit ihnen zu schließen. Phaineas, der

77 Titus Livius, *Ab urbe condita/Römische Geschichte*, Buch XXI-XXIII, München 1974, S. 309 (XXIII, 9).

Gesandte der Ätoler, trat dem römischen Konsul Glabrio entgegen und erklärte sich bereit, sich und die Habe der Atöler in die Hand des römischen Volkes zu geben (nach Livius: *Aetolos se suaque omnia fidei populi Romani permittere*). Glabrio akzeptierte diese Unterwerfung, forderte aber, die Ätoler mögen zwei ihrer Mitbürger an die Römer ausliefern. Das wiederum empörte Phaineas. In der Fassung des griechischen Geschichtsschreibers Polybios heißt es zu diesem Ereignis:

Nachdem die Aetoler noch einmal eine längere Rede über die Sachlage gehalten hatten, verstanden sie sich am Ende dazu, alles der Entscheidung des Manius [Glabrio] zu überlassen und sich in die fides [*pistis*] der Römer zu geben. Aber sie wußten nicht, was das bedeutet, ließen sich durch das Wort pistis täuschen und glaubten auf diese Weise ein vollständigeres Mitleid zu finden. Bei den Römern aber bedeutet »sich in die fides jemandes geben« soviel wie: dem Sieger die freie Entscheidung überlassen, zu tun mit einem, was er will, sich ihm auf Gnade und Ungnade ergeben.[78]

Das Verhalten der Römer scheint diese Sichtweise zu bestätigen. Nachdem nämlich Phaineas seine Empörung geäußert hatte, drohte Glabrio die griechische Gesandtschaft in Ketten zu legen, was die Empörung der Ätoler noch erhöhte und am Ende dazu führte, dass es keine friedliche Einigung gab. In der Perspektive des Polybios scheint die römische *fides* aller moralischen Nuancen zu entbehren. Sich in die römische *fides* zu begeben hieße dann schlicht: sich vollständig der moralisch nicht weiter gebundenen Willkür Roms auszuliefern. Entsprechend ist diese Stelle immer wieder herangezogen worden, um auf fundamentale Unterschiede zwischen Griechen und Römern mit Blick auf internationale Vereinbarungen hinzuweisen. Aber die Empörung des Phaineas – bei Livius wird er mit den Worten zitiert: »›Wir haben uns nicht in deine Sklaverei begeben, sondern uns deiner Redlichkeit [*fidem tuam*] überantwortet‹« – weist darauf hin, dass Glabrio offensichtlich vorhandene Erwartungen enttäuscht hat, die gerade der moralischen Dimension der römischen *fides* galten. Auch Polybios selbst, das betont Erich Gruen, kennt diese Dimension durchaus und verweist

78 Polybios, *Geschichte*, 2. Bd., Zürich, Stuttgart 1963, S. 1001 (XX, 9); Titus Livius, *Ab urbe condita/Römische Geschichte*, Buch XXXV-XXXVIII, München/Zürich 1982, S. 167 f. (XXXVI, 26 ff.).

an anderen Stellen seiner *Geschichte* darauf.[79] Die Passage ist also nicht zwangsläufig ein Beleg für den amoralischen Charakter der *fides*. Eher schon verrät sie etwas über einen Konsul, der, aus welchen Gründen auch immer, mit den Erwartungen der griechischen Gesandtschaft bewusst bricht, damit aber auch Gefahr läuft, in Rom selbst mit Sanktionen bedacht zu werden. Vielleicht aber ist er sogar im Recht, denn die Annahme, wonach die *fides* eine moralische Dimension hat, lässt sich durchaus mit der weiteren Annahme verbinden, wonach diejenigen, die sich in die *fides* begeben, kein Mitspracherecht bei der genauen Ausgestaltung der konkreten *Fides*-Beziehung haben. Genau hierin könnte das Missverständnis der Ätoler gelegen haben und genau an diesem Punkt auch könnte die Wut des Phaineas eine Erklärung finden. Die Moral, um die es hier geht, ist gleichsam eine rechtlich nicht streng kodifizierte Moral der Selbstverpflichtung und nicht eine Moral der Verpflichtung durch andere. Keine Bitte um Milde oder Verschonung kann die unbegrenzte Macht des Empfängers der Bitte einschränken, selbst über die genaue Ausgestaltung der Beziehung zu entscheiden.[80] Dieser Sachverhalt mag in der nun schon recht langen Tradition der philologischen und historischen Beschäftigung mit dem römischen Konzept der *fides* dazu geführt haben, dem *Fides*-Begriff überhaupt jede moralische Dimension abzusprechen. Aber man muss sich an diesem Punkt davor hüten, moderne Moralbegriffe unsensibel auf die Antike zu projizieren. Nicht nur spielt die Dimension ungleicher Macht, wie noch deutlich werden soll, im modernen Vertrauensverständnis eine gewisse Rolle; auch kann der, der an die *fides* des Mächtigen appelliert, durchaus davon ausgehen, damit an eine allgemeine Praxis zu appellieren, die in sich einen normativen Kern hat und deswegen eine bindende Kraft entfalten kann. Gelingt der Appell, kann es durchaus zu einer eigentümlichen Reziprozität des Verhältnisses kommen, die für beide Seiten Verpflichtungen mit

79 Erich Gruen, »Greek Πίστις and Roman Fides«, in: *Athenaeum* 60 (1982), S. 50-68 (hier S. 62).

80 Vgl. Nörr, *Die Fides im römischen Völkerrecht*, a. a. O., S. 26; Hölkeskamp, »*Fides – deditio in fidem – dextra data et accepta*«, a. a. O., S. 234. Siehe schon Heinze (»Fides«, a. a. O., S. 68): »Der Klient hat an seinen *patronus* niemals rechtliche Ansprüche gehabt: er vertraut lediglich darauf, daß die sittliche Bindung, die der in *fidem recipiens* eingeht, stark genug ist, um ihn zu zwingen, sich mit seiner ganzen Person und allen seinen Machtmitteln für den Klienten im Notfall einzusetzen.«

sich bringt. Diese Reziprozität ist allerdings eine, die der Mächtige schafft, indem er sich aus freien Stücken bereit erklärt, seine Macht einzuschränken oder nicht zu missbrauchen. Es sei wiederholt: Für uns sind dies nicht unbedingt ideale Voraussetzungen zur Aufnahme eines Vertrauensverhältnisses, und es wird zu klären sein, warum sich das so verhält. Aber mit Blick auf die römische Praxis bietet das Vorhandensein einer *Fides*-Kultur unterlegenen oder schlicht bündnisinteressierten Parteien die Möglichkeit, qua Appell vom Objektstatus in den Subjektstatus oder »aus dem feindlichen Außenraum in den normativ durch die *fides* geschützten Innenraum« zu gelangen.[81] Und das ist zweifellos keine Kleinigkeit in einer von Kämpfen und Kriegen geprägten Zeit.

14.5 Zur Beurteilung der Praxis: Der Aspekt der Machtasymmetrie

Mit diesen Überlegungen ist längst ein Punkt angesprochen, der wichtig ist für die weiteren Schritte meiner Arbeit. Der römische *Fides*-Begriff scheint seine Heimat vor allem in asymmetrischen Machtbeziehungen zu haben, in deren Rahmen die eine Seite die andere Seite um Aufnahme in die *fides* bittet, ohne in irgendeiner Weise Entgegenkommen einklagen zu können. Ist das *Fides*-Verhältnis einmal etabliert, bietet es offensichtlich für beide Parteien Vorteile, so dass leicht der Eindruck aufkommen könnte, dass nur die Instrumentalität des Verhältnisses praktisch und auch normativ für die beteiligten Parteien relevant ist. Während die eine Seite bei Annahme der *deditio* einen zur Treue verpflichteten Bündnispartner gewonnen hat, kann die andere Seite darauf setzen, nach Aufnahme in die *fides* von Schutzmaßnahmen der römischen Seite zu profitieren oder schlicht eine gewisse Verschonung zu erfahren. Entscheidend für das Verhältnis ist ferner, dass seine genaue Ausgestaltung, das heißt die genauere Bestimmung der reziproken Verpflichtungen immer vollständig im Ermessen der überlegenen Partei bleibt. Entsprechend hat man von einer »rechtlichen Selbstvernichtung« des sich Dedierenden gesprochen, der alle Ansprüche auf eigene souveräne Autonomie abtritt und damit verliert.[82] Es ist

81 Nörr, *Die Fides im römischen Völkerrecht*, a. a. O., S. 21.

82 Hölkeskamp, »*Fides – deditio in fidem – dextra data et accepta*«, a. a. O., S. 239.

der Machtlose, der sich dem Mächtigen anvertraut, was allerdings keine vollständige Handlungsunfähigkeit im oben erörterten Sinne des passiven Vertrauens impliziert, da sich der unterlegenen Partei je nach Lage der Dinge durchaus Optionen bieten (der stolze Untergang, eine Fortsetzung des Kampfes, die Suche nach neuen Bündnispartnern etc.). Ist die Bitte um Aufnahme in die römische *fides* allerdings ausgesprochen oder anderweitig signalisiert, muss die Antwort passiv abgewartet werden. Die überlegene Partei wiederum gewinnt durch Aufnahme des *Fides*-Verhältnisses offensichtlich strategisch relevante Handlungsspielräume, durch die sie an Stärke gewinnt.

Wenn wir diese Sachverhalte durch die Brille der Moderne betrachten, mag es zweifelhaft erscheinen, den *Fides*-Begriff überhaupt mit »Vertrauen« übersetzen zu können. Zumindest dürfte es kaum möglich sein, die Bedeutungsaspekte, die wir mit diesem Begriff verbinden und die im Einzelnen im ersten Teil dieses Buches expliziert worden sind, unverändert auf die lateinische Verwendung des *Fides*-Begriffs zu übertragen. Nicht ohne Grund habe ich darauf hingewiesen, dass das Element des Zwangs es erschwert, Motive des Wohlwollens oder der Rücksicht von Motiven des Gehorsams oder der Furcht zu unterscheiden. Dadurch aber verwandeln sich Verhältnisse vermeintlichen Vertrauens in Verhältnisse des gegenseitigen Sich-Verlassens-auf. Diese Überlegungen fanden sich in einem Kontext, in dem es um die Frage ging, ob eine mächtige Partei einer weniger mächtigen Partei mit Vertrauen begegnen kann. Die Schwierigkeit der genauen Motivdeutung bezog sich also auf die Partei, der etwas anvertraut wird (auf den Sklaven, dem ein Kind anvertraut wird). Erfüllt sie das Vertrauen, weil sie keine andere Wahl hat? Und wenn dies so ist: Sollten wir dann von Vertrauen bzw. Vertrauenswürdigkeit reden? Aufgrund der bereits diskutierten semantischen Doppelseitigkeit des lateinischen *Fides*-Begriffs ist es schwieriger, mit Blick auf die in diesem Zusammenhang vorliegenden Ungleichheiten die Motivschichten trennscharf zu differenzieren. Wer vertraut wem etwas an? Wem wird etwas anvertraut? Auch dürfte kein Zweifel daran bestehen, dass das Motiv des Wohlwollens keine prominente Rolle in den thematisierten Beziehungsformen der politischen oder militärischen Ungleichheit gespielt hat. Aber heißt all das, dass es ganz und gar unzulässig ist, an diesem Punkt überhaupt von Vertrauen oder Vertrauenswürdigkeit zu sprechen? Sollte *fides* eher als ein Sich-Verlassen-auf beziehungsweise als Zuverlässigkeit oder als eine normativ neutrale Treue verstanden werden?

Da der Begriff tatsächlich häufig so übersetzt wird, spricht naturgemäß nichts dagegen, je nach Kontext einzelne dieser deutschen Ausdrücke zu verwenden. Dennoch aber scheint in vielen Kontexten das Wort »Vertrauen« angebracht. So habe ich beispielsweise das Wohlwollen ausdrücklich nicht als definierendes Merkmal des Vertrauens benannt, sondern vielmehr angenommen, dass Rücksichtnahme auf die Motive des Vertrauensgebers entscheidend für die Rede von der Vertrauenswürdigkeit des Vertrauensempfängers ist. Damit kommt ein formalerer Begriff ins Spiel, der durchaus auch bei ungleichen Relationen zwischen Patron und Klient oder Herrscher und Bündnispartner Anwendung finden kann. Die Tatsache, dass der andere mir Vertrauen schenkt, bedingt im positiven Fall, dass ich vertrauensvoll agiere, unabhängig davon, ob ich dem anderen gegenüber starkes Wohlwollen empfinde. Wenn wir davon ausgehen, dass sich die unterlegene Partei in das Vertrauen der überlegenen Partei begibt, kann dies nach Akzeptanz der *deditio* geschehen, weil die überlegene Partei fortan Rücksicht auf den Vertrauensgeber und auf die Tatsache seiner Vertrauensgabe nimmt. Darüber hinaus ist angedeutet worden, dass diese Unterwerfung nicht notwendigerweise zwanghaft vollzogen wird: »Der sich Unterwerfende ist daran notwendig aktiv beteiligt, er hat zunächst eine (wenigstens prinzipiell) freie Entscheidung zu treffen und die Initiative zu ergreifen, weil er von sich aus die *deditio* anbieten muß.«[83] Auch hat es durchaus friedliche Formen der Bündnisverpflichtung gegeben, in deren Rahmen der Ermessensspielraum der überlegenen Partei geringer war.[84] Ferner ist bereits auf die Kategorie der *amicitia* eingegangen worden, die etwa Cicero immer wieder ganz explizit von bloßen Nutzenerwägungen abgegrenzt. Natürlich hat es strategische Partnerschaften und Freundschaften gegeben, deren nach innen wirkendes »Sozialkapital« folgerichtig nach außen hin abgrenzend oder gar feindlich wirkte und auch wirken sollte. Aber es wäre verfehlt, darin den Kern aller Freundschaftsbeziehungen zu sehen und den Begriff der *amicitia* mit Begriffen wie »Partei«

83 Ebd.

84 Nörr, *Die Fides im römischen Völkerrecht*, a. a. O., S. 17.

oder »Fraktion« gleichzusetzen.[85] Es gibt dem römischen Selbstverständnis nach Freundschaften, deren wesentlicher Zweck die durch Vertrauen und Treue ermöglichte Freundschaft selbst und der einzig in ihr liegende »Gewinn« (*fructus*) ist. Schließlich lässt sich noch ein weiterer Aspekt nennen, der die Rede vom »Vertrauen« rechtfertigt. Es ist darauf hingewiesen worden, dass sich die im Rahmen von *Fides*-Beziehungen ergebenden Verpflichtungen nicht leicht verrechtlichen lassen. Es gibt also in diesem Bereich keine erwartbaren oder gar rollengebundenen Verhaltenskonformitäten, an denen sich die eine oder die andere Seite orientieren könnte und die sich mit rechtlich durchsetzbaren Mitteln gegebenenfalls erzwingen ließen. Obgleich die Rede von einer *Fides*-Kultur also nicht unplausibel ist und eine Praxis mit eigenen Riten, Symbolen und Verhaltensmaßregeln beschreibt, bleibt es dabei, dass es für den, der in die *fides* eintreten will, keine Aufnahmegarantie gibt. Diese Unsicherheit ist auch heute noch typisch für den Vertrauensbegriff, so dass hier zwar noch keine hinreichende, aber immerhin doch eine notwendige Bedingung für die Übersetzung von *fides* mit »Vertrauen« vorliegt.

Es gibt somit, das sollen diese Überlegungen andeuten, gute Gründe, den Begriff der *fides* in manchen Kontexten mit »Vertrauen« zu übersetzen. Und es ist, das sei noch einmal hervorgehoben, nicht unbedingt die Tatsache der ungleichen Machtrelation, die es uns unmöglich macht, an dieser Stelle von Vertrauen zu sprechen. Was vielmehr als Unterschied relevant wird, ist offensichtlich die genauere Struktur der ungleichen Machtrelation, um die es im Vertrauen (oder in der *fides*) geht. So ist schon erwähnt worden, dass es im Kontext der römischen *fides* Formen der Treue und Zuverlässigkeit geben kann, die eingebettet in soziale Zusammenhänge und nicht frei von Zwang sind. Selbst das Verhältnis des Sklaven zu seinem Herrn konnte, wie bei Valerius Maximus, unter dem Stichwort »de fide servorum« thematisch werden. Ausführlich werden in *Denkwürdige Taten und Worte* (Buch 6, Kap. 8) Fälle von Sklaven genannt, die sich töten oder foltern lassen, um ihren Herrn vor Unbill zu schützen. Seneca unterscheidet in *De beneficiis* das Verhalten, das man normalerweise von einem Sklaven erwartet, das »ministerium«, von dem Verhalten, das darüber hinausgeht (»be-

85 Vgl. dazu Peter Brunt, »*Amicitia* in the Late Roman Republic«, in: ders., *The Fall of the Roman Republic*, Oxford 1988, S. 351-381.

neficium«), und fügt an, es stehe auch einem Sklaven zu, tugendhaft zu handeln; wenn er mehr leistet als das, was er leisten muss, lässt sich sogar sagen, dass er diese Mehrleistungen aus freiem Entschluss erbringen kann.[86]

Das Problem, das sich aus moderner Perspektive hier ergibt, ist nicht leicht zu benennen. Es hieß, die Anwesenheit von Zwang macht es schwieriger, Motive des Wohlwollens von Motiven des Gehorsams oder der Furcht zu trennen. Aber selbst wenn das so ist, kann natürlich nicht ausgeschlossen werden, dass sich sogar im Rahmen von extremen Zwangsverhältnissen beim Unterdrückten Motive des Wohlwollens entwickeln. Spätestens die von Seneca ins Spiel gebrachte Kategorie des *beneficium* eröffnet die Möglichkeit, im Kontext von Beziehungen absoluter Ungleichheit Raum zu schaffen für eine mehr oder weniger freiwillige Form der Zuneigung. Es wird offenbar nicht von einem Sklaven erwartet, unter allen Umständen bereit zu sein, sich für seinen Herrn zu opfern. Auch Valerius Maximus nennt die Sklaventreue in ihren extremen Formen »minus exspectatam«, also kaum erwartbar. In diesem Zusammenhang wird es auch nicht helfen, die ungleichen Verhältnisse einem »Publizitätstest« zu unterziehen, um zu prüfen, ob das Vertrauen oder die Vertrauenswürdigkeit der einen oder der anderen Seite auf verheimlichten oder unausgesprochenen Annahmen beruht, die genau dann das Verhältnis sprengen, wenn man sie zu Bewusstsein bringt oder bekannt macht.[87] Das Verhältnis zwischen Sklaven und Herrn scheint in seinen wesentlichen Prämissen beiden Seiten bekannt zu sein, es ist, wenn man so will, ein ausdrückliches und auf der ständigen Präsenz von Gewalt beruhendes Unterwerfungsverhältnis. Und wenn es nicht prinzipiell ausgeschlossen werden kann, dass der Sklave im Rahmen dieses Verhältnisses eine Zuneigung zu seinem Herrn entwickelt, die sogar Opferbereitschaft nach sich zieht, dann scheint auch nicht ausgeschlossen,

86 L. Annaeus Seneca, *De beneficiis/Über die Wohltaten*, in: ders., *Philosophische Schriften*, Bd. 5, Darmstadt 1989, S. 251 (III, 21). Siehe auch Joseph Vogt, *Sklaverei und Humanität. Studien zur antiken Sklaverei und ihrer Erforschung*, Wiesbaden ²1972, S. 83ff.; Moses Finley, *Die Sklaverei in der Antike. Geschichte und Probleme*, München 1981, S. 111ff.

87 Baier, »Trust and Antitrust«, in: dies., *Moral Prejudices*, a. a. O., S. 95-129 (hier S. 123) (dt. »Vertrauen und seine Grenzen«, in: Martin Hartmann/Claus Offe (Hg.), *Vertrauen, Die Grundlage des sozialen Zusammenhalts*, Frankfurt/M., New York 2001, S. 37-84 [hier S. 76]).

dass der Sklave seinen Herrn als einen anerkennt, der Vertrauenswürdigkeit verdient. Wir sahen weiter oben, dass ein Kindermädchen, das einem Herrn dient, zwar genuine Zuneigung zu dessen Kindern aufbauen kann, aber deswegen nicht zwangsläufig auch Zuneigung zum Herrn selbst empfinden muss. Ist diese Zuneigung aber da, scheint der Herr seiner Sklavin vertrauen zu können, weil er ihre Zuneigung oder ihr Wohlwollen besitzt. Die psychologische Realität solcher Formen der Identifikation mit dem Unterdrücker ist bekannt und soll hier nicht eigens erörtert werden.

Trotzdem behalten diese Verhältnisse der Zuneigung, die unter den Umständen einer extremen Ungleichheit entstehen, einen unguten Aspekt für uns und es fällt uns schwer, sie als vertrauensvoll zu bezeichnen. Dies hat vermutlich damit zu tun, dass wir an verschiedenen Punkten des Vertrauensverhältnisses die Rolle der Autonomie stärker hervorheben, als das im Bereich der römischen Moralität möglich war. Wir fragen uns, was denn der Sklave getan hätte, wenn er nicht dazu gezwungen worden wäre, für seinen Herrn zu arbeiten, und antworten, dass er ein Leben außerhalb des Herrschaftsverhältnisses vorgezogen hätte. Tatsächlich gab es in Rom die Möglichkeit, Sklaven zu befreien, und es sieht so aus, als hätten die meisten Sklaven, die freigesetzt worden sind, ein Leben ohne Herrn gewählt. Wenn das aber der Fall ist, behält noch der vertrauensvollste Umgang unter ungleichen Herrschaftsbedingungen in der Perspektive des Sklaven ein Element des Zwangs, das selbst durch die Entfaltung emotionaler Zuneigung nie vollständig beseitigt werden kann. Der Punkt kann nun nicht mehr sein, dass es eine solche Form der Zuneigung im Rahmen ungleicher Beziehungen nicht geben kann; der Punkt muss sein, dass zu genuinen Vertrauensverhältnissen in unseren Augen eine Form der freiwilligen Aufnahme und Akzeptanz dieser Verhältnisse gehört. Wir stellen Verhältnisse, die sich sinnvoll als Vertrauensverhältnisse bezeichnen lassen, in einen anderen Bewertungsrahmen als Verhältnisse, die unter den Begriff der *fides* fallen. Hier liegt also kein begrifflicher Einwand gegen eine empirische Möglichkeit vor, sondern ein Einwand, der sich auf Werte und Normen beruft, die für das gegenwärtig vorherrschende Vertrauensverständnis maßgeblich sind.

Die Rede von Autonomie darf jedoch im Gegenzug nicht einseitig zugespitzt werden. So halten wir es nicht für eine angemessene Bedingung für reziprokes Vertrauen, wenn der, dem vertraut wird, etwa der siegreiche Feldherr, *allein* die konkreten Bedingungen des Vertrauensverhältnisses definiert. Auch für unseren Vertrauensbegriff gilt, dass die Partei, die Vertrauen schenkt, die Annahme des Vertrauens nicht erzwingen kann und nicht erzwingen sollte. Insofern ist der Empfänger des Vertrauens in seiner »Entscheidung« autonom. Aber wir erwarten doch eine Reaktion, die man als responsiv autonom bezeichnen kann. Der, dem wir vertrauen, erhält einen Ermessensspielraum, in den wir nicht hineinregieren, aber er sollte doch in der Lage sein, im Vollzug der Ausgestaltung des Vertrauensverhältnisses auf unsere Erwartungen zu reagieren oder durch Einfühlung einzugehen. Auch der siegreiche Feldherr reagiert auf die *deditio* der unterlegenen Partei, wenn er sie annimmt oder ablehnt; aber er reagiert darauf, indem er sich fragt, was für ihn vorteilhaft ist. Ist dieser Schritt vollzogen, ist also die *deditio* angenommen, ergeben sich Verpflichtungen, die als Elemente einer Praxis beschrieben werden können, zu der es gehört, angenommene Kapitulationen und die damit verbundenen Erwartungen auch dann nicht zu enttäuschen, wenn dies für die eigene Seite vorteilhaft wäre. Vor Aufnahme des Treueverhältnisses aber ist die Frage nach dem Nutzen des Verhältnisses legitim. Und auch im Vollzug des Verhältnisses sind es die eigenen Werte, die den konkreten Umgang mit der vertrauenden Partei bestimmen. Ist der Vertrauensempfänger dagegen responsiv autonom, füllt er die Ermessensspielräume, die ihm gegeben sind, aus, indem er sich fragt, was es für den Geber des Vertrauens heißen könnte, das Vertrauen zu erfüllen. Er bindet seine Autonomie gleichsam an die artikulierten oder implizierten Erwartungen des Vertrauensgebers, wobei er sich – und hierin liegt die Verletzbarkeit des Vertrauensgebers begründet – bei deren Entschlüsselung und Deutung auch täuschen kann. Es hieß weiter oben, dass Zwang für den Unterdrücker als Mittel fungiert, sich vor den Verletzungen zu schützen, die mit offenen oder zwanglosen Vertrauensverhältnissen einhergehen. Das war nicht als Argument gegen die Möglichkeit zwangsbewährter Vertrauensverhältnisse gemeint, sondern nur als Umschreibung dessen, was unserem Verständnis nach im Vertrauen auf dem Spiel steht. Weil wir jedoch in Vertrauensverhältnissen kooperativ oder responsiv autonom sind, sind wir auf andere Weise verletzbar als der Sklavenhalter, der seinem Sklaven vertraut, oder der Patron, der seinem Klienten vertraut.

15. Natürliches Misstrauen: Hobbes

Eine Vertrauenspraxis ist eine Praxis, in der es möglich ist, anderen Vertrauen zu schenken. Die Rede von einer solchen Praxis soll aber nicht suggerieren, dass jede Praxis als solche schon auf Vertrauen beruhe. Eher geht es ihr darum, einen spezifischen Ausschnitt sozialen Handelns zu beleuchten, der sinnvoll unter die Kategorie des Vertrauens gebracht werden kann, ohne den Anspruch zu erheben, alles soziale Handeln sei als solches durch Vertrauen konstituiert. Allerdings muss diese Einschränkung noch genauer beschrieben werden. Es geht einerseits darum, die Möglichkeit sozialer Ordnungen, die nicht durch ein hervorgehobenes Maß an gegenseitigem Vertrauen gekennzeichnet sind, zuzulassen beziehungsweise nicht einfach begrifflich auszuschließen. Zum anderen aber wendet sich die Kritik an der Annahme einer Gleichursprünglichkeit von Vertrauen und komplexen Formen der Sozialität gegen Versuche, die Einstellung des Vertrauens zu naturalisieren. Vertrauen soll als genuine und stets zerbrechliche Leistung menschlichen Zusammenlebens entworfen werden, die nicht zwingend oder natürlicherweise aus bestimmten Eigenschaften des Menschen abgeleitet werden kann. Die Verbindung der Annahme einer Gleichursprünglichkeit von Vertrauen und Sozialität mit einer naturalisierenden Beschreibung des Vertrauens findet sich in der politischen Philosophie etwa dort, wo die Natur des Menschen als politische oder soziale Natur erfasst wird. Wenn Cicero in *De officiis* schreibt, Betrug und Gewalt seien »dem Menschen grundfremd«, verweist er darauf, dass die Tugend der Gerechtigkeit, die Betrug und Gewalt gegen andere ausschließt und Vertrauen und Vertrauenswürdigkeit fordert, dem Wesen des Menschen entspricht, der nur in Gesellschaft seine Wesensvollkommenheit erreicht.[88] Dass der Mensch offensichtlich zu lügen und Gewalt auszuüben versteht, zeigt, dass er sich seiner Natur entfremden, dass er gleichsam den sozialen Boden verlassen kann, auf dem er überhaupt zum Menschen wird. Die Rede von einer Naturalisierung ist demnach – zumindest an diesem Punkt – nicht gleichzusetzen mit der Annahme kausaler Determiniert-

88 Cicero, *De officiis/Vom pflichtgemäßen Handeln*, a. a. O., S. 41 (I, 41).

heit. Sie beschreibt hier eher Theorien, die davon ausgehen, dass der Mensch die Anlage zum Menschsein einzig in einem sozialen Rahmen entfalten kann, der von Gerechtigkeit und damit auch von Vertrauen gekennzeichnet ist. Dass das Vertrauen neben dieser sehr grundlegenden Funktion dann auch dazu dient, über persönliche Freundschaften, asymmetrisch strukturierte Klientel- oder Gefolgschaftsbeziehungen, aber auch über außenpolitische Bündnisse intern stabile Kooperationsformen zu ermöglichen, widerspricht nicht der Annahme einer Gleichursprünglichkeit von Vertrauen und Sozialität, auch wenn mögliche Spannungen zwischen der allgemein gehaltenen Forderung nach Ehrlichkeit einerseits und stärker bündnispolitisch-strategischen Überlegungen andererseits nicht ausgeschlossen werden können. Cicero selbst kennt, wie bereits erwähnt, Abstufungen der Verpflichtung zur Treue, die zeigen, in welchem Maße die Tugend der Treue und des Vertrauens im Sinne der *fides* jeweils nach Stand und Herkunft angepasst werden kann.

Die neuzeitliche Philosophie hat sich zwar von der Vorstellung verabschiedet, wonach der Mensch von Natur aus sozial und damit auch vertrauensvoll ist, nicht jedoch von der Vorstellung, dass alle Formen komplexer Sozialität auf ein hohes Maß an gegenseitigem Vertrauen angewiesen sind. Dieses Vertrauen aber wird nun eindeutig als Errungenschaft erfasst, als Leistung angesichts einer an sich misstrauischen oder furchtsamen Natur des Menschen. Hobbes ist der Autor, an dem sich die Frage studieren lässt, wie der Übergang vom Naturzustand ohne Vertrauen zur Gesellschaft mit Vertrauen gedacht werden kann. An ihm lässt sich auch zeigen, inwieweit es tatsächlich gelingt, den Zusammenhang von Sozialität und gegenseitigem Vertrauen zu etablieren. Sollte sich herausstellen, dass dieser Zusammenhang theoretisch nicht etabliert werden kann (zumindest nicht mit Hobbes' Mitteln), wäre auf die Möglichkeit von Gesellschaftsbildungen ohne Vertrauen verwiesen und zugleich ein Desiderat formuliert: Wie kann ein Gemeinwesen aussehen, in dem die Bürger einerseits einander, andererseits aber auch dem politischen Souverän vertrauensvoll begegnen? Locke hat, so die These, auf diese Frage die plausiblere theoretische Antwort gegeben, was nicht heißt, dass die politische Wirklichkeit als bloßer Reflex seiner Annahmen verstanden werden kann. Der Reiz des Hobbesschen Modells besteht gerade in seinem Realitätsgehalt. Es ist keinesfalls unmöglich, ein Gemeinwesen zu denken und vielleicht auch zu verwirklichen, das einige der Züge des Hobbesschen Leviathans aufweist. Die Frage, die dann an dieses Gebilde gerichtet werden muss, lautet einzig, ob es sinnvoll ist, auf irgendeiner Stufe seiner Beschreibung komplexe Formen des Vertrauens zu postulieren. Diese Frage werde ich verneinen, um dann in einem weiteren Schritt das alternative Modell Lockes vorzustellen, das freilich ebenfalls mit Problemen behaftet ist.

15.1 Misstrauen als Leidenschaft

Es sollen hier nicht in aller Ausführlichkeit die theoretischen Annahmen erörtert werden, die im Hintergrund der Hobbesschen Lehre vom Naturzustand stehen. Vielmehr werde ich mich auf Passagen konzentrieren, in denen explizit von Vertrauen oder Misstrauen die Rede ist. Weitgehend bekannt sind dabei die folgenden Annahmen Hobbes': Leben Menschen in einem Zustand ohne staatlichen Souverän, also ohne eine allgemein anerkannte Herrschaftsinstanz, befinden sie sich *per definitionem* in einem Naturzustand. Dieser ist in Hobbes' Augen äußerst konfliktträchtig, weil in ihm natürliche Eigenschaften der Menschen und einzelne objektive Umstände so aufeinandertreffen, dass ein friedliches Zusammenleben unmöglich wird. Zu den natürlichen Eigenschaften der Menschen gehört vor allem ihr Bestreben, sich selbst zu erhalten, eine Eigenschaft, die als solche allen sozialen Neigungen des Menschen vorgelagert ist. Darüber hinaus kennt der Mensch im Naturzustand, aber auch im vergesellschafteten Zusammenhang kein oberstes Ziel seines Handelns. Zwar kann der Wille zur Selbsterhaltung als ein solches Ziel verstanden werden, aber in ihm manifestiert sich nur der unbedingte Überlebenswille des Menschen, nicht seine spezifische Glücksvorstellung. »Glückseligkeit«, so heißt es bei Hobbes, »ist ein ständiges Fortschreiten des Verlangens von einem Gegenstand zu einem anderen«.[89] Es gibt nicht einfach ein den Menschen als Menschen definierendes Ziel, dessen Erreichen ihn »zu sich« kommen lässt. Vielmehr verfolgt jeder unterschiedliche Ziele und ist im Prozess dieser Zielverfolgung mehr oder weniger rastlos. Ist ein

89 Thomas Hobbes, *Leviathan*, Cambridge 1996, S. 70 (I.11) [dt. *Leviathan*, Frankfurt/M. 1984, S. 75].

Ziel erreicht, wird unmittelbar das nächste angestrebt, ohne dass es jemals einen Ruhezustand geben könnte. Mehr noch, es gehört zu den zentralen Eigenschaften des Menschen, nicht im Erreichen einzelner Glückszustände aufzugehen, sondern immer auch dafür zu sorgen, dass er auch zukünftig in der Lage ist, seinem Verlangen nach Glück nachzugehen. Es ist eines, zufrieden zu sein, es ist aber etwas anderes, den Zustand der Zufriedenheit als gesichert zu empfinden. In dem Maße aber, in dem der Mensch darauf aus ist, die zukünftige Befriedigung seiner Bedürfnisse zu sichern, hat er ein Interesse an den Mitteln und Ressourcen, die in seinen Augen dazu nötig sind. Wer über diese Mittel und Ressourcen verfügt, verfügt über Macht, denn Macht ist nichts anderes als das Verfügen über Mittel »zur Erlangung eines zukünftigen anscheinenden Guts« (*some future apparent good*).[90] Hobbes spricht in diesem Zusammenhang von dem »Verlangen nach immer neuer Macht« und impliziert damit, dass auch dieses Verlangen rastlos ist, da jede einmal erreichte Macht einer neuen oder »zusätzlichen« Macht bedarf, um sich zu erhalten.[91]

Weil nicht gleich ersichtlich ist, inwieweit daraus Konflikte zwischen Individuen entstehen können, ist es hilfreich, einige objektive Umstände mit einzubeziehen. »Wenn [...] zwei Menschen nach demselben Gegenstand streben, den sie jedoch nicht zusammen genießen können, so werden sie Feinde und sind in Verfolgung ihrer Absicht, die grundsätzlich Selbsterhaltung und bisweilen nur Genuß ist, bestrebt, sich gegenseitig zu vernichten oder zu unterwerfen.«[92] Es ist folglich die objektiv vorliegende Güterknappheit, die immer wieder Konflikte zwischen den Menschen heraufbeschwört, und zwar offensichtlich nicht nur dann, wenn es um überlebensrelevante Güter geht, sondern auch in Bezug auf Güter, die einzig dem Genuss des eigenen Lebens dienen. Natürlich kann man sich an dieser Stelle fragen, warum denn Güterknappheit nicht schon im Naturzustand Formen der Kooperation oder der Güterteilung bedingt. Zumindest für Güter, die den Genuss betreffen, die also über das für die Sicherheit des eigenen Lebens

90 Ebd., S. 62 (I.10) (dt. S. 66).

91 Ebd., S. 70 (I.11) (dt. S. 75).

92 Ebd., S. 87 (I.13) (dt. S. 95). Es ist nicht ganz klar, ob Güterknappheit unabhängig von der Bedürfnislage des Menschen verstanden werden kann. Güter können auch knapp werden, weil jeder zu viel oder immer mehr will (Pleonexie).

nötige Maß hinausgehen, bietet es sich an, konfliktvermeidende Strategien der Teilung zu konzipieren. Aber Hobbes geht davon aus, dass die Menschen von Natur aus gierig sind und sich nicht mit einem je erreichten Zustand des Güterbesitzes bescheiden können, so dass es nicht möglich ist, von einer natürlichen Bereitschaft zur Güterteilung auszugehen. Es ist, wenn man so will, das Zusammentreffen eines objektiven Umstands mit einer weiteren psychologischen Eigenschaft des Menschen, die an diesem Punkt den Konflikt zwischen den Menschen bedingt.[93] An einer Stelle im *De cive* (*Vom Bürger*) spricht Hobbes etwa von der »natürlichen Neigung der Menschen, sich gegenseitig Schaden zuzufügen, einer Neigung, die aus ihren Leidenschaften, hauptsächlich aber aus ihrer eitlen Selbstüberschätzung hervorgeht«, und verstärkt damit noch solche Züge am Menschen, die im Naturzustand Konflikte hervorbrechen lassen müssen.

Manche Interpreten meinen, Hobbes müsse an diesem Punkt gar nicht auf menschliche Leidenschaften rekurrieren, um die Konflikthaftigkeit des Naturzustands zu erklären. In dem Maße, in dem die menschliche Vernunft die (instrumentelle) Funktion übernimmt, die angemessenen Mittel zur Selbsterhaltung des Menschen zu finden, ist es selbst für den, der eigentlich ein behagliches Leben führen möchte, rational, präventiv gegen mögliche Aggressionen anderer vorzugehen, mit denen jederzeit zu rechnen ist. Dass der Mensch dem Menschen ein Wolf ist, wie Hobbes schreibt, liegt also weniger daran, dass die Menschen de facto böse sind oder sich in einem permanenten faktischen Kriegszustand befinden, als vielmehr daran, dass sie davon ausgehen müssen, ihre Ziele nicht zu erreichen, wenn sie nicht präventiv dafür sorgen, über die Mittel zu verfügen, die nötig sind, um die eigene Selbsterhaltung zu gewährleisten. Weil jeder weiß, dass jeder andere alles tut, was seine Selbsterhaltung ermöglicht, und weil auch jeder weiß, dass jeder andere im Naturzustand das Recht dazu hat, schützt er sich präventiv gegen mögliche Aggressionen der anderen, indem er ihnen selbst aggressiv begegnet. Die Unerträglichkeit der im Naturzustand gegebenen Lebenssituation lässt sich entsprechend als »rationalitätsverursacht« und nicht als »leidenschaftsverursacht« deuten.[94] Allerdings will nicht recht einleuchten, warum es im Na-

93 Hier folge ich Herfried Münkler, *Thomas Hobbes*, Frankfurt/M. 1993, S. 116 f.

94 So Wolfgang Kersting in *Thomas Hobbes zur Einführung*, Hamburg ²2002, S. 114.

turzustand unter Absehung von den Leidenschaften des Menschen nicht rational sein soll, mit anderen zu kooperieren, wenn etwa die Knappheit der Güter allen deutlich vor Augen steht. Selbst wenn es auf dieser Basis wahrscheinlich ist, dass es zu Konflikten kommt, bleibt offen, warum diese Konflikte einer gleichsam tödlichen Logik folgen müssen. Viel näher läge an dieser Stelle die bereits erwähnte Humesche Beschreibung des Naturzustands, die zwar ebenfalls vom weitgehenden Fehlen einer natürlichen Sozialität des Menschen ausgeht und die zentrale Rolle der Selbstliebe hervorhebt, aber die damit einhergehenden Unannehmlichkeiten des Naturzustands überwindet, indem letztlich schon in ihm selbst die Vorteile sozialer Kooperation erfahren werden. Rational ist es nicht, den anderen präventiv zu vernichten, rational ist es, mit ihm qua Vertrag zu kooperieren, weil nur dadurch die eigenen Interessen wirklich dauerhaft befriedigt werden können. Erst wenn das natürliche Interesse des Menschen an Selbsterhaltung ergänzt wird durch »natürliche« Leidenschaften wie »Konkurrenz«, »Mißtrauen« und »Ruhmsucht«, wird begreiflich, warum das, was im Naturzustand eigentlich rational wäre, immer wieder systematisch durchkreuzt und damit unmöglich wird.[95] Es ist also zwingend notwendig, die Leidenschaften des Menschen zu berücksichtigen, wenn verständlich werden soll, warum der Naturzustand die negativen Züge aufweist, die er in Hobbes' Perspektive zweifellos hat.

Man kann diesen Sachverhalt auch unter Verweis auf das Misstrauen erläutern, das nach Hobbes für den Naturzustand kennzeichnend ist. In *De cive* heißt es, dass »der Sinn der Menschen von Natur so beschaffen ist, daß, wenn die Furcht vor einer über alle bestehenden Macht sie nicht zurückhielte, sie einander mißtrauen und einander fürchten würden«.[96] Aber was genau heißt Misstrauen in diesem Zusammenhang? Und was soll es heißen, dass an die Stelle der Furcht vor den anderen im Gesellschaftszustand eine Furcht vor dem Souverän und seiner Macht rückt? Verwandelt sich dann das Misstrauen, das die Menschen im Naturzustand haben, in Vertrauen? Auch in ein Vertrauen zum Souverän, der gleichzeitig weiterhin gefürchtet werden soll? Um auf diese Fragen wenigstens in Ansätzen zu antworten, ist es zunächst hilfreich, darauf hinzu-

95 Hobbes, *Leviathan*, a. a. O., S. 88 (I.13) [dt. S. 95].

96 Thomas Hobbes, *On the Citizen*, Cambridge 1998, S. 10 (dt. *Vom Menschen/Vom Bürger*, Hamburg 1959, S. 68 [Vorwort an die Leser]).

weisen, dass Hobbes Phänomene wie Furcht oder Misstrauen als Affekte (*passions*) betrachtet und entsprechend im Kontext seiner Affektenlehre thematisiert. So heißt es in den *Elements of Law* etwa vom Vertrauen (und Misstrauen): »Vertrauen ist eine Empfindung [*passion*], die aus dem Glauben [*belief*] an jemand entsteht, von dem wir Gutes erwarten oder erhoffen, und die so frei von Zweifel ist, daß wir keinen anderen Weg verfolgen, um es zu erreichen. Und Mißtrauen ist der Zweifel, der uns veranlaßt, uns nach anderen Mitteln umzusehen.«[97] Diese Definition enthält einige der wesentlichen Elemente, die Hobbes in verschiedenen Mischungsverhältnissen für viele menschliche Affekte postuliert. Die Empfindung des Vertrauens ist eine aktuell spürbare Vorstellung, die auf einen Gegenstand gerichtet ist, von dem wir zukünftig Gutes erwarten. Wir vertrauen also *jetzt* in spürbarer Weise darauf, dass uns jemand *in Zukunft* Gutes tun wird (deswegen wird auch der Aspekt der Hoffnung erwähnt). Und wir tun dies, weil wir in der Vergangenheit Gutes von diesem Gegenstand erfahren haben, denn »die Vorstellung von der Zukunft ist lediglich ein Bild derselben, das sich formt nach der Erinnerung dessen, was vergangen ist«.[98] In diesem Sinne ist die Empfindung des Vertrauens eine Bewegung hin zu einem Gegenstand, die auf einer Vorstellung dessen beruht, was wir von dem Gegenstand auf der Basis vergangener Erfahrungen erwarten. Hobbes hatte in einer früheren Passage von *The Elements of Law* drei Arten der Vorstellung (*conception*) differenziert, nämlich Empfindung (*sense*), Erinnerung (*remembrance*) und Erwartung (*expectation*), und dem Begriff der Vorstellung selbst eine materialistische Deutung gegeben.[99] Wichtig für meine Überlegungen ist vor allem, dass es im Vertrauen eine Mischung der verschiedenen Vorstellungsarten gibt, da sowohl vergangene, gegenwärtige als auch zukünftige Aspekte in die Empfindung hineinspielen. Wie die anderen Affekte auch setzt sich das Vertrauen folglich aus reflexiven und temporalen Schichten zusammen.[100] Wir stellen uns

97 Thomas Hobbes, *The Elements of Law, Natural and Politic,* London ²1969, S. 40 (I.9.9) (dt. *Naturrecht und allgemeines Staatsrecht in den Anfangsgründen*, Darmstadt 1983, S. 70).

98 Ebd., S. 33 f. (I.8.3) (dt. S. 64).

99 Ebd., S. 31 f. (I.8.2) (dt. S. 63).

100 Siehe Michael Hampe, »Interne Komplexität und Theorie der Affekte bei Hobbes«, in: Stefan Hübsch/Dominic Kaegi (Hg.), *Affekte. Philosophische Bei-*

einen Gegenstand vor, mit dem wir in der Vergangenheit Gutes verbunden haben, und begegnen ihm mit Verlangen (*desire*) oder richten einen Trieb (*appetite*) auf ihn. Im negativen Fall, etwa bei Misstrauen, reagieren wir mit Abneigung (*aversion*). Affekte (*passions*) sind damit, wie es in *De homine* heißt, »Arten des Begehrens oder Meidens« (*appetitionis et fugae species*).[101] Damit aber sind sie Teil des menschlichen Strebens, das als Prinzip der zunächst unsichtbaren Bewegungsinitiative begriffen wird. Mit anderen Worten: Affekte bewegen uns, sie führen uns hin zu einem Gegenstand, den wir begehren, oder weg von einem Gegenstand, der uns Unlust bereitet. Dass wir uns im Affekt einen Gegenstand so oder anders vorstellen, heißt auch, dass wir uns in der Vorstellung irren können und dass die Perspektive, die wir auf einen Gegenstand werfen, nicht notwendigerweise die Perspektive ist, die ein anderer auf diesen Gegenstand wirft. Furcht vor eigener Unzulänglichkeit etwa wird von denen, die Bescheidenheit schätzen, Demut genannt, von anderen aber Niedergeschlagenheit oder Armseligkeit.[102] Es gibt folglich mindestens zwei Quellen für Konflikte oder Irrtümer: Die Subjekte können sich über die Angemessenheit ihrer eigenen affektrelevanten Vorstellungen täuschen, oder es kann zwischen den Subjekten unterschiedliche Auffassungen über die Beurteilung affektrelevanter Reaktionen geben, die am Ende sogar dazu führen können, dass eine bestimmte affektive Reaktion (Furcht vor eigener Unzulänglichkeit) unterschiedliche Namen erhält.

Vor dem Hintergrund dieser Überlegungen überrascht es nicht, dass Hobbes in *De homine* (*Vom Menschen*) die Affekte in geradezu klassischer Weise als »Störungen des Geistes« bestimmt, die die »richtige Überlegung« beeinträchtigen und dazu neigen, eine sorgfältige »Prüfung aller Begleitumstände« und Wirkungen eines Gegenstandes zu vernachlässigen.[103] Der Punkt ist dabei allerdings nicht, dass es eine »richtige« Überlegung ohne Bezug auf Affekte geben kann oder eine Vernunft, die in der Lage wäre, losgelöst

träge zur Theorie der Emotionen, Heidelberg 1999, S. 77-90 (hier S. 84); zur materialistischen Seite der Hobbesschen Affektenlehre siehe auch Catherine Newmark, *Passion – Affekt – Gefühl. Philosophische Theorien der Emotionen zwischen Aristoteles und Kant*, Hamburg 2008, S. 145-155.

101 Hobbes, *Vom Menschen*, a. a. O., S. 29 (XII.1).

102 Hobbes, *The Elements of Law*, a. a. O., S. 38 (I.9.2) [dt. S. 68].

103 Hobbes, *Vom Menschen*, a. a. O., S. 29 (XII.1).

von Affekten auf ganz und gar rationale Weise Zwecke zu setzen. Hobbes macht wiederholt deutlich, dass bloße Vernunft nicht über eine eigenständige zwecksetzende Kraft verfügt. Vielmehr ist es ihre Aufgabe, als »Kundschafter und Spion der Wünsche« zu agieren, »die das Gelände erkunden und den Weg zu den gewünschten Dingen finden sollen«.[104] Vernunft ist instrumentell geworden und entfaltet ihre motivierende Kraft in dem Maße, in dem es ihr gelingt, Mittel zur Befriedigung menschlicher Bedürfnisse und Wünsche zu eruieren. Das Störende an den affektiven Vorstellungen, die die Form des Strebens annehmen, ist allerdings, dass sie in der Regel auf eine sorgfältige Prüfung der (längerfristigen) Folgen verzichten, die mit dem Begehren eines Gegenstands oder der Abneigung ihm gegenüber verbunden sind und insofern vorschnell zum Handeln treiben. Die Spione und Kundschafter affektiv generierter Wünsche sind gewissermaßen kurzsichtig, was dann dazu führt, dass sich diese Vorstellungen über die wahren Qualitäten eines Gegenstands und die wahren Folgen des auf ihn gerichteten Begehrens täuschen – »denn alle Menschen«, so Hobbes im *Leviathan*, »sind von Natur aus mit bemerkenswerten Vergrößerungsgläsern ausgestattet, nämlich ihren Leidenschaften und ihrer Eigenliebe, durch die jede kleine Abgabe als große Belastung erscheint, aber es fehlen ihnen die Ferngläser«.[105] Dabei ist es eher die kognitive oder reflexive Komponente der Leidenschaften, die an diesem Punkt Schwierigkeiten verursacht. Was sich die Menschen vorstellen drängt sich ihnen nämlich als real auf, was bedeutet, dass die Subjekte unterschiedliche Vorstellungsbilder nicht einfach nur auf unterschiedliche Vorlieben zurückführen, sondern als unterschiedliche Bilder dessen auslegen, was real oder wirklich ist. Ein Konflikt ist daher vorprogrammiert.[106]

Es ist wichtig, diese Aspekte der Hobbesschen Affektenlehre zu berücksichtigen, wenn wir nun zu den spezifischen Phänomenen des Misstrauens (oder Vertrauens) und der Furcht zurückkehren,

104 Hobbes, *Leviathan*, a. a. O., S. 53 f. (I.8) (dt. S. 56); vgl. hierzu auch Stephen Darwall, *The British Moralists and the Internal ›Ought‹: 1640-1740*, Cambridge 1995, S. 58.

105 Hobbes, *Leviathan*, a. a. O., S. 129 (II.18) (dt. S. 144).

106 Siehe Tucks Einleitung zu Hobbes' *On the Citizen*, a. a. O., S. XX ff. Er zitiert dort *Vom Menschen*, a. a. O., S. 8 (II, 1): »Jedes Lebewesen hält nun von Natur beim ersten Anblick dieses Bild für den gesehenen Gegenstand selbst [...].«

die den Naturzustand so maßgeblich prägen. Furcht wird von Hobbes als »Abneigung, verbunden mit der Erwartung eines durch den Gegenstand bewirkten Schadens«, definiert.[107] Misstrauen andererseits kann nun im Anschluss an die oben erwähnte Bestimmung als Empfindung begriffen werden, die uns daran hindert, von einem anderen Gutes zu erwarten. Indem Hobbes das Misstrauen allerdings als Zweifel beschreibt, »der uns veranlasst, uns nach anderen Mitteln umzusehen«, gibt er zu verstehen, dass wir uns über die Berechtigung des Misstrauens keinesfalls sicher sein können (Zweifel sind keine Gewissheiten) und dass das Misstrauen offenbar unmittelbar auf genau das Vermögen in uns einwirkt, das angesichts vorliegender Zwecksetzungen für die Auswahl der richtigen Mittel zuständig ist, nämlich die menschliche Vernunft. Beide Punkte lassen sich zusammenführen: Im Misstrauen vermeiden wir es, mit denen zu kooperieren, von denen wir wenig Gutes erwarten, ohne allerdings genau zu wissen, ob diese Vermeidungsstrategie selbst tatsächlich berechtigt ist. Natürlich können die Zweifel an der Güte eines anderen auf vergangenen Erfahrungen beruhen. Aber im Naturzustand interagieren wir nicht nur mit Individuen, die uns bekannt sind, so dass das Misstrauen nicht allein unter Verweis auf negative Erfahrungen der Vergangenheit erklärt werden kann. Sind wir trotzdem *allen* anderen gegenüber misstrauisch, dann deshalb, weil uns das Misstrauen als Affekt daran hindert, ruhig und sachlich die mit ihm verbundenen Zweifel auf ihre Berechtigung hin zu befragen. In genau diesem Sinne ist das Misstrauen nicht, wie häufig angenommen, rational; es ist vielmehr eine Ungewissheit, die nicht zuletzt von ihm selbst beeinflusst wird, das als solches eine ruhige Abwägung der möglichen Konsequenzen eigenen Verhaltens verhindert. Ohne den Einfluss derartiger Affekte wären die Menschen eher in der Lage, jenen Gesetzen zu gehorchen, die ihnen ihre Vernunft schon im Naturzustand vorschreibt, und die damit auch schon im Naturzustand kooperative Strategien als Mittel der Selbsterhaltung nahelegen. Durch das Misstrauen jedoch werden die Subjekte in der Beurteilung dessen, was ihrer Selbsterhaltung dient, stark beeinflusst. Damit soll nicht gesagt sein, dass Misstrauen selbst keinerlei objektive Basis hat und nur der Willkür subjektiver Laune entspringt. So lässt sich nicht

107 Hobbes, *Leviathan*, a.a.O., S. 41 (I.6) (dt. S. 42).

leicht leugnen, dass es im Naturzustand gar keine Instanz gibt, die darüber befinden könnte, wann jemand berechtigt ist, das Verhalten eines anderen Individuums als gefährlich einzustufen und wann nicht. Jeder ist in diesen Dingen sein eigener Richter, und man kann sich ausmalen, wie viel Ungewissheit eine solche Situation mit sich bringt, denn jeder ist ja im Naturzustand *berechtigt*, seinem eigenen Urteil zu folgen. Gerade die immer wieder beobachtbare affektive Störung des Urteilsvermögens der Individuen, das ist der springende Punkt, verhindert eine schnelle Hinwendung zu kooperativen Strategien. Wenn es folglich rational ist, im Naturzustand stets mit dem Schlimmsten zu rechnen, dann nicht, weil sein Eintreten wahrscheinlich ist oder es gar gute Gründe dafür gäbe, sondern nur, weil es auf der Basis der Affektnatur des Menschen nicht ausgeschlossen werden kann, dass die je anderen mein Verhalten als gefährlich einschätzen und glauben oder vermuten, sich nur durch eigene Aggression davor schützen zu können. Berücksichtigt man an dieser Stelle noch die anderen von Hobbes genannten Affekte wie Ruhmsucht oder Konkurrenzgeist, verschärft sich zudem die Lage. Der Mensch des Naturzustands ist, wenn man so will, gerade nicht imstande, besonnen seinem Eigeninteresse zu folgen, da ihn seine Leidenschaftsnatur immer wieder daran hindert, überhaupt zu erkennen, was genau seinem Interesse zuträglich ist. Erst auf der Stufe der durch den Leviathan gebändigten Leidenschaften wird es möglich, die mit der Verfolgung des Eigeninteresses einhergehenden Disziplinierungen praktisch wirksam umzusetzen, so dass man der bürgerlichen Gesellschaft nicht zu Unrecht das Vermögen zugesprochen hat, die Leidenschaften zu zivilisieren.[108] Das geschieht allerdings weniger durch einen direkten Angriff auf die Leidenschaften in ihrer Bewegungsnatur als durch ein Aufheben der subjektiven Willkür der für die Leidenschaften konstitutiven kognitiven Komponenten. Müssen die Subjekte im Naturzustand allein über die Wahrheit oder Unwahrheit der Vorstellungen entscheiden, die ihren Leidenschaften zugrunde liegen, so übernimmt im Zustand der bürgerlichen Gesellschaft der Souverän die Aufgabe, festzulegen, was wahr ist und was falsch. Nur er beurteilt nun, was den

108 Vgl. William E. Connolly, *Political Theory and Modernity*, Ithaca, London 1993, S. 26 ff. Siehe auch Albert O. Hirschman, »The Concept of Interest: From Euphemism to Tautology«, in: ders., *Rival Views of Market Society and Other Recent Essays*, New York 1986, S. 35-55, insb. S. 37 f.

Subjekten als Untertanen zuträglich und was ihnen abträglich ist, und besitzt damit ein epistemisches Monopol. Für die Hobbessche Lehre von den Affekten ergibt sich daraus eine interessante Schlussfolgerung, die an dieser Stelle genannt sei, weil auf sie in der Interpretation der Smithschen Sympathielehre zurückzukommen sein wird. Hobbes kann die Frage nach der Angemessenheit eines Affekts nur monologisch, nicht aber dialogisch denken. Entweder muss ich mir als einzelner über die Angemessenheit oder Wahrheit meines Affekts und der ihn gründenden Vorstellungen Gedanken machen oder aber ich lege diese Aufgabe in die Hände eines Souveräns, der damit zur epistemisch monopolisierten Urteilsinstanz wird. Die These, wonach in die Beurteilung der eigenen Affekte von Anfang an die Urteile anderer einfließen, wird durch die individualistischen Prämissen der Hobbesschen Anthropologie durchkreuzt. Dadurch aber verlieren die Subjekte im Naturzustand das Vermögen, in ihren Affekten die Perspektiven und Urteile anderer Subjekte auch nur wahrzunehmen, und geraten folglich auch nicht in die Lage, die eigenen Affekte durch ein vergleichendes Sich-Hineinversetzen in die Perspektive anderer intersubjektiv zu stabilisieren. Die Narrative der Subjekte können sich gewissermaßen nicht verzahnen und auch deswegen herrscht im Naturzustand Misstrauen.

Einige weitere Überlegungen zum Misstrauen seien an dieser Stelle angefügt. Hobbes hat, das ist erwähnt worden, Misstrauen als Kennzeichen des Menschen im Naturzustand anthropologisiert. Damit kann er scheinbar der Frage, die die modernen Kommentatoren umtreibt und die auf die Gründe für Misstrauen abzielt, entgehen. Dabei sind es gerade die natürlichen Eigenschaften des Menschen, die als Gründe figurieren, indem sie gegenseitiges Misstrauen nach sich ziehen, und es ist wiederum auch das Misstrauen selbst, das als natürliche Eigenschaft Misstrauen generiert. Hat man vom Vertrauen gelegentlich gesagt, es sei eine Ressource, die sich im Verbrauch nicht erschöpft, so gilt Ähnliches vom Misstrauen. Will man dem Zweifel des Misstrauens Gründe zuordnen, die in der Natur des Menschen liegen, wird man auf den Willen des Menschen hinweisen müssen, stets über die Mittel zu verfügen, die nötig sind, um auch zukünftig die Befriedigung der eigenen Bedürfnisse und Wünsche zu ermöglichen. Aus der Tatsache jedoch, dass die Menschen im Naturzustand keine Gewissheit darüber haben, ob sie über diese Mittel auch tatsächlich verfügen können, und aus der weiteren Tatsache, dass sie keine Gewissheit darüber haben, ob andere ihnen wohlwollend oder aggressiv begegnen werden, folgt noch nicht zwangsläufig Misstrauen. Ungewissheit und Unsicherheit bei gleichzeitigem Bedürfnis nach Gewissheit und Sicherheit können ebenso aggressive Selbstbehauptung wie kooperative Verhandlungsbereitschaft nach sich ziehen. Misstrauen kann im Naturzustand offensichtlich auch keinem vorher vorhandenen, dann aber zerstörten Vertrauen entspringen. Es ist unter den Bedingungen des Naturzustands nämlich ganz unklar, wie ein Vertrauen entstehen soll, dessen Missbrauch dann Misstrauen nach sich ziehen könnte. Nach den im ersten Teil angestellten Überlegungen liegt darin jedoch gar kein Problem, da Misstrauen eine eigenständige handlungsbegleitende Einstellung ist. Selbst wenn sie auf den Kontrast zum Vertrauen angewiesen bleibt, um semantisch Konturen zu erhalten, muss sie nicht notwendig in praktisch relevanter Weise auf Vertrauen verweisen (und sei es auf zerstörtes Vertrauen). Auch Hobbes' Bestimmung des Vertrauens und des Misstrauens macht deutlich, dass der Misstrauische, anders als der Gleichgültige, etwas will, also Ziele verfolgt und Zwecken nachgeht. Zwar gibt es Ziele und Zwecke, die ich nur als Vertrauender haben kann, aber es gibt auch welche, denen ich entweder in vertrauensvoller oder in misstrauischer Absicht nachgehen kann. Der Misstrauische verwirklicht seine Ziele und Zwecke anders als der Vertrauende, und zwar insbesondere indem er sie verfolgt, ohne auf kooperative Akte anderer zurückzugreifen. Auch das macht den Naturzustand so unangenehm. Die Menschen, die in ihm leben, können nicht auf unterstützende Akte anderer zählen, obwohl ihnen schon allein auf der Basis ihrer natürlichen Vernunft der Gewinn durch Kooperation deutlich vor Augen stehen dürfte. Es ist gewissermaßen dieser noch gar nicht erzielte Gewinn, den sie im Naturzustand verlieren oder dessen Unerreichbarkeit ihnen immer wieder schmerzlich deutlich wird. Zumindest in ihren »ruhigen Zeiten«, also dann, wenn »Hoffnung, Furcht, Zorn, Ehrgeiz, eitle Ehrsucht und andere Störungen des Geistes« die Kenntnis des natürlichen Gesetzes nicht erschweren, muss ihnen klar sein, was sie durch die ihnen wohlvertrauten Leidenschaften zerstören.[109] Das Misstrauen, das auf andere gerichtet ist, ist in diesem Sinne originär, denn

109 Hobbes, *On the Citizen*, a. a. O., S. 53 (III.26) (dt. S. 109).

es geht auf die Vertrautheit mit den eigenen Leidenschaften und ihre rationalitätszerstörenden Effekte zurück. Diese Vertrautheit ergibt sich einerseits aus der alle Leidenschaften stets begleitenden hedonischen Qualität, die bedingt, dass die leidenschaftskonstituierenden Vorstellungen von einem »gegenwärtigen Lustgefühl«[110] begleitet werden, das sie uns gleichsam spürbar macht, andererseits aus der Einsicht in die Tatsache, dass »jedermann, der in sich selbst blickt [...] aus seinem Denken, Meinen, Schließen, Hoffen, Fürchten usw., und deren Gründen lesen und erkennen wird, welches die Gedanken und Leidenschaften aller anderen Menschen bei den gleichen Anlässen sind«.[111] Wir können, wenn man so will, das Misstrauen gegen andere aus einem Misstrauen uns selbst gegenüber ableiten, denn es besteht kein Zweifel daran und wir sind uns dessen bewusst, dass die Leidenschaften (zumindest bestimmte unter ihnen) als Störungen des Geistes auch uns selbst den Blick auf das verstellen, was (langfristig) gut für uns ist.

Es sei wiederholt: Die Alternative zu dieser von Leidenschaft affizierten Vernunft ist keine leidenschaftsfreie Vernunft. Ausdrücklich heißt es, dass ein Mensch, der keine Leidenschaft für »Reichtum, Wissen und Ehre« empfindet, der diesen Dingen also gleichgültig begegnet, »unmöglich eine große Phantasie oder viel Urteilskraft haben« kann.[112] Es sind letztlich Leidenschaften, »leidenschaftliche Gedanken« (*passionate thought*), die unser Reflexionsvermögen vorantreiben, ihm eine Richtung geben (Zu- oder Abneigung) und es daran hindern, »ungesteuert, absichtslos und unbeständig« zu werden.[113] Wenn wir an einer affektiven Lenkung unseres Reflexionsvermögens interessiert sind, müssen wir folglich nach Affekten suchen, die uns dabei helfen, die Zwecke zu verwirklichen, die aus unseren Strebungen hervorgehen. Neugier etwa wird von Hobbes als eine nur den Menschen kennzeichnende Leidenschaft bestimmt, die uns nach den Wirkungen eines vorliegenden Dings oder nach den Ursachen von beobachteten Wirkungen suchen lässt.[114] Lorraine Daston spricht in diesem Zusammenhang von einer »kognitiven« Leidenschaft, da uns die Neugier zu reflexiv-

110 Hobbes, *The Elements of Law*, a. a. O., S. 32 (I.8.2) (dt. S. 63).
111 Hobbes, *Leviathan*, a. a. O., S. 10 (dt. S. 6, Einleitung).
112 Ebd., S. 53 (I.8) (dt. S. 56).
113 Ebd., S. 20 (I.3) (dt. S. 19).
114 Ebd., S. 21 (I.3) (dt. S. 20); S. 74 (I.12) (dt. S. 80).

analytischer Tätigkeit anspornt, aber unabhängig von der Neugier gilt natürlich, dass alle Leidenschaften als solche auf das deliberative Vermögen Einfluss nehmen. Man kann nur konstatieren, dass es einzelne Leidenschaften gibt, die in ihrer spezifischen Gestalt dem Erkenntnisprozess näherstehen als andere Leidenschaften.[115] Nach allem, was bisher bekannt ist, ist der Naturzustand allerdings kein Zustand, der der Ausbildung einzelner kognitiver Leidenschaften sonderlich zuträglich ist, was auch daran liegt, dass in ihm noch nicht die zivile Ruhe vorhanden ist, die so etwas wie eine Erziehung der Leidenschaften ermöglichen könnte.

15.2 Ausgang aus dem Naturzustand

Ich habe mit Nachdruck darauf insistiert, dass Misstrauen und Furcht im Rahmen der Hobbesschen Konzeption als Leidenschaften gefasst werden und als solche ihren negativen Einfluss geltend machen. Zudem habe ich betont, dass es schwierig ist, die genauen Gründe für diese Leidenschaften zu eruieren, wenngleich vereinzelte Andeutungen gemacht wurden. Diese Vagheit kann nicht überraschen, denn schließlich macht Hobbes selbst »individuelle Veranlagung und verschiedene Erziehung« für die Unterschiedlichkeit der Objekte verantwortlich, auf die Menschen ihre Leidenschaften richten, so dass sich folglich die genaue Quelle einzelner Leidenschaften unserer Kenntnis leicht entzieht.[116] Wir können von einer Gleichförmigkeit der Wirkung der Leidenschaften ausgehen, nicht aber von einer Gleichförmigkeit der Objekte, auf die sie sich jeweils richten. Entsprechend erklärungsbedürftig ist auch von dieser Seite her, warum im Naturzustand allgemeines Misstrauen *allen anderen* gegenüber vorherrschen sollte. Wodurch kommt es auf dieser Stufe menschlichen »Zusammenlebens« zu einer Vereinheitlichung der Objekte der menschlichen Leidenschaften? Vor allem der Hinweis auf die individuelle Veranlagung könnte eher dafür

115 Lorraine Daston, »Die kognitiven Leidenschaften: Staunen und Neugier im Europa der frühen Neuzeit«, in: dies., *Wunder, Beweise und Tatsachen. Zur Geschichte der Rationalität*, Frankfurt/M. 2001, S. 77-97; vgl. auch Jeffrey Barnouw, »Hobbes's Psychology of Thought: Endeavours, Purpose and Curiosity«, in: *History of European Ideas* 10:5 (1989), S. 519-545.

116 Hobbes, *Leviathan*, a. a. O., S. 10 (dt. S. 6, Einleitung).

sprechen, unterschiedliche Gemüter und damit auch unterschiedliche psychologische Dispositionen im Naturzustand vorzufinden. Angesichts der leicht einsehbaren Vorteile einer kooperativ orientierten Einstellung könnten zum Beispiel risikofreudige Individuen erste vertrauensbildende Züge unternehmen, ohne von vornherein davon auszugehen, dass diese Züge in ihrer kooperativen Absicht zwangsläufig konterkariert werden. Erneut treffen wir hier aber auf das Problem, dass wir im Naturzustand keine objektiven Anhaltspunkte für unsere Annahmen über andere haben und dass diese Annahmen, wie gesehen, in den meisten, wenn nicht sogar in allen Fällen, auf den kognitiven Komponenten unserer Leidenschaften beruhen, die uns andere auf bestimmte Weise sehen lassen. Und da Erziehung im Naturzustand noch keine modifizierenden Effekte erzielen kann, ist es gerade der Pluralismus der leidenschaftsinduzierenden Annahmen über andere, der Unsicherheiten erzeugt. Wir mögen annehmen, dass andere mit Blick auf unser Bedürfnis nach Selbsterhaltung eine Bedrohung darstellen, und haben das Recht, sie anzugreifen (ohne dass sie eine Pflicht hätten, dieses Recht zu achten). Ob der andere tatsächlich bedrohlich ist, lässt sich aber so lange nicht feststellen, wie wir unter dem Einfluss der Leidenschaft (Gefühl der Bedrohung) agieren. Das Misstrauen kann folglich als eine Leidenschaft zweiten Grades oder als eine Metaleidenschaft bezeichnet werden. Wir reagieren misstrauisch auf andere, weil wir an uns selbst die rationalitätshemmenden Effekte etwa von Furcht, Neid oder Ruhmsucht erfahren haben. Wir besitzen zwar keine Gewissheit darüber, ob andere ebenfalls von diesen Leidenschaften getrieben werden, können es aber auch nicht ausschließen, und genau das rechtfertigt ein gewisses Misstrauen. Wenn also von einer Vereinheitlichung der affektiven Reaktionsweisen im Naturzustand gesprochen werden kann, dann weniger auf der Ebene der scheinbar primären aggressiven Leidenschaften als vielmehr auf der Ebene der Reaktion auf die Willkür und objektive Haltlosigkeit dieser primären Leidenschaften. Außerhalb ruhiger Phasen sind wir unfähig, jenen kooperationsfördernden Gesetzen zu folgen, die uns die Vernunft schon im Naturzustand erschließt. Das Misstrauen beruht nicht auf einer Kenntnis der Boshaftigkeit des anderen, es beruht lediglich auf unserem Unvermögen, im Naturzustand die Berechtigung der mit unseren Leidenschaften verbundenen Vorstellungen zu beurteilen. Wir stehen allein mit diesen Leidenschaften, von denen wir doch wissen, dass sie aufgrund des »naiven« Realismus der sie speisenden Vorstellungen den Anspruch erheben, berechtigt oder wahr zu sein; wir verfügen noch nicht über das, was Hume später einmal als »intercourse of sentiments« bezeichnen sollte oder was Smith mit der Wendung von der »Übereinstimmung der Empfindungen« (*correspondence of sentiments*) beschrieb. Beide, Hume und Smith, zielen mit diesen Formulierungen auf eine Angleichung emotionaler Reaktionen im kommunikativen Austausch unterschiedlicher Perspektiven, die dazu führt, dass am Ende ein »allgemeiner« Maßstab der Beurteilung verschiedener Reaktionen und Emotionen etabliert wird. Erst durch diesen Austausch verlassen wir, mit Hume gesprochen, den »uns eigentümlichen Standpunkt« und fangen an, die Welt mit den Augen und Emotionen anderer zu sehen.[117] Im Hobbesschen Rahmen ist es nicht zuletzt das Bedürfnis, unsere emotionalen Reaktionen intersubjektiv zu stabilisieren, das uns dazu treibt, den Naturzustand zu verlassen. Ob dies freilich gelingen kann, wird weiter unten behandelt werden.

Die Frage, die die Forschung bis heute umtreibt, betrifft die Möglichkeiten, den Naturzustand tatsächlich zu verlassen. Wie soll es unter den soeben spezifizierten Bedingungen eines gegenseitigen Misstrauens möglich sein, das Misstrauen und die Furcht zu überwinden? Wie kann es, mit anderen Worten, zu jenem (Gesellschafts-, Rechtsübertragungs-, Herrschafts- und Unterwerfungs-) Vertrag kommen, durch den der Souverän eingesetzt wird, der die Furcht, die die Individuen im Naturzustand noch vor einander haben, auf sich zieht und damit so etwas wie intersubjektives Vertrauen erst möglicht macht? Manche Autoren sehen an dieser Stelle kein Problem, da Hobbes ohnehin keine genetische Lesart intendiere und seine Thesen ganz und gar argumentationslogisch strukturiert seien. Es handelt sich beim Hobbesschen Gesellschaftsvertrag um einen Vertrag, so Kersting, »der in derselben logischen Sekunde, in der er geschlossen wird, seine Garantie und die Sicherheit für

117 David Hume, *A Treatise of Human Nature*, Oxford 1978, S. 603 (III.3.3) (dt. *Ein Traktat über die menschliche Natur*, 2 Bde., Hamburg 1978, S. 357 [Bd. 2]; die Wendung Humes ist mit »Meinungsaustausch« leider ganz unangemessen übersetzt). Adam Smith, *Theorie der ethischen Gefühle*, Hamburg 2004, S. 21 (I.1.4); siehe auch Holmer Steinfath, »Emotionen, Werte und Moral«, in: Sabine A. Döring, Verena Mayer (Hg.), *Die Moralität der Gefühle*, Berlin 2002, 105-122 (hier S. 117).

vertragliche Vereinbarungen überhaupt bewirkt«.[118] Diese Sicherheit muss nicht schon vor Vertragsschluss vorhanden sein, so dass keine problematischen Argumentationszirkel zu erwarten sind. Ich bin mir zwar nicht sicher, was hier »logisch« heißt oder was eine »logische Sekunde« ist, aber es leuchtet mir ein, im Hobbesschen Naturzustand keine ernst gemeinte historische Zustandsbeschreibung zu sehen, sondern eher eine rechtfertigende Fiktion, die dazu dient, unzureichend zivilisierten Subjekten die Vorteile des bürgerlichen Zustands vor Augen zu führen. Die Unmöglichkeit eines Vertragsschlusses im Naturzustand ist in diesem Sinne dramaturgischer Bestandteil einer Erzählung, der es darum geht, möglichst plastisch die Nachteile eines Lebens ohne staatlichen Souverän zu skizzieren. Verständlich wird diese Erzählung, weil noch den unter bürgerlichen Bedingungen lebenden Subjekten das Misstrauen und die Furcht vertraut sind, die im Naturzustand bis zum Äußersten getrieben werden: »Wir sehen«, so Hobbes in *De cive*, »daß alle Staaten, selbst wenn sie mit ihren Nachbarn Frieden haben, ihre Grenzen durch militärische Besatzungen oder ihre Städte durch Mauern, Tore und Wächter sichern. [...] Selbst in den einzelnen Staaten, wo Gesetze bestehen und gegen die Übeltäter Strafen bestimmt sind, gehen die einzelnen Bürger nicht ohne Waffen zu ihrer Verteidigung auf Reisen und nicht zur Ruhe, bevor die Türen gegen ihre Mitbürger und Kisten und Kasten gegen die Hausgenossen verschlossen sind.«[119] Aber selbst wenn es richtig ist, im Zustandekommen des Gesellschaftsvertrags kein geschichtliches Ereignis zu sehen (Hobbes selbst führt allerdings mehrere Beispiele für »reale« Naturzustände an), lässt sich einwenden, dass wir es mit einer Fiktion zu tun haben, in deren Rahmen die Subjekte über Motive und Interessen verfügen und sich vor dem Hintergrund dieser Motive und Interessen die Frage vornehmen, wie rational es für sie wäre, auf das ihnen im Naturzustand zugestandene Recht auf alles zu verzichten. Auch in der Fiktion, deren Gehalt nie real gewesen sein muss, muss es, so diese Argumentation, möglich sein,

118 Kersting, *Hobbes zur Einführung*, a. a. O., S. 148.

119 Hobbes, *Vom Bürger*, a. a. O., S. 68 (Vorwort); vgl. dazu auch Connolly, *Political Theory and Modernity*, a. a. O., S. 28; den Begriff der »rechtfertigenden« Genealogie entwirft Bernard Williams in *Truth and Truthfulness. An Essay in Genealogy*, Princeton/Oxford 2002, S. 36 (dt. *Wahrheit und Wahrhaftigkeit*, Frankfurt/M. 2003, S. 62).

Gründe dafür anzugeben, ein Versprechen (»Ich halte den Vertrag«) *zuerst* abzugeben. Es muss, mit anderen Worten, auch im fiktiv gehaltenen Naturzustand ein Vertrauen geben, das noch nicht mit einem Souverän rechnet, der Vertrauensbrüche wirkungsvoll sanktionieren kann. Wie ein solches Vertrauen angesichts des allseitigen Misstrauens zustande kommen kann, bleibt auch dann rätselhaft, wenn eingeräumt wird, dass das Interesse jedes einzelnen, den Naturzustand zu überwinden, groß sein müsse.[120]

Ich will die weitere Klärung dieses Problems zurückstellen, um zunächst auf einen anderen Aspekt einzugehen. Wenn die bislang vorgetragenen Überlegungen stimmig sind, kann man immerhin bestreiten, dass es Gesellschaftsbildungen ohne Vertrauen geben kann. Und tatsächlich supponiert auch Hobbes einen engen Zusammenhang zwischen der Existenz einer absoluten staatlichen Herrschaft und der Fähigkeit jedes einzelnen, anderen Subjekten oder zumindest dem Souverän selbst zu vertrauen. Das Verhältnis, das die Bürger zu dem qua Vertrag eingesetzten Souverän führen, ist dabei für Hobbes sowohl eines der Furcht und des Schreckens als auch eines des Vertrauens. Die Macht, die dem Souverän übertragen wird, dient dazu, all jene, die das Naturgesetz brechen, zu bestrafen, aber genau dieses absolute Recht der Bestrafung ist nur die Kehrseite der (naturgesetzlich formulierten) Pflicht, für die Sicherheit des Volkes zu sorgen. Und genau darauf richtet sich das Vertrauen der Bürger; sie kommen darin überein, »sich willentlich einem Menschen oder einer Versammlung von Menschen zu unterwerfen, im Vertrauen darauf (*on confidence*), von ihnen gegen alle anderen geschützt zu werden«. Dort, wo der Souverän seiner Pflicht nicht nachkommt, wo er etwa seinerseits seinen Leidenschaften folgt und seine eigentliche Aufgabe vergisst, entsteht ein »Bruch« des in ihn gesetzten Vertrauens (*trust*) und des darin sich artikulierenden natürlichen Gesetzes.[121] In gewisser Weise agiert der Souverän demnach als Repräsentant des Volkes, das ihn eingesetzt

120 Vgl. Richard Tuck, *Hobbes*, Freiburg 1999, S. 109. Vgl. auch Martin Hartmann, »Aussichten auf Vorteile? Grenzen rationaler Vertrauensmodelle in der Politikanalyse«, in: *Österreichische Zeitschrift für Politikwissenschaft* 31:4 (2002), S. 379-395 (hier S. 383-385). Die Frage nach den Bedingungen des Vertragsschlusses sollte im Übrigen deutlich von der Frage unterschieden werden, ob ein einmal geschlossener Vertrag einzuhalten ist.

121 Hobbes, *Leviathan*, a. a. O., S. 121 (II.17) (dt. S. 135) und S. 172 (II.24) (dt. S. 192).

oder, wie es oft heißt, »autorisiert« hat, und er ist daher auch gehalten, den Interessen des Volkes entgegenzukommen. Eine solche, liberale Lesart Hobbes' wird zweifellos an vielen Stellen kompromittiert und sie begründet auch nicht das Recht auf Widerstand. Aber es ist doch aufschlussreich, dass Hobbes wie später auch Locke immer dann von Vertrauen spricht, wenn es darum geht, einer politischen Instanz ein großes (wenn nicht gar absolutes) Maß an Macht einzuräumen, das von dieser Instanz genutzt werden soll, um eine weitgehend ungestörte Befriedigung der vorpolitischen Interessen der Staatsbürger zu ermöglichen. Die Begrifflichkeit des Vertrauens, die Hobbes an manchen Punkten heranzieht, bindet den Souverän auf eine Weise an die von ihm Repräsentierten, die in Interpretationen, die seine Stellung stärker autonomisieren, nicht thematisch werden kann.[122]

Unklar ist an diesem Punkt allerdings, wie weit die Bindung des Souveräns an die Untertanen geht. So heißt es einerseits, die Subjekte sollten nicht darüber diskutieren, ob eine Maßnahme des Souveräns gut oder böse sei, denn »dadurch gerät der Staat in Verwirrung und wird geschwächt«.[123] Andererseits dauert die Verpflichtung der Untertanen gegen den Souverän nur so lange, »wie er sie auf Grund seiner Macht schützen kann, und nicht länger«.[124] Und es scheinen die Untertanen zu sein, die die Frage, ob der Souverän noch seinen Schutzpflichten nachkommt, beurteilen. Die Lösung dieser Problematik ist für die Hobbessche Lehre vom Misstrauen und Vertrauen natürlich äußerst relevant. Will man den Vertragsschluss der Subjekte untereinander als vertrauensgründenden Akt verstehen, handelt es sich, je nach Lektüre, entweder um ein unbedingtes oder irreversibles Vertrauen oder aber um ein bedingtes, das unter bestimmten Umständen wieder entzogen werden darf. Im Rahmen der einen Lektüre gilt: Die Untertanen dürfen den ihre Erwartungen enttäuschenden Souverän nicht »der Ungerechtigkeit anklagen oder sonst irgendwie schlecht über ihn [...] sprechen, da die Untertanen alle seine Handlungen autorisiert und durch die Übertragung der souveränen Gewalt zu ihren

122 Für eine Interpretation, die das Verhältnis des Souveräns zu seinen Untertanen erheblich entkoppelt, siehe Kersting, *Hobbes zur Einführung*, a. a. O., S. 167 ff.

123 Hobbes, *Leviathan*, a. a. O., S. 223 (II.29) (dt. S. 247).

124 Ebd., S. 153 (II, 21) (dt. S. 171).

eigenen gemacht haben«.[125] Im Rahmen der anderen Lektüre gilt, was Hobbes im *Behemoth* einmal so formuliert: »[D]ie Macht des Gewaltigen hat nur Grund in der Meinung und in dem Glauben des Volkes. [...] [D]enn wenn die Menschen ihre Pflicht nicht kennen, was zwingt sie dann, den Gesetzen zu gehorchen? Ein Heer, wirst du sagen. Was aber soll das Heer zwingen?«[126] Dieser Lesart nach sind die Untertanen sehr wohl in der Lage, einen *Bruch* des Vertrauens zu konstatieren: Da alle Handlungen des Souveräns immer schon per se an den Interessen der Untertanen orientiert sind, bleibt diesen auch die Möglichkeit, die Handlungen des Souveräns an den natürlichen Gesetzen zu messen und gegebenenfalls ihre Schlechtigkeit (wo nicht ihre Ungerechtigkeit) zu konstatieren. Und dies muss auch so sein, da Zwang allein kein stabiles Gemeinwesen begründen kann.

Es wäre sicherlich nötig, an dieser Stelle mehr über den Begriff der »Autorisierung« zu sagen und darüber, dass der Untertan angeblich durch den Vertragsschluss *alle* Handlungen des Souveräns autorisiert oder gar als eigene Handlungen rubriziert. Stattdessen aber möchte ich hier nur in knapper Form andeuten, warum ich eine nichtliberale Lesart der Hobbesschen Vertragslehre für plausibler halte. Der zentrale Punkt lautet: Weil die Leidenschaften den rationalitätshemmenden Effekt, den sie im Naturzustand haben, im Gesellschaftszustand beibehalten, verlangen die Subjekte nach einem Souverän, der ihnen die Aufgabe abnimmt, eigenmächtig über das für sie Gute zu urteilen (vorausgesetzt, die Subjekte erreichen überhaupt den Gesellschaftszustand, was, nach meiner Lesart, unmöglich ist). Es ist vor dem Hintergrund dieser Kontinuitätsannahme gänzlich unklar, wie die Subjekte in die Lage gelangen sollen, über die Art und Qualität der Herrschaftsausübung zu urteilen, ohne dass daraus Konflikte zwischen den Subjekten sowie

125 Ebd., S. 172 (II.24) (dt. S. 192).

126 Thomas Hobbes, *Behemoth, or the Long Parliament*, Chicago 1990, S. 16 und S. 58 (dt. *Behemoth oder Das Lange Parlament*, Frankfurt/M. 1991, S. 25 f. und S. 64 f.); für eine liberale Lesart siehe etwa Jeremy Waldron, »Hobbes and the Principle of Publicity«, in: *Pacific Philosophical Quarterly* 82 (2001), S. 447-474; eine Lesart, die hingegen annimmt, eine zu starke Berücksichtigung der Urteilskraft der Untertanen unterminiere den Hobbesschen Absolutismus, vertritt Jean Hampton, *Hobbes and the Social Contract Tradition*, Cambridge 1986, S. 197-207.

zwischen dem Souverän und den Subjekten entstehen, die für die Stabilität des Gemeinwesens kontraproduktiv sind. In dem Maße, in dem die Willkür des subjektiven Urteils der objektiven Macht des Souveräns geopfert wird, verlieren die Untertanen geradezu das Vermögen, eigenständige Urteile über das für ihr Überleben Gute zu fällen. Und selbst wenn das nicht der Fall ist, haben sie kein Recht, diese Urteile politisch fruchtbar zu machen. Es bleibt also bei der Annahme wonach nur der Souverän beurteilen kann und darf, was je für die Sicherheit der Untertanen zuträglich ist, da die Existenz einer Vielzahl von Beurteilungsquellen Konflikte oder gar Kriege schürte. Diese Letztinstanzlichkeit des Souveräns kann schon aus Gründen interner Konsistenz nicht aufgegeben werden, da es sonst eine Partei jenseits des Souveräns geben müsste und eine Partei jenseits dieser Partei etc. Von Vertrauen allerdings kann nicht die Rede sein, wenn der, dem Vertrauen entgegengebracht wird, überhaupt keine Verpflichtung gegenüber dem Vertrauensgeber empfindet, ein Sachverhalt, der zusätzliche Bestätigung erfährt, wenn Hobbes betont, der Wille des Souveräns sei der Wille jedes einzelnen Untertanen. Ist das der Fall, verschmelzen Vertrauensgeber und Vertrauensempfänger gewissermaßen, was wiederum impliziert, dass der Vertrauensempfänger gegen sich selbst verpflichtet sein müsste, wenn aus der vertraglich instituierten Vertrauensgabe Pflichten gegen den Vertrauensgeber entstünden. Weil das nicht sein kann, »kann der Staat gegen den Bürger nicht verpflichtet sein«.[127]

So kann Hobbes das Vertrauen der Bürger zum Souverän, das er eigentlich als Ergebnis des vertraglichen Unterwerfungsaktes plausibilisieren will, nicht begründen, solange er das Urteilsvermögen darüber, wann die natürlichen Gesetze eingehalten und wann sie gebrochen wurden, monopolisiert und einzig dem Souverän zuspricht. Wer nicht in der Lage ist, ein geschenktes Vertrauen zurückzuziehen oder den Bruch des Vertrauens zu sanktionieren, vertraut nicht, sondern ist Teil eines asymmetrischen Herrschaftsverhältnisses, das in seiner radikalen Asymmetrie Vertrauen unmöglich macht. Damit hat Hobbes weder die Mittel, um das Vertrauen zu erläutern, das nötig ist, um den Vertrag zu schließen, der die Bürger an den Souverän bindet, noch hat er die Mittel, das Ver-

127 Hobbes, *On the Citizen*, a. a. O., S. 84 (VI.14) (dt. S. 141).

trauen der Bürger zum einmal eingesetzten Souverän zu erklären. Schließlich verliert er auch die Mittel, das Vertrauen der Bürger untereinander zu begründen, wenn er einräumt, dass es auch im Gesellschaftszustand Subjekte gibt, die sich durch einen allmächtigen Souverän nicht daran hindern lassen werden, Verbrechen auszuüben. Hobbes nennt im 27. Kapitel des *Leviathan* solche, die sich krankhaft überschätzen und annehmen, die gesetzlichen Strafbestimmungen besäßen für sie keine Geltung, und solche, die über genügend Macht verfügen, um durch Geld oder Bestechung »der öffentlichen Justiz zu entgehen«, als Gefahrenquellen für die staatliche Ordnung. Wenn der Souverän nicht in der Lage ist, derartige Verbrechen zu verhindern, droht er genau das zu verlieren, was seine Einsetzung gerechtfertigt hat: seine absolute Autorität. Und ist diese in Gefahr, werden auch die Bedingungen intersubjektiven Vertrauens angegriffen, die ohne den Blick auf eine sanktionsbewährte staatliche Strafinstanz nicht gegeben sein können. Selbst wenn wir also annehmen, die einmal etablierte bürgerliche Gesellschaft ermögliche ein hohes Maß an ziviler Ruhe, wodurch wiederum die Subjekte in die Lage geraten, die ihren Leidenschaften zugrunde liegenden Vorstellungen genauer zu prüfen, um auf diese Weise die Leidenschaften selbst zu bändigen, wird das Resultat der Prüfung aus Verhaltensmaßregeln bestehen, die einen im engeren Sinne zweckrationalen Charakter haben und folglich unter bestimmten Umständen ein Umgehen der staatlichen Sanktionsinstanzen empfehlen. Wo Furcht nicht allein das Verhalten der Untertanen bestimmt und bestimmen soll, da sollte es zumindest ihr rationales Interesse. Natürlich meint Hobbes, dass es rational ist, den Weisungen des Souveräns in allen Fällen zu gehorchen; aber er liefert selbst genügend Anhaltspunkte für die Existenz rational begründeter Schlupflöcher.

Ich bleibe also in Bezug auf die Begründbarkeit eines stabilen politischen Vertrauens im Hobbesschen Modell skeptisch und kann dementsprechend auch denen nicht folgen, die versuchen, die Akzeptanz der Naturgesetze, zu denen ja auch das Gesetz gehört, Vertrauen nicht zu enttäuschen und Versprechen zu halten, vom unmittelbaren Interesse an Selbsterhaltung oder aber auch von der Furcht vor staatlichen Sanktionen im Falle der Übertretung der Gesetze zu lösen, indem sie als Bestandteile einer bürgerschaftlichen Tugend gedeutet werden, die im Kern auf eigenständige Weise den Erhalt der zivilen Ordnung anstrebt.[128] Aus rationalen Egoisten werden so republikanisch inspirierte Bürger, die intrinsische Motive des Gehorsams haben, also weder bloß aus Eigennutz noch bloß aus Furcht vor Sanktionen die natürlichen Gesetze einhalten. Aber obgleich die Zweifel am vorgeblich stabilisierenden Charakter von Eigennutz und Furcht als Motiven des Gehorsams einleuchten, liefert die Hobbessche Theorie zu wenig Anhaltspunkte für eine solche Lektüre. Auch wenn sie im Prinzip offen für die Annahme ist, dass sich die Leidenschaften der Subjekte unter dem Einfluss einer stabilen staatlichen Ordnung transformieren, betont sie eher die Kontinuität der Struktur der Leidenschaften im Übergang vom Natur- zum Gesellschaftszustand. Diese Struktur bleibt, wenn man so will, individualistisch, das heißt, die mit ihnen einhergehenden Wertzuschreibungen und Beurteilungen behalten ihren partikularen Maßstab. Damit bleibt ihnen die affektive und die evaluative »Übereinstimmung« verwehrt, die nötig ist, um in sich die kooperativen Motive des anderen zu reproduzieren und dadurch das reziproke Misstrauen zu überwinden. Wir werden sehen, dass Locke die individualistischen Prämissen der Hobbesschen Anthropologie aufweicht, während Smith die individualistischen Prämissen der Hobbesschen Affektenlehre überwindet. Beide Schritte sind nötig, um eine soziale Praxis des Vertrauens zu begründen.

128 So etwa Mary G. Dietz, »Hobbes's Subject as Citizen«, in: dies. (Hg.), *Thomas Hobbes and Political Theory*, Kansas 1990, S. 91-119, insb. S. 103.

16. Bemerkungen zu Formen des dichten Vertrauens (Freundschaft)

Ich habe am Anfang meiner Überlegungen darauf hingewiesen, dass viele zeitgenössische Vertrauenstheorien ein paradigmatisches Vertrauensverständnis im Blick haben, von dem aus sie andere Vertrauensverhältnisse thematisieren. Der Ort dieses Vertrauensverständnisses ist in der Regel der »dichte« Bereich von Intimität, Liebe und Freundschaft. Hier scheint das Vertrauen ganz zu sich zu kommen, hier kann es alle seine wertvollen Eigenschaften so entfalten wie vielleicht nirgends sonst. Will man entsprechend in historischer Analyse Konstanten des Nachdenkens über Vertrauen ausfindig machen, muss man nur überkommene Definitionen dichter Beziehungsmuster untersuchen. Aber auch in neuerer Zeit dienen insbesondere intime oder private Beziehungsmuster als Ausgangspunkt für Überlegungen zum Vertrauen, etwa, wenn Vertrauen im Rahmen der so genannten Fürsorgeethik einen prominenten Status erhält.

Die Koppelung von Vertrauen und Intimität oder Nähe ist so naheliegend, dass es hier unnötig erscheint, sie eigens hervorzuheben. Dabei will ich nicht suggerieren, es gäbe hier keine interessanten Phänomene mehr zu beschreiben oder es sei unmöglich, mit Blick auf Freundschaft, Liebe oder Intimität insgesamt historische Wandlungen zu erfassen. Das Gegenteil ist der Fall, und so muss ich mich hier auf einige wenige Hinweise beschränken, die sich auf den Phänomenbereich der Freundschaft beziehen. Zwei Aspekte werde ich dabei herausgreifen: Erstens, dass zumindest eine Facette freundschaftlicher Beziehungen auch in weniger dichten Interaktionskontexten zum Tragen kommen muss, wenn diese als Praxis bezeichnet werden sollen. Zweitens gibt es eine Spannung im Freundschaftsverhältnis selbst, die auf eine Facette der Relationalität des Vertrauens verweist, die ich bisher noch nicht hinreichend beschrieben habe. Hier geht es darum, dass Freundschaft häufig als ein Beziehungsmuster bestimmt wird, das in gewisser Weise über Vertrauen hinausgeht, indem es nämlich die Differenz der Personen und damit die Gefahren des Vertrauens aufzuheben scheint.

Ich will mit dem letzten Punkt beginnen. Wenn wir im Kontext von intimen Beziehungen von Vertrauen sprechen, sprechen wir trotz aller positiven Konnotationen, die der Vertrauensbegriff in diesem Zusammenhang hat, auch von Verletzbarkeit, von Macht und von Ungleichheit. Intime Beziehungen eignen sich daher nicht nur besonders gut zur Veranschaulichung der positiven Züge des Vertrauens, sie sind insbesondere auch aufschlussreich, wenn es um seine negativen Seiten geht. Oft sind die Verletzungen, die uns hier zugefügt werden, tiefer und schmerzhafter als jene, die uns in nicht-intimen Kontexten widerfahren. Gerade weil wir in intimen Beziehungen besonders verletzlich sind, konnte die Fürsorgeethik geltend machen, dass es falsch ist, den moralischen Standpunkt einzig unter Verweis auf die Gleichheit der moralischen Subjekte zu beschreiben. Natürlich haben wir möglicherweise den Eindruck, dass wir, wenn wir in intimen Verhältnissen verletzt werden, immer auch in unserer allgemeinen Würde verletzt werden, oder wir fühlen uns vielleicht sogar als Mensch mit bestimmten unveräußerlichen moralischen Rechten verletzt (man könnte sagen: »So behandelt man Menschen nicht«, oder: »Die Art, wie du mich behandelt hast, ist durch und durch unfair«), aber die wirklich schmerzhaften Verletzungen in diesem Bereich würden wir eher unter Bezug auf individualisierbare Aspekte der Beziehung wahrnehmen. Die Verletzungen, an die wir dabei denken, sind insofern vertrauensrelativ, als sie erst entstehen können, weil wir vertraut haben, und sie haben deswegen einen partikularisierenden Zug, dessen genaue Konturen erst ein ausführliches Narrativ der jeweiligen Beziehung klären kann (der Stoff von Romanen). Teil dieses Narrativs wird dabei in der Regel das sein, was man die Differenz der Charaktere nennen kann, eine Differenz, die auch in intimen Beziehungen nie ganz aufzuheben ist und die die Quelle von Gefahren ist, die uns in diesen Beziehungen vom je anderen drohen.

Was meine ich damit? Freundschaften sind im Kontext ihrer philosophischen Reflexion immer wieder so beschrieben worden, als ginge es in ihnen um einen Wegfall der personalen Differenzen zwischen den beteiligten Freunden. Dies ist nicht etwa ein durchgängiger Zug aller Freundschaftsbestimmungen, aber es ist gleichsam ein unruhiger Punkt, der viele Bestimmungen im Hintergrund durchzieht. Aristoteles etwa schließt nicht aus, dass es Freundschaften zwischen – ökonomisch, charakterlich oder sozial – Ungleichen geben kann, aber er hält die Freundschaft unter Gleichen und einander Ähnlichen für wahrscheinlicher und auch für tiefer. An manchen Punkten der *Nikomachischen Ethik* geht er sogar so weit, den Freund schlicht als ein »zweites Ich« (1170b5-8) zu bezeichnen. Gleichzeitig, und hier kommt es zu einer gewissen Spannung, ist er sich über eine Differenz der Personen und der Perspektiven im Klaren, was etwa zum Ausdruck kommt, wenn es heißt, wir können »leichter den anderen als uns selbst und leichter dessen Handlungen ins volle Bewusstsein heben [...] als die eigenen« (1169b29). Wir sind sozusagen mit Blick auf uns selbst weniger objektiv als mit Blick auf den anderen, und wir brauchen den anderen *als* anderen, um über unseren eigenen moralischen Charakter Aufschluss zu erhalten. Kenntnisse über uns selbst erhalten wir aber nur dann über den anderen, wenn er uns nahe ist, wenn er ist wie wir oder wenn wir in ihm ein »zweites Selbst« erkennen, und das ist nur möglich, wenn wir lange genug vertraulichen Umgang mit ihm hatten.[129] Man könnte also sagen, dass auch in der engsten Freundschaft der Freund nie im vollen Sinne des Wortes ein zweites Selbst wird, weil sonst unklar werden muss, wie wir über ihn Kenntnisse über uns selbst gewinnen sollen, die wir nicht ohnehin schon haben. Genau in diesem Sinne bleibt der Freund ein anderes Selbst, das uns im besten Fall in die Lage versetzt, wichtige Kenntnisse über uns zu erlangen, die für Aristoteles nicht unwesentlich sind, wenn es darum geht, das eigene Leben gut zu gestalten. Die völlige Verschmelzung zwischen den Freunden ließe dann auch unklar werden, welche Rolle das Vertrauen in einer solchen Beziehung noch spielen könnte, die gewissermaßen zu einer reinen Selbstbeziehung würde.

Man kann an einem anderen berühmten Text über die Freundschaft sehen, was passiert, wenn diese Verschmelzung zumindest rhetorisch noch ein wenig weiter getrieben wird. Es ist Montaigne, der in seinem Essay »Über die Freundschaft« immer wieder betont, wie sehr in der wahren Freundschaft die Willen der Freunde verschmelzen. »Unsere Seelen«, so heißt es in seiner Beschreibung der Freundschaft zu Étienne de La Boétie, »sind derart einträchtig im Gespann gegangen und haben sich mit derart glühender Liebe bis ins Innerste hinein wechselseitig offenbart, dass ich nicht nur seine wie die meine kannte, sondern mich sogar bereitwilliger

129 Siehe John Cooper, »Friendship and the Good in Aristotle«, in: ders., *Reason and Emotion*, Princeton 1999, S. 336-355.

ihm anvertraut hätte als mir selbst.«[130] Die Verschmelzungsrhetorik führt Montaigne dazu, Begriffe wie gegenseitige Schuldigkeit oder reziproke Verpflichtung aus seiner Beschreibung der Freundschaft herauszuhalten, mit der Begründung, dass Freunde, die *eine* Seele haben, »voneinander nichts leihen und einander nichts geben«.[131] Man könnte an dieser Stelle fragen, ob sie denn einander vertrauen können, wenn das heißen soll, dass damit Gefahren oder Risiken einhergehen, denn es ist gar nicht mehr ersichtlich, inwiefern bei einer solchen Willensverschmelzung überhaupt genügend Differenz bleibt, um die für Vertrauen relevanten Gefahren möglich zu machen. Die wahre oder echte Freundschaft, von der Montaigne spricht und die nichts mit gewöhnlichen Freundschaften zu tun hat, ist, so sieht es zumindest aus, jenseits des Vertrauens angesiedelt und müsste mit ähnlichen Fragen konfrontiert werden wie die von mir beschriebenen Versuche, ein Vertrauen zu sich selbst im Sinne von *self-trust* sinnvoll als Vertrauen zu beschreiben. Im stilisierten Ideal der echten Freundschaft befreien sich die Subjekte gleichsam von den üblichen Gefahren des Vertrauens und bestätigen damit *ex negativo*, dass mit der Relationalität vertrauensvoller Einstellungen immer auch die Notwendigkeit gemeint ist, dass mindestens zwei einander vertrauen, die bei aller Nähe und Vertrautheit einen zweiten und damit jeweils differenten Subjektpol bilden. Die im wörtlichen Sinne totale Vertrautheit mit dem anderen hingegen lässt die Möglichkeit eines Vertrauens verblassen.

Nun erwähnt Montaigne freilich doch, und das hat besonders Derrida bemerkt, eine Differenz zwischen Ich und Du, die darin besteht, dass er sich dem Freund »bereitwilliger« anvertraut hätte als sich selbst. Geht bei Aristoteles die Bewegung vom Selbst zum anderen eher vom Selbst aus, das den anderen als zweites Ich entdeckt, so verliert sich bei Montaigne eher das eigene Selbst im anderen und unterliegt dabei dem, was Derrida die »Heteronomie« in der Freundschaft nennt. In dieser Bewegung kennt das Selbst kein Maß mehr, seine Selbstaufgabe ist, folgt man Derrida weiter, rückhaltlos, vorbehaltlos und maßlos.[132] Auch ein solcher Selbstverlust könnte jedoch im Lichte meiner eigenen Überlegungen kaum als tragfähige Basis eines Vertrauens dienen, weil in ihm

130 Michel de Montaigne, *Essais*, Zürich 1953, S. 102.

131 Ebd.

132 Derrida, *Politik der Freundschaft*, a. a. O., S. 261 f.

das Selbst verschwindet, das vom anderen verletzt werden könnte. In diesem Sinne scheint mir die echte Freundschaft als Topos abendländischen Nachdenkens ein Ort der Sehnsucht zu sein, an dem die Bedingungen reziproken Vertrauens letztlich transzendiert werden. Es liegt mir fern, diesen Ort aus der Reflexion verbannen zu wollen, aber es ist nicht der Ort, von dem aus ich Vertrauen denke.[133]

Damit will ich übergehen zu einem Element des freundschaftlichen Vertrauens, das ich auch in meiner Konzeption für so relevant halte, dass ich meine, es könne auf weniger dichte Beziehungsformen übertragen werden. Vertrauen, so ist deutlich geworden, wird auch in älteren Texten als ein konstitutiver Bestandteil der Freundschaft benannt. Es gilt nicht einfach als ein beiläufiger Bestandteil von Freundschaft, sondern in Freundschaften geht es wesentlich um Vertrauen; Vertrauen und gegenseitige Vertraulichkeit machen Freundschaften zu Freundschaften. Nirgendwo sonst lässt sich dementsprechend der intrinsische Wert des Vertrauens so gut erkennen wie im Bereich freundschaftlichen Verhaltens. Freunde sind füreinander da, sie vertrauen sich intime Dinge an und, besonders wichtig, sie sorgen sich um das Wohl des anderen *um des anderen willen.*

Aus diesen Gründen verstehe ich Freundschaft als eine Praxis, die viele der Kriterien erfüllt, die bei der Bestimmung von Vertrauenspraktiken relevant sind. Man kann das gut an der Freundschaftskonzeption des Aristoteles sehen: »Auch kann man sich erst dann gegenseitig anerkennen und Freund sein, wenn sich einer dem anderen als liebenswert erwiesen hat und das Vertrauen [πιστευθῇ] befestigt ist« (1156b25-29).[134] Der Topos des befestigten Vertrauens taucht auf in Aristoteles' Abhandlung über die »vollkommene Freundschaft«, die ja bekanntlich von Formen der Lustfreundschaft und der Nutzenfreundschaft abgesetzt wird, wobei aber nicht davon auszugehen ist, dass das Vertrauen an sich nur für die vollkommene Freundschaft reserviert wird. Liebenswert ist der,

133 Für eine Freundschaftskonzeption, die Vertrauen von der Anerkennung der Differenz des anderen her denkt, siehe Marilyn Friedman, »Freundschaft und moralisches Wachstum«, in: Axel Honneth, Beate Rössler (Hg.), *Von Person zu Person, Zur Moralität persönlicher Beziehungen*, Frankfurt/M. 2008, S. 148-167.

134 Ich beziehe mich im Folgenden auf das achte Buch der *Nikomachischen Ethik*, Stuttgart 1969, Abschnitte 1-4.

der wertvoll, lustvoll oder nützlich ist, und das heißt, dass auch der Freund, den ich habe, weil er mir Nutzen bringt, oder der Freund, den ich habe, weil er mir Lust bringt, mein Vertrauen genauso empfangen kann wie der, der mein Freund ist, weil er wertvoll ist oder dessen »Wesensart« ich liebe. Wichtig für Aristoteles ist dabei, dass die Freunde ihre freundschaftliche Gesinnung einander zu erkennen gegeben haben, dass wir also nur dann Freunde haben, wenn das Wohlwollen reziprok ist (wir können jemanden als Freund haben wollen, ohne dass er unser Wohlwollen auch nur registriert, geschweige denn erwidert) und »nach außen hervortritt«. Freundschaft ist eine Sache der Praxis, sie erlaubt den Freunden gewissermaßen, sichtbare Handlungen mit bestimmten Charaktermerkmalen zu assoziieren, und ist deswegen so reich an Symbolik und emotional aufgeladener Gestik. Freundschaft ist, anders gesagt, der soziale Rahmen, in dem sich bestimmte evaluative Einstellungen ausdrücken können, sie ermöglicht erst den Ausdruck dieser Einstellungen im Sinne des expressiven Modells von Normativität, das hier maßgeblich sein soll.

Freundschaften beruhen offensichtlich nach Aristoteles auf einer Haltung reziproken Wohlwollens um des je anderen willen.[135] Ich habe meine eigene »Definition« des Vertrauens diesbezüglich jedoch abgeschwächt und das Element der Rücksichtnahme hervorgehoben, dem zufolge in einer Vertrauenspraxis der, dem ich vertraue, mein Vertrauen zum Anlass nimmt, vertrauenswürdig zu sein, auch wenn er meine Ziele nicht teilt. Ich habe aber das selbstlose Wohlwollen, das bei Aristoteles die Beziehung zwischen einzelnen ausmacht, in gewisser Weise sozialisiert und in meinen Praxisbegriff integriert. Sofern wir mit anderen als den Mitgliedern einer Vertrauenspraxis interagieren, müssen wir, soll die Praxis stabil bleiben, etwas an dieser Praxis für intrinsisch wertvoll halten, und diese selbstlose Wertschätzung der Praxis muss sich in ihr selbst auf allgemein erfahrbare Weise manifestieren. Freundschaften, auch das ist an einigen Stellen erwähnt worden, können als eine solche Praxis begriffen werden, aber das heißt nicht, dass es nicht sinnvoll wäre, die einzelnen Typen von Freundschaft, die Aristoteles unter-

135 Es ist umstritten, ob dies auch für die Nutzen- und die Lustfreundschaft gilt. Siehe John Cooper, »Aristotle on the Forms of Friendship«, in: ders., *Reason and Emotion*, a. a. O., S. 312-335.

scheidet, noch einmal auf diesen Punkt hin zu untersuchen. Aristoteles hat bekanntlich auch einen Begriff politischer Freundschaft entwickelt, der für meine Belange besonders interessant ist. Denn entscheidend für die politische Freundschaft ist, dass die Bürger einander wohlwollend gegenübertreten, was schlicht heißt, dass sie sich um die politisch (und ethisch) relevanten Qualitäten sorgen oder kümmern, »die der andere haben muß«, um ein guter Bürger zu sein.[136] Explizit heißt es, Freundschaft sei der Entschluss, »zusammen zu leben« (1280b35), was zweifellos auf das politische Zusammenleben ebenso zutrifft wie auf andere Formen des Zusammenlebens. Dabei setzt die zivile oder politische Freundschaft nicht unbedingt intime oder persönliche Kenntnisse des anderen voraus. Sie teilt mit anderen Formen der Freundschaft nur die Orientierung am gegenseitigen Wohlwollen. John Cooper hat diesen Punkt im Blick, wenn er schreibt: »Intimität und persönliches Wissen sind nicht die einzigen Arten zu wissen, [...] dass [...] gegenseitiger guter Wille vorhanden ist [...]. Im politischen Kontext ist die Kenntnis der Natur der Verfassung und der allgemeinen Unterstützung der Verfassung in den verschiedenen Bevölkerungsteilen sowie die Kenntnis dessen, was generell von den Menschen in der betroffenen Gesellschaft erwartet wird, der normale Weg, um über diese Dinge Bescheid zu wissen. Manchmal reicht das aus, um die Annahme eines allgemeinen Wohlwollens der Mitbürger vernünftig erscheinen zu lassen.«[137]

Wenn ich im weiteren Verlauf meiner Untersuchung immer wieder nach den Theorieelementen suche, in denen sich die intrinsische Wertschätzung des Vertrauens manifestiert, dann suche ich, wenn man so will, nach den Äquivalenten für das, was Aristoteles Freundschaft in der Polis nennt, die für ihn im Übrigen ein Freundschaftstyp neben anderen ist. Es geht mir darum, diejenigen Elemente ausfindig zu machen, die die politischen Bürger und die Wirtschaftsbürger in die Lage versetzen, gegenseitiges Wohlwollen im anderen auch dann vorauszusetzen, wenn sie diese anderen nicht kennen. Erneut geht es mir dabei nicht darum, reale Praktiken zu beschreiben, sondern Theorien über Praktiken nach den Elementen zu durchforsten, die in meinen Augen eine stabile

136 Siehe dazu Aristoteles, *Politik*, Hamburg 1981, Buch 3, Kap. 9.

137 John Cooper, »Political Animals and Civic Friendship«, in: ders., *Reason and Emotion*, a. a. O., S. 356-377 (hier S. 371, Fn. 18).

Vertrauenspraxis enthalten muss. Da viele dieser Elemente freilich Bestandteile einzelner realer Praktiken sind, hege ich dennoch die Hoffnung, dass mein Entwurf nicht utopisch anmutet.

17. Die Demokratisierung des Vertrauens: Locke

An Hobbes' Beispiel sollte deutlich geworden sein, dass das politische Gemeinwesen, das aus dem Naturzustand hervorgeht, vor allem deshalb keine Vertrauenspraxis im hier spezifizierten Sinne beherbergen kann, weil die Bürger schon untereinander kein Vertrauen aufbringen können. Das aber scheint eine der wesentlichen Voraussetzungen dafür zu sein, einer legislativen Instanz ein hohes Maß an politischer Gewalt vertrauensvoll übertragen zu können. Die Frage lautet nun also, ob es Formen eines nichtnaturalistischen vorpolitischen Vertrauens geben kann, die als Bedingung der Möglichkeit der Etablierung politischer Formen des Vertrauens fungieren? Der Hinweis auf den nichtnaturalistischen Gehalt dieses Vertrauens soll erneut vor der Auffassung bewahren, es gebe natürliche menschliche Eigenschaften, aus denen Vertrauen zu anderen abgeleitet werden kann. Auch ein vorpolitisches (oder vorsoziales) Vertrauen hat, wenn man so will, eine Geschichte und entsteht keinesfalls aus natürlichen oder transzendentalen Notwendigkeiten. In der Theorie Lockes findet sich nun sowohl die Annahme, wonach Vertrauen »dem Menschen als Menschen und nicht als Glied der Gesellschaft« gebühre,[138] als auch die Annahme, wonach alle Menschen »dem Irrtum unterworfen [sind], und die meisten sind ihm an vielen Punkten aus Leidenschaft oder Eigennutz besonders ausgesetzt«.[139] Daraus ergibt sich, dass es im Prinzip ein vorpolitisches Vertrauen geben muss, das gleichwohl nicht natürlicherweise vorhanden ist, sondern angesichts einer mehr oder weniger natürlichen Neigung des Menschen zu Irrtum und Eigennutz erst etabliert werden muss. Mit anderen Worten: Wenn wir anderen vertrauen, tun wir es nicht, weil wir uns auf das Wirken kausaler Mechanismen verlassen, deren Funktionieren wir am Verhalten der Menschen ablesen, sondern weil wir ihnen eine Bereitschaft un-

138 John Locke, *Two Treatises of Government*, Cambridge 1988, S. 277 (II.14) (dt. *Zwei Abhandlungen über die Regierung*, Frankfurt/M. 1977, S. 208).

139 John Locke, *An Essay Concerning Human Understanding*, Oxford 1975, S. 718 (IV.20.17) (dt. *Versuch über den menschlichen Verstand*, 2 Bde., Hamburg 1981, S. 435 [Bd. 2]).

terstellen, der natürlichen Neigung zu Irrtum und Eigennutz zu widerstehen. Es ist diese Unterstellung, die gegenseitiges Vertrauen auch in einem vorpolitischen Zustand möglich macht.

Gibt es im Werk Lockes eine solche vorpolitische Basis gegenseitigen Vertrauens? Ein Ort, um nach einer solchen Basis zu suchen, ist zweifelsohne sein Konzept des Naturzustands, das als solches für eine Form des Zusammenlebens steht, die ohne eine von den Menschen eingesetzte politische Autorität auskommen muss. Wie häufig bemerkt worden ist, unterscheidet sich dieser Naturzustand erheblich von jenem, den Hobbes in seinen verschiedenen Schriften entworfen hat, und das scheint auch nötig zu sein, wenn man überhaupt den Versuch unternehmen will, in diesem Naturzustand nach einer Basis für gegenseitiges Vertrauen zu suchen. Locke begreift das den Naturzustand regierende natürliche Gesetz (dessen Autor letztlich Gott ist) als kommunitäres Bindemittel, das die Menschen nicht nur dazu anhält, ihr eigenes Fortleben zu sichern, sondern auch dazu verpflichtet, das Fortleben der anderen Menschen im Naturzustand zu sichern, sofern sie nicht in der Lage sind, für sich selbst oder ihre eigene Sicherheit Sorge zu tragen. Wer das Naturgesetz bricht, indem er etwa eine andere Person ihres Eigentums beraubt, verletzt nicht nur diese Person und die ihr von Natur aus zustehenden Rechte (die es bei Hobbes in dieser Form – also als Rechte, aus denen für andere Pflichten folgen – im Naturzustand gar nicht gibt), sondern das »ganze Menschengeschlecht«. Folgerichtig ist auch jeder berechtigt, durch Unterstützung des Opfers eines Gesetzesbruchs die in diesem Bruch enthaltene »Gefahr für die Menschheit« abzuwehren.[140] Das natürliche Gesetz, das die Freiheit und Gleichheit der ihm unterworfenen Menschen gewährleistet, bindet die Menschen in diesem Sinne aneinander, es vereint sie zu einer einzigen »Gemeinschaft« (*community*), zu einer »Gesellschaft« (*society*), »die sich deutlich von allen anderen Lebewesen abhebt«.[141]

Der Naturzustand besitzt damit protosoziale Züge, was sich auch daran ablesen lässt, dass es in ihm möglich ist, unabhängig

140 Locke, *Two Treatises of Government*, a. a. O., S. 272 (II.8) (dt. S. 204).

141 Ebd., S. 352 (II.128) (dt. S. 280). Reinhard Brandt spricht von einer »natürlichen Solidargemeinschaft« oder einer »naturwüchsigen Gesellschaft« (»Der Leviathan und das liberale Commonwealth. Staatsrecht und Strafrecht bei Hobbes und Locke«, in: *Deutsche Zeitschrift für Philosophie* 56:2 [2008], S. 205-220).

vom Vorhandensein einer übergeordneten politischen Entscheidungsinstanz reziproke Verpflichtungen einzugehen. In dem Maße nämlich, in dem die Naturgesetze von den Menschen befolgt werden, haben die Verpflichtungen oder Verträge, die sie miteinander eingehen, bindende Kraft. Es gibt folglich im Naturzustand nicht nur Rechte, es kann auch Verträge und sogar Formen des Handels und des gegenseitigen Austauschs geben. Schließlich kommt im Naturzustand auch das zur Geltung, was Locke an einigen Stellen als »Neigung« zur Gesellschaft beschreibt (die neben dem »Bedürfnis« und der »Zweckmäßigkeit« der Gesellschaftsbildung besteht), eine Neigung, die die Menschen dazu bringt, das Alleinsein zu meiden. Die erste Gesellschaft ist dabei die Gesellschaft von Mann und Frau, die im Übrigen, wenn sie die Form der Ehe hat, auf der Basis eines freiwilligen Vertrags zustande kommt, so dass die Geltung dieses Vertrags ebenfalls unabhängig vom Vorhandensein einer politischen Entscheidungsinstanz ist.[142]

Es hat also den Anschein, als gebe es eine ganze Reihe von Eigenschaften dieses Zustands, die eine gute Voraussetzung für Formen des reziproken Vertrauens bilden. Wo Hobbes im Naturzustand die »Freiheit von Einzelmenschen« (*particular men*)[143] annimmt, die gegeneinander agieren, unterstellt Locke eine durch das Naturgesetz zusammengebundene Gemeinschaft, in der jeder für jeden anderen das Naturgesetz im Falle seiner Übertretung durch Dritte vollstrecken darf, weil es allen von Gott verkündet wurde und somit für alle verbindlich ist. Wo Hobbes ein von Konkurrenz um knappe Güter getriebenes gegenseitiges Misstrauen unterstellt, hält Locke reziproke Verpflichtungen für möglich, weil die Menschen auch im Naturzustand immer schon einem Gesetz (und entsprechenden Pflichten) unterworfen sind. Und wo Locke schließlich eine natürliche Neigung zur Sozialität annimmt, die sich zum Beispiel daran zeigt, dass wir an einem guten Ruf interessiert sind,[144] postuliert Hobbes, die Menschen hätten im Naturzustand »am Zusammenleben kein Vergnügen, sondern im Gegenteil großen Verdruß«, was, um im Beispiel zu bleiben, auch daran liegt, dass das Interesse an einem guten Ruf bei ihnen als Ruhmsucht auftritt, die

142 Locke, *Two Treatises of Government*, a. a. O., S. 318 (II.77) (dt. S. 248).

143 Hobbes, *Leviathan*, a. a. O., S. 90 (I.13) (dt. S. 98).

144 Locke, *An Essay Concerning Human Understanding*, a. a. O., S. 353 (II.28.10) (dt. S. 444 f. [Bd. 1]).

dazu führt, dass diejenigen, die uns nicht wertschätzen, bekämpft und bestraft werden müssen.[145]

17.1 Natürliches Vertrauen

Es überrascht nicht, dass manche Interpreten diese Differenzen genutzt haben, um bei Locke eine Art des natürlichen Vertrauens und der natürlichen Vertrauenswürdigkeit ausfindig zu machen. Peter Laslett supponiert in seiner einflussreichen Einleitung zu den *Two Treatises* die Existenz einer »natürlichen« politischen Tugend, denn wir seien, nach Locke, einander freundlich zugetan »in our very make-up«.[146] Und auch John Dunn spricht von einer »natürlichen Sozialität« des Menschen, die als Basis einer »relativ zwanglosen menschlichen Vertrauenswürdigkeit« fungiert.[147] Dient der Übergang vom Naturzustand in den Gesellschaftszustand bei Hobbes eindeutig dazu, die Misslichkeiten des Naturzustands zu überwinden, verfolgen die Subjekte bei Locke eher das Ziel, die ihnen bereits im Naturzustand zustehenden Rechte dauerhaft und unter Umgehung fehlerhafter Auslegungen des Naturgesetzes durch die Menschen zu sichern. Zwar entspricht auch die Übereinkunft, mittels derer die Subjekte im Lockeschen Modell den Naturzustand verlassen und in die politische oder bürgerliche Gesellschaft eintreten, einem Herrschaftsvertrag, der ihr natürliches Recht, das Naturgesetz zu vollstrecken, einem Dritten überträgt, dessen Entscheidungen fortan (unter bestimmten Bedingungen) respektiert werden müssen, aber dieser Herrschaftsvertrag ist nicht in demselben Maße ein Vergesellschaftungsvertrag wie bei Hobbes, da schon das Leben der Subjekte im Naturzustand gesellschaftsförmige Züge besitzt. Das Vertrauen, das sie in die Legislative (und auch in die Exekutive) setzen, beruht gewissermaßen auf dem Vertrauen, das

145 Hobbes, *Leviathan*, a. a. O., S. 88 (I.13) (dt. S. 95).

146 Peter Laslett, »Introduction«, in: John Locke, *Two Treatises of Government*, a. a. O., S. 111.

147 John Dunn, »The Concept of ›Trust‹ in the Politics of John Locke«, in: Richard Rorty, Jerome B. Schneewind, Quentin Skinner (Hg.), *Philosophy in History. Essays on the Historiography of Philosophy*, Cambridge 1984, S. 279-301 (hier S. 292); siehe auch Judith Shklar, *Ordinary Vices*, Cambridge (Mass.), London 1984, S. 182 ff.

die Subjekte schon im Naturzustand selbst einander entgegenbringen. Dieses ist die Voraussetzung dafür, der Legislative überhaupt vertrauen zu können, aber es ist auch das, was durch Einsetzen der Legislative in seinem Bestand geschützt werden soll. »Wer soll Richter sein, ob der Fürst oder die Legislative entgegen dem in sie gesetzten Vertrauen handeln?«, fragt Locke in einem der letzten Paragraphen der *Zwei Abhandlungen über die Regierung*, und die Antwort ist eindeutig: »Das Volk soll Richter sein.«[148] Auch wenn als expliziter Zweck der Regierung häufig die Eigentumssicherung angegeben wird, muss die Sicherung des gegenseitigen Vertrauens mindestens ebenso wichtig sein, da sich die Frage, ob die Legislative zu Unrecht das Eigentum einer Person angreift, so dass eine Bedingung für den Sturz der Legislative gegeben scheint, nicht von selbst beantwortet. Eine der vertrauenssichernden Maßnahmen besteht unter anderem darin, diejenigen, die Gesetze erlassen, die also Teil der Legislative sind, nicht von der Gesetzesgeltung auszunehmen (vgl. § 143). Verrät die Legislative das in sie gesetzte Vertrauen, verraten ihre Mitglieder sich gleichsam selbst als Bürger, die den von der Legislative erlassenen Gesetzen unterworfen sind. In diesem Sinne ist der vertikale Vertrauensverrat immer auch ein horizontaler Vertrauensverrat, der die Bürger untereinander betrifft und ihr Vermögen, einander gegenseitig zu vertrauen, schwächen muss. Ja, man kann sagen, dass genau an diesem Punkt zur Geltung kommt, was ich als »Demokratisierung des Vertrauens« bezeichnen möchte. Die Asymmetrie des Vertrauens, die darin besteht, dass demjenigen, dem vertraut wird, auch Macht eingeräumt wird, kann ansatzweise nur gebrochen werden, wenn im Gegenzug derjenige, der das Vertrauen schenkt, ein gewisses Maß an Macht behält. Diese Macht besteht darin, den Empfänger des Vertrauens als Empfänger eines Auftrags zu verstehen, dessen Bedingungen vom Vertrauensgeber diktiert werden und dessen Erfüllung der ständigen Beurteilung durch den Auftraggeber unterliegt. Dass die Subjekte, die das »Volk« bilden, durch den Vertragsschluss das Vermögen verlieren, Strafen und Gesetzesübertretungen selbständig zu beurteilen und gegebenenfalls zu sanktionieren, heißt nicht, dass sie alle Macht aufgeben. Sie behalten, wenn man so will, eine Urteilsmacht, die sich einzig auf die Frage bezieht, ob die Legislative die Aufgaben,

148 Locke, *Two Treatises of Government*, a. a. O., S. 426 f. (II.240) (dt. S. 353).

die wahrzunehmen sie beauftragt wurde, angemessen erfüllt. Das Vertrauensverhältnis, das sie mit der Legislative eingehen, impliziert gerade eine Nivellierung des Machtgefälles, das noch das Verhältnis des Hobbesschen Souveräns zu seinen Untertanen kennzeichnet. Dort unterwerfen die Subjekte »den eigenen Willen und das eigene Urteil seinem Willen und Urteil«, und nur wenn der Souverän das eigene Leben bedroht oder gar die Todesstrafe für begangene Verbrechen verhängt, gibt es, der Interpretation einiger Kommentatoren nach, für den Untertanen die Möglichkeit, die totale Unterwerfung zu beenden und sein Recht auf Selbsterhaltung wieder individualisiert wahrzunehmen.[149] Bei Locke dagegen handelt die Legislative von Anfang an zu »bestimmten Zwecken«. Das Volk behält »die höchste Gewalt, die Legislative abzuberufen oder zu ändern, wenn es der Ansicht ist, daß die Legislative dem in sie gesetzten Vertrauen zuwiderhandelt«.[150] Die Legislative steht in diesem Sinne nicht außerhalb des Rechts, sie bündelt vielmehr auf effiziente Weise die Rechte, die die Subjekte im Naturzustand nur auf unvollkommene Weise ausüben können, nämlich das Recht, die Anwendung des natürliches Gesetzes selbst zu beurteilen, sowie das Recht, Übertretungen dieses Gesetzes im Namen der Menschheit selbst zu bestrafen.

Es sieht also so aus, als beruhe die ganze anspruchsvolle Vertrauenskonzeption, die Locke vor allem in den *Zwei Abhandlungen* entwirft, auf einem natürlichen Vertrauen, ohne das es gar nicht möglich wäre, schon die »Übereinkunft« (*agreement*) oder »Zustimmung« (*consent*) zu erzielen, durch die sich die Subjekte aus dem Naturzustand befreien und in die politische Gesellschaft übergehen. Mehr noch, dass Locke in den *Zwei Abhandlungen* nur selten ein explizit kontraktualistisches Vokabular verwendet, viel häufiger aber eines des Vertrauens, weist darauf hin, dass er das Verhältnis zwischen Regierten und Regierenden nicht im Sinne einer juridisch sanktionierten reziproken Vorteilsnahme versteht. Die Regierenden (sowohl als Teil der Legislative als auch als Teil der Exekutive) sind nicht auf eigene, vertraglich gesicherte Vorteile aus, sondern müssen stets das Interesse des Gemeinwohls im Auge haben, dessen Schutz und Wahrung sie repräsentativ verkörpern. Die Idee der Treuhandschaft, auf die Locke selbst anspielt, wenn er

149 Hobbes, *Leviathan*, a. a. O., S. 120 (I.17) (dt. S. 134).

150 Locke, *Two Treatises of Government*, a. a. O., S. 367 (II.149) (dt. 294).

die Legislative als »fiduciary power« bezeichnet (§ 149), deutet auf eine schon zu Lockes Zeiten überkommene Figur des englischen Rechts, nämlich auf die Figur des »trusts«, wonach eine Person oder mehrere über Eigentum verfügen, das ihnen von anderen treuhänderisch mit Blick auf seine Werterhaltung oder Wertsteigerung überlassen wurde. Als Rechtsfigur ist der *trust* auf Möglichkeiten der Sanktionierung eines Vertrauensbruchs angewiesen, aber diese sollten nicht vorschnell mit jenen Möglichkeiten in eins gesetzt werden, die im Falle eines Vertragsbruchs gegeben sind. Entscheidend für den *trust* ist nämlich, dass hier einer einem anderen etwas auf Widerruf einräumt und damit in die Lage gerät, das auf diese Weise etablierte Vertrauensverhältnis einseitig aufzukündigen. Wo der Vertrag *reziproke* Rechte und Verpflichtungen schafft, schafft das Vertrauensverhältnis eine Unterordnung der Regierenden gegenüber den Regierten, die nötig ist, weil das, was in diesem Fall übertragen wird, ein Maß an Macht ist, über das die Subjekte im Naturzustand nicht verfügen. Impliziert ein Vertragsverhältnis auch die Möglichkeit eines vom Volk ausgehenden Vertragsbruchs, durch den die Legislative in die Lage gerät, auf der Erfüllung der ihr vertraglich zugesicherten Leistungen zu beharren, so schließt das Modell einer treuhänderisch übertragenen Macht diese gerade aus.[151] Um es leicht paradox zu formulieren: Die durch das Vertrauensverhältnis etablierte Asymmetrie der Macht erzwingt gewissermaßen ein nichtkontraktualistisches Verfahren der Einebnung oder Kontrolle dieser Asymmetrie, das hier als Demokratisierung des Vertrauens bezeichnet wird und das in gewisser Weise eine neue Asymmetrie erzeugt. Unter demokratischen Bedingungen liegen die Möglichkeiten der Sanktionierung bei Vorliegen eines Vertrauensbruchs nur auf einer Seite. Das Volk, das der Legislative vertraut, ist nicht selbst Gegenstand eines Vertrauens der Legislative. Die Macht, über die jeder einzelne im Naturzustand verfügt und

151 Siehe dazu Charles Edwyn Vaughan, *Studies in the History of Political Philosophy Before and After Rousseau*, New York 1960, S. 146. Vgl. auch Ernest Barker in den Anmerkungen zu Otto Gierkes *Natural Law and the Theory of Society. 1500 to 1800*, Cambridge 1950, S. 299, wo er den *trust* nicht als Vertrag, sondern als eine Einrichtung unilateraler Verpflichtung charakterisiert. Vgl. John Gough, *John Locke's Political Philosophy*, Oxford 1950 (Kap. 7). Rechtshistorisch wird das Phänomen untersucht in Richard Helmholz, Reinhard Zimmermann (Hg.), *Itinera Fiduciae. Trust and Treuhand in Historical Perspective*, Berlin 1998.

die durch kollektive Übereinkunft in gebündelter Form der Legislative übereignet wird, ist keine durch einen politischen Souverän anvertraute Macht. In diesem Sinne könnte ein solcher Souverän dem Volk nicht geben, was es nicht ohnehin schon hat, und genau das ist Teil der Asymmetrie in der Asymmetrie, durch die sich politische Vertrauensverhältnisse als demokratisierte auszeichnen. Während die Legislative ohne den vom Volk ausgehenden vertrauensvollen Machttransfer gar nicht existierte, so dass ihre Macht durch das Volk erst geschaffen wird, ist der Besitz politischer Macht eine natürliche Eigenschaft der Subjekte des Naturzustands.[152] Die gottgegebenen Rechte, über die sie verfügen, lassen sich im Zweifelsfall gegen die Macht in Stellung bringen, die wesentlich dazu dient, diese Rechte zu schützen. Sie vertrauen dieser Macht folglich in größerem Maße aus einer Position der Stärke heraus, als das noch bei Luther der Fall war.

Ausgangspunkt der bisher in diesem Abschnitt angestellten Überlegungen war die Frage nach den natürlichen Quellen des Vertrauens und der Vertrauenswürdigkeit bei Locke. Es sieht bis jetzt so aus, als gäbe es diese Quellen bei Locke (anders als bei Hobbes), so dass der Übergang vom Naturzustand in den Gesellschaftszustand nicht als das praktische Mittel dient, intersubjektives Vertrauen überhaupt herzustellen oder die Bedingungen für sein Entstehen zu schaffen, sondern eher als Mittel, ein bereits vorhandenes Vertrauen in seinem Bestand zu sichern. Verhielte es sich so, wäre Locke auch eher in der Lage, die Frage nach der Möglichkeit des Übergangs von einem Zustand absoluten Misstrauens in einen Zustand gegenseitigen Vertrauens besser in den Griff zu bekommen, als das noch bei Hobbes der Fall war. Dennoch ist natürlich hervorzuheben, dass Locke, ebenso wie Hobbes, die Notwendigkeit betont, den Naturzustand zu verlassen. Mehr noch, auch der Naturzustand Lockes ist »bei aller Freiheit voll von Furcht und

152 Für eine historische Einordnung dieser These siehe James Tully, »An Introduction to Locke's Political Philosophy«, in: ders., *An Approach to Political Philosophy: Locke in Contexts*, Cambridge 1993, S. 9-68 (hier S. 15 ff.). Siehe auch Charles Taylor, *A Secular Age*, Cambridge (Mass.), London 2007, S. 160 (dt. *Ein säkulares Zeitalter*, Frankfurt/M. 2009, S. 276): »Als erster benutzt Locke diese Theorie [der Zustimmung] zur Rechtfertigung der ›Revolution‹ und zur Begründung eingeschränkter Regierungsbefugnisse. Jetzt ist es möglich, sich gegen die Macht ernstlich auf Rechte zu berufen.«

ständiger Gefahr«.[153] Die Gründe für diese Unannehmlichkeiten werden von Locke mehr oder weniger klar benannt: Wir sind im Naturzustand gezwungen, Übertretungen des Naturgesetzes individuell zu bestrafen, das heißt auf der Basis individueller Urteile. Da diese Urteile aber voreingenommen oder »durch eigenes Interesse beeinflußt« sein können, existiert im Naturzustand kein allen gleichermaßen bekanntes Gesetz, das verlässliche und allgemein nachvollziehbare Formen der Bestrafung von Übertretungen nach sich zieht. Hinzu kommt, dass nicht jeder in der Lage ist, das vom Naturgesetz geforderte Verhalten angemessen »abzulesen«, da nicht jeder ständig darüber nachdenkt und manche dieses natürliche Gesetz schlicht »zu wenig kennen«.[154] Die Voreingenommenheiten in der Auslegung des Naturgesetzes haben ihre Quelle also nicht zuletzt in intellektueller Faulheit und intellektuellem Unvermögen, die beide zu einer willkürlichen oder für andere unberechenbaren Sanktionspraxis führen können. Es gibt, wenn man so will, im Naturzustand viele verschiedene Versionen des einen Naturgesetzes, das Gott allen Menschen gegeben hat. Vor diesem Hintergrund fehlen dort folglich auch unparteiische Richter und eine unparteiische Exekutive, die in einer für alle nachvollziehbaren Weise Sanktionen gegen Übertretungen des Naturgesetzes verhängen können.

17.2 Freiheit und Verantwortung

Damit dürfte bereits in ersten Ansätzen deutlich geworden sein, dass Locke die Aussage, wonach dem Menschen im Naturzustand Vertrauen als Mensch und nicht als Glied der Gesellschaft gebühre, weniger als deskriptive denn als präskriptive Aussage fasst, die in sich Vorschriften des von Gott statuierten Naturgesetzes bündelt. Dass es überhaupt ein solches Naturgesetz gibt, das die Vernunft, wie es in den frühen *Essays on the Law of Nature* heißt, »suchen« und »entdecken« kann, impliziert ja bereits an sich eine mögliche Distanz zwischen den Vorschriften dieses Gesetzes und der Bereitschaft des Menschen, ihnen zu gehorchen. Die Vernunft des Menschen ist nicht Autor dieser Vorschriften, sie ist ihr Interpret.[155] Sie kann

153 Locke, *Two Treatises of Government*, a.a.O., S. 350 (II.123) (dt. S. 278).

154 Ebd., S. 351 (II.124) (dt. S. 279).

155 John Locke, *Essays on the Law of Nature*, Oxford 1954, S. 111.

diese Vorschriften falsch auslegen, ignorieren oder schlicht bewusst gegen sie handeln, weil sie als Vernunft zwar in der Lage ist, sie in ihrer Vernünftigkeit zu erfassen und damit handlungsleitend werden zu lassen, aber keinesfalls von ihnen determiniert wird. Damit wird nun langsam ein weiterer Grund für die Zurückweisung einer Naturalisierung des Vertrauens und der Vertrauenswürdigkeit im Kontext der Lockeschen Theorie sichtbar. Er führt in komplexere Gebiete dieses Denkens und kann hier nicht in aller Vollständigkeit gewürdigt werden. Dennoch ist er zu erwähnen, insofern darin ein Dilemma für die gesamte Lockesche Vertrauenslehre auftaucht, das nur schwer einer Lösung zugeführt werden kann.

Das Dilemma, um das es hier geht, lässt sich wie folgt ausbuchstabieren: Die potenzielle Distanz zwischen den Vorschriften des Naturgesetzes und den tatsächlichen Urteilen und Handlungen des Menschen führt auf das Freiheitsproblem, das Locke im oft überarbeiteten Kapitel 21 (des zweiten Buchs) seines Hauptwerkes *Versuch über den menschlichen Verstand* thematisiert. Der Zusammenhang zur Vertrauensthematik scheint an diesem Punkt nahezuliegen: In dem Maße, in dem wir frei sind, den Vorschriften des Naturgesetzes zu gehorchen oder nicht, taucht das Problem des Vertrauens überhaupt als relevantes Problem der Koordination von Interaktionen auf. Würden wir alle immer schon dem Naturgesetz gehorchen, müssten wir einander nicht ernstlich vertrauen, da keine relevanten Alternativen vorliegen. Wir könnten uns schlicht blind auf das Handeln der anderen verlassen. Da es sich jedoch so nicht verhält, da wir, mit anderen Worten, frei sind, können wir auch im Naturzustand nicht blind allen anderen vertrauen. Es ist Teil der Unannehmlichkeiten des Naturzustands, dass andere, was die Anwendung ihres Vermögens betrifft, die Naturgesetze angemessen zu interpretieren oder ihnen zu folgen, wenn sie angemessen interpretiert werden, unberechenbar sind. Der Übergang in den Gesellschaftszustand soll hier Verlässlichkeit bringen, weil nun Instanzen vorhanden sind, die Übertretungen des Naturgesetzes mehr oder weniger zuverlässig sanktionieren können.

Nun darf Freiheit aber nicht schlicht als Freiheit vom Naturgesetz oder von der Pflicht, dem Naturgesetz zu folgen, verstanden werden. Locke macht immer wieder deutlich, dass das Gesetz als solches »nicht so sehr die Beschränkung, sondern vielmehr die Leitung eines frei und einsichtig Handelnden in seinem eigenen Interesse« nach sich zieht.[156] Freiheit besteht nicht darin, tun und lassen zu können, wonach einem der Sinn steht oder wohin das Begehren gerade strebt, unabhängig davon, was das Naturgesetz verlangt oder nicht verlangt. Der Freie distanziert sich nicht vom Naturgesetz per se, sondern von den spontanen Impulsen und Strebungen seiner selbst, die vom Naturgesetz wegführen: »Die Ausübung der Freiheit besteht im wesentlichen darin, daß wir haltmachen, unsere Augen öffnen, Umschau halten und uns von den Folgen dessen, was wir tun wollen, in dem Maße einen Überblick verschaffen, wie es die Bedeutung des Falles erfordert.«[157] Als Freie können wir uns von unserem unmittelbaren Wollen und Begehren befreien, das in der Regel darauf drängt, ein aktuelles Unbehagen (*uneasiness*) so schnell wie möglich abzubauen. Lassen wir uns aber von diesen aktuellen Regungen bestimmen, besteht die Gefahr, dass wir das, was eigentlich gut für uns ist, aus dem Blick verlieren. In dem Maße, in dem wir dabei das Naturgesetz missachten, sind wir gerade unfrei und (Kantisch gesprochen) unter dem Einfluss heteronomer Impulse oder Strebungen. Der Freie dagegen distanziert sich von seinen unmittelbaren Strebungen und gerät dadurch in die Lage, das für ihn »größte Gut« unter Absehung der »Nichtigkeiten« (*trifles*) zu erlangen, auf die unser Begehren häufig ausgerichtet ist.[158] Genau damit erlangt er das Vermögen, sein Wollen nicht einfach nur in Form von drängenden Impulsen an sich zu konstatieren (wie Locke das noch in der ersten Auflage des *Versuchs* vermutet hat), sondern es selbst rational zu bestimmen, indem er dem unmittelbaren Drängen des Wollens nicht nachgibt und es dem Einfluss von Reflexion unterzieht. Diese Freiheit auch schafft den Raum für die Zuschreibung von Verantwortung. In dem Maße, in dem ich nicht einfach meinen unmittelbaren Impulsen folgen muss, sondern mich von ihnen distanzieren und ihren Handlungsdrang suspendieren kann, kann ich überhaupt erst für die im Rahmen dieses Reflexionsprozesses getroffenen Entscheidungen zur Verantwortung gezogen werden, da sich meine Entscheidungen nun wirklich als *meine* Entscheidungen begreifen lassen. Die Annahme einer moralischen Freiheit führt dazu, dass einem Akteur das Ignorieren

156 Locke, *Two Treatises of Government*, a. a. O., S. 305 (II.57) (dt. S. 234).

157 Locke, *An Essay Concerning Human Understanding*, a. a. O., S. 279 (II.21.67) (dt. S. 335 [Bd. 1]).

158 Ebd., S. 256 (II.21.38) (dt. S. 307 [Bd. 1]).

der Freiheit, das zu prüfen, was »wirklich und wahrhaft zu seinem Glück führen könnte«, zur Last gelegt wird: »Er hatte die Kraft, seine Entscheidung hinauszuschieben.«[159] Es ist, so kann hinzugefügt werden, erst diese Freiheit des Handlungsaufschubs und die damit einhergehende Zurechnungsfähigkeit, durch die die Thematik des Vertrauens virulent wird. Wer sklavisch seinen Impulsen folgt, kommt als Gegenstand möglichen Vertrauens gar nicht in Betracht, auch wenn ich ihn für diese Blindheit zur Rechenschaft ziehen kann, da er frei wäre, diese Blindheit zu durchbrechen. Damit ist nicht gesagt, dass diese Impulse zwangsläufig negativer Art sein müssen. Entscheidend ist vielmehr, dass sich der, der sich ihnen ausliefert, nicht weiter zu ihnen verhält und damit allerhöchstens »dispositional gefahrlos«, nicht aber im starken Sinne des Wortes vertrauenswürdig wird.[160] Ihm eröffnen sich nicht die Alternativen, die aus der Vertrauenswürdigkeit eine normativ ausgezeichnete und voluntativ akzeptierte Einstellung machen.

Wie hängt nun aber diese Konzeption der Freiheit mit dem Naturgesetz zusammen, das wir nach Locke als Vernunftwesen prinzipiell erkennen können? Sind wir nicht doch in genau dem Maße frei, in dem wir uns vorbehalten, dem Naturgesetz zu folgen oder nicht? Das bloße Vermögen, sich von seinen unmittelbaren Impulsen und Wünschen zu distanzieren, gibt als solches ja noch nicht vor, wofür sich ein Akteur im konkreten Fall entscheiden wird. Nehmen wir an, ich verspüre den Impuls, mein gesamtes Vermögen im Glücksspiel einzusetzen. Ich folge diesem Impuls nicht gleich, sondern überlege, ob mein Vorhaben sinnvoll oder rational ist. Ich komme zu dem Schluss, dass es das Risiko wert ist, und fange an zu spielen. Rein formal gesehen, scheine ich die von Locke spezifizierten Kriterien der Freiheit erfüllt zu haben. Und doch sieht es so aus, als wäre Lockes Freiheitsbegriff nicht in diesem Sinne bloß formal zu verstehen. Entscheidend für die Frage der Freiheit ist vielmehr, ob es uns gelingt, im Prozess der deliberativen

159 Ebd., S. 271 (II.21.56) (dt. S. 325 [Bd. 1]). Siehe Stephen Darwall, *The British Moralists and the Internal Ought*, a. a. O., Kap. 6, S. 167. Darwall liefert in diesem Kapitel auch eine erhellende Beschreibung der Modifikationen, die Locke an seiner Freiheitslehre vorgenommen hat.

160 So nennt John Dunn (»The Concept of ›Trust‹ in the Politics of John Locke«, a. a. O., S. 293) den, der habituell vertrauenswürdige Züge besitzt (»dispositionally unalarming«).

Überprüfung unserer Impulse das für uns »wahre« Gut ausfindig zu machen. Dieses wiederum wird, wie gleich deutlich werden wird, zwar nicht vom Naturgesetz definiert oder gar vorgegeben, aber es ist nicht erreichbar, wenn die Vorgaben des Naturgesetzes nicht eingehalten werden. Das liegt einerseits an der spezifischen Struktur des für uns »wahren« Guten, aber auch an der spezifischen, nämlich göttlichen Struktur des Naturgesetzes.

Was aber ist das für uns »wahre« Gut? Lockes Antwort auf diese Frage firmiert in der Literatur gelegentlich unter dem Stichwort »Hedonismus«. Im *Versuch über den menschlichen Verstand* fasst er zusammen: »Demnach besteht die höchste Vollkommenheit einer vernunftbegabten Natur in dem eifrigen und unermüdlichen Streben nach wahrem und dauerndem Glück.«[161] Das Glücksstreben gilt nicht als normative Vorgabe, der jeder Mensch folgen sollte, sondern wird verstanden als empirisch wirksamer psychologischer Mechanismus, der das Handeln des Menschen strukturiert und damit auch seinem Vermögen der Deliberation eine Richtung gibt. Rational für den Menschen ist das, was am ehesten dazu dient, sein Glück zu mehren und Unglück von ihm abzuwenden. Auch wenn die Freiheit des Menschen nicht als solche darin besteht, das jeweils größte Gut für ihn quasiautomatisch ausfindig zu machen, ist ihr dies doch aufgrund der hedonistischen Psychologie des Menschen als wesentliche Aufgabe (als ihr eigentlicher »Zweck und Nutzen«) gegeben. Wäre der Mensch nicht in der Lage, seinem freien Überlegungsvermögen mit Bezug auf sein Glück oder Unglück eine entscheidungsrelevante Richtung zu geben, fehlte seiner deliberativen Kraft gleichsam jeder Gehalt, so dass sie unbestimmt oder indifferent und er damit unfrei bliebe. Andererseits dürfen die glücksrelevanten Impulse oder Wünsche nicht eine die deliberativen Kräfte des Menschen stets übertrumpfende determinierende Kraft haben. Diese Kräfte haben Einfluss auf das, was der Mensch will, aber ihr Einfluss äußert sich darin, dass sie ein Wollen spezifizieren, das dem Glücksstreben des Menschen am meisten zu entsprechen sucht.[162]

161 Locke, *An Essay Concerning Human Understanding*, a. a. O., S. 266 (II.21.51) (dt. S. 319 [Bd. 1]).

162 Ebd., S. 264 (II.21.48) (dt. S. 316 f. [Bd. 1]). Es ist deswegen nicht unplausibel, Locke eine positive Konzeption der Freiheit im Sinne Isaiah Berlins zu unterstellen; siehe James Tully, »Liberty and Natural Law«, in: ders., *An Approach to Political Philosophy*, a. a. O., S. 281-314 (hier: S. 298). Hilfreich mit Blick auf

Mit anderen Worten: Da es unserer Natur entspricht, das für uns größtmögliche Glück anzustreben, folgen aus dieser natürlichen Vorgabe einzelne Notwendigkeiten praktischer Art, die deswegen als *praktisch* bezeichnet werden können, weil sie nicht automatisch oder quasinatürlich immer schon umgesetzt werden.

Ferner sieht es nicht so aus, als ließe sich dieses Glücksstreben so leicht als von Gott beabsichtigt auslegen wie etwa das Streben nach Selbsterhaltung. Denn nach Locke unterliegt selbst Gott, »der Allmächtige«, der Notwendigkeit, glücklich zu sein.[163] Während also das Streben nach Selbsterhaltung von Locke immer wieder als ein dem Menschen von Gott »eingepflanztes« Prinzip des Handelns beschrieben wird (etwa in der ersten Abhandlung über die Regierung, § 86), scheint dies nicht im selben Sinne für das Glücksstreben des Menschen zu gelten. Mehr noch, Locke geht letztlich davon aus, dass das Glücksstreben des Menschen und die Vorgaben des Naturgesetzes immer wieder miteinander kollidieren können. Die normativen Vorgaben, die aus dem Selbsterhaltungsstreben abgeleitet werden, also die Rechte und Pflichten des Naturzustands, stimmen nicht prinzipiell mit den Vorgaben überein, die aus dem menschlichen Glücksstreben stammen, so dass es zu moralischen Konflikten kommen kann. Dieser Punkt ist wichtig, weil er darauf hinweist, dass uns Gott zwar via Naturgesetz Handlungsvorschriften erlassen hat, diese aber nicht zwangsläufig mit dem harmonieren, was wir subjektiv für gut halten. Was wirklich oder wahrhaft gut für uns ist, kann uns das Naturgesetz folglich gar nicht sagen; erst unsere Vernunft ist dazu in der Lage, wobei sie in ihre Überlegungen ihr Wissen um die hedonistische Psychologie des Menschen einfließen lässt. Wenn es beispielsweise moralisch verwerflich ist, geschenktes Vertrauen zu enttäuschen, dann muss sich erst zeigen lassen, ob dieses Naturgesetz in jedem Fall mit dem natürlichen Glücksstreben des Menschen harmoniert. Könnte es nicht sein, dass es in einem bestimmten Fall für mich rationaler ist (das heißt meinem langfristigen Glücksstreben eher entgegenkommt) das Vertrauen zu brechen? Allein diese Frage belegt, dass uns das Naturgesetz nicht an sich zum für

Lockes Glücksbegriff ist auch John Colman, *John Locke's Moral Philosophy*, Edinburgh 1983, dort insb. S. 222.

163 Locke, *An Essay Concerning Human Understanding*, a. a. O., S. 265 (II.21.50) (dt. S. 318 [Bd. 1]).

uns Guten führt. Dass seine Vorschriften dem Glücksstreben des Menschen zuträglich sind, muss vielmehr erst gezeigt werden, und genau um dazu in der Lage zu sein, hat Gott nach Ansicht mancher Interpreten dem Menschen die Vernunft gegeben. Sie kann uns, um den zentralen Punkt zu nennen, vor Augen führen, dass jeder Bruch mit dem göttlichen Naturgesetz, wenn schon nicht im Hier und Jetzt, dann doch zumindest im Jenseits schwere göttliche Sanktionen nach sich zieht, während andererseits die Befolgung dieser Gesetze potenziell mit großen Belohnungen verbunden ist. Hier gilt, was nach Locke für alle Gesetze gilt: Sie existieren überhaupt nur, wenn sie auch exekutiert werden können, und sie können nur exekutiert werden, wenn Strafen und Belohnungen mit ihnen verbunden sind. Psychologisch problematisch könnte diese Lehre nur werden, wenn die zukünftigen Strafen und Belohnungen nicht in der Lage sein sollten, die gegenwärtig drängenden Impulse und Wünsche zu bändigen, aber Locke hält das mit ihnen verbundene Unbehagen in Form von Furcht vor künftiger Strafe oder antizipierender Freude über künftige Belohnungen für ausreichend wirkmächtig, um schon im je aktuellen Diesseits Einfluss auszuüben: »Die Belohnungen und Strafen in einem anderen Leben, die der Allmächtige festgesetzt hat, um die Befolgung seiner Gesetze zu erzwingen, sind gewichtig genug, um gegenüber allen Freuden oder Leiden, die dieses Leben bieten kann, unsere Wahl zu bestimmen«.[164] In diesem Sinne ist es praktisch rational, die Vorgaben des Naturgesetzes nicht zu brechen. Oder: Es lohnt sich für jeden Einzelnen, Gottes Wort zu achten, da damit Belohnungen verbunden sind, die vor dem Hintergrund der menschlichen Psychologie äußerst attraktiv erscheinen (müssen). Erst mit diesem Schritt verliert der potenzielle Konflikt zwischen Naturgesetz und menschlicher Psychologie an Schärfe, wobei der Preis, den Locke für diese Schlichtung zu zahlen hat, je nach Interpretation, vergleichsweise hoch ist. In dem Maße nämlich, in dem die moralischen Imperative des Naturgesetzes erst dann psychologisch oder motivational wirksam werden, wenn sie in die Sprache der Lust oder Unlust, des Glücks oder Unglücks übersetzt werden können, ist der Mensch offenbar nicht von sich aus dem Guten (im Sinne des Naturgesetzes) zugeneigt. Erst wenn sich zeigt,

164 Ebd., S. 281 (II.21.70) (dt. S. 339 [Bd. 1]).

dass Moral sich für ihn »rechnet«, kann sie ihn zum Handeln bewegen.[165]

17.3 Die strafende Hand Gottes

Es dürfte nun einleuchten, inwieweit die bislang vorgetragenen Überlegungen in ein Dilemma münden, das für die Vertrauensproblematik relevant ist. Nehmen wir an, Vertrauenswürdigkeit oder Wahrhaftigkeit seien Verbindlichkeiten, die für den Menschen auf der Basis des gottgegebenen Naturgesetzes gelten. Locke ist zwar häufig etwas wortkarg, wenn es darum geht, den genauen Gehalt des Naturgesetzes zu bestimmen, aber wenn Wahrheit und Vertrauen, wie oben zitiert, dem Menschen als Menschen gebühren und nicht als Glied der Gesellschaft, dann offenbar deshalb, weil es sich hier um Gebote handelt, die zumindest dann einzuhalten sind, wenn ihr Bruch dazu führt, das zur Erhaltung des Lebens Notwendige, etwa Freiheit, Gesundheit und Güterbesitz, zu bedrohen oder sogar zu zerstören. Natürlich gibt es Formen des Vertrauens und des Vertrauensbruchs, die nichts mit dem Lebenserhalt im Lockeschen Sinne zu tun haben, aber die genauen Grenzen zwischen diesen Vertrauenstypen werden von Locke nicht angegeben oder unterliegen nach seiner Lehre in ihrer Bestimmung schlicht dem schwankenden Urteil jedes Einzelnen, so dass zudem unklar bleiben muss, ob jede Form des Vertrauensbruchs notwendig eine naturgesetzliche Verpflichtung bricht. Ich lasse diese Frage offen und gehe davon aus, dass Vertrauenswürdigkeit als mehr oder weniger evidente Richtlinie dem Naturgesetz entspringt.

Entsprechend gilt nun, dass ich auch dieses Gesetz der Natur nur einhalte, wenn ich damit rechnen muss, im Falle einer Übertretung spätestens im Jenseits bestraft zu werden. Damit aber gewinnt die

165 Siehe Charles Taylor, *Sources of the Self. The Making of the Modern Identity*, Cambridge (Mass.), London 1989, Kap. 14 (dt. *Quellen des Selbst. Die Entstehung der neuzeitlichen Identität*, Frankfurt/M. 1994). Taylor macht keinen Hehl aus seiner ablehnenden Haltung gegenüber der Lockeschen Moraltheorie; affirmativ dagegen Peter Stemmer (*Normativität*, Berlin 2008, S. 109): »Die positiven und negativen Sanktionen, mit denen Gott die betreffenden Handlungen verknüpft, manövrieren die Handlungen in das Feld der menschlichen Interessen, und der Konflikt zwischen göttlichem Wollen und menschlichem Interesse verschwindet.«

Norm der Vertrauenswürdigkeit einen instrumentellen Aspekt. Ich agiere nicht vertrauenswürdig, weil ich eine Praxis, in deren Rahmen Vertrauenswürdigkeit vorherrscht, für an sich wertvoll halte, sondern, weil ich für mich selbst negative Konsequenzen für den Fall der Übertretung der Norm befürchte. Locke ist damit gar nicht weit von Hobbes entfernt, der die Motive zur Rücksichtnahme auf empfangenes Vertrauen ebenfalls an das Vorliegen bestimmter interner Interessen gebunden hat.[166] Darüber hinaus gilt die Norm der Vertrauenswürdigkeit natürlich nur, so sieht es zumindest aus, wenn eine Form des Gottglaubens vorhanden ist. Fällt dieser Glaube weg, dann fallen auch die Norm sowie die von Locke an sie geknüpfte Geltung. Locke selbst hat diese Konsequenz bekanntlich an einer vielzitierten Stelle seines Toleranzbriefs gezogen: »Letztlich sind diejenigen ganz und gar nicht zu dulden, die die Existenz Gottes leugnen. Versprechen, Verträge und Eide, die das Band der menschlichen Gesellschaft sind, können keine Geltung für einen Atheisten haben. Gott auch nur in Gedanken wegnehmen, heißt alles dieses aufzulösen.«[167] Ohne einen Glauben an die Existenz Gottes, so hat es den Anschein, fühle ich mich nicht verpflichtet, unter allen Umständen vertrauenswürdig und wahrhaftig zu sein. Natürlich ist nicht ausgeschlossen, dass ich auch ohne Glauben an Gott die Norm der Vertrauenswürdigkeit akzeptiere, aber ich tue es auch dann nur so lange, wie das meinen unmittelbaren Interessen entgegenkommt oder zumindest nicht widerspricht. Ist das nicht der Fall, werde ich das in mich gesetzte Vertrauen enttäuschen, sofern damit ein vergleichsweise größerer Gewinn einhergeht und ich keine gravierenden Sanktionen zu befürchten habe. An einem solchen Verhalten kann mich nur der Glaube an Gott hindern, der mich davor bewahrt, in bestimmten Situationen meinem augenblicklichen Glücksempfinden den Vorrang vor längerfristigen moralischen Überlegungen zu geben. Daraus nun folgt wiederum, dass Lockes Konzeption des Vertrauens in ihrer ganzen normativen Struktur zusammenbricht, wenn der Glaube an Gott wegfällt.[168]

Aber trifft das zu? Lässt sich bei Locke eine letztlich nur religiös fundierte Rechtfertigung der Vertrauenswürdigkeit (und des

166 Siehe Darwall, *The British Moralists and the Internal ›Ought‹*, a. a. O., S. 150.

167 John Locke, *Ein Brief über Toleranz*, Hamburg 1996, S. 95.

168 Klassisch hierzu: Dunn, »The Concept of ›Trust‹ in the Politics of John Locke«, a. a. O., S. 294.

Vertrauens) ausfindig machen? Kann man, mit anderen Worten, nur dem Gläubigen vertrauen? Und welchem Gläubigen? Nur dem christlichen? Oder gibt es bei Locke begriffliche Ressourcen, um einen säkularen Vertrauensbegriff zu formulieren? Wenn das nicht der Fall ist, heißt das, dass uns Lockes Denken nichts mehr zu sagen hat oder dass es zumindest Teile dieses Denkens gibt, die dem 17. Jahrhundert angehören, nicht aber für die Gegenwart fruchtbar gemacht werden können?[169] Lässt sich nicht wenigstens angeben, wofür dieser Gottglaube steht, welche Rolle er im Kontext des Lockeschen Denkens spielt, um dann die Frage zu stellen, ob es säkulare Äquivalente für die damit angesprochenen religiösen Bindungskräfte gibt? Damit ist nicht gesagt, dass Locke selbst eine solche quasifunktionale Perspektive gegenüber religiösen Fragen hätte einnehmen können, wohl aber, dass es denen von uns, die dem Religiösen fernstehen, auf diese Weise vielleicht möglich ist, das, was mit dem Religiösen auf dem Spiel steht, angemessen zu berücksichtigen. Ich habe im ersten Teil den Versuch unternommen, Praktiken des Vertrauens als instrumentelle Praktiken zu verstehen und gleichzeitig eine Dimension intrinsischer Werthaftigkeit in ihnen zu verankern. Mehr noch, meine These war, dass sich auch Praktiken instrumenteller Interaktion nur als stabil erweisen können, wenn die an ihnen beteiligten Akteure zugleich eine nichtinstrumentelle Einstellung zu diesen Praktiken einnehmen. Steht nicht aber gerade das religiöse Element bei Locke für die Dimension des Intrinsischen?

Ohne auf alle diese Fragen eine Antwort geben zu können, ist zunächst der Hinweis wichtig, dass Locke den Gottglauben selbst nicht noch einmal instrumentalistisch deutet. Die Gründe für den Glauben an Gott sind genuine, mehr oder weniger evidente Gründe, die zwar auf einer bestimmten, häufig voluntaristisch genannten Gotteskonzeption beruhen, gleichwohl aber als Gründe nicht noch einmal auf das menschliche Streben nach Glück bezogen werden. Dass ich die Gebote Gottes, soweit sie mir im Naturgesetz offenbart sind, nur befolge, weil ich sonst mit Gottes Strafe rechnen muss, dass es also in diesem Sinne rational für mich ist, seinen Geboten zu folgen, impliziert nicht, dass ich deshalb an

169 John Dunn, »What is Living and What is Dead in the Political Theory of John Locke«, in: ders., *Interpreting Political Responsibility. Essays 1981-1989*, Oxford 1990, S. 9-25.

Gottes Existenz glaube, weil für mich damit ein potenziell großes Glück (sei es im Jenseits) verbunden ist. Die Vernunft des Menschen gewinnt zweifellos einen instrumentalistischen Zug, weil es ihre Aufgabe ist, angesichts des unausweichlich vorgegebenen menschlichen Glücksstrebens, Wege und Mittel der optimalen Glücksverfolgung ausfindig zu machen (und dazu zählt dann auch der Gottgehorsam als Weg zum – größten – Glück), aber sie kann auf dieser Basis nicht den Gottglauben selbst begründen. Wenn Gott existiert – und dass er existiert, drängt sich der Vernunft förmlich auf –, dann folgt daraus für die Vernunft eine Art Anpassungsleistung, die ihre Richtung aus dem menschlichen Glücksstreben empfängt. Schon in den frühen *Essays Concerning the Law of Nature* wird jedoch unmissverständlich darauf hingewiesen, dass die Geltung des Naturgesetzes nicht von menschlichen Interessen abhängig ist. »IST DAS EIGENINTERESSE JEDES MENSCHEN DIE BASIS DES NATURGESETZES?« lautet die Frage, die dem achten und letzten Abschnitt der *Essays* vorangeht. Und die Antwort lautet bündig: »NEIN.«[170] Dabei betont Locke auch hier, dass das Naturgesetz durchaus unseren Interessen entgegenkommt, dass es die sicherste Basis des Schutzes unserer Freiheit, unserer Güter und unserer Gesundheit ist. Aber es kann diese die persönlichen Interessen stabilisierende Basis offenbar nur bilden, *wenn es in seiner Geltung dem Urteil des Interesses entzogen bleibt.* Entsprechendes gilt auch von Vertrauen und Vertrauenswürdigkeit als normativen Prinzipien des Naturgesetzes. Sie lassen sich auf menschliche Interessen beziehen, besitzen aber als Gebote Gottes eine Dimension, die nicht im menschlichen Interesse begründet ist, und zwar auch dann, wenn sich zeigen lässt, dass sie durchaus im menschlichen Interesse liegen. »Nützlichkeit«, so heißt es im achten Abschnitt der *Essays*, »ist nicht die Basis des Gesetzes oder der Grund der Verpflichtung, sondern eine Konsequenz des Gehorsams gegenüber dem Gesetz«.[171] So kann es auch nicht weiter überraschen, dass etwa in Lockes Erziehungsschrift der Glaube an Gott dem zukünftigen Gentleman ohne Bezug auf sein Glück oder sein Interesse nahegebracht wird. Der Prozess der Heranführung an den Gottglauben fällt eher durch seine bewusste Bescheidenheit auf. Dem Kind soll ein »wahrer« Begriff von Gott eingeprägt werden, dem »Urheber und Schöpfer aller

170 Locke, *Essays Concerning the Law of Nature*, a. a. O., S. 205.
171 Ebd., S. 215.

Dinge, von dem wir alles empfangen, was wir haben, der uns liebt und uns alle Dinge gibt«, aber dieser Gegenstand sollte dann nicht »irgendwie weiter erklärt« werden, da das nur zu Verwirrung und Grübelei führen würde. Schließlich ist uns Gottes Wesen auch zu unergründlich, um viel darüber wissen zu können.[172] Wenn wir unsere Vernunft nur angemessen befragen, erschließt sich uns schnell die Existenz Gottes, aber jenseits einzelner Eigenschaften Gottes bleibt uns vieles verschlossen. Sobald wir rational einsehen können, dass Gott existiert, gilt für uns sein Gesetz, dessen Befolgung seinerseits in unserem rationalen Interesse liegt.

Ein weiterer Hinweis ist an dieser Stelle nötig. Natürlich bestreitet Locke nicht, dass es verschiedene Motive gibt, die uns dazu bringen, Verbindlichkeiten einzuhalten. Im *Versuch über den menschlichen Verstand* erwähnt er neben dem religiösen Motiv auch Hobbessche Motive und solche, die auf antike Ehrbegriffe rekurrieren. Die Stelle sei ausführlicher zitiert, da sie in geradezu Rawlscher Manier Bedingungen eines überlappenden Konsensus unterschiedlicher Konzeptionen des Guten anzudeuten scheint:

> Daß der Mensch seine Vereinbarungen halten soll, ist sicherlich eine wichtige und unbestreitbare Regel der Moral. Wenn aber ein Christ, der die Aussicht auf Glück und Unglück in einem anderen Leben hat, gefragt wird, warum man sein Wort halten müsse, so wird er als Grund angeben: »Weil Gott, der die Macht über das ewige Leben und den Tod hat, es von uns verlangt.« Legt man dagegen einem Anhänger Hobbes' diese Frage vor, so wird seine Antwort lauten: »Weil die Öffentlichkeit es verlangt und der Leviathan den bestraft, der es nicht tut.« Hätte man einen der Philosophen des Altertums gefragt, so würde er erwidert haben: »Weil es unehrenhaft und unter der Würde des Menschen ist und der Tugend, der höchsten Vollendung der menschlichen Natur, widerspricht, wenn man anders handelt.«[173]

Diese Unterscheidungen korrelieren mit jenen, die Locke viel später im *Versuch* zwischen göttlichen Gesetzen, bürgerlichen Gesetzen und Gesetzen der öffentlichen Meinung trifft (im 28. Kapitel des Zweiten Buchs, §7ff.). Alle diese Gesetze sind mit Sanktionen verbunden, die im Falle einer Übertretung ausgesprochen oder verhängt werden können. Damit sind sie als solche motivational

172 Locke, *Gedanken über Erziehung*, Stuttgart 1970, S. 167 (§136).

173 Locke, *An Essay Concerning Human Understanding*, a.a.O., S. 68 (I.3.5) (dt. S. 56 [Bd. 1, I.2.5]).

wirkmächtig. Aber heißt das auch, dass sie normativ gleichwertig sind? Zumindest mit Blick auf die bürgerlichen (Hobbesschen) Gesetze kann dies nicht der Fall sein, da politische Institutionen über den Gesellschaftsvertrag erst aufgebaut werden können, wenn die Subjekte einander bereits vertrauen (ein Vertrauen, das Hobbes bekanntermaßen nicht begründen kann). Das religiös fundierte Vertrauen bildet also die Basis für abgeleitete Formen des Vertrauens, deren motivationale Kraft sich erst dann auf die reziproken Interessen der Subjekte reduzieren lässt. Was die Gesetze der öffentlichen Meinung angeht, so werden sie von Locke angeführt, um etwa das Gebot der Vermeidung von Lügen zu fundieren. Ein Gentleman kann sich das Lügen nicht erlauben, weil sich der Vorwurf, ein Lügner zu sein, mit seiner Ehre unmöglich vereinbaren lässt.[174] Was aber, wenn er diesem Vorwurf entgehen könnte? Auch hier scheint im Rahmen der Lockeschen Überlegungen nur das religiös fundierte Lügenverbot in der Lage zu sein, für solche Fälle einen Schutzmechanismus zur Verfügung zu stellen. Die göttlichen Gesetze kommen also immer dann ins Spiel, wenn es offenbar nicht mehr ausreicht, eine Praxis einzig auf der Basis rationaler Interessen zu fundieren. Das Naturgesetz bündelt in sich die interessefreie Geltung der moralischen Prinzipien, die dafür bürgt, dass in einzelnen Praxisfeldern überhaupt interessierte Formen menschlicher Interaktion auf stabile Weise verwirklicht werden können.

Mit diesen Ausführungen habe ich bereits einzelne Aspekte herausgearbeitet, die eine Antwort auf die Frage geben können, wofür der Glaube an die Existenz Gottes bei Locke steht. Aber ich habe natürlich noch nicht geklärt, ob Lockes Vertrauenskonzeption auch ohne eine religiöse Basis bestehen könnte. Eine besonders offensive Antwortvariante bezweifelt das, ohne darin eine Schwäche des Lockeschen Ansatzes zu sehen. Jeremy Waldron etwa behauptet nicht nur, dass Lockes Gleichheitskonzeption religiöse Grundlagen hat, sondern darüber hinaus, dass *jede* plausible Gleichheitskonzeption eine solche Grundlage haben muss.[175] Gleiches ließe sich von Vertrauenspraktiken im hier spezifizierten Sinne sagen. Sie mögen im Einzelnen auf verschiedenen Motiven beruhen, aber wenn es um die grundlegenden Pfeiler geht, kommt man nicht ohne Bezug

174 Locke, *Gedanken über Erziehung*, a. a. O., S. 164 (§ 131).

175 Jeremy Waldron, *God, Locke, and Equality. Christian Foundations in Locke's Political Thought*, Cambridge 2002.

auf eine jenseitige Straf- und Belohnungsinstanz aus, deren unausschöpflicher Wille Werte setzen kann, die unseren Interessen entgegenkommen, aber in ihrer Geltung unabhängig davon sind (sie gelten, weil Er es gewollt hat). Ich halte diese Position für unhaltbar und glaube, dass es säkulare Muster einer das Interesse transzendierenden intrinsischen Perspektive auf das Vertrauen gibt. Damit will ich nicht leugnen, dass Prinzipien wie das Gleichheitsprinzip eine religiöse Basis haben können, aber ich bestreite, dass es keine andere geben kann. Es mag sein, dass diese andere Basis nicht ohne metaphysische Annahmen auskommt, jedoch ist nicht einzusehen, dass diese Annahmen notwendig eine religiöse Dimension haben müssen.

Wenn ich damit recht habe, dann muss nun der Versuch unternommen werden, die Dimension der göttlichen Gesetze bei Locke noch einmal einzuschätzen, um die Frage zu stellen, ob es im Rahmen des Lockeschen Ansatzes selbst oder zumindest unter Verweis auf diesen Rahmen Hinweise auf eine säkulare Fundierung des Vertrauens geben kann, um das es in diesem Abschnitt geht. Dazu wird es nötig sein, noch einmal auf die angesprochene Demokratisierung des Vertrauens einzugehen.

Die göttlichen Gebote des Lockeschen Naturgesetzes bündeln in sich, so hieß es, den (sakralen) Geltungsaspekt des Vertrauens und der Vertrauenswürdigkeit, der über Interessen hinausgeht, auch wenn er ihnen entgegenkommt. Dass Vertrauen und Vertrauenswürdigkeit als intrinsisch wertvoll betrachtet werden, kommt in diesem Fall in den Einstellungen zur Geltung, die die Subjekte gegenüber Gott und seinen im Naturgesetz festgelegten Geboten haben, wobei vorausgesetzt wird, dass der Glaube an Gott unabhängig von der hedonistischen Psychologie des Menschen begründet wird. Will man hierzu eine säkulare Alternative formulieren, wird man also nach Einstellungen suchen müssen, die losgelöst vom Glauben an Gott den intrinsischen Wert von Vertrauen und Vertrauenswürdigkeit anerkennen können. Eine Voraussetzung dafür ist wiederum, die mehr oder weniger habitualisierte Bereitschaft, auch dann vertrauensvoll und vertrauenswürdig zu agieren, wenn das den eigenen Interessen nicht entgegenkommt, wobei zugleich eingesehen wird, dass diese Interessen und die in ihnen artikulierten Werte und Normen nur dann verwirklicht werden können, wenn es die allgemein praktisch gewordene Bereitschaft gibt, den Rahmen der Interessen zu transzendieren. Meine These ist nun, dass es in der politischen Philosophie Lockes durchaus einzelne Elemente gibt, die auf eine solche intrinsisch wertvolle Praxis reziproker Vertrauenswürdigkeit verweisen und zugleich säkular interpretiert werden können.

17.4 Säkulares politisches Vertrauen

Einzelne Grundzüge der Demokratisierung des Vertrauens seien noch einmal genannt: Politische Herrschaft kann nur in dem Maße legitim sein, in dem sie die Macht, die ihr von den Subjekten verliehen wird, einzig mit Blick auf die Interessen dieser Subjekte ausübt. Zwar geben die Subjekte die ihnen im Naturzustand zukommende Macht ab, aber sie behalten immer das Recht, die Ausübung der Macht zu beurteilen; ihre Repräsentanten gelten ihnen folglich als Empfänger eines Auftrags, dessen Ausführung dem kritischen Blick der Auftraggeber unterliegt. Genau durch diesen wachsamen Blick, durch das ihn gründende Recht und die darin sich artikulierende Urteilsmacht wird die das Vertrauensverhältnis strukturierende Asymmetrie der Macht konterkariert. Anders als im Rahmen der *Fides*-Praxis behält also der Vertrauensgeber ein gewisses Maß an Macht und muss sich nicht vollständig dem Empfänger des Vertrauens unterwerfen. Der Empfänger des Vertrauens wiederum gewinnt zwar ein großes Reservoir an Machtressourcen, aber dieser Macht darf es nicht um das jenseitige Heil der Subjekte gehen (worauf Locke vor allem in den Toleranzbriefen hinweist), so dass nicht sinnvoll von einer eigentlich nur Gott zustehenden Machtanmaßung ausgegangen werden kann (erinnert sei an Luthers Position). Diese beiden Aspekte lassen sich verbinden: Weil die, die das Vertrauen geben, zugleich die mit ihm verbundene Macht begrenzen, kann sich der, dem das Vertrauen zuwächst, nicht die Rolle eines Gottes anmaßen, der eigenmächtig über das Schicksal der Vertrauensgeber entscheidet. Seine Aufgabe ist es vielmehr, das Vertrauen und die Macht des Vertrauens treuhänderisch zu verwalten, was bei Locke stets heißt: im Sinne des Gemeinwohls.

Die Idee der Repräsentanz, die damit angesprochen ist, sieht also explizit von den Interessen der politischen Repräsentanten ab. Es ist wichtig, auf diesen Punkt hinzuweisen, da es unter demokratischen Bedingungen durchaus möglich ist, die Gemeinwohlorientierung politischer Repräsentanz mit dem Interesse der Repräsentanten zu verknüpfen. Man denke an das Interesse, wiedergewählt zu werden, das womöglich ein wählerresponsives Verhalten der Repräsentanten nach sich zieht, oder an die bereits genannte Forderung, wonach die Repräsentanten den Gesetzen unterworfen sein müssen, die sie selbst beschließen. Beide Mechanismen könnten sicherstellen, dass es stets im Interesse der politischen Repräsentanten liegt, unter Absehung von eigenen Interessen Entscheidungen zu fällen, die dem Gemeinwohl zuträglich sind. Allerdings ist auch wiederholt darauf hingewiesen worden, dass diese Mechanismen mit Problemen behaftet sind. So wird das Interesse an einer Wiederwahl nur dann dazu führen, dass sich die Repräsentanten um eine möglichst breite Interessenvertretung bemühen, wenn die, die ihre Interessen nicht angemessen repräsentiert sehen, relevante Alternativen haben. Gerade mit Blick auf politische Minderheiten mit einer langen Erfahrung der Unterdrückung oder Nichtbeachtung aber ist das häufig nicht der Fall. Darüber hinaus ist es in pluralistischen und ökonomisch geschichteten Gesellschaften eher unüblich, dass die, die Gesetze beschließen, tatsächlich in jedem Fall von den Wirkungen dieser Gesetze affiziert werden. Wie viele Bundestagsabgeordnete haben persönliche Erfahrungen mit den Hartz-IV-Gesetzen gemacht? Es ist, mit anderen Worten, auch unter Bedingungen formaler Demokratie möglich, Gesetze zu beschließen, die nicht auf einer Gemeinsamkeit der Interessen beruhen.[176] Dadurch aber wächst die Wahrscheinlichkeit großen Misstrauens zwischen dem politischen Personal und den Bürgern, ein Misstrauen, das auf dem Eindruck systematischer Benachteiligung durch kollektive Entscheidungsprozesse beruht.

Ist das jedoch der Fall, zeigen sich auf dieser Ebene Grenzen der auf Interessen gestützten Institutionalisierung der Gemeinwohlorientierung. Lockes Modell des treuhänderischen Vertrauens kann demgegenüber als demokratietheoretische Alternative dienen, auch wenn es die Minderheitenthematik zweifellos nicht angemessen erfasst und die Problematik von Parteien, Klassen oder sozialen

176 Siehe die hilfreichen Ausführungen zu dieser Thematik bei Melissa S. Williams, *Voice, Trust, and Memory. Marginalized Groups and the Failings of Liberal Representation*, Princeton, Oxford 1998, S. 164-175. Vgl. auch Hartmann, »Aussichten auf Vorteile?«, a. a. O.

und ethnischen Schichten kaum hinreichend erwähnt. Wichtig ist folgender Sachverhalt: Obgleich die kritische Wachsamkeit der Wähler gegenüber ihren Repräsentanten Sanktionsmechanismen beinhaltet, die den Wählern im Falle eines Vertrauensbruchs zur Verfügung stehen, kann die eingeforderte Gemeinwohlorientierung nicht allein auf der Basis dieser Sanktionsmechanismen erzielt werden. Sobald der Begriff der Gemeinwohlorientierung mit Gehalt gefüllt wird, zeigt sich, dass formal gewährte Sanktionsmechanismen nur dann greifen können, wenn zwischen den Bürgern sowie zwischen den Bürgern und ihren Repräsentanten ein Maß an Gemeinsamkeit und kooperativer Verwiesenheit besteht oder sinnvoll unterstellt werden kann, durch das erst eine die Interessen beschneidende oder sie bildende Gemeinwohlorientierung entstehen kann, die als solche intrinsisch wertgeschätzt wird, weil sich zeigt, dass ohne sie Einzelinteressen und die sie strukturierenden Werte und Normen nicht praktisch verwirklicht werden können. Einzig in dem Maße, in dem eine solche substanzielle Gemeinwohlorientierung im Rahmen einer politischen Praxis angenommen werden kann, lassen sich einzelne Akte des Vertrauens in die politischen Repräsentanten rechtfertigen, was unter demokratischen Bedingungen schließlich immer impliziert, in legitimen Entscheidungsverfahren potenziell zur unterlegenen Partei zu gehören. Sollen diese Niederlagen das Vertrauen in das Gemeinwesen oder seinen politischen Apparat nicht erschüttern, darf die unterlegene Partei nicht den Eindruck haben, dauerhaft aus dem politischen Gemeinwesen ausgeschlossen zu werden. Sie muss vielmehr Zugehörigkeit in der Niederlage empfinden und darf ihren Verlust nicht als illegitimes Opfer verstehen, von dem andere unzulässig profitieren.[177]

Wie ich in der Einleitung erwähnt habe, kann es hier nicht um die konkrete Form und Ausgestaltung politischer Vertrauensverhältnisse gehen. Ein Aspekt allerdings, der über Locke hinausgeht, soll nicht unerwähnt bleiben. Mit der Demokratisierung des Vertrauens, so hieß es, gewinnen die Subjekte eine Macht, die sie in die Lage versetzt, eine gewisse Kontrolle über die von ihnen konsensuell eingesetzten Repräsentanten auszuüben. Das ist als einer der entscheidenden Unterschiede gegenüber dem *Fides*-Modell des Vertrauens herauspräpariert worden, ohne dass jedoch damit die

177 Siehe Danielle S. Allen, *Talking to Strangers. Anxieties of Citizenship since* Brown v. Board of Education, Chicago 2004, vor allem Kap. 4.

Annahme verbunden wurde, das eine Modell sei in irgendeiner Weise aus dem anderen hervorgegangen. Im Rahmen unserer begrifflich angeleiteten Suche nach konkreten Praxisformen lässt sich allerdings trotz besagten Unterschieds doch eine Parallele zwischen den Modellen erkennen, die insbesondere im Rahmen der Analysen zum politischen Vertrauen gern übersehen wird. Beziehungen, die auf der Basis von Vertrauen im Sinne von *fides* vollzogen werden, grenzen Freunde von Feinden ab und haben damit intrinsisch exklusionistische Tendenzen. Die durch Vertrauen oder Loyalität gekennzeichneten Bande mögen zwar in sich gewissen moralischen Prinzipien folgen und für alle Beteiligten eigene Formen der Verpflichtung nach sich ziehen, aber das darf nicht darüber hinwegtäuschen, dass ihr Zweck immer auch darin besteht, die auf diese Weise gewährleistete Kooperationsbereitschaft aggressiv nach außen zu kehren, um Gegner zu bezwingen. So beschriebene Freundschaften und Vertrauensbande folgen nach Adam Smith' *Theorie der ethischen Gefühle* dem Prinzip der »necessitudo«, welches, wie er weiter ausführt, »seiner Etymologie nach anzudeuten scheint, daß diese Anhänglichkeit durch die Notwendigkeit, die in der Situation liegt, dem Menschen auferlegt sei«. Und Smith differenziert diese Art der für den Überlebenskampf relevanten Freundschaft von anderen (moderneren) Arten, in denen es den daran Beteiligten einzig um eine gegenseitige Achtung (*esteem*) geht, die keiner »gezwungenen Sympathie« (*constrained sympathy*) entspringt.[178] Über diese ungezwungenen Freundschaften wird im letzten Abschnitt noch ausführlicher gesprochen werden. Hier geht es vorerst um einen anderen Punkt: Wenn im Kontext der Demokratisierung des Vertrauens von einer Gemeinwohlbezogenheit als impliziter Voraussetzung dieses Vertrauens die Rede ist, dann kann auch diese Rede gewisse exklusionistische Tendenzen des derart hergestellten Vertrauens nicht ausschließen. Dies zeigt sich immer dann besonders klar, wenn etwa der Versuch unternommen wird, das politische Gemeinwesen über einen erweiterten Freundschaftsbegriff zu definieren, dessen Merkmale dann in die Staatsbürgerschaftskonzeption integriert werden.[179] Die Grenzen dieses Vertrauens sind die

178 Smith, *Theorie der ethischen Gefühle*, a.a.O., S. 380f. (VI.2.1). Auch Aristoteles erwähnt in der *Nikomachischen Ethik* bekanntlich eine Freundschaft aus Nutzen, die er skeptisch kommentiert, siehe Buch VIII, 1156a.

179 So bei Allen, *Talking to Strangers*, a.a.O., Kap. 9.

Grenzen des erkennbaren Gemeinwohlbezugs oder auch die Grenzen der Staatsbürgerschaft. Das impliziert nicht zwangsläufig, dass die, die keine Staatsbürger sind, Feinde werden, aber doch, dass die Reichweite des Vertrauens immer dann, wenn sie sich über die *Ausdehnung* lokaler Kooperationsmuster begreift, begrenzt bleiben muss. Locke selbst hat bekanntlich in seiner Auseinandersetzung mit Filmer viel Wert darauf gelegt, politische Formen der Gewaltausübung von väterlichen oder familiären zu trennen (zum Beispiel in § 71 der zweiten Abhandlung). Politische Gemeinschaften in seinem Sinne sind von Anfang an konsensgebunden und können damit nie die alternativlose Unterwerfung fordern, die Eltern nach Locke von ihren unmündigen Kindern berechtigterweise verlangen. Sie sind also nicht als Ausdehnung zunächst bloß familiärer Solidaritätsbande zu verstehen. Dennoch ist ihre Bindungskraft offensichtlich auch bei Locke insofern begrenzt, als sie Zugehörigkeitskriterien formulieren (und Konsens – ob explizit oder schweigend – ist natürlich ein solches) und damit auch Ausschlüsse.[180] Auch sei daran erinnert, dass Locke nach Auffassung vieler Interpreten das juristische Instrument des *trusts* auf politische Zusammenhänge übertragen hat. Der *trust* aber ist ursprünglich ein Instrument des Privatrechts und strahlt von hier in andere Bereiche aus. Der englische Rechtshistoriker Frederick William Maitland hat in seinem klassischen Aufsatz (von 1904) »Trust and Corporation« ganz explizit von einer »publicistic extension« des Konzepts gesprochen.[181] In diesem Sinne ist auch Locke nicht frei vom Versuch einer Übersetzung privater oder lokal begrenzter Kooperationsmuster in weitläufigere Kontexte politischer Interaktion. Mehr noch, der Verzicht auf ein kontraktualistisches Vokabular zur Schilderung des Verhältnisses zwischen Bürgern und ihrer politischen Vertretung zehrt von der Annahme präkontraktueller Gemeinsam-

180 Stanley Cavell geht in einer interessanten Locke-Deutung davon aus, dass der *tacit consent* gar nicht dazu dient, vollwertige Mitgliedschaft zu kennzeichnen, sondern nur die Bereitschaft signalisiert, den Gesetzen des Landes zu gehorchen. Mitgliedschaft im starken Sinne des Wortes, also Mitgliedschaft, die alle relevanten politischen Rechte und Pflichten impliziert, muss demnach immer explizit sein, siehe *Cities of Words. Pedagogical Letters on a Register of the Moral Life*, Cambridge (Mass.), London 2005, S. 64.

181 Frederick W. Maitland, »Trust and Corporation«, in: ders., *State, Trust, and Corporation*, Cambridge 2003, S. 75-130 (hier S. 126). Am Ursprung des *trusts* sieht Maitland Fragen des familiären Erbschaftsrechts (ebd., S. 84).

keiten, die sich darin äußern, dass der, dem vertraut wird, nicht vom Vertrauen profitieren darf, sondern alle seine Entscheidungen auf das Gemeinwohl zuschneiden muss. Auch wenn folglich das Vertrauen nicht länger explizit Freunde von Feinden trennt, bleibt es beschränkt auf diejenigen, die mit uns eine Mitgliedschaft teilen und damit erst in die Verantwortungsgemeinschaft eintreten, welche das Vertrauen untereinander und zu den politischen Amtsträgern ermöglicht.[182] Diese anderen sind uns unter den Bedingungen komplexer Gesellschaften zwar häufig fremd, aber die Fremdheit wird genau dann nivelliert, wenn wir als Staatsbürger mit ihnen vereinigt werden und somit alle einen gemeinsamen Werthorizont teilen. Wie wir freilich erkennen, ob die anderen tatsächlich einen solchen Werthorizont mit uns teilen, bleibt eine offene (wenn man so will: erkenntnistheoretische) Flanke aller konsensorientierten Modelle politischer Legitimation. Es ist aber weiter oben darauf hingewiesen worden, dass eine Theorie des Vertrauens diese Frage nicht eindeutig klären muss, da einzelne Vertrauensakte, die sinnvoll als politisch beschrieben werden können, eine Praxis anrufen, deren geteilte Existenz sie zwar voraussetzen oder unterstellen, deren handlungswirksame Realität sie aber niemals garantiert bekommen. Sie sind, wenn man einen modischen Begriff verwenden will, wie unerfüllte Performative, sind Angebote, die angenommen werden können oder nicht, die aber in dieser latenten Einseitigkeit notwendig sind, um die Praxis überhaupt erst zu einer Praxis zu

182 Allan Silver schreibt Locke (allerdings ohne Textverweise) ein solches exklusivistisches Vertrauenskonzept zu; siehe »›Trust‹ in Social and Political Theory«, in: Gerald D. Suttles, Mayer N. Zald (Hg.), *The Challenge of Social Control. Citizenship and Institution Building in Modern Society*, Norwood 1985, S. 52-67 (hier S. 53 f.). Ich teile nicht Silvers These, wonach die »moderne« Befreiung des Freundschaftsverständnisses von seinen exkludierenden Zügen einen neuen zivilgesellschaftlichen Universalismus freigesetzt hat, der mit dem Universalismus der kapitalistischen Marktwirtschaft korreliert (Allan Silver, »Friendship in Commercial Society. Eighteenth-Century Social Theory and Modern Sociology«, in: *American Journal of Sociology* 95:6 [1990], S. 1474-1504 [hier S. 1481]). Wenn es bei Smith (*Theorie der ethischen Gefühle*, a. a. O., S. 382) heißt, achtungsbezogene Freundschaften müssen »nicht auf eine einzelne Person beschränkt werden, sondern [...] können, ohne dadurch beeinträchtigt zu werden, alle die weisen und tugendhaften Menschen umfassen, mit denen wir lange und innig bekannt gewesen sind«, eröffnet sich dadurch kein universalistisches Bindungspotenzial, sondern eines, das beschränkt bleibt auf die, »mit denen wir lange und innig bekannt gewesen sind«.

machen. Erneut wird damit deutlich, dass einzelne Akte die Praxis, von der sie doch zehren, immer auch konstituieren und modifizieren. Cavell schreibt, der Zweifel an der Existenz des politischen Konsenses, also im Lockeschen Sinne an der Legitimität und Existenz der Gesellschaft, lasse sich nie ganz ausräumen, und er nennt dies typisch für die Idee der Demokratie.[183] Die von mir vorgetragenen Überlegungen über Lockes Vertrauensbegriff bestätigen meiner Ansicht nach diesen Gedanken und hatten das Ziel, Lockes Verständnis des *fiduciary trust* mit Leben zu erfüllen, indem das von ihm entworfene System der politischen Repräsentanz in seiner Koppelung mit dem Gemeinwohlbegriff als säkulare Praxis begriffen wird. Dieser lässt sich nicht angemessen verstehen, wenn die einzelne Interessen transzendierende Dimension, die dieses Vertrauen (*fiduciary trust*) auf der Seite der politischen Repräsentanz strukturiert, übersehen wird – eine Dimension, die sich naturgemäß vielfältig institutionell und symbolisch repräsentieren lässt. Mehr noch, einem gewissen Verständnis von Institutionen nach stehen demokratische politische Institutionen geradezu für eine überindividuelle, Einzelinteressen transzendierende Macht, an die wir unter Umständen eher glauben oder der wir mehr Vertrauen entgegenbringen als dem Personal, das sie bevölkert.[184] Wie auch immer es sich damit verhält, wenn wir eine politische Vertrauenspraxis haben, vor deren Hintergrund einzelne Akte des Vertrauens möglich sein sollen, kann diese nur stabil bleiben, wenn sie als solche unabhängig von den Interessen, zu deren Befriedigung sie beiträgt, gerechtfertigt oder legitimiert werden kann. Die These lautet jedoch nicht, das sei noch einmal betont, dass demokratische Systeme in ihrer Realität zwangsläufig so funktionieren, sondern, dass sie dann, wenn Vertrauen in ihnen eine Rolle spielen soll, so funktionieren müssen. Auch in diesem Fall gibt es folglich Werte, die nur im Vertrauensakt zur Geltung kommen können. Wenn wir angeben müssen, um welche Werte es sich bei Locke handelt, werden wir den Wert der politischen Selbstbestimmung nennen müssen, der impliziert, dass wir dort eine Stimme haben, wo man sich auf unsere Stimme beruft.

183 Cavell, *Cities of Words*, a. a. O., S. 68.

184 Siehe Martin Hartmann, »Vertrauen«, in: Gerhard Göhler, Matthias Iser, Ina Kerner (Hg.), *Politische Theorie. 22 umkämpfte Begriffe zur Einführung*, Wiesbaden 2004, S. 385-401.

18. Die Übereinstimmung der Empfindungen: Smith

Ich habe im Verlauf dieses Buches an verschiedenen Stellen den Versuch unternommen, Vertrauenspraktiken zu kennzeichnen, die sich als Praktiken nicht stabil erhalten können, wenn die an ihnen beteiligten Akteure ihnen einzig in instrumenteller Absicht begegnen. Diese These konnte naturgemäß nicht empirisch verifiziert oder falsifiziert werden, auch wenn einige Details historischer Art auf den besonderen quasisakralen Charakter von Tugenden wie Treue, Wahrhaftigkeit und Vertrauenswürdigkeit hingewiesen haben. Darüber hinaus habe ich mit den vorangegangenen Überlegungen nicht historische Abläufe oder evolutionäre Stufen des Vertrauens beschreiben wollen. Es ging mir lediglich um historisch mehr oder weniger gut lokalisierbare Vertrauenspraktiken, die ihre spezifischen Züge nur unter Verweis auf die größeren kulturellen, sozialen und politischen Zusammenhänge gewinnen, in denen sie angesiedelt sind. Die Annahme, die meine Rekonstruktion verschiedener Vertrauenspraktiken geleitet hat, besagt, dass uns bestimmte vertrauensvolle Einstellungen nur vor dem Hintergrund gegebener oder sich entwickelnder kultureller, politischer oder sozialer Praktiken möglich sind. Diese Annahme darf aber nicht konventionalistisch missverstanden werden. Selbst wenn, wie im Falle Lockes, die Theorie die Bausteine einer (demokratisierten) Vertrauenspraxis liefert, kann sie in sich keine Garantien für die erfolgreiche Umsetzung der zunächst nur theoretisch gewonnenen Einsichten zur Verfügung stellen. Schon im Rahmen der Theorie selbst keimt die Frage auf, inwieweit die Subjekte erkennen können, ob je andere Subjekte der Praxis zugehören, die ein bestimmtes Vertrauen möglich macht (sind sie Mitglieder der politischen Gemeinschaft, haben sie sich konsensuell gebunden?), so dass sich in einzelnen Vertrauensakten immer wieder die Frage stellt, ob die Praxis, auf deren Vorhandensein man setzt, tatsächlich vorhanden ist oder allgemein akzeptiert wird. Die Praxis ist eine stets fragile Praxis, die als solche nur in wiederholten Akten reziproken Vertrauens hergestellt und erneuert werden kann. Darin liegt die Performativität und eben auch die Fragilität individueller Vertrauensakte.

Denn die Praxis, auf die jemand setzt, wird erst zu einer solchen durch ihre Akzeptanz im anderen, der das Angebot oder die Unterstellung ihrer Existenz annimmt. Dort, wo sich prinzipiell keine Praxis reziproken Vertrauens unterstellen lässt, stellt sich die Frage des Vertrauens nicht mit großer Dringlichkeit. Genau damit wird die Ebene angesprochen, die im Zusammenhang mit Locke implizit als Grenze des Praxisansatzes gedeutet wurde. Die Atheisten, deren Tolerierung Locke ablehnt, stehen gleichsam außerhalb der Praxis, innerhalb derer Vertrauen überhaupt thematisch werden kann. Ihnen kann grundsätzlich nicht getraut werden, ihr Wort steht grundsätzlich auf tönernen Füßen. Aber auch derjenige, der die Existenz Gottes nicht leugnet, ist keinesfalls automatisch vertrauenswürdig, denn auch er wird unter bestimmten Umständen von seinen Leidenschaften angetrieben und folgt dem Augenblicksgefühl. Es ist also weniger seine Freiheit als seine Unfreiheit, die ihn in seiner potenziellen Vertrauenswürdigkeit gefährdet. Aber solange er die Existenz Gottes nicht leugnet, kann er als Teil einer Vertrauenspraxis verstanden werden, an der andere (Gläubige) ihrerseits sinnvoll teilnehmen können.

Die implizite Grenze des Praxismodells zeigt sich auch in theoretischen Kontexten, in denen anstelle von Praktiken zum Beispiel von Institutionen die Rede ist. Nehmen wir an, es gibt Institutionen, die auf Wahrhaftigkeit, Vertrauenswürdigkeit und vielleicht sogar auf Gerechtigkeit beruhen. Wir sprechen vom »Ethos« dieser Institutionen. Wir vertrauen Fremden, so heißt es dann, wenn wir davon ausgehen können, dass sie im gleichen institutionellen Kontext agieren wie wir. So etwa Claus Offe: »Unter der Einwirkung solcher Institutionen vertraue ich anderen nicht deswegen, weil ich sie ›kenne‹ und mich eine geteilte Interaktionsgeschichte mit ihnen verbindet, sondern einfach deswegen, weil ich davon ausgehen kann, dass sie im gleichen institutionellen Regime zu Hause sind.«[185] Das erkenntnistheoretische Problem, das sich in diesem

185 Claus Offe, »Wie können wir unseren Mitbürgern vertrauen?«, in: Hartmann/Offe (Hg.), *Vertrauen*, a.a.O., S. 241-294 (hier S. 278). In der englischen Fassung, die der deutschen Fassung zugrunde liegt, formuliert Offe anders: »Daher bedeutet ›Institutionen vertrauen‹ etwas ganz anderes als ›meinem Nachbarn vertrauen‹: es bedeutet, die Werte und Lebensform, die eine Institution verkörpert, zu kennen und anzuerkennen und aus dieser Anerkennung die Annahme *abzuleiten* [*deriving*], dass diese Vorstellung einer hinreichend großen Zahl von

Zusammenhang stellt, nämlich, warum ich »davon ausgehen« kann, dass andere in dem gleichen institutionellen Regime zu Hause sind wie ich, bleibt ungelöst, was wiederum insofern ein Problem darstellt, als dass sich die Relevanz dieser Frage für die Vertrauensthematik nicht leicht von der Hand weisen lässt. Die Antwort entscheidet schließlich darüber, wem ich vertrauen kann und wem nicht (was das *in concreto* heißt, bleibt in vielen Texten der politischen Philosophie ebenfalls unklar), das heißt, sie entscheidet über Innen und Außen, über zugehörig und nichtzugehörig, über fremd und weniger fremd. Aber wie auch immer diese Frage zu beantworten ist, sie zielt auf eine Grenze des Vertrauens und definiert diese Grenze in diesem Fall nicht über religiöse, sondern über institutionelle Zugehörigkeit. Will man in methodisch unzulässiger Weise funktionalistisches Vokabular verwenden, müsste man sagen, dass Institutionen (eines bestimmten *Ethos*) die Rolle übernehmen, die Gott bei Locke spielte, nämlich die Rolle des letzten oder höchsten Garanten für Vertrauenswürdigkeit.

18.1 Marktvertrauen

Ich möchte mich nun auf die Grenzziehungen konzentrieren, die häufig eher auf unausgesprochene Weise mit Praxis- und auch mit Institutionenmodellen des Vertrauens verbunden sind. Zu Lockes Zeiten hatte sich neben dem Modell des politischen Vertrauens noch ein weiteres Vertrauensmodell herauskristallisiert, und zwar eines, das in seiner Reichweite sogar über das demokratisierte Vertrauen der Politik hinausgeht. Gemeint ist dasjenige Vertrauen, das wir entwickeln oder über das wir verfügen müssen, wenn wir auf Märkten mit Fremden interagieren, und das im Folgenden als ökonomisches Vertrauen oder Marktvertrauen bezeichnet werden soll. Zwar verwirklicht sich auch dieses Vertrauen im Rahmen einer Praxis, die sich in zunächst lokalen Kontexten entwickelt, aber deren

Leuten hinreichend einleuchtet, um sie zur dauerhaften Unsterstützung dieser Institution zu motivieren [...].« Siehe Claus Offe, »How Can We Trust Our Fellow Citizens?«, in: Mark Warren (Hg.), *Democracy and Trust*, Cambridge 1999, S. 42-87 (hier S. 70, Hervorhebung M.H.). Wie genau diese »Ableitung« (von meiner Anerkennung bestimmter Werte auf die Anerkennung anderer) zu verstehen ist, bleibt mir unklar.

Reichweite ist bald schon ungleich größer als die der Praxis eines politischen Vertrauens, die in der Regel an ein wie auch immer begrenztes Gemeinwesen gebunden bleibt. Abgesehen davon gibt es aber durchaus eine Parallele zwischen diesen beiden Vertrauenspraktiken. Beide zehren nämlich in ihrer modernen Form von der Aufweichung der stärker exklusivistischen und auch herrschaftszentrierten Loyalitätsbeziehungen, die wir am Beispiel der *Fides*-Kultur kursorisch skizziert haben. Das Vertrauen zu anderen Marktteilnehmern ebenso wie das Vertrauen zu anderen Mitbürgern besitzt als solches eine stärker egalitäre Struktur, weil die Fremden, mit denen man es im Kontext des politischen Gemeinwesens oder auch der sich ausweitenden ökonomischen Transaktionen zu tun hat, nicht mehr prinzipiell als Feinde angesehen werden müssen, gegen die Loyalitätsbande zu knüpfen sind. Noch das feudalistische Herrschaftsmuster beruht auf treuebasierten Lehensbeziehungen, in deren Rahmen die Vasallen zwar einzelne, vom Herrn verliehene Rechte und Privilegien für sich beanspruchen können, insgesamt aber doch der Ehre dieses Herrn zu Diensten sein müssen, dessen Herrschaft zu erhalten ist.[186] In dem Maße nun, in dem die kapitalistische Warenwirtschaft sich entwickelt, entwickelt sich auch ein *ziviles* Selbstverständigungsmuster, das die Möglichkeit eines deutlich erweiterten Vertrauensrahmens eröffnet, der nicht länger von mehr oder weniger exklusiven Patronage- oder Klientelgefolgschaften und sekundärem Ehrerwerb abhängig ist. Vor dem Hintergrund dieser Transformation kommt es zu einer Demokratisierung sozialen Wohlwollens oder sozialer Kooperation, die sich auf verschiedene kulturell verankerte Handlungsmuster auswirkt. Vereinfacht formuliert: Wo sich Kooperationsmöglichkeiten ergeben, die über den engen Rahmen tradierter, häufig auch ständisch imprägnierter Gefolgschaftsbeziehungen hinausgehen, muss zunächst ein gewandeltes Verständnis von Intersubjektivität entwickelt werden, durch das ein Vertrauen zu Fremden erst an Realitätsgehalt gewinnt, durch das es also überhaupt erst, mit Taylor gesprochen, »ontisch« zu verwirklichen ist.[187]

Es kann hier naturgemäß nicht um eine ausführliche Beschreibung der kulturellen, religiösen, politischen und ökonomischen

186 Siehe Max Weber, *Wirtschaft und Gesellschaft*, Tübingen 1972, S. 625 ff., insb. S. 650.

187 Taylor, *A Secular Age*, a. a. O., S. 162 f. (dt. S. 281).

Einflüsse gehen, die diese Entwicklung bedingt haben. Wesentlich für meine Überlegungen ist nur, die Demokratisierung des Wohlwollens oder der Kooperation, auf die eben angespielt wurde, als ein Phänomen zu betrachten, das die Entfaltung der kapitalistischen Marktwirtschaft begleitet oder sogar (in den Augen mancher Interpreten) erst möglich gemacht hat. Wenn auch, wie sich zeigen wird, mit Blick auf marktförmige Interaktionen nicht gleich von *wohlwollender* Kooperation die Rede sein muss, geht es doch in jedem Fall darum, den anderen, mit dem ich zunächst nicht vertraut bin, als ein Kooperationswesen ernst zu nehmen, das mir auf eine auch für mich vorteilhafte Weise begegnet. Die Voraussetzungen dafür sind in dem Augenblick geschaffen, in dem sich der Bereich des eigeninteressierten Handelns auf das marktförmige Handeln zusammenzieht und damit einen Bereich weitgehend interessefreier Freundschaft und Privatheit freigibt, in dem sich die Subjekte unter Entlastung von herrschafts- und ehrorientierten Standeskämpfen begegnen können. Hume hat diese Differenz von eigeninteressiertem und uneigennützigem Handeln klar markiert: »Wenn aber ein [...] eigennütziger Verkehr der Menschen [*self-interested commerce*] beginnt und dazu gelangt, in der Gesellschaft sich einzubürgern [*begins to dominate*], so vernichtet er doch nicht ganz den großmütigeren und edleren Austausch der Freundschaft und Freundschaftsdienste. Ich kann den Menschen, die ich liebe und die ich näher kenne, immer noch Dienste leisten, ohne irgendwelche Aussicht auf einen Vorteil«.[188] Es ist in gewisser Weise die Verlagerung einer eigeninteressierten Perspektive in Märkte hinein, welche die Freundschaftsbande von der *necessitudo* befreit. Zwar hat es immer schon einen abendländischen Freundschaftsdiskurs gegeben, in dessen Rahmen es selbstverständlich war, die absolute Uneigennützigkeit der Begegnung hervorzuheben, aber mit der Ausdifferenzierung einer ökonomischen Handlungssphäre im 17. und 18. Jahrhundert entsteht eine mehr oder weniger eigenständige soziale Intimsphäre, in der nun nicht nur eine dünne, von unmittelbaren ökonomischen Reproduktionszwängen entlastete Aristokratie die Begegnung von Gleich zu Gleich zelebrieren kann, sondern auch ein Bürgertum, das sich Schritt für Schritt aus den Zwängen feudaler Abhängigkeit befreit. Dass der eigennützige

188 Hume, *A Treatise of Human Nature*, a. a. O., S. 521 (III.2.5) (dt. S. 269 [Bd. 2]).

Verkehr der Menschen seinerseits »ohne tatsächliche freundliche Gesinnung« auskommt, wie Hume im gleichen Abschnitt formuliert, darf nicht darüber hinwegtäuschen, dass dieser Austausch nur möglich wird, weil die Subjekte über das Vermögen verfügen, die Perspektive des anderen so weit einzunehmen oder zu übernehmen, dass sie darin statt feindlicher nun kooperative Absichten erkennen können. Mehr noch, dieses Vermögen der Perspektivübernahme, das auch den Bereich ökonomischer Transaktionen unter Fremden gestaltet, entfaltet sich im Bereich der von unmittelbaren ökonomischen Reproduktionszwängen sowie von Status- und Konkurrenzfragen entlasteten Privatsphäre und strahlt von hier auf andere, stärker eigennützig strukturierte Interaktionssphären aus. In dem Maße nämlich, in dem die Subjekte einander nahestehen und einen parallelen Erfahrungsraum teilen, fällt ihnen der Prozess der Perspektivübernahme leichter und kann folglich auch leichter als psychologische Disposition etabliert werden, die über den engen Rahmen der Privatsphäre hinaus Wirkung entfaltet.

18.2 *Rational choice*: Pro und Contra

In jüngster Zeit ist das Vermögen der Perspektivübernahme, von dem soeben die Rede war, immer wieder mit Adam Smith' Konzeption der Sympathie in Verbindung gebracht worden, weswegen ich auf diese Konzeption im Folgenden näher eingehen möchte. Zuvor jedoch wird es sinnvoll sein, noch einmal den Rahmen meiner Überlegungen abzustecken. Dies ist schon allein deswegen nötig, weil es mit Blick auf die Frage des Vertrauens in ökonomischen Interaktionen gegenwärtig zwei Positionen gibt, die sich konträr gegenüberstehen. Auf der einen Seite gibt es die Vertreter von *Rational-choice*-Theorien, die kein Problem damit haben, ökonomisches Handeln als mehr oder weniger vertrauensvoll zu kennzeichnen. Zentrale Annahmen dieser Position sind im Laufe dieser Arbeit schon an verschiedenen Stellen genannt worden. Vertrauen wird hier häufig als eine riskante kognitive Einstellung rational orientierter Subjekte beschrieben, die sich auf die kontingenten Handlungsmöglichkeiten anderer Subjekte richtet, mit denen man kooperieren will oder muss. Der Begriff »kognitiv« zeigt an, dass *Rational-choice*-Theorien Vertrauen auf Überzeugungen oder

Annahmen beruhen lassen, über die die Subjekte verfügen, was impliziert, dass Vertrauen hier weniger als eine Emotion begriffen wird. Diese Überzeugungen wiederum richten sich auf die kooperationsrelevanten Motive, Interessen oder Anreize, die ein anderer haben mag und die Auskunft über seine Vertrauenswürdigkeit geben. Spezifisch moralische Motive der Vertrauenswürdigkeit tauchen hingegen in *Rational-choice*-Theorien in der Regel nicht auf. Vertrauen wird zu einer kalkulierbaren Angelegenheit, was auch heißt, dass wir uns entscheiden können, anderen zu vertrauen oder nicht, je nachdem zu welchen Schlussfolgerungen wir in unserem Überlegungsprozess gekommen sind. »Vertrauen«, so schreibt etwa Piotr Sztompka, »ist eine Wette, die den zukünftigen kontingenten Handlungen der anderen gilt«.[189] Zum Wetten aber kann uns niemand zwingen.

Rational-choice-Modelle des Vertrauens sind, wie bereits erwähnt, in verschiedenen theoretischen Kontexten einflussreich und ihre Popularität lässt sich relativ leicht erklären. Zum einen bieten sie ein hilfreiches methodisches Instrumentarium, um Vertrauen unter Fremden zu beschreiben. Jeder, so scheint es, verfolgt mit seinem Handeln bestimmte Interessen, und viele, wenn nicht alle sind sich darüber im Klaren, dass sich die meisten ihrer Interessen nur mit Hilfe anderer befriedigen lassen.[190] Das Konzept des Interesses bietet also per se eine Art Brücke oder Verbindung, die all jene miteinander verbindet, die sonst wenig miteinander zu tun haben. Genau damit aber ergibt sich die Möglichkeit, über das Konzept des Interesses auch das Konzept des Vertrauens zu nutzen, um Kooperationsformen unter Bedingungen relativer Ungewissheit beschreiben zu können. Wir können denen vertrauen, die wir nicht oder kaum kennen, wenn wir genügend Anhaltspunkte dafür haben, dass es in ihrem Interesse ist, unser eigenes Interesse nicht zu schädigen, wenn wir also in der bereits erwähnten Formel von Russell Hardin Anhaltspunkte dafür haben, dass unser Interesse in das ihre eingeschlossen ist. Diese Art der reziproken interessebasierten Bezogenheit ist zugleich von starken moralischen

189 Piotr Sztompka, *Trust. A Sociological Theory*, Cambridge 1999, S. 25. Siehe zu diesem Abschnitt auch meine Einleitung zu Hartmann/Offe (Hg.), *Vertrauen*, a. a. O., S. 7-34.

190 Vgl. Hirschman, »The Concept of Interest: From Euphemism to Tautology«, a. a. O., S. 35-55.

Verpflichtungen entlastet, was als Vorteil empfunden wird, da moralische Erwägungen uns dazu zwingen könnten, unser Interesse anderen (uneigennützigen) Gesichtspunkten unterzuordnen, die uns auch ohne Bezug auf das Interesse gegebenenfalls bestimmte Formen des Handelns abverlangen. Das aber erscheint den Anhängern der *Rational-choice*-Theorie entweder als zu komplex, oder aber es heißt, dadurch werde schlicht die Realität des Handelns falsch wiedergegeben. Wenn diese Ansätze überhaupt Moral in ihre Konzeption integrieren, dann nur in einer wiederum eigeninteressierten Dimension: Zeigt sich, dass es in unserem Interesse ist, bestimmten Moralvorschriften Folge zu leisten (etwa weil wir sonst mir Sanktionen rechnen müssten), dann ist es geboten, moralisch zu handeln. Schließlich bietet das Konzept des Interesses die Möglichkeit, das Handeln in ganz unterschiedlichen institutionellen Kontexten zu erfassen. Zwar dient das marktförmige Handeln häufig als Paradigma für *Rational-choice*-Modelle, aber diese Modelle beanspruchen keinesfalls, nur für diesen engen Rahmen zu gelten. Wenn Kooperation lohnenswert ist, dann gilt das für alle Bereiche, in denen wir auf kooperative Akte anderer angewiesen sind. Und wenn der Bruch von Kooperation auf eine für die eigenen Interessen relevante Weise sanktioniert wird, dann gilt das für alle Bereiche, in denen es Instanzen gibt, die Sanktionen aussprechen und exekutieren können.

Auf der anderen Seite nun gibt es diejenige Position, der zufolge es überhaupt unangemessen ist, Vertrauen in der Perspektive von *Rational-choice*-Theorien zu thematisieren. Das, womit es diese Theorien zu tun haben, so lautet der Einwand, sollte anders genannt werden, denn Vertrauen ist kein Phänomen, das einer kalkulatorischen Kosten-Nutzen-Analyse entspringt. Auch diese Einwände sind hier bereits an verschiedenen Stellen erwähnt worden. Manche Autoren werfen *Rational-choice*-Modellen vor, schlicht den phänomenologischen Gehalt vertrauensvoller Einstellungen zu verfehlen, andere betonen den moralischen Charakter dieser Einstellungen und halten ihn für unentbehrlich, wieder andere gehen davon aus, dass vertrauensvolle Einstellungen wesentlich auf das Wohlwollen des anderen setzen und nicht nur auf sein Eigeninteresse. Die Kategorie des Sich-Verlassens-auf wird in diesem Kontext eingeführt, um Formen des intersubjektiven Austauschs zu benennen, die auf die Kategorie des Wohlwollens verzichten können.

Die Kritik an *Rational-choice*-Theorien des Vertrauens geht häufig einher mit der Annahme, wonach die Einstellung des Vertrauens vor allem in dichten Interaktionszusammenhängen zum Tragen kommt, also in Zusammenhängen, in denen die Akteure einander kennen oder, etwa in intimen Beziehungen, einander freundschaftlich beziehungsweise durch Liebe verbunden sind. Aber sie kann auch unabhängig davon auftreten, indem man bezweifelt, ob Institutionen oder Praktiken jeglicher Art stabil sein können, wenn die ihnen unterworfenen Akteure einzig in eigeninteressierter Orientierung handeln: »Ein solches System der Kooperation«, so etwa Rawls, »ist instabil: Jeder ist versucht, sich aus ihm zu verabschieden, wenn nur er meint, dass die anderen weitermachen. Da jeder von dieser Versuchung des je anderen weiß, besteht in Bezug auf das gegenseitige Vertrauen die Gefahr, dass es zusammenbricht.«[191]

18.3 Die normative Fundierung des ökonomischen Handelns: Die unsichtbare Hand und das Eigeninteresse

Wie geht man mit diesen differierenden Positionen um? Die offensichtliche Strategie, die Verwendungen des Vertrauensbegriffs zu pluralisieren und ihn auf konkrete Praktiken zu beziehen, um seine Plausibilität dann jeweils lokal zu prüfen, widerspricht den verabsolutierenden Tendenzen der einen wie der anderen Seite. Das aber ist natürlich kein Argument gegen eine solche Pluralisierung und ich habe im Verlauf dieses Buches zu zeigen versucht, dass tatsächlich vieles dafür spricht, Einstellungen des Vertrauens im Kontext konkreter Praktiken zu analysieren. Gleichwohl habe auch ich nicht mit einem solchen Pluralismus der Praktiken begonnen, sondern einen definitorischen Abschnitt an den Anfang gestellt, der in meinen Augen nötig war, um konkrete Praktiken der Kooperation überhaupt als Praktiken des Vertrauens zu identifizieren. Wie fruchtbar dieses definitorische Unterfangen sein kann, ist, so hoffe ich, deutlich geworden; nur zeigt sich an diesem Punkt meiner Überlegungen auch, dass es an seine Grenzen gelangt, wenn versucht wird, die Plausibilität anderer Definitionen zu prüfen, die wesentlich unter Bezug auf konkrete Praktiken gewonnen werden.

191 John Rawls, »The Sense of Justice«, in: ders., *Collected Papers*, Cambridge (Mass.), London 1999, S. 96-116 (hier S. 104).

Nehmen wir das Beispiel der *Rational-choice*-Theorie: Das Element des Wohlwollens etwa gehörte nicht zu den Bestandteilen meiner eigenen definitorischen Bemühungen. Ich gehe sogar davon aus, dass der von mir ins Spiel gebrachte Begriff der Rücksichtnahme gut vereinbar ist mit Hardins Modell der »eingeschlossenen« Interessen, denn dieses Modell impliziert ja, dass der, mit dem ich kooperieren will, meine Interessen berücksichtigt. Auch neige ich dazu, Vertrauen nicht als eine emotionale Einstellung zu betrachten. Und schließlich habe ich behauptet, dass es bestimmte Handlungskontexte gibt, in denen es möglich ist, die Gründe, die man hat, anderen zu vertrauen, zur Grundlage einer Entscheidung zu machen, die dann die Gründe praktisch macht oder praktisch sättigt. Es sieht also so aus, als tendierte meine Position in manchen Hinsichten zur *Rational-chocie*-Theorie. Andererseits habe ich Zweifel an der Entmoralisierung des Vertrauensphänomens und ich habe in Frage gestellt, dass Praktiken des Vertrauens als solche stabil bleiben können, wenn sie einzig auf eigeninteressierten Orientierungen der Akteure beruhen. In diesen beiden Hinsichten bin ich auf der Seite der Kritiker der *Rational-choice*-Ansätze.

Nun sollte mein Definitionsangebot einerseits zwar offen genug sein, um für konkrete Variationen Platz zu haben, andererseits aber auch eine gewisse theoretische Schärfe besitzen, um das Vertrauen von seinen gelegentlich recht verschwommenen Konturen zu befreien. Diesen zweiten Anspruch kann ich nur einlösen, wenn ich zeigen kann, dass die Praxis des marktförmigen Handelns ihrerseits nicht vollständig entnormativiert ist und dass auch sie als Praxis für intrinsisch wertvoll gehalten werden kann, also als unentbehrlich für die Verwirklichung von Werten, die wir nur im Rahmen der Praxis selbst verwirklichen können. Dieser letzte Punkt muss zwangsläufig paradox erscheinen, da die Werte, denen wir uns als rationale Akteure verpflichtet fühlen, gar nicht unabhängig von den instrumentellen Interessen gedeutet werden können, die wir als Wirtschaftssubjekte verfolgen. Welchen Wert, der nicht schon mit dem Nutzen der daran beteiligten Subjekte verbunden wäre, könnte diese Praxis haben? Gibt es, mit anderen Worten, eine Ebene, auf der wir den ökonomischen Austausch, an dem wir beteiligt sind, auch unabhängig von unseren Interessen für wertvoll halten? Das hieße im Übrigen nicht, dass unsere Interessen im Rahmen dieser Praxis nicht verwirklicht werden dürfen, aber es heißt, dass mit dieser Verwirklichung weitere Werte verknüpft sind, die nicht in der rationalen Perspektive des Nutzenmaximierers aufgehen. Wenn es diese Werte gibt, könnten wir sagen, dass wir jenseits der rein eigeninteressierten Motive an ökonomischen Transaktionen weitere Motive haben, diese Praxis zu stützen. Mehr noch, wir könnten sagen, dass die instrumentelle Perspektive nur stabil verwirklicht werden kann, wenn sie die Praxis, in deren Rahmen sie verwirklicht wird, nicht allein definiert.

Die Aufgabe, die damit umschrieben ist, läuft darauf hinaus, das anzugeben, was Hans Joas einmal als »wertmäßige-kulturelle Fundierung« des wirtschaftlichen Handelns bezeichnet hat.[192] Es ist wichtig, auf diesem Punkt zu beharren, denn er markiert eine Differenz zu Ansätzen, die die Perspektive der Nutzenmaximierung kritisieren, indem sie den Nachweis einer Vielzahl von Handlungsmotiven erbringen, die unabhängig vom Eigeninteresse existieren oder in ihren Konsequenzen sogar dem Eigeninteresse zuwiderlaufen. Diesen Ansätzen geht es offensichtlich darum, den Absolutheitsanspruch der *Rational-choice*-Perspektive zu unterminieren, und zwar durch den Verweis auf die Vielfalt menschlicher Motivmuster. Wie steht es also um Phänomene wie Gier, Neid, Wut, Aggression, Schüchternheit, Wagemut, Verliebtheit, Panik, Gedankenlosigkeit, Zügellosigkeit, Ressentiment, Aufgeregtheit etc.? Wie fügen sie sich in den Rahmen der *Rational-choice*-Theorie ein? Unter Bezug auf einzelne der vermeintlich klassischen Autoren wirtschaftsliberaler Provenienz (Smith, Hume, Ferguson, Steuart) wird dann gezeigt, dass diese sich stets der Pluralität menschlicher Motive bewusst waren und niemals im Sinn hatten, an diesem Punkt reduktionistisch zu verfahren. Behauptet jemand, Wohlwollen, Großzügigkeit oder Nächstenliebe ließen sich doch auf das Vergnügen beziehen, das man bei derartigen Handlungen empfinde oder hingen mit dem guten Ruf zusammen, den man durch solche Taten zu erlangen hoffe, antworten die Kritiker, dass man zwar so reden könne, dabei aber, so Hume, die »Dinge nicht bei ihrem richtigen Namen« nenne.[193]

192 Hans Joas, *Die Kreativität des Handelns*, Frankfurt/M. 1992, S. 67.

193 David Hume, »Über Würde und Gemeinheit der menschlichen Natur«, in: ders., *Politische und ökonomische Essays*, Hamburg 1988, Bd. 1, S. 86-93 (hier S. 92). Zu diesem Abschnitt siehe auch Stephen Holmes, *Passions and Constraint. On the Theory of Liberal Democracy*, Chicago 1995, S. 42-68 (das Kapitel trägt die Überschrift »The Secret History of Self-Interest«).

Vor dem Hintergrund dieser Kritik erweisen sich selbstlose oder uneigennützige Handlungen als real, denn sie lassen sich nicht als kaschierte Formen der Selbstsucht begreifen. Der Pluralismus der Handlungsmotive ist ein echter Pluralismus: Weder entspringt jedes Handeln rationaler Kalkulation, noch ist jedes Handeln im engeren Sinne selbstzentriert.

Dieser moralpsychologische Pluralismus kann sicherlich als Korrektiv gegen einseitige oder verabsolutierende Perspektiven der *Rational-choice*-Theorie herangezogen werden, aber er läuft Gefahr, das Konzept des Eigeninteresses aus dem Blick zu verlieren, oder gar untergründig als Maßstab für die Beurteilung und Beschreibung alternativer Handlungsmotivationen zu dienen. Daher muss der Versuch unternommen werden, die Perspektive des Eigeninteresses nicht einfach als anthropologische Konstante vorauszusetzen, sondern sie ihrerseits noch einmal zu kontextualisieren und auf praktische Handlungszusammenhänge zu beziehen, in denen sie Relevanz gewonnen und, wenn man es pragmatistisch formulieren will, den Status einer problemlösenden Instanz angenommen hat (Hirschmans berühmte Studie über *Leidenschaften und Interessen* bietet für ein solches Verfahren sicherlich das beste Anschauungsmaterial).[194] Wird diese Kontextualisierung vorgenommen, zeigt sich schnell, dass die Auszeichnung eigeninteressierten Handelns, die im Kern dem wirtschaftlichen Handeln zugesprochen wird, stets in einen größeren evaluativen Rahmen eingebettet ist, der durch das eigeninteressierte Handeln gestärkt wird. Wir können also davon ausgehen, dass es Werte gibt, die durch eigeninteressiertes Handeln gestützt oder verwirklicht werden, ohne dass diese Werte auf den Wert, den dieses Handeln selbst impliziert, reduziert werden können. Grundlegende Werte wie Freiheit, Gleichheit oder sogar die Würde des Menschen sind in diesem Sinne als Rahmen wirtschaftlich eigeninteressierten Handelns genannt worden. Selbst Smith' »unsichtbare Hand« taucht im *Wohlstand der Nationen* in einem Kontext auf, in dem es um Kaufleute geht, die das Interesse der Gesellschaft dadurch fördern, dass sie ohne Blick auf das Gemeinwohl eigene Interessen verfolgen, und nicht dadurch, dass sie sich bewusst vornehmen, das Gemeinwohl zu fördern. Was dort als das Interesse der Gesellschaft oder als »public interest« bezeichnet wird,

194 Albert O. Hirschman, *Leidenschaften und Interessen. Politische Begründungen des Kapitalismus vor seinem Sieg*, Frankfurt/M. 1987.

ist auslegungsbedürftig und kann hier nicht abschließend geklärt werden; nimmt man aber an, dass damit ein Zustand der Gesellschaft gemeint ist, der einzelne in die Lage versetzt, den von ihnen als wertvoll empfundenen Zielen besser nachzugehen, als wenn es diesen Zustand nicht gäbe, dann wird dieser Zustand offensichtlich als wertvoll gekennzeichnet, ohne in seiner normativen Struktur auf die in ihm sich verwirklichenden Einzelinteressen und die in ihnen wiederum zur Geltung kommenden Interessen reduziert zu werden.

Ich will an dieser Stelle näher auf das Argument der unsichtbaren Hand eingehen. Der Zusammenhang des Arguments ist zunächst ein rein ökonomischer, da es um die Frage geht, ob Einfuhrbeschränkungen für Güter sinnvoll sind, die im Lande selbst hergestellt werden können. Ich zitiere ausführlicher:

> Wenn daher jeder einzelne soviel wie nur möglich danach trachtet, sein Kapital zur Unterstützung der einheimischen Erwerbstätigkeit einzusetzen und dadurch so lenkt, daß ihr Ertrag den höchsten Wertzuwachs erwarten läßt, dann bemüht sich auch jeder einzelne ganz zwangsläufig, daß das Volkseinkommen im Jahr so groß wie möglich werden wird. Tatsächlich fördert er in der Regel nicht bewußt das Allgemeinwohl, noch weiß er, wie hoch der eigene Beitrag ist. Wenn er es vorzieht, die nationale Wirtschaft anstatt die ausländische zu unterstützen, denkt er eigentlich nur an die eigene Sicherheit [...]. Und er wird in diesem wie auch in vielen anderen Fällen von einer unsichtbaren Hand geleitet, um einen Zweck zu fördern, den zu erfüllen er in keiner Weise beabsichtigt hat. Auch für das Land selbst ist es keineswegs immer das schlechteste, daß der einzelne ein solches Ziel nicht bewußt anstrebt, ja, gerade dadurch, daß er das eigene Interesse verfolgt, fördert er häufig das der Gesellschaft nachhaltiger, als wenn er wirklich beabsichtigt, es zu tun.[195]

Genau genommen richtet sich das Argument der unsichtbaren Hand an eine politische Legislative, die sich vergegenwärtigen soll, dass sie ihre eigenen Aufgaben, nämlich in erster Linie die Förderung des Gemeinwohls, nur dann erfüllen kann, wenn sie den einzelnen Kaufleuten erlaubt, das ihnen zur Verfügung stehende Kapital nach *eigenem* Gutdünken einzusetzen. Wie Emma Rothschild in ihrer brillanten Analyse gezeigt hat, steht dieser Gedanke in seinen Implikationen durchaus in einem spannungsvollen Ver-

195 Adam Smith, *Der Wohlstand der Nationen*, München [10]2003, S. 371 (IV.2).

hältnis zu vielen anderen Einsichten Smith', weswegen sie an der Ernsthaftigkeit des Arguments zweifelt und ihm einzig eine gewisse rhetorische Kraft zuspricht.[196] So impliziert es ein Unvermögen der individuellen Akteure, die kollektiven Konsequenzen ihres eigenen Tuns zu durchschauen. Sie sind letztlich blind für die Gesamtzusammenhänge ihres Handelns, stehen aber einer Macht gegenüber, die genau diese Zusammenhänge durchschaut (Rothschild nennt sie »Theorie«) und die folglich dazu tendiert, Gesellschaft in paternalistischer Weise zu organisieren (wenn auch vorgeblich zum Wohl aller Gesellschaftsmitglieder). Genau diese Weisheit der Wenigen aber will Smith mit dem Argument der unsichtbaren Hand in Frage stellen, und zwar selbst auf die Gefahr hin, einer ihrer Fürsprecher zu werden. Wird diese Gefahr gebannt, bleibt als wesentlicher Punkt des Arguments die Kritik an einer politischen und bürokratischen Heteronomisierung ökonomischer Einzelentscheidungen, die offensichtlich gespeist ist von einem Ideal menschlicher Freiheit oder Autonomie, das wesentlich das Vermögen individueller und, wenn man so will, demokratisch verteilter Urteilskraft und Reflexionstätigkeit beinhaltet. In seinen postum veröffentlichten *Lectures on Jurisprudence* kritisiert Smith denn auch Lockes Theorie des *tacit consent*, indem er darauf hinweist, dass diejenigen, die dem ursprünglichen Vertrag zur Bildung politischer Institutionen nicht zustimmen können (etwa weil sie nachgeboren sind), keine Verpflichtungen gegenüber diesen Institutionen haben, selbst wenn sie weiterhin im Land leben. Sie sind sich der ursprünglich getroffenen Entscheidungen nicht bewusst und können deswegen nicht zur Loyalität verpflichtet werden: »Die Grundlage einer Verpflichtung kann nicht ein Grundsatz sein, mit dem die Menschen gänzlich unvertraut sind. Sie müssen eine wenn auch nur verworrene Idee des Grundsatzes haben, nach welchem sie handeln.«[197] Abgesehen von den Einschränkungen und Modifikationen lässt sich Smith' Argument der unsichtbaren Hand im Kern so verstehen, dass es eine von wirtschaftspolitischen Eingriffen weitgehend befreite Sphäre der Verfolgung individueller Eigeninteressen empfiehlt, weil angenommen wird, dass die Einzelsubjekte für sich genom-

196 Emma Rothschild, *Economic Sentiments. Adam Smith, Condorcet, and the Enlightenment*, Cambridge (Mass.), London 2001, Kap. 5.

197 Adam Smith, *Lectures on Jurisprudence*, Indianapolis 1982, S. 403 (dt. *Vorlesungen über Rechts- und Staatswissenschaften*, Sankt Augustin 1996, S. 44 f.).

men rational genug sind, um Entscheidungen zu treffen, die dem Gemeinwohl zuträglich sind. Die Subjekte müssen dieses Gemeinwohl zwar nicht explizit im Blick haben, aber es muss auch nicht ausgeschlossen werden, dass sie ein Gespür für die positiven gemeinwohlförderlichen Konsequenzen ihres Handelns haben. Sieht man sich den größeren Argumentationskontext an, in dem die Figur der unsichtbaren Hand auftaucht, zeigt sich diese Aufwertung individueller Urteilskraft ganz deutlich. Wie erwähnt, hegt Smith Zweifel am Sinn von staatlich auferlegten Einfuhrbeschränkungen für ausländische Güter, die auch auf dem heimischen Markt produziert werden. Diese Unterstützung des Binnenmarktes ergibt sich auch, so Smith, wenn man den einzelnen Kaufmann autonom seine Entscheidungen treffen lässt. Und hier kommt die Kategorie des Vertrauens ins Spiel: Jeder Großhändler nämlich bevorzugt »den Binnen- gegenüber dem Außenhandel in Konsumgütern und diesen wiederum gegenüber dem Fracht- und Zwischenhandel«, weil er darauf bedacht ist, sein Kapital im Auge zu behalten, weil er also lieber mit denen Handel treibt, die gleichsam in Reichweite sind und in Reichweite bleiben: »Persönlichkeit und wirtschaftliche Lage der Geschäftspartner, denen er sein Kapital anvertraut, vermag er weitaus besser zu beurteilen, und sollte ihn dennoch jemand betrügen, so besitzt er genauere Kenntnis der Landesgesetze, mit deren Hilfe er den Schaden zu beheben suchen muß.«[198] Selbst wenn die hier angesprochene Urteilskraft gleichsam lokal bleibt und *als* lokale aufgewertet wird, ist nicht einzusehen, warum ein über den lokalen Rahmen hinausgehendes Denken prinzipiell ausgeschlossen werden sollte. »Die Eigenschaften«, so heißt es in der *Theorie der ethischen Gefühle*, »welche für uns selbst die nützlichsten sind, sind vor allem überlegener Verstand und hervorragende Vernunft, die uns befähigen, auch die entfernteren Folgen aller unserer Handlungen zu erkennen«.[199] Angesichts dieser Annahmen wäre es geradezu skurril, wollte Smith behaupten, das Gemeinwohl lasse sich nie direkt als Absicht in den Rahmen individueller Motivationsmuster aufnehmen. Für das Land sei es »keineswegs immer das schlechteste, daß der einzelne ein solches Ziel [das Gemeinwohl] nicht bewußt anstrebt« – das ist durchaus eine vorsichtige Formulierung, die eher gegen diejenigen gerichtet ist, die so tun, als

198 Smith, *Der Wohlstand der Nationen*, a.a.O., S. 369 (IV.2).
199 Smith, *Theorie der ethischen Gefühle*, a.a.O., S. 323 (IV.2).

würden sie in *allen* ihren Handlungen *ausschließlich* das Gemeinwohl im Blick haben und sonst nichts, während sie doch in Wirklichkeit ihren privaten Interessen nachgehen. Eigeninteresse und Gemeinwohl lassen sich verbinden, wenn sich Ersteres als solches bekennt und wenn der, der Letzteres zu fördern vorgibt, nicht dazu übergeht, das eigene Wissen als privilegierten Schlüssel zum Wissen um das Gemeinwohl zu betrachten. So kommt es darauf an, den einzelnen Akteuren das Vermögen zuzusprechen, in wie auch immer bewusster Weise ihre individuelle ökonomische Autonomie als Verwirklichungsbedingung für ihre moralische Autonomie zu betrachten, die sich vor allem in ihrer Urteilskraft und in ihrer Fähigkeit zur klugen Voraussicht manifestiert, eine Fähigkeit, die, das sei an dieser Stelle nur erwähnt, auch der unparteiische Beobachter, der in der *Theorie der ethischen Gefühle* auftritt, vollständig gutheißt. Wird das rationale Interesse, das sich im wirtschaftlichen Handeln ausdrückt, in diesen Deutungsrahmen gestellt, also schon in seiner theoretischen Begründung als Träger bestimmter Werte erfasst, dann ist es im Rahmen einer derart begründeten Praxis möglich, diese Werte (Freiheit, Autonomie) als intrinsisch wertvoll zu betrachten und ökonomische Freiheit auch dann zu verteidigen, wenn sie den eigenen Interessen gerade nicht entgegenkommt (und das tut sie bekanntlich keinesfalls immer).

Wir sind es gewohnt, »Interesse« als antagonistischen Begriff zu fassen, wir stellen das eine Interesse gegen das andere oder sogar, mit Marx gesprochen, die eine Klasse gegen die andere. An einer solchen Deutung ist sicherlich nichts falsch, und es ließe sich leicht zeigen, dass Smith diese antagonistischen Züge nicht angemessen thematisiert, was dann zu einer gelegentlich idealisierenden Lesart seines Modells liberaler Freiheit führt.[200] Dennoch ist es sinnvoll, auch die koordinationswirksame Dimension von Interessen hervorzuheben, wenn es darum geht, das Phänomen des Marktvertrauens einzugrenzen. Nur so auch kann es gelingen, die Bedingungen zu spezifizieren, unter denen ein solches Vertrauen nicht mehr möglich ist, weil die Bedingungen der egalitären Verfolgung eigener Interessen gestört sind. Ich habe weiter oben bereits auf diesen egalitären Zug des Interesses hingewiesen. Er wird noch deutlicher, wenn man sich in Erinnerung ruft, dass es lange Zeit

200 Siehe Rothschild, *Economic Sentiments*, a. a. O., S. 153-156; vgl. auch Joseph Cropsey, *Polity and Economy*, South Bend 2001, S. 152.

üblich war, den Interessenbegriff oder den Begriff der Selbstliebe dem »niederen« Volk vorzubehalten, während die oberen Schichten nur die Tugend oder das Gemeinwohl im Auge hatten. Die Demokratisierung des Interesses impliziert eine scharfe Desillusionierung, die die vermeintliche Selbstlosigkeit der Eliten betrifft. Sie gewinnt ihre Schärfe aber erst dann, wenn nicht nur eingeräumt wird, dass alle menschlichen Wesen Interessen haben, denen sie mehr oder weniger erfolgreich nachgehen, sondern zugleich, dass die Ansprüche, die aus diesen Interessen resultieren, *legitim* sind. Erst wenn dieser Schritt vollzogen ist, kann sich das egalisierende Potenzial des Interessenbegriffs voll entfalten, denn erst in diesem Augenblick steht er gegen Verhältnisse einseitiger Dominanz oder Herrschaft. Es sei erneut auf eine Stelle aus Smith' *Wohlstand der Nationen* verwiesen, um diesen Punkt zu belegen. Da ich wiederholt auf diese – berühmte – Stelle zurückkommen werde, sei sie schon hier ausführlicher zitiert:

> In einer zivilisierten Gesellschaft ist der Mensch ständig und in hohem Maße auf die Mitarbeit und die Hilfe anderer angewiesen, doch reicht sein ganzes Leben gerade aus, um die Freundschaft des einen oder anderen zu gewinnen. Fast jedes Tier ist völlig unabhängig und selbständig, sobald es ausgewachsen ist, und braucht in seiner natürlichen Umgebung nicht die Unterstützung anderer. Dagegen ist der Mensch fast immer auf Hilfe angewiesen, wobei er jedoch kaum erwarten kann, daß er sie allein durch das Wohlwollen [*benevolence*] der Mitmenschen erhalten wird. Er wird sein Ziel wahrscheinlich viel eher erreichen, wenn er deren Eigenliebe [*self-love*] zu seinen Gunsten zu nutzen versteht, indem er ihnen zeigt, daß es in ihrem eigenen Interesse liegt, das für ihn zu tun, was er von ihnen wünscht. Jeder, der einem anderen irgendeinen Tausch anbietet, schlägt vor [*proposes*]: Gib mir, was ich wünsche, und du bekommst, was du benötigst. [...] Nicht vom Wohlwollen des Metzgers, Brauers und Bäckers erwarten wir das, was wir zum Essen brauchen, sondern davon, daß sie ihre eigenen Interessen wahrnehmen. Wir wenden uns nicht an ihre Menschen- sondern an ihre Eigenliebe, und wir erwähnen nicht die eigenen Bedürfnisse, sondern sprechen von ihrem Vorteil. Niemand möchte weitgehend vom Wohlwollen seiner Mitmenschen abhängen, außer einem Bettler.[201]

Der Begriff des Wohlwollens steht hier für ein Handeln, das von eigenen Interessen absieht. Wenn der Bettler an das Wohlwollen sei-

201 Smith, *Der Wohlstand der Nationen*, a. a. O., S. 16 f. (I.2).

ner Mitmenschen appelliert, geht er nicht davon aus, dass das, was er von ihnen verlangt, in ihrem Interesse ist, weil er ihnen nichts im Tausch dafür anbieten kann. Genau deswegen befindet er sich in einer Position der Schwäche und der äußersten Ungleichheit. Ihm fehlen die Mittel, um die legitimen Interessen des anderen zu befriedigen oder auch nur zu respektieren. Zwar kann er versuchen, seine eigenen Bedürfnisse durch Betteln zu befriedigen, und es mag sogar sein, dass der, den er um etwas bittet, eine gewisse Verpflichtung hat, dieser Bitte nachzukommen (tut er es, gilt sein Handeln auf jeden Fall als tugendhaft), aber worauf es Smith an dieser Stelle vor allem ankommt, ist die Abhängigkeit, in die der Bettler gerät, wenn er einzig auf das Wohlwollen des anderen setzt. Vom Wohlwollen anderer abhängig sein, heißt hier offenbar, die eigenen Bedürfnisse in den Mittelpunkt zu stellen, ohne gleichzeitig in der Lage zu sein, die Bedürfnisse des anderen zu berücksichtigen. Genau dadurch verliert der Bettler gewissermaßen ein Argument, das den anderen dazu bringen könnte, auf seine Bitte einzugehen, und gerät in dessen Abhängigkeit. Der Bettler sieht sich gezwungen, das Interesse des anderen zu übergehen und etabliert damit, so eigenartig das klingen mag, eine Asymmetrie zwischen sich und dem anderen, die er selbst gerne aufheben würde, wenn er nur könnte. Die Möglichkeit, an das Interesse des anderen zu appellieren, besitzt folglich eine egalisierende und eine symmetrisierende Tendenz. Wer keine Güter besitzt, die er anderen anbieten könnte, verliert damit die Mittel, die dazu dienen könnten, die Interessen des anderen zu respektieren.

Diese Darstellung der Situation mag zynisch erscheinen. Denn natürlich ist es nicht der Bettler, der eine Asymmetrie etabliert, vielmehr befindet er sich von vornherein in einer ungleichen Lage, die ihn nötigt, zu betteln. Was ihm fehlt, sind die Mittel, um diese ursprüngliche Asymmetrie auszugleichen. Es soll hier jedoch weniger um die Frage gehen, ob Smith im Rahmen seiner politischen Ökonomie Maßnahmen zur Vermeidung von Armut und äußerster Ungleichheit vorschlägt, sondern vielmehr um die These, wonach der Begriff des Interesses – in einem bestimmten Kontext eingeführt – dazu dient, potenzielle Asymmetrien zwischen den Akteuren einzuebnen oder gar nicht erst relevant werden zu lassen. Das Vermögen, auf die Interessen des anderen einzugehen, kann allerdings nur dann eine egalisierende Wirkung entfalten, wenn man über Mittel verfügt, die nötig sind, um das Interesse des anderen zu reizen oder zu wecken. Wenn das der Fall ist, ist man, so Smith, unabhängiger von Laune und Willkür des anderen. Man hat Smith' Konzeption der kommerziellen Gesellschaft häufig mit einem Überredungsversuch verglichen, und Smith selbst erwähnt diesen Vergleich in seinen *Lectures on Jurisprudence*: Die Disposition, zu handeln (*trucking*), gründet sich auf die »natürliche Neigung eines jeden zur Überredung. Das Anbieten eines Schillings, das für uns eine einfache und schlichte Bedeutung hat, ist in Wirklichkeit das Anbieten eines Arguments, das überreden soll, zu tun, was im eigenen Interesse ist«.[202] Andere überreden zu müssen, impliziert, sie nicht zwingen zu dürfen und, worauf noch einzugehen sein wird, die Fähigkeit, ihre Lage oder Perspektive ernst zu nehmen und zu berücksichtigen. Das aber sind Eigenschaften, die auch im marktförmigen Tauschverhalten zum Tragen kommen, zumindest dann, wenn es egalitär und gerecht strukturiert ist. Sklaven, so Smith an einem Punkt seiner ökonomischen Lehre, muss man nicht überreden, denn man kann ihnen Befehle erteilen, weswegen die, die herrschen wollen, Sklaven als Arbeitskräfte den »freien Männern« vorziehen.[203] Was den Sklaven fehlt, ist das, was wir heute als Würde bezeichnen, und insofern ist die Rücksichtnahme auf die Interessen anderer ein Weg, diese Würde zu sichern oder zu respektieren. Wiederholt bezeichnet Smith die Regeln der Gerechtigkeit, die wesentlich darauf beruhen, anderen keinen Schmerz zuzufügen und alles zu unterlassen, was ihr Glück schmälern könnte, als heilig; auch das Eigentum, das jeder an seiner Arbeit besitzt, wird als »heilig und unverletzlich« bezeichnet.[204] Auch wenn es unangemessen wäre, in diese Äußerungen, in Anlehnung an Locke, ein religiös

202 Smith, *Lectures on Jurisprudence*, a.a.O., S. 352 (dieser Abschnitt von Smith' Vorlesungen ist nicht in der genannten deutschen Ausgabe enthalten); vgl. für die folgenden Überlegungen auch Samuel Fleischacker, *On Adam Smith's* Wealth of Nations. *A Philosophical Companion*, Princeton, Oxford 2004, S. 90-94; siehe auch James R. Otteson, *Adam Smith's Marketplace of Life*, Cambridge 2002, S. 92.

203 Smith, *Der Wohlstand der Nationen*, a.a.O., S. 319 (III.2).

204 Ebd., S. 106 (I.10); siehe weitere Belegstellen bei Charles L. Griswold, *Adam Smith and the Virtues of Enlightenment*, Cambridge 1999, S. 237. Bündig hält Griswold fest (S. 238): »Diese eindringliche Erklärung der Heiligkeit des Individuums ist das Herzstück von Smith' Moralphilosophie und politischer Ökonomie.«

fundiertes Naturrecht hineinzulesen, zeigen sie doch, dass selbst Smith die Aufwertung des individuellen Interesses nicht ohne eine religiöse Sprache erfassen kann, in der sich gleichsam das höchste Maß an Legitimität artikuliert. Die religiöse Sprache dient nicht länger dazu, das Individuum vor Gott zu erniedrigen oder »mönchische Tugenden« zu stützen, die uns aus der Gesellschaft hinausführen, unseren »Verstand verdummen, das Herz verhärten, die Phantasie trüben, das Gemüt verbittern«; sie schafft jetzt vielmehr die Grundlage für die Wertschätzung eigener Interessen, die wiederum als normative Grundlage für ein mehr oder weniger gleichberechtigtes wirtschaftliches Tauschhandeln gesehen werden kann.[205] Ohne diesen Respekt vor der Unverletzlichkeit des anderen kann es, daran lässt Smith keinen Zweifel, nicht nur kein Markthandeln geben, sondern auch keine Gesellschaft. Noch die »Räuber und Mörder« müssen sich wenigstens untereinander des Raubens und Mordens enthalten, wenn es eine Gesellschaft zwischen ihnen geben soll, und das heißt, dass sie im Zweifelsfall darauf verzichten müssen, ihre Interessen durchzusetzen.[206] Sie müssen also darauf vertrauen, dass die anderen verstanden haben, dass es keine Praxis, nicht einmal eine schlechte, zwischen ihnen geben kann, wenn sie nicht wissen, was nötig ist, um die Praxis als Praxis zu etablieren. Eine Staatserrichtung ist in diesem Sinne für ein Volk von Teufeln, die Verstand haben, nicht möglich.

Damit sind kursorisch einige der Wertprinzipien genannt worden (Freiheit, Gleichheit, Würde), die das eigeninteressierte Handeln rahmen und inspirieren. Selbst wenn man davon ausgeht, dass die ökonomischen Akteure in ihrem konkreten Handeln darauf verzichten können, diesen Prinzipien bewusst nachzugehen, wäre es zweifellos verkürzt, ihr Handeln auf das nackte Eigeninteresse zu reduzieren. Dieses Eigeninteresse ist vielmehr darauf angewiesen, will es sich ungestört verwirklichen, seine normativen Grundlagen intakt zu lassen, und das kann im Einzelfall heißen, auf die Durchsetzung dieser Interessen zu verzichten. Smith hat sogar noch weitere Rahmungen des wirtschaftlichen Handelns geliefert, deren genauer Status allerdings undeutlich bleibt. So wird der Wunsch, die eigenen Verhältnisse zu bessern, in der *Theorie der ethischen*

205 David Hume, *An Enquiry Concerning the Principles of Morals*, Oxford 1975, S. 270 (IX.1) (dt. S. 118 f.).

206 Smith, *Theorie der ethischen Gefühle*, a. a. O., S. 128 (II.2.3).

Gefühle auf die Eitelkeit (*vanity*) der Akteure bezogen, also auf den Wunsch, Gegenstand der Aufmerksamkeit und Billigung zu werden. Und diese Eitelkeit ist auch dann noch wirksam, wenn die wichtigsten materiellen Bedürfnisse längst befriedigt sind, sie treibt uns förmlich dazu an, Reichtum anzuhäufen, weil Reichtum über eine größere Sichtbarkeit verfügt als Armut.[207] Da die Art, wie andere uns sehen, für die Moralpsychologie Smith' eine große Rolle spielt, ist ein solches Motiv erwartungsgemäß auch im wirtschaftlichen Handeln vorhanden. Manche Autoren gehen so weit, das ökonomische Handeln an sich als Anerkennungsbeziehung zu begreifen, und ziehen damit sehr direkte Linien von der *Theorie der ethischen Gefühle* zum *Wohlstand der Nationen*.[208] Und doch ist eher unklar, ob Smith das Motiv der Eitelkeit wirklich als zentralen psychologischen Motor der kommerziellen Gesellschaft betrachtet. Im *Wohlstand der Nationen* ist es eher zurückgenommen und schon die *Theorie der ethischen Gefühle* unterscheidet die, die Lob begehren (die Eitlen), von denen, die Lob für Lobenswertes begehren (und denen gegenüber Missachtung ungerecht wäre).[209] Wie auch immer in diesem Punkt entschieden wird, in jedem Fall zeigt sich, dass das Phänomen des interessierten Handelns auch hier durchschossen ist von weiteren psychologischen Motiven, die nicht gut erläutert sind, wenn man sie einfach auf den Begriff des Interesses reduziert. Natürlich kann man sagen, es liege in unserem Interesse, von anderen anerkannt oder geachtet zu werden, aber diese Redeweise ist in den Fällen wenig hilfreich, in denen wir für das anerkannt werden wollen, was anerkennenswert ist, weil sie ignoriert, dass wir das, was wir für anerkennenswert halten, um seiner selbst willen tun, und uns daran erfreuen, wenn wir dann tatsächlich dafür anerkannt werden.

207 Ebd., S. 71 (I.3.2).

208 Stellvertretend Adam B. Seligman, *The Idea of Civil Society*, New York 1992, insb. S. 27.

209 Ebd., S. 514 f. (VII.2.4). Zur Diskussion der Eitelkeit vgl. Fleischacker, *On Adam Smith's* Wealth of Nations, a. a. O., Kap. 6. Skeptisch mit Blick auf die Vereinbarkeit von Ethik und Ökonomie bleibt Otteson, *Adam Smith's Marketplace of Life*, a. a. O., S. 195 f.

18.4 Elemente einer ökonomischen Vertrauenspraxis: Über Kredit und Kreditverlust

Was hat das alles mit Vertrauen zu tun? Nun, mein Ausgangspunkt war die Forderung, eine ökonomische Praxis zu beschreiben, die nicht aufgeht in der Verfolgung rationaler Interessen, da sie als Praxis in einem größeren Werthorizont steht, der sie stützt und normativ unterfüttert. Diesen Werthorizont habe ich unter Bezug auf Smith grob zu skizzieren versucht. Er ist wichtig, weil es ja darum geht, ökonomische Transaktionen als Vertrauenspraktiken zu beschreiben, und damit eine Perspektive erforderlich wird, die aufzeigt, wie im Kontext dieser Praktiken die Dimension des Eigeninteresses mit der Dimension einer intrinsischen Wertschätzung der Praxis selbst verknüpft werden kann. Der Begriff der Beschreibung, der damit erneut ins Spiel gebracht wird, soll auch an diesem Punkt davor schützen, jede Form des ökonomischen Austauschs als vertrauensvoll zu charakterisieren. Es geht darum, eine Praxis zu erfassen, die sinnvoll als vertrauensvoll beschrieben werden kann, das heißt, in deren Rahmen Einstellungen vertrauensvoller Art in Form einer zweiten Natur das eigene Handeln leiten können. Nicht jede ökonomische Praxis kann in diesem Sinne von Vertrauen zehren. Selbst mit Blick auf Smith ist erwähnt worden, dass nur eine *gerechte* Wirtschaftspraxis normativ legitim ist, wobei Gerechtigkeit weniger als distributive denn als kommutative Gerechtigkeit verstanden wird. Gerecht ist, wer Regeln, die Verletzungen verhindern sollen, nicht bricht, wer anderen mit Wohlwollen begegnet oder ihnen die Achtung entgegenbringt, die sie verdienen. Unternehmen beispielsweise, die danach trachten, eine Monopolstellung auf ihrem Markt zu erlangen, sind ungerecht, weil sie anderen die Möglichkeit nehmen, ebenfalls auf dem Markt tätig zu werden, und sie damit in eine nicht legitimierbare ungleiche Stellung bringen. Wirtschaftsakteure müssen einander nicht mögen oder gar lieben, aber sie müssen einander respektieren und davon absehen, einander zu verletzen, und dieses Müssen richtet sich vor allem auf den einzelnen, den letztlich das Unrecht trifft. Smith meint sogar, dass keine Gesellschaft zwischen solchen Menschen bestehen kann, »die jederzeit bereit sind, einander wechselseitig zu verletzen und zu beleidigen«. Demgegenüber kann es sehr wohl eine Gesellschaft »ohne gegenseitige Liebe und Zuneigung« geben.[210] Ich selbst habe es offen gelassen, ob es Gesellschaften geben kann, die in diesem Sinne ungerecht sind (die also habitualisierte Praktiken der reziproken Verletzung und Beleidigung kennen), und natürlich gibt es Praktiken des Austauschs, die sich noch nicht im Kontext einer Gesellschaft vollziehen. Was an dieser Stelle noch einmal deutlich wird, ist, dass der Begriff der Gesellschaft selbst kein neutraler Begriff ist. Wenn Smith von Gesellschaft (*society*) redet, meint er nicht nur ein Aggregat aus Individuen, die einander brauchen, um ihre je eigenen und nicht weiter abgeleiteten Interessen zu befriedigen; er meint eine Vereinigung von Individuen, die erst im sozialen Austausch mit anderen ihre Individualität entfalten können und folglich äußerst empfindsam sind für alle Formen des Handelns, die diesen Austausch betreffen. Dieses Interesse an Gesellschaft hat, wenn man so will, wenig mit dem rationalen Interesse an der Befriedigung der eigenen Bedürfnisse zu tun, wenn damit nur eine instrumentelle Haltung zu anderen impliziert ist. Adam Ferguson schreibt in seinem *Versuch über die Geschichte der bürgerlichen Gesellschaft*, das Wort Unglück (*misfortune*) habe »im Vergleich zu Beleidigung und Unrecht [*insult and wrong*] nur eine verhältnismäßig schwache Bedeutung«, und er meint damit, dass ein den Interessen des Einzelnen abträgliches Unglück schwächer wiegt als eine Beleidigung oder ein Unrecht, das diese Interessen vielleicht gar nicht primär berührt.[211] Jedes gerechte gemeinschaftliche oder kooperative Handeln – und dazu zählt auch jedes ökonomische Handeln – besitzt in diesem Sinne einen eigenständigen normativen Status, der das individuelle Interesse transzendiert oder rahmt. Wird jemand im Zuge einer ökonomischen Transaktion betrogen oder beleidigt, ist er folglich nicht nur als interessegeleitetes Wirtschaftssubjekt betroffen, sondern auch als Glied einer Kooperationsgemeinschaft, die nur dann stabil bleibt, wenn die an ihr beteiligten Subjekte einander mit Respekt und Achtung begegnen.[212]

Damit kann der Bogen zurück zum Vertrauen gespannt werden. Der Gerechte unterlässt es, andere zu beleidigen und zu

210 Smith, *Theorie der ethischen Gefühle*, a. a. O., S. 128 (II.2.3); siehe auch Griswold, *Adam Smith and the Virtues of Enlightenment*, a. a. O., S. 231.

211 Adam Ferguson, *Versuch über die Geschichte der bürgerlichen Gesellschaft*, Frankfurt/M. 1986, S. 138 (I.6).

212 Siehe Stephen Darwall, »Equal Dignity in Adam Smith«, in: *The Adam Smith Review* 1 (2004), S. 129-134, bes. S. 133.

verletzen. Gerechtigkeit ist damit eher eine Tugend, die sich im Unterlassen zeigt, so dass auch der gerecht sein kann, der nichts tut. Aber diese negative Tugend kann positive Effekte nach sich ziehen. Der Gerechte verzichtet auf ungerechtes Handeln, weil ihm daran gelegen ist, von anderen in einem günstigen Licht gesehen zu werden. Der »Lohn«, den er für gerechtes Verhalten erhält, ist das »Vertrauen und die Liebe derer, mit denen wir umgehen«.[213] An diesem Vertrauen ist ihm insofern gelegen, als er sich als Glied einer Kooperationsgemeinschaft versteht, in der er sich als Individuum mit partikularen Interessen verwirklicht. Wie tief dieser Wunsch nach Anerkennung als Kooperationswesen verankert ist, wurde in den vorangegangenen Überlegungen bereits angedeutet. Wichtig ist in diesem Zusammenhang erneut der Hinweis darauf, dass Smith und auch andere Autoren der schottischen Aufklärung darauf verzichten, diesen Wunsch nach Anerkennung strategisch zu kontextualisieren. Wenn es uns wichtig ist, von anderen als aufrichtig oder gerecht angesehen zu werden, ließe sich der Schluss ziehen, Vertrauenswürdigkeit sei in unserem Interesse; gleichzeitig könnte der, der darüber nachdenkt, uns Vertrauen zu schenken, unser Bedürfnis nach Anerkennung »in Rechnung« stellen und so auf unsere Vertrauenswürdigkeit spekulieren. Mehr noch, selbst wenn er nicht weiß, ob wir ein aufrichtiger Charakter sind, weil er uns nicht kennt, kann er sicher sein, dass uns an einem guten Ruf gelegen ist, weil dies ein tiefsitzender psychologischer Zug des Menschen ist. Indem wir ihm unser Vertrauen zu erkennen geben, wecken wir gleichsam in ihm den Wunsch, dieses Vertrauen nicht zu enttäuschen, um so einen guten Ruf zu etablieren.[214] Es darf nun nicht weiter überraschen, dass ich dieser Rekonstruktion des Vertrauens nicht folgen kann, weil sie in verallgemeinerter Form zu einer instabilen Vertrauenspraxis führt (will man überhaupt von Vertrauen reden) und darüber hinaus die Motive des Vertrauens und der Vertrauenswürdigkeit reduktionistisch beschreibt. Smith und auch Ferguson machen immer wieder deutlich, dass es so

213 Smith, *Theorie der ethischen Gefühle*, a. a. O., S. 252 (III.5). Smith' Differenzen zur zivilrepublikanischen Tradition erläutert Christopher J. Berry, »Adam Smith and the Virtues of Commerce«, in: John W. Chapman/William A. Galston (Hg.), *Virtue*, Nomos XXXIV, New York, London 1992, S. 69-88.

214 Ich gebe hier die Position Philip Pettits wieder: »The Cunning of Trust«, in: *Philosophy and Public Affairs* 24 (1995), S. 202-225.

etwas wie eine genuine »freundschaftliche Veranlagung« (*amicable disposition*) im Menschen gibt (Ferguson), die zwar kultiviert werden oder Gegenstand von Erziehung sein muss, die sich aber gerade unter den Bedingungen moderner Gesellschaften verallgemeinern kann, weil die wachsende Notwendigkeit, mit Fremden zu interagieren, ohne die Bereitschaft, im anderen kooperative Motive auszumachen, nicht praktisch werden kann. In dem Maße, in dem es gelungen ist, auch im wirtschaftlichen Handeln eine Kultur der Aufrichtigkeit zu etablieren, müssen die Subjekte in ihrem konkreten Handeln nicht permanent die sozial zuträglichen Effekte ihrer Aufrichtigkeit vor Augen haben, um vertrauensvoll zu agieren. Sie können ihren subjektiven Interessen nachgehen und müssen nicht unentwegt aus einer »Rücksicht auf die Erhaltung der Gesellschaft« oder aus einer »Anteilnahme für das allgemeine Gesellschaftsinteresse« heraus handeln.[215] Aber wenn sie ihren Interessen mit Erfolg nachgehen, zehren sie von einer Praxis, die es ihnen erst als solche möglich macht, genau das zu tun. Diese Praxis ist nicht immer schon vorhanden, auch wenn sie auf Anlagen beruht, die der Mensch mitbringt; sie muss geschaffen und stabilisiert werden, das heißt, sie muss gelehrt werden und sie gewinnt erst infolge dessen an Selbstverständlichkeit. Dass wir die Rücksicht auf die Erhaltung der Gesellschaft nicht immer vor Augen haben, heißt nicht, dass sie keine Bedeutung hat, sondern, dass sie gleichsam in unsere reaktiven Haltungen integriert ist, durch die wir uns als Wesen, die auf Kooperation setzen, zu erkennen geben.

Wie eine vertrauensvolle ökonomische Praxis genau aussehen soll, ist vielleicht noch nicht hinreichend klar, aber dass Vertrauen im Kontext entstehender kapitalistischer Gesellschaften relevant ist, dürfte unkontrovers sein und lässt sich an wirtschaftshistorischen Studien gut belegen. Diese können zudem zeigen, dass die Stabilisierung eines reziproken Vertrauens unter einander fremden Marktteilnehmern von Anfang an auf einer Verbindung von Eigeninteresse und stärker normativen Konzepten wie Ehre, Reputation oder Kreditwürdigkeit (in einem weiten Sinne des Wortes »Kredit«, der den Begriff der Glaubwürdigkeit umfasst) beruhte. Nur weil einzelne Akte des Vertrauens in einen größeren normativen Rah-

215 Das Zitat von Ferguson findet sich im *Versuch über die Geschichte der bürgerlichen Gesellschaft*, a. a. O., S. 141 (I.6); zu Smith siehe die *Theorie der ethischen Gefühle*, a. a. O., S. 134 f. (II.2.3).

men eingelassen sind, sind Krisen des Vertrauens zugleich Krisen des Sozialen. Ein Beispiel: Der Zusammenbruch des Tulpenhandels in den Niederlanden des frühen 17. Jahrhunderts, die so genannte »Tulpenmanie«, hat entgegen landläufiger Meinungen weniger eine ökonomische, denn eine soziale Krise ausgelöst. Rein ökonomisch gesehen hatte der Zusammenbruch des Tulpenhandels ungefähr die folgende Struktur: Tulpen gewannen Anfang des 17. Jahrhunderts in bestimmten Kreisen der niederländischen Gesellschaft den Status eines Luxusguts. Weil Tulpen nur zu bestimmten Zeiten des Jahres blühen, ging man bald dazu über, schon die Zwiebeln der Tulpen zu verkaufen, obgleich sie noch in der Erde steckten, mit der Folge, dass diese Zwiebeln immer stärker zum Spekulationsobjekt avancierten. Die Käufer bezahlten diese Zwiebeln jedoch nicht sofort, sondern versprachen häufig bloß, die Tulpen zu zahlen, wenn sie aus der Erde herausgeholt wurden, um sie an ihren endgültigen Bestimmungsort zu bringen. Auf diese Weise kamen viele Kaufverträge zustande, die auf beiden Seiten mit Risiken behaftet waren. Der Verkäufer musste darauf vertrauen, dass der Käufer seinen Vertrag erfüllte. Der Käufer wiederum musste darauf vertrauen, dass aus der gekauften Zwiebel die gewünschte oder versprochene Tulpenart wurde oder dass die Zwiebel gesund war. Als dann im Februar 1637 der Wert der Zwiebeln plötzlich schlagartig sank und die »Spekulationsblase« platzte, blieben viele Blumenhändler auf ihren Kaufverträgen sitzen, weil die potenziellen Käufer (wozu natürlich auch viele Zwischenhändler gehörten) sich weigerten, die in Aussicht gestellten hohen Summen zu zahlen. Genau dies löste eine Krise des Vertrauens und in ihrer Folge eine Krise des Sozialen aus, weil das Vermögen, Versprechen einzuhalten, offensichtlich weit über den ökonomischen Bereich hinaus von Bedeutung war. Wer nicht zahlen konnte oder wollte, verlor seine Glaubwürdigkeit (seinen »Kredit«) und genau damit auch seine Ehre. Auf Ehre und Glaubwürdigkeit beruhte aber das, was Anne Goldgar in ihrer Rekonstruktion der Ereignisse die »Kultur der sozialen Harmonie« nennt, die die Niederlande dieser Zeit kennzeichnete.[216]

216 Anne Goldgar, *Tulipmania. Money, Honor, and Knowledge in the Dutch Golden Age*, Chicago 2007, S. 296. Zwar gab es einzelne Gerichte, die den Tulpenhandel zu regulieren suchten, aber insgesamt, so Goldgar, blieb der Handel weitgehend unreguliert. Deswegen ist es sinnvoll, in diesem Zusammenhang von einem Problem des Vertrauens zu sprechen.

Der Handel mit Tulpen, wie der Handel überhaupt, war in ein evaluativ durchwirktes Netz von Werten eingelassen, deren allgemeine Akzeptanz dazu führte, dass Händler immer auch als Glieder einer Sozialgemeinschaft und nicht nur als isolierte Subjekte mit reinen Partikularinteressen gesehen wurden. Das nun massenhaft auftretende Phänomen gebrochener Verträge und Versprechen bedrohte die normativen Bande dieser Sozialgemeinschaft, was unter anderem dazu führte, dass ein ohnehin schon lange vorhandener kultureller (und teilweise religiöser) Diskurs der Kritik am Tulpenhandel erneuten Aufwind erhielt. Vergleichbar der römischen *Fides*-Göttin, verfügte auch die niederländische Kultur dieser Zeit über Mechanismen der Repräsentation intakter und, wie hinzugefügt werden muss, bedrohter sozialer Bande. Die Göttin Flora, die Gegenstand zahlreicher Gemälde und Darstellungen der Zeit ist, diente nicht nur dazu, die positiven und schönen Seiten des Tulpenhandels zu veranschaulichen, sie repräsentierte auch seine verführerischen und potenziell destruktiven Kräfte. Im Prinzip nämlich galt Flora als Hure, die den Ehrenkodex der niederländischen Gesellschaft gefährdete, weil sie die, die ihr erlagen, angeblich vom »rechten« Weg abbrachte. Finanzieller Bankrott und Hurerei wurden häufig, so Goldgar, parallelgeführt, weil beide Phänomene als Verrat an den sozialen Normen empfunden wurden. Wer sein Geld falsch eingesetzt hatte oder schlicht bankrott war, der hatte nicht nur ein ökonomisches Problem. Er wurde auch sozial isoliert und ausgegrenzt, weil er als Glied einer Gemeinschaft versagt hatte, die durch mehr oder weniger informelle normative Erwartungen zusammengehalten wurde. Die Ausgrenzung der »Ehrlosen« ging in einzelnen Fällen so weit, dass sie in Listen erfasst wurden, um identifizierbar zu sein, in anderen Ländern mussten sie sogar besondere Kleidung anlegen.[217]

Wenn hier nun allerdings mit Bezug auf dieses historische Beispiel von einer Gemeinschaft die Rede ist, die durch einen normativen Werthorizont integriert wird, taucht eine Frage auf, die schon im Zusammenhang mit Adam Smith' *Wohlstand der Nationen* erwähnt wurde. Anders als das politische Vertrauen besitzt das

217 Ebd., S. 282, S. 291. Dass der Umgang mit Geld auch gegenwärtig noch vielfältig symbolisch aufgeladen ist, zeigt eindrucksvoll Viviana Zelizer in *The Social Meaning of Money. Pin Money, Paychecks, Poor Relief and other Currencies*, New York 1995.

ökonomische Vertrauen einen potenziell universalen Charakter. Es ist nicht per se gebunden an eine wie auch immer überschaubare oder durch lokale Zugehörigkeitskriterien definierte Gemeinschaft von Akteuren. Wenn der Fremde nicht länger Freund oder Feind ist, sondern ihm gegenüber eine indifferente Haltung vorherrscht, lässt sich nicht ausschließen, dass man mit ihm Handel treiben kann. Manche Autoren sprechen folglich mit Blick auf Smith von einem »neuen Universalismus« in Zivil- und Marktgesellschaft, der durch den potenziell universalen Gehalt der auf Sympathie beruhenden Urteile möglich wird. Andere räumen zwar ein, dass Smith stets die begrenzte Reichweite sympathischer Einstellungen hervorgehoben hat, glauben aber, dass sein Modell der Marktgesellschaft einen »kommerziellen Kosmopolitismus« begründen kann, da es so etwas wie eine unsichtbare Hand auch im Bereich internationaler Handelsbeziehungen gibt. Die Individuen können sich in ihrem ökonomischen Handeln auf den begrenzten Rahmen lokaler Vertrauensgemeinschaften verlassen, erzielen aber dank der segensreichen Arbeit der unsichtbaren Hand in der Summe nationaler Kontakte einen für alle nützlichen Effekt auch ohne affektive Verbundenheit zueinander.[218] Um diesen Punkt zu klären, ist es offensichtlich nötig, mehr über den Begriff der Sympathie zu sagen, der hier eine entscheidende Rolle spielt. Gleichwohl lassen sich auf der Basis des bisher Gesagten schon zwei Aspekte erwähnen, die die vorgestellten Antwortvarianten als problematisch erscheinen lassen. Zum einen ist bereits darauf hingewiesen worden, dass Smith auch in seiner Wirtschaftstheorie davon ausgeht, dass die Urteilskraft der Akteure einen Lokalitätsindex besitzt, der besagt, dass diese Urteilskraft größer ist, wenn sie sich auf den Nahbereich des eigenen Handelns bezieht. Schon der Gesetzgeber, der etwa über Einfuhrbeschränkungen nachdenkt, um die heimische Produktion zu unterstützen, verliert in diesem Sinne an Urteilskompetenz, weil er den Vorgängen, die es zu bewerten und einzuschätzen gilt, zu fern oder zumindest ferner als die Akteure vor Ort steht. Die Rede von einem Universalismus der Zivilgesellschaft ist

218 Für die Formel vom »neuen Universalismus« siehe Silver, »Friendship in Commercial Society: Eighteenth-Century Social Theory and Modern Sociology«, a. a. O., S. 1481; für die Figur des »kommerziellen Kosmopolitismus« siehe Fonna Forman-Barzilai, »Adam Smith as Globalization Theorist«, in: *Critical Review* 14:4 (2000), S. 391-419.

also vorschnell oder zu undifferenziert. Auch die ökonomischen Akteure ziehen es vor, mit denen Handel zu treiben, die sie kennen oder von denen sie wissen, dass sie über einen guten Ruf verfügen, ein Sachverhalt, den wirtschaftshistorische Studien durchaus bestätigen.[219] Zum anderen und damit zusammenhängend: Wenn die Figur der unsichtbaren Hand schon im nationalen Rahmen problematisch ist, muss sie das noch viel stärker im internationalen Rahmen werden. In dem Maße nämlich, in dem sie mit einer Schwächung der individuellen Urteilskraft einhergeht und die Subjekte hinsichtlich der Wirkungen ihrer Intentionen gleichsam im Dunkeln lässt, verlieren diese genau die Kompetenzen, die zu schützen der *Wohlstand der Nationen* ausgezogen ist. Ohnehin ist unklar, inwieweit es vertretbar ist, die Verfolgung individueller Einzelinteressen mit dem Phänomenbereich nationaler Interessen parallel zu führen. Wie auch immer es sich aber damit verhält, es ist in jedem Fall offen, ob das Vertrauen, das in Kontexten wirtschaftlichen Handelns virulent wird, per se eine universalistische Reichweite hat.

18.5 *Sympathy*

An verschiedenen Stellen ist bereits angeklungen, dass Smith' Konzept der Sympathie an diesem Punkt Klärung verspricht. Schon vorher ist *sympathy* – allerdings eher im Vorübergehen – an zwei Stellen ins Spiel gebracht worden. Dort hieß es zum einen, das Vermögen, die Perspektive des anderen einzunehmen, sei nötig, um darin die für wirtschaftliches Handeln relevanten kooperativen Motive ausfindig zu machen, zum anderen, dass eigeninteressiertes Handeln die Zustimmung des unparteiischen Zuschauers findet, dessen Urteile in letzter Instanz auf Sympathie beruhen. Was den ersten Punkt betrifft, sei nur noch einmal an die Formulierung erinnert, die Smith im *Wohlstand der Nationen* verwendet. Wir hängen nicht, so heißt es, vom Wohlwollen des Metzgers, Brauers oder Bäckers ab, sondern davon, dass sie ihre Interessen wahrnehmen. Und weiter: »Wir wenden uns nicht an ihre Menschen-,

219 Vgl. für das frühneuzeitliche England Craig Muldrew, *The Economy of Obligation. The Culture of Credit and Social Relations in Early Modern England*, London 1998, S. 191 f.

sondern an ihre Eigenliebe [*self-love*], und wir erwähnen nicht die eigenen Bedürfnisse, sondern sprechen von ihrem Vorteil.« Wir versuchen also, von unserer Perspektive abzusehen, und bemühen uns zugleich darum, die Situation aus der Perspektive des anderen zu betrachten, indem wir ihn davon überzeugen wollen, dass der Handel, den wir mit ihm zu treiben beabsichtigen, in seinem Interesse ist oder seiner Eigenliebe entgegenkommt. Unsere eigenen Interessen verlieren wir dabei zwar nicht aus den Augen, aber wir artikulieren sie in Abstimmung mit den Interessen des anderen und versuchen folglich, nicht nur den anderen, sondern auch uns selbst aus seiner Perspektive zu sehen. Das ist nichts anderes als eine Umschreibung dessen, was Smith in der *Theorie der ethischen Gefühle* »Sympathie« nennt, was bedeutet, dass dieses Vermögen auch im Kontext ökonomischen Handelns relevant ist.[220] In Bezug auf den zweiten Punkt sei lediglich darauf hingewiesen, dass ein positives Urteil des unparteiischen Zuschauers in der Regel kollektiv habitualisierte Akzeptanzmuster impliziert, die für das beurteilte Verhalten als evaluativer Rahmen fungieren. Der Versuch, die Ethik des ökonomischen Handelns ausfindig zu machen, erzwingt gleichsam eine Instanz, die in sich den über die unmittelbare Befriedigung der Eigeninteressen hinausgehenden intrinsischen Wert der beurteilten Praxis repräsentiert. Diese Instanz ist der unparteiische Zuschauer, der nicht ohne Grund an einer vielzitierten Stelle als »Halbgott in unserer Brust« bezeichnet wird.[221]

Es ist unmöglich, Smith' Theorie der Sympathie an dieser Stelle in aller Ausführlichkeit zu würdigen. Ich möchte daher lediglich ihre wesentlichen Züge hervorheben. Ausgangspunkt kann dabei Smith' Formulierung vom »Mitgefühl mit jeder Art von Affekten« (*fellow-feeling with any passion whatever*) sein, die verdeutlichen soll, dass Sympathie nicht allein im engeren Sinne als Mitgefühl mit dem Leiden oder dem Kummer des anderen zu verstehen ist, sondern als Mitgefühl sowohl mit den positiven als auch mit den negativen Affekten.[222] Wir können qua Sympathie an den Freuden und an den Leiden anderer teilhaben, so dass die Sympathie selbst gleichsam affektiv neutral bleibt, weshalb sie häufig als psycholo-

220 Fleischacker, *On Adam Smith's* Wealth of Nations, a. a. O., S. 91; Charles L. Griswold, *Adam Smith and the Virtues of Enlightenment*, a. a. O., S. 297 f.

221 Smith, *Theorie der ethischen Gefühle*, a. a. O., S. 195 (III.2).

222 Ebd., S. 4 (I.1.1).

gischer »Mechanismus« der Perspektivübernahme betrachtet wird, eine Formel, auf die noch zurückzukommen sein wird.[223]

Was genau heißt nun Mitgefühl? Ziehen wir zur Erläuterung das Beispiel heran, das Smith selbst zu diesem Zweck wählt, auch wenn es ziemlich extrem ist. Es wird sich jedoch zeigen, dass gerade das Extreme an diesem Beispiel gut dazu geeignet ist, den spannungsreichen Charakter der Sympathie zu veranschaulichen. Hier das Beispiel: Stellen wir uns vor, unser eigener Bruder werde gefoltert. Wenn wir uns nicht in einer ähnlichen Lage befinden, gilt zweifellos, dass wir in völlig unterschiedlichen Erfahrungswelten leben. Diese existenzielle Separiertheit der Personen ist, sofern sie uns nötigt, nach Wegen der Herstellung von Gemeinsamkeiten zu suchen, der Ausgangspunkt der Überlegungen zur Sympathie. Um den intersubjektiven Graben zu überwinden, müssen wir uns vorstellen, »was wir selbst wohl in der gleichen Lage fühlen [*feel*] würden«, wozu, wie Smith weiter ausführt, Fantasie (*imagination*) nötig ist.[224] Smith spricht hier davon, dass wir uns auf diese Weise vorstellen, was *wir selbst* (*we ourselves*) in der gleichen Lage fühlen würden, denn nur einige Zeilen später wählt er eine Formulierung, in der es heißt, dass wir »erst dann, wenn wir mit dem Leidenden in der Phantasie den Platz tauschen, dazu gelangen, seine Gefühle nachzuempfinden« (*to be affected by what he feels*). *Prima facie* scheint es ein Unterschied zu sein, ob ich mir vorstelle, was ich oder was er in einer bestimmten Situation fühle beziehungsweise fühlen würde, denn es ist ja keinesfalls klar, dass wir in dieser Situation die gleichen Empfindungen hätten; mehr noch, es ist nicht klar, ob ich mir vorstellen *muss*, wir hätten die gleichen Empfindungen. Dennoch haben beide Formulierungen eine gewisse Berechtigung, und es ist gerade das extreme Folterbeispiel, das hier Aufschluss gibt. Einerseits steht nämlich außer Frage, dass ich niemals die gleichen Empfindungen in mir hervorrufen kann wie die, die mein Bruder durchlebt. Es bleibt eine Differenz, woran Smith auch gar keinen Zweifel lässt, wenn er davon spricht, dass unsere Empfindungen »der Art nach« schwächer sein werden als die seinen. Es bleibt uns also gar nichts anderes übrig als von uns selbst auszugehen, denn es wäre eine Illusion zu meinen, wir könnten wirklich gewissermaßen in die Haut des Bruders schlüpfen. Andererseits können wir uns

223 Siehe zum Beispiel Cropsey, *Polity and Economy*, a. a. O., S. 16 f.

224 Smith, *Theorie der ethischen Gefühle*, a. a. O., S. 2.

leicht ausmalen, dass wir in einer Foltersituation ähnliche intensive Schmerzen empfinden würden, so dass wir sagen können, dass wir seine Gefühle nachempfinden, indem wir uns vorstellen, was wir selbst in seiner Lage empfinden würden. Wir müssen zwar von uns selbst ausgehen, aber es gibt gewissermaßen Brücken, die von uns zum Bruder geschlagen werden können und bedingen, dass unsere Empfindungen »den seinigen nicht ganz unähnlich« sein werden. Wir sind in jedem Fall aufgefordert, und das dürfte eine der wesentlichen Pointen des Folterbeispiels sein, uns von uns wegzubewegen, was wir tun, indem wir uns »die Lage« vor Augen führen, in der er sich befindet. Die Richtung der Vorstellungskraft weist von mir weg, auch wenn ihr Ausgangspunkt meine eigene Subjektivität mit den ihr spezifischen Erfahrungen sein muss. Dass ich mir vorstellen soll, was ich in seiner Lage fühlen würde, dient als Formulierung gleichsam dazu, einer möglichen Vermessenheit der empfindenden oder vorstellenden Subjektivität Einhalt zu gebieten.

An dieser Stelle muß mehr über den Begriff der Lage oder Situation gesagt werden. Es hieß, Sympathie sei eine Art des Mitgefühls mit jeder Art von Affekten. Gegenstand der Sympathie sind also Gefühle, die wir beobachten oder uns vorstellen. Aber diese Gefühle stellen sich uns stets in Lagen oder Situationen dar und müssen von uns mit Bezug auf diese beurteilt werden. Explizit heißt es, Sympathie entspringe »nicht so sehr aus dem Anblick des Affektes, als vielmehr aus dem Anblick der Situation, die den Affekt auslöst«.[225] Smith hat eigentümlicherweise keine ausgearbeitete Theorie der Gefühle oder Affekte vorgelegt, aber aus den Details seiner Lehre lassen sich einige Schlussfolgerungen ziehen. Ich nenne vier Aspekte:

(a) Smith geht davon aus, dass Gefühle kausale Ursachen haben, die sich situativ erschließen lassen. Diese Ursachen können jedoch auch psychologischer Art sein, so dass sie nicht einfach an der je-

225 Ebd., S. 6. Smith spricht in der *Theorie der ethischen Gefühle* von Affekten (*passions*), Gemütsbewegungen/Gefühlen (*emotions*), Empfindungen/Gefühlen (*sentiments*), Gefühlen (*feelings*), Empfindungen (*sensations*) und Gemütsbewegungen/Neigungen (*affections*), aber es ist schwer auszumachen, ob Unterschiede zwischen diesen Begriffen bestehen (ich habe jeweils die Übersetzungen der deutschen Ausgabe vorangestellt). Schlussfolgerungen aus Smith' Verwendung des emotionalen Vokabulars zieht z. B. Griswold in seiner Studie *Adam Smith and the Virtues of Enlightenment*, a. a. O. Ich werde auf einige Aspekte dieser Problematik eingehen.

weiligen Situation von außen abzulesen sind. Jemand stellt sich beispielsweise vor, dass ein anderer ihn beleidigt hat, und reagiert empört. Als Beobachter können wir die Ursache nicht unbedingt sehen, so dass es an diesem Punkt nötig wird, in ein Gespräch mit dem anderen einzutreten, um besser zu verstehen, warum er das Gefühl empfindet: »Die erste Frage, die wir stellen, ist: ›Was ist dir widerfahren?‹«[226] Wenn wir diese Frage nicht direkt stellen können, können wir dennoch versuchen, uns vorzustellen, was ihm widerfahren sein mag. Die Vorstellungskraft impliziert ein narratives Vermögen, das darauf aus ist, so viel wie möglich über den anderen in Erfahrung zu bringen, um die Fähigkeit eigener Urteilskraft zu verbessern. Sie bedingt auf diese Weise einen realen oder inneren Dialog, der den Prozess der Dezentrierung der Subjektivität einleitet und so den Zuschauer aus sich selbst heraustreibt.

(b) Gefühle haben Urteilscharakter, sie reagieren nicht einfach nur auf Situationen, sondern bewerten sie. Nur deswegen können wir als Zuschauer, aber auch als affektiv Betroffene davon sprechen, dass Gefühle ihren Situationen angemessen oder unangemessen sind, wir können sie kritisieren und versuchen, sie an die Situation anzupassen. »Schicklich« ist ein Gefühl oder eine aus ihm hervorgehende Handlung, wenn Gefühl oder Handlung der Ursache oder dem Objekt angemessen sind, aus der sie hervorgehen oder auf das sie gerichtet sind. Grundlage des Urteils ist dabei der gelungene Versuch, die Gefühle des anderen in sich (annähernd) zu reproduzieren, um auf diese Weise über die gleiche Urteilsbasis zu verfügen wie der andere. Sympathie, daran sei erinnert, ist ein Mit-*Gefühl* mit jeder Art von Affekten. Aber nicht jedes Gefühl, das qua Vorstellungskraft in uns erzeugt wird, dient schon als Basis von Sympathie, da der Begriff der Sympathie bei Smith immer schon eine Übereinstimmung der Gefühle impliziert. Ich kann mir aber natürlich auch die Situation des anderen vor Augen führen und auf diese mit Gefühlen reagieren, die nicht mit denen übereinstimmen, die ich am anderen wahrnehme. In einem solchen Fall habe ich zwar versucht, mir die Situation des anderen auszumalen, und bin dabei auch erfolgreich gewesen, *aber ich sympathisiere nicht mit ihm.* Mit anderen Worten: Um überhaupt berechtigt zu sein, über die Gefühle des andere zu urteilen, muss ich mich darum

226 Smith, *Theorie der ethischen Gefühle*, a.a.O., S. 6 (I.1.1).

bemühen, seine Situation so angemessen wie nur möglich in mir zu reproduzieren, um dann auf der Basis der so in mir erzeugten Gefühle über die fremden Gefühle zu urteilen. Sympathie aber ist nur dann gegeben, wenn ich eine Kongruenz oder, wie Smith gelegentlich sagt, eine »Übereinstimmung« (*concord*) der Gefühle an mir konstatiere. Sympathie zeigt eine Gefühlsgemeinschaft an, aber Gefühle können auch dazu führen, dass Ego und Alter differieren und zu unterschiedlichen Beurteilungen einer Situation gelangen.

Wenn diese Interpretation richtig ist, erscheint es missverständlich, Sympathie als neutralen psychologischen Mechanismus zu deuten. Man verwechselt sie gewissermaßen mit dem Mechanismus der Vorstellungskraft, der in jedem Fall der Sympathie vorgelagert ist und der noch nicht anzeigt, ob ich die Gefühle des anderen gutheiße oder nicht. Sich vorzustellen, was der andere in einer Situation empfindet, impliziert noch nicht Sympathie! In diesem Sinne ist auch Darwalls These falsch, wonach der Folterknecht über das Vermögen der Empathie verfügen kann (Darwall transformiert Smith' Sympathielehre in eine Empathielehre), weil er versucht, sich in die Schmerzen des Opfers hineinzudenken, um etwa seine Techniken zu verbessern.[227] Zum einen geht es dem Folterknecht gar nicht um die Frage, ob die Gefühle, mit denen sein Opfer auf die Folter reagiert, der (Situation der) Folter angemessen sind. Er will nicht die Schicklichkeit der Gefühle des Opfers bewerten, um so gegebenenfalls eine von Sympathie getragene Gefühlsgemeinschaft herzustellen, die zugleich eine Urteilsgemeinschaft ist. Genau das aber ist es, was Smith' Sympathie leistet. Wo wir sympathisieren existiert eine Gefühls- und Urteilsgemeinschaft, die uns aneinander bindet. Zum anderen ist unklar, ob der Folterknecht tatsächlich in sich die gleichen Gefühle bewirken will wie die, die er seinem Opfer zuschreibt. Sich vorzustellen, wie man einem anderen Menschen Schmerzen zufügt, mag eine gewisse Vorstellungskraft erfordern, und vermutlich gibt es brutale Virtuosen auf diesem Gebiet. Aber da der Folterknecht nicht die Schicklichkeit der Reaktionen des Opfers auf die Folter beurteilen will, muss er auch nicht den Versuch unternehmen, die gleichen Gefühle in sich hervorzurufen, die er am Opfer vermutet. Er muss, wenn man so will, nicht vollstän-

227 Stephen Darwall, »Empathy, Sympathy, Care«, in: *Philosophical Studies* 89 (1998), S. 261-282; siehe auch Darwalls Buch *The Second Person Standpoint. Morality, Respect and Accountability*, Cambridge (Mass.), London 2006.

dig aus sich herausgehen, um ein guter Folterknecht zu sein, da es schon reicht, wenn er sich fragt, was der andere in der Situation der Folter empfindet. Ziel des Folterknechts ist es in der Regel nicht, sein Opfer in die moralische Gemeinschaft zu integrieren, sondern ihn daraus auszuschließen. In diesem Sinne ist es mehr als unwahrscheinlich, dass der Smithsche Zuschauer, der sich vorstellen soll, wie sein Bruder gefoltert wird, je mit dem Folterknecht sympathisieren könnte. Es gibt im Rahmen der Smithschen Lehre von Moral und Gerechtigkeit keinen Ort für eine Situation, in der Folter angemessen wäre. Das Vermögen der Sympathie ist folglich immer schon normativ aufgeladen und kann keinesfalls als bloß neutraler Einfühlungsmechanismus betrachtet werden. Mit anderen zu sympathisieren heißt, ihre Reaktionen auf eine Situation gutzuheißen.

Dieser normative Charakter der Sympathie zeigt sich auch noch an einem anderen Punkt. Darwall vermutet, dass es dem, der mit Empathie auf die Situation eines anderen reagiert, nicht zwangsläufig um dessen Wohl gehen muss. Auch das sollte das Beispiel mit dem Folterknecht zeigen, der sich ganz offensichtlich nicht um das Wohl des Gefolterten schert. Ich will nicht beurteilen, ob diese Beschreibung auf Situationen der Empathie zutrifft, sondern erneut fragen, ob Smith' Begriff der Sympathie damit erfasst wird. Kann dem, der mit Sympathie, das heißt mit kongruierenden Gefühlen auf die Gefühle eines anderen reagiert, das Wohl dieses anderen gleichgültig sein? Darwall schreibt: »Die Person, der wir Empathie entgegenbringen, kann sich hassen, kann sich wertlos fühlen und nichts weiter wollen als das Elend, von dem sie meint, das sie es absolut verdient.«[228] Darwalls Punkt ist, dass eine solche Person offenbar keinen Bezug zu ihrem eigenen Wohl hat, so dass auch der, der sich in ihre Perspektive hineinversetzt, dieses Wohl schlecht im Blick haben kann. Trotzdem kann er mit Empathie auf sie reagieren, also sich vorstellen, wie es ihr aus ihrer Sicht heraus geht. Sympathie im Smithschen Sinne aber erfordert ein Hineindenken in die Situation des anderen, dass dann gegebenenfalls ähnliche Emotionen hervorruft, die anschließend zu einem Angemessenheitsurteil führen. Aber warum sollte ich mir die Mühe machen, mich in die Situation des anderen hineinzudenken, wenn mir an dieser Person gar nichts liegt? Und was soll es heißen, mit Empa-

228 Ebd., S. 264.

thie etwa auf die Depressionen eines anderen zu reagieren, ohne in irgendeiner Weise Anteil am Los dieser Person zu nehmen? »Derjenige, der wenig Vergeltungsgefühl wegen des Unrechts empfindet, das ihm selbst zugefügt wird«, so Smith, »wird immer noch weniger Vergeltungsgefühl für das Unrecht empfinden, das anderen zugefügt wurde, und darum weniger geneigt sein, sie zu schützen oder zu rächen.« Eine »stumpfe Unempfindlichkeit« (*stupid insensibility*) gegenüber den Ereignissen des menschlichen Lebens zerstört, wie er an gleicher Stelle ausführt, die Aufmerksamkeit für das, was richtig und angemessen oder falsch und unangemessen ist.[229] Gefühle indizieren in diesem Sinne eine Teilnahme oder Anteilnahme am eigenen oder fremden Schicksal und liefern damit auch die Grundlage für alle möglichen Handlungsarten. Sie können diese Aufgabe aber nur erfüllen, wenn sie von einem Interesse am Schicksal des je anderen begleitet werden, das häufig erst die Voraussetzung für die Bereitschaft des Sich-Hineinversetzens in die Lage des anderen mit sich bringt. Nicht erst die Smithsche Sympathie, sondern bereits das Vermögen der Vorstellungskraft impliziert eine gewisse Anteilnahme am Los des anderen, auch wenn diese nicht darauf hinauslaufen muss, das Wohl des anderen fördern zu wollen. Selbst der Folterknecht ist vermutlich nicht unempfindlich gegenüber dem Los des von ihm Gefolterten, von dem er schließlich in der Regel (wenn auch nicht immer) etwas will (eine Aussage, ein Geständnis etc.). Er hat vielleicht sogar Vorstellungen davon, was angemessen ist und was nicht; er glaubt zum Beispiel tun zu müssen, was er tut, weil die Staatsräson das fordert; was ihm aber fehlt, ist die Bereitschaft, den anderen bei der Beantwortung der Frage nach dem Angemessenen hinzuzuziehen. Der, der mit anderen sympathisiert, kann genau das nicht tun; in mir die Gefühle zu erzeugen, die der andere empfindet, heißt auch, mein moralisches Urteilsvermögen um die Perspektive des anderen zu erweitern; ich weiß schließlich nicht von vornherein, ob ich ähnliche Gefühle haben werde, wie der andere sie hat, ob es mir also gelingen wird, die Differenz zwischen uns zu überwinden. Der Prozess der Sympathie ist offen wie ein echtes Gespräch, so dass man von einem dialogischen Charakter der Sympathie sprechen kann.

(c) Gefühle haben eine Handlungstendenz, sie treiben uns an,

229 Smith, *Theorie der ethischen Gefühle*, a. a. O., S. 413 (VI.3).

Dinge zu tun oder halten uns davon ab. Sie bewerten die Dinge für uns und helfen uns damit, unser Handeln zu orientieren.

(d) Eng verwandt damit ist der folgende Punkt. Warum überhaupt sind Gefühle die Basis unserer Schicklichkeitsurteile über Menschen? Wenn das unter (c) Gesagte plausibel ist, dann verraten Gefühle offensichtlich, wie wir handeln werden, so dass ihnen im Motivationshaushalt des Menschen eine zentrale Rolle zukommt. Da wir nach Smith andere vor allem unter Bezug auf ihr Handeln beurteilen, beurteilen wir über die Gefühle die Kräfte in ihnen, die das Handeln bestimmen. Gefühle manifestieren außerdem den Charakter einer Person, so dass sie nicht einfach nur als Reaktionen auf Situationen relevant sind, sondern auch als Bestandteile der Situation selbst berücksichtigt werden müssen. Ob eine affektive Reaktion angemessen oder unangemessen ist, hängt entsprechend auch an der Geschichte der Person selbst, die diese Gefühle hat, und da wir diese Geschichte als Zuschauer nicht in jedem Fall kennen, geschweige denn beobachten können, dienen Gefühle als Mittel narrativer Abkürzung. Wer mit übertriebenem Zorn auf eine unbedeutende Unachtsamkeit reagiert, hat vielleicht eine Geschichte beständiger Beleidigungen durchlaufen, die zu einer komplizierten Überempfindlichkeit führt. Der Zorn kann als Hinweis auf diese Geschichte verstanden werden, deren genauere Gestalt sich freilich nur aus der Antwort auf die Frage »Was ist dir widerfahren?« ergibt.

Ich fasse zusammen: Wenn wir mit den Gefühlen eines anderen sympathisieren, halten wir sie für der Situation angemessen, in der sie auftreten. Obgleich damit deutlich wird, dass Sympathie keineswegs als neutraler Mechanismus der Einfühlung verstanden werden kann, ist damit noch nicht gesagt, mit welchen Gefühlen wir sympathisieren werden. Spätestens an diesem Punkt könnte man die These vertreten, dass der Smithsche Sympathiebegriff einen formalen Charakter hat und damit gar nicht aus ist auf nähere Angaben über die Gehalte der Sympathie, aber schon ein schneller Blick auf Smith' Werk zeigt, wie falsch eine solche These wäre. Unsere imaginativ geleitete Sympathie folgt bestimmten natürlichen und sozialen Gesetzmäßigkeiten, durch die sie in bestimmte Bahnen gelenkt wird und bestimmte affektive Reaktionsmuster ausbildet. So akzeptiert sie beispielsweise, dass jeder zunächst an sein eigenes Glück denkt und erst dann an das Glück der anderen. Sie akzeptiert folglich das, was Smith als »natürlichen Hang« zur

Selbstliebe beschreibt.[230] Zugleich aber weiß jeder, der die affektiven Reaktionen eines anderen beobachtet und beurteilt, dass er sie von außen beobachtet und damit per se die Perspektive einer dritten Person an die Perspektive der ersten Person heranträgt, die auf diese Weise relativiert wird. Im Gegenzug ist auch jeder Handelnde selbst aufgefordert, sein Verhalten in dem Licht zu betrachten, das andere auf ihn werfen, um es entsprechend an die Erwartungen der anderen anzupassen. Dieses Hin und Her zwischen der Perspektive der ersten Person und der dritten Person ist es schließlich, das auf die Existenz des unparteiischen Beobachters verweist, der sowohl in den Reaktionen derjenigen, die ein Verhaltens beobachten, als auch in den Reaktionen der beobachteten Akteure präsent ist. Sich zu fragen, wie andere einen sehen, zeigt schon die Bereitschaft an, sich als einen unter anderen zu sehen und impliziert so eine Relativierung der eigenen Position samt der ihr natürlichen Selbstliebe. Sich andererseits in die Perspektive eines anderen hineindenken heißt nicht, diese als solche zu akzeptieren. Die geforderte situative Relativierung führt von Anfang an die Frage mit sich, wie *man* angemessen auf eine solche Situation oder Lage reagieren würde, und das heißt nicht nur, wie man selbst auf die Situation reagieren würde, sondern wie *jeder* auf diese Situation reagieren würde (jeder, der sich ausreichend in die Situation hineingedacht hat). Auch damit ist die Perspektive eines unparteiischen Zuschauers eingeführt, der ganz explizit die Aufgabe hat, den natürlichen Hang zur Selbstliebe zu korrigieren.

Insofern jeder von uns in sich die Instanz des unparteiischen Beobachters trägt, ist das Bild der Separiertheit der Individuen, das weiter oben gelegentlich herangezogen wurde, ergänzungsbedürftig. Wir sind immer schon Wesen, die Zugang zu ihrer Subjektivität nur über die Perspektive des Dritten erhalten. Sofern wir überhaupt in menschlicher Gesellschaft leben, sind wir nie wirklich isoliert, auch wenn es uns kaum möglich ist, je die gleich intensiven Gefühle zu haben: »Wäre es möglich, daß ein menschliches Wesen an einem einsamen Ort bis zum Mannesalter heranwachsen könnte ohne jede Gemeinschaft und Verbindung mit Angehörigen seiner Gattung, dann könnte es sich ebensowenig über seinen Charakter, über die Schicklichkeit oder Verwerflichkeit seiner Empfindungen

230 Ebd., S. 122 (II.2.2).

und seines Verhaltens Gedanken machen, als über die Schönheit oder Häßlichkeit seines eigenen Gesichts.«[231] Wir brauchen den Spiegel der anderen, so Smith weiter, um Zugang zu uns selbst zu erhalten. In einer Gesellschaft leben heißt hier genau das: Sich selbst immer schon durch die Augen der anderen wahrnehmen und sich an deren Urteil ausrichten. Der andere, der damit als unparteiischer Zuschauer das eigene Selbst bevölkert, ist damit keinesfalls eine Instanz, die ganz und gar unpersönlich und affektbefreit über den Dingen schwebt. Was wir für schicklich und unschicklich halten, hängt an dem sozialen und kulturellen Kontext, in den wir hineinsozialisiert worden sind. Mit anderen Worten: Der unparteiische Zuschauer ist immer noch ein involvierter Zuschauer, der in sich kollektive affektive Reaktionsmuster bündelt, die jeder Einzelne sich zu eigen macht, wenn er im Rahmen einer Gesellschaft lernt, wie auf bestimmte Situationen typischerweise reagiert wird. Er repräsentiert auf diese Weise das, was Smith die »allgemeinen Regeln der Sittlichkeit« (*general rules of morality*) nennt – Regeln, denen wir häufig habituell auch dann folgen können, wenn wir gerade nicht in der Lage sind, die Perspektive des anderen zu übernehmen.[232] Diese Regeln haben eine Geschichte, sie können revidiert werden, sie sind nicht so präzise formuliert, dass sie ihre eigenen Anwendungen wie am Leitfaden einer Kasuistik generieren und sie können Gegenstand erzieherischer Maßnahmen sein. Sie formulieren gleichsam einen Geltungsanspruch, den wir, um meine Formulierung aus dem ersten Teil wieder aufzugreifen, durch Schaffung einer gemeinsamen Praxis wiederholt bestätigen oder einlösen müssen. Solange wir davon ausgehen können, dass wir mit ähnlichen oder »übereinstimmenden« Empfindungen (*concurring sentiments*) auf ähnliche Situationen reagieren, können wir auch davon ausgehen, dass wir einer gemeinsamen Praxis folgen.[233] Gewiss kann es dennoch zu Spannungen zwischen dem Urteil des unparteiischen Zuschauers und den realen Reaktionen und Urteilen der eigenen Umgebung kommen. Der unparteiische Zuschauer kann versuchen, sich von aktuellen Mehrheitsmeinungen zu befreien. Aber wenn er das tut, tut er es nur »mit Furcht und Zögern«,

231 Ebd., S. 167 (III.1); vgl. auch Griswold, *Adam Smith and the Virtues of Enlightenment*, a. a. O., S. 105.

232 Smith, *Theorie der ethischen Gefühle*, a. a. O., S. 239 und S. 17 (III.4; I.1.3).

233 Ebd., S. 240 (III.4).

denn er weiß, dass die Autorität, auf die er sich in einer solchen Situation beruft, auch nur die Autorität sozial eingespielter Reaktionsmuster ist. Das Gewissen, das an diesem Punkt einen vereinsamten Zug zu gewinnen scheint, ist nur in dem Sinne einsam, in dem aus ihm eine Stimme spricht, die sich nicht länger darüber im Klaren ist, ob ihr eine reale Praxis entspricht, die sich aber an die Existenz dieser Praxis erinnert, der sie schließlich ihren Geltungsanspruch verdankt.[234]

Kantianisch inspirierte Autoren bekommen in der Regel an diesem Punkt Probleme mit Smith' Theorie der Moral, weil sie in ihren Augen einen zu konventionalistischen Einschlag bekommt oder weil ihnen eine Ausrichtung der Moral an Gefühlen zu brüchig und von allzu begrenzter Reichweite zu sein scheint. Es sei aber daran erinnert, dass Smith das Urteil des unparteiischen Beobachters durchaus Bedingungen unterwirft, die eine totale Bewertungswillkür verhindern. Zudem ist erwähnt worden, wie sehr die Smithsche Moral eine Kooperationsmoral ist, die sich nur dann entfalten kann, wenn die Subjekte einander achten und mit Respekt behandeln. Sympathie mit Folterknechten ist auf dieser Basis ausgeschlossen. Dass der unparteiische Beobachter ein »Halbgott« ist, verweist auf seine sterbliche Herkunft; er kann für sich keinen Blick von nirgendwo beanspruchen, und es muss ihn irritieren, wenn sich die realen Mehrheiten gegen ihn richten. Aber er kann auf seiner Position beharren, wenn der Eindruck entsteht, dass diese Mehrheiten die dialogischen Grundlagen der Vorstellungstätigkeit und damit auch der Sympathie zerstören. Schicklichkeit im Sinne Smith' impliziert stets eine Form der Akzeptanz, in die die Reaktionen anderer eingeflossen sind.

Damit kann ich auf die ursprüngliche Fragestellung zurückkommen, die mich in diesem Abschnitt beschäftigt. Es hieß weiter oben, der Versuch, eine Ethik der Ökonomie zu entwerfen, mache die Berufung auf eine Instanz nötig, die in sich den über die unmittelbare Befriedigung der Eigeninteressen hinausgehenden intrinsischen Wert der beurteilten Praxis repräsentiert. Und es hieß weiter, diese Instanz sei der unparteiische Beobachter. Wenn dieser also ein Handeln, das der Mehrung eigenen Vermögens dient, gutheißt, spricht sich darin ein kollektiv habitualisiertes Urteilsmuster aus, das sich

234 Ebd., S. 195 (III.2).

nicht nur auf den ökonomischen Akt per se bezieht, sondern zugleich die Frage nach dessen Gerechtigkeit oder Ungerechtigkeit aufwirft und beantwortet. Seinen Interessen im Austausch mit anderen nachzugehen, ist nicht in jedem Fall gut oder schicklich, sondern nur dann, wenn es den Interessen der anderen keinen illegitimen Schaden zufügt. Wird das ökonomische Handeln auf diese Weise dem Urteil des unparteiischen Zuschauers unterworfen, impliziert das die Relativierung der je subjektiven Perspektive, da in das Urteil des unparteiischen Zuschauers immer schon die Perspektive des »einer unter vielen« einfließt, so dass eine monologische Interpretation nicht in Frage kommt. Tatsächlich nun gibt es eine Passage in der *Theorie der ethischen Gefühle*, in der Smith kluges (*prudent*) Verhalten unter das positive Urteil des unparteiischen Zuschauers stellt: »In der Standhaftigkeit seines Fleißes und seiner Sparsamkeit, in der Art, wie er beständig die Gemächlichkeit und den Genuß des gegenwärtigen Augenblicks für die Erwartung einer nur wahrscheinlich größeren Gemächlichkeit und eines größeren Genusses in einer ferneren, aber länger dauernden Zukunft aufopfert, darin wird der Kluge stets unterstützt und zugleich belohnt durch die volle Billigung des unparteiischen Zuschauers.«[235] Seinen eigenen Interessen nachzugehen, entspricht hier offenbar der – langfristigen – Sorge um das eigene Wohl, die der unparteiische Beobachter schon allein deswegen gutheißen kann, weil sie einer natürlichen Neigung der Subjekte entgegenkommt. Aber in diese Akzeptanz ist schon eine allgemeine Akzeptanz eingeflossen, die ein eigeninteressiertes Handeln, das in gerechten Bahnen verläuft, betrifft. Genau damit wird die Praxis, um die es geht, in diesem Fall die Praxis ökonomischer Interessenverfolgung, als eine begriffen, in der sich Werte verwirklichen, die sich nur in ihr verwirklichen, wodurch die Praxis wiederum ein normatives Eigengewicht gewinnt, das einen rein zweckrationalen Bezug auf sie blockiert. Wir würden nicht mit heftigen Gefühlen der Enttäuschung oder Empörung auf einen Bruch der normativen Voraussetzungen dieser Praxis reagieren, wenn sie nicht in sich Werte verwirklichte, die uns auch unabhängig von der Verwirklichung unserer persönlichen Interessen wertvoll erscheinen. So können wir uns über allzu große Unterschiede der Gehaltszuteilung empören, weil der Versuch scheitert, nach Hineinversetzen in die

235 Ebd., S. 365 (VI.1).

Lage des Privilegierten das ihm zugeteilte Gehalt als situationsangemessen zu rekonstruieren. Die typische Reaktion auf diese Empörung, man sei nur neidisch auf den Reichtum der Reichen, verfehlt den normativen Kern der wirtschaftlichen Praxis, der sich in den Urteilen des unparteiischen Zuschauers verdichtet. Diese Urteile sind eben Angemessenheitsurteile und umfassen damit auch den Bereich dessen, was als passend, harmonisch oder auch als anständig begriffen wird. Sie sind damit aber keinesfalls zwangsläufig bezogen auf den Versuch, die eigene Lage zu verbessern.

Ich will nicht sagen, dass Smith seinen zentralen Begriff der Schicklichkeit (*propriety*) ausführlich genug geklärt hat. Natürlich kann man fragen, welche Kriterien ausschlaggebend dafür sind, was wir in einer Situation für angemessen beziehungsweise unangemessen halten. Manches regelt hier Smith' Verständnis von Natürlichkeit, dessen genauerer Stellenwert allerdings schwer einzuordnen ist. Was fangen wir an mit einer Aussage, wonach es Affekte gibt (zum Beispiel Groll), die »von Natur« aus Gegenstand unserer Abneigung sind? Aber selbst wenn man mit diesen quasinaturalistischen Überlegungen Probleme hat, kann man immerhin erkennen, dass Smith dieser natürlichen Abneigung einen gewissen Sinn und eine gewisse Berechtigung zuspricht, die etwas mit der Sozialität des Menschen zu tun haben. Es war, so heißt es, »die Absicht der Natur, daß diese roheren und unliebenswürdigeren Gemütsbewegungen, die die Menschen untereinander entzweien, sich weniger leicht und seltener anderen mitteilen sollten«, weswegen ihr Ausdruck eher verurteilt wird.[236] In diesem Sinne dient die Frage danach, welchen Beitrag ein Gefühl oder eine gefühlsgeleitete Handlung zur Stabilität sozialer Verbände leistet, als Richtschnur zur Beurteilung von deren situativer Angemessenheit. Damit dürfte immerhin auch deutlich sein, dass Angemessenheitsurteile von sozial umkämpften Interpretationsvorschlägen begleitet sein werden, denn es liegt nicht in jedem Fall auf der Hand, welche Gefühle und welche Handlungen soziale Instabilität fördern. Wichtiger ist an dieser Stelle aber wohl der Hinweis darauf, dass unsere Vorstellungskraft keineswegs ungebunden ist. Warum sollte ich nicht in der Lage sein, mir die Situation auszumalen, die in einer anderen Person Groll verursacht hat, um dann gegebenenfalls sogar mit die-

236 Ebd., a. a. O., S. 49 (I.2.3).

ser Person zu sympathisieren? Smith leugnet nicht prinzipiell, dass ich das tun kann, aber er legt doch nahe, dass ich eher dazu übergehe, mit der Person zu sympathisieren, die Gegenstand des Grolls ist. Und das ist eine natürliche Gesetzmäßigkeit, die bedingt, dass wir weniger bereit und vielleicht sogar weniger fähig sind, uns in die Situation dessen hineinzudenken, der den sozialen Zusammenhalt stört, als in die Situation dessen, der von dieser Störung betroffen ist. Noch einmal wird auf diese Weise deutlich, dass es Umstände gibt (ob natürlicher oder konventioneller Art), die unser Vorstellungsvermögen lenken und strukturieren, was auch impliziert, dass wir nicht mit jedem zu jeder Zeit sympathisieren können.

Dieser Hinweis ist nicht unwichtig, weil er die Bereitschaft, sich in die Situation anderer hineinzuversetzen, als normativ inspiriert begreift und darüber hinaus erneut die Anschauung widerlegt, wonach Sympathie oder die sie leitende Vorstellungskraft mechanistisch gedeutet werden können. Wie wir uns die Situation eines anderen vorstellen, ist nicht unabhängig von den Voreingenommenheiten unserer Situation. Die von Smith anvisierte Dialogizität der Vorstellungskraft soll hier gerade als Korrektiv gegen potenziell verzerrende Vorurteile dienen, die sich auch in den Urteilen des dann nicht allzu unparteiischen Beobachters widerspiegeln. Wenn manche Interpreten deswegen behaupten, Smith gehe von einer grundlegenden »Transparenz« menschlicher Wesen aus, die auch eine Sympathie mit fremden Lebenszusammenhängen ermögliche, so ist dieser These nicht ohne weiteres zuzustimmen.[237] Man braucht nur Smith' stereotype Darstellung der »Wilden« Nordamerikas oder der afrikanischen Sklaven heranzuziehen, um die Rede von einer Transparenz zu kompromittieren.[238] Mehr noch, Smith bestreitet nicht einmal, dass wir uns gelegentlich die Situationen anderer falsch oder in »trügerischen Farben« ausmalen, und erläutert unsere diesbezüglichen Motive.[239] Es gibt also Situationen, in

237 Griswold, *Adam Smith and the Virtues of Enlightenment*, a. a. O., S. 350. Griswold betrachtet Smith' Darstellung der Indianer und Afrikaner als beeindruckendes Zeugnis von dessen Sympathiefähigkeit, ohne dass ihm der stereotype Charakter dieser »Phantasien« auffiele. Siehe auch die Rezension von Griswolds Buch von Fonna Forman Dubin, in: *Political Theory* 28:1 (2000), S. 122-130.

238 Smith, *Theorie der ethischen Gefühle*, a. a. O., S. 341 ff. (V.2).

239 Zum Beispiel im Abschnitt mit dem Titel »Über den Ursprung des Ehrgeizes und über die Standesunterschiede« (I.3.2).

die wir uns nicht angemessen hineindenken können, weil wir ihnen gleichsam zu fern stehen. Wir können uns Bilder von diesem fremden Leben machen, aber wir sind nicht in der Lage, diese von möglichen Verzerrungen zu befreien, sofern wir sie nicht dialogisch öffnen. Und vielleicht gibt es sogar Situationen, die wir uns überhaupt nicht ausmalen können, weil sie der eigenen schlicht zu fern sind (wir urteilen folglich auch nicht über die Schicklichkeit oder Unschicklichkeit des Verhaltens, das in diesen Situationen auftritt, und verfügen dann vermutlich über die idealen Bedingungen einer ungerechten Gesellschaft; eine solche Gesellschaft wäre urteilsfrei[240]).

Ich erwähne diesen Aspekt, weil er es mir auf eigentümliche Weise erlaubt, zur Vertrauensthematik zurückzukehren. Vorher wird es hilfreich sein, das bisher Gesagte zusammenzufassen. Ökonomische Tauschprozesse werden als Kooperationspraktiken gedeutet, in denen es den daran beteiligten Subjekten nicht nur darum geht, ihren unmittelbaren Interessen nachzugehen, sondern auch darum, einander als Freie und Gleiche anzuerkennen. Wesentlich für das Gelingen dieses Anerkennungsprozesses ist das Vermögen, die Perspektive des anderen so weit zu übernehmen, dass es möglich wird, das kooperative Potenzial seiner Motive zu erkennen. Dieses Vermögen kann als Form der Rücksichtnahme gedeutet werden, die man für die Interessen aufzubringen bereit ist und die unabdingbar ist für reziprokes Vertrauen. Vollzieht sich diese Rücksichtnahme im Rahmen einer gerechten Wirtschaftspraxis, gilt hier wie auch sonst, dass die Rationalität eines einzelnen Vertrauensaktes an der Rationalität der kollektiven Praxis hängt, der er zugeordnet werden kann. Der unparteiische Beobachter ist die innere Instanz, die diese Praxis und die ihr allgemein zuteil werdende Wertschätzung repräsentiert und die einen habitualisierten Charakter annehmen kann, wodurch komplexe und individuell bewusste Prozesse der Einschätzung des je anderen weitgehend unnötig werden. Da jedoch nicht ausgeschlossen werden kann, dass die Urteile des unparteiischen Zuschauers unangemessen werden, indem sie ihren Realitätsgehalt verlieren, entbindet die Teilnahme

240 Vgl. Ian Shapiro, »Why the Poor Don't Soak the Rich«, in: *Daedalus* (2002), S. 118-128; siehe auch Martin Hartmann, »Rechtfertigungsordnungen und Anerkennungsordnungen. Zum Vergleich zweier Theoriemodelle«, in *WestEnd* 5:2 (2008), S. 104-119.

an einer supponierten Vertrauenspraxis nicht von einer Wachsamkeit für Indizien des Zerfalls dieser Praxis. Für den einzelnen bedeutet das, dass jeder Vertrauensakt die unterstellte Praxis, auf die er sich beruft, bekräftigen oder erneuern muss. Anzeichen des Zerfalls einer ökonomischen Vertrauenspraxis sind gegeben, wenn es zunehmend schwieriger wird, die Gefühle und Handlungen des anderen unter Bezug auf seine Situation als angemessen zu deuten, oder wenn es ganz unmöglich wird, Urteile über diese Gefühle und Handlungen zu bilden, weil die Situationen, in denen der andere agiert, gleichsam unvorstellbar werden. In dem Maße, in dem eine Praxis auf weitgehend übereinstimmende Gefühls- und Urteilsmuster angewiesen ist, verliert sie unter solchen Umständen ihren rationalen Kern. Die kollektiven Urteilsmuster verlieren an Geltung oder laufen ins Leere und bekräftigen einen Konsens, der kollektiv nicht mehr vorhanden ist.

Es ist, so hoffe ich, deutlich geworden, dass sich in diesen zusammenfassenden Bemerkungen viele Elemente jener Vertrauensdefinition finden lassen, die ich im ersten Teil vorgestellt habe. Es sei jedoch wiederholt: Es geht mir nicht um die Frage, ob die Wirtschaftspraktiken, die wir gegenwärtig beobachten können, es in diesem Sinne vermögen, Vertrauen zu generieren, sondern lediglich darum, ob es Beschreibungen einer Wirtschaftspraxis gibt, die eine intrinsische Wertschätzung des in ihnen zur Geltung kommenden Vertrauens zulassen, da meiner Theorie nach nur eine solche Praxis stabil, das heißt, aus Sicht der an ihr beteiligten Subjekte plausibel sein kann. Smith' Beschreibung des ökonomischen Handelns scheint mir in dieser Hinsicht einige vielversprechende Hinweise zu liefern. Gleichwohl zeigt sich nun auch, dass die Rede von einem universalen Vertrauen, die gerne an die Entwicklung der bürgerlichen Gesellschaft und an die in ihr sich entfaltende Sympathie gebunden wird, vorschnell ist. Vertrauenspraktiken beruhen darauf, dass die an ihnen beteiligten Subjekte prinzipiell in der Lage sind, die Rationalität dieser Praktiken unter Bezug auf ihre individuelle Urteilskraft einzuschätzen. Das kann aber nur geschehen, wenn es möglich ist, in den eigenen Urteilen über die Rationalität einer Praxis kollektiv geltende, reale Urteilsmuster zu erkennen. Der unparteiische Beobachter, der in unserer Brust wohnt, führt uns weit aus uns selbst hinaus, aber er führt uns nicht ins Nirgendwo. Seine »Weisheit« muss sich auf einen überschaubaren Rahmen beschränken.

19. Schluss

Zum Abschluss möchte ich die Gelegenheit nutzen, einige der Einsichten aus den Abschnitten des zweiten Teils aus ihrem jeweiligen Kontext zu lösen und sie in ihrem systematischen Wert für die Vertrauensthematik beleuchten. Dabei wird sich zeigen, dass die eher begrifflich gehaltenen Überlegungen des ersten Teils nicht in allen Punkten frei von stärker kontextualisierten Einflüssen geblieben sind. So habe ich häufiger behauptet, es gehe uns, und das heißt uns Modernen, beim Vertrauen um die Möglichkeit eigene Handlungspläne unter realistischen Bedingungen zu verwirklichen. Der Missbrauch des Vertrauens stört uns, weil er uns daran hindert, diese Pläne in Kontakt mit der Realität durchzuführen. Wer uns über seine wahren Absichten täuscht, wer uns belügt, wer unsere Abhängigkeit zu seinen eigenen Gunsten ausnutzt, der hindert uns daran, auch in kooperativen Kontexten ein selbstbestimmtes Leben zu führen. Er schiebt sich gleichsam zwischen uns und die Welt (die auch seine eigene Welt sein kann). An manchen Stellen habe ich diesen für uns geltenden evaluativen Rahmen des Vertrauens mit dem Begriff der kooperativen Autonomie beschrieben. Aber ich habe nicht angenommen, dass dieser Rahmen zu allen Zeiten und in allen Kontexten Vertrauensverhältnisse eingefasst hat. Es ist darüber hinaus davon auszugehen, dass er in gegenwärtigen Kontexten nicht der einzige Rahmen ist, in dem wir Vertrauensverhältnisse platzieren. Ich mache diese Einschränkung, weil ich in meinen begrifflichen Ausführungen sicher nicht frei war von untergründigen (Vor-)Prägungen und (unausgewiesenen) kontextuellen Bezügen. Selbst die Art und Weise, wie ich in meiner Einleitung die Geschichte des Jungen und seiner Mutter rekonstruiert und gedeutet habe, ist davon betroffen. So hängt darin der Erfolg der Vertrauensbeziehung am Urteil, das *beide* Parteien über die Beziehung fällen, was durchaus als Reflex der Demokratisierung des Vertrauens verstanden werden kann. Der, der in diesem Fall das Vertrauen empfängt, ist nicht der Mächtige, der die Bedingungen des genaueren Verhältnisses entsprechend bestimmt (siehe das *Fides*-Modell), sondern der anfänglich Schwächere, der durch das Vertrauen erst Selbstbewusstsein und Stärke erhalten soll. Die an den Jungen gerichtete Frage der Mutter, ob er auch alles wie verlangt ausgeführt habe, muss dem Jungen die Antwort überlassen und gewährt ihm damit eine Art Mitspracherecht in Vertrauensangelegenheiten. Auch wenn die Mutter diesem Urteil in gewisser Weise ausgeliefert ist, impliziert das nicht zwangsläufig, dass sie gar keine Möglichkeit hat, seine Triftigkeit in Zweifel zu ziehen oder zu prüfen. Als Vertrauende aber, und das gehört zum Kern des Vertrauens, verzichtet sie bewusst auf diese Maßnahmen, weil das, worum es beim Vertrauen in diesem Fall geht, die Selbständigkeit des anderen ist. Anders verhält es sich, wenn wir an das Vertrauen denken, das wir politischen Repräsentanten entgegenbringen (sollen). Hier sind wir es, die beurteilen müssen, ob die, die das Mandat angenommen haben, angemessen damit umgehen, und die andere Seite hat hier nur die Möglichkeit, unsere Urteile auf vielfältige Weise zu beeinflussen. Erneut wird also die prinzipielle Reziprozität der Beurteilung der normativen Qualität des Vertrauens eingeschränkt, in diesem Fall wohl, weil wir denen, die deutlich mehr Macht haben als wir, die Beurteilung ihrer Amtsführung nicht allein überlassen wollen. In beiden Fällen zeigt sich deutlich, dass die genaueren Konturen und auch die genaueren Beurteilungsmuster des Vertrauens ohne Rekurs auf einen größeren evaluativen Rahmen nicht angemessen verstanden werden können. Unser Erziehungssystem zielt auf eine weitgehende Selbständigkeit der Kinder und bedingt damit früher oder später einen gewollten Souveränitätsverlust der Eltern und des Erziehungspersonals. Unser politisches System dagegen stärkt die Position der politisch Repräsentierten, verlangt ihnen aber gleichzeitig ab, die Kontrolle über das Führungspersonal nicht abzugeben, so dass das Vertrauen, um das es hier geht, von besonderer Wachsamkeit begleitet wird. Gleichwohl bleibt es auch hier sinnvoll, weiterhin von Vertrauen zu sprechen, und zwar nicht nur, weil die Möglichkeiten und Kompetenzen eines jeden begrenzt sind, dauerhaft das Verhalten der politischen Apparate zu kontrollieren, sondern auch, weil eine totale Kontrolle, wenn es sie denn geben könnte, gar nicht wünschenswert wäre. Nehmen wir nun noch den Typ des Marktvertrauens hinzu, zeigt sich, dass dieses Vertrauen stärker als die beiden anderen Typen auf einer mehr oder weniger vollständigen Implementation der für alle Vertrauensverhältnisse relevanten Reziprozität beruht. Akteure, die miteinander Handel treiben, müssen jeweils für sich beurteilen, ob sie den anderen für vertrauenswürdig halten. Sind sie Glieder einer intakten Handelsstruktur, kann ihnen die Arbeit dieser Überprüfung in Teilen abgenommen werden. In ihren impliziten und emotionalen Urteilen aber, also in ihrer Wut über ein schlechtes Geschäft, ihrer Empörung über Betrug oder ihrer Freude über eine gelungene Transaktion, geben sie einander ihre Teilnahme an einer normativ nicht völlig neutralen Wirtschaftspraxis zu verstehen.

An diesem Punkt habe ich den Sympathiebegriff von Adam Smith ins Spiel gebracht, weil er gerade in seiner Verbindung mit der Figur des unparteiischen Beobachters dazu beitragen kann, die normative Infrastruktur aller stabilen Vertrauenspraktiken zu beleuchten. Der unparteiische Beobachter bündelt in sich kollektive Urteilsmuster, die als solche gebunden bleiben an das Vermögen, die Reaktionen eines anderen aus seiner eigenen Sicht heraus als angemessen oder unangemessen, »schicklich« oder »unschicklich« zu beurteilen. Sofern wir in einer konkreten Situation nicht selbst den Perspektivenwechsel vollziehen, sondern uns auf das konventionalisierte Urteil des unparteiischen Beobachters verlassen, gehen wir davon aus, dass die allgemeine Urteilspraxis, die er repräsentiert, rational und fair genug ist, um dem Verhalten, um das es jeweils geht, gerecht zu werden. Im besten Fall vereint das Urteil des unparteiischen Beobachters den gesammelten Erfahrungsschatz vieler Einzelurteile in sich und modifiziert auf diese Weise nicht nur die Urteile der Beobachter, sondern auch die Urteile der Akteure. Auch sie sehen ihr eigenes Verhalten unter der Maßgabe seiner situativ variierenden Angemessenheit oder Unangemessenheit, sofern die Stimme des unparteiischen Beobachters in ihnen Gewicht besitzt. Für Vertrauenspraktiken ist die Dimension des unparteiischen Beobachters wichtig, weil diese nur so lange stabil bleiben können, wie eine hinreichend große Anzahl von Teilnehmern in ihren Urteilen über ihre jeweilige normative Qualität übereinstimmen, und weil der unparteiische Beobachter diesen Teilnehmern in vielen Fällen streng partikularisierte Perspektivübernahmen erspart. Solange wir etwa davon ausgehen, dass unsere ökonomische Praxis gerecht oder fair ist, können wir unterstellen, dass unser Vertrauen zu anderen Marktteilnehmern in diesen die Rücksichtnahme nach sich zieht, die nötig ist, um Vertrauen zu etablieren und aufrechtzuerhalten. Wir zehren an diesem Punkt von dem, was Smith unser »natürliches Gefühl für Verdienst und sittliche Richtigkeit« nennt, wobei Natürlichkeit in meiner Perspektive hier als praxisgenerierte Zweitnatürlichkeit verstanden werden sollte.[241] Diese Natürlichkeit kann, weil es eben die *zweite* Natur ist, zerstört werden. Der Bankvorstand etwa, der nach dem Zusammenbruch internationaler Finanzsysteme betont, es sei das Risiko eines jeden Einzelnen, wo und wann er Geld anlege, obgleich die Bank die Kunden jahrelang mit »sicheren« und »vertrauenswürdigen« Anlagen geködert hat, versucht, die Gemeinsamkeit einer Praxis zu zerstören, indem er zwei Praktiken voneinander abgrenzt (eure und unsere), die in separaten Interessenssphären angesiedelt sind. Die Empörung der Kunden beruft sich hingegen auf eine gemeinsame Praxis, in der ein bestimmter Stil und bestimmte normative Vorgaben geachtet werden; aber solange ihre Empörung keinen justiziablen Charakter annimmt, droht sie ihren Halt in der Wirklichkeit (des anderen) zu verlieren. Die unterschiedlichen Reaktionen der Beteiligten verraten schon, dass der Prozess der sympathetischen Perspektivenübernahme, der die eigenen Urteile bis dahin kollektiv getragen hat, an ein Ende gelangt ist oder zumindest seinen Bezugsrahmen auf das Schicksal der Geschädigten hin verengen muss. Dadurch wird Vertrauen zerstört.

Ich habe den dialogischen Charakter des unparteiischen Zuschauers und der aus ihm sich speisenden emotionalen Reaktionen erwähnt und ihn gegen das monologische Affektmodell von Hobbes gewendet. Es ist diese Dialogizität, die erfordert, dass wir uns nicht auf dem Urteil des unparteiischen Zuschauers ausruhen. Ohnehin aber wurde immer angenommen, dass die Existenz einer Vertrauenspraxis keine Selbstverständlichkeit, sondern selbst Gegenstand eines Vertrauens ist, das unterstellt wird, wenn mit anderen vertrauensvoll interagiert werden soll. Das Risiko, welches damit verbunden ist, bleibt unausweichlich bestehen, so dass es nach wie vor gute Gründe dafür gibt, die Option des Vertrauens, wenn sie denn vorhanden ist, zu meiden. Wir müssen nicht vertrauen, das ist eine Kernaussage dieses Buches, und können Vertrauen oft durch Kontrolle oder vermehrte Überwachung ersetzen. Aber es gibt Dinge, die wir nur tun können, wenn wir vertrauen, und es gibt Dinge, die wir tun, weil wir vertrauen und das Vertrauen für intrinsisch wertvoll halten, selbst wenn wir sie anders tun könnten.

241 Smith, *Theorie der ethischen Gefühle*, a. a. O., S. 239 (III.4).

Die Möglichkeit, die Dinge so zu tun, verlieren wir, wenn wir auf die Option des Vertrauens verzichten. Terror zielt auf die Möglichkeit, vertrauensvoll miteinander zu interagieren, wohl wissend, dass andere Möglichkeiten der Interaktion existieren. Er versteht, wenn man so will, dass es Werte gibt, die wir als Vertrauende besonders gut verwirklichen können, und dass wir etwas verlieren, wenn wir darauf verzichten, diese Werte im Rahmen von Vertrauensbeziehungen zu verwirklichen. In einem Klima des Terrors verlieren wir folglich nicht nur Vertrauen, wir verlieren auch das, was beim Vertrauen und nur beim Vertrauen auf dem Spiel steht.

Es gibt noch andere Angriffe auf das Vertrauen, und mein Buch sollte in die Lage versetzen, diese zu identifizieren oder sogar zu verstehen. Ich habe zu Beginn angedeutet, dass ich wenig über die tatsächlichen empirischen Bedingungen der Genese von Vertrauen sagen werde. Manche Autoren gehen etwa davon aus, dass allzu große Ungleichheiten unter den Bürgern keine gute Voraussetzung für Formen des politischen Vertrauens sind. Vertrauen hat, unter gegenwärtigen Bedingungen und vielleicht vor allem in politischen Kontexten, egalitäre Konnotationen. Diese kann man sich zunutze machen, indem man etwa die Rolle des Vertrauens im Zusammenhang mit »flachen« Arbeitshierarchien hervorhebt, wie das im gegenwärtigen Netzwerkkapitalismus häufig geschieht. Das Vertrauen rückt hier an die Stelle von Hierarchie, Misstrauen und Unselbständigkeit. Insofern nun die Einführung der Vertrauenskategorie in den Netzwerkkapitalismus eine egalisierende Dimension zu besitzen scheint, kann mit diesem Diskurs ein emanzipatorisches Moment einhergehen, das zweifellos zur motivationalen Attraktivität der neuen, stärker netzwerkartigen kapitalistischen Strukturen beigetragen hat. Freilich muss dieser egalitaristische Diskurs immer dann eine im weitesten Sinne ideologische Funktion gewinnen, wenn das Versprechen auf »flache« Hierarchien und erweiterte Selbstbestimmungsräume zwar subjektivierte Arbeitskraft freizusetzen vermag, zugleich aber die Bedingungen konterkariert werden, unter denen die für Vertrauensverhältnisse bislang typischen Reziprozitätsnormen zur Geltung kommen können.[242] In der Netzwerkstruktur des gegenwärtigen Kapitalismus fehlen gleichsam die Möglichkeiten, gebrochenes Vertrauen eindeutig zu-

242 Siehe hierzu Martin Hartmann, »Sozialkapital in der Netzwerkgesellschaft«, in: *Forschungsjournal Neue Soziale Bewegungen* 22:3 (2009), S. 46-54.

zuschreiben, weil in unübersichtlichen, dezentralisierten und enträumlichten Handlungszusammenhängen die Instanzen fehlen, die einen Vertrauensmissbrauch in zurechenbarer Weise identifizieren und sanktionieren können, und weil die Vertrauensprofiteure im entscheidenden Augenblick eine individualisierte Eigenverantwortung zur Geltung bringen, die sie von Formen reziproker oder gemeinwohlorientierter Verantwortung befreien. Unter solchen Bedingungen zerbrechen die institutionellen Voraussetzungen dafür, dass bestimmte Ausdrucksmöglichkeiten vertrauensvoller Einstellungen noch Sinn ergeben.[243] Der Kontext der sozialen Normen, in deren Licht wir anderen vertrauen, verändert sich, und das heißt: Unser Vertrauen verändert sich, es wird vielleicht ein ökonomisierbares Kapital, das wir nur noch strategisch einsetzen. Nichts in diesem Buch soll suggerieren, dass eine solche Transformation unseres Vertrauensverständnisses empirisch unmöglich wäre. Vieles allerdings deutet darauf hin, dass eine Welt, in der das Vertrauen sich so wandelt, wenig wünschenswert ist.

243 Elizabeth Anderson, *Value in Ethics and Economics*, Cambridge (Mass.), London 1993, S. 18.

Literaturverzeichnis

Adnès, Pierre, Art. »Fidélité«, in: A. Rayez, C. Baumgartner (Hg.), *Dictionnaire de spiritualité*, Bd. 5, Paris 1964, S. 307-332.

Allen, Danielle S., *Talking to Strangers. Anxieties of Citizenship since* Brown v. Board of Education, Chicago 2004.

Allert, Tilman, *Der deutsche Gruß. Geschichte einer unheilvollen Geste*, Stuttgart 2010.

Améry, Jean, »Die Tortur«, in: ders., *Jenseits von Schuld und Sühne*, Stuttgart 1977, S. 46-73.

Anderson, Elizabeth, *Value in Ethics and Economics*, Cambridge (Mass.), London 1993.

Anonym, *The Whole Duty of Man*, London 1659.

Anscombe, G.E.M., *Intention*, Oxford [2]1963; dt. *Absicht*, Berlin 2011.

–, »Under a Description«, in: dies., *The Collected Philosophical Papers of G.E.M. Anscombe*, Bd. 2, Metaphysics and the Philosophy of Mind, Oxford 1981, S. 208-219.

–, »On the Grammar of Enjoy«, in: dies., *The Collected Philosophical Papers of G.E.M. Anscombe*, Bd. 2, Metaphysics and the Philosophy of Mind, Oxford 1981, S. 94-100.

–, »On Promising and its Justice, and Whether it Need to be Respected in Foro Interno«, in: dies., *The Collected Papers of G.E.M. Anscombe*, Bd. 3, Ethics, Religion and Politics, Oxford 1981, S. 10-21.

Aristoteles, *Nikomachische Ethik*, Berlin 1983.

–, *Rhetorik*, Stuttgart 1999.

Atkins, E.M., »›Domina et Regina Virtutum‹: Justice and Societas in De Officiis«, in: *Phronesis* XXXV/3 (1990), S. 258-289.

Augustinus, *Bekenntnisse*, München 1950.

Austin, John L., »Other Minds«, S. 76-116, in: ders., *Philosophical Papers*, Oxford [3]1979, S. 76-116; dt. »Fremdseelisches«, in: ders., *Gesammelte philosophische Aufsätze*, Stuttgart 1986, S. 101-152.

Baier, Annette C., »Promises, Promises, Promises«, in: dies., *Postures of the Mind. Essays on Mind and Morals*, Minneapolis 1985, S. 174-206.

–, »Getting in Touch with Our Own Feelings«, in: *Topoi* 6:2 (1987), S. 89-97.

–, *A Progress of Sentiments. Reflections in Hume's* Treatise, Cambridge (Mass.), London 1991.

–, »Sustaining Trust«, in: dies., *Moral Prejudices. Essays on Ethics*, Cambridge (Mass.), London 1994, S. 152-182.

–, »Trust and Antitrust«, in: dies., *Moral Prejudices. Essays on Ethics*, Cambridge (Mass.), London 1994, S. 95-129; dt. »Vertrauen und seine Grenzen«, in: M. Hartmann, C. Offe (Hg.), *Vertrauen. Die Grundlage des sozialen Zusammenhalts*, Frankfurt/M., New York 2001, S. 37-84.

–, »Trust and Its Vulnerabilities«, in: dies., *Moral Prejudices. Essays on Ethics*, Cambridge (Mass.), London 1994, S. 130-151.

–, Art. »Confiance«, in: M. Canto-Sperber (Hg.), *Dictionnaire d'éthique et de philosophie morale*, Paris 1996, S. 283-288.

–, »Doing Things With Others«, in: L. Alanen, S. Heinämaa, T. Wallgren (Hg.), *Commonality and Particularity in Ethics*, London 1997, S. 15-44; dt. »Dinge mit anderen tun: Die mentale Allmende«, in: H.B. Schmidt, D.P. Schweikard (Hg.), *Kollektive Intentionalität. Eine Debatte über die Grundlagen des Sozialen*, Frankfurt/M. 2009, S. 230-265.

–, »Sympathy and Self-Trust«, in: dies., *Reflections on How We Live*, Oxford 2010, S. 189-215.

Barnouw, Jeffrey, »Hobbes's Psychology of Thought: Endeavours, Purpose and Curiosity«, in: *History of European Ideas* 10:5 (1989), S. 519-545.

Barry, Brian, *Theories of Justice*, London 1989.

Baurmann, Michael, Geoffrey Brennan: »What Should the Voter Know? Epistemic Trust in Democracy«, in: *Grazer Philosophische Studien* 79: 1 (2009), S. 159-186.

Bausenhart, Guido, »Vertrauen in die Kontingenz? Theologische Überlegungen«, in: M. Fischer, I. Kaplow (Hg.), *Vertrauen im Ungewissen*, Münster 2008, S. 70-85.

Benveniste, Emile, *Indoeuropäische Institutionen. Wortschatz, Geschichte, Funktionen*, Frankfurt/M. 1993.

Ben-Yami, Hanoch, »Against Characterizing Mental States as Propositional Attitudes«, in: *The Philosophical Quarterly* 47:186 (1997), S. 84-89.

Berry, Christopher J., »Adam Smith and the Virtues of Commerce«, in: J.W. Chapman, W.A. Galston (Hg.), *Virtue*, Nomos XXXIV, New York, London 1992, S. 69-88.

Beseler, Gerhard von, »Fides«, in: *Atti del Congresso Internazionale di Diritto Romano*, Rom 1933, S. 133-167.

Boltanski, Luc, *La condition fœtale. Une sociologie de l'engendrement et de l'avortement*, Paris 2004; dt. *Soziologie der Abtreibung*, Frankfurt/M. 2007.

–, Laurent Thévenot, *De la justification. Les économies de la grandeur*, Paris 1991; dt. *Über die Rechtfertigung. Eine Soziologie der kritischen Urteilskraft*, Hamburg 2007.

Boone, R. Thomas, Ross Buck, »Emotional Expressivity and Trustworthiness: The Role of Nonverbal Behavior in the Evolution of Cooperation«, in: *Journal of Nonverbal Behavior* 27:3 (2003), S. 163-182.

Boyancé, Pierre, »La main de *Fides*«, in: ders., *Études sur la religion romaine*, Rom 1972, S. 121-133.

Brandom, Robert B., *Articulating Reasons. An Introduction to Inferentialism*, Cambridge (Mass.), London 2000; dt. *Begründen und Begreifen. Eine Einführung in den Inferentialismus*, Frankfurt/M. 2001.

Brandt, Reinhard, »Der Leviathan und das liberale Commonwealth. Staatsrecht und Strafrecht bei Hobbes und Locke«, in: *Deutsche Zeitschrift für Philosophie* 56:2 (2008), S. 205-220.

Breloer, Heinrich, Horst Königstein, *Die Manns. Ein Jahrhundertroman*, Frankfurt/M. 2001.

Brison, Susan J., *Vergewaltigt*, München 2004.

Brunt, Peter, »*Amicitia* in the Late Roman Republic«, in: ders., *The Fall of the Roman Republic*, Oxford 1988, S. 351-381.

Buber, Martin, *Zwei Glaubensweisen*, Darmstadt 1994.

Cavell, Stanley, *The Claim of Reason*, Oxford 1979; dt. *Der Anspruch der Vernunft*, Frankfurt/M. 2006.

–, *Cities of Words. Pedagogical Letters on a Register of the Moral Life*, Cambridge (Mass.), London 2005.

Cicero, M. Tullius, *Laelius. Über die Freundschaft*, Stuttgart 1970.

–, »Rede für Sextus Roscius aus Ameria«, in: L. Huchthausen (Hg.), *Römisches Recht*, Berlin, Weimar 1975.

–, *De officiis/Vom pflichtgemäßen Handeln*, Stuttgart 1976.

–, *De re publica/Vom Gemeinwesen*, Stuttgart 1979.

–, *De finibus bonorum et malorum/Über die Ziele des menschlichen Handelns*, München, Zürich 1988.

–, *De natura deorum/Vom Wesen der Götter*, Darmstadt 1990.

–, *De inventione/Über die Auffindung des Stoffes*, Darmstadt 1998.

Coady, C.A.J., *Testimony. A Philosophical Study*, Oxford 1992.

–, »Testimony, Observation and ›Autonomous Knowledge‹«, in: B.K. Matilal, A. Chakrabarti (Hg.), *Knowing from Words. Western and Indian Philosophical Analysis of Understanding and Testimony*, Dordrecht 1994, S. 225-250.

Cohon, Rachel, »Hume on Promises and the Peculiar Act of the Mind«, in: *Journal of the History of Philosophy* 44:1 (2006), S. 25-45.

Colman, John, *John Locke's Moral Philosophy*, Edinburgh 1983.

Connolly, William E., *Political Theory and Modernity*, Ithaca, London 1993.

Cooper, John, »Friendship and the Good in Aristotle«, in: ders., *Reason and Emotion*, Princeton 1999, S. 336-355.

–, »Political Animals and Civic Friendship«, in: ders., *Reason and Emotion*, Princeton 1999, S. 356-377.

Cropsey, Joseph, *Polity and Economy*, South Bend 2001.

Dan-Cohen, Meir, »In Defence of Defiance«, in: *Philosophy and Public Affairs* 24:23 (1994), S. 24-51.

D'Arms, Justin, Daniel Jacobson, »The Moralistic Fallacy: On the ›Appropriateness‹ of Emotions«, in: *Philosophy and Phenomenological Research* LXI:1 (2000), S. 65-90.

Darwall, Stephen, *The British Moralists and the Internal ›Ought‹: 1640-1740*, Cambridge 1995.

–, »Empathy, Sympathy, Care«, in: *Philosophical Studies* 89 (1998), S. 261-282.

–, »Equal Dignity in Adam Smith«, in: *The Adam Smith Review* 1 (2004), S. 129-134.

–, *The Second Person Standpoint. Morality, Respect and Accountability*, Cambridge (Mass.), London 2006.

Daston, Lorraine, »Die kognitiven Leidenschaften: Staunen und Neugier im Europa der frühen Neuzeit«, in: dies., *Wunder, Beweise und Tatsachen. Zur Geschichte der Rationalität*, Frankfurt/M. 2001, S. 77-97.

Davidson, Donald, »Handlungen, Gründe und Ursachen«, in: ders., *Handlung und Ereignis*, Frankfurt/M. 1985, S. 19-42.

–, »Modi und performative Äußerungen«, in: ders., *Wahrheit und Interpretation*, Frankfurt/M. 1986, S. 163-180.

Dees, Richard H., *Trust and Toleration*, London, New York 2004.

Deigh, John, »Morality and Personal Relations«, in: ders., *The Sources of Moral Agency. Essays in Moral Psychology*, Cambridge 1996, S. 1-17.

–, »Promises under Fire«, in: *Ethics* 112 (2002), S. 483-506.

Derrida, Jacques, *Politik der Freundschaft*, Frankfurt/M. 2000.

De Sousa, Ronald, *The Rationality of Emotion*, Cambridge (Mass.), London 1987; dt. *Die Rationalität des Gefühls*, Frankfurt/M. 1997.

Dewey, John, »The Theory of Emotion«, in: ders., *The Early Works, 1882-1898*, Bd. 4, Carbondale/Ill. 1971, S. 152-188.

Diamond, Cora, »Injustice and Animals«, in: C. Elliot (Hg.), *Slow Cures and Bad Philosophers. Essays on Wittgenstein, Medicine, and Bioethics*, Durham, London 2001, S. 118-148.

Dietz, Mary G., »Hobbes's Subject as Citizen«, in: dies. (Hg.), *Thomas Hobbes and Political Theory*, Kansas 1990, S. 91-119.

Dietz, Simone, *Der Wert der Lüge. Über das Verhältnis von Sprache und Moral*, Paderborn 2002.

–, *Die Kunst des Lügens. Eine sprachliche Fähigkeit und ihr moralischer Wert*, Hamburg 2003.

Döring, Sabine A., Christopher Peacocke, »Handlungen, Gründe und Emotionen«, in: S.A. Döring, V. Mayer (Hg.), *Die Moralität der Gefühle*, Berlin 2002, S. 81-103.

Dornes, Martin, *Die frühe Kindheit. Entwicklungspsychologie der ersten Lebensjahre*, Frankfurt/M. 1997.

Dubin, Fonna Forman, »Charles L. Griswold: *Adam Smith and the Virtues of Enlightenment*«, in: *Political Theory* 28:1 (2000), S. 122-130.

Dunn, John, »The Concept of ›Trust‹ in the Politics of John Locke«, in: R. Rorty, J.B. Schneewind, Q. Skinner (Hg.), *Philosophy in History. Essays on the Historiography of Philosophy*, Cambridge 1984, S. 279-301.

–, »What is Living and What is Dead in the Political Theory of John Locke«, in: ders., *Interpreting Political Responsibility. Essays 1981-1989*, Oxford 1990, S. 9-25.

Elster, Jon, *Alchemies of the Mind. Rationality and the Emotions*, Cambridge 1999.

Engels, L.J., Art. »fiducia«, in: T. Klauser (Hg.), *Reallexikon für Antike und Christentum*, Bd. 7, Stuttgart 1969, S. 839-877.

Emcke, Carolin, *Stumme Gewalt. Nachdenken über die RAF*, Frankfurt/M. 2008.

Erikson, Erik H., *Kindheit und Gesellschaft*, Stuttgart [4]1971.

Ferguson, Adam, *Versuch über die Geschichte der bürgerlichen Gesellschaft*, Frankfurt/M. 1986.

Fichte, Johann Gottlieb, »Die Grundzüge des gegenwärtigen Zeitalters«, in: ders., *Gesamtausgabe der Bayerischen Akademie der Wissenschaften*, Bd. I.8, Stuttgart, Bad Cannstatt 1991.

Finley, Moses, *Die Sklaverei in der Antike. Geschichte und Probleme*, München 1981.

Fleischacker, Samuel, *On Adam Smith's* Wealth of Nations. *A Philosophical Companion*, Princeton, Oxford 2004.

Foley, Richard, *Intellectual Trust in Oneself and Others*, Cambridge 2001.

Foot, Philippa, *Die Natur des Guten*, Frankfurt/M. 2004.

Forman-Barzilai, Fonna, »Adam Smith as Globalization Theorist«, in: *Critical Review* 14:4 (2000), S. 391-419.

Forst, Rainer, *Toleranz im Konflikt. Geschichte, Gehalt und Gegenwart eines umstrittenen Begriffs*, Frankfurt/M. 2003.

Fraenkel, Eduard, »Zur Geschichte des Wortes Fides«, in: ders., *Kleine Beiträge zur Klassischen Philologie*, Bd. 1, Rom 1964, S. 15-26.

Frankfurt, Harry G., »The Importance of What We Care About«, in: ders., *The Importance of What We Care About. Philosophical Essays*, Cambridge 1988, S. 80-94; dt. »Über die Bedeutsamkeit des Sich-Sorgens«, in: Harry G. Frankfurt, *Freiheit und Selbstbestimmung*, Berlin 2001, S. 98-115.

–, »The Faintest Passion«, in: ders., *The Importance of What We Care About. Philosophical Essays*, Cambridge 1988, S. 95-107.

–, »Autonomy, Necessity, and Love«, in: ders., *Necessity, Volition, and Love*, Cambridge 1999, S. 129-141; dt. »Autonomie, Nötigung und Liebe«, in: Harry G. Frankfurt, *Freiheit und Selbstbestimmung*, Berlin 2001, S. 166-183.

–, *The Reasons of Love*, Princeton, Oxford 2004; dt. *Gründe der Liebe*, Frankfurt/M. 2005.

Frevert, Ute, »Does Trust Have a History?«, in: *Max Weber Programme: Lecture Series* 1 (2009), S. 1-10, ⟨http://cadmus.eui.eu/dspace/bitstream/1814/11258/1/MWP_LS_2009_01.pdf⟩, letzter Zugriff 10. 05. 2011.

Fricker, Elizabeth, »Telling and Trusting: Reductionism and Anti-Reductionism in the Epistemology of Testimony«, in: *Mind* 104:414 (1995), S. 393-411.

Fried, Charles, *An Anatomy of Values. Problems of Personal and Social Choice*, Cambridge (Mass.) 1970.

Friedrich, Hugo, *Montaigne*, Tübingen ³1993.

Gaita, Raimond, *The Philosopher's Dog. Friendships with Animals*, New York 2002.

Gambetta, Diego, *The Sicilian Mafia. The Business of Private Protection*, Cambridge (Mass.) 1993.

–, Heather Hamill, *Streetwise. How Taxi Drivers Establish their Customer's Trustworthiness*, New York 2005.

Gardner, Sebastian, »Critical Notice of Richard Moran, *Authority and Estrangement: An Essay on Self-Knowledge*«, in: *The Philosophical Review* 113:2 (2004), S. 249-267.

Garver, Eugene, *Aristotle's Rhetoric. An Art of Character*, Chicago 1994.

Gauthier, David, »Artificial Virtues and the Sensible Knave«, in: *Hume Studies* XVIII:2 (1992), S. 401-427.

Gibbard, Allan, *Wise Choices, Apt Feelings. A Theory of Normative Judgment*, Cambridge (Mass.), London 1990.

Giddens, Anthony, *Die Konsequenzen der Moderne*, Frankfurt/M. 1995.

Gierke, Otto, *Natural Law and the Theory of Society. 1500 to 1800*, Cambridge 1950.

Gilbert, Margaret, *On Social Facts*, London 1989.

Gloyna, Tanja, »›Treue‹. Zur Geschichte des Begriffs«, in: *Archiv für Begriffsgeschichte*, Bd. XLI (1999), S. 64-85.

Goldgar, Anne, *Tulipmania. Money, Honor, and Knowledge in the Dutch Golden Age*, Chicago 2007.

Goldie, Peter, *The Emotions. A Philosophical Exploration*, Oxford 2000.

Gordon, Robert M., *The Structure of Emotions. Investigations in Cognitive Philosophy*, Cambridge 1987.

Gough, John, *John Locke's Political Philosophy*, Oxford 1950.

Griffiths, Paul E., *What Emotions Really Are. The Problem of Psychological Categories*, Chicago 1997.

Griswold, Charles L., *Adam Smith and the Virtues of Enlightenment*, Cambridge 1999.

Gruen, Erich, »Greek Πίστις And Roman Fides«, in: *Athenaeum* 60 (1982), S. 50-68.

Habermas, Jürgen, *Theorie des kommunikativen Handelns*, 2 Bde., Frankfurt/M. 1981.

–, »Symbolischer Ausdruck und rituelles Verhalten. Ein Rückblick auf Cassirer und Gehlen«, in: G. Melville (Hg.), *Institutionalität und Symbolisierung. Verstetigungen kultureller Ordnungsmuster in Vergangenheit und Gegenwart*, Köln 2001, S. 53-67.

Härle, Wilfried, *Dogmatik*, Berlin, New York [3]2007.

Hampe, Michael, »Interne Komplexität und Theorie der Affekte bei Hobbes«, in: S. Hübsch, D. Kaegi (Hg.), *Affekte. Philosophische Beiträge zur Theorie der Emotionen*, Heidelberg 1999, S. 77-90.

–, *Erkenntnis und Praxis. Zur Philosophie des Pragmatismus*, Frankfurt/M. 2006.

Hampton, Jean, *Hobbes and the Social Contract Tradition*, Cambridge 1986.

Hardin, Russell, »Trustworthiness«, in: *Ethics* 107 (1996), S. 26-42.

–, »Conceptions and Explanations of Trust«, in: K. Cook (Hg.), *Trust in Society*, New York 2001, S. 3-39.

–, *Trust and Trustworthiness*, New York 2002.

Hartmann, Martin, »Hans Joas: *Die Entstehung der Werte*«, in: *Deutsche Zeitschrift für Philosophie* 47:3 (1999), S. 525-533.

–, »Dulden oder Anerkennen? Varianten der Toleranzkritik«, in: M. Kaufmann (Hg.), *Integration oder Toleranz? Minderheiten als philosophisches Problem*, Freiburg 2001, S. 118-132.

–, »Aussichten auf Vorteile? Grenzen rationaler Vertrauensmodelle in der Politikanalyse«, in: *Österreichische Zeitschrift für Politikwissenschaft* 31:4 (2002), S. 379-395.

–, »Sabina Lovibond: *Ethical Formation*«, in: *European Journal of Philosophy* 11:2 (2003), S. 233-238.

–, »Akzeptierte Verletzbarkeit. Elemente einer normativen Theorie des Vertrauens«, in: *Deutsche Zeitschrift für Philosophie* 51:3 (2003), S. 395-412.

–, *Die Kreativität der Gewohnheit. Grundzüge einer pragmatistischen Demokratietheorie*, Frankfurt/M. 2003.

–, »Vertrauen«, in: G. Göhler, M. Iser, I. Kerner (Hg.), *Politische Theorie. 22 umkämpfte Begriffe zur Einführung*, Wiesbaden 2004, S. 385-401.

–, »Stanley Cavells Philosophie (Einleitung)«, in: *Deutsche Zeitschrift für Philosophie* 55:2 (2007), S. 220-224.

–, »Rechtfertigungsordnungen und Anerkennungsordnungen. Zum Vergleich zweier Theoriemodelle«, in: *WestEnd* 5:2 (2008), S. 104-119.

–, »Das Emotionale Selbst«, in: B. Merker (Hg.), *Leben mit Gefühlen. Emotionen, Werte und ihre Kritik*, Paderborn 2009, S. 231-255.

–, »Vorstellungskraft, Mitgefühl und Kritik. Überlegungen im Anschluss an Adam Smith«, in: R. Forst, M. Hartmann, R. Jaeggi, M. Saar (Hg.), *Sozialphilosophie und Kritik*, Frankfurt/M. 2009, S. 506-527.

–, »Sozialkapital in der Netzwerkgesellschaft«, in: *Forschungsjournal Neue Soziale Bewegungen* 22:3 (2009), S. 46-54.

–, »Wege aus dem Misstrauen. Theoretische und praktische Überlegungen«, in: *Hermeneutische Blätter* 1:2 (2010), S. 161-171.

–, *Gefühle. Wie die Wissenschaften sie erklären*, Frankfurt/M. ^{2}2010.

–, Martin Saar, »Bernard Williams on Truth and Genealogy«, in: *European Journal of Philosophy* 12:3 (2003), S. 386-398.

Hearne, Vicky, *Adam's Task. Calling Animals by Name*, New York 1986.

–, »A Taxonomy of Knowing: Animals Captive, Free-Ranging, and at Liberty«, in: *Social Research* 62:3 (1995), S. 441-456.

Hegel, Georg Friedrich Wilhelm, *Grundlinien der Philosophie des Rechts*, Frankfurt/M. 1970.

Heinze, Richard, »Fides«, in: ders., *Vom Geist des Römertums. Ausgewählte Aufsätze*, Darmstadt ^{3}1960, S. 59-81.

Hellegouarc'h, Joseph, *Le vocabulaire latin des relations et des partis politiques sous la République*, Paris 1963.

Helmholz, Richard, Reinhard Zimmermann (Hg.), *Itinera Fiduciae. Trust and Treuhand in Historical Perspective*, Berlin 1998.

Herman, Barbara, »Agency, Attachment, and Difference«, in: dies., *The Practice of Moral Judgment*, Cambridge (Mass.), London 1993, S. 184-207.

Hertzberg, Lars, »On the Attitude of Trust«, in: *Inquiry* 31 (1988), S. 307-322.

Hirschman, Albert O., *Leidenschaften und Interessen. Politische Begründungen des Kapitalismus vor seinem Sieg*, Frankfurt/M. 1983.

–, »The Concept of Interest: From Euphemism to Tautology«, in: ders., *Rival Views of Market Society and Other Recent Essays*, New York 1986, S. 35-55.

Hobbes, Thomas, *The Elements of Law Natural and Politic*, London ^{2}1969; dt. *Naturrecht und allgemeines Staatsrecht in den Anfangsgründen*, Darmstadt 1983.

–, *Behemoth, or the Long Parliament*, Chicago 1990; dt. *Behemoth oder Das Lange Parlament*, Frankfurt/M. 1991.

–, *Leviathan*, Cambridge 1996; dt. *Leviathan*, Frankfurt/M. 1984.

–, *On the Citizen*, Cambridge 1998; dt. *Vom Menschen/Vom Bürger*, Hamburg 1959.

Hölkeskamp, Karl J., »*Fides – deditio in fidem – dextra data et accepta*: Recht, Religion und Ritual in Rom«, in: C. Bruun (Hg.), *The Roman Middle Republic. Politics, Religion, and the Historiography c. 400-133 B.C.*, Rom 2000, S. 223-249.

Hölscher, Tonio, »Die Anfänge römischer Repräsentationskunst«, in: *Mitteilungen des deutschen archäologischen Instituts Rom* 85 (1978), S. 315-357.
Hollis, Martin, *Trust Within Reason*, Cambridge 1998.
Holmes, Stephen, *Passions and Constraint. On the Theory of Liberal Democracy*, Chicago 1995.
Holton, Richard, »Deciding to Trust, Coming to Believe«, in: *Australasian Journal of Philosophy* 72:1 (1994), S. 63-76.
Hume, David, *An Enquiry Concerning Human Understanding*, Oxford [3]1975; dt. *Eine Untersuchung über den menschlichen Verstand*, Stuttgart 1967.
–, *A Treatise of Human Nature*, Oxford 1978; dt. *Ein Traktat über die menschliche Natur*, 2 Bde., Hamburg 1978.
–, »Über Würde und Gemeinheit der menschlichen Natur«, in: ders., *Politische und ökonomische Essays*, Bd. 1, Hamburg 1988, S. 86-93.

Jackman, Mary R., *The Velvet Glove. Paternalism and Conflict in Gender, Class, and Race Relations*, Berkeley 1994.
Joas, Hans, *Die Kreativität des Handelns*, Frankfurt/M. 1992.
–, *Die Entstehung der Werte*, Frankfurt/M. 1997.
Johnson, R.W., »Short Cuts«, in: *London Review of Books* 30:18 (2008).
Jones, Karen, »Trust as an Affective Attitude«, in: *Ethics* 107 (1996), S. 4-25.
–, Art. »Trust«, in: E. Craig (Hg.), *Routledge Encyclopedia of Philosophy*, London 1998, Bd. 9, S. 466-470.
–, »Trust and Terror«, in: P. DesAutels, M. Urban Walker (Hg.), *Moral Psychology. Feminist Ethics and Social Theory*, Lanham 2004, S. 3-18.

Kant, Immanuel, Zum ewigen Frieden, in: ders., *Schriften zur Anthropologie, Geschichtsphilosophie, Politik und Pädagogik*, Frankfurt/M. 1964.
–, Vorlesungen über Moralphilosophie, in: ders., *Kant's Vorlesungen*, Bd. IV, Berlin 1974.
Kenny, Anthony, *Action, Emotion and Will*, London 2003.
Kersting, Wolfgang, *Thomas Hobbes zur Einführung*, Hamburg [2]2002.
Kimel, Dori, *From Promise to Contract. Towards a Liberal Theory of Contract*, Oxford 2003.
Knippschild, Silke, »*Drum bietet zum Bunde die Hände*«. *Rechtssymbolische Akte in zwischenstaatlichen Beziehungen im orientalischen und griechisch-römischen Altertum*, Stuttgart 2002.
Korsgaard, Christine, »Two Distinctions in Goodness«, in: dies., *Creating the Kingdom of Ends*, Cambridge 1996, S. 249-274.
Kosfeld, Michael, »Trust in the Brain. Neurobiological Determinants of Human Social Behaviour«, in: *EMBO reports* 8 (2007), S. 44-47.

Lagerspetz, Olli, *Trust. The Tacit Demand*, Dordrecht 1998.

Laslett, Peter, »The Face to Face Society«, in: ders. (Hg.), *Philosophy, Politics and Society*, Oxford 1970, S. 157-184.

Lear, Jonathan, »Avowal and Unfreedom«, in: *Philosophy and Phenomenological Research* LSIX:2 (2004), S. 448-454.

–, *Radical Hope. Ethics in the Face of Cultural Devastation*, Cambridge (Mass.), London 2006.

Lehrer, Keith, *Metamind*, Oxford 1990.

–, *Theory of Knowledge*, London 1990.

–, *Self-Trust. A Study of Reason, Knowledge, and Autonomy*, Oxford 1997.

–, »Testimony and Trustworthiness«, in: J. Lackey, E. Sosa (Hg.), *The Epistemology of Testimony*, Oxford 2007, S. 145-159.

Lewis, David, »Languages and Language«, in: ders., *Philosophical Papers*, Bd. 1, Oxford 1983, S. 163-188; dt. »Die Sprachen und die Sprache«, in: G. Meggle (Hg.), *Handlung, Kommunikation, Bedeutung*, Frankfurt/M. 1993, S. 197-240.

–, *Convention. A Philosophical Study*, Oxford 2002; dt. *Konventionen. Eine sprachphilosophische Abhandlung*, Berlin 1975.

Livius, Titus, *Ab urbe condita/Römische Geschichte*, Buch XXI-XXIII, München 1974.

–, *Ab urbe condita/Römische Geschichte*, Buch XXXV-XXXVIII, München, Zürich 1982.

–, *Ab urbe condita/Römische Geschichte*, Buch I-III, München, Zürich 1987.

–, *Ab urbe condita/Römische Geschichte*, Buch XXVII-XXX, Düsseldorf, Zürich 1997.

Locke, John, *Essays on the Law of Nature*, Oxford 1954.

–, *Gedanken über Erziehung*, Stuttgart 1970.

–, *An Essay Concerning Human Understanding*, Oxford 1975; dt. *Ein Versuch über den menschlichen Verstand*, 2 Bde., Hamburg 1981.

–, *Two Treatises of Government*, Cambridge 1988; dt. *Zwei Abhandlungen über die Regierung*, Frankfurt/M. 1977.

–, *Ein Brief über Toleranz*, Hamburg 1996.

Lovibond, Sabina, *Ethical Formation*, Cambridge (Mass.), London 2002.

Luhmann, Niklas, »Familiarity, Confidence, Trust: Problems and Alternatives«, in: D. Gambetta (Hg.), *Trust. Making and Breaking Cooperative Relations*, Oxford 1988, S. 94-107; dt. »Vertrautheit, Zuversicht, Vertrauen: Probleme und Alternativen«, in: M. Hartmann, C. Offe (Hg.), *Vertrauen. Die Grundlage des sozialen Zusammenhalts*, Frankfurt/M., New York 2001, S. 143-160.

–, *Vertrauen. Ein Mechanismus der Reduktion sozialer Komplexität*, Stuttgart ^{4}2000.

Luther, Martin, Das XIV und XV. Capitel S. Johannis, in: *D. Martin Luthers Werke*, Kritische Gesamtausgabe, Bd. 45, Weimar 1911.

–, »Der Grosse Katechismus« (1529), in: *Luther Deutsch*, Bd. 3, Stuttgart, Göttingen [3]1961.

MacIntyre, Alasdair, *A Short History of Ethics. A History of Moral Philosophy from the Homeric Age to the Twentieth Century*, London, New York 1966.
–, *Die Anerkennung der Abhängigkeit. Über menschliche Tugenden*, Hamburg 2001.
–, »Truthfulness and Lies: What is the Problem and What Can We Learn from Mill?«, in: ders., *Ethics and Politics. Selected Essays 2*, Cambridge 2006, S. 101-112.
–, »Truthfulness and Lies: What Can We Learn from Kant?«, in: ders., *Ethics and Politics. Selected Essays 2*, Cambridge 2006, S. 122-142.
–, »Social Structures and Their Threats to Moral Agency«, in: ders., *Ethics and Politics. Selected Essays 2*, Cambridge 2006, S. 186-204.
Maitland, F.W., »Trust and Corporation«, in: ders., *State, Trust, and Corporation*, Cambridge 2003, S. 75-130.
McAllister, Angela, *Vertrau mir, Mama!*, Berlin 2006.
McDowell, John, *Mind and World*, Cambridge (Mass.), London 1994; dt. *Geist und Welt*, Frankfurt/M. 2001.
–, »Knowledge by Hearsay«, in: ders., *Meaning, Knowledge, and Reality*, Cambridge (Mass.), London 1998, S. 414-443.
McLeod, Carolyn, *Self-Trust and Reproductive Autonomy*, Cambridge (Mass.), London 2002.
Miller, Greg, 2005, »Economic Game Shows How the Brain Builds Trust«, in: *Science* 308 (2005), S. 36.
Montaigne, Michel de, *Essais*, Zürich 1953.
Moran, Richard, *Authority and Estrangement. An Essay on Self-Knowledge*, Princeton, Oxford 2001.
–, »Problems of Sincerity«, in: *Proceedings of the Aristotelian Society* CV:3 (2005), S. 341-361.
–, »Getting Told and Being Believed«, in: J. Lackey, E. Sosa (Hg.), *The Epistemology of Testimony*, Cambridge 2007, S. 272-306.
Münkler, Herfried, *Thomas Hobbes*, Frankfurt/M. 1993.
Muldrew, Craig, *The Economy of Obligation. The Culture of Credit and Social Relations in Early Modern England*, London 1998.
Mulhall, Stephen, »Promising, Consent, and Citizenship. Rawls and Cavell on Morality and Politics«, in: *Political Theory* 25:2 (1997), S. 171-192.

Nagel, Thomas, »Universality and the Reflective Self«, in: C.M. Korsgaard, *The Sources of Normativity*, Cambridge 1996, S. 200-209.
Newmark, Catherine, *Passion – Affekt – Gefühl. Philosophische Theorien der Emotionen zwischen Aristoteles und Kant*, Hamburg 2008.

Niesen, Peter, »Volk-von-Teufeln-Republikanismus. Zur Frage nach den moralischen Ressourcen der liberalen Demokratie«, in: L. Wingert, K. Günther (Hg.), *Die Öffentlichkeit der Vernunft und die Vernunft der Öffentlichkeit. Festschrift für Jürgen Habermas*, Frankfurt/M. 2001, S. 568-604.

–, »Vertrauen – eine Kantische Sicht«, in: R. Schmalz-Bruns, R. Zintl (Hg.), *Politisches Vertrauen. Soziale Grundlagen reflexiver Kooperation*, Baden-Baden 2002, S. 99-123.

Nipperderdey, Thomas, »Luther und die moderne Welt«, in: ders., *Nachdenken über die deutsche Geschichte*, München 1986, S. 36-51.

Noble, Henri-Dominique, Art. »Confiance«, in: A. Rayez, C. Baumgartner (Hg.), *Dictionnaire de spiritualité*, Bd. 2, Paris 1953, S. 1405-1410.

Nörr, Dieter, *Die Fides im römischen Völkerrecht*, Heidelberg 1991.

Nussbaum, Martha C., *Frontiers of Justice. Disability, Nationality, Species Membership*, Cambridge (Mass.), London 2006; dt. *Die Grenzen der Gerechtigkeit. Behinderung, Nationalität und Spezieszugehörigkeit*, Frankfurt/M. 2010.

Offe, Claus, »How Can We Trust Our Fellow Citizens?«, in: M. Warren (Hg.), *Democracy and Trust*, Cambridge 1999, S. 42-87.

–, »Wie können wir unseren Mitbürgern vertrauen?«, in: M. Hartmann, C. Offe (Hg.), *Vertrauen. Die Grundlage des sozialen Zusammenhalts*, Frankfurt/M., New York 2001, S. 241-294.

O'Neill, Onora, *A Question of Trust*, Cambridge 2002.

–, *Autonomy and Trust in Bioethics*, Cambridge 2002.

Otteson, James R., *Adam Smith's Marketplace of Life*, Cambridge 2002.

Owen, David, »Self-Government and ›Democracy as Reflexive Co-operation‹. Reflections on Honneth's Social and Political Ideal«, in: B. van den Brink, D. Owen (Hg.), *Recognition and Power. Axel Honneth and the Tradition of Critical Theory*, Cambridge 2007, S. 290-320.

Peters, Albrecht, *Kommentar zu Luthers Katechismen, Band 1: Die zehn Gebote*, Göttingen 1990.

Pettit, Philip, »The Cunning of Trust«, in: *Philosophy and Public Affairs* 24 (1995), S. 202-225.

–, »Trust, Reliance and the Internet«, in: *Analyse und Kritik* 26:1 (2004), S. 108-121.

Piper, Adrian, *Rationality and the Structure of the Self*, Online-Publikation 2008 ⟨http://adrianpiper.com/rss/index.shtml⟩, letzter Zugriff 10. 05. 2011.

Pitcher, George, *The Dogs Who Came To Stay*, New York 1995.

C. Plinius Secundus d. Ä., *Historia naturalis/Naturkunde*, Buch XI, Darmstadt 1990.

Pöschl, Viktor, »Politische Wertbegriffe in Rom«, in: *Antike und Abendland* XXVI (1980), S. 1-17.
Polybios, *Geschichte*, Bd. 2, Zürich, Stuttgart 1963.
Putnam, Robert, *Making Democracy Work. Civic Traditions in Italy*, Princeton, Oxford 1993.

Rawls, John, *A Theory of Justice*, Cambridge (Mass.) 1971; dt. *Eine Theorie der Gerechtigkeit*, Frankfurt/M. 1975.
–, »Two Concepts of Rules«, in: ders., *Collected Papers*, Cambridge (Mass.), London 1999, S. 20-46; dt. »Zwei Regelbegriffe«, in: O. Höffe (Hg.), *Einführung in die utilitaristische Ethik*, Tübingen, Basel [4]2008, S. 135-166.
–, »The Sense of Justice«, in: ders., *Collected Papers*, Cambridge (Mass.), London 1999, S. 96-116.
Raz, Joseph, »Promises and Obligations«, in: P.M.S. Hacker, J. Raz, (Hg.) *Law, Morality, and Society. Essays in Honour of H.L.A. Hart*, Oxford 1977, S. 210-228.
–, *The Authority of Law*, Oxford 1979.
–, »Liberty and Trust«, in: R.P. George (Hg.), *Natural Law, Liberalism, and Morality. Contemporary Essays*, Oxford 1996, S. 113-129.
Rehg, William, *Insight and Solidarity. The Discourse Ethics of Jürgen Habermas*, Berkeley 1994.
Reid, Thomas, *Essays on the Active Powers of Man*, Edinburgh 1853.
Reusser, Christopher, *Der Fidestempel auf dem Kapitol in Rom und seine Ausstattung*, Rom 1993.
Ricœur, Paul, *Soi-même comme un autre*, Paris 1990; dt. *Das Selbst als ein Anderer*, München 1996.
Rössler, Beate, *Der Wert des Privaten*, Frankfurt/M. 2001.
Rorty, Amélie O., »The Historicity of Psychological Attitudes: Love Is Not Love Which Alters Not When It Alteration Finds«, in: dies., *Mind in Action. Essays in the Philosophy of Mind*, Boston 1988, S. 121-134; dt. »Die Historizität psychischer Haltungen – Lieb' ist Liebe nicht, die nicht Wandel eingeht, wenn sie Wandel findet«, in: D. Thomä (Hg.), *Analytische Philosophie der Liebe*, Paderborn 2000, S. 175-193.
Rothschild, Emma, *Economic Sentiments. Adam Smith, Condorcet, and the Enlightenment*, Cambridge (Mass.), London 2001.
Rousseau, Jean-Jacques, *Emile oder Über die Erziehung*, Stuttgart 1963.

Scanlon, Thomas M., *What We Owe to Each Other*, Cambridge (Mass.), London 1998.
–, *Moral Dimensions. Permissibility, Meaning, Blame*, Cambridge (Mass.), London 2008.
Scholz, Oliver, »Das Zeugnis Anderer. Prolegomena zu einer sozialen Er-

kenntnistheorie«, in: T. Grundmann (Hg.), *Erkenntnistheorie. Positionen zwischen Tradition und Gegenwart*, Paderborn 2001, S. 354-375.

Schütz, Alfred, Thomas Luckmann, *Strukturen der Lebenswelt*, Frankfurt/M. 1979.

Searle, John R., *Sprechakte. Ein sprachphilosophischer Essay*, Frankfurt/M. 1971.

Seel, Martin, *Die Kunst der Entzweiung. Zum Begriff der ästhetischen Rationalität*, Frankfurt/M. 1997.

Seligman, Adam B., *The Idea of Civil Society*, New York 1992.

–, *The Problem of Trust*, Princeton 1997.

Seneca, L. Annaeus, *De beneficiis/Über die Wohltaten*, in: ders., *Philosophische Schriften*, Bd. 5, Darmstadt 1989.

Shapiro, Ian, »Why the Poor Don't Soak the Rich«, in: *Daedalus* (2002), S. 118-128.

Shklar, Judith, *Ordinary Vices*, Cambridge (Mass.), London 1984.

Siebert, Charles, »An Elephant Crackup?«, in: *The New York Times* (8. Oktober 2006).

Silver, Allan, »›Trust‹ in Social and Political Theory«, in: G.D. Suttles, M.N. Zald (Hg.), *The Challenge of Social Control. Citizenship and Institution Building in Modern Society*, Norwood 1985, S. 52-67.

–, »Friendship in Commercial Society. Eighteenth-Century Social Theory and Modern Sociology«, in: *American Journal of Sociology* 95:6 (1990), S. 1474-1504.

Simmel, Georg, *Soziologie. Untersuchung über die Formen der Vergesellschaftung*, Gesamtausgabe Bd. 11, Frankfurt/M. 1992.

Smith, Adam, *Lectures on Jurisprudence*, Indianapolis 1982; dt. (teilweise) *Vorlesungen über Rechts- und Staatswissenschaften*, Sankt Augustin 1996.

–, *Die Theorie der ethischen Gefühle*, Hamburg 1994.

–, *Der Wohlstand der Nationen*, München [10]2003.

Solomon, Robert C., Fernando Flores, *Building Trust*, Oxford 2001.

Starobinski, Jean, *Montaigne. Denken und Existenz*, Frankfurt/M. 1986.

Stehr, Nico, *Die Moralisierung der Märkte. Eine Gesellschaftstheorie*, Frankfurt/M. 2007.

Steinfath, Holmer, *Orientierung am Guten*, Frankfurt/M. 2001.

–, »Emotionen, Werte und Moral«, in: S. A. Döring, V. Mayer (Hg.), *Die Moralität der Gefühle*, Berlin 2002, S. 105-122.

Stemmer, Peter, *Normativität. Eine ontologische Untersuchung*, Berlin 2008.

Stocker, Michael, »Emotional Thoughts«, in: *American Philosophical Quarterly* 24:1 (1987), S. 59-69.

Strawson, Peter, »Knowing from Words«, in: B.K. Matilal, A. Chakrabarti (Hg.), *Knowing from Words. Western and Indian Philosophical Analysis of Understanding and Testimony*, Dordrecht 1994, S. 23-27.

Sztompka, Piotr, *Trust. A Sociological Theory*, Cambridge 1999.

Taylor, Charles, *Sources of the Self. The Making of the Modern Identity*, Cambridge 1989; dt. *Quellen des Selbst. Die Entstehung der neuzeitlichen Identität*, Frankfurt/M. 1994.

–, *A Secular Age*, Cambridge (Mass.), London 2007; dt. *Ein säkulares Zeitalter*, Frankfurt/M. 2009.

Taylor, Jacqueline, »Justice and the Foundations of Social Morality in Hume's *Treatise*«, in: *Hume Studies* XXIV:1 (1998), S. 5-30.

ter Hark, Michael, *Beyond the Inner and the Outer. Wittgenstein's Philosophy of Psychology*, Dordrecht 1990.

–, »Wittgenstein und Russell über Psychologie und Fremdpsychisches«, in: E. von Savigny, O. Scholz (Hg.), *Wittgenstein über die Seele*, Frankfurt/M. 1995, S. 84-106.

Testa, Italo, »Selbstbewusstsein und zweite Natur«, in: K. Vieweg, W. Welsch (Hg.), *Hegels Phänomenologie des Geistes. Ein kooperativer Kommentar*, Frankfurt/M. 2008, S. 286-307.

Thomas, Laurence, *Living Well. A Psychology of Moral Character*, Philadelphia 1989.

–, »Characterizing the Evil of American Slavery and the Holocaust«, in: D.T. Goldberg, M. Krausz (Hg.), *Jewish Identity*, Philadelphia 1993, S. 153-176.

Thomas von Aquin, *Summa Theologica*, in: *Die Deutsche Thomas-Ausgabe*, II-IIae, 1-16, Bd. 15, Heidelberg 1950.

–, *Summa Theologica*, in: *Die Deutsche Thomas-Ausgabe*, II-IIae, 123-150, Bd. 21, Heidelberg 1964.

Thompson, Michael, *Life and Action. Elementary Structures of Practice and Practical Thought*, Cambridge (Mass.), London 2008; dt. *Leben und Handeln. Grundlegende Strukturen der Praxis und des praktischen Denkens*, Berlin 2011.

Tuck, Richard, *Hobbes*, Freiburg 1999.

Tugendhat, Ernst, *Vorlesungen über Ethik*, Frankfurt/M. 1993.

Tully, James, *An Approach to Political Philosophy. Locke in Contexts*, Cambridge 1993.

–, »Politische Philosophie als kritische Praxis«, in: ders., *Politische Philosophie als kritische Praxis*, Frankfurt/M., New York 2009, S. 17-46.

Uslaner, Eric, *The Moral Foundations of Trust*, Cambridge 2002.

Valerius Maximus, *Facta et dicta memorabilia/Denkwürdige Taten und Worte*, Stuttgart 1991.

Vaughan, Charles E., *Studies in the History of Political Philosophy Before and After Rousseau*, New York 1960.

Vendrell Ferran, Íngrid, *Die Emotionen. Gefühle in der realistischen Phänomenologie*, Berlin 2008.

Vetlesen, Arne Johan, *Evil and Human Agency. Understanding Collective Evildoing*, Cambridge 2005.

–, »Freundschaft in der Ära des Individualismus«, in: A. Honneth, B. Rössler (Hg.), *Von Person zu Person. Zur Moralität persönlicher Beziehungen*, Frankfurt/M. 2008, S. 168-207.

Vogt, Joseph, *Sklaverei und Humanität. Studien zur antiken Sklaverei und ihrer Erforschung*, Wiesbaden [2]1972.

Waldron, Jeremy, »Hobbes and the Principle of Publicity«, in: *Pacific Philosophical Quarterly* 82 (2001), S. 447-474.

–, *God, Locke, and Equality. Christian Foundations in Locke's Political Thought*, Cambridge 2002.

Walker, Margaret Urban, *Moral Repair. Reconstructing Moral Relations after Wrongdoing*, Cambridge 2006.

Weber, Max, *Wirtschaft und Gesellschaft*, Tübingen 1972.

Weiser, Artur, Art. »πιστεύω κτλ.«, B. Der altestamentliche Begriff, in: G. Friedrich (Hg.), *Theologisches Wörterbuch zum Neuen Testament*, Bd. 6, Stuttgart 1959, S. 182-197.

Wellmer, Albrecht, »Wahrheit, Kontingenz, Moderne«, in: ders., *Endspiele. Die unversöhnliche Moderne*, Frankfurt/M. 1993, S. 157-177.

Weltecke, Dorothea, »Gab es ›Vertrauen‹ im Mittelalter? Methodische Überlegungen«, in: U. Frevert (Hg.), *Vertrauen. Historische Annäherungen*, Göttingen 2003, S. 67-89.

Williams, Bernard, *Ethics and the Limits of Philosophy*, London 1985; dt. *Ethik und die Grenzen der Philosophie*, Hamburg 1999.

–, *Shame and Necessity*, Berkeley 1993; dt. *Scham, Schuld und Notwendigkeit*, Berlin 2000.

–, *Truth and Truthfulness. An Essay in Genealogy*, Princeton, Oxford 2002; dt. *Wahrheit und Wahrhaftigkeit*, Frankfurt/M. 2003.

Williams, Melissa S., *Voice, Trust, and Memory. Marginalized Groups and the Failings of Liberal Representation*, Princeton, Oxford 1998.

Winch, Peter, »Nature and Convention«, in: ders., *Ethics and Action*, London 1972, S. 50-72.

–, »›Eine Einstellung zur Seele‹«, in: ders., *Trying to Make Sense*, Oxford 1987, S. 140-153.

Winnicott, Donald, *Vom Spiel zur Kreativität*, Stuttgart 1974.

Wittgenstein, Ludwig, *Philosophische Untersuchungen*, Frankfurt/M. 1984.

–, »Zettel«, in: ders., *Über Gewißheit*, Frankfurt/M. 1984.

–, *Letzte Schriften über die Philosophie der Psychologie (1946-1951). Das Innere und das Äußere*, Frankfurt/M. 1993.

Wolfe, Christopher, »Being Worthy of Trust: A Response to Joseph Raz«, in: R.P. George (Hg.), *Natural Law, Liberalism, and Morality. Contemporary Essays*, Oxford 1996, S. 131-150.

Wollheim, Richard, *The Thread of Life*, New Haven, London 1984.
–, *On the Emotions*, New Haven, London 1999; dt. *Emotionen. Eine Philosophie der Gefühle*, München 2001.
Wood, Neil, *Cicero's Social and Political Thought*, Berkeley 1988.

Zelizer, Viviana, *The Social Meaning of Money. Pin Money, Paychecks, Poor Relief and other Currencies*, New York 1995.

Namenregister

Sachregister